Import and export business

손에 잡히는 수출입업무

이 창 식 저

한국금융연수원
KOREA BANKING INSTITUTE

머 · 리 · 말

국제무역은 계약체결의 단계에서부터 대금의 결제에 이르기까지 다수의 관련자들이 유기적으로 참여하여 거래를 완성하게 되며, 직접 당사자인 무역회사의 실무자들 못지않게 금융기관의 담당자들 또한 대금의 결제과정에 참여하여 매우 중요한 역할을 수행하게 됩니다.

더욱이 수출입거래에 관한 절차적인 상담기능을 금융기관에서 수행하고 있는 현실을 감안할 때, 은행에서 수출입업무를 담당하고 있는 직원은 무역거래의 전 과정에 걸친 폭넓은 지식과 상당한 수준의 실무역량을 구비하고 있어야만 할 것입니다.

수출입대금의 결제거래와 관련한 은행실무는 물론이거니와 무역거래와 관련한 국내의 각종 법제 및 국제규칙 등에 대한 해박한 지식을 두루 갖추고 있어야 하며, 또한 계약 · 운송 · 보험 · 통관 · 사후관리 등 수출입거래의 전 과정에 걸친 심도있는 지식이 요구된다고 할 수 있습니다. 나아가서는 수출입거래의 형태 및 대금의 결제방법 등에 대한 특화된 지식을 바탕으로 무역회사의 요구에 부합하는 맞춤형 거래를 디자인하여 제공할 수 있는 수준의 역량을 필요로 하고 있습니다.

이에 본 서는 그러한 요구를 수렴하여 금융기관 실무자들의 업무역량 강화에 도움이 될 수 있도록 무역거래 전반에 걸친 폭넓은 지식을 충실히 제공하고자 노력하였으며, 또한 이론과 실무를 적절히 혼합하여 체계적으로 구성함으로써 은행 및 무역회사의 실무자들이 현업에서 쉽게 활용할 수 있도록 하였습니다.

아무쪼록 본 서가 독자 여러분께 유익하고 실용적인 반려자가 되어 실무에 많은 도움이 될 수 있기를 바라며, 나아가 우리나라 무역업계의 경쟁력 강화에 미력하나마 보탬이 될 수 있기를 소망합니다.

제한된 시간 내에 집필하려다 보니 일부 미숙한 부분이 있으리라 생각됩니다. 이 점에 대하여는 독자 여러분의 아낌없는 조언과 비평을 부탁드리며, 향후 지속적으로 수정 · 보완해 나갈 것을 약속드립니다.

끝으로 본 서의 모태가 된 한국금융연수원 출간 수입실무와 수출실무의 초판 집필자이신 이대우 선생님과 김용해 선생님 및 수정과정에 참여하셨던 여러 선배님들의 노고에 진심어린 존경과 감사를 드립니다. 또한 본 서가 탄생할 수 있도록 성원과 배려를 아끼지 않으신 한국금융연수원 도서출판부 · 자격검정사업부 · 연수운영부의 관계자 여러분들께도 깊이 감사드립니다. 그동안 함께 수고해준 사랑스러운 아내 선주에게도 본 지면을 빌어 고마운 마음을 전합니다.

2005년 11월

저자 씀

* 개정판을 내면서

지난 3년간 국제 무역환경 및 그 실무 관행에 많은 변동이 있었으며, 또한 본 서와 관련된 각종의 국제규칙 및 국내법규에 있어서도 큰 폭의 개정이 있었습니다. 이에 그러한 변경 사항을 반영하고 기존 도서의 부족한 부분을 보완하고자 대대적인 수정 · 보완 작업을 거쳐 드디어 그 개정판을 출간하게 되었습니다.

아직까지도 일부 미숙한 부분이 있으리라 사료되지만 이 점에 대해서는 추후 지속적으로 수정 · 보완해 나갈 것을 약속드리며, 앞으로도 독자 여러분의 아낌없는 조언과 편달을 부탁드립니다.

지난 수 개월의 집필기간 내내 따뜻한 배려와 격려로 큰 힘을 더해준 사랑스러운 아내 선주와 아들 지원이에게 본 지면을 빌어 고맙다는 말과 무한한 사랑의 마음을 전합니다.

2008년 1월

저자 씀

* 제15개정판을 내면서

도서의 현업활용성을 제고하기 위하여 실무중심의 지식과 해설을 보강하는 한편, 그간의 국내외 법규와 국제규칙 및 기타 국제관행 등에 대한 개정사항을 반영하여 그 내용을 정비하고, 그 밖에 전문가 의견 및 학습자 니즈를 수렴하여 내용상의 일부 미비점을 개선 · 보완하고자 제15개정판을 출간합니다.

2025년 1월

저자 씀

contents

제1장 수출입 실무 기초

contents

contents

제 3 장 수출실무

부록 수출입 리스크 관리 (은행실무)

제 1 장 수출입 실무 기초

제 1 절

수출입거래 개요

1. 무역과 수출입거래의 정의

1-1 무역거래의 정의

외국 또는 비거주자와의 거래 및 이에 수반되는 자금의 이동, 즉 결제거래를 합하여 이를 '국제거래' 또는 '대외거래'라고 하는데, 이러한 국제거래는 크게 '경상거래'와 '투자 및 자본거래'로 나누어 볼 수 있으며, 경상거래는 다시 '무역거래'와 '무역외거래'로 분류된다.

일반적으로 무역(Trade)이라 함은, 유형의 물품을 수출하거나 수입하는 거래를 말하며, 물품이 아닌 기타의 용역거래 등은 무역외거래로 분류하는 것이 전통적인 분류 방법이다. 그러나 최근에는 국가 간의 재화(Goods)나 용역(Service)거래는 물론, 투자 및 자본거래까지를 모두 무역의 개념에 포함시킴으로써 국제경제거래 전체를 의미하는 용어로 사용되기도 한다.

우리나라의 '대외무역법'에서는 '물품' 또는 '대외무역법시행령에서 정하는 특정의 용역' 또는 '대외무역법시행령에서 정하는 전자적 형태의 무체물'의 수출입을 일컬어 '무역'이라 정의하고 있다(대외무역법 제2조).

대외무역법시행령에서 정하는 특정의 '용역'이라 함은 다음과 같다(대외무역법시행령 제3조).

1) 다음 사업에 해당하는 모든 역무(役務)와 그 밖의 행위(부가가치세법 시행령 제3조)
가) 건설업(건축물을 자영건설하여 분양 · 판매하는 사업 제외)
나) 숙박 및 음식점업
다) 운수 및 창고업
라) 정보통신업(출판업과 영상 · 오디오 기록물 제작 및 배급업 포함)
마) 금융 및 보험업
바) 부동산업(전 · 답 · 과수원 · 목장용지 · 임야 · 염전 임대업 제외, 부동산 매매 또는 중개를 사업목적으로 부동산을 판매하는 사업 제외)
사) 전문, 과학 및 기술 서비스업과 사업시설 관리, 사업 지원 및 임대서비스업
아) 공공행정, 국방 및 사회보장 행정
자) 교육 서비스업
차) 보건업 및 사회복지 서비스업
카) 예술, 스포츠 및 여가관련 서비스업
타) 협회 및 단체, 수리 및 기타 개인서비스업과 제조업중 산업용 기계 및 장비 수리업
파) 가구내 고용활동 및 달리 분류되지 않은 자가소비 생산활동
하) 국제 및 외국기관의 사업

2) 지식기반용역 등 수출유망산업으로서 산업통상자원부장관이 정하여 고시하는 업종의 사업을 영위하는 자가 제공하는 용역

참고 위에서 말하는 '산업통상자원부장관이 정하여 고시하는 업종' 이란, 전기통신업, 금융 및 보험업, 임대업, 광고업, 사업시설유지관리 서비스업, 교육 서비스업, 보건업, 연구개발업, 번역 및 통역 서비스업 등을 말한다(대외무역관리규정 제3조 제3항).

3) 국내의 법령 또는 대한민국이 당사자인 조약에 의하여 보호되는 '특허권 · 실용신안권 · 디자인권 · 상표권 · 저작권 · 저작인접권 · 프로그램저작권 · 반도체

집적회로의배치설계권'의 양도, 전용실시권의 설정 또는 통상실시권의 허락

대외무역법시행령에서 정하는 '전자적 형태의 무체물'이라 함은 다음과 같다(대외무역법시행령 제4조).

1) 소프트웨어진흥법 제2조 제1호에 따른 소프트웨어

참고 위에서 말하는 '소프트웨어'란, 컴퓨터 · 통신 · 자동화 등의 장비와 그 주변장치에 대하여 명령 · 제어 · 입력 · 처리 · 저장 · 출력 · 상호작용이 가능하도록 하게 하는 지시 · 명령(음성이나 영상정보 등을 포함)의 집합과 이를 작성하기 위하여 사용된 기술서나 그 밖의 관련 자료를 말한다.

2) 부호 · 문자 · 음성 · 음향 · 이미지 · 영상 등을 디지털방식으로 제작하거나 처리한 자료 또는 정보 등으로서 산업통상자원부장관이 정하여 고시하는 것

참고 위에서 말하는 '산업통상자원부장관이 정하여 고시하는 것' 이란, 영상물(영화, 게임, 애니메이션, 만화, 캐릭터 등), 음향 · 음성물, 전자서적, 데이터베이스 등을 말한다(대외무역관리규정 제4조).

3) 제1호 및 제2호의 집합체와 그 밖에 이와 유사한 전자적 형태의 무체물로서 산업통상자원부장관이 정하여 고시하는 것

plus+ 대외거래(국제거래)의 체계

▶ 경 상 거 래 (IN & OUT)

■ 무 역 거 래

- 수출거래 : 수출 대금의 수령 (송금, D/P, D/A, 신용장 등)
- 수입거래 : 수입 대금의 지급 (송금, D/P, D/A, 신용장 등)

■ 무 역 외 거 래

- 여행거래 : 일반여행경비, 해외유학경비, 해외체재비, 단체여행경비, 여행알선료 등
- 운수거래 : 화물운임, 여객운임, 운항경비, 운송장비의 임대차 및 금융리스 등
- 보험거래 : 보험료, 보험금, 보험관련 보조서비스 제공대가 등
- 투자수익 : 이자, 배당금, 증권의 매매손익 등
- 정부거래 : 외교단경비, 군사활동경비, 국제기구경비 등
- 이전거래 : 증여(성), 리베이트, 기부금, 의연금, 구호자금, 선교자금, 해외이주비 등
- 기타서비스거래(용역거래) : 임금, 임대차료, 금융서비스, 무역서비스, 건설서비스, 컴퓨터 · 정보 · 통신 관련 서비스, 문화 · 오락 · 교육 관련 서비스, 사업서비스, 지적재산권 등의 사용료(로열티) 및 매매대금, 기타 잡용역 등

▶ 투자 및 자본거래 (IN & OUT)

- ■ 금전대차 : 비거주자로부터의 원 · 외화 자금 차입, 비거주자에 대한 원 · 외화 금전대여 등
- ■ 예금거래 : 거주자의 해외 예금 · 신탁, 비거주자의 국내(대한민국) 원 · 외화 예금 · 신탁 등
- ■ 증권거래 : 거주자의 해외 증권취득(투자) 또는 증권발행(펀딩), 비거주자의 국내 증권취득(투자) 또는 증권발행(펀딩) 등
- ■ 부동산거래 : 거주자의 해외 부동산 취득, 비거주자의 국내 부동산 취득 등 (부동산에 대한 권리 : 소유권, 지상권, 지역권, 전세권, 저당권, 임차권)
- ■ 직접투자 : 거주자의 해외직접투자, 외국인직접투자 등
- ■ 기　　타 : 담보 · 보증 · 보험, 상속 · 유증 · 증여, 임대차, 증권대차, 파생상품거래, 현지금융, 자금통합관리, 대외지급수단 · 債權 · 회원권 등의 매매, 국내외 지사(지점/사무소), 해외에서의 학교 · 병원 · 조합의 설립 · 운용, 채무의 인수, 화해 등의 계약에 따른 채권 · 채무의 발생 · 변경 · 소멸 등 (보다 자세한 내용은 '외국환거래법 · 령 · 규정'을 참조하시기 바람)

1-2 수출입거래의 정의

무역거래는 다시 '수출거래'와 '수입거래'로 분류되는데, 이에 관하여 우리나라의 '대외무역법'에서는 다음과 같이 정의하고 있다.

'수출'이라 함은 다음에 해당하는 것을 말한다(대외무역법시행령 제2조 제3호).

1) 매매 · 교환 · 임대차 · 사용대차 · 증여 등을 원인으로 국내에서 외국으로 물품을 이동하는 것(우리나라의 선박으로 외국에서 채취한 광물 또는 포획한 수산물을 외국에 매도하는 것을 포함)

2) 국내에서 생산(제조, 가공, 조립, 수리, 재생, 개조하는 것 등을 말함)된 물품을 보세판매장(관세법 제196조)에서 외국인에게 매도하는 것

3) 유상으로 외국에서 외국으로 물품을 인도하는 것으로서 산업통상자원부장관이 정하여 고시하는 기준에 해당하는 것

   참고 위에서 말하는 '산업통상자원부장관이 정하여 고시하는 기준에 해당하는 것'이란 중계무역과 외국인도수출을 말한다(대외무역관리규정 제2조 제3호).

4) 거주자(외국환거래법 제3조 제1항 제14호)가 비거주자(외국환거래법 제3조 제1항 제15호)에게 산업통상자원부장관이 정하여 고시하는 방법으로 대외무역법시행령 제3조에 해당하는 특정의 용역을 제공하는 것

   참고 위에서 말하는 '산업통상자원부장관이 정하여 고시하는 방법'이란 다음과 같다(대외무역관리규정 제3조 제1항).
   가) 용역의 국경을 넘은 이동에 의한 제공
   나) 비거주자의 국내에서의 소비에 의한 제공
   다) 거주자의 상업적 해외주재에 의한 제공
   라) 거주자의 외국으로의 이동에 의한 제공

5) 거주자가 비거주자에게 '전자적 형태의 무체물(대외무역법시행령 제4조)'을 정보통신망을 통하여 전송하거나 또는 그 밖에 산업통상자원부장관이 정하여 고시하는 방법으로 인도하는 것

   참고 위에서 말하는 '산업통상자원부장관이 정하여 고시하는 방법'이란 컴퓨터 등 정보처리 능력을 가진 장치에 저장한 상태로 반출한 후 인도하는 것을 말한다(대외무역관리규정 제5조).

'수입'이라 함은 다음에 해당하는 것을 말한다(대외무역법시행령 제2조 제4호).

1) 매매 · 교환 · 임대차 · 사용대차 · 증여 등을 원인으로 외국에서 국내로 물품을 이동하는 것

2) 유상으로 외국에서 외국으로부터 물품을 인수하는 것으로서 산업통상자원부장관이 정하여 고시하는 기준에 해당하는 것

참고 위에서 말하는 '산업통상자원부장관이 정하여 고시하는 기준에 해당하는 것'이란 중계무역과 외국인수수입을 말한다(대외무역관리규정 제2조 제3호).

3) 거주자가 비거주자로부터 산업통상자원부장관이 정하여 고시하는 방법으로 대외무역법시행령 제3조에 해당하는 특정의 용역을 제공받는 것

참고 위에서 말하는 '산업통상자원부장관이 정하여 고시하는 방법'이란 다음과 같다(대외무역관리규정 제3조 제2항).

가) 용역의 국경을 넘은 이동에 의한 제공
나) 거주자의 외국에서의 소비에 의한 제공
다) 비거주자의 상업적 국내주재에 의한 제공
라) 비거주자의 국내로 이동에 의한 제공

4) 거주자가 비거주자로부터 '전자적 형태의 무체물(대외무역법시행령 제4조)'을 정보통신망을 통하여 전송받거나 또는 그 밖에 산업통상자원부장관이 정하여 고시하는 방법으로 인수하는 것

참고 위에서 말하는 '산업통상자원부장관이 정하여 고시하는 방법'이란 컴퓨터 등 정보처리능력을 가진 장치에 저장한 상태로 반입하여 인수하는 것을 말한다(대외무역관리규정 제5조).

위와 같은 수출입거래(특히 수출거래)에 해당하면 무역거래와 관련한 각종 제도상의 다양한 지원 및 혜택을 받을 수 있게 되므로, 수출입거래의 정의에 대한 정확한 이해가 필요할 것이다. 제도적인 지원 및 혜택이라 함은 다음의 것 등을 말한다.

1) 부가가치세의 영세율 적용(부가가치세법)
2) 수출용원재료에 대한 관세 등의 환급(수출용원재료에대한관세등환급에관한특례법)
3) 무역금융의 지원(한국은행 금융중개지원대출관련 무역금융지원 프로그램 운용세칙 및 운용절차)
4) 무역보험제도의 운용(무역보험법)
5) 대금결제상의 편의 제공(외국환거래법)
6) 수출입실적 인정을 통한 각종 혜택(무역의 날 포상 등) 부여 등

plus+ 대외무역법상의 수출입거래에 해당하지 않는 사례 예시

외국의 비거주자가 우리나라의 A기업으로부터 물품을 구매하여 당해 물품을 다시 우리나라의 B기업에 판매하는 거래로서, 물품은 제조자인 A기업이 B기업 앞으로 직접 인도하되, A기업의 납품대금은 해외의 비거주자로부터 수령(타발송금)하고, B기업의 물품 구매대금은 해외의 비거주자에게 지급(당발송금)하는 형태의 거래

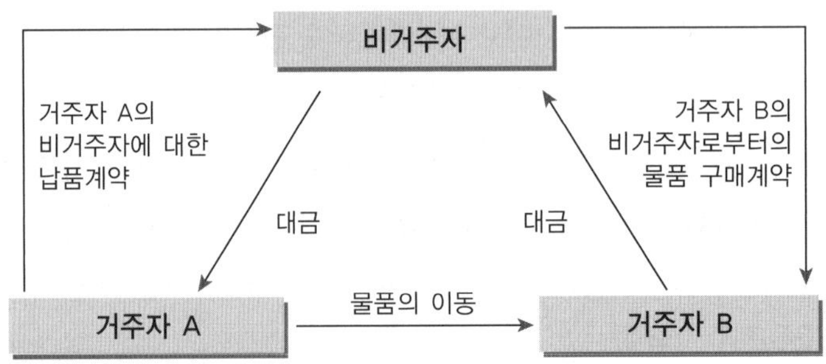

* 실무에서는 위와 같은 거래를 소위 '국내인도수출(거주자 A의 입장)' 및 '국내인수수입(거주자 B의 입장)'이라는 용어로 표현하고 있으나, 이는 대외무역법상의 '수출거래' 또는 '수입거래'로 인정받을 수 없는 '무역외거래'임.
(외환통계 보고항목 분류표상의 사유코드번호: 10205번 또는 10206번)

* 대외무역법상의 '수출입거래'에 해당하지 않는 물품거래 대금의 지급과 수령 :
⇒ 해당 증빙자료의 제시만으로 처리 가능하나,
무역거래가 아니므로 수출입실적의 인정은 불가함.
⇒ '한국은행총재의 확인'을 받도록 하던 외국환거래규정상의 제한은 폐지되었음(2004.1.1)

* 국내인도수출이라 하더라도 대외무역관리규정 제25조 ①항에 명시된 거래는 수출거래(수출실적)로 예외 인정하고 있으므로 주의 바람.(본 도서 제3장 제3절 제2관 2-2 가.목 참조)

2. 수출의 절차

수출절차라 함은 수출계약의 체결 단계에서부터 수출대금이 회수되어 거래가 종료되는 때까지 거치는 일련의 거래절차를 말한다. 일반적으로 수출거래는 매매계약의 체결, 신용장의 수취, 수출승인 등(필요시), 원자재의 확보 및 생산, 수출통관, 선적, 수출대금의 추심 및 회수, 관세환급 및 사후관리 등의 여러 절차를 거치게

된다. 그러나 모든 거래가 획일적인 절차를 거치는 것은 아니며, 거래형태, 결제방법, 거래품목 등에 따라서 그 절차 또한 매우 다양한 형태로 이루어지게 된다.

이러한 절차가 진행되는 과정에는 대외무역법, 외국환거래법, 관세법 등의 각종 국내 법규와 여러가지 다양한 국제규칙 등의 상호 유기적인 적용을 받게 된다.

그러면 이제부터는 신용장 방식에 의한 가장 일반적인 수출거래의 절차를 그 흐름 순으로 한번 살펴보기로 하자.

2-1 매매계약의 체결

해외에 물품을 수출하고자 하는 자는 먼저 자사의 제품이 시장성이 있는지의 여부에 대하여 일차적으로 조사하게 된다. 그 결과 시장성이 있거나 잠재력이 있는 것으로 판단되면, 견실하고 신용 있는 수입상을 물색하는 단계로 넘어가게 된다.

여러 가지 루트에 의하여 잠재 바이어 리스트를 확보한 후에는, 거래가능성 및 그들의 신용도 · 거래능력 · 대금지불능력 등을 고려하여 견실하다고 판단되는 업체를 선정한 후, 본격적인 수출상담에 들어가게 된다.

수출자는 그들이 선정한 해외의 바이어에 대하여 자사제품의 성능, 품질, 가격 등에 대한 소개와 함께 거래제의를 하게 되고, 이에 대하여 구매의사가 있는 상대방은 수량, 가격조건, 선적시기, 대금결제방식 등에 대한 보다 구체적인 문의와 함께 Offer의 발행을 요청하게 된다. 수출자가 발행한 Offer에 대하여 바이어가 그대로 승낙을 하게 되면 매매계약이 체결되는 것이나, 대개의 경우에는 양자 간에 가격 및 수량 등 각종의 조건에 관한 추가적인 절충의 단계를 거쳐 합의가 이루어진 후에 매매계약이 체결되게 된다.

2-2 신용장의 수취

국제 무역거래의 대금결제 방식에는 송금방식, 추심결제방식, 신용장방식 등이 있는데, 신규 거래선과의 초기 거래시에는 대금회수의 위험을 제거하기 위하여 대부분 신용장방식을 활용하게 된다.

계약에 의해 신용장방식으로 대금을 결제하기로 약정한 경우, 수입상은 자신의 거래은행에 수출상을 수익자로 하는 신용장의 개설을 의뢰하게 된다. 발행된 신용장은 수익자 거주지역에 소재하는 개설은행의 본지점 또는 환거래은행을 통하여 수익자에게 통지가 이루어지고, 이러한 과정을 통하여 수출상은 신용장을 수취하게 된다.

2-3 수출승인 등

수출하고자 하는 물품이 수출입공고, 통합공고, 전략물자수출입고시 등에 의하여 거래가 제한되는 경우에는 사전에 그러한 제한을 해제하기 위하여 수출승인, 요건확인, 허가 등의 절차를 거쳐야 한다.

수출입 거래는 원칙적으로 민간의 자율에 맡김으로써 별도의 승인 등을 요하지 않는 것이 일반적이나, 무역관리의 목적상 부득이 통제가 필요한 경우에는 거래품목, 거래유형, 결제방법, 거래상대방 등에 대하여 일정한 절차적 제한을 가하고 있다. 따라서 이와 같은 경우에는 수출을 이행하기에 앞서 먼저 관계 행정기관의 장에게 신청하여 수출승인서, 요건확인서, 허가서 등을 발급받아야 한다.

그러나 수출입공고 및 통합공고, 관세법 등의 법령에 의하여 수출입이 금지되는 품목에 대해서는 거래할 수 없다.

2-4 수출물품의 확보

수출상이 수출물품을 확보하는 방법에는 직접 제조 · 생산하거나 또는 완제품을 구매하는 방법 등이 있다. 자가생산의 경우에도 대개는 제조에 필요한 원 · 부자재를 외부로부터 조달하게 되는데, 국내에서 조달하는 경우에는 내국신용장 또는 구매확인서에 의해 구매하게 되며, 외국에서 조달하는 경우에는 주로 신용장, D/P, D/A, 또는 송금방식에 의하여 수입하게 된다.

수출물품을 확보하는 과정에 소요되는 자금은 한국은행의 '금융중개지원대출관련 무역금융지원 프로그램 운용세칙 및 운용절차'에서 정하는 바에 따라 단기의 저금리 원화대출로 지원받을 수 있게 된다. 제도적으로 '무역금융'을 지원하는 목적은 수출을 통한 '외화획득의 촉진' 및 '국내의 수출 관련 생산기반에 대한 확충'을 도모하기 위함이다.

수출물품을 확보하는 데 필요한 자금은 '용도별금융'에 의하여 자금의 용도별로 구분하여 지원을 받거나, 또는 '포괄금융'에 의하여 용도에 구애를 받지 아니하고 일괄적으로 지원받을 수 있다. '용도별금융'은 원자재를 확보하는 데 필요한 자금을 지원해 주는 '원자재자금'과 수출물품을 제조 · 가공 · 개발하는 데 소요되는 자금(용역을 수출하기 위해 소요되는 자금 포함)을 지원해 주는 '생산자금' 및 완제품을 구매하는 데 필요한 자금을 지원해 주는 '완제품 구매자금'으로 구분되어 있으며, '원자재자금'은 다시 원자재를 해외에서 수입하는 데 필요한 자금을 지원해 주는 '원자재수입자금'과 국내에서 구매하는 데 필요한 자금을 지원해 주는 '원자재구매자금'으로 각각 분류되어 취급된다.

수출을 위한 외화획득용 원료 및 제품의 수입에 대하여는 이를 수입하는 때에 납부하였거나 납부할 관세 등(관세 · 임시수입부가세 · 특별소비세 · 주세 · 교통세 · 농어촌특별세 · 교육세 등)을 환급받을 수 있으며, 또한 수출입공고 및 통합공고 등에 의하여 수입이 제한되는 품목의 경우라 하더라도 극히 일부를 제외하고는 별도의 제한없이 수입이 가능하다.

2-5 운송 및 보험계약의 체결

수출물품이 확보되면 선적과 관련한 계약내용과 운임 등을 고려하여 적절한 운송회사를 선택한 후, 그들과 구체적인 선적협의를 거쳐 요건이 충족되면 선적예약을 하게 된다. 선적과 관련된 계약내용이라 함은, 운송수단, 선적기일, 운송회사 지정여부, 선적항과 도착항, 분할선적과 환적 및 할부선적에 관한 지시 등을 말한다.

또한 무역거래조건이 CIF, CIP 등과 같이 수출상이 보험에 부보하여야 하는 경우에는 적절한 보험회사를 선택하여 수출물품의 선적일 이전까지 '적하보험'에 부보하여야 한다. 보험계약을 체결할 때에는 반드시 신용장에 명시된 모든 위험에 대하여 부보가 이루어질 수 있도록 조치하여야 한다. 부보범위에 관하여는 로이즈시장협회(LMA: Lloyd's Market Association) 및 국제언더라이팅협회(IUA: International

Underwriting Association of London)에서 기존 약관을 공동으로 개정하여 2009년 1월 1일부터 사용하고 있는 (신)협회적하약관(ICC: Institute Cargo Clauses) 및 특별약관(Special Clauses) 등의 명칭으로 그 조건을 표시하는 것이 일반적이다.

매매계약상의 적하보험과는 별도로 수출상은 수입상의 대금지급 지연 · 거절 등으로 인한 '신용위험'과 수입국에서의 전쟁 · 내란 · 환거래제한 등의 '비상위험'으로 인한 불의의 손실을 커버할 목적으로 '수출보험'에 가입할 수도 있다. 수출보험이란 수출거래에 수반되는 여러 가지 위험 중에서 해상보험과 같은 통상의 보험으로는 구제하기 곤란한 신용위험 및 비상위험 등으로 인하여 입게 되는 불의의 손실에 대하여, 정부출연금으로 조성된 무역보험기금을 통하여 보상받을 수 있도록 한국무역보험공사에서 운용하고 있는 수출진흥 목적의 비영리 정책보험을 말한다. (참고: 결제기간 2년 이내의 단기수출보험에 대해서는 2016년 7월부터 민간 보험사에도 보험시장이 개방되었음)

2-6 수출통관

수출통관이란 수출하고자 하는 물품을 세관에 신고한 후, 필요한 심사 및 검사를 거쳐 '수출신고필증'을 교부받아 물품을 선박에 적재하기까지의 일련의 절차를 말한다. 물품을 수출하고자 하는 자는 화물의 적재 전까지 세관장에게 신고를 하여야 하고, 그 신고를 세관장이 수리하여야만 수출할 수 있다. 만약 수출(입)신고를 이행하지 않거나 또는 허위로 신고하는 경우에는 관세법에서 정한 밀수출입 죄에 해당하여 엄한 처벌을 받게 된다.

수출(입)신고는 EDI 방식에 의한 전자 신고를 원칙으로 하고 있으며, 실무적으로는 대부분 관세사에 그 처리를 위탁하고 있다. 수출(입)신고를 받은 세관장은 당해 신고의 형식적 요건을 심사한 후 이상이 없는 경우 이를 수리하게 되며, 이에 따라 신고인은 수출(입)신고필증을 교부받게 된다.

신고의 수리는 대부분 서면심사에 의해 이루어지며 현품검사가 생략되는 것이 일반적이다. 그러나 우범성 정보가 있거나 위장 · 불법 수출(입) 등의 우려가 있는 경우에는 수출(입)신고의 수리 전에 현품검사를 실시하기도 한다.

수출통관 절차는 수출지원정책의 일환으로 인해 예전에 비하여 많이 간소화되어 있으며, 또한 관세의 징수절차가 없으므로 수입통관에 비해 비교적 단순한 편이다.

2-7 물품선적

수출신고가 수리되면, 수출상은 지정된 선박에 물품을 선적한 후 선사로부터 '선하증권(B/L: Bill of Lading)'을 발급받게 된다. 만약 화물이 항공기에 의해 운송되는 경우라면 그때는 선하증권 대신에 '항공화물운송장(AWB: Air Waybill)'이 발행된다.

물품의 선적은 선박회사가 본선의 선장 앞으로 발행한 '선적지시서(SO: Shipping Order)'에 따라 이루어지게 되며, 선박에 적재가 완료되면 화물을 수취한 증거로서 일등항해사가 '본선수취증(M/R: Mate's Receipt)'을 교부하게 된다. 화주는 본선적재 후 교부받은 M/R을 선사에 제시하고 B/L을 발급받음으로써, 물품의 선적과 관련한 일련의 절차가 종료하게 된다. 그러나 현재는 이 모든 것이 전산화되어 있어서 실무적으로는 별도의 형식적인 절차 없이 즉시 B/L이 발급되고 있다.

2-8 수출환어음 매입

수출물품의 선적이 완료되고 선하증권 등의 운송서류(Transport Documents)를 발급받으면 수출상은 환어음(Bill of Exchange) 및 신용장에서 요구하는 제반 서류, 이를테면 상업송장(Commercial Invoice), 포장명세서(Packing List), 보험증권(Insurance Policy), 원산지증명서(Certificate of Origin), 검사증명서(Inspection Certificate) 등을 구비하여, 거래은행에 수출환어음의 매입(Nego)을 의뢰하게 된다.

매입신청을 받은 은행은 제시된 서류가 신용장의 제 조건에 일치하는지의 여부를 심사하여 서류상의 하자(Discrepancy)가 없거나 또는 하자에도 불구하고 채권보전에 문제가 없다고 판단되는 경우, 당해 수출환어음을 매입(또는 보증부매입)한 후 그 대전을 지급하게 된다.

매입한 수출환어음 및 관계 선적서류는 개설은행으로 송부되며, 이에 따라 매입은행은 개설은행으로부터 그 대금을 회수하게 된다.

2-9 사후관리

수출 '사후관리'라 함은 그 관점에 따라 다양한 의미로 해석될 수 있겠으나, 일반적으로는 Nego 대금의 입금 사후관리, 수출승인 등에 대한 사후관리, 외화획득용 원료의 수입 및 관세환급에 따른 사후관리, 부가가치세 환급에 따른 사후관리 등을 의미한다.

이 중에서 특히 유의하여야 할 부분은 수출대금의 입금 사후관리에 관한 사항인데, 외화를 도피하기 위한 고의적인 목적으로 이를 국내로 회수하지 아니하는 경우에는 외국환거래법 이외에도 '국내재산도피방지법' 및 '특정경제범죄가중처벌등에관한 법률' 등에 의하여 엄한 처벌을 받게 된다.

참고 대외채권회수의무 관련 '인정' 및 '신고' 제도 폐지(2017.7.18)

거주자가 비거주자에게 보유한 건당 미화 50만불(미회수 잔액 기준) 상당액을 초과하는 대외채권(對外債權)은 당해 채권의 만기일로부터 3년 이내에 이를 국내로 회수하여야 하며, 기한내에 이를 회수할 수 없거나 또는 회수가 불가능한 경우에는 해당 사유를 입증하는 서류를 첨부하여 외국환은행의 '인정(채권회수기한연장인정 또는 채권회수의무제외인정)'을 받거나 또는 한국은행총재에게 '신고(채권회수기한연장신고 또는 회수대상채권제외신고)'를 하여야 했으나, 이와 같은 종래의 외국환거래법 시행령 및 외국환거래규정 상의 절차적 제한은 2017년 7월 18일부로 폐지되었음.

◀ 예시 1-1-1 ▶ 수출절차의 흐름

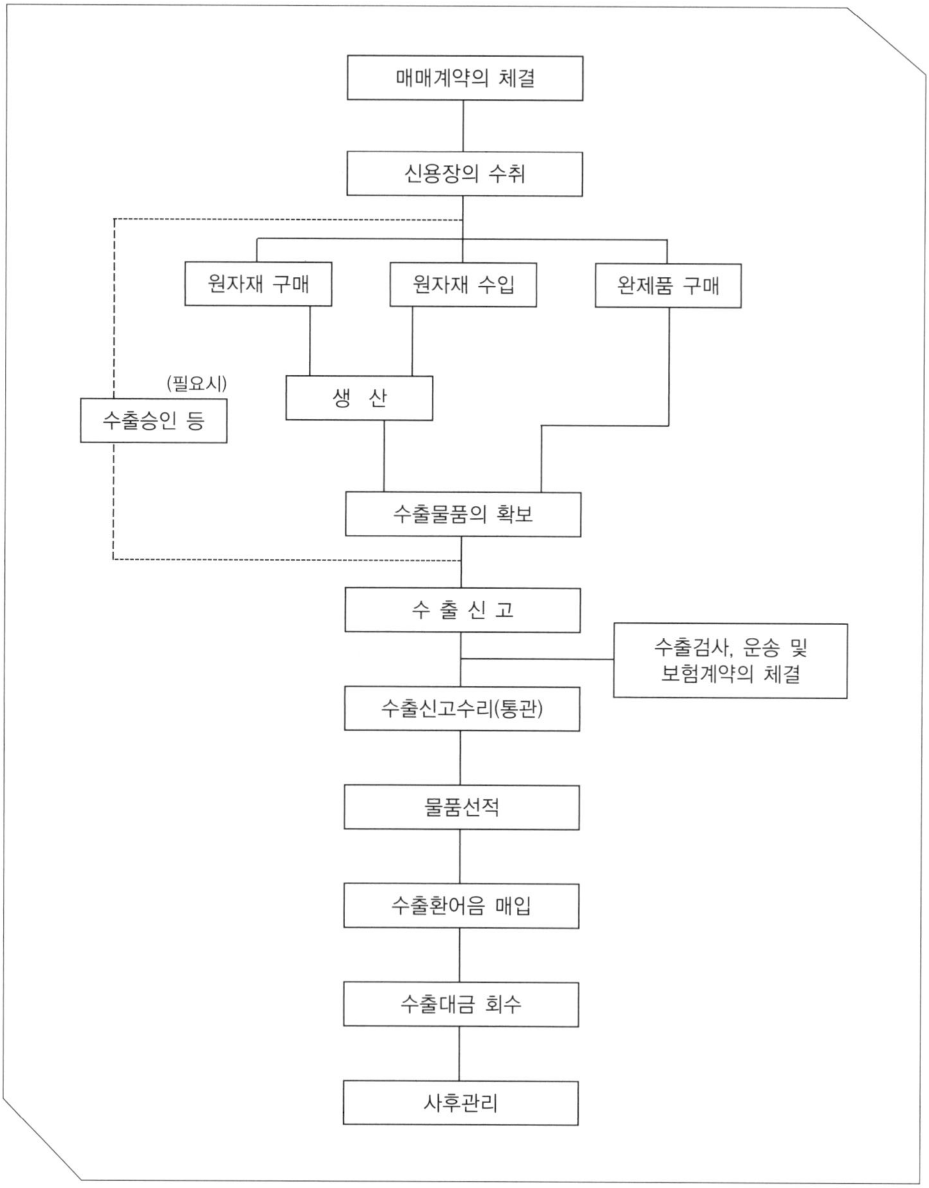

3. 수입의 절차

수입과 수출은 서로 상응관계에 있으므로, 수입거래의 절차에 관해서는 앞에서 설명한 수출거래를 바탕으로 상대방의 관점에서 유추하여 접근하면 될 것이다. 따라서 여기에서는 그 차이점만을 위주로 간략하게 살펴보기로 한다.

3-1 수입계약의 체결

신용장거래에서는 보통 정식의 매매계약서를 작성하지 않고, 수출상이 발행한 'Offer Sheet(물품매도확약서)'를 약식의 건별 계약서로 활용하는 것이 일반적이다. 이는 매매계약이 신용장이라는 수단에 의해 별도로 보호되기 때문에 굳이 매 건별로 정식의 계약서를 작성할 필요가 없기 때문이다.

'Offer Sheet'에는 외국의 수출상이 직접 발행한 '국외발행 오퍼'와 국내의 무역대리업자가 수출상을 대리하여 발행한 '국내발행 오퍼'가 있다. 예전에는 국외발행 오퍼의 사용에 대한 제한이 있었으나, 현재는 '무역대리업신고제도' 및 '국외발행 오퍼확인제도'가 모두 폐지되어 별도의 제한 없이 사용이 가능하게 되었다. 이러한 'Offer Sheet'는 수입계약을 증거하는 서류임과 동시에 신용장 개설을 위한 근거 서류가 된다.

3-2 수입승인 등

수출의 경우와 마찬가지로 수출입공고, 통합공고, 전략물자수출입고시 등에 의하여 거래가 제한되는 경우에는 사전에 그러한 제한을 해제하기 위하여 수입승인 등의 절차를 거쳐야 한다.

그 외 수입자유품목에 대하여는 별도의 제한 없이 수입이 가능하며, 수출입공고 및 통합공고, 관세법 등의 법령에 의하여 수입이 금지되는 품목에 대하여는 수입할 수 없다.

3-3 수입신용장의 개설

수입대금의 결제방식도 수출의 경우와 마찬가지로 송금방식, 추심결제방식, 신용장방식 등이 주로 활용되고 있으며, 수입대금의 결제를 신용장방식에 의하기로 약정한 경우 수입상은 거래은행에 요청하여 신용장을 개설하게 된다.

신용장의 개설은 수입상을 위한 개설은행의 여신(지급보증) 행위이므로, 신용장이 발행되기 위해서는 먼저 수입상과 개설은행 사이에 별도의 약정(외국환거래약정 및 여신거래약정)이 체결되어야 한다. 대개는 한도거래의 방식으로 수입신용장 개설을 위한 '여신거래약정'이 체결되며, 이때에 개설은행의 대지급 채무 위험을 담보하기 위한 인적 · 물적 보증이 요구되는 것이 일반적이다.

3-4 선적서류의 인도 및 수입통관

신용장을 수취한 외국의 수출상은 신용장의 조건대로 물품을 선적한 후, 운송서류와 함께 신용장에서 요구한 제반 서류를 작성하여 자신의 거래은행에 매입을 의뢰하게 된다. 매입은행은 다시 개설은행으로 서류를 송부하여 신용장 대금을 청구하게 되며, 개설은행은 수입상에게 선적서류를 인도하고 그 대금을 결제받아 매입은행에 지급하게 된다.

한편 우리나라에 도착된 수입화물은 관세법의 규정에 따라 보세구역에 장치되며, 수입상은 당해 화물의 통관을 위하여 관할 세관에 수입신고를 이행하여야 한다. 수입신고를 받은 세관장은 당해 신고의 형식적 요건을 심사한 후에 이상이 없는 경우 이를 수리하고 수입신고필증을 교부하며, 수입화물에 대한 과세가격을 평가하여 관세 등을 부과 · 징수하게 된다.

신고의 수리는 대개 서면심사에 의해 이루어지는 것이 일반적이나, 신고사항과 실제의 물품이 일치하는지 및 은닉된 물품이 있는지 등을 확인하기 위하여 현품확인이 이루어지기도 한다. 물품검사는 대개 불시점검의 방법을 취하거나 일정한 기준에 의해 선별된 우범성 화물에 대하여 실시되고 있으며, 불법 · 위장 거래의 첩보가 입수된 경우 등에는 선상 또는 하선 직후에 정밀검사가 실시되기도 한다.

수입신고가 수리되어 '수입신고필증'이 발급되면, 수입상은 개설은행으로부터 인도받은 선하증권을 선박회사에 제시하고 화물을 인도받을 수 있게 된다.

◀Banking Tips▶신용장방식에 의한 수입 항공화물의 반입 FLOW

① **'Arrival Notice' 및 화물의 보세창고 반입 :**
운송인(항공사 또는 Freight Forwarder)은 항공기의 도착 전 또는 도착 후 즉시, 수입상(Notify Party)에게 화물의 도착 사실을 통지하며, 하역된 화물은 곧바로 세관 분류작업을 거쳐 보세창고(수입장치장)로 반입됨.

② **수입신고 :**
수입상은 관세사를 통하여 세관에 수입신고를 이행하고 '수입신고필증'을 교부 받음.

③ **신용장 대금의 결제 :**
수입상은 개설은행에 신용장대금을 결제하고, 은행으로부터 '항공화물운송장에 의한 수입화물 인도승낙서'를 교부받음. (해상화물의 경우에는 양도 배서된 B/L 원본을 교부받음)

☞ 항공화물운송장에 의한 수입화물인도승낙서 :
AWB은 B/L과 달리 배서에 의한 권리양도가 불가능하므로, AWB의 Consignee(수하인)인 개설은행이 화물에 대한 권리를 수입상에게 이전하기 위하여 사용하는 일종의 채권양도 서류임. 항공화물의 수하인이 개설은행으로 되어있는 경우에, 수입상이 물품을 인수하기 위해서는 반드시 개설은행으로부터 이를 발급 받아야 함. 개설은행은 신용장 대금의 '결제'시나 관련 기한부 환어음의 '인수'시 또는 '수입화물선취보증'시에 이를 교부함.

④ **운임정산 :**
수입상은 운임을 정산한 후, 운송인에게 '수입화물인도승낙서'를 제출하고 '화물인도지시서(DO: Delivery Order)'를 교부 받음.

☞ 화물인도지시서(DO: Delivery Order)
하역된 물품을 임시 보관하고 있는 보세창고업자 등에 대하여, 당해 화물을 DO의 정당한 소지인에게 인도하도록 지시하는 운송업자의 지시서를 말함.

☞ 개설은행의 유의사항 :
포워딩업체가 수입화물인도승낙서 없이 불법으로 DO를 발급하는 사례가 산견되고 있는데, 이와 같은 경우 은행은 수입화물에 대한 양도담보권을 상실하게 되므로 각별한 주의가 요망됨. 비록 불법행위자인 포워딩업체에 대하여 손해배상청구권을 행사할 수 있다고는 하나, 대개 이들의 자산이 불충분하여 손해배상청구소송의 실익을 확보할 수 없는 경우가 대부분이므로, 사전에 그러한 징후를 포착하여 이를 예방하는 것이 최선의 방책임.

⑤ **화물수령 :**
창고업자는 '화물인도지시서(DO)' 및 '수입신고필증'을 확인하고 수입상에게 화물을 인도함.

☞ 현재는 이러한 일련의 서류들이 EDI에 의해 전산으로 전송 · 처리되는 추세로서, 대부분의 경우에 실물 서류를 제출하지 않고도 간편하게 처리할 수 있게 되었음.

제 2 절

국제매매계약

1. 국제매매계약의 의의 및 성격

국제매매계약이란 국제간 물품의 매매를 위하여 매도인(Seller)과 매수인(Buyer) 간의 합의에 의해 체결되는, 법률적 구속력을 지니는 약정 행위를 말한다. 계약의 양 당사자는 계약의 이행과 관련한 권리와 의무를 동시에 가지게 되며, 어느 일방이 그 의무를 다하지 아니함으로 인하여 손해를 입은 경우에는 그 상대방에 대하여 손해배상을 청구할 수 있게 된다.

이러한 국제매매계약의 주요 성격을 살펴보면 다음과 같다.

첫째, 국제매매계약은 '합의계약(Consensual Contract)'이다. 즉 매도인의 청약(Selling Offer)에 대하여 매수인이 이를 승낙(Acceptance)하거나, 매수인의 청약(Buying Offer)에 대하여 매도인이 그 주문(Order)을 수락(Acknowledgement)함으로써 계약이 성립되는 것이며, 이와 같은 것을 '합의계약'이라고 한다. 당사자 간 의사표시의 합치만으로 계약이 성립한다는 의미에서 이를 '요물계약(要物契約)'과 대비하여 '낙성계약(諾成契約)'이라 표현하기도 한다.

둘째, 국제매매계약은 '쌍무계약(Bilateral Obligation Contract)'이다. 즉 매도인은 계약에 따라 상품을 인도하여야 할 의무가 있으며, 이에 대하여 매수인은 대금지급의 의무를 지니게 되는데, 이와 같이 쌍방 모두가 의무를 부담하는 계약을 '쌍무계약'이라고 한다. 이는 '편무계약(片務契約)'에 반대되는 개념으로서 상거래 계약은 '쌍무계약(雙務契約)'이 원칙이다.

셋째, 국제매매계약은 '유상계약(Remunerative Contract)'이다. 즉 계약 당사자가 상호 대가적 관계에 있는 급부를 목적으로 함으로써 쌍방이 모두 그 대가적 의미가 있는 경제적 이익을 얻게 되는데, 이와 같은 계약을 '유상계약'이라고 한다. 이는 '무상계약(無償契約)'에 반대되는 개념으로서 상거래 계약은 '유상계약(有償契約)'이 원칙이다.

2. 국제매매계약의 성립 절차

2-1 해외시장조사

'해외시장조사'란 거래하고자 하는 국가의 정치 · 경제 · 사회 · 문화 · 지리적 조건 등의 시장여건을 파악하고 제품에 대한 수요 및 판매가능성을 측정하는 등 매매에 필요한 각종 정보 및 기초여건을 조사하는 일련의 절차를 말한다. 이는 본격적인 수출입 활동의 전제가 되는 첫 단추라 할 수 있다.

해외 시장 조사시에 고려되어야 할 주요 사항으로는 시장 고유의 특성 및 소비자의 기호, 시장의 전체적인 크기 및 잠재력, 제품의 수급동향 및 유통구조, 경쟁대상 및 경쟁력, 법규에 의한 규제 및 제한사항 등이 있다.

2-2 거래선의 발굴

시장조사의 결과 당해 제품의 시장성과 잠재력이 있다고 판단되면 여러 가지 다양한 경로를 통하여 거래선을 물색하게 되며, 그들 중 가장 적합하고 신뢰할 수 있는 거래 상대방을 선정하여 거래를 제의하게 된다.

거래처를 발굴 · 확보하는 방법에는 일반적으로 다음과 같은 방법들이 사용된다.

① 무역 유관기관을 통하여 Buyer(Seller) List를 입수하는 방법
② 인터넷(거래알선 사이트)을 통하여 해외의 구매자(판매자)를 물색하는 방법
③ 국내에서 발간하여 해외로 배포되는 해외홍보매체를 이용하는 방법
④ 각종 무역 사절단 및 전시회 참가 등을 통하여 Buyer(Seller)를 발굴하는 방법
⑤ 해외의 각종 광고매체를 이용하는 방법
⑥ 해당 지역을 직접 방문하여 거래처를 발굴하는 방법
⑦ 영문 홈페이지를 제작하여 활용하는 방법(자사제품의 홍보 등)
⑧ 자체 홍보물 등을 제작하여 활용하는 방법(Catalog, Leaflet, e-mail 등)

2-3 신용조사 및 거래제의

잠재적인 거래선의 명단이 확보되면 이들 회사에 자기소개서 또는 조회서(Inquiry)를 작성하여 송부하게 되며, 그 후 상대방이 거래에 관심을 보이고 또한 계약으로 연결될 가능성이 크다고 판단되는 경우에는 상대방의 신용조사에 들어가게 된다.

거래에 앞서 사전에 상대방의 신용상태를 확인하는 것은 매우 중요한 일이다. 이는 대금 미결제, 악질적인 Market Claim, 사기(Fraud) 등으로부터 스스로를 보호하기 위한 최소한의 자구책이다. 신용조사시에는 대개 거래상대방의 Character(평판, 성실성, 상도덕성 등), Capital(재무상태 및 지불능력 등), Capacity(경력, 연혁, 연간 매출액, 영업능력 등) 등에 대한 조사가 이루어지게 된다.

신용조사는 인터넷 해외기업정보 조회 사이트나 상공회의소 등을 활용하는 것이 일반적이며, 중요한 거래의 경우에는 국내의 전문 신용조사기관이나 세계적인 상업흥신소를 이용하기도 한다. 국내의 기관으로는 대한무역투자진흥공사, 한국무역보험공사, 신용보증기금, 한국평가데이터, 나이스평가정보, 나이스디앤비 등이 있다.

신용조사 결과 거래선의 신용도가 양호하다고 판단되는 경우에는 정식으로 거래제의서(Business Proposal)를 작성하여 송부하게 되며, 이때 정가표(Price List)나 카탈로그(Catalog) 또는 견품(Sample)의 송부가 이루어지기도 한다. 거래제의는 일반 건별 매매제의, 장기간의 지속적인 거래제의, 대리점 제의 등의 방법이 있다.

2-4 청약과 승낙

상대방과의 거래를 결심하게 되면 매도인이 매수인에게 판매조건을 서면으로 작성하여 제시하거나, 또는 매수인이 매도인에게 구매조건을 서면으로 작성하여 제시하게 된다. 이러한 청약(Offer)에 대하여 상대방이 승낙(Acceptance 또는 Acknowledgement)의 의사표시를 함으로써 계약이 성립하게 된다.

청약이란 상대방의 무조건적인 승낙이 있으면 계약을 성립시킬 것을 목적으로 하는 청약자의 일방적이고 확정적인 의사표시를 말한다. 따라서 승낙은 오퍼의 모든 조항에 대해 무조건으로 동의하는 것이어야 하며, 오퍼 내용에 어떠한 변경을 가하는 조건부의 승낙은 오퍼에 대한 사실상의 거절이며 새로운 오퍼의 제시가 되는 것이다. 실무적으로는 상대방의 청약사항을 일부 수정하여 다시 제의하는 반대청약(Counter Offer)이 여러번 되풀이되면서, 거래조건에 대한 최종 합의에 이르는 것이 일반적이다.

청약은 특정한 방식에 의할 필요는 없다. 따라서 구두로 행하여도 무방하며, 서면으로 작성하여 우편으로 송부하거나 FAX, e-mail 등 어떠한 수단에 의해서도 제시할 수 있다.

그러나 우리나라의 외국환거래 관련 법규에서는 대외거래의 지급 또는 수령을 위한 '증빙서류'로서 당해 거래의 사유와 금액을 입증하는 서류의 '원본(Original)' 제출(원본 서면을 직접 제출하거나, 또는 전자적 방법을 통하여 제출)을 원칙으로 하고 있어, 만일 청약과 승낙의 행위를 구체적으로 증거하기 위한 별도의 서면 '계약서(Sales Contract 또는 Purchase Contract)'를 작성하지 않는 경우에는 반드시 그러한 청약과 승낙의 의사표시 자체가 원본성을 가진 증빙자료에 의해 입증될 수 있도록 조치하는 것이 필요하다. 구두에 의한 의사표시나 이메일로 수신된 단순 메세지를 프린트한 것 등은 증빙서류로 인정하고 있지 않다.

실무에서는 흔히, 서면에 의하여 작성된 매도인의 'Selling Offer'에 대하여 매수인이 서명(Signature)에 의해 'Acceptance'의 의사를 표시함으로써 약식의 계약서로 활용하고 있는데, 이를 'Offer Sheet(물품매도확약서)'라고 부른다. 또한 매수인의 'Buying Offer'에 대하여 매도인이 서명에 의해 'Acknowledgement'의 의사를 표시함으로써 약식의 계약서로 활용하기도 하는데, 업계에서는 이를 'Purchase Order

(물품구매주문서)'라고 부른다.

2-5 계약서의 작성

계약은 구두로 하더라도 성립되며 반드시 문서로 작성할 필요는 없다. 그러나 국제 매매계약에 있어서는 상호 간의 권리 · 의무관계 및 계약조건을 명확히 하고, 또한 후일의 분쟁에 대비하기 위하여 계약의 내용을 문서화하는 것이 필수적이다. 청약과 승낙에 의하여 계약이 성립되면, 계약의 내용을 문서화하여 양 당사자가 이를 확인하고 서명함으로써 계약서를 완성하게 된다. 향후 지속적인 거래가 예정되어 있는 경우에는 변함없이 공통적으로 적용되는 사항 즉, 불가항력 조건, 권리침해 조항, 클레임 제기기한, 중재조항 및 준거법 등에 관하여 '일반거래조건에 관한 협정서(Agreement on General Terms & Condition of the Contract)'를 별도로 작성하는 것이 실무상 관행이다. 이러한 계약서를 흔히 'General Agreement' 또는 'Master Contract'라고 부른다. 공통적으로 적용되는 기본적인 조건 이외에 가변적이고 구체적인 사항에 대하여는 개별 매매계약서를 작성하게 된다. 즉, 모든 거래에 대한 포괄적 준칙은 일반협정서로 작성하고, 매 건별 거래에 대해서는 개별 매매계약서를 작성하게 되는 것이다. 개별 매매계약을 문서화하는 방법으로는 다음과 같은 것들이 있다.

첫째, 거래조건에 대한 최종 합의가 이루어지면 당사자 일방이 이를 서면으로 정리한 계약서 2통을 작성하여 서명한 후 상대방에게 송부하고, 상대방이 다시 여기에 확인 서명(Counter Signature)하여 그중 1통을 반송함으로써 각기 1통씩 보관하는 방법이다. 이러한 계약서를 매도인 측이 작성할 때에는 '매도계약서(Sales Contract 또는 Sales Note)'라 하고, 매수인 측이 작성할 때에는 '구매계약서(Purchase Contract 또는 Purchase Note)'라 한다.

둘째, 매도인이 발행한 Offer Sheet에 매수인이 그대로 서명을 하거나, 또는 매수인이 발행한 Purchase Order에 매도인이 서명을 하는 방법이다. 이때에도 서류를 2통으로 작성하여 각기 1통씩 보관한다.

셋째, 매도인이나 매수인이 '확정오퍼(Firm Offer)'를 서신이나 전신으로 상대방에게 보내고, 상대방은 이에 대하여 승낙(Acceptance) 또는 수락(Acknowledgement)의

서신이나 전신을 보냄으로써 법률상 서면계약서(Written Contract)의 효력을 갖도록 하는 방법이다.

이와 같은 국제매매계약은 국제상업회의소에서 제정한 'ICC 표준 국제매매계약서(ICC Model International Sale Contract, ICC Pub. No. 738E, 2013)'상의 표준 서식을 활용하는 것이 일반적인 국제 관행이다.

◀Banking Tips▶ 수출입 계약 관련 문서

Sales Contract, Purchase Contract (물품매매계약서)	거래내용 및 제반 조건 등을 문서로 상세하게 작성하여 Seller와 Buyer 양 당사자가 서명한 정식의 계약서를 말하며, 일반적으로 D/P 및 D/A 수출입 거래시에 계약관련 증빙서류로 은행에 제출되고 있음.
Offer Sheet (물품매도확약서)	Seller 또는 그의 대리인(Agent, 오퍼상)이 Buyer 앞으로 작성한 문서로서, 특정 물품을 소정의 가격 · 품질 · 결제조건 등으로 매도하겠다는 의사표시를 담고 있으며, 실무에서는 Buyer의 확인서명(Counter Signature)에 의해 약식의 건별 계약서로 활용되기도 함. 장기 지속 거래처와의 거래시에는 이를 흔히 매매계약서의 작성에 갈음하고 있으며, 일반적으로 수입대금의 당발송금 및 신용장의 개설시에 계약관련 증빙서류로 은행에 제출되고 있음.
Purchase Order (구매주문서)	물품의 구매수량과 각종 거래조건 등을 기재하여 Buyer가 Seller 앞으로 작성한 주문서를 말하며, 실무에서는 Seller의 확인서명에 의해 약식의 건별 계약서로 활용되기도 함. 장기 지속거래처와의 거래시에는 이를 흔히 매매계약서의 작성에 갈음하고 있으며, 일반적으로 수출대금의 타발송금 수령시에 계약관련 증빙서류로 은행에 제출되고 있음.
Pro forma Invoice (견적송장)	Seller가 Buyer의 주문(전화 · 팩스 · 이메일 등)을 받고 물품을 보내주기 전에, 주문품의 최종 가격 · 수량 및 거래조건 등에 대한 Buyer의 Confirm을 받기위해 보내주는 송장을 말하며, 실무에서는 Buyer의 확인서명에 의해 약식의 건별 계약서로 활용되기도 함. 장기 지속거래처와의 거래시에는 이를 흔히 매매계약서의 작성에 갈음하고 있으며, 일반적으로 수입대금의 당발송금시에 계약관련 증빙서류로 은행에 제출되고 있음.

참고 1) 위의 계약관련 문서는 모두 수출입거래의 증빙서류로 인정될 수 있으나, 당해 서류에는 반드시 수출입 양 당사자의 서명이 있어야 함.

참고 2) Commercial Invoice는 계약이 체결된 이후에 Seller가 작성하는 대금청구서류(매매계산서)의 일종이며, 이는 계약관련 문서에 해당하지 않음.

3. 무역계약의 주요 거래조건

무역계약을 구성하는 주요 거래조건에는 품질(Quality), 수량(Quantity), 가격(Price), 선적(Shipping), 보험(Insurance), 결제(Payment) 등에 관한 조건이 있으며, 이에 관한 주요 내용은 다음과 같다.

3-1 품질조건

품질조건의 결정은 다음과 같은 방법을 사용한다.

가. 품질결정 방법

1) 검사매매(Sales by Inspection)

물품의 검사를 조건으로 하는 매매 방법이다. 일반적으로 수입상은 검사증명서(Inspection Certificate)를 요구하거나 상업송장 등에 검사자(일반적으로 수입상의 주재대리인)의 부서(Countersign)를 요구한다.

검사증명서를 요구하는 방법에는 두 가지의 경우가 있는데, 하나는 서류발행자에 대한 별도의 명시 없이 'Inspection certificate is required.' 등으로 표시하는 경우이고, 다른 하나는 'Inspection certificate issued by ○○○' 등과 같이 서류발행자를 지정하는 경우이다. 전자의 경우에는 수출상 자신이 물품을 검사하고 검사증명서를 작성할 수 있으나, 후자의 경우에는 반드시 지정된 자가 물품을 검사하고 검사증명서를 작성하여야 한다. 경우에 따라서는 'Invoice must be countersigned by ○○○.' 등으로 표시하여 별도의 검사증명서를 생략하는 때도 있다. 검사자(확인서명자)로는 대개 글로벌 네트워크를 보유하고 있는 전문 검정기관(검증/검사/시험/인증 전문업체)을 활용하는 것이 일반적이다.

2) 견본매매(Sales by Sample or Pattern)

주문생산인 경우에는 일반적으로 수출상이 상품을 계약 당시에 소지하고 있지 않기 때문에 수입상으로서는 그 품질의 확인이 곤란하다. 따라서 수입상은 상품의 선적 이전에 견본을 자신에게 송부하도록 하여 승낙을 받도록 요구하는 경우가 많다.

기재 문언의 예를 보면 다음과 같다.

① Sample must be sent to buyer for approval and such approval must be confirmed and endorsed by ××× in writing prior to each shipment.

② Sample must be approved by the buyer prior to shipment.

3) 표준품매매(Sales by Standard or Type)

국제시장에서 거래되어 일반적으로 인정받고 있는 품질, 즉 표준품에 의해서 목적 상품의 품질을 결정하는 계약이 성립될 때에 이를 '표준품매매(Sales by Standard)'라고 말한다. 예를 들면 미수확 농산물이나 임산물의 매매시에는 견본을 매매의 기준으로 삼을 수 없기 때문에 그 계절의 표준품을 품질조건으로 정하게 된다.

기재 문언의 예를 보면 다음과 같다.

"Goods shall be guaranteed by the seller to be almost equal to the fair average quality of the season's crop at time and place of shipment."

4) 상표매매(Sales by Trade Mark or Brand)

상품의 상표 또는 브랜드가 국제적으로 널리 알려져 있는 경우에는 견본 등을 사용할 필요없이 단지 상품의 상표에 의하여 품질조건이 결정되게 되는데, 이를 '상표매매'라고 한다.

5) 명세서매매(Sales by Specification)

명세서매매란 상품의 규격 · 구조 · 성능 등을 미리 상대방에게 전달하고, 목적 상품이 이러한 명세서에 일치할 것을 조건으로 거래하는 것을 말하며, 설명매매 또는 기술매매(Sales by Description)라고도 한다.

기계, 선박 등 정밀도를 요구하는 상품의 경우에는 청사진(Blue Print), 도해목록(Illustrated Catalogue), 설계도 등의 명세서로 품질조건을 결정하는 것이 일반적이다.

나. 품질결정 시기

품질결정의 기준을 선적 당시의 품질에 의할 것인지, 혹은 양륙 당시의 품질에 의하여 결정할 것인지에 따라 '선적품질조건'과 '양륙품질조건'으로 구별된다.

1) 선적품질조건(Shipped Quality Terms)

선적품질조건이란 상품의 품질이 약정품질과 일치하느냐의 여부를 상품 선적시의 품질에 의하여 결정하는 방법으로, 공산품 등에 널리 이용되고 있다.

이 조건에서는 운송 중에 변질된 상품이나 조수 등에 의한 상품의 손상에 대하여 수출상은 책임을 지지 않는다. 수출상은 약정한 품질과 동일하다는 것을 입증하기 위하여 권위 있는 사증기관(Surveyor)의 '품질증명서(Certificate of Quality)' 또는 '선적전 검사증명서(PSI: Pre-Shipment Inspection Certificate)'를 수입상에게 제공하는 것이 일반적이다.

2) 양륙품질조건(Landed Quality Terms)

양륙품질조건이란 상품의 품질이 약정품질과 일치하느냐의 여부를 상품 양륙시의 품질에 의하여 결정하는 조건으로, 수송 도중에 변질되기 쉬운 농산물이나 광산물 등에 주로 이용된다.

이 조건에서는 운송 중의 상품 변질이나 손상 등에 대하여 수출상이 그 책임을 져야 한다. 도착된 상품의 품질이 계약조건과 일치하지 않을 경우에, 수입상은 사증기관에 품질감정을 의뢰하고 그에 따라 발행된 감정보고서(Survey Report) 등을 근거로 수출상에게 클레임을 제기하게 된다.

3-2 수량조건

수량조건이란 상품의 개수, 길이, 면적(넓이), 용적(부피), 중량(무게), 포장단위 등의 수량 및 그 과부족 허용 여부 등에 대한 조건을 말하며, 이에 관한 주요 내용은 다음과 같다.

가. 수량 단위의 표시

수량(Quantity)은 상품의 종류, 성질, 거래관습 등에 의하여 여러 가지 단위로 표시될 수 있으며, 실무에서는 개수, 용적, 중량 등과 관련하여 다음과 같은 단위가 주로 활용되고 있다.

낱개로 헤아릴 수 있는 상품의 경우에는 개수로 수량을 표시하게 되는데, 그 단위로는 Piece(Pcs), Dozen(Doz), Gross, Great Gross 등이 사용된다. 또한 포장단위를 통하여 그 수량을 표시하기도 하는데, Carton(CTN), Pallet(PLT), Container(CNTR) 등이 그것이다.

용적을 표시하는 단위로는 목재 등에 사용되는 입방미터(Cubic Meter: CBM) 및 입방피트(Cubic Feet: CFT), 석유 및 주류 등의 액체에 사용되는 배럴(Barrel: bbl, bls) 등이 있다.

중량을 표시하는 단위로는 톤(Ton), 파운드(Pound: lb, lbs), 킬로그램(Kilogram : kg) 등이 있으며, 톤(Ton)의 종류에는 Metric Ton(MT), Long Ton(LT), Short Ton(ST)이 있다.

참고적으로 중량 측정의 방법에는 '총중량조건(Gross Weight Term)'과 '순중량조건(Net Weight Term)'이 있는데, 총중량조건이란 포장한 그대로의 중량을 대금 계산시의 기준으로 삼는 조건으로서 포장용기 등이 일정한 면화 및 소맥 등의 상품에 주로 활용되고 있으며, 순중량조건이란 포장물의 중량을 공제한 순수 중량을 대금 계산의 기준으로 삼는 조건을 말한다.

참고 VGM(Verified Gross Mass, **총중량검증제/검증총중량**)

국제해상인명안전협약(SOLAS)의 규정에 따라 2016년 7월부터 실시되고 있는 컨테이너 화물의 '총중량검증제'를 말하며, 또 한편으로 해당 화물을 계량한 '검증총중량'을 의미하기도 함. 송하인은 적입이 완료된 컨테이너의 총중량(VGM)을 측정하여 운송인에게 제공할 의무가 있으며, 이를 위반하면(VGM 정보를 제공하지 않거나 제공된 정보가 실제와 상이(±5%의 오차범위 초과)한 경우) 해당 컨테이너는 선박에 적재될 수 없음. 이는 과잉 선적에 따른 위험을 제거하고 선박운항의 안전도를 높이고자 하는 취지임.

plus+ 수량단위에 대한 해설

■ 개수의 표시

- Piece(pcs) : 낱개로 헤아릴 수 있는 물품 1개
- Dozen(doz) : 12 Pieces
- Gross : 12 Dozen = 144 Pieces
  ⇒ Small Gross = 10 Dozen = 120 Pieces
- Great Gross : 12 Gross = 144 Dozen = 1,728 Pieces

■ 길이의 표시

- 미터법의 단위 : Nanometer(㎚), Micrometer(㎛), Millimeter(㎜), Centimeter(㎝), Meter(m), Kilometer(㎞)
  ⇒ 1㎞ = 1,000m, 1m = 100㎝, 1㎝ = 10㎜, 1㎜ = 1,000㎛, 1㎛ = 1,000㎚
- 야드법의 단위 : Inch(in), Foot(ft), Yard(yd), Rod, Mile
  ⇒ 1 Inch = 약 2.5399㎝ (엄지 손가락의 너비 정도에 해당하는 길이)
  ⇒ 1 Foot = 12 Inches = 약 30.48㎝ (한 발자국의 보폭 정도에 해당하는 길이)
  ⇒ 1 Yard = 3 Feet = 36 Inches = 약 91.44㎝
  ⇒ 1 rod = 5.5yd
  ⇒ 1 mile = 320 rods = 1,760yd

■ 면적(넓이)의 표시

- 미터법의 단위 : Square-centimeter(㎠), Square-meter(㎡), Are(a), Hectare(ha)
  ⇒ 1㎡ = 10,000㎠ (예: 가로100㎝ × 세로100㎝)
  ⇒ 1ha = 100a = 10,000㎡ (예: 가로100m × 세로100m)
- 야드법의 단위 : Square-inch(in^2), Square-foot(ft^2), Square-yard(yd^2), Acre
  ⇒ $1yd^2 = 9ft^2$ (예: 가로3ft × 세로3ft)
  ⇒ $1acre = 4,840yd^2$

■ 용적(부피)의 표시

- CBM(Cubic Meter, ㎥):미터법에 의한 부피의 단위(1CBM=가로1m×세로1m×높이1m)
- CFT(Cubic Feet, ft^3) : 야드법에 의한 부피의 단위 (1CFT = 가로1ft×세로1ft×높이1ft)
- BBL(Barrel) : 석유 및 주류 등과 같은 액체의 부피를 환산하는 단위
  ⇒ Oil 1bbl = 42 American Gallons = 158.9 ℓ
  ⇒ 1 American Gallon = 3.785329 ℓ
  ⇒ 1 Liter(ℓ) = 대략, 순수한 물 1kg에 해당하는 부피
  ⇒ 석유, 맥주 · 와인, 일반액체 등 그 내용물에 따라 1bbl의 Liter(ℓ) 계량은 모두 다를 수 있음.

■ 중량(무게)의 표시

- KG(Kilogram) : 1,000 Gram
- LB(Libra) : 중량 파운드(Pound)의 단위를 말함.
  ⇒ 1lb = 16 Ounce(oz), 약 0.45359237kg에 해당함.
- MT(Metric Ton, Tonne) : 1,000kg을 나타내는 무게의 단위를 말함.

톤(Ton)의 단위와 관련해서 일반적으로 사용되는 톤(Tonne, t.)과
영국 톤(Long ton) 및 미국 톤(Short ton)의 실제 중량이 모두 서로 다르기 때문에,
1,000kg을 나타낼 때에는 반드시 'Metric Ton(MT)'이라는 단위를 사용하여야 함.
⇒ LT(Long Ton, English Ton, Gross Ton) : 2,240lbs (약 1,016kg)
⇒ MT(Metric Ton, French Ton, Kilo Ton, Tonne) : 2,204lbs (1,000kg)
⇒ ST(Short Ton, American Ton, Net Ton) : 2,000lbs (약 907kg)

♣ (참고) 'Gross Weight'와 'Net Weight'
'Gross Weight'란 포장한 상태에서의 '총중량'을 말하며,
'Net Weight'란 포장하지 않은 상품의 '순중량'을 말함.

■ 포장단위(Packing Unit)의 표시

Container(CNTR) : 컨테이너(화물 수송용 상자형 용기)
- TEU(Twenty feet Equivalent Unit) : 길이가 20 feet(약 6m)인 컨테이너
- FEU(Forty feet Equivalent Unit) : 길이가 40 feet(약 12m)인 컨테이너

Carton(CTN) : 판지를 이용하여 만든 화물 포장용 상자(Box)를 말함.

Pallet(PLT) : 지게차용 화물 받침대를 말하는데, 그 위에 화물을 싣고 간단한 포장(Wrapping & Banding)을 하여 운반 용기로 활용됨.

(참고) Bulk Cargo : 포장하지 않은 대량의 화물을 말함. 즉, 철광석, 석탄, 곡물, 원유 등과 같이 포장단위나 개수로 헤아릴 수 없는 산적화물을 말함.

나. 계량의 기준시기

수량조건과 관련하여 분쟁의 소지가 있는 부분은 중량(Weight)의 계량시기에 관한 사항이다. 따라서 중량으로 수량조건을 표시하는 경우에는 계량의 시기에 대해서도 명확하게 언급해 둘 필요가 있다.

계량의 기준시기를 선적시로 하느냐 또는 양륙시로 하느냐에 따라 '선적중량조건(Shipped Weight Terms)'과 '양륙중량조건(Landed Weight Terms)'으로 구분된다.

선적중량조건은 선적시의 중량을 기준으로 하여 가격을 정하기로 하는 조건이며, 통상 검정인증명서(Surveyor's Report)나 중량증명서(Weight Certificate) 등을 요구하게 된다.

양륙중량조건은 광산물이나 증발이 심한 유지 등과 같이 상품의 성질상 기후 · 습도 · 온도 또는 자연적 소모에 의하여 선적시와 양륙시 간에 중량상의 차이가 생길 우려가 있을 때 사용된다. 예컨대 최초의 어음발행 금액을 송장금액의 일부로 제한하는 '일부어음발행신용장(Partial draft Credit)'의 중량조건이 그것이다.

다. 과부족 용인조건(More or Less Clause)

정확한 수량을 선적하는 것이 곤란할 경우에 대비하여 특별히 과부족 허용에 관한 약정을 하는 경우가 있다. 예를 들면, '10% more or less at seller's option.' 또는 'Seller have the option of shipping or delivering 10% more or less on the contracted quantity unless arranged otherwise.' 등이 그것이다.

대량의 산적화물(Bulk Cargo)과 관련해서는 별도의 약정이 없더라도 과부족 용인제도가 전통적인 상관습의 하나로 인정되어 왔다. 이에 대하여는 신용장통일규칙에서도 같은 취지의 내용을 반영하고 있는데, ① 신용장상에 수량의 과부족을 금지하는 조건이 없고, ② 또한 신용장상의 상품수량이 '포장단위(Packing Units)'나 '개개품목(Individual Items)'의 '개수'로 명시되어 있지 않으며(예: 수량단위가 길이, 면적, 용적, 중량 등으로 명시된 경우를 말함), ③ 또한 청구금액(어음발행금액)의 총액이 신용장금액을 초과하지 않는다면, 비록 신용장상에 별도의 과부족 허용조항이 명시되어 있지 않다 하더라도 5% 범위 이내의 수량 과부족을 허용하는 것으로 해석한다고 규정되어 있다(UCP 600 제30조 b항, ISBP 821 C14조).

참고적으로 신용장 거래에서는, 금액(Amount) · 수량(Quantity) · 단가(Unit Price)와 관련하여 'About' 또는 'Approximately'라는 용어가 사용된 경우에, 이는 해당금액 또는 해당수량 또는 해당단가에서 10% 범위 이내의 과부족을 허용하는 것으로 해석한다(UCP 600 제30조 a항). 그러나 이 규정은 신용장의 금액과 상품의 단가 및 수량에만 한정하여 적용되는 것이며, 선적일이나 유효기간 또는 운임이나 보험료 등에는 적용될 수 없다는 점에 유의하여야 한다.

3-3 가격조건

가격조건이란 상품의 단가, 결제통화 및 결제금액, 운임 · 보험료 · 통관비용 등 수출입 부대비용의 포함 여부, 기한부거래에 따른 이자의 청구방법(매매가격에 포함할 것인지 또는 별도로 정산할 것인지의 여부) 등에 관한 제 조건을 말한다.

가격을 책정할 때에는 상품의 원가 및 희망이익, 수출입 부대비용 등이 종합적으로 고려되어야 하는데, 그중에서 수출입 부대비용은 매우 가변적인 요소라 할 수 있다. 따라서 이와 관련한 명확한 합의가 이루어져야 하며, 그렇지 않으면 공정한 가격을 책정할 수가 없게 된다. 왜냐하면 상품의 인도장소 및 위험부담의 분기점이 어디인가에 따라 운송 · 보험 · 통관 등에 따른 많은 부대비용이 가격에 포함될 수도 있고 그렇지 않을 수도 있기 때문이다.

그러나 매 거래시마다 이러한 비용부담을 누가 할 것이며, 위험부담의 분기점을 어디로 할 것인지 등에 관한 사항을 일일이 합의한다는 것은 매우 번거로운 일임에 틀림이 없다. 따라서 이러한 불편을 해소하기 위하여 무역거래에서는 예전부터 'FOB(본선 인도조건)'나 'CIF(운임 · 보험료 포함 인도조건)' 등과 같은 정형화된 거래조건을 이용하여 왔는데, 이러한 정형화된 거래조건을 'Trade Terms(무역거래조건)'라고 한다. 그러나 이러한 정형거래조건이 항상 유용했던 것만은 아니다. 왜냐하면 국가간 · 지역간 상관습의 차이로 인하여 그 해석상의 오해와 마찰이 발생할 수 있다는 문제점을 지니고 있기 때문이다.

따라서 그러한 문제점을 해결하고 불필요한 분쟁을 방지하기 위하여 ICC(국제상업회의소)에서는 이에 관한 별도의 규칙을 제정하여 이를 따르도록 하고 있는데,

이를 '무역거래조건의 사용에 관한 국제규칙(ICC Rules for the Use of Domestic and International Trade Terms, 2020 Revision, ICC Publication No.723E)'이라 하며, 약칭하여 'Incoterms® 2020'이라고 부른다.

참고 인코텀즈의 개별 조건을 지칭할 때 업계에서 흔히 사용하고 있는 '가격조건(Price Terms)'이나 '선적조건(Shipping Terms)' 등의 다의적인 용어는 옳지 못한 표현이므로 사용을 자제하여야 하며, '무역거래조건(Trade Terms)'이나 '인도조건(Delivery Terms)' 등의 용어로 표현하여야 함.

3-4 선적조건

선적조건이란 선적의 시기와 방법, 운송수단 및 운송서류의 종류(해상, 항공, 육상, 복합), 선적지 및 도착지, 수하인(Consignee) 및 착화통지처(Notify Party), 화인(Shipping Mark), 운송회사의 지정여부 등에 관한 제 조건을 말하며, 이 중에서 선적시기(선적기일)와 선적방법에 대한 주요 내용을 살펴보면 다음과 같다.

가. 선적시기

선적시기에 관한 기재 문언의 예를 보면 다음과 같다.

① Shipment must be effected until July 31, 20XX.
또는, The latest date of shipment : XX0731(YYMMDD)

② Shipment must be made during July 20XX.

전자는 20XX년 7월 31일까지 선적하여야 한다는 의미이며, 후자는 반드시 20XX년 7월 중에 선적하여야 한다는 의미이다.

나. 선적방법

선적방법에 관한 조건으로는 분할선적(Partial Shipment)의 허용 여부, 환적(Transhipment)의 허용 여부, 할부선적(Installment Shipment)에 관한 지시사항 등이 있다. '분할선적'이란 약정된 상품을 수회에 걸쳐 나누어 선적하는 것을 말하고, '환적'이란 선적된 상품을 운송 도중에 다른 선박이나 다른 운송수단에 재적재하는 것을 말한다. 그리고 '할부선적'이란 분할선적과 관련하여 그 분할횟수, 각 분할분의 선적시기, 각 분할분의 선적수량 등에 관하여 별도로 지정하는 것을 말한다.

신용장통일규칙에서는 신용장상에 '분할선적'을 금지한다는 별도의 명시가 없는 한 이를 허용하는 것으로 본다고 규정하고 있다(UCP 600 제31조). 그러나 신용장방식 이외의 거래에서는 이의 해석에 관한 논란의 여지가 있을 수 있으므로, 분할선적의 가부에 대한 명확한 지시가 있어야 할 것이다.

한편 신용장거래에 있어 '환적'과 관련한 사항은 다음과 같이 해석하여야 한다. 물론 이 또한 신용장통일규칙상의 내용이므로 신용장방식 이외의 거래에서는 이에 관한 명확한 지시가 있어야 할 것이다.

① 신용장에서 환적을 허용하는 경우 : 당연히 환적이 가능하다.

② 신용장에서 환적의 허용 여부와 관련한 별도의 명시가 없는 경우 : 선적지에서 도착지까지 전체의 운송구간이 하나의 동일한 운송서류에 의해 커버되는 경우에는 환적이 가능한 것으로 해석하고, 그 밖의 경우에는 금지하는 것으로 본다.

③ 신용장에서 환적을 금지하는 경우 : 환적을 금지하는 것으로 해석하는 것이 원칙이나, 선적항에서 양륙항(도착항)까지 전체의 해상운송구간이 하나의 동일한 선하증권에 의해 커버되면서 관련 화물이 컨테이너, 트레일러, 래쉬바지(LASH Barge)에 의해 선적되는 경우에는 예외적으로 환적이 가능한 것으로 해석한다. 다만, 항공운송 및 복합운송의 경우에는 전체의 운송구간이 하나의 동일한 운송서류에 의해 커버되는 경우라면 환적이 가능한 것으로 해석한다.

④ 신용장에서 UCP 600 제19조 c항(복합운송) 또는 UCP 600 제20조 c항(해상운송) 또는 UCP 600 제23조 c항(항공운송)의 적용을 배제한다는 명시와 함께 환적을 금지하는 경우 : 어떠한 경우에도 환적이 불가능하다.

물품의 선적과 관련하여 '할부선적'에 관한 약정이 있는 경우에는 반드시 지정된 기간 내에 지정된 물량을 선적하여야 하며, 서로 다른 회차 분을 묶어서 선적하거나 또는 전체를 일괄하여 선적할 수 없다. 이와 관련하여 신용장통일규칙에서는 '어느 한 기간의 할부선적을 이행하지 못하면 당해 할부분을 포함하여 그 이후의 모든 할부

선적분에 대하여 신용장의 효력이 상실된다'라고 규정하고 있다(UCP 600 제32조).

3-5 보험조건

보험조건이란 보험계약자와 피보험자(Assured/Insured), 부보위험(사고 발생시 보험금의 지급 대상이 되는 손해의 유형), 보험가입금액, 보험금 지불지 및 지급통화, 보험서류의 종류(Insurance Policy, Insurance Certificate, Cover Note) 등에 관한 제 조건을 말하는데, 이 중에서도 보험가입 당사자와 부보대상 위험(부보범위)에 대한 약정이 가장 중요한 요소라고 볼 수 있다.

운송 중인 상품은 육상 · 해상 · 항공을 불문하고 각종의 위험을 만나 상품에 손해가 발생할 가능성이 있으므로, 그 손실을 담보받기 위해서는 보험에 가입하여야 한다. 'CIF'와 'CIP' 및 'D Group(DAP, DPU, DDP)'의 무역거래조건 하에서는 수출상이 부보하여야 하며, 'CFR'과 'CPT' 및 'F Group(FCA, FAS, FOB)'의 무역거래조건 하에서는 수입상이 부보하여야 한다.

무역거래는 전통적으로 해상운송이 주류를 이루어 왔으므로, 여기에서는 해상보험을 위주로 하여 그 기본적인 내용을 살펴보기로 하자.

가. 해상보험제도의 개요

해상보험(Marine Insurance)이란, 항해에 관한 사고를 당할 우려가 있는 재산권을 가진 다수인이 그 위험의 정도에 따라 합리적인 부담을 하여 공동준비재산을 형성하고, 사고가 발생하여 손해를 입었을 경우 이를 보상받음으로써 경제상의 불안정을 제거 또는 경감하고자 하는 제도이다.

나. 해상보험의 종류

해상보험은 해상운송에 부수하여 발생하는 각종 위험으로 인하여 화물 또는 기타 재산상의 손해가 발생할 경우, 보험을 인수한 보험자가 그 손해를 보상하기로 약속하고, 보험계약자는 그 대가로서 보험료를 지불하기로 하는 일종의 손해보험이다.

이와 같은 해상보험을 그 유형별로 분류하여 보면 선박보험(Hull Insurance), 적하보험(Cargo Insurance), 운임보험(Freight Insurance), 희망이익보험(Anticipated Profit Insurance), 항해보험과 기간보험, 예정보험과 확정보험 등으로 구분해 볼 수 있으며, 그 주요내용은 다음과 같다.

1) 선박보험(Hull Insurance)

보험목적물인 선박이 항해 또는 정박 중에 입는 손해를 담보하기 위한 보험을 말하며, 대표적인 위험으로는 침몰 · 좌초 · 충돌 · 화재 등이 있다.

2) 적하보험(Cargo Insurance)

운송 중에 일어나는 사고로 인하여 보험목적물인 화물이 손상될 경우 그 손해를 담보하기 위한 보험을 말한다.

3) 희망이익보험(Anticipated Profit Insurance)

화물의 손상으로 인하여 이를 매매함으로써 얻을 수 있는 이익이 멸실되는 것을 담보하기 위한 보험이다. 일반적으로 송장금액의 10%를 희망이익으로 간주한다.

4) 항해보험과 기간보험(Voyage Insurance Vs. Time Insurance)

항해보험이란 일정한 장소에서 일정한 장소까지 한번의 항해에 대하여 부보가 이루어지는 보험을 말하며, 기간보험이란 일정한 기간 동안에 대하여 부보가 이루어지는 보험을 말한다.

5) 예정보험과 확정보험(Open Cover Vs. Definite Insurance)

보험계약의 구체적인 요건이 확정되지 않은 상태에서 미리 부보가 이루어지는 보험을 '예정보험'이라 하며, 이에 반하여 모든 보험요건이 확정된 상태하에서 부보가 이루어지는 것을 '확정보험'이라고 한다.

plus+ 'Open Cover' 와 'Insurance Certificate'

개별 선적분에 대한 보험요건(보험목적물, 보험금액, 적재선박, 부보구간 등)이 모두 확정된 상태하에서 그 위험의 개시(선적) 직전에 매 건별로 체결하는 보험계약을 '개별보험' 또는 '확정보험'이라고 하며, 이러한 보험계약하에서 발행되는 보험서류를 'Insurance Policy(보험증권)'라고 부름.

이에 반하여 보험계약의 구체적인 요건이 아직 확정되지 않은 상태에서 장래 일정기간(통상 1년) 동안의 부보예정 화물 전체에 대하여 미리 포괄적으로 보험계약을 체결한 후, 사후에 개별위험에 대한 보험요건이 확정될 때마다 그 사실을 보험회사에 통지함으로써 당해 계약 범위 내의 모든 개별위험을 자동적으로 COVER 하기로 하는 방식의 보험계약 형태를 '포괄보험(Open Cover)' 또는 '예정보험'이라 하며, 이러한 계약을 증거하기 위하여 발행되는 보험서류를 'Open Policy(포괄예정보험증권)'라고 부름.

또한 'Open Cover'하의 개별 선적분에 대한 부보사실을 증명할 목적으로, 'Open Policy'에 근거하여 매 건별로 발행하는 보험서류를 'Insurance Certificate(보험증명서)'라고 부름.

'포괄(예정)보험'에 가입하면 보험료에 대한 할인(약 5%) 혜택이 주어질 뿐만 아니라, 매 건별 선적시마다 보험계약을 체결하고 일일이 보험료를 정산하여야 하는 불편함을 해소할 수 있고, 또한 보험가입의 지연이나 누락 등으로 인한 과실성 위험을 제거할 수 있다는 여러가지 장점이 있음.

우리나라의 보험 업계에서는 전년도 적하보험 납입보험료가 2천만원 이상인 보험계약자에 한하여 '포괄보험제도'를 이용할 수 있도록 허용하고 있으며, 포괄(예정)보험하의 개별 선적분에 대한 보험료는 매 1개월 단위로 사후 정산하는 것이 일반적임.

다. 해상손해의 개요

해상손해란 해상위험으로 인하여 피보험이익의 전부 또는 일부가 소멸함으로써 발생하는 피보험자의 경제상의 부담 또는 재산상의 불이익을 말한다. 해상보험은 이러한 해상손해로 인하여 피보험자가 입게 되는 실질적인 손해를 보상하는 것이 원칙이다. 보험자는 모든 종류의 해상손해를 무조건 보상하는 것이 아니고, 해상손해의 종류 및 보험계약의 조건에 따라 보상 여하가 달라지게 된다.

라. 해상손해의 종류

해상손해는 그 성격에 따라 ① 직접손해와 간접손해 ② 물적손해와 비용손해 ③ 전손과 분손 등으로 구분할 수 있다.

1) 직접손해와 간접손해

해상손해는 그 손해가 직접 또는 간접으로 이루어지느냐에 따라 직접손해와 간접손해로 구별된다. 직접손해라 함은 보험사고로 말미암아 피보험이익 자체에 발생하는 손실을 말하며, 적하보험의 경우 부보된 화물의 멸실 · 손상 등으로 인한 소유자 이익의 손실은 직접손해에 해당한다. 간접손해라 함은 피보험이익에 대한 직접손해 이외의 손실을 말하는데, 이를테면 보험사고로 말미암은 희망이익(Expected profit)의 상실은 간접손해에 해당한다. 보험사고 발생시 보험자는 직접손해를 보상할 의무와 함께 특약내용에 따라 간접손해도 보상할 수 있다.

2) 물적손해와 비용손해

물적손해라 함은 보험목적물의 멸실 또는 손상으로 인한 실체적인 손해(Physical Loss)를 말하며, 비용손해라 함은 해상위험이 발생하여 그 결과 지출되거나 또는 위험을 방지하기 위하여 지출된 비용에 관한 손해(Loss by way of expenditure)를 말한다. 따라서 물적손해는 직접손해의 성질을 가지며, 비용손해는 간접손해의 성질을 갖는다.

3) 전손과 분손

해상손해는 피보험이익 전부의 멸실이냐 일부의 멸실이냐에 따라 전손(Total

Loss)과 분손(Partial Loss)으로 분류되며, 전손은 다시 현실전손(ATL; Actual Total Loss)과 추정전손(CTL; Constructive Total Los)으로, 분손은 공동해손(GA; General Average)과 단독해손(PA; Particular Average)으로 구분된다.

가) 현실전손(ATL)

보험목적물이 완전히 멸실되었거나, 또는 점유권을 박탈당하였거나, 또는 그 원래의 성질을 상실하여 상품가치가 전혀 없게 된 경우 등을 말한다.

나) 추정전손(CTL)

보험목적물이 회복의 가망이 없거나, 회복이 가능하더라도 보험목적물을 구조하기 위한 비용과 구조 후의 수리비용이 보험목적물의 가액을 초과하는 경우 등과 같이, 현실적으로 화물은 존재하고 있어도 경제적으로 전손이라고 인정되는 경우를 말한다. 추정전손의 경우에는 피보험자가 보험목적물을 보험회사에 위부(委付, Abandonment)하는 것이 보험청구의 전제가 된다. 위부란 피보험자가 보험목적물에 대한 모든 권리를 보험자에게 이전하는 것을 말한다.

다) 단독해손(PA)

담보위험에 따른 보험목적물의 분손 가운데 공동해손이 아닌 손해를 말하며, 이것은 손해를 입은 자가 단독으로 부담하여야 하는 성질의 손해를 말한다.

라) 공동해손(GA)

공동해손이란 해상위험 발생시 공동의 이익을 위하여 선장이 취한 조치로 말미암아 발생한 손해를 말한다. 예를 들면, 선박이 폭풍우를 만나 침몰될 위험에 놓였을 때 그 위험을 피하기 위해 화물의 일부를 선상 밖으로 투하하는 경우의 물적 손해라든가, 또는 선박이 위험한 장소에 좌초되었을 때 선박을 구하기 위하여 예인선을 사용함으로써 발생하는 비용손해 등을 말한다. 이러한 비상조치로 인하여 발생한 손해는, 그로 인하여 위험을 면하게 된 자들이 그들이 받은 혜택의 정도에 따라 분담하게 되는 것이 일반적이다.

마. 적하보험의 담보위험과 면책

적하보험의 담보위험과 면책에 관한 사항에 대하여는 '로이즈시장협회(LMA: Lloyd's Market Association)' 및 '국제언더라이팅협회(IUA: International Underwriting Association of London)'에서 공표한 2009년 개정 '협회적하약관(ICC: Institute Cargo Clauses)'을 사용하는 것이 국제적으로 관례화 되어 있다.

'협회적하약관'이란 보험자의 담보위험 및 면책사항, 보험기간, 피보험자의 권리 및 의무관계 등과 같은 기본적인 보험계약사항을 미리 특정하여 표준화한 '보험약관(約款)'을 말하는데, 쉽게 말하여 이는 적하보험에 관한 일종의 보험상품 명칭이라 이해하여도 무방할 것이다. 협회적하약관은 원래 영국의 국내 약관이었으나 세계 각국들이 이를 채택하여 운용함에 따라 Global Standard로서의 기능을 수행하게 되었고, 현재는 거의 모든 무역계약에서 LMA/IUA(구ILU)가 제정한 협회적하약관의 명칭으로 보험조건을 표시하고 있을 정도로 매우 광범위하게 사용되고 있다.

협회적하약관(Institute Cargo Clauses)은, 런던보험자협회(ILU: Institute of London Underwriters)에 의해 1912년 최초 제정된 이래 1963년 한 차례의 수정을 거쳐 현재까지 사용되고 있는 '(구)협회적하약관'과, 구 약관을 전면 개정하여 1982년부터 사용하다가 최근 LMA/IUA에 의해 공동 개정되어 2009년 1월 1일부터 새로이 사용하고 있는 '(신)협회적하약관'으로 구분되는데, 현재 우리나라의 보험업계에서는 이들 신 · 구 약관을 모두 병행하여 사용하고 있다.

'(구)협회적하약관'에는 'ICC(All Risks)' 'ICC(WA)' 'ICC(FPA)' 'Institute Air Cargo Clauses(All Risks)' 'Institute War Clauses(Cargo)' 'Institute War Clauses(Air Cargo)' 'Institute Strikes, Riots And Civil Commotions Clauses' 등의 기본약관 및 각종의 부가위험을 담보하는 특별약관 들이 있다.

'(신)협회적하약관'에는 'ICC(A)' 'ICC(B)' 'ICC(C)' 'ICC(Air)' 'Institute War Clauses(Cargo)' 'Institute War Clauses(Air Cargo)' 'Institute Strikes Clauses(Cargo)' 'Institute Strikes Clauses(Air Cargo)' 등의 기본약관 및 각종의 부가위험을 담보하는 특별약관들이 있다.

이 중에서도 가장 기본이 되는 것은 구 약관상의 ICC(All Risks), ICC(WA), ICC(FPA)와 신 약관상의 ICC(A), ICC(B), ICC(C) 약관이다. 구 약관상의 ICC(All

Risks)는 신 약관상의 ICC(A)와 유사하며, ICC(WA)는 ICC(B)와 유사하고, ICC(FPA)는 ICC(C)와 각기 유사하다고 보면 된다.

참고 특별약관에는 다음과 같은 것들이 있음.

- Inland Storage Extension Clauses, Rejection Clauses, Special Replacement Clauses, On-Deck Clauses, Termination of Transit Clauses(Terrorism), Pipeline Clauses 등
- TPND(도난 · 불착위험), RFWD(우 · 담수손), JWOB(투하 · 갑판유실), Breakage(파손), Leakage/Shortage(누손 · 부족손), Hook/Hole(갈고리손), Contamination(오염손) 등
- 이외에도 기본약관에 의하여 담보되지 않는 다양한 유형의 위험을 커버하는 다수의 특별약관 및 기타의 부가위험특약이 있음.

1) ICC(FPA)

'단독해손부담보(Free From Particular Average)' 조건의 적하약관으로서, 전손 및 공동해손만을 담보할 뿐 원칙적으로 단독해손은 담보하지 않는다. 그러나 예외적으로 선박의 좌초(Stranding), 침몰(Sinking), 화재(Burning), 충돌(Collision)로 인한 단독해손은 담보위험에 포함이 된다. ICC(FPA) 조건에서는 하역작업 중에 발생한 포장 단위당의 전손(소위 Sling Lo. s)을 보상하고 있으나, 신 약관 ICC(C)에서는 이를 보상하지 않는다는 점에서 그 차이가 있다.

2) ICC(WA)

'분손담보(With Average)' 조건의 적하약관으로서, ICC(FPA) 조건에서 보상하는 손해에 추가하여 악천후로 인한 해수침손(Sea Water Damage)과 갑판유실 등으로 인한 단독해손에 대해서도 추가로 보상해 주는 조건이다.

ICC(WA) 조건과 신 약관 ICC(B)는 그 보상범위가 동일하다. 다만 ICC(WA) 조건은 'WA 3%'와 'WA 5%' 및 'WAIOP(With Average Irrespective of Percentage)'로 구분되어 있으나, 신 약관 ICC(B)에서는 이와 같은 면책비율(Franchise)의 구분이 없고 손해비율에 무관하게 손해액 전액을 보상한다는 점에서 그 차이가 있다.

3) ICC(All Risks)

'전위험담보(All Risks)' 조건의 적하약관으로서, 특정의 면책위험을 제외한 모든 위험을 담보하는 조건이다. ICC(All Risks)에서의 면책위험으로는 화물 고유의 성질이나 하자로 인한 손해, 항해의 지연으로 인한 손해, 전쟁 및 동맹파업 위험 등이 있다. 그러므로 ICC(All Risks)로 부보한 경우라 하더라도 전쟁 또는 동맹파업으로 인한 위험을 담보받기 위해서는, 'Institute War Clauses' 또는 'Institute SRCC Clauses' 등의 담보조건을 추가로 약정하여야 한다. 그러나 화물 고유의 성질이나 하자로 인한 손해 및 항해의 지연으로 인한 손해는 어떠한 경우에도 보상되지 않는다.

ICC(All Risks)와 신 약관 ICC(A)는 담보범위가 동일하다. 다만 ICC(A)에서는 면책위험을 구체적으로 명기함으로써 당사자 간의 분쟁 소지를 어느 정도 해소하였다.

신 · 구 협회적하약관의 담보위험 비교

보상하는 손해	A/R	ICC(A)	WA	ICC(B)	FPA	ICC(C)
1. 전손	○	○	○	○	○	○
2. 공동해손	○	○	○	○	○	○
3. 구조료	○	○	○	○	○	○
4. 특별비용	○	○	○	○	○	○
5. 손해방지비용	○	○	○	○	○	○
6. 좌초, 침몰, 화재, 충돌로 인한 단독해손	○	○	○	○	○	○
7. 피난항에서의 하역 중의 손해	○	○	○	○	○	○
8. 하역작업 중 매 포장 단위당 전손	○	○	○	○	○	×
9. 투하	○	○	○	○	×	○
10. 갑판유실	○	○	○	○	×	×
11. 악천후로 인한 해수침손	○	○	○	○	×	×
12. 기타의 분손	○	○	×	×	×	×

3-6 결제조건

결제조건이란 대금의 결제방식과 결제기간 및 결제시기 등과 관련한 제 조건을 말하며, 이를 결정할 때에는 거래상대방의 신용도, 거래금액의 크기, 회사의 자금상황(유동성), 이자 및 수수료 비용, 환리스크 등의 요소를 전체적으로 고려하여야 한다.

결제조건을 결제방식에 따라 분류해 보면 신용장방식, 추심결제방식(D/P, D/A), 송금방식, 국제팩토링 등으로 나누어 볼 수 있으며, 결제시기에 따라 분류해 보면 사전결제, 동시결제, 사후결제, 분할결제 등으로 나누어 볼 수 있다.

4. 무역거래조건과 Incoterms® 2020

4-1 Incoterms® 2020의 배경

오래 전부터 국제상거래에서는 매도 · 매수인의 권리 · 의무관계, 물품에 관한 위험 및 비용의 이전시점 등과 관련하여 FOB나 CIF 등과 같은 정형화된 거래조건들을 사용하여 왔다. 그러나 매매 당사자들의 국가나 지역별로 서로 다른 법률과 상관습으로 말미암아 이에 대한 해석이 저마다 다르고, 그로 인하여 많은 오해와 분쟁이 발생하기도 하였다. 따라서 이러한 분쟁을 제거하고 국제무역의 확대를 도모하기 위하여 이에 대한 국제적인 통일규칙의 제정이 절실히 필요하게 되었고, 이에 따라 ICC(국제상업회의소)에서는 1936년에 '무역거래조건의 해석에 관한 국제규칙(International Rules for the Interpretation of Trade Terms)'을 제정하게 되었다. 이를 약칭하여 'Incoterms(INternational COmmercial TERMS)'라 부른다.

그러나 시간이 점점 흐름에 따라 국제무역환경이 변화하고 다양한 형태의 새로운 거래들이 생겨나면서, 이를 반영하기 위한 개정의 필요성 또한 지속적으로 제기되어 왔다. 따라서 ICC에서는 수차례(1953, 1967, 1976, 1980, 1990, 2000, 2010, 2020년)의 수정 및 보완작업을 거쳐 새롭게 개정된 규칙을 공표하기에 이르렀는데, 이것이 바로 현재 적용되고 있는 'Incoterms® 2020 (ICC Rules for the Use of Domestic and International Trade Terms, 2020 Revision, ICC Publication No.723E)'이다. Incoterms의 제정과 개정내역을 도표로 살펴보면 다음과 같다.

Incoterms의 제정 및 개정 연혁

Incoterms 2020	Incoterms 2010	Incoterms 2000	Incoterms 1990	Incoterms 1980	Supplement 1967, 1976	Incoterms 1953	Incoterms 1936
EXW	EXW	EXW	EXW	EXW		Ex Works	Ex Works
FCA	FCA	FCA	FCA	FCA			Free....
				FOR/FOT		FOR/FOT	FOR/FOT
				FOA	FOB Airport		
FAS	FAS	FAS	FAS	FAS	(1976)	FAS	FAS
FOB	FOB	FOB	FOB	FOB		FOB	FOB
CFR	CFR	CFR	CFR	CFR		C&F	C&F
CIF	CIF	CIF	CIF	CIF		CIF	CIF
CPT	CPT	CPT	CPT	CPT		DCP	DCP
CIP	CIP	CIP	CIP	CIP			
		DAF	DAF	DAF	DAF		
		DES	DES	EXS	(1967)	Ex Ship	Ex Ship
DAP	DAT	DEQ	DEQ	EXQ		Ex Quay	Ex Quay
DPU	DAP	DDU	DDU				
DDP	DDP	DDP	DDP	DDP	DDP		Free or Free
					(1967)		Delivered

4-2 Incoterms® 2020의 주요 내용

2020년 1월 1일부터 발효 중인 현행 'Incoterms® 2020'은 총 11가지의 무역거래 조건으로 구성되어 있으며, 이들 각각의 주요 내용을 살펴보면 다음과 같다. 참고적으로 아래와 같은 점들에 주안점을 두어 각 조건별로 그 특성을 비교하여 본다면, Incoterms에 대한 이해 및 활용이 한결 수월할 수 있을 것이다.

① 위험부담의 분기점(매도인이 매수인에게 물품을 인도하는 지점)이 어디인가?

② 어떠한 운송수단(선박, 항공기 등)에서 사용이 가능한가?

③ 운임(주 운송비)은 누가 부담하는가?

④ 적하 보험료의 부담자(부보 당사자)는 누구인가?

⑤ 수출통관 및 수입통관의 의무(관세 등의 비용 부담)는 누구에게 있는가?

안내1 Incoterms® 2010부터는 11가지 무역거래조건에 대하여 이를 해당 거래조건을 사용하기 위한 각각의 Rule(규칙)로 보고 EXW 규칙, FCA 규칙 등과 같이 '규칙(Rule)'이라는 용어로 표현하고 있으나, 본 서에서는 지금까지의 오래된 관행을 고려하여 학습의 편의 목적상 EXW 조건, FCA 조건 등과 같이 '조건(Term)'이라는 용어를 사용함.

안내2 Incoterms® 2010부터는 11가지 무역거래조건을 ① 운송방식에 관계없이 사용할 수 있는 조건(Rules for any mode or modes of transport)과 ② 해상 및 내수로 운송용 조건(Rules for sea and inland waterway transport)으로 구분하여 설명하고 있으나, 본 서에서는 학습의 편의 목적상 과거에 사용하던 전통적인 그룹별 분류 순서(E그룹, F그룹, C그룹, D그룹)에 따라 그 내용을 설명함.

안내3 과거의 Incoterms는 물품이 국경을 통과하는 국제물품매매계약에 그 포커스를 두고 이용되어 왔으나, Incoterms® 2010부터는 그 부제를 'ICC Rules for the Use of Domestic and International Trade Terms'라고 명시함으로써 국제거래는 물론 국내물품매매계약에도 이용할 수 있도록 공식적으로 인정하고 있는데, 이는 유럽연합과 같은 단일의 경제블록이 생겨남으로 인하여 더 이상은 나라와 나라 사이의 형식적인 국경이 무의미하게 되었기 때문임.

안내4 Incoterms® 2010에서는 모든 무역거래조건에서 제3자 운송인(Third-party Carrier)이 물품을 운송하는 것으로 가정되었으나, Incoterms® 2020에서는 DAP · DPU · DDP 조건의 매매에서 매도인이 직접 자신의 운송수단을 사용하여 운송하거나, 또는 FCA 조건의 매매에서 매수인이 직접 자신의 운송수단을 사용할 수 있다는 점을 고려하여 이를 반영하고 있음.

안내5 본 서에서 설명하고 있는 '적하보험의 부보 당사자(보험료 부담자)'는 Incoterms® 2020의 규정에 따라 거래 상대방에 대한 의무로서 보험계약을 체결하여야 하는 자를 말하는 것이 아니라, 물품의 인도(Delivery) 기준점에 따른 위험이전 분기점을 고려할 때 자신의 위험을 커버하기 위하여 적하보험에 가입하여야 하는 실질 당사자를 의미함. 참고로 Incoterms® 2020에서는 적하보험과 관련하여 CIF 및 CIP 조건에 대해서만 매도인의 매수인에 대한 의무 부보를 규정하고 있음.

가. EXW (Ex Works, 공장 인도 조건)

매도인(수출상)이 약정된 물품을 자기의 영업장 구내(Seller's Premises) 또는 적출지의 지정된 장소(Factory, Warehouse 등)에서, 약정된 기일에(또는 약정된 기한내에), 매수인 (수입상)이 임의로 처분할 수 있는 상태(At the disposal of the buyer)에 적치함으로써 그 의무를 완수하게 되는 거래조건이다. 11가지 무역거래조건 중 매도인의 위험과 비용부담이 가장 가벼운 조건이다.

모든 운송방식에서 사용이 가능하며, 운송비 및 보험료는 매수인이 부담한다. 매도인은 물품의 적재(창고에서의 上車), 통관, 운송인의 선정 등에 관한 어떠한 책임도 지지 않는다.

이 조건은 국제거래보다는 수출입 통관이 별도로 필요하지 않은 '국내거래'에 더 적합한 조건이며, 국제거래의 경우로서 매수인이 직접 또는 간접적으로 수출통관 절차를 이행할 수 없을 때에는 사용할 수 없다. 국제거래와 관련해서는 대개 외국무역에 익숙하지 못한 생산자가 직접 수출하는 경우라든가, 매수인의 지점 · 대리점 등이 수출국내에 소재하는 경우 등에 활용된다. 가급적이면 매도인의 공장 등에서 운송인에게 물품을 인도하는 '국제거래(International Trade)'에 대하여는 EXW 조건 대신에 FCA 조건을 사용하는 것이 권장된다.

참고 수출입 승인이나 허가의 취득 및 수출입 통관절차의 수행 의무

Incoterms® 2020의 거래조건 중 EXW와 DDP를 제외하면, 수출 승인이나 허가의 취득 및 수출 통관절차의 수행 의무는 매도인이 부담하며, 수입 승인이나 허가의 취득 및 수입 통관절차의 수행 의무는 매수인이 부담한다. 그러나 EXW 조건의 경우에는 수출입 승인이나 허가의 취득 및 수출입 통관절차를 매수인이 수행하여야 하며, DDP 조건의 경우에는 수출입 승인이나 허가의 취득 및 수출입 통관절차를 매도인이 수행하여야 한다.

나. FCA (Free Carrier, 운송인 인도 조건)

매도인이 물품의 수출통관 절차를 마친 후, 적출지의 지정된 장소에서, 약정된 기일에(또는 약정된 기한내에), 매수인이 지정한 운송인(또는 다른 당사자)에게 물품을 인도함으로써 그 의무를 완수하게 되는 거래조건이다. 만일 물품의 인도가 매도인의 영업장 구내에서 이루어지는 경우에는 매도인이 적재(창고에서의 上車)의 책임을 부담한다. 참고적으로 연속매매(String Sales)의 경우에, 매도인은 이미 적정한 방법으로 운송인(또는 다른 당사자)에게 인도된 물품을 조달(Procure)함으로써 매수인에 대한 인도(Delivery)의 의무 이행에 갈음할 수 있다.

이 조건은 복합운송을 포함하여 모든 운송방식에 사용할 수 있으며, 운송비 및 보험료는 매수인이 부담한다. 비록 매수인의 요청에 의하여 매도인이 운송계약을 체결하는 경우라도 이는 매수인의 위험과 비용부담으로 행동하는 것이다.

물품에 대한 모든 위험과 비용부담의 분기점은 ①지정장소가 매도인의 영업장 구내인 경우에는, 물품이 매수인이 제공한 운송수단에 적재되는 때이며 ②그 밖의 경우에는, 매도인의 운송수단에 실려 지정장소에 도착한 물품이 양하(Unloading) 준비된 상태로 매수인이 지정한 운송인(또는 다른 당사자)의 처분하에 놓인 시점이 된다.

참고 **Incoterms® 2020의 FCA 조건과 'On-board B/L'**

'FCA' 조건의 매매에서 '해상운송'이 사용되면서 '신용장방식'으로 대금결제가 이루어지는 경우에, 매수인 또는 매도인은 은행의 요청에 따라 본선적재표기가 있는 선하증권이 필요한 상황에 처해질 수 있다. 그러나 FCA 조건에서는 본선에 적재되기 이전에 물품의 인도(위험과 비용 부담의 분기점)가 완료되므로, 매도인이 운송인으로부터 On-board B/L을 취득할 수 있을지는 불확실한 처지에 놓이게 된다. 이러한 상황을 고려하여 Incoterms® 2020의 FCA Rule에서는, 매수인과 매도인이 운송서류로 On-board B/L을 제공하기로 합의한 경우에, '매수인'은 그의 운송인에게 매수인 자신의 위험과 비용으로 매도인에게 On-board B/L을 발행하도록 지시하여야 하며, '매도인'은 당해 On-board B/L을 매수인에게 제공(일반적으로 은행을 통하여)할 의무가 있음을 규정하고 있다.

다. FAS (Free Alongside Ship, 선측 인도 조건)

매도인이 물품의 수출통관 절차를 마친 후, 지정된 선적항에서, 약정된 기일에(또는 약정된 기한내에), 매수인이 지명한 선박(본선)의 선측(Alongside Ship)에 물품을 인도함으로써 그 의무를 완수하게 되는 거래조건이다. 선측이라 함은 본선의 크레인 등 하역도구가 도달(작업)할 수 있는 거리의 장소를 말하며, 부두뿐만이 아니라 경우에 따라서는 부선의 선상이 될 수도 있다. 참고적으로 연속매매(String Sales)의 경우에, 매도인은 이미 선측에 인도된 물품을 조달(Procure)함으로써 매수인에 대한 인도(Delivery)의 의무 이행에 갈음할 수 있다.

이 조건은 해상운송 또는 내수로 운송 시에만 사용할 수 있으며, 운송비 및 보험료는 매수인이 부담한다. 일반적으로 적재비용이 많이 소요되는 원목, 원면, 곡물 등 대량의 Bulk 화물에 주로 이용되고 있다.

주의 물품이 컨테이너에 적입되어 운송되는 경우에, 매도인은 대개 본선의 선측(Alongside Ship)이 아닌 컨테이너 터미널(CY, CFS)에서 운송인에게 화물을 인도하게 되는데, 이와 같은 경우에는 FAS 조건이 아닌 FCA 조건을 사용하여야 함.

라. FOB (Free On Board, 본선 인도 조건)

매도인이 물품의 수출통관 절차를 마친 후, 지정된 선적항에서, 약정된 기일에 (또는 약정된 기한내에), 매수인이 지명한 선박의 본선상(On board the vessel)에 물품을 인도함으로써 그 의무를 완수하게 되는 거래조건이다. 따라서 물품에 대한 모든 위험과 비용부담의 분기점은 물품이 본선상에 적재(On board the vessel)되는 시점이 된다. 참고적으로 Commodity Trade의 경우에는 화물의 운송 도중에 여러 번의 전매가 이루어지기도 하는데, 이와 같이 수차례에 걸쳐 매매가 이루어지는 연속매매(String Sales)의 경우에, 매도인은 이미 본선에 적재된 채로 인도된 물품을 조달(Procure)함으로써 매수인에 대한 인도(Delivery)의 의무 이행에 갈음할 수 있다.

참고 FOB, CFR, CIF 조건과 관련한 위험부담의 분기점

Incoterms 2000 이전에는 매수 · 매도인 간 위험부담의 분기점을 '화물이 본선의 난간을 통과한 때(When the goods pass the ship's rail at the named port of shipment)'로 규정하고 있으나, Incoterms® 2010부터는 '화물이 본선상에 적재된 때(When the goods are on board the vessel at the named port of shipment)'로 규정하고 있음.

이 조건은 해상운송 또는 내수로 운송시에만 사용할 수 있으며, 운송비 및 보험료는 매수인이 부담한다.

주의 물품이 컨테이너에 적입되어 운송되는 경우에, 매도인은 대개 본선의 선상(On board the vessel)이 아닌 컨테이너 터미널(CY, CFS)에서 운송인에게 화물을 인도하게 되는데, 이와 같은 경우에는 FOB 조건이 아닌 FCA 조건을 사용하여야 함.

FOB는 CIF와 더불어 가장 오랜 역사를 지니고 있으며, 오늘날 무역거래에서 가장 많이 사용되는 거래조건 중의 하나이다. 따라서 그 의미에 관한 해석에 있어서도 가장 많은 오해와 분쟁이 발생하고 있기도 하다. 특히 영국과 미국 등에서 전통적으로 사용하고 있는 FOB의 의미는 'Incoterms® 2020'에서 규정하고 있는 의미와 많은 차이를 보이고 있으므로, 매매계약 체결시에는 반드시 'Incoterms® 2020'에 의한 거래조건임을 명시하여야 한다. 예를 들면 'FOB ABC Port, Incoterms® 2020' 등으로 표현하는 것이 그것이다.

마. CFR (Cost and Freight, 운임포함 인도 조건)

지정된 목적항까지 물품을 운반하는데 필요한 운송비는 매도인이 부담하되, 물품이 선적항에서 본선상에 적재(On board the vessel)되는 시점부터 물품에 대한 모든 위험과 추가적인 비용부담이 매수인에게 이전되는 거래조건이다. 즉 매도인의 입장에서

보면, FOB에 더하여 목적항까지의 해상운임을 추가로 부담하는 조건이라 볼 수 있다(CFR = FOB + 운임). FOB 조건과 마찬가지로 연속매매(String Sales)의 경우에, 매도인은 이미 본선에 적재된 채로 인도된 물품을 조달(Procure)함으로써 매수인에 대한 인도(Delivery)의 의무 이행에 갈음할 수 있다.

이 조건은 해상운송 또는 내수로 운송시에만 사용할 수 있으며, 운송비는 매도인이 부담하고 보험료는 매수인이 부담한다.

주의 물품이 컨테이너에 적입되어 운송되는 경우에, 매도인은 대개 본선의 선상(On board the vessel)이 아닌 컨테이너 터미널(CY, CFS)에서 운송인에게 화물을 인도하게 되는데, 이와 같은 경우에는 CFR 조건이 아닌 CPT 조건을 사용하여야 함.

CFR 조건과 관련하여 종종 관습적으로 CNF 또는 C&F 등으로 표기하여 사용하는 경우가 있는데, 이는 'Incoterms 1980' 이전에 사용되던 조건이며, 현재의 'Incoterms® 2020'에는 규정되어 있지 않으므로 사용하지 말아야 한다.

이 조건을 포함한 C그룹 조건(CFR, CPT, CIF, CIP)은 위험의 이전 기점과 비용의 분담 기점이 서로 다르므로, 두 군데의 Critical Points인 적출지의 인도장소(매도인으로부터 매수인에게 위험이 이전되는 장소)와 지정 목적지(매도인이 운송계약을 체결하고 운송비를 부담하여야 하는 목적지)를 모두 정확하게 특정하는 것이 중요하다.

바. CIF (Cost, Insurance and Freight, 운임 · 보험료포함 인도 조건)

지정된 목적항까지 물품을 운반하는데 필요한 운송비와 보험료는 매도인이 부담하되, 물품이 선적항에서 본선상에 적재(On board the vessel)되는 시점부터 물품에 대한 모든 위험과 추가적인 비용부담이 매수인에게 이전되는 거래조건이다. 즉 매도인의 입장에서 보면, CFR에 더하여 목적항까지의 해상 적하보험료를 추가로 부담하는 조건이라 볼 수 있다(CIF = FOB + 운임 + 보험료 = CFR + 보험료). FOB 조건과 마찬가지로 연속매매(String Sales)의 경우에, 매도인은 이미 본선에 적재된 채로 인도된 물품을 조달(Procure)함으로써 매수인에 대한 인도(Delivery)의 의무 이행에 갈음할 수 있다.

이 조건은 해상운송 또는 내수로 운송시에만 사용할 수 있으며, 운송비 및 보험료는 매도인이 부담한다. 보험계약 체결과 관련하여 매도인은 매매대금의 110% 이상에 대하여 단지 최소한의 담보조건[Clauses(C) of the Institute Cargo Clauses(LMA/IUA)]으로 부보할 의무를 부담하며, 만일 매수인이 ICC(C)보다 큰 담보조건으로 보호받고자 한다면 이에 관하여 매도인과 명시적인 합의가 있어야 한다.

주의 물품이 컨테이너에 적입되어 운송되는 경우에, 매도인은 대개 본선의 선상(On board the vessel)이 아닌 컨테이너 터미널(CY, CFS)에서 운송인에게 화물을 인도하게 되는데, 이와 같은 경우에는 CIF 조건이 아닌 CIP 조건을 사용하여야 함.

'Incoterms® 2020'에는 언급되어 있지 않으나 실무적으로 간혹 C&I(CNI, Cost and Insurance)라는 조건을 사용하는 경우가 있는데, 업계에서는 이를 FOB에 더하여 매도인이 보험료만을 추가로 부담(운송비는 부담하지 않음)하는 조건으로 해석하고 있다. 그러나 이는 그 해석이 불분명하여 분쟁 발생 가능성이 높으므로 사용하지 말아야 한다.

참고 **선적선하증권(Shipped B/L)이 발행되어야 하는 무역거래조건**

FOB, CFR, CIF 조건은 모두 지명된 선박의 본선상(On board the vessel)에서 운송인에게 화물이 인도된다는 공통점을 지니고 있는데, 이와 같은 특성으로 인하여 이들 조건하에서는 모두 선적선하증권(Shipped B/L)이 발행되어야만 하는 것이 정상이다.

사. CPT (Carriage Paid To, 운송비지급 인도 조건)

지정된 목적지까지 물품을 운반하는데 필요한 운송비는 매도인이 부담하되, 적출지의 지정된 장소에서 매수인이 지정한 운송인(또는 다른 당사자)에게 물품의 물리적 점유를 이전함으로써 인도(Delivery)의 의무를 완료하는 시점부터, 물품에 대한 모든 위험과 추가적인 비용부담이 매수인에게 이전되는 거래조건이다. 즉 매도인의 입장에서 보면, FCA에 더하여 목적지까지의 운임을 추가로 부담하는 조건이라 볼 수 있다(CPT = FCA + 운임). FCA 조건과 마찬가지로 연속매매(String Sales)의 경우에, 매도인은 이미 적정한 방법으로 운송인(또는 다른 당사자)에게 인도된 물품을 조달(Procure)함으로써 매수인에 대한 인도(Delivery)의 의무 이행에 갈음할 수 있다.

이 조건은 CFR과는 달리 복합운송을 포함하여 모든 운송방식에 사용할 수 있으며, 운송비는 매도인이 부담하고 보험료는 매수인이 부담한다.

아. CIP (Carriage and Insurance Paid to, 운송비 · 보험료지급 인도 조건)

지정된 목적지까지 물품을 운반하는데 필요한 운송비와 보험료는 매도인이 부담하되, 적출지의 지정된 장소에서 매수인이 지정한 운송인(또는 다른 당사자)에게 물품의 물리적 점유를 이전함으로써 인도(Delivery)의 의무를 완료하는 시점부터,

물품에 대한 모든 위험과 추가적인 비용부담이 매수인에게 이전되는 거래조건이다. 즉 매도인의 입장에서 보면, CPT에 더하여 목적지까지의 적하보험료를 추가로 부담하는 조건이라 볼 수 있다(CIP = FCA + 운임 + 보험료 = CPT + 보험료). FCA 조건과 마찬가지로 연속매매(String Sales)의 경우에, 매도인은 이미 적정한 방법으로 운송인(또는 다른 당사자)에게 인도된 물품을 조달(Procure)함으로써 매수인에 대한 인도(Delivery)의 의무 이행에 갈음할 수 있다.

이 조건은 CIF와는 달리 복합운송을 포함하여 모든 운송방식에 사용할 수 있으며, 운송비 및 보험료는 매도인이 부담한다. 보험계약 체결과 관련하여 매도인은 매매대금의 110% 이상에 대하여 ICC(A)[Clauses(A) of the Institute Cargo Clauses(LMA/IUA)] 또는 이와 유사한 광범위한 담보조건으로 부보할 의무를 부담하며, 만일 ICC(A) 보다 낮은 수준의 담보조건으로 부보하고자 하는 경우에는 이와 관련하여 당사자 간에 명시적인 합의가 있어야 한다.

자. DAP (Delivered At Place, 도착지 인도 조건)

매도인이 본인의 책임하에 목적지까지 물품을 운반하여, 수입 통관하지 아니한 상태로, 도착지의 지정된 장소에서, 약정된 기일에(또는 약정된 기한내에), 도착운송수단에 실어둔 채 양하(Unloading) 준비된 상태로, 매수인이 임의 처분할 수 있는 상태(At the disposal of the buyer)에 둠으로써 그 의무를 완수하게 되는 거래조건이다. 참고적으로 연속매매(String Sales)의 경우에, 매도인은 지정 목적지에서 이미 적정한 방법으로 인도된 물품을 조달(Procure)함으로써 매수인에 대한 인도(Delivery)의 의무 이행에 갈음할 수 있다.

이 조건은 운송수단에 관계없이 모든 운송방식에서 사용이 가능하며, 지정 목적지까지의 운송비 및 보험료는 매도인이 부담한다. 수입통관의 책임은 매수인에게 있으며, 만일 매도인이 수입통관 절차를 진행하기로 협의된 경우라면 DAP가 아닌 DDP 조건을 사용하여야 한다.

이 조건은 매도인이 운송계약과 보험계약을 체결하고 목적지까지의 운임 및 보험료를 부담한다는 점에서 CIP 조건과 일견 유사하나, CIP 조건의 위험이전 분기점이 '적출지의 지정된 장소에서 운송인에게 물품을 인도하는 시점'인데 비하여, DAP 조건은 '목적지에

도착한 운송수단상에서 양하(Unloading)준비가 된 시점'이라는 데에 양자의 차이가 있다.

한편 DAP 조건과 DPU 조건의 주된 차이점은 양하(Unloading)의 책임을 누가 부담하는가의 문제인데, DAP 조건의 경우에는 매수인이 양하의 책임을 부담하며, DPU 조건의 경우에는 매도인이 양하의 책임을 부담한다.

차. DPU (Delivered at Place Unloaded, 도착지양하 인도 조건)

매도인이 본인의 책임하에 목적지까지 물품을 운반하여, 수입 통관을 하지 아니한 상태로, 약정된 기일에(또는 약정된 기한내에), 도착지의 지정된 장소에서 운송수단으로부터 화물을 양하(Unloading)하여, 매수인이 임의 처분할 수 있는 상태(At the disposal of the buyer)에 적치함으로써 그 의무를 완수하게 되는 거래조건이다. DAP 조건과 마찬가지로 연속매매(String Sales)의 경우에, 매도인은 지정 목적지에서 이미 적정한 방법으로 인도된 물품을 조달(Procure)함으로써 매수인에 대한 인도(Delivery)의 의무 이행에 갈음할 수 있다.

이 조건은 운송수단에 관계없이 모든 운송방식에서 사용이 가능하며, 지정 목적지까지의 운송비(양하비용 포함) 및 보험료는 매도인이 부담한다.

이 조건은 Incoterms® 2020에 규정되어 있는 11가지의 무역거래조건 중 매도인에게 양하(Unloading)의 책임이 있는 유일한 조건이다. 만일 매도인이 도착지의 지정 장소에서 물품을 양하할 수 없는 상황이거나, 또는 매도인이 양하와 관련된 위험과 비용 부담을 원하지 않는 경우라면 DPU 대신 DAP 조건을 사용하여야 한다.

카. DDP (Delivered Duty Paid, 관세지급 인도 조건)

매도인이 본인의 책임하에 목적지까지 물품을 운반하여, 수입 통관 절차를 거친 상태에서, 약정된 기일에(또는 약정된 기한내에), 도착지의 지정된 장소에서 운송수단에 실어둔 채 양하(Unloading) 준비된 상태로, 매수인이 임의 처분할 수 있는 상태(At the disposal of the buyer)에 둠으로써 그 의무를 완수하게 되는 거래조건이다. DAP 조건과 마찬가지로 연속매매(String Sales)의 경우에, 매도인은 지정 목적지에서 이미 적정한 방법으로 인도된 물품을 조달(Procure)함으로써 매수인에 대한 인도(Delivery)의 의무 이행에 갈음할 수 있다.

DDP는 다른 조건들과 달리 수입 통관의 의무가 매도인에게 있으며, 수입 관세 및 부가가치세 등(조세 및 기타 부과금을 포함)을 포함하여 목적지까지 물품을 운반하는데 따르는 모든 위험과 비용을 매도인이 부담하여야 한다. 이 조건은 운송수단에 관계없이 모든 운송방식에서 사용이 가능하다.

EXW가 매도인에 대한 최소한의 의무를 나타내는 반면에, DDP는 매도인의 위험 및 비용부담이 가장 무거운 거래조건이다. 이 조건은 매도인이 직접 또는 간접적으로 수입 통관 절차를 이행할 수 없을 때에는 사용할 수 없으며, 일반적으로 수입지에 매도인의 지점이나 대리점 등이 소재하고 있는 경우에 활용된다.

4-3 무역거래조건의 분류

가. 무역거래조건의 그룹별 분류

'Incoterms® 2020'에서 규정하고 있는 무역거래조건(Trade Terms)은 총 11가지이며, 이를 그 성격상의 공통점을 기준으로 네 가지의 영역으로 분류해 보면 다음과 같다.

1) Group E (Departure)

'E조건군'이란 '출하지 인도조건'을 말한다. 매도인(수출상)이 자신의 영업장 구내에서 매수인(수입상)에게 물품을 인도하는 조건이다. EXW 조건이 여기에 해당한다.

2) Group F (Main Carriage Unpaid)

'F조건군'이란 '주운송비 미지급 인도조건'을 말한다. 매도인(수출상)은 적출지에서 매수인(수입상)이 지정한 운송인에게 물품을 인도하며, 목적지까지의 주운송비는 지급하지 않는 조건이다. FCA, FAS, FOB 조건이 여기에 해당한다.

3) Group C (Main Carriage Paid)

'C조건군'이란 '주운송비 지급 인도조건'을 말한다. 매도인(수출상)은 목적지까지의 운송계약을 체결하고 주운송비를 지급하지만, 적출 후의 위험과 추가비용에 대해서는 의무를 부담하지 않는 조건이다. CFR, CPT, CIF, CIP 조건이 여기에 해당한다.

4) Group D (Arrival)

'D조건군'이란 '도착지 인도조건'을 말한다. 매도인(수출상)은 목적지까지 물품을 운반하는 데 따르는 모든 비용과 위험을 스스로 부담하며, 목적지에서 매수인(수입상)에게 물품을 인도하는 조건이다. DAP, DPU, DDP 조건이 여기에 해당한다.

나. 운송방식별 분류

운송방식별로 그에 적합한 무역거래조건을 분류해 보면 다음과 같다.

1) 운송방식에 관계없이 사용할 수 있는 조건(Multi-modal Incoterms)

EXW, FCA, CPT, CIP, DAP, DPU, DDP

2) 해상 및 내수로 운송에만 사용되는 조건(Maritime Incoterms)

FAS, FOB, CFR, CIF

☞ 선적지와 도착지는 반드시 항구가 소재하는 지명이어야 함.

참고 Incoterms® 2020의 '해상 및 내수로 운송용 조건(Rules for sea and inland waterway transport)'인 FAS, FOB, CFR, CIF 조건은 화물이 본선상에서 인도되는 전통적인 방식의 해상(내수로) 운송에만 사용하여야 하며, 비록 해상(내수로) 운송이라 하더라도 화물이 본선에 적재되기 이전에 터미널 등에서 운송인에게 인도되는 컨테이너 운송의 경우에는 '운송방식에 관계없이 사용할 수 있는 조건(Rules for any mode or modes of transport)'인 FCA, CPT, CIP 등의 조건을 사용하여야 함.

한편, ①'복합운송' 및 ②'항공운송' 또는 '철도운송' 등에 의한 단일운송은 물론, ③'컨테이너에 의한 해상(내수로)운송'의 경우에는 '운송방식에 관계없이 사용할 수 있는 조건(Rules for any mode or modes of transport)'인 EXW, FCA, CPT, CIP, DAP, DPU, DDP 중에서 하나의 조건을 선택하여 사용하여야 함.

다. 운임부담자별 분류

운임(주운송비)을 누가 부담하느냐에 따라 무역거래조건을 분류해 보면 다음과 같다.

1) 매도인(수출상)이 운임을 부담하는 조건

CFR, CPT, CIF, CIP, DAP, DPU, DDP

☞ 운송서류에 'Freight Prepaid'라고 표기되어야 함.

2) 매수인(수입상)이 운임을 부담하는 조건

EXW, FCA, FAS, FOB

☞ 운송서류에 'Freight Collect'라고 표기되어야 함.

라. 보험가입자별 분류

적하보험을 누가 가입하고 그 비용을 부담하느냐에 따라 무역거래조건을 분류해 보면 다음과 같다.

1) 매도인(수출상)이 부보하여야 하는 조건

CIF, CIP, DAP, DPU, DDP

☞ 신용장을 개설하는 경우에는 신용장상에 보험서류조건을 명시하여야 함.

2) 매수인(수입상)이 부보하여야 하는 조건

EXW, FCA, FAS, FOB, CFR, CPT

☞ 신용장 개설시 개설은행은 그 채권보전을 위하여 보험서류를 징구하여야 함.

참고 D그룹 조건의 적하보험 부보

D그룹 조건은 도착지에서 물품의 인도가 이루어지는 거래조건으로서, 물품 인도시까지의 모든 위험과 비용은 매도인이 부담하여야 하므로, 적하보험의 가입 여부는 전적으로 매도인의 의사에 따르게 된다. 대개의 경우 매도인은 운송 중에 발생할 수 있는 물품의 멸실 및 손상으로부터 본인 스스로를 보호하기 위하여 적하보험에 가입하는 것이 일반적인데, 이는 단지 매도인 자신을 위한 것이지 매수인에 대한 계약상의 의무로서 부보하는 것은 아니다. 그러나 신용장 거래에 있어서는 반드시 적하보험에 가입할 것이 요구되는데, 이는 Incoterms Rule에 의한 의무로서가 아니라 개설은행이 자행의 채권보전을 위하여 필수적으로 요구하고 있기 때문이다. 만일 신용장 거래가 아니라면 매수인은 운송 중인 화물이 손상된 경우에 계약불이행을 이유로 대금지급을 거절할 수 있지만, 신용장 거래에 있어서는 운송 중의 사고로 인하여 화물이 손상된 경우라 하더라도 신용장의 제 조건에 일치하는 서류의 제시에 대하여 그 대금을 지급하여야 하기 때문이다.

마. 위험 이전의 분기점별 분류

매도인(수출상)의 위험부담이 어느 곳에서 종료하느냐에 따라 무역거래조건을 분류해 보면 다음과 같다. 참고적으로 매도인의 모든 위험부담은 물품의 인도(Delivery) 시점에 매수인에게 이전된다.

1) 매도인(수출상)의 위험부담이 적출지(수출지)에서 종료되는 조건

EXW, FCA, FAS, FOB, CFR, CPT, CIF, CIP

2) 매도인(수출상)의 위험부담이 도착지(수입지)에서 종료되는 조건

DAP, DPU, DDP

4-4 무역거래조건 및 하역비용의 표시

가. 무역거래조건의 표시방법

무역거래조건을 표시할 때에는 조건의 명칭과 함께 매도인(수출상)의 운임부담 종료지점을 표시하여야 한다. 보다 엄밀히 말하자면 E · F · D그룹 조건의 경우에는 매도인으로부터 매수인에게 위험이 이전되는 물품의 인도(Delivery)장소를 기재하며, C그룹 조건의 경우에는 매도인에 의하여 운임이 지불되는 화물의 목적지를 기재한다.

참고로 'Incoterms® 2020'은 그 사용법의 소개에서 후일의 분쟁 방지를 위해 이들 장소와 지점(The named place of delivery/destination, or the agreed specific point within that place, if any such point is agreed)을 정확하게 명시할 것을 권고하고 있다. 예를 들면 'FCA Factory of ABC Co., Ltd. at 729 Itaewon-Dong, Youngsan-Gu, Seoul, Korea, Incoterms® 2020'과 같이 지정장소의 주소를 명기하거나, 항구 · 공항 · 터미널 등과 같은 지정장소 내의 '정확한 지점(Precise Point)'을 구체적으로 명기하는 것이 그것이다. 무역거래조건의 일반적인 표시방법은 다음과 같다.

① EX Works : EXW + 적출지의 지정 인도장소(Seller's Premises, Factory, Warehouse 등)
② Free CArrier : FCA + 적출지의 지정 인도장소(Seller's Premises, Warehouse, CY, CFS, Road · Rail · Air Cargo Terminal 등)
③ Free Alongside Ship : FAS + 지정 선적항(Port of Shipment)
④ Free On Board : FOB + 지정 선적항(Port of Shipment)
⑤ Cost and FReight : CFR + 지정 목적항(Port of Destination)

⑥ Cost, Insurance and Freight : CIF + 지정 목적항(Port of Destination)

⑦ Carriage Paid To : CPT + 지정 목적지(Port, Airport, Station, Cargo Terminal 등)

⑧ Carriage and Insurance Paid to : CIP + 지정 목적지(Port, Airport, Station, Cargo Terminal 등)

⑨ Delivered At Place : DAP + 지정 목적지(Port, Airport, Station, Cargo Terminal, Warehouse 등)

⑩ Delivered at Place Unloaded : DPU + 지정 목적지(Quay, CY, CFS, Road · Rail · Air Cargo Terminal, Warehouse 등)

⑪ Delivered Duty Paid : DDP + 지정 목적지(Cargo Terminal, Warehouse 등)

참고 무역거래조건의 표시 : 조건의 명칭 + 지명(?) + Incoterms® 2020

- 적출지의 지명이 표기되어야 하는 무역거래조건 : EXW, FCA, FAS, FOB
- 도착지의 지명이 표기되어야 하는 무역거래조건 : CFR, CPT, CIF, CIP, DAP, DPU, DDP

나. 하역비용의 표시방법

광산물 등과 같이 중량이나 용적이 큰 Bulk Cargo의 경우에는 하역비용(적재비용과 양하비용)이 많이 소요되므로 이를 운임에 포함시키지 않고 별도로 표시하는 경우가 있다. 항해용선계약(Voyage Charter Party)에 의한 부정기선(Tramper) 운송시에 주로 활용되고 있는데, 예컨대 'CIF & FIO' 등으로 표시하며 그 주요 내용을 보면 다음과 같다.

① BT(Berth Term, Liner Term) : 하역비용을 모두 선주가 부담하는 조건이다. 즉, 하역비용이 모두 운임에 포함되어 있어 화주가 별도의 비용을 지불할 필요가 없는 조건이다. 가장 보편적으로 사용되고 있는 조건이며, 정기선(Liner)에 의한 컨테이너 화물 운송시에는 대개 이 조건을 적용하는 것이 일반적이다.

② FI(Free In) : 적재비용은 화주가 부담하고 양하비용은 선주가 부담하는 조건이다. 즉, 하역비용 중 양하비용만 운임에 포함되어 있어, 적재비용에 대해서는 화주가 별도로 그 비용을 지불하여야 하는 조건이다.

※FILO(Free In Liner Out)조건이라 부르기도 함.

③ FO(Free Out) : 적재비용은 선주가 부담하고 양하비용은 화주가 부담하는 조건이다. 즉, 하역비용 중 적재비용만 운임에 포함되어 있어, 양하비용에 대해서는 화주가 별도로 그 비용을 지불하여야 하는 조건이다.

※LIFO(Liner In Free Out)조건이라 부르기도 함.

④ FIO(Free In & Out) : 하역비용(적재비용과 양하비용)을 모두 화주가 부담하는 조건이다. 즉, 하역비용이 운임에 포함되어 있지 않으므로 화주가 별도로 그 비용을 모두 지불하여야 하는 조건이다.

※이 밖에도 화물의 선내 적부(Stowage)비용 및 정돈(Trimming)비용의 부담 여하에 따라 FIO 조건의 특약으로 FIOS(Free In & Out & Stowed) 및 FIOST(Free In & Out & Stowed & Trimmed) 등의 조건이 사용되기도 함.

☞ 'Free'의 의미는 선주의 입장에서 비용이 면제된다는 뜻으로서 결국은 하역비용을 화주가 별도로 부담하여야 한다는 의미이며, 'In'은 선적할 때를 의미하고, 'Out'은 양륙할 때를 의미한다.

참고적으로 신용장거래와 관련해서, 이와 같이 운임에 추가하여 발생되는 비용이 운송서류 등에 스탬프 또는 기타의 방법으로 표시되어 있다 하더라도, 이를 신용장이 명시적으로 금지하고 있지 않는 한 이는 하자의 사유가 되지 않는다(UCP 600 제26조 c항).

참고 **Incoterms® 2020 하에서 적재비용(Loading Cost)과 양하비용(Unloading Cost)의 배분**

① EXW, FAS : 적재비용과 양하비용을 모두 매수인이 부담하여야 한다.

② FCA : 적재비용과 양하비용을 모두 매수인이 부담하는 것이 원칙이다. 다만, 지정 인도장소가 매도인의 영업장 구내인 경우에는 적재비용을 매도인이 부담하여야 한다.

③ FOB : 적재비용은 매도인이 부담하고 양하비용은 매수인이 부담하여야 한다.

④ CFR, CPT, CIF, CIP, DAP, DDP : 적재비용은 매도인이 부담하고 양하비용은 매수인이 부담하는 것이 원칙이다. 다만 양하비용의 경우에, 매수인은 매도인으로 하여금 이를 운송비용에 포함하여 상품가격에 반영하도록 함으로써 매도인이 이를 지급하도록 할 수 있다. 그러나 만일 매도인이 매수인과의 합의 없이 자신이 체결한 운송계약에 따라 양하비용을 지불한 경우에, 매도인은 매수인으로부터 그러한 비용을 회수할 권리가 없다.

⑤ DPU : 적재비용과 양하비용을 모두 매도인이 부담하여야 한다.

◀Banking Tips▶ Incoterms® 2020 & 무역거래조건 요약표

사용 가능 운송수단 \ Seller의 비용부담	적출지 인도조건				도착지 인도조건
	비용부담 없음	적출지 인도지점까지의 부대비용	운임	운임 + 보험료	운임 + 보험료 + α (α = 도착지 부대비용, 관세 등)
해상 운송수단		FOB FAS	CFR	CIF	
모든 운송수단	EXW	FCA	CPT	CIP	DAP DPU DDP
운임의 지불관계	[Freight Collect]			[Freight Prepaid]	
무역거래 조건의 표시방법	[무역거래조건+적출지명] ※ FAS, FOB, CFR, CIF 선적지와 도착지는 반드시 항구가 소재하는 지명이어야 함.			[무역거래조건+도착지명]	
보험서류	[L/C Open시 보험서류 징구]			[L/C 상에 보험서류조건 명시]	

■ 무역거래조건의 실무활용 TIPS

1. 위험부담의 분기점(물품의 인도지점)이 어디인가?
   ⇒ 적출지의 지정장소, 선적항(선측, 선상), 도착지의 지정장소 등
2. 어떠한 운송수단에서 사용이 가능한가?
   ⇒ 운송수단(선박 Vs. 항공기), 운송서류(B/L Vs. AWB), 선적/도착지명(항구 Vs. 공항)
3. 주 운송비의 부담자는 누구인가?
   ⇒ Seller부담(운송서류에 Freight Prepaid라고 표시), Buyer부담(Freight Collect라고 표시)
4. 적하보험은 누가 가입하는가?
   ⇒ Seller부보(L/C상에 보험서류조건 명시), Buyer부보(L/C 개설시 수입상으로부터 보험서류 징구)
5. 무역거래조건의 표시 방법은?
   ⇒ 무역거래조건의 명칭 + 지역명(Seller의 운임부담 종료지점) + Incoterms® 2020

■ 수입신용장 개설시 무역거래조건과 관련한 주요 오류사례의 소개

- FOB 조건에서 AWB을 요구하는 경우
  ⇒ 해상운송에만 사용 가능한 조건이므로 B/L이 요구되어야 옳음.
- 수입신용장에서 'CIF Kimpo'로 표기하는 경우
  ⇒ 해상운송에만 사용 가능한 조건이므로 Incheon 또는 Busan 등의 항구로 표기되어야 옳음.
- 수입신용장에서 'FCA Incheon'으로 표기하는 경우
  ⇒ Seller의 운임부담 종료지점인 외국의 지명이 표기되어야 옳음.
- FCA 조건에서 운송서류에 'Freight Prepaid'로 표기하도록 요구하는 경우
  ⇒ Buyer가 운송비를 부담하는 조건이므로 Freight Collect로 표기하도록 요구되어야 옳음.
- CIP 조건에서 신용장상에 보험서류조항을 명시하지 않는 경우
  ⇒ Seller가 부보하여야 하는 조건이므로 반드시 보험서류조항이 명기되어야 함.

제 3 절

수출입거래의 형태 및 대금결제방식

1. 수출입거래의 형태

국제무역환경의 지속적인 변화와 함께 갈수록 시장 경쟁이 치열해지면서 다양한 형태의 거래들이 속속 생겨나고 있다. 실제로 무역거래의 실무에서는 매우 다양한 방식의 수출입 거래 형태가 활용되고 있으며, 때로는 당사자 간의 필요에 의해 새로운 거래형태를 모색하여야 할 경우가 발생하기도 한다.

그러나 그러한 모든 거래의 형태가 언제나 자유롭게 허용되는 것만은 아닐 것이며, 경우에 따라 수출입거래로 인정받을 수 없거나, 또는 국내의 관계 법규에 의해 절차적 제한이 가해지는 거래요소가 포함될 수도 있을 것이다. 따라서 다양한 수출입 거래의 형태와 법규상의 제한사항을 이해하는 것은 수출입 상담의 질을 향상시키고 무역거래의 성사율을 높이기 위한 필수 조건이며, 동시에 법규 리스크로부터 우리 자신을 보호하기 위한 방편이 되기도 한다.

1-1 특정거래형태의 수출입

국내에서 외국으로 물품을 수출하고 그 대금을 외국에서 국내로 회수하거나, 또는 외국에서 국내로 물품을 수입하고 그 대금을 국내에서 외국으로 지급하는 등의 전통적인 거래방법을 '일반형태의 수출입'이라고 한다.

이러한 일반적인 방법 이외의 기타 다양한 거래형태에 대하여는, 법규상의 여러가지 제한을 면탈할 우려 등으로 인하여 별도의 관리가 필요할 수도 있을 것이다. 이와 관련하여 '대외무역법시행령'에서는, 당해 수출입거래의 전부 또는 일부가 다음에 해당하는 경우, 산업통상자원부장관으로 하여금 이를 별도로 관리하도록 하고 있다.

'대외무역법시행령'에 의하여 별도로 관리되는 거래의 유형은 다음과 같다.

① 대외무역법에 규정된 수출입 제한을 회피할 우려가 있거나 산업보호에 지장을 초래할 우려가 있는 거래
② 외국에서 외국으로 물품 등의 이동이 있고, 그 대금의 지급 또는 수령이 국내에서 이루어지는 거래로서, 대금결제상황의 확인이 곤란하다고 인정되는 거래
③ 대금결제가 수반되지 아니하고 물품 등의 이동만 이루어지는 거래

위와 같은 특정한 요소를 포함하고 있는 거래들 중에서도, 특히 '대외무역관리규정'에서 별도로 지정하고 있는 11가지의 거래형태를 '특정거래형태의 수출입'이라고 한다. '대외무역관리규정'에서 정하고 있는 11가지 '특정거래형태의 수출입'이란 위탁판매수출, 수탁판매수입, 위탁가공무역, 수탁가공무역, 임대수출, 임차수입, 연계무역, 중계무역, 외국인수수입, 외국인도수출, 무환수출입을 말한다. 이러한 '특정거래형태의 수출입' 중 일부 유형의 거래에 대해서는 산업통상자원부장관에게 '특정거래인정신고'를 하여 신고수리(인정)를 득한 후 거래하도록 절차적 제한이 가해질 수도 있다.

참고적으로, 실무에서는 앞서 언급한 '일반형태의 수출입'과 '특정거래형태의 수출입' 이외에도 BWT방식 수출입, 일괄수주방식 수출입, 4자 이상의 다자간 복합거래, 대북한 교역 등과 같은 다양한 형태의 거래들이 빈번히 이루어지고 있으므로, 이와 같은 기타방식 거래들의 주요 특성에 대해서도 함께 이해하고 있어야 할 것이다.

무역거래의 실무에서는 이러한 다양한 형태의 거래들이 서로 복잡하게 연결되어 전혀 새로운 양상의 거래로 디자인되어 나타나기도 하는데, 그러한 거래들을 분석하고 해석하기 위해서는 바로 이러한 기본적인 형태의 거래들에 대하여 먼저 이해하는 것이

필수적일 것이다. 이하 본 절에서는 이러한 특정거래형태를 위주로 하여 다양한 수출입거래의 형태에 관해 살펴보고자 한다.

1-2 외국인도수출과 외국인수수입

가. 외국인도수출

국내에서 통관되지 아니한 수출 물품등을 외국으로 인도하거나 제공하고, 그 대금은 국내에서 수령하는 방식의 거래를 말한다. 즉 외국에서 소유하고 있는 물품등을 외국의 수입상에게 인도하고, 그 대금을 국내에서 영수하는 형태의 거래를 말한다.

외국인도수출은 주로 다음과 같은 경우에 활용되고 있다.

① 위탁가공무역에 의하여 외국에서 생산한 물품을 외국으로 수출하는 경우

② 해외 산업현장(해외건설 등)에서 사용한 기자재 등을 국내로 반입하지 않고, 동 물품을 곧바로 해외에서 매각하고자 하는 경우

③ 원양어로에 의한 수산물을 해외에서 매각하는 경우

④ 항해 또는 어로작업 중인 선박을 현지에서 매각하고자 하는 경우 등

나. 외국인수수입

수입대금은 국내에서 지급되지만, 수입 물품등은 외국에서 인수하거나 제공받는 방식의 거래를 말한다. 외국인수수입은 원칙적으로 외국 현지에서 인수하는 물품의 수하인(Consignee)이 본인이거나, 또는 국내의 수입상이 당해 물품의 소유권을 유지하는 경우이어야 한다. 만약 제3자가 수하인이거나 또는 제3자가 소유권을 취득하는 경우에는 무역거래를 가장한 외화도피로 간주될 수 있으므로, 위탁가공계약서 또는 해외직접투자신고수리서(현물투자) 등에 의해 그 사유의 정당성을 입증할 수 있어야 한다.

외국인수수입은 주로 다음과 같은 경우에 활용되고 있다.

① 해외건설, 일괄수주방식에 의한 수출, 해외직접투자(현물투자), 위탁가공무역 등과 관련하여 해외에서 필요한 기자재 또는 원자재를 외국에서 조달하고자 하는 경우

② 운송시간과 경비를 절감하기 위하여 곧바로 해외 현지에서 물품등을 인수하고자 하는 경우 등(예: 플랜트수출에 따른 하자 및 유지보수용 물품)

1-3 임대수출과 임차수입

가. 임대수출

임대계약(사용대차 포함)에 의하여 물품등을 수출한 후 일정기간 후에 다시 수입(회수)하거나, 임대계약기간의 만료 전 또는 만료 후에 당해 물품등의 소유권을 이전하는 방식의 거래를 말한다. 임대차(차임지급, 동일물품 반환) 및 사용대차(차임미지급, 동일물품 반환)에 한하며, 소비대차(차임지급, 동등가치의 동종 물품으로 반환)는 이에 해당하지 않는다.

동 거래하에서는 임대차계약서의 약정 내용에 따라 임대료 및 임대보증금 등의 수령거래가 발생하게 되며, 소유권 이전부 거래의 경우에는 특별한 사유가 없는 한 잔존가치에 상응하는 금액을 회수하여야 한다(참고: 임차인이 아닌 제3자에게 소유권을 이전하는 경우에는 임대수출과 외국인도수출이 혼성된 거래로 분류 · 취급하여야 함).

임대수출은 주로 다음과 같은 경우에 활용되고 있다.

① 국내기업의 해외 현지(생산)법인 또는 위탁가공계약상의 해외 가공업체 등에게 제품생산에 필요한 기계기구 등을 유 · 무상으로 임대하고자 하는 경우

② 기계기구 등의 대량 거래에 앞서 매매대상 물품의 성능시험을 목적으로 시운전용 제품을 거래 상대방에게 일정 기간동안 유 · 무상으로 임대하고자 하는 경우 등

임대차거래는 그 유형에 따라 거래일로부터 1개월 이내에 외국환은행의 장에게 '보고'하거나, 사전에 한국은행총재에게 '신고' 후 거래하여야 한다(관련규정: 외국환거래규정 제7-46조). 외국환거래규정에서 정하고 있는 절차적 제한은 다음과 같다.

① 신고등을 요하지 아니하는 거래

- 국내의 외항운송업자와 비거주자 간에, 소유권을 이전하지 않는 조건으로 선박이나 항공기(항공기엔진 및 관련 주요부품 포함, 이하 같음)의 외국통화표시 임대차계약을 체결하는 경우로서, 임대차 계약기간이 1년 미만인 경우
- 거주자와 비거주자 간에 부동산 이외의 물품을 무상으로 대차하는 경우(사용대차를 말하며, 사용대차는 21.6.18일 부로 외국환거래규정 상의 기타자본거래 규율 대상에서 제외됨에 따라 금액 및 사용대/사용차 여부에 관계없이 신고불요 사항에 해당함)

② 외국환은행에 보고하여야 하는 거래(거래일로부터 1개월 이내에 보고)

- 거주자와 비거주자 간에 부동산 이외의 물품 임대차계약을 체결하는 경우로서, 계약 건당 금액이 미화 3천만불 상당액 이하인 경우(소유권이 이전되는 경우를 포함)
- 국내의 외항운송업자와 비거주자 간에, 소유권을 이전하지 않는 조건으로 선박이나 항공기의 외국통화표시 임대차계약을 체결하는 경우로서, 임대차 계약기간이 1년 이상인 경우

③ 한국은행에 신고하여야 하는 거래(거래 행위 이전에 사전 신고)

- 계약 건당 미화 3천만불을 초과하는 물품의 임대차
- 선박이나 항공기의 소유권이전부 임대차 (3천만불 초과시에 한하며, 3천만불 이하인 경우에는 외국환은행 보고 사항임)

나. 임차수입

임차계약(사용대차 포함)에 의하여 물품등을 수입하여 사용한 후 일정기간 후에 다시 수출(반환)하거나, 임차계약기간의 만료 전 또는 만료 후에 당해 물품등의 소유권을 이전 받는 방식의 거래를 말한다. 임대차 및 사용대차에 한하며 소비대차는 이에 해당하지 않는다.

동 거래하에서는 임대차계약서의 약정 내용에 따라 임차료 및 임차보증금 등의 지급거래가 발생하게 되며, 소유권 이전부 거래의 경우로서 잔존가액에 대한 지급이 이루어지지 않는 경우에는 증여성 거래로 간주될 수 있다.

임차수입은 주로 다음과 같은 경우에 활용되고 있다.

① 외국인투자기업 또는 수탁가공업체 등이 제품생산에 필요한 기계기구 등을 외국의 관련 업체(모기업 또는 위탁업체 등)로부터 유 · 무상으로 임차하고자 하는 경우(대개는 임차한 시설을 사용하여 생산한 제품을 임대인에게 다시 수출하는 조건으로 거래하는 경우가 많음)

② 기계기구 등의 대량 구매에 앞서 사전 성능시험을 목적으로 거래 상대방으로부터 시운전용 제품을 일정 기간동안 유 · 무상으로 임차하고자 하는 경우

③ 고가의 설비투자에 따른 일시적 자금부담을 경감하고 자산의 고정화를 방지함으로써 재무구조(유동비율, 부채비율 등)의 건전성을 유지하고자 하는 경우 등

임대수출과 마찬가지로, 그 유형에 따라 거래일로부터 1개월 이내에 외국환은행의 장에게 '보고'하거나, 사전에 한국은행총재에게 '신고' 후 거래하여야 한다. 외국환거래규정에 의한 절차적 제한의 내용은 이미 앞에서 설명한 바와 같다.

참고 물품 임대차 거래의 사후 보고제 전환(2023.7.4)

신고불요 거래를 제외한 모든 자본거래는 행위가 발생하기 이전의 사전 신고(수리)제가 원칙이었으나, 물품 임대차 거래를 포함한 일부 자본거래에 대해서는 '거래 또는 행위가 있었던 날로부터 1개월 이내에 외국환은행의 장에게 거래사실을 보고'하도록 하는 사후 보고제로 전환되었음.

◀Case Study▶ 수출입거래의 상담 사례

Question

1. 의류 제조업체인 A사는 제조 · 인건비의 상승으로 수익성이 점점 저하됨에 따라, 노임이 저렴한 국가에 생산을 위탁하고 이를 수입 · 판매하는 방식으로 전환하기로 결정하였음.

2. 이에 A사는 다양한 루트를 통해 외국의 의류 제조업자를 물색한 결과, 다행히도 상당한 수준의 기술력을 보유하고 있는 베트남의 B사를 발견하여 즉시 위탁가공계약을 체결하기로 결정하였음.

3. 그러나 B사의 제조설비(기계)는 매우 노후하여 불량률이 높을 뿐만 아니라, 잦은 고장으로 인해 납기가 지연되는 등의 심각한 문제점이 야기되고 있다는 사실을 알게 되었음.

4. 이에 A사는 가동을 중지하려고 계획 중인 국내 생산공장의 기계설비를 베트남의 B사로 이전하여 그들이 동 설비를 활용할 수 있도록 하는 방법을 모색하기에 이르렀음.

Q. A사는 위와 같은 요지로 향후의 거래절차 및 방법 등에 관하여 귀행에 상담을 요청하였습니다. 국내의 기계설비를 B사가 활용할 수 있도록 하는 방법에 대하여 간략히 안내하시기 바랍니다.

Answer

A사는 '임대수출'의 방법으로 유휴 기계설비를 베트남의 B사로 이전하여 활용할 수 있습니다.

먼저 임대물의 가액 및 수량, 임대기간 및 소유권의 이전여부, 임대료 및 임대보증금, 당사자 간의 권리와 의무관계 등에 관한 세부적인 내용을 서로 합의한 후, 그에 관한 계약서를 작성하도록 안내합니다.

그리고 미화 3천만불 상당액 이하의 물품 임대차는 외국환은행에 보고하여 '임대차계약신고(보고)필증'을 교부받고, 관세법에 의한 수출신고 절차를 거쳐 곧바로 선적이 가능함을 안내합니다.
(단, 無償계약인 사용대차는 외국환거래규정 상의 신고불요 사항으로 별도의 제한이 없음)

다음으로 임대차계약 보고시 제출서류에 대하여 안내합니다.

- 임대차계약신고(보고)서 (외국환거래규정 별지 제7-9호 서식)
- 임대차계약서 (임대차물의 현재가격, 임대차기간 및 이자율 등이 명시되어야 함)
- 임대차사유 증빙서류 (위탁가공계약서 등)
- 임대차물 증빙서류 등

☞ 보고 관련 업무처리는 외국환거래업무취급지침(제7장 제1절 및 제10절)을 참조하시기 바람.

1-4 무환수출입

외국환거래가 수반되지 아니하는 형태의 수출 · 수입 거래를 말한다. 즉, 물품등의 이동만 있고 그 대금의 결제가 이루어지지 않는 거래이다. 무환수출입은 주로 다음과 같은 경우에 발생하게 된다.

① 증여, 상속, 유증 등에 의한 무상 무환거래

② 위 · 수탁가공무역, 위 · 수탁판매무역, 임대차수출입 등을 위한 유상 무환거래

③ 물물교환을 위한 무환 상계거래 등

참고 '무환수출' 거래에 대한 특정거래인정 신고 규정 폐지(2014.9.3)

미화 5만불 상당액 초과의 물품이 국내에서 외국으로 이동하는 형태의 일부 무환수출 거래에 대하여, 사전에 산업통상자원부장관에게 '특정거래인정신고'를 하여 '특정거래형태의 수출입인정'을 받도록 하던, 종래의 대외무역관리규정상의 절차적 제한은 2014년 9월 3일부로 폐지되었음.

1-5 위탁판매수출과 수탁판매수입

가. 위탁판매수출

국내의 수출상이 해외의 수탁판매업자에게 소유권을 이전하지 않는 상태로 물품 등을 무환으로 수출하여, 당해 물품이 판매된 범위 안에서 경비 및 수수료 등을 공제한 차액을 결제받고, 판매되지 않은 물품은 무환으로 재수입하는 방식의 거래를 말한다.

위탁판매수출은 해외에 현지(판매)법인 등을 소유하고 있지 않은 국내의 기업이 적극적으로 새로운 수출시장을 개척하기 위하여 현지의 기업을 활용하고자 하는 경우 등에 주로 활용되고 있다. 위탁자(수출상)가 전적으로 모든 자금부담과 위험부담을 떠안기 때문에 수탁자(수입상)의 물색이 용이하다는 장점이 있다.

나. 수탁판매수입

국내의 수입상이 해외의 위탁판매업자로부터 소유권을 이전받지 않는 상태로 물품 등을 무환으로 수입하여, 당해 물품이 판매된 범위 안에서 경비 및 수수료 등을 공제한

차액을 결제하고, 판매되지 않은 물품은 위탁자에게 다시 무환으로 수출하는 방식의 거래를 말한다.

수탁판매수입은 신상품 또는 판매 불확실성이 높은 물품등을 국내에 수입하고자 하는 업체가 본인의 위험부담과 자금부담 없이 물품을 수입하여 판매하고자 하는 경우 등에 활용되고 있다. 주로 외국기업의 국내지점 또는 외국인투자법인 등이 관련 모기업과의 거래시 활용하거나, 또는 우리나라 시장에 진입하려는 외국기업의 사전 수요조사 및 시장반응 점검 차원에서 활용되기도 한다.

plus+ BWT 방식 수출입 (보세창고도 거래)

위 · 수탁판매 방식 수출입과 유사한 거래형태로서 'BWT(Bonded Warehouse Transaction)' 방식의 거래가 있다. BWT 방식이란 수출입계약이 사전에 체결되지 않은 상태에서 먼저 외국으로 물품을 선적하여 현지국의 보세창고에 입고시킨 다음, 현지에서 매수인을 확정하여 수출입계약을 체결하고 인도하는 방식의 거래를 말한다.

수입상 입장에서는 현물을 직접 확인한 후에 계약을 체결할 수 있을 뿐만 아니라, 계약의 체결과 동시에 수입물품을 즉시 인수할 수 있다는 장점이 있다. 반면에 수출상 입장에서는 판매조건에 대한 경쟁우위를 확보함으로써 거래성사율을 높일 수 있다는 이점과 함께, 판매 불확실성에 따른 위험과 물품 판매시까지의 자금부담은 물론 각종의 추가적인 비용(창고료, 화재보험료 등) 부담이 발생한다는 단점이 공존하고 있다.

BWT 거래는 대개 송금방식으로 결제가 이루어지는 것이 일반적이나, 대금결제를 신용장에 의하고자 하는 경우에는 거래의 성질상 'Late Presentation B/L'을 허용하는 조건이어야 한다.

BWT 방식 거래는 주로 다음과 같은 경우에 활용되고 있다.

① 현지 수요가 꾸준한 범용 원재료나 필수 원자재 등과 같이 판매 불확실성이 적은 물품
② 일방적인 Buyer's Market 물품으로 판매 조건에 대한 경쟁우위 확보를 위해 필요한 경우
③ 물품 판매를 위해 수입지에서의 현품 확인이나 즉시 인도가 필요한 경우
④ 현지국 소재 지사 등을 통해 다수의 구매자 관리가 이루어지는 경우
⑤ 글로벌 이커머스의 판매(해외직구) 촉진을 위한 신속한 배송을 위해 필요한 경우 등

1-6 위탁가공무역과 수탁가공무역

가. 위탁가공무역

가공임을 지급하는 조건으로, 가공할 원료의 전부 또는 일부를 거래 상대방에게 유 · 무상으로 수출하거나 외국에서 조달 · 공급하여 이를 가공하도록 한 후, 가공물품을 다시 국내로 수입하거나 또는 외국으로 인도(판매)하는 방식의 거래를 말한다. 위탁가공국 현지에서 원자재를 조달하는 경우 및 가공된 물품을 위탁가공국 현지에 판매하는 경우에도 위탁가공무역으로 인정한다.

위탁가공무역은 대개 위탁자가 본인의 계산하에 원자재 일체를 무상으로 공급하여 이를 제조 · 가공하도록 하는 것이 일반적이나, 실무에서는 수탁가공업자로 하여금 소요 원 · 부자재 중의 일부를 자체 조달하여 제조 · 가공하도록 한 후에 그 비용을 가공임에 포함하여 결제하는 방법도 종종 활용되고 있다. 또한 경우에 따라서는 위탁자가 원 · 부자재의 전부 또는 일부를 수탁가공업자에게 유상(유환)으로 공급함으로써 원 · 부자재의 수출대금과 가공물품의 수입대금을 각각 별도로 지급 및 수령하는 소위 '유환위탁가공무역'의 형태로 거래가 이루어지기도 한다. 다만, 이와 같은 경우에는 계약서상에 가공임에 관한 부분이 별도로 명시되어 있어야 할 것이며, 만일 가공임이 명시되어 있지 않다면 이는 위탁가공무역으로 분류되지 아니하고 각각 별도의 수출 · 수입거래로 간주된다.

위탁가공무역은 외국의 저렴한 노동력 또는 외국의 생산설비나 고도기술 등을 활용할 목적으로 이용되며, 일반적으로 우리나라에서는 인건비를 절감할 목적으로 중국 · 베트남 등에서의 현지생산을 위하여 많이 활용하고 있다.

가공무역계약은 일명 'CPC(Consignment Processing Contract)' 또는 'CMT(Cutting, Making, Trimming) Contract'라고 하며, 가공임은 통상 'CMT Charge'라고 부른다. 가공의 개념에는 제조, 조립, 재생, 개조가 포함된다.

가공임(CMT Charge)은 통상 송금방식으로 지급하는 것이 일반적이나, 가공임을 대상으로 하는 클린신용장(Clean Credit) 또는 가공물품 등에 대한 선적서류의 제시를 조건으로 하는 화환신용장 방식으로 지급하는 경우도 있다.

위탁가공무역에 있어서의 수출실적 인정금액은 다음과 같다. 단, 가공물품을 국내로 수입하지 아니하고 현지 또는 제3국으로 수출하는 경우에 한하여 수출실적으로 인정한다.

▶ 대외무역법상의 수출실적 :

수출실적(가득액) = [가공물품의 해외판매액] − [원자재 인도금액] − [가공임]

▶ 무역금융 융자대상 수출실적 :

위탁가공무역에 소요되는 국산 원자재를 무상으로 수출한 금액

plus+ 위탁가공무역의 분석

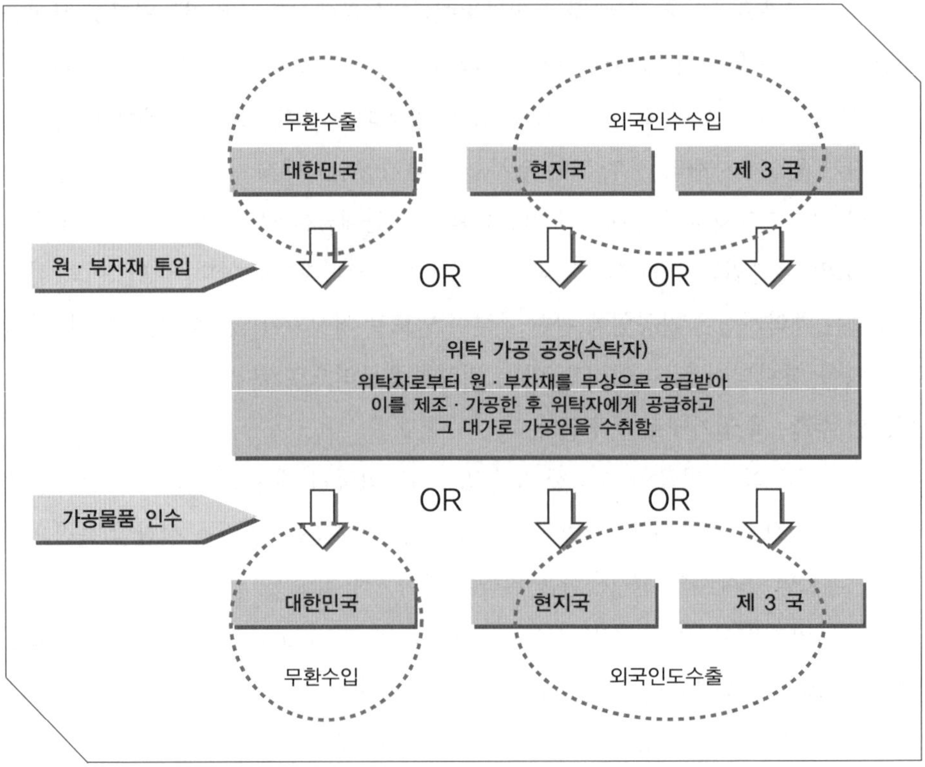

나. 수탁가공무역

가득액을 영수하기 위하여, 원자재의 전부 또는 일부를 거래 상대방의 위탁에 의해 수입하여 이를 가공한 후, 위탁자 또는 그가 지정하는 자에게 당해 가공물품 등을 수출하는 방식의 거래를 말한다. 물품의 가공이 보세공장이나 자유무역지역 내에서 이루어진 경우에는, 비록 위탁자가 지정한 자(가공물품을 수취할 자)가 국내에 있음으로 인하여 가공된 물품을 국내로 인도하는 경우에도 '수출'로 인정되며(수출실적=가득액), 국내에서 당해 가공물품을 인수하는 것도 '수입'으로 간주된다.

이러한 수탁가공무역은 그 원자재의 조달방법에 따라 '무환수탁가공무역'과 '유환수탁가공무역'으로 구분하여 볼 수 있다. '무환수탁가공무역'이란 소요 원자재를 무환으로 수입한 후 이를 가공하여 인도함으로써 그에 따른 가공임만을 수령하는 방식의 거래를 말하며, '유환수탁가공무역'이란 소요 원자재를 유환으로 수입하여 이를 가공한 후 인도함으로써 원자재의 수입대금과 가공물품의 수출대금을 각각 별도로 지급 및 수령하는 방식의 거래를 말한다.

참고 보세지역 이외의 다른 곳에서 물품의 가공이 이루어지는 경우에는 일단 수입원자재에 대한 관세 및 부가세 등을 납부하여야 하며, 당해 가공물품의 수출이 이루어진 후에 별도의 절차를 거쳐 수입관세 등을 환급받아야 함.

수탁가공무역은 생산물품의 판매망을 확보하고 있는 외국기업이 우리나라의 숙련된 노동력 또는 우리나라의 생산설비나 고유의 기술을 이용하여 물품을 생산하고자 하는 경우 등에 주로 활용되고 있으며, 현재 우리나라의 수탁가공은 수입관세 및 부가세 등을 면제받을 목적으로 대부분 보세공장 또는 자유무역지역 내에서 이루어지고 있다. 이러한 이유로 이를 흔히 '보세가공무역(Bonded Processing Trade)'이라 부르기도 하는데, 그 정의를 분석하여 보면 수탁가공무역과 보세가공무역은 엄연히 다른 개념의 거래 방식이므로 양자를 서로 구분하여 이해할 필요가 있다. 수탁가공무역은 원자재의 전부 또는 일부를 거래 상대방의 위탁에 의하여 수입한 후 이를 가공하여 인도하는 방식의 거래이지만, 보세가공무역은 원자재의 조달과 관련한 별도의 제한없이 보세가공업자 스스로의 계산하에 원 · 부자재 일체를 제3자로부터 수입한 후 이를 가공하여 수출하는 것을 포괄하고 있다.

1-7 중계무역

수출할 것을 목적으로 물품등을 수입하여, 이를 보세구역 또는 자유무역지역 등 이외의 국내로 반입하지 않고, 가공하지 않은 원형 그대로 다시 수출하는 방식의 거래를 말한다. 물품이 우리나라를 경유하지 않은 채 곧바로 제3국으로 인도되는 경우는 물론, 물품의 인수 · 인도가 모두 해외의 동일국 내에서 발생하는 경우에도 중계무역으로 인정된다.

그러나 거주자가 수출입의 주체(수출입거래의 당사자)가 되지 않은 채 단순히 '중개 수수료'만을 취득하기 위하여 거래를 '중개(Brokerage)'하는 경우에는, 이를 '중계 무역(Intermediary Trade)'으로 보지 않는다. 혹자는 이와 같은 거래를 '중개무역 (Commission Trade)'이라 별칭하기도 하지만 동 거래는 대외무역법상의 수출입 거래에 해당하지 않으며, 이는 매매차익 목적의 '무역거래'가 아니라 중개수수료 수취목적의 '무역외(용역)거래'로 분류된다.

중계무역은 중계차액을 남길 목적으로 가격이 저렴한 외국의 물품을 수입하여 수출하고자 하거나, 또는 수출상품에 대한 국내 공급능력의 한계(인건비 상승으로 인한 채산성 악화 등)를 극복하고 지속적으로 해외시장을 관리하고자 하는 경우 등에 활용되고 있다.

중계무역은 통상 물품이 최초 수출국에서 최종 수입국으로 직접 운송되는 것이 일반적이며, 이러한 경우에는 Master L/C상의 수익자(Beneficiary)와 B/L상의 선적인(Shipper)이 동일하지 않게 되는데, 실무에서는 이와 같은 B/L을 일명 'Third Party B/L'이라고 부른다.

또한 수출상과 수입상의 어느 한쪽이 상대방에게 알려지지 않게 할 목적(특히 수입상에게 수출상의 신분을 노출시키지 않을 목적)으로 중계국에서 B/L을 변경 · 재발급하는 경우도 있는데, 이렇게 변경이 가능한 B/L을 'Switch B/L'이라고 부른다.

경우에 따라서는 수출입 쌍방 모두의 신분을 서로에게 노출시키지 않을 목적으로 중계국에서 물품을 환적한 후 전혀 새로운 B/L로 신규 발급하는 방법이 활용되기도 한다. 이러한 환적의 방법은 수출 · 수입국의 상대국에 대한 무역통제정책(쿼터량

제한, 차등관세 등)을 회피할 목적으로 악용되기도 하는데, 그러나 이는 상대국의 무역정책을 교란하는 결과를 초래하게 되어 커다란 물의를 빚게 될 수 있음을 유념하여야 한다. 참고적으로 중계무역 거래에서는 절대로 원산지 표시를 변경해서는 안되며, 이는 대외무역법(제38조 및 제53조)에 의하여 엄격히 금지되고 있으므로 유의하여야 한다.

중계무역 거래에서 수출입 대금의 결제를 모두 신용장방식으로 행하고자 하는 경우의 수출물품 조달 방법으로는 '신용장의 국외양도' 또는 'Back-to-Back L/C' 등의 수단이 활용되고 있다.

Back-to-Back L/C에 의한 방식이란 수출물품의 조달을 위하여 Master L/C를 견질로 별도의 수입신용장을 개설하는 방법을 말하며, 신용장의 국외양도에 의한 방식이란 별도의 수입신용장(Back-to-Back L/C)을 개설하지 않고 Master L/C를 해외의 수출상에게 양도(Transfer) 함으로써 수출물품의 선적이 이루어지게 하는 방법을 말한다.

물론, 이와 같은 경우에 중계무역상은 중계거래에 따른 매매차익을 확보할 목적으로, 신용장의 금액 및 단가를 감액하는 등 Master L/C상의 조건을 일부 변경하여 Back-to-Back L/C를 개설하거나 신용장을 양도하게 되며, 향후 Back-to-Back L/C의 수익자 또는 양도신용장의 제2수익자가 작성하여 제시한 'Draft'와 'Invoice' 등을 Master L/C에 맞게 변경 · 대체함으로써 그 차액을 취득할 수 있게 된다.

중계무역거래는 그 특성상 국내로의 물품이동(통관) 없이 단지 대금의 결제만 이루어진다. 따라서 수출입 대금결제 상황에 대한 정부기관의 모니터링(감시)이 용이하지 않은 측면이 있어 이에 대한 악용 소지가 높아 각별한 주의가 요망된다. 즉, 통관전산망(수출입 물품의 이동에 관한 정보) 및 외환전산망(수출입 결제대금의 이동에 관한 정보)의 Reconcile에 의한 관세청의 모니터링이 불가능하므로, 수출대금은 회수하지 않고 수입대금만 지급하거나 고의로 적자 수출을 하는 등의 외화도피 수단으로 악용될 소지가 높고, 또한 수출실적의 부당 인정과 같은 여러가지 폐해가 야기될 가능성이 상존하고 있다. 따라서 은행은 중계무역 거래처에 대해 관련 수출입

거래의 연결관리(짝짓기)에 특히 유의하여야 한다.

참고 '중계무역'거래에 대한 특정거래인정 신고 규정 폐지(2014.9.3)

수입대금의 지급 및 수출대금의 수령을 하나의 외국환은행(동일지점)을 통하여 행하지 않는 중계무역 거래에 대하여, 사전에 산업통상자원부장관에게 '특정거래인정신고'를 하여 '특정거래형태의 수출입 인정'을 받도록 하던, 종래의 대외무역관리규정상의 절차적 제한은 2014년 9월 3일부로 폐지되었음.

또한 중계무역 거래시의 수출가격이 수입가격보다 적은 경우에는 수출입 가격 조작을 통한 외화도피 행위로 간주될 수 있으므로, 가격책정의 정당성을 입증할 수 있어야 한다. 예를 들면, 국내외 시장환경의 급격한 변동으로 인하여 수입가격의 인상을 미처 예기치 못하였다든지, 기타 거래의 특성 및 거래선과의 신용유지 등을 위하여 불가피한 상황에 처해 있음을 입증할 수 있어야만 그러한 혐의를 면하게 된다.

참고 무역거래자가 외화도피의 목적으로 물품등의 수출입 가격을 조작하는 경우에는 대외무역법 제43조 및 제53조에 의하여 5년 이하의 징역형에 처해질 수 있음을 각별히 유념하여야 함.

중계무역 거래시의 수출실적 인정 금액은 다음과 같다.

▶ 대외무역법상의 수출실적 :

수출실적(가득액) = 수출금액(FOB 가격) − 수입금액(CIF 가격)

▶ 무역금융 융자대상 수출실적 :

중계무역방식의 수출실적은 무역금융 융자대상 수출실적으로 인정하지 않는다.

1-8 연계무역

연계무역이란 수출과 수입이 상호 연계되어 이루어지는 방식의 무역거래를 말하며, 물물교환(Barter Trade), 구상무역(Compensation Trade), 대응구매(Counter Purchase), 제품환매(Buy Back) 등의 형태로 거래가 이루어지게 된다. 이러한 연계무역은 과거 외화가 부족한 개발도상국과의 거래 및 동서 간의 무역거래 수단으로 활용되어 왔으나, 최근에는 무역마찰의 해소, 무역불균형 시정, 통상교역의 확대 등을 목적으로 다양하게 활용되고 있다. 연계무역 방식의 공통적인 특징은 특정시장에 대한 수출을 위해서는 그에 상응하는 수입거래도 함께 이루어져야 한다는 점이다.

연계무역은 환거래의 발생 유무, 결제대금의 청산 방식, 대응거래의 형태, 대응계약서의 분리 여부, 대응거래의무의 제3자 전가 가능성, 대응거래비율 및 대응거래기간 등에 따라 다양한 형태로 나타날 수 있다. 그중에서도 물물교환, 구상무역, 대응구매, 제품환매 등이 가장 대표적인 유형이라 볼 수 있다.

① 물물교환(Barter Trade)

환거래가 발생하지 않고 상품대 상품을 교환하는 방식으로서, 수출에 대한 대가로 동등 가치의 다른 상품을 받는 형태로 결제가 이루어진다.

② 구상무역(Compensation Trade)

수출입거래(본거래 및 대응거래)가 별도로 분리되지 아니하고 하나의 계약서를 통하여 포괄 약정되며, 수출상은 계약서에 명시된 바에 따라 거래 상대방에 대하여 일정기간 이내에 일정비율(통상 수출대금의 20~100%)에 해당하는 대응수입의무를 이행하여야 하는 형태의 거래 방식이다. 예를 들면, '내가 당신의 제품을 구매하는 조건으로, 당신도 나의 제품을 얼마 이상 구매하여야 한다'라는 의미의 개념이다.

③ 대응구매(Counter Purchase)

수출상이 물품등을 수출하는 조건으로 장래의 일정기간 이내에 수입상 또는 수입국으로부터 일정액 이상의 제품을 대응 구매하기로 약속하는 형태의 조건부 거래방식이다. 그 개념에 있어서는 구상무역과 별반 다를 것이 없으나 수출입거래가 두 개의 계약서에 의하여 각기 별도로 이루어진다는 점에서 양자의 차이가 있다. 즉, 대응구매(Counter Purchase) 방식하에서는 수출과 수입거래가 형식상 완전히 분리되어 있는 독립된 거래형태를 띠게 된다.

동 거래방식은 정부기관 또는 국영기업 등의 조달거래와 관련하여 수입국에서 외국의 수출상에게 자국 상품에 대한 대응구매 의무를 부과하는 형태의 구조로 이루어지는 것이 일반적이며, 국가와 국가 간 또는 일국의 수출입 균형을 유지할 목적으로 구 동서 간의 무역거래에서 많이 활용되었다.

④ 제품환매(Buy Back)

플랜트, 산업설비, 장비, 기술 등을 수출하는 대신, 그 조건으로 동 설비나 기술로 생산된 제품의 일정비율 이상을 구매하여 주기로 하는 형태의 거래방식을 말한다.

연계무역이 신용장 방식으로 이루어지는 경우에는 Back-to-Back L/C, Thomas L/C, Escrow L/C 등이 활용되는데, 그 각각의 기본적인 개념은 다음과 같다.

① Back-To-Back L/C (동시개설신용장)

거래 상대방이 소정의 대응신용장(Counter L/C)을 동시에 개설하는 경우에 한하여, 당해 신용장이 유효해지도록 하는 조건의 신용장을 말한다. 연계무역하에서 사용되는 '동시개설신용장'의 의미와는 달리 중계무역에서는 '견질신용장'의 의미로 다르게 사용되고 있는데, 이는 원 신용장(Master L/C)을 견질로 하여 발행하는 제2의 신용장을 말하며, 이러한 Sub L/C 를 업계에서는 흔히 Baby L/C라 부르기도 한다.

② Thomas L/C (토마스신용장)

거래 상대방이 일정기일 이내에 일정액의 대응신용장(Counter L/C)을 개설하겠다는 보증서를 발행해야만 당해 신용장이 유효할 수 있도록 별도의 조건을 삽입한 신용장을 말한다. 물품의 인도시기가 달라 쌍방이 동시에 신용장을 개설할 수 없는 경우에 사용된다.

③ Escrow L/C (기탁신용장)

신용장의 결제대금이 곧바로 수익자에게 지급되지 않고, 특정의 은행(개설은행, 매입은행, 제3의 환거래은행 등)에 개설되어 있는 'Escrow Account'에 예치되어, 수익자가 원 신용장의 개설국(또는 개설의뢰인)으로부터 수입하는 물품의 대금

결제시에만 인출이 가능하도록, 그 대금사용을 제한하는 조건의 신용장을 말한다.

참고 Escrow Account

금전의 기탁자(매수인)가 미리 정한 특정의 조건이 충족된 경우에 한하여 당해 조건을 이행한 상대방(매도인)에게 그 대금을 지급(양도)하도록 약정된 계정을 말하며, 이는 법률적으로 일종의 조건부양도 증서에 해당한다.

◀참고▶ 'Virgule("/", Slash Mark)'를 활용한 약어 사용 관행

과거 TELEX 사용 시절의 비용절감목적 약어(Abbreviation) 사용 관행이 현재까지 이어지면서 지금도 현업에서 많은 약어들이 사용되고 있다. 그 중에도 특히 Slash Mark를 활용한 약어들이 많이 눈에 띄는데, 이에 관해 국제적으로 통용되는 약어 사용 관례를 보면, 영문 단어의 머리글자를 모아 낱말을 축약하고 이들 단어를 잇는 OF, AGAINST, AND, OR 등의 전치사나 접속사를 Slash Mark로 대체하여 표기하는 것이다. 그 사례를 보면, Letter of Credit (L/C), Bill of Lading (B/L), Letter of Guarantee (L/G), Certificate of Origin (C/O), Documents against Payment (D/P), Documents against Acceptance (D/A), Acceptance & Discount (A/D), More or Less (M/L) 등이 그것이다. 그러나 업계의 실무에서는 각종 약어 사용에 있어 Slash Mark를 과도하게 오남용하는 경향이 있는데, 그 예를 보면 Open Account (OA)를 O/A로, Telegraphic Transfer (TT)를 T/T로, Foreign Exchange (FX)를 F/X로, Reimbursement Authorization (RA)를 R/A로, Grace-day Charge (Gr Chg.)를 G/R Chg.로 Refund Guarantee (RG)를 R/G로, Trust Receipt (TR)을 T/R로, Purchase Order (PO)를 P/O로, Expiry Date (ED)를 E/D로, Metric ton (MT)를 M/T로 표기하는 등의 사례가 그것이다. 이와 같은 Slash Mark의 무분별한 오남용은 그 내용 전달 및 의미 파악에 혼선을 야기할 수 있으므로 가급적 사용하지 말아야 한다.

plus+ 4자 이상의 다자간 복합거래

1. 다자간 복합거래의 개념

'다자간 복합거래'라 함은 내국거래와 무역거래가 상호 결합되어 나타나는 4자 이상의 혼성 매매거래를 통칭하는데, 이는 대개 '국내 기업 간의 물품매매거래'와 '대외무역법상의 외국 인수수입 · 외국인도수출 · 위탁가공무역 · 중계무역' 등이 서로 합성 · 변형되는 양상의 거래 구조를 띠고 있는 것이 일반적임.

※ 동 거래는 실무에서 매우 다양한 형태(4자간, 5자간, 6자간 거래 등)로 변형되어 나타날 수 있으므로 이를 하나의 정형화된 거래 형태로 이해하는 것은 바람직하지 못하며, 이와 같은 합성거래는 이를 각각의 개별 거래요소별로 분해 · 분석하는 별도의 해석 과정을 거쳐 'Case by Case'로 대처하여야 함.

※ 거래의 구성요소 중에 임대수출 · 임차수입 · 플랜트수출 등의 형태가 포함되어 있는 경우에는 사전에 그에 따른 신고(보고) · 승인 등의 절차를 이행하도록 안내하여야 하며, 그와는 별도로 외화도피 등의 불순한 의도가 내재되어 있는 경우에는 '거래거절' 또는 '혐의거래보고' 등의 조치를 취하여야 함.

※ 거래를 면밀히 분해 · 분석하여 거래의 구성요소별로 '무역거래' 인지 '무역외거래' 인지 '내국거래' 인지의 여부를 정확히 판별하여야 하며, '내국거래' 해당분에 대해서는 무역거래와 관련한 각종 제도상의 혜택(부가세 영세율 적용, 무역금융지원, 수출실적 인정 등)이 부여되지 않는다는 점을 각별히 유념하여야 함.

2. 4자간 복합거래의 예시

국내 A사(물품공급자)와 국내 X사(물품구매자) 간의 물품매매계약에 따라, 국내 A사가 인도의 B사(A사의 해외공급선)로부터 물품을 수입하여 이를 국내 X사의 지시에 따라 미국의 Y사(X사의 해외구매선)로 인도하는 거래

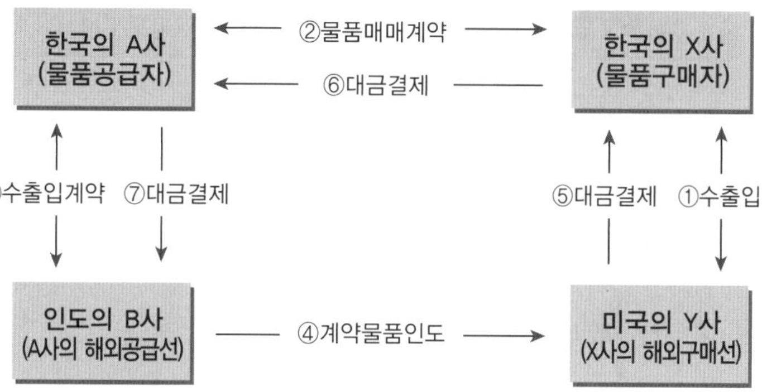

《거래 해설》

이와 같은 거래는 통상 A사–B사–Y사 간의 중계무역 형태로 이루어지거나 또는 X사–B사–Y사 간의 중계무역 형태로 이루어지는 것이 일반적이나, A사와 X사가 각기 자사의 해외거래선에 대한 기득권을 유지하고자 상대방에 대한 직거래를 허용하지 않는 경우에 이를 타개하기 위한 방법으로 유용하게 활용될 수 있음.

① A사와 X사 간의 거래 :
X사가 미국의 Y사에게 수출할 물품을 국내의 A사가 인도의 B사로부터 수입하여 이를 공급한 후 X사로부터 당해 물품의 판매대금을 수령하는 거래로서, 이는 대외무역법상의 수출입거래에 해당하지 않으므로 부가가치세 영세율 적용, 내국신용장 또는 구매확인서 발행, 무역금융 지원 등의 혜택을 받을 수 없음. (동 거래는 국내 기업 간의 물품매매거래로서 무역거래에 해당하지 않음)

② A사와 B사 간의 거래 :
국내의 A사가 외국(미국)에서 물품을 인도받는 조건으로 인도의 B사로부터 물품을 수입한 후 동 사에게 당해 물품의 수입대금을 지급하는 거래로서, 이는 대외무역법상의 외국인수수입에 해당함.

③ X사와 Y사 간의 거래 :
국내의 X사가 국내 A사로부터 취득한 외국 소재의 물품을 미국의 Y사에게 수출한 후 동 사로부터 당해 물품의 수출대금을 수령하는 거래로서, 이는 대외무역법상의 외국인도수출에 해당함.

3. 5자간 복합거래의 예시

국내 A사(물품공급자)와 국내 X사(물품구매자) 간의 물품매매계약에 따라, 국내 A사가 미국의 B사(A사의 원자재공급선)로부터 원자재를 수입하여 베트남의 C사(A사의 위탁가공업체)에게 무상으로 공급한 후 이를 가공하도록 하여, 당해 가공물품을 국내 X사의 지시에 따라 중국의 Y사(X사의 해외구매선)로 인도하는 거래

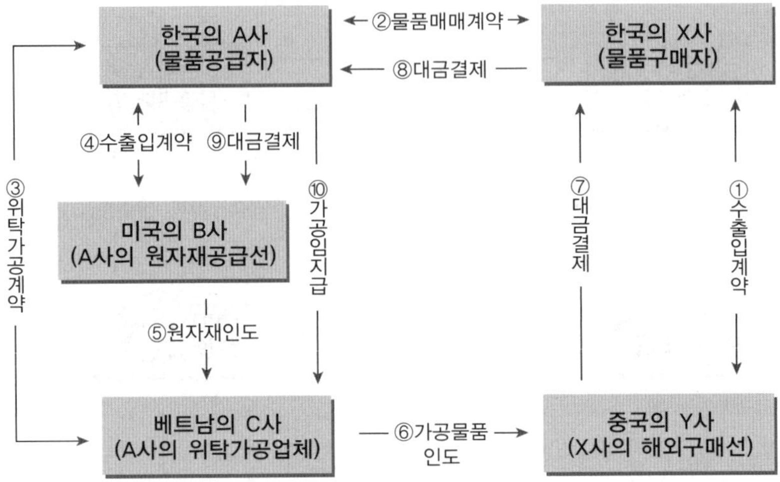

《거래 해설》

이와 같은 거래는 통상 A사-B사-C사-Y사 간의 위탁가공무역 형태로 이루어지거나 또는 X사-C사-Y사 간의 중계무역 형태로 이루어지는 것이 일반적이나, A사와 X사가 상호 물품의 조달 및 판매에 관한 상대방의 노하우를 활용하여 자사의 해외거래선에 대한 배타적 유대관계를 지속적인 수익원으로 유지·관리하고자 하는 경우에 유용하게 활용될 수 있음.

① A사와 X사 간의 거래 :
X사가 중국의 Y사에게 수출할 물품을 국내의 A사가 베트남의 C사에게 임가공을 위탁하여 조달·공급한 후 X사로부터 당해 가공물품의 판매대금을 수령하는 거래로서, 이는 대외무역법상의 수출입거래에 해당하지 않으므로 부가가치세 영세율 적용, 내국신용장 또는 구매확인서 발행, 무역금융 지원 등의 혜택을 받을 수 없음. (동 거래는 국내 기업 간의 물품매매거래로서 무역거래에 해당하지 않음)

② A사와 B사 간의 거래 :
국내의 A사가 베트남 현지에서 화물을 인도받는 조건으로 미국의 B사로부터 위탁가공용 원자재를 수입한 후 동 사에게 당해 물품의 수입대금을 지급하는 거래로서, 이는 대외무역법상의 외국인수수입에 해당함.

③ A사와 C사 간의 거래 :
국내의 A사가 베트남의 C사에게 원자재를 무상으로 공급하여 이를 가공하도록 한 후, 당해 가공물품을 외국(중국)에서 인도받는 조건으로 동 사에게 위탁가공임을 지급하는 거래로서, 이는 대외무역법상의 위탁가공무역에 해당함.

④ X사와 Y사 간의 거래 :
국내의 X사가 국내 A사로부터 취득한 외국 소재의 물품을 중국의 Y사에게 수출한 후 동 사로부터 당해 물품의 수출대금을 수령하는 거래로서, 이는 대외무역법상의 외국인도수출에 해당함.

4. 6자간 복합거래의 예시

국내 A사(물품공급자)와 국내 X사(물품구매자) 간의 물품매매계약에 따라, 국내 A사가 호주의 B사(A사의 원자재공급선)로부터 원자재를 수입하여 중국의 C사(A사의 위탁가공업체)에게 무상으로 공급한 후 이를 가공하도록 하여, 당해 가공물품(반제품)을 국내 X사의 지시에 따라 베트남의 Y사(X사의 위탁가공업체)로 인도하면, 베트남의 Y사는 국내 X사와의 위탁가공계약에 따라 당해 반제품을 가공하여 이를 영국의 Z사(X사의 해외구매선)로 인도하는 거래

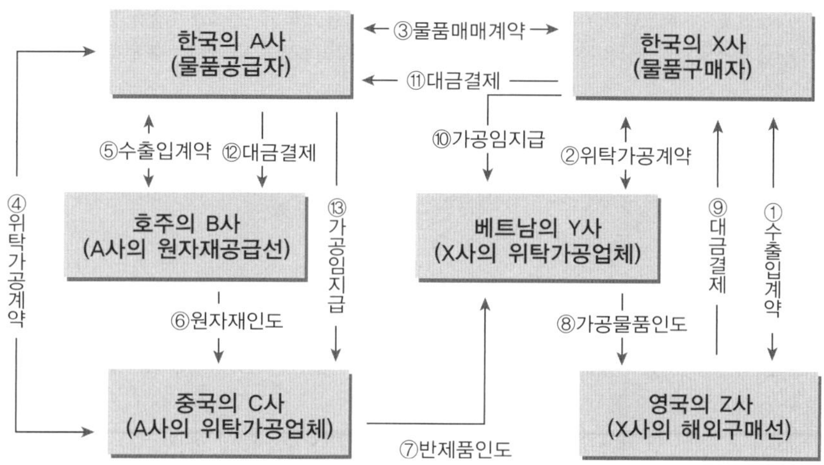

《거래 해설》

동 거래는 X사-Y사-Z사 간의 위탁가공무역이 국내의 A사를 매개로 하여 A사-B사-C사 간의 위탁가공무역과 결합되는 형태의 이중 위탁가공무역으로서, 이는 특정 산업분야(섬유: 원사-직물-의류)의 국내 기업들이 인건비 절감을 목적으로 그 생산기지를 제3국으로 대거 이전하는 상황하에서, 당해 제품의 수직 계열선상에 있는 국내 기업들 간에 지속적인 상생의 협력체계를 유지하기 위한 방법으로 유용하게 활용될 수 있음.

① A사와 X사 간의 거래 :
X사가 영국의 Z사에게 수출할 물품의 생산에 필요한 반제품을 국내의 A사가 중국의 C사에게 임가공을 위탁하여 조달 · 공급한 후 X사로부터 당해 반제품의 판매대금을 수령하는 거래로서, 이는 대외무역법상의 수출입거래에 해당하지 않으므로 부가가치세 영세율 적용, 내국신용장 또는 구매확인서 발행, 무역금융 지원 등의 혜택을 받을 수 없음. (동 거래는 국내 기업 간의 물품매매거래로서 무역거래에 해당하지 않음)

② A사와 B사 간의 거래 :
국내의 A사가 중국 현지에서 화물을 인도받는 조건으로 호주의 B사로부터 위탁가공용 원자재를 수입한 후 동 사에게 당해 물품의 수입대금을 지급하는 거래로서, 이는 대외무역법상의 외국인수수입에 해당함.

③ A사와 C사 간의 거래 :

국내의 A사가 중국의 C사에게 원자재를 무상으로 공급하여 이를 가공하도록 한 후 당해 가공물품을 외국(베트남)에서 인도받는 조건으로 동 사에게 위탁가공임을 지급하는 거래로서, 이는 대외무역법상의 위탁가공무역에 해당함.

④ X사와 Y사 간의 거래 :

국내의 X사가 국내 A사로부터 취득한 반제품 상태의 물품을 베트남의 Y사에게 무상으로 공급하여 이를 가공하도록 한 후 당해 가공물품을 외국(영국)에서 인도받는 조건으로 동 사에게 위탁가공임을 지급하는 거래로서, 이는 대외무역법상의 위탁가공무역에 해당함.

⑤ X사와 Z사 간의 거래 :

국내의 X사가 베트남의 Y사를 통하여 위탁 가공한 물품을 영국의 Z사에게 수출한 후 동 사로부터 당해 물품의 수출대금을 수령하는 거래로서, 이는 대외무역법상의 외국인도수출에 해당함.

2. 수출입 대금결제방식

수출입거래는 크게 수출입 물품의 이동 및 그 대금의 결제행위로 구성되어 있다고 볼 수 있으며, 대금의 결제행위는 대부분 은행을 통하여 이루어지고 있다. 은행의 수출입 업무는 곧 대금결제와 관련한 각종 서비스를 제공하는 것이라고 해도 과언이 아니며, 따라서 은행원의 입장에서는 수출입 대금의 결제방식을 이해하는 것이 수출입 업무의 가장 핵심적인 부분이라 할 수 있을 것이다. 마찬가지로 이는 무역회사의 실무를 담당하는 직원에게도 가장 핵심적인 사항이라 볼 수 있다. 수출입 대금결제 관련 서비스에 대출 또는 보증 등의 여신이 개재되면 이것이 곧 '수출입 금융상품'이 된다.

수출입 대금결제방식 요약표

<table>
<tr><td rowspan="4">신용장방식
(Documentary – Credit)</td><td colspan="2">At Sight L/C
(일람출급)</td><td colspan="3">지급신용장 (Sight Payment)</td><td rowspan="2">· Red Clause
· Installment</td><td rowspan="4">[Settlement]
· Debit Base
· Remittance Base
· Reimbursement</td></tr>
<tr><td colspan="2" rowspan="3">Usance L/C
(기한부)</td><td colspan="2">매입신용장 (Negotiation)</td><td rowspan="2">Shipper' s
Banker' s</td></tr>
<tr><td colspan="2">인수신용장 (Acceptance)</td><td rowspan="2">· Clean L/C
· Standby L/C</td></tr>
<tr><td colspan="3">연지급신용장 (Deferred Payment)</td></tr>
<tr><td rowspan="9">무신용장방식</td><td rowspan="3">추심방식
(Collection)</td><td colspan="3" rowspan="2">D/P (Documents against Payment)
: 지급인도조건</td><td colspan="2">D/P at Sight</td></tr>
<tr><td colspan="2">D/P Usance</td></tr>
<tr><td colspan="5">D/A (Documents against Acceptance) : 인수인도조건</td></tr>
<tr><td rowspan="6">송금방식
(Remittance)</td><td>사전지급</td><td colspan="3">단순송금방식 (Advance Remittance, TT in Advanced, CWO)</td><td rowspan="6">분할지급방식
(혼합/변형)</td></tr>
<tr><td rowspan="5">사후지급</td><td rowspan="3">동시결제
방식</td><td colspan="2">COD (Cash On Delivery) : 상품인도결제방식</td></tr>
<tr><td colspan="2">CAD (Cash Against Document) : 서류인도결제방식</td></tr>
<tr><td colspan="2">European D/P</td></tr>
<tr><td colspan="3">사후송금방식 (Later Remittance = 변형 CAD)</td></tr>
<tr><td colspan="3">OA (Open Account) : 선적통지조건의 기한부 사후송금 결제방식</td></tr>
<tr><td>Others</td><td colspan="7">Int'l Factoring, Invoice Discounting & Risk Participation, Forfaiting, Offsetting · Netting 등</td></tr>
</table>

결제 방식별 거래 안전성 (선호도)

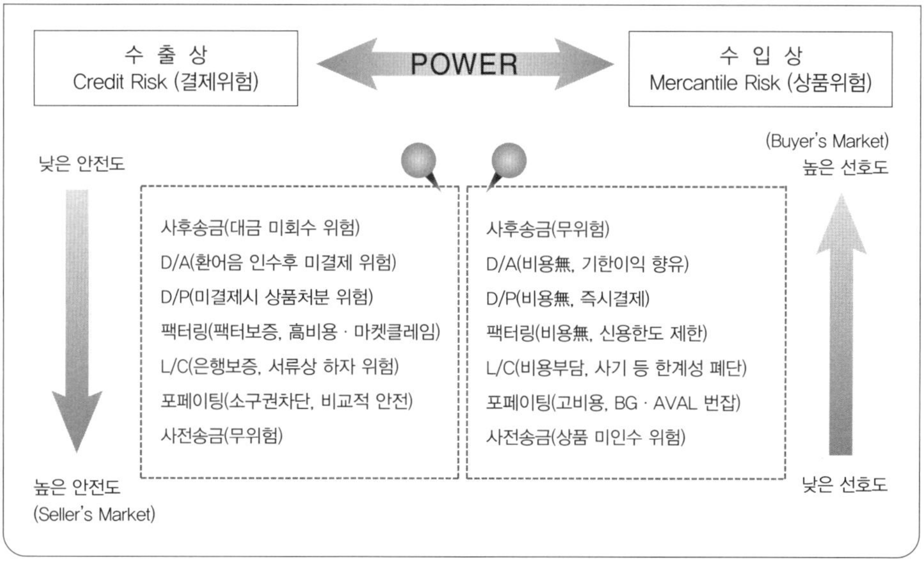

2-1 송금방식

송금방식이란 수출입 대금을 당사자 간의 송금에 의한 방법으로 결제하는 방식을 말하며, 그 대금의 지급 또는 영수시기에 따라 '사전송금(Advance Remittance)'과 '사후송금(Later Remittance)' 및 '분할송금(Installment Remittance)'으로 나누어 볼 수 있다. 분할송금이라 함은 물품대금을 수차례에 걸쳐 분할하여 지급(영수)하는 방법으로, 이는 사전송금과 사후송금이 혼합되어 있는 형태라 볼 수 있다.

참고 송금(Remittance)과 추심(Collection)의 구분

송금이란 채무자가 채권자에게 대금을 송금하여 결제가 이루어지는 방식을 말하며, 추심이란 채권자가 채무자에게 대금을 청구하여 그 결제가 이루어지는 방식을 말한다.

'사전송금방식'과 '사후송금방식'의 일반적인 구분기준은 다음과 같다.

① 수입거래(수입상의 입장에서)

▶ 사전송금방식 :
물품 또는 선적서류를 받기 전에 미리 수입대금 전액을 송금해 주는 거래

▶ 사후송금방식 :
물품 또는 선적서류를 받은 후에 수출상에게 대금을 송금해 주는 거래

② 수출거래(수출상의 입장에서)

▶ 사전송금방식 :
물품을 선적하기 전에 미리 수입상으로부터 수출대금 전액을 송금받는 거래

▶ 사후송금방식 :
물품을 선적한 후에 수입상으로부터 그 대금을 송금받는 거래

참고 일반적으로 은행권의 실무에서는 수입 또는 수출 '통관일'을 기준으로 사전 · 사후를 구분하는 것이 관행화되어 있는데, 이는 외환전산망상의 사유코드를 분류하기 위한 편의적인 분류법이다.

송금의 방법으로는 전신송금(TT : Telegraphic Transfer)과 우편송금(MT : Mail Transfer) 및 송금수표(DD : Demand Draft)에 의한 세 가지의 방법이 있다. 그러나 우편송금의 방법은 현재 거의 사용되지 않으며, 송금수표에 의한 방법도 무역거래

에서는 별로 선호되지 않는 방법이다. 따라서 실무적으로 송금방식이라 하면, 대부분 전신송금에 의한 방법을 지칭하는 것으로 이해하면 될 것이다.

가. 사전송금

수출상이 수입상으로부터 수출대금 전액을 미리 송금받은 후에 물품을 선적하는 방식을 말하며, 수출상의 입장에서는 대금회수위험이 제거됨으로 인하여 매우 안전한 데 반해, 수입상의 입장에서는 물품을 받지 못하거나 또는 불량상품을 받게 될 위험성이 있다. 사전송금방식은 '단순송금방식'이라고도 하며, 이를 지칭하는 용어들로는 Advance Remittance, Advance Payment, CWO(Cash With Order), TT in Advanced 등이 사용되고 있다.

사전송금방식의 거래에서 수출상은 일방적으로 유리한 지위를 점하게 되며, 반면에 수입상은 일방적으로 불리한 입장에 처하게 된다. 이러한 이유로 실무에서는 주로 견본상품이나 시험용품 등 소량 · 소액의 수출입거래 결제방식으로 활용되고 있다. 사전송금방식이 비록 수입상에게 일방적으로 불리한 방식임에도 불구하고 실무에서 빈번히 활용되는 이유는 대개 다음과 같다.

① 결제금액이 작아 상품인수에 대한 위험이 적다고 판단되는 경우
② 수출상의 지명도가 높아 물품을 받는 데 염려가 없다고 판단되는 경우
③ 고정거래선 또는 본지사 간의 경우처럼 수출상에 대한 상당한 신뢰가 형성되어 있는 경우
④ Seller's Market 상품, 또는 물품의 품귀현상 등으로 인하여 미리 송금하지 않으면 안 되는 경우 등

나. 사후송금

수입상이 수출상으로부터 수입물품 또는 선적서류를 수령한 후에 대금을 지급하는 방식을 말하며, 수입상의 입장에서는 상품의 인수와 관련한 불안이 제거되어 매우 안전한 데 반하여, 수출상의 입장에서는 대금을 회수하지 못하거나 또는 결제지연 또는 부당한 클레임 제기 등에 따르는 위험을 부담하게 된다.

사후송금은 다시 그 성격에 따라 몇 가지의 형태로 구분하여 볼 수 있는데, 'COD' 'CAD' 'European D/P' 'OA' 등이 모두 여기에 해당한다고 볼 수 있다.

참고 사후송금방식은 수출상의 대금회수위험이 높아 초기 거래 단계에서는 대부분 COD, CAD와 같은 동시결제의 형태를 취하게 되는데, '동시결제'란 대금과 상환하여 동시에 현물 또는 선적서류가 인도되는 방식을 말한다. COD, CAD와 같은 동시결제 방식이라 하여도, 수출상의 입장에서 보면 물품의 선적 후에 대금결제가 이루어지는 것이므로 사후송금방식으로 분류된다.

1) COD (Cash On Delivery)

수출상이 물품을 선적한 후 수입지에 소재하는 본인의 대리인(해외지사 등) 앞으로 선적서류를 송부하면, 상품이 목적지에 도착하는 대로 수입상이 직접 그들과 함께 물품의 품질 등을 검사한 후, 이상이 없는 경우 물품과 상환하여 즉시 그 대금을 결제하는 방식의 거래를 말한다. 이 경우 운송서류의 Consignee는 수출상의 대리인 또는 그들의 '지시식(To order of~)'으로 발행되는 것이 일반적이며, 대금의 결제와 동시에 B/L의 배서양도에 의해 물품을 인도하게 된다. 즉, COD 방식은 물품의 인도와 동시에 대금이 결제되는 '동시결제방식'이라고 볼 수 있다.

이러한 COD 방식은 주로 귀금속 · 보석류 등의 고가품 거래시 쌍방 간의 불안을 해소하기 위하여 활용되고 있다.

2) CAD (Cash Against Documents)

수출상이 물품을 선적한 후 수출지에 소재하는 수입상의 지사나 대리인 등에게 선적서류를 제시하면, 수입상은 당해 서류와 상환으로 즉시 그 대금을 결제하는 방식의 거래를 말한다. 이때 수입상은 대금의 결제 이전에 미리 그들의 대리인으로 하여금 '선적전 검사(PSI: Pre-Shipment Inspection)'를 실시하도록 하여 당해 물품의 품질 등을 점검함으로써 상품에 관한 불확실성을 제거하게 된다. 이러한 CAD 방식은 선적서류의 인도와 동시에 대금이 결제되는 '동시결제방식'이라고 볼 수 있다.

실무에서 흔히 말하는 '사후송금방식(Later Remittance)'이라 함은, 선적서류의 원본을 직접 외국의 수입상에게 송부하여 당해 서류와 상환으로 대금의 결제가 이루어지도록 하는 방식을 지칭하는데, 일반적으로 업계에서는 이 또한 CAD 라는 용어로 혼용하여 부르고 있다. 대개의 경우는 수입상이 선적서류를 접수하는 즉시 결제가 이루어지는 것이 일반적이나, 수출입상 간의 약정에 의하여 결제 유예기간을 두는 외상거래의 형태로 이루어지는 경우도 있다. 이러한 사후송금방식의 거래는 대금 회수의 불확실성으로 인하여 주로 신용이 확실한 고정거래선 또는 본지사 간의 결제 수단으로 활용되는 것이 일반적이며, 초기 거래 단계에서는 대개 앞서 언급한 동시 결제의 형태를 취하게 된다.

3) European D/P

수출상이 물품을 선적한 후에 해외의 수입상 거래은행으로 당해 선적서류를 송부하여 수입상에게 제시하도록 하며, 수입상은 본인의 거래은행을 통하여 선적서류를 수령함과 동시에 결제대금을 송금하는 형태의 거래를 말한다. 즉 COD, CAD 방식이 변형되어 선적서류가 은행으로 송부되는 경우를 말하는데, 이는 D/P 방식과 같은 결제 안전성을 유지하면서도 환어음 발행에 따른 불필요한 인지세 부담을 제거하고자 유럽지역에서 주로 사용되고 있는 방법이다. 그러한 이유로 이를 European D/P라 부른다.

수출상이 본인의 거래은행을 통하여 대금을 추심하지 않고 직접 해외의 수입상 거래 은행으로 선적서류를 송부한다는 점과 통상적으로 환어음이 발행되지 않는다는 점에서 추심결제방식의 D/P와 구별된다.

4) OA (Open Account)

수출입상 간에 일정기간 동안의 수출입거래와 관련한 기본매매계약(OA Master Contract)을 체결한 후, 매 건별로 구매주문서(Purchase Order) 등에 의거 수출상이 물품을 선적하고 선적서류 원본을 수입상에게 송부하면, 수입상은 기본매매계약서 상의 결제조건에 따라 선적일을 기준으로 일정기간이 경과한 후(또는 일정기일)에 수출상이 지정한 Account로 대금을 송금하여 결제하는 방식의 거래를 말한다. 이를 굳이 우리말로 명명하자면 '선적통지조건의 기한부 사후송금 결제 방식'이라 칭할 수 있을 것이다.

일반적인 사후송금방식 수출의 경우에는 선적서류 또는 수출물품이 수입상에게 '인도'되어야만 수출채권이 성립하여 대금결제가 이루어지는 데 반하여, OA 방식은 수출업체가 물품을 선적한 후 해외의 수입상에게 선적사실을 '통지'함과 동시에 수출채권이 확정된다는 점에서 양자는 분명한 차이를 보이고 있다.

OA 거래의 이러한 특성(수출상이 수입상에게 선적사실을 통보하는 시점에서 외상채권이 성립됨)으로 인하여, 수출상은 선적완료 후 즉시 당해 외화채권을 거래은행에 매각함으로써 조기에 현금화할 수도 있게 되는데, 실무에서는 이를 흔히 'OA Nego'라 부르고 있다. 이렇게 'Nego'가 가능하다는 점은 OA 거래가 갖는 커다란 유용성 중의 하나라 할 수 있겠다. 물론 수출상은 외상채권을 매각(OA Nego)하지 않고 만기까지 기다렸다가 수입상으로부터 그 대금을 타발송금으로 영수할 수도 있는데, 이러한 경우에는 일반 사후송금방식 거래와 별반 차이가 없게 된다.

신용장거래에 있어 수출상은 개설은행을 통하여 대금의 결제를 보장받게 되며, 한편 D/P 등의 추심방식하에서는 추심은행을 통하여 물품(운송서류)에 대한 통제가 가능하게 된다. 그러나 OA 거래에 있어 수출상은 그 대금결제를 오로지 수입상의 신용에만 전적으로 의존하게 되므로, 대금회수와 관련한 불확실성을 면할 수 없게 된다. 즉, OA 거래는 일종의 국제간 외상판매방식인 셈이며, 따라서 이러한 방법은 주로 본지사 간이나 신용이 확실한 고정거래선과 같이 대금회수의 위험이 없는 경우에 한하여 선별적으로 활용되고 있다. 물론, 'Commercial Standby'나 기타 담보 등에 의하여 별도의 안전장치가 마련되는 경우에는, 초기 거래 단계에서도 사용이 가능하다.

이러한 OA 방식의 거래는 신용사회 풍토가 정착된 서유럽이나 미국 등지에서 주로 활용되고 있으며, 최근 들어서는 우리나라에서도 그 사용 비중이 점차 높아지고 있는 추세에 있다. 이는 OA 거래가 비록 기타의 방식에 비하여 결제위험이 높은 것은 사실이나, 반면에 거래가 매우 단순하며 서류의 작성 · 심사에 따른 불필요한 수고와 은행수수료 등의 비용을 절감할 수 있다는 장점을 지니고 있기 때문이다. 수입상의 입장에서는 보다 큰 효용성을 지니고 있는데, 대금의 결제 이전에 미리 상품의 품질 등을 점검할 수 있다는 점과 대금결제의 유예를 통한 기한의 이익을 향유할 수 있다는 점이 커다란 매력으로 작용하고 있다.

경우에 따라서는 매 건별로 결제를 행하지 아니하고 그 거래내역을 장부에 기록하여 두었다가, 미리 정한 결산기에 양자 간의 채권 · 채무를 상쇄한 후 그 차액만을 결제하기도 하는데, 우리나라의 상법 및 외국환거래법에서는 이러한 거래를 '상호계산' 방식이라는 용어로 포괄적으로 표현하고 있다. 혹자는 이러한 형태의 OA 거래를 건별 결제거래와 구분하여 '청산결제방식'이라 부르기도 한다. 즉, 이는 매 건별로 만기일을 산정하여 대금을 송금하는 것이 아니라, 일정 기간 동안의 모든 거래대금을 한꺼번에 몰아서 특정 기일에 일괄적으로 송금하는 방법을 말한다.

참고 상호계산과 관련한 '외국환거래규정(제5-4조~제5-7조)' 상의 주요 내용

① 상대방과의 거래가 빈번하여 상호계산의 방법으로 결제를 하고자 하는 자는 사전에 '지정거래외국환은행'에 '상호계산신고'를 하여야 하며, 당해 신고를 받은 외국환은행은 동 신고사실을 국세청 및 관세청으로 통보하여야 함.

② 상대방과의 채권 · 채무는 수출입의 완료 후 30일 이내에 상호계산계정에 기장하여야 함(무역거래가 아닌 기타 거래의 경우에는 당해 거래에 따른 채권 · 채무의 확정 후 30일 이내에 기장).

③ 상호계산계정의 결산은 회계기간의 범위 내에서 월 단위로 결산주기를 정하여 실시하여야 함. 다만, 필요한 경우에는 회계기간의 범위 내에서 지정거래외국환은행의 장과 협의하여 결산주기를 달리 정할 수 있음.

④ 매 결산기간 종료 후의 대 · 차기 잔액은 3개월 이내에 청산하여야 하며, 당해 결산 대 · 차기 잔액의 지급 또는 수령시에는 사전에 결산보고서(상호계산계정의 대 · 차기 잔액이 건별로 명시되어야 함)를 첨부하여 지정거래외국환은행에 '신고'하여야 함.

⑤ 상호계산을 실시하는 자는 상호계산장부 및 관계 증빙서류를 5년간 보관하여야 함.

참고 NET 거래

최근 들어 사후송금방식의 일종으로 NET 30 days, 60 days NET 등과 같은 조건(Payment terms)이 종종 사용되고 있는데, 실무에서는 이와 같은 NET 거래를 '수출상이 수입국 등의 지정 장소에서 수입상에게 물품을 인도하고, 수입상이 당해 물품을 인수한 날을 기준으로 결제기일을 산정하는 형태의 거래'를 의미하는 것으로 해석하고 있다.

NET 거래의 특징은 '선적 시점'에 수출입상 간의 채권 · 채무 관계가 형성되는 것이 아니라 '수출 · 수입상 간의 물품 인수도 시점'에 수출채권이 확정된다는 점이다.

따라서 은행이 이와 같은 거래 방식의 외상수출채권을 매입(OA Nego)하고자 하는 경우에는, 사전에 반드시 수입상의 물품수령 사실을 증빙할 수 있는 인수증 또는 POD(Proof of Delivery) 등의 서류를 징구하여야 하며, 그리해야만 원인채권 부존재에 따른 무효의 위험에서 벗어날 수 있게 된다.

NET 거래는 종종 VMI(Vendor Managed Inventory, 공급자 주도형 재고관리) 방식 매매거래와 연계하여 사용되기도 하는데, 이와 같은 경우에는 채권 · 채무 관계의 형성 시점인 물품의 인수도 시점에 특히 유의하여야 한다. 경우에 따라서는 수입국 내의 특정 장소(창고)에 적치된 물품을 수입상이 자신의 생산라인에서 실제로 사용하거나 또는 자신의 직영판매점(대형소매점)에서 고객에게 재판매하는 시점에 거래의 인수도가 성립되는 것으로 약정되는 사례도 있다.

◀참고▶ TT-Based Import Financing (송금방식 수입 결제 금융)

사전/사후 송금방식 수입 거래와 관련하여, 수입상 거래은행의 인수/결제보증(Trade BA Line)을 기반으로 해외의 은행이 수입상을 대신하여 수출상에게 미리 결제대금을 송금한 후, 약정된 만기에 수입상으로부터 원금과 이자를 회수하는 방식의 금융서비스를 말하며, 업계에서는 'TT Usance' 또는 'Payment Usance' 등의 용어로 부르고 있음.

이 금융서비스는 'Banker's Usance L/C'에서 활용하는 해외 은행의 인수/할인 금융 메커니즘을 송금방식 수입 거래에 탑재한 상품으로, 국내에서 흔히 활용되고 있는 송금방식 수입대금의 결제 목적성 외화대출(수입자금대출)과 유사한 효능을 지니고 있음.

사전송금방식 및 사후송금방식 수입 거래에 모두 사용할 수 있으며, 수입금융의 만기는 통상 송금실행일로부터 360일 범위 내에서 수입상이 희망하는 기간으로 설정하는 것이 일반적임. 동 상품은 '동일인 한도여신'에 포함하여 별도의 계정으로 운용하거나, 기한부신용장 발행 계정인 '수입신용장 발행 및 인수대충' 한도를 전용하여 사용할 수 있음.

참고로 'TT-Based Import Financing'을 활용한 결제 프로세스는 다음과 같음. ①수입상이 본인의 거래은행에 동 서비스를 통해 수출상에 대한 수입대금 송금 및 소정 기간의 결제유예(신용공여)를 요청하면, ②은행은 해외의 제휴은행(신용공여은행)에 인수/결제보증과 함께 수입금융을 통한 수입 대금의 송금을 요청하고, ③해외의 은행은 'Trade Loan'을 실행하여 수출상에게 대금을 송금한 후, 사전에 수입상이 희망한 만기에 당해 신청(신용공여요청) 은행으로부터 원금과 이자를 회수하며, ④수입상은 사전에 협의된 만기에 수입대금 원금과 금융이자를 거래은행에 결제함으로써 일련의 프로세스를 종료함.

*2025. 02. 10일자 개정 외국환거래규정에서는 이와 같은 'TT-Based Import Financing'을 '수입인수금융'이라는 용어로 포괄하여 표현하고 있으며, 신용장 방식의 'Banker's Usance' 및 '수입인수금융' 등과 같은 형태의 신용공여를 통칭하여 '내국수입유산스'라는 용어로 표현하고 있음. (외국거래규정 제1-2조 45호, 45-1호)

plus+ Commercial Standby

Commercial Standby	계약에 의해 미리 정해진 방법으로 대금이 지급되지 않을 때를 대비하여, 당해 상품 · 서비스의 대금지급을 2차적으로 보장할 목적으로 사용되는 보증신용장을 말함 (예 : OA방식 수입거래의 채무 담보용으로 발행)

■ **사후송금방식(OA) 거래에서 수출상의 대금회수위험을 제거하기 위하여 활용한 사례**

수입상이 물품만 받고 수입대금을 송금하지 않는 경우에, 수출상은 Standby L/C에서 요구하는 다음의 서류들을 개설은행에 제시함으로써 그 대금의 지급을 보장 받을 수 있음.

⇒ 상업송장 사본, 선하증권 사본, 선적서류 원본을 수입상에게 송부하였다는 수출상이 발행한 보고서, 수입상이 대금지급의무를 이행하지 않았다는 수출상이 발행한 채무불이행선언서 등

일반적으로 요구되는 서류들이 '선적서류의 사본'과 '수익자(수출상) 본인이 작성할 수 있는 서류' 들이 대부분이기 때문에, 서류의 준비가 매우 간편할 뿐만 아니라 하자여부를 둘러싼 분쟁발생 가능성이 적으므로, 수출상의 입장에서는 화환신용장보다 오히려 유리할 수 있음.

그러나 수입상의 비용(보증료)부담 기피 현상으로 인하여, 대개의 경우에는 표준결제기간 동안의 누적 거래 잔액 중 그 절반(50%) 정도에 대하여만 Commercial Standby를 발행하도록 함으로써, 수출상과 수입상이 위험과 비용을 상호 분담하는 것이 일반적임.
(당사자 간 합의에 의하여 비율조정)

예) 90 days after B/L date 결제조건으로 매월 100만불씩 선적하기로 약정한 경우 :
수출상의 Exposure는 3개월(표준결제기간) 동안의 미결제잔액인 3백만불이 되며, 이때 수입상은 그 50%인 150만불에 대하여만 Standby를 발행하고 이에 대한 비용을 부담함.

2-2 추심방식

수출상이 수입상에게 물품을 송부한 후에 수입상을 지급인으로 하는 환어음 및/또는 계약서에 명시된 각종의 선적서류를 갖춘 후, 거래은행을 통하여 이를 추심함으로써 그 대금을 회수하는 방식의 거래를 말한다. 추심결제방식은 다시 그 성격에 따라 'D/P', 'D/P Usance', 'D/A' 등으로 구분하여 볼 수 있다.

이러한 추심방식의 거래는 은행의 지급보증이 개입되지 않고 수출입 당사자 간의 신용을 기반으로 하여 거래가 이루어진다는 점에서 신용장방식과 구별되며, 추심거래에 관여하는 은행은 단지 위임사무의 처리를 위한 중개인 또는 보조자의 역할을 담당하게 될 뿐이다. 즉 신용장방식은 수출상에 대한 지급책임이 개설은행에 있는 데 반하여, 추심방식에서는 그 지급책임이 오로지 수입상에게 있다는 점에서 양자의 차이점이 있다고 할 수 있다.

또한 추심방식은 통상적으로 환어음이 수반되며 거래은행을 통하여 그 대금을 추심한다는 점에서 송금방식과 구별이 된다. 송금방식은 채무자인 수입상이 수출상에게 그 대금을 송금하여 줌으로써 대금의 결제가 이루어지는 반면에, 추심결제방식은 채권자인 수출상이 환어음 및/또는 선적서류를 구비하여 이를 거래은행을 통해 추심함으로써 그 대금을 회수하는 '역환'의 방식이다.

이러한 추심방식의 거래와 관련해서는 ICC에서 제정한 '추심에 관한 통일규칙(URC 522 : Uniform Rules for Collections, 1995 Revision, ICC Publication No. 522)'을 준거하여 거래하는 것이 일반적이다.

가. D/P (Documents against Payment, 지급인도조건)

대금(환어음)의 '지급(Payment)'을 조건으로 선적서류(Documents)를 인도하는 형태의 추심결제 방식으로서, 이는 서류의 인도와 동시에 대금의 결제가 이루어지는 '일람불' 거래이다.

수입상의 거래은행인 추심은행(Collecting Bank)은 선적서류가 도착하는 즉시 수입상에게 서류의 내도 통지와 함께 환어음 등을 제시(지급제시)하고, 수입상으로부터의 대금결제가 이루어진 후에 서류를 인도하여야 한다.

나. D/P USANCE (기한부 D/P)

선적서류의 인도와 동시에 대금의 결제가 이루어지기는 하지만, 특정의 기간이 경과한 후에 서류를 제시하기로 하는 형태의 추심결제방식을 말한다. 추심은행은 환어음 및/또는 선적서류가 도착한 다음 명시된 기간이 경과한 후에 이를 수입상에게 제시(지급제시)하여야 하며, 수입상으로부터의 대금결제가 이루어진 후에 서류를 인도하여야 한다. 즉 D/P USANCE 거래란, 추심은행이 USANCE 기간동안 서류를 보관하다가 그 이후에 제시하여 대금의 지급과 상환으로 서류를 교부하는 방식의 거래를 말한다. 따라서 추심업무(수입결제업무) 처리시 D/A로 착오하여 수입상의 결제가 이루어지지 않은 상태에서 미리 서류를 인도하지 않도록 유의하여야 한다.

D/P USANCE는 D/A 거래에 따른 수출상의 신용위험부담 및 D/P 거래에 따른 수입상의 불필요한 자금부담을 동시에 커버할 수 있는 결제방식이라고 할 수 있다. D/P USANCE 거래는 선적서류의 내도시점보다 운송화물의 도착일자가 상당기간 뒤늦는다는 점을 감안하여 고안된 결제방식으로서, 해상으로 물품을 운송하는 경우 등에 선적서류가 물품보다 일찍 도착함으로 인하여 발생하는 수입상의 불필요한 자금부담을 배제시키기 위하여 주로 사용된다. USANCE 기간은 대개 30일 정도가 일반적이며, 이는 서류 도착일로부터 수입화물이 도착할 때까지의 기간을 의미하는 것으로서, 수입상은 결국 이 기간동안 대금지급을 유예받는 효과를 거두게 된다. 결제조건에 대한 표현은 'D/P 30 days after B/L date' 등으로 표시된다.

다. D/A (Documents against Acceptance, 인수인도조건)

환어음의 '인수(Acceptance)'를 조건으로 선적서류(Documents)를 인도하는 형태의 '기한부'거래로서, 선적서류 인도시 수입상은 인수의 의사만 표시하고 실제의 대금지급은 일정기간 후에 발생하게 된다. 추심은행은 선적서류가 도착하는 즉시 수입상에게 서류의 내도 통지와 함께 환어음을 제시(인수제시)하여야 하고, 수입상이 환어음을 '인수'한 후에 서류를 인도하여야 한다.

'인수(Acceptance)'란, 기한부 환어음의 지급인(Drawee, 수입상)이 만기에 그 대금을 정히 지급할 것임을 약속하는 법적인 행위이며, 동시에 추심은행으로서는 아무런 과실 없이 선적서류를 교부하였음을 입증하여 주는 수단이므로, D/A 서류를 교부할 때에는 반드시 수입자로 하여금 어음에 인수절차를 밟도록 하여야 한다. 인수는 당해 어음의 표면(앞면)에 '지급인'이 '인수의 뜻'을 기재하고 '기명날인 또는 서명'하는 것을 원칙으로 하며, 일람후정기출급(After Sight) 어음의 경우에는 '인수일자'를 함께 기재하여야 한다(어음법 제25조). 추심은행은 인수된 어음을 중요 증서에 준하여 만기일까지 별도 보관하여야 하며, 만기에 결제가 이루어지지 않는 경우에는 이를 추심의뢰은행으로 반송하여야 한다.

D/A 방식은 D/P 방식과는 달리 수입상이 환어음을 인수하는 즉시 선적서류가 교부되고 그 대금은 만기에 지급이 이루어지므로, 수출상은 거래의 안전성을 확보할 수 없게 된다. 수입상이 만기에 결제하지 아니하는 한 수출상은 그 대금을 회수할 수 없으며, 또한 물품도 회수할 수 없는 위험에 처하게 되는 것이다. 따라서 실무적으로는 본지사 간 거래에 주로 이용되거나 또는 신용이 확실한 단골거래선 등을 위주로 선별적으로 사용되고 있다.

◀Banking Tips▶ D/P USANCE 거래와 관련한 사고 사례

그동안 여신업무를 주로 담당하던 김 대리는
몇 달 전부터 수출입업무를 새로이 담당하게 되었다.
그러던 중 외국의 ABC 은행으로부터 추심서류를 접수 받았는데,
당해 추심지시서상에는 결제조건이 'D/P at 30 days after B/L date'로 기재되어 있었다.
김 대리는 D/P에 USANCE 조건이 있다는 것은 이상하다고 생각하여,
그것은 틀림없이 'D/A at 30 days after B/L date'를 실수로 잘못 표시한 것이라고 판단하고,
수입상에게 환어음을 인수하도록 한 후 곧바로 선적서류를 인도하였다.
그런데 공교롭게도 수입상이 몇 주 후에 도산하여 이를 결제할 수 없는 상황에 놓이게 되었다.
추심의뢰은행은 계속하여 대금의 결제를 독촉하고 있는 상황인데,
과연 김 대리에게는 아무런 책임이 없을까?

D/P 거래란 대금의 결제와 선적서류(B/L 등)의 인도가 동시에 일어나는 거래이다.
따라서 수출상은 대금이 결제되지 않는 경우에,
추심은행으로부터 선적서류(B/L 등)를 반환받아 그 물품을 되찾을 수 있게 된다.
이에 반해 D/A 거래는 환어음의 인수와 상환으로 선적서류(B/L 등)가 교부되는 거래이다.
따라서 만약 수입상이 도산하여 만기에 대금의 결제가 불가능한 상황이라면,
수출상은 그 물품마저도 되찾을 수 없는 처지에 놓이게 된다.
수출상은 추심은행으로부터 B/L 등의 서류대신 인수된 환어음을 반환받게 되는데,
이는 부도어음에 불과하므로 아무런 경제적 실익도 기대할 수 없을 것이다.
결과적으로 수입상이 도산한 상황이라면,
D/P USANCE를 D/A로 해석하여 잘못 취급하는 것은 매우 치명적일 수 밖에 없으며,
추심은행은 수입상 대신에 고스란히 그 어음대금을 배상하여야만 한다.

◀Banking Tips▶ D/A 거래와 관련한 사고 사례

수입업무를 담당하고 있던 박 대리는,
D/A 환어음 및 선적서류가 도착되자 수입상에게 즉시 그 내도 사실을 통지하였고,
그 다음날 수입상으로부터 '인수증'을 받은 후 선적서류의 원본을 교부하였으며,
동시에 해외의 추심의뢰은행 앞으로 'Acceptance Advice'를 송신하였다.
그 후 만기가 경과하도록 수입상의 대금결제가 이루어지지 않자,
박 대리는 즉시 업체에 연락을 취하려 시도하였으나 부도로 인하여 이미 연락이 두절된 상태였다.
이에 박 대리는 해당 파일을 종결하기 위하여,
추심의뢰은행 앞으로 지급거절 사실을 통보하고 보관 중이던 추심서류의 사본을 반송하였으나,
추심의뢰은행은 계속해서 대금결제를 종용하고 있는 상황이다.
박 대리는 이미 잔여 서류를 반송한 건이므로 아무런 문제가 없다고 생각하고 있는데,
과연 박 대리에게는 아무런 책임이 없을까?

정당한 인수절차를 거치지 않은 채 임의로 선적서류를 교부하였다고 볼 수 있으므로,
이는 손해배상 청구의 사유가 될 수 있다.
부도서류를 반송하는 경우에는,
반드시 인수(수입상이 환어음 표면에 인수문언을 기재하고 서명)된 환어음을 동봉하여야 하며,
인수증으로 이를 대신할 수는 없다.
간혹 습관적으로 전산처리만 하고 서류를 교부함으로 인하여 물의를 빚는 경우가 있는데,
'인수'라는 법적인 행위를 거치지 않은 채 서류를 교부하는 것은 매우 위험한 업무 처리이므로,
D/A 추심서류의 취급시에는 이 점에 대해 각별히 유의하여야 한다.

참고 D/A 환어음의 인수업무와 관련한 사고 사례의 유형

① 선적서류와 함께 환어음까지 통째로 업체에 교부하는 행위
② 인수와 관련한 요식행위를 이행하지 않은 채 그냥 습관적으로 선적서류만 교부하는 행위
③ 인수의 개념을 오해하여 인수증의 징구로 이를 갈음하는 행위
④ 인수된 환어음을 아무렇게나 방치함으로써 이를 분실하는 행위 등

2-3 신용장방식

가. 신용장의 개요

신용장(Credits)이란 지시된 제 조건과 일치하는 서류가 제시되는 한 개설은행이 수입상과는 독립적으로 그 대금의 결제를 보장하여 주는 일종의 '조건부 지급 확약서'를 말한다. 신용장은 수입상의 의뢰에 따라 그 거래은행이 발행하게 되며, 수출상과

수입상 간의 성실한 거래 및 결제의 이행을 보장하기 위한 도구로서 사용되고 있다. 수출상은 계약물품을 선적한 후에 신용장의 제 조건에 일치하는 서류를 작성하여 신용장에서 지정한 은행에 제시함으로써 그 대금을 회수할 수 있게 된다.

신용장은 'Letter of Credit(L/C)', 'Documentary Credit(DC)', 'Commercial Credit' 등의 여러 가지 명칭으로 불리고 있는데, 'Letter of Credit'이란 신용장이 'Letter'의 형식으로 수익자(Beneficiary)에게 전달된다고 하여 붙여진 이름이며, 'Documentary Credit'이란 신용장이 명시된 서류(Documents)의 제시를 요구한다고 하여 붙여진 이름이고, 'Commercial Credit'이란 신용장이 상거래(Commercial Transaction)의 결제수단으로 사용된다고 하여 각각 붙여진 이름이다. 이외에도 신용장은 서로 다른 의미를 갖는 다양한 용어로 표현되고 있는데, 'Clean Credit', 'Standby Letter of Credit' 등이 그것이며, 이들 모두의 공통점은 지시된 제 조건과 문면상 일치하는 서류의 제시에 대하여 수익자에게 그 대금의 지급을 약속하고 있다는 점이다.

나. 신용장통일규칙상의 신용장에 대한 정의

신용장통일규칙(UCP 600: The Uniform Customs and Practice for Documentary Credits, 2007 Revision, ICC Publication No. 600)에서 정의하고 있는 신용장의 의미는 다음과 같다.

신용장이란, 그 명칭에 상관없이, '일치하는 제시(Complying Presentation)'에 대하여 개설은행이 이를 결제(Honour)하겠다는 확약(Definite Undertaking)으로서 취소가 불가능(Irrevocable)한 모든 약정을 의미한다(UCP 600 제2조).

참고 1. '일치하는 제시(Complying Presentation)'란 '신용장'의 제 조건(Terms and Conditions)은 물론, 'UCP 600'의 적용 가능한 조항들 및 '국제표준은행관행(ISBP 821만을 한정하는 것은 아님)'에 일치(in accordance with)하는 제시를 의미한다.

참고 2. '결제(Honour)'라는 말이 의미하는 바는 다음과 같다.

① 일람지급신용장(Sight Payment Credit)의 경우에는 일람출급으로 지급하는 것.

② 연지급신용장(Deferred Payment Credit)의 경우에는 연지급 확약을 하고 만기에 지급하는 것.

③ 인수신용장(Acceptance Credit)의 경우에는 수익자가 발행한 환어음을 인수하고 만기에 지급하는 것.

☞ 지정은행(Nominated Bank)은 개설은행으로부터 그 대금을 상환받기 이전에 일치하는 제시에 대하여 이를 매입(Negotiation)할 수 있는데, 매입이라 함은 제시인에게 미리 그 대금을 지급하거나 또는 대금지급에 동의함으로써 당해 환어음 및/또는 서류를 구매(Purchase)하는 것을 말한다.

☞ 참고적으로, '매입'이라는 용어는 UCP 600 제2조에 정의된 상기의 의미 이외에도 국내의 실무 관행에서는 보다 폭넓은 의미의 매우 포괄적인 개념으로 사용되고 있는데, 신용장(매입신용장, 인수신용장, 연지급신용장)은 물론 D/P, D/A, OA 등의 결제거래와 관련하여, 지정된 만기까지의 이자를 할인 · 차감한 후 그 대금을 미리 지급하는 형태의 모든 'Export Financing'을 의미하는 개념으로 사용되고 있다. 따라서 Negotiation(매입신용장), Discounting(인수신용장), Prepay(연지급신용장), Purchase 등 그 용어에 관계없이 모든 'Advance Financing'을 '매입' 또는 '네고(Nego)'라는 용어로 표현하고 있음을 이해하여야 한다.

다. 신용장거래의 효용

신용장방식은 송금방식이나 추심방식과 비교하여 볼 때 매우 중립적인 결제방법이라 할 수 있으며, 수출입상 모두에게 다음과 같은 안정성을 제공해 준다.

① 사후송금방식이나 D/A 방식 모두 상품의 인도 후에 대금의 결제가 이루어짐으로 인하여 수출상으로서는 대금회수의 안전성을 확보할 수 없으나, 신용장거래에서는 개설은행이 그 대금지급을 확약하고 있으므로 수입상의 신용과는 관계없이 대금회수의 안전성을 확보할 수 있게 된다.

② D/P 방식하에서 수입상의 결제거절에 따라 발생할 수 있는 화물의 재선적 또는 재판매 등과 관련한 손실가능성을 제거할 수 있으므로, 수출상으로서는 매우 안전한 거래를 할 수 있게 된다.

③ 사전송금방식의 거래에서 수입상은 수출상이 물품을 선적하기 전에 그 대금을 지급하게 되므로 상품인수에 대한 안전성을 보장받지 못하는 데 반하여, 신용장방식에서는 신용장의 제 조건에 일치하는 선적서류를 입수한 후에 그 대금을 결제하게 되므로 상품인수에 대한 안전성을 확보할 수 있게 된다.

물론, 신용장의 독립 · 추상성에 기인한 한계성으로 인하여 수출입상 모두에게 어느 정도의 위험이 상존하고 있는 것도 사실이나, 그럼에도 불구하고 신용장방식이 여타의 결제방식에 비하여 매우 중립적인 결제 방식임에는 틀림이 없다. 따라서 상대방의 신용을 확신할 수 없는 신규거래 또는 초기거래의 단계에서는 양자에게 모두 공평한 신용장방식을 활용하는 것이 가장 일반적인 방법이다.

라. 신용장거래의 흐름

신용장거래의 절차를 가장 일반적인 형태의 흐름도를 통하여 살펴보면 다음과 같다. 참고로 아래의 흐름도는 우리나라에서 가장 보편적으로 활용되고 있는 '상환방식의 일람불 매입신용장' 거래에 관한 예시이다.

◀ 예시 1-3-1 ▶ 신용장거래의 흐름

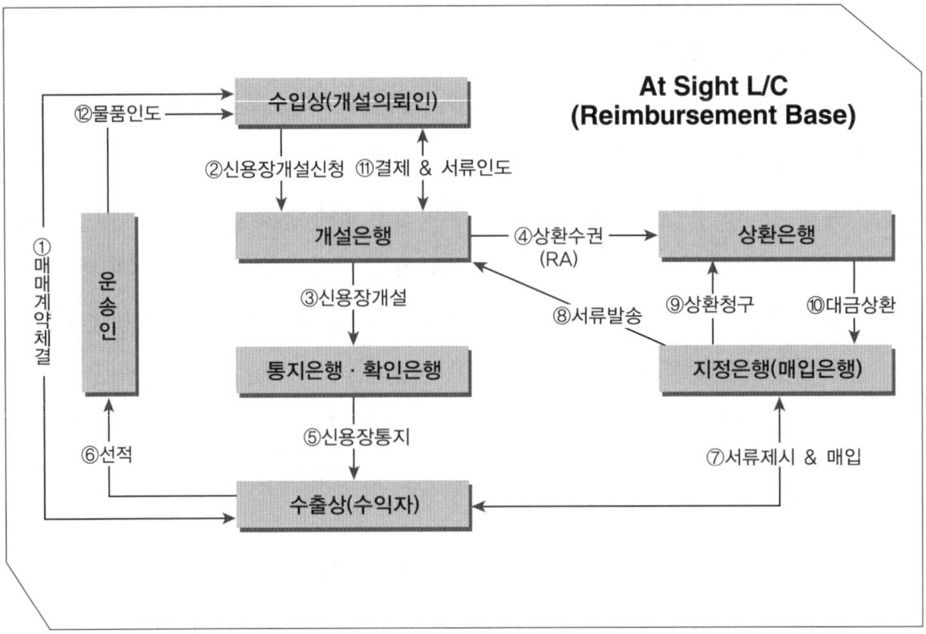

2-4 국제팩터링

가. 국제팩터링 거래의 개요

국제팩터링(International Factoring)이란 국제팩터링기구에 가입한 회원(팩터)의 신용을 바탕으로 이루어지는 무신용장방식의 거래로서, 팩터링회사(Factor)가 수출상과 수입상의 사이에서 신용조사 및 신용위험의 인수(신용승인; 지급보증), 전도금융의 제공(NEGO; 외상채권매입), 외상채권의 기일관리 및 대금회수, 기타 업무대행 등의 서비스를 제공하는 일련의 금융서비스를 말한다. 쉽게 말하면, D/A 또는 OA 거래에 수입팩터의 '신용승인'이 첨가되는 거래라고 이해하여도 큰 문제가 없을 것이다. '신용승인'이라 함은, 수입상이 자금부족 · 파산 등의 재무상 이유로 수입채무를 이행하지 못하는 경우에, 수입팩터가 그 대금을 대신하여 지급할 것임을 약속하는 일종의 보증을 말한다.

팩터링회사들은 'FCI(Factors Chain International)' 또는 'IFG(International Factors Group)' 등과 같은 국제적인 회원망으로 서로 연계되어 있으며, 수입국팩터 및 수출국팩터는 각각 신용장방식에 있어서의 개설은행 및 매입은행과 비슷한 역할을 수행하고 있다. 팩터링회사는 그 소재지에 따라 수입국의 팩터링회사를 '수입팩터(Export Factor)'라 부르고, 수출국의 팩터링회사를 '수출팩터(Import Factor)'라 부른다.

수입팩터는 수출팩터와의 약정에 따라 수입상에 대한 신용상태 및 지급능력을 조사하여 신용위험을 인수하고, 신용승인 한도 내에서 수출팩터링채권의 양수 및 대금의 결제를 보장한다. 한편 수출팩터는 수출상과의 약정에 따라 수출팩터링채권을 양수하여 전도금융을 제공하며, 수입팩터를 통하여 그 대금의 회수업무를 관리하는 역할을 수행하게 된다.

국제팩터링은 팩터링거래의 당사자가 누구냐에 따라 '수출팩터링'과 '수입팩터링'으로 구분하는데, 이는 수출입 당사자의 입장에 따라 구분한 편의적인 분류일 뿐 기본적인 메커니즘은 동일하다. 국제팩터링은 신용장거래와 무신용장거래의 장단점을 고려하여 절충한 방식이라 볼 수 있으며, 결제기간 6개월 이내의 중소규모 무역거래에서 수입상의 신용장발행 기피현상을 커버하기 위하여 주로 활용되고 있다.

팩터링거래와 관련한 국제 규약으로는 'General Rules for International Factoring (FCI, June 2004)' 및 'UNIDROIT Convention on International Factoring (UNIDROIT · 私法統一國際協會, May 1988)' 등이 있다.

나. 국제팩터링 거래와 관련한 수출상의 효용

수출상의 입장에서 국제팩터링거래의 효용성을 살펴보면 다음과 같다.

첫째, 수출상은 무신용장방식의 거래임에도 불구하고 신용거래에 따른 위험을 부담하지 않고 안전하게 거래할 수 있다. 수입팩터로부터 수입상에 대한 신용승인이 이루어지면, 수출상은 본인의 귀책사유에 의한 클레임이 제기되지 않는 한, 수입팩터로부터 해당 신용승인 한도 내에서 그 대금지급을 보장받게 된다. 따라서 수출상은 외상수출로 인한 대금회수 불안을 제거할 수 있으며, 또한 당해 매출채권을 수출팩터에게 양도함으로써 수출대전을 조기에 현금화할 수도 있게 된다.

둘째, 수출상은 신용장방식과는 달리 서류작성에 대한 과도한 부담 없이 간편하게 실무를 처리할 수 있으며, 추심방식(D/P, D/A Nego) 및 송금방식(OA Nego)과는 달리 외상채권을 양도할 때 별도의 담보를 제공할 필요가 없으므로 담보부족으로 인한 곤란을 겪지 않는다. 이는 수입팩터의 신용승인이 곧 담보역할을 대신하기 때문이다. 만약 수출팩터가 수출팩터링거래약정 체결시 무차별적인 담보의 제공을 요구하게 되면, 이는 팩터링거래의 본질에서 벗어나는 것으로 여타 방식 거래와의 차별성을 훼손하게 된다.

셋째, 수출팩터는 소구권을 행사하지 않는 조건으로 수출팩터링채권을 양수(매입)하므로, 수출상은 소구권 청구에 따른 우발채무 부담으로부터 벗어나 재무건전성을 유지할 수 있게 된다. 다만 예외적으로, 상업적 분쟁, 소송, 사기거래 등으로 인하여 'Dispute Notice'가 접수된 경우에는 양도(매입)대금을 반환하여야 할 의무가 있다. 만약 수출팩터가 수출팩터링거래약정 체결시 무조건적인 소구권의 보장을 요구하게 되면, 이는 팩터링거래의 본질에서 벗어나는 것으로 여타 방식 거래와의 차별성을 훼손하게 된다.

넷째, 수출상은 수입상에게 신용장거래보다 유리한 조건을 제시할 수 있게 되어 대외 교섭력을 향상시킬 수 있으며, 신용장거래를 원하지 않는 수입상과도 안전하게 거래할 수 있으므로 신시장 개척이 용이하다. 일반적으로 수입상은 신용장방식의 번잡성 및 비용부담으로 인하여 신용장거래를 기피하게 되는데, 팩터링거래에서는 일체의 수수료(수입팩터링수수료 포함)를 수출상이 부담하므로 수입상은 거래에 매우 호의적인 반응을 보이게 된다(☞일방적인 Buyer's Market 거래하에서 수입상이 사후송금방식 결제를 집요하게 요구하는 경우에는 국제팩터링 거래가 효과적인 대안으로 활용될 수 있을 것임).

참고 **수출팩터링 거래 활성화의 장애 요인**

① 수출상의 금융비용 부담 증가 : 수출상은 외상채권 할인료(환가료) 이외에도 수출팩터링수수료와 수입팩터링수수료(수입팩터의 지급보증료)를 추가로 부담하여야 하는데, 이러한 금융비용(수수료) 부담이 수출팩터링 거래의 기피요인으로 작용하고 있음. 그러나 이들 팩터링수수료는 무신용장 방식의 거래하에서 수출상이 대금 회수에 관한 안전성을 확보하기 위하여 부득이 지불하여야 하는 일종의 보험료로 인식하여야 할 것임.

② 수출팩터의 무분별한 담보요구 관행 및 소구권 인정 관행 : 국내 금융권의 여신운용 관행상 무담보 · 무소구 조건의 효용성이 제대로 발현되지 못하고 있는데, 이러한 금융관행이 수출팩터링 거래의 활성화에 걸림돌로 작용하고 있음. 수출팩터의 금융위험은 여러가지 다양한 보완장치에 의하여 어느 정도 통제가 가능하므로 무차별적인 담보요구 관행 및 소구권 인정 관행은 지양되어야 할 것임. (☞리스크 보완 대책 : 우량 수입팩터의 선별을 통한 Counter Party Risk 제거, 선적 전 검사증명서의 활용을 통한 신용승인의 Invalidation Risk 제거, 클레임 발생 및 가격인하 가능성의 합리적 예측을 통한 매입비율의 적의 조정 등)

다. 국제팩터링 거래와 관련한 수입상의 효용

수입상의 입장에서 국제팩터링거래의 효용성을 살펴보면 다음과 같다.

첫째, 수입상은 신용장거래와는 달리 별도의 수수료(개설수수료 등) 부담이 없으므로 거래 비용을 경감할 수 있다. 수입상은 팩터링거래에 부대하여 발생하는 제반 수수료 등의 비용을 부담하지 않으며, 수입상에 대한 수입팩터의 신용위험부담에 대하여는 그 보상으로 수출상이 수수료(수입팩터링수수료)를 부담하게 된다.

둘째, 초기 거래 단계에서는 무신용장방식의 외상거래가 극히 제한적임에도 불구하고, 수입상은 본인의 신용만으로 30~180일 내외의 외상거래 조건으로 물품을 수입할 수 있다. 이는 수입팩터의 신용승인에 의해 수출상이 대금회수의 확실성을 보장받기 때문에 가능한 일인데, 이때 수입팩터는 객관적인 신용평가자료를 토대로 그 신용승인 여부를 결정하게 되며, 수입상에게는 별도의 담보제공을 요구하지 않는 것이 일반적이다. 만약 수입팩터가 신용승인과 관련하여 수입상으로부터 담보의 제공을 요구하게 되면, 이는 팩터링거래의 본질에서 벗어나는 것으로 신용장거래와의 차별성을 훼손하게 된다. 그러나 설사 수입팩터의 신용승인을 위하여 담보를 제공하는 경우라 하더라도, 수입상은 신용장거래와 달리 비용을 부담하지 않으므로 팩터링거래의 유용성이 있다 할 것이다.

셋째, 수입상은 수입물품의 품질 등에 대한 불확실성을 제거하고 안전하게 거래할 수 있다. 신용장거래하에서는 신용장 고유의 독립 · 추상성으로 인하여 한계성의 폐단이 상존하지만, 팩터링거래에서는 수입대금의 결제 이전에 물품의 품질 등을 확인할 수 있으므로 그러한 폐단을 제거할 수 있게 된다. 즉, 신용장거래에서는 비록 상품에 하자가 있는 경우라 하더라도 제시된 서류가 신용장의 조건에 일치하는 한 그 대금지급을 거절할 수 없는 데 반하여, 팩터링거래에서는 계약위반 또는 상품의 하자 등을 이유로 클레임을 제기하여 그 대금지급을 거절할 수 있다. 상품의 하자 및 계약조건 위반과 같이 수출상의 귀책사유로 인하여 분쟁이 발생하는 경우에는, 수입팩터의 신용승인에 의한 지급보증의 효력도 상실되게 된다.

☞ 이것이 바로 '수출팩터'가 부담하여야 하는 핵심 RISK 중의 하나(Other, 수입팩터의 파산위험 등)이며, 이러한 위험으로부터 채권을 보전하고 소구권의 실익을 확보하기 위하여 수출상에게 담보제공을 요구하는 관행이 형성되었음. 그러나, 수출팩터의 RISK는 '매입비율'의 조절 및 '선적 전 검사증명서'의 활용 등으로 어느정도 통제가 가능하므로, 무차별적인 담보요구 관행은 지양되어야 할 것임.

라. 국제팩터링 거래의 흐름

국제팩터링방식에 의한 일반적인 거래의 절차 및 흐름은 다음과 같다.

1) 물품 주문

수입상으로부터 물품 주문을 받고 거래조건 등에 대하여 협의한다.

2) 신용승인 의뢰

수출상이 국제팩터링방식으로 거래를 하고자 하는 경우에는, 먼저 수출팩터에게 수입상에 대한 신용조사를 의뢰하여 수입팩터의 '신용승인'을 받아야 한다. 신용승인 의뢰는 팩터의 소정양식인 '신용승인신청서'에 의한다.

3) 신용승인 요청

수출팩터는 수입국의 거래팩터에게 수입상에 대한 신용조사 및 수입팩터가 지급보증할 수 있는 '신용한도(Credit Line 또는 Individual Credit Approval)'를 요청한다.

4) 신용조사

수입팩터는 객관적인 신용평가자료 및 대면접촉 등을 통하여 수입상에 대한 신용조사를 실시한다.

5) 신용승인 통보

수입팩터는 수입상의 신용상태를 조사하여 신용승인 여부를 결정한 후, 신용승인의 요청을 받은 날로부터 10일 이내에 수출팩터에게 그 결과를 통보한다.

6) 신용승인 통지

수출팩터는 수입팩터로부터 신용승인 통보를 접수하는 즉시 수출상에게 그 내역을 통지하고, 팩터링방식으로 수출할 수 있도록 지원한다.

7) 수출입계약 체결

수출상은 신용승인 내용을 근거로 수입상과 국제팩터링방식의 수출입계약을 체결한다.

8) 물품 선적

수출상은 수입상과의 계약 내용에 따라 물품을 선적한다.

9) 수출채권 양도

수출상은 수출팩터에게 송장 및 운송서류 등을 제출하여 수출채권을 양도하고 전도금융의 제공을 요청한다. 이때 수출상은 송장의 모든 원본 및 사본에 수입팩터가 요구하는 '양도문언'을 표시하여야 한다(라벨부착). 양도문언은 통상 수입국의 언어로 표기되며, '채권자인 수출상의 권리가 수입팩터에게 양도되었으므로, 수입상은 반드시 수입팩터에게 그 대금을 지급하여야 한다'는 뜻의 내용으로 기재되는 것이 일반적이다.

10) 전도금융의 제공 및 수수료 징수

수출팩터는 관련 서류를 확인한 후 송장금액 이내에서 수출상에게 전도금융을 제공하고, 전도금융이자(환가료)와 수출팩터링수수료(약 0.3~0.8%) 및 수입팩터링수수료(약 0.2~1.0%)를 징수한다. 수입팩터링수수료는 차후에 수입팩터에게 송금한다.

11) 선적서류 발송 및 수출채권의 재양도

수출팩터는 수출상으로부터 받은 선적서류를 수입팩터에게 송부하고, 당해 수출채권을 수입팩터에게 재 양도한다. 수입팩터로부터의 별다른 지시가 없으면, 통상 원본 선적서류(상업송장, 운송서류, 보험서류, 검사증명서 등)는 수입상에게 직접 송부하며, 수입팩터에게는 매출채권양도통지서(NTR; Notification and Transfer of Receivable)와 함께 선적서류의 사본만을 송부하는 것이 일반적이다.

12) 선적서류 인도

수출팩터로부터 선적서류를 접수한 수입팩터는 이를 수입상에게 인도한다. (원본 선적서류가 송부된 경우)

13) 수입대금 결제

수입상은 결제 만기일에 물품대금을 수입팩터에게 지급한다.

14) 수입대금 송금

수입팩터는 만기일에 물품대금을 회수하여 수출팩터의 지정된 구좌로 송금하고,

대금결제통지서를 수출팩터에게 송부한다. 만일 수입상이 재정상의 이유로 물품 대금을 결제하지 못하는 경우, 수입팩터는 신용승인의 내용에 따라 만기일로부터 90일째 되는 날에 대지급하여야 한다. 그러나 물품의 하자 또는 계약조건의 위반 등 수출상의 귀책사유에 따른 클레임으로 인하여 수입상이 대금지급을 거절하는 경우에는, 이를 대신 지급하지 않는다. 또한 대지급 후라도 만기일로부터 180일 이내에 분쟁이 발생하는 경우에는, 당해 대지급금의 반환을 청구할 수 있다.

15) 자금정산 및 차액지급

수출팩터는 수입팩터로부터 송금되어 온 물품대금을 전도금융과 상계하여 정산하고, 그 차액을 수출상에게 지급하거나 부족금액을 징수한다.

◀ 예시 1-3-2 ▶ 국제팩터링거래의 흐름

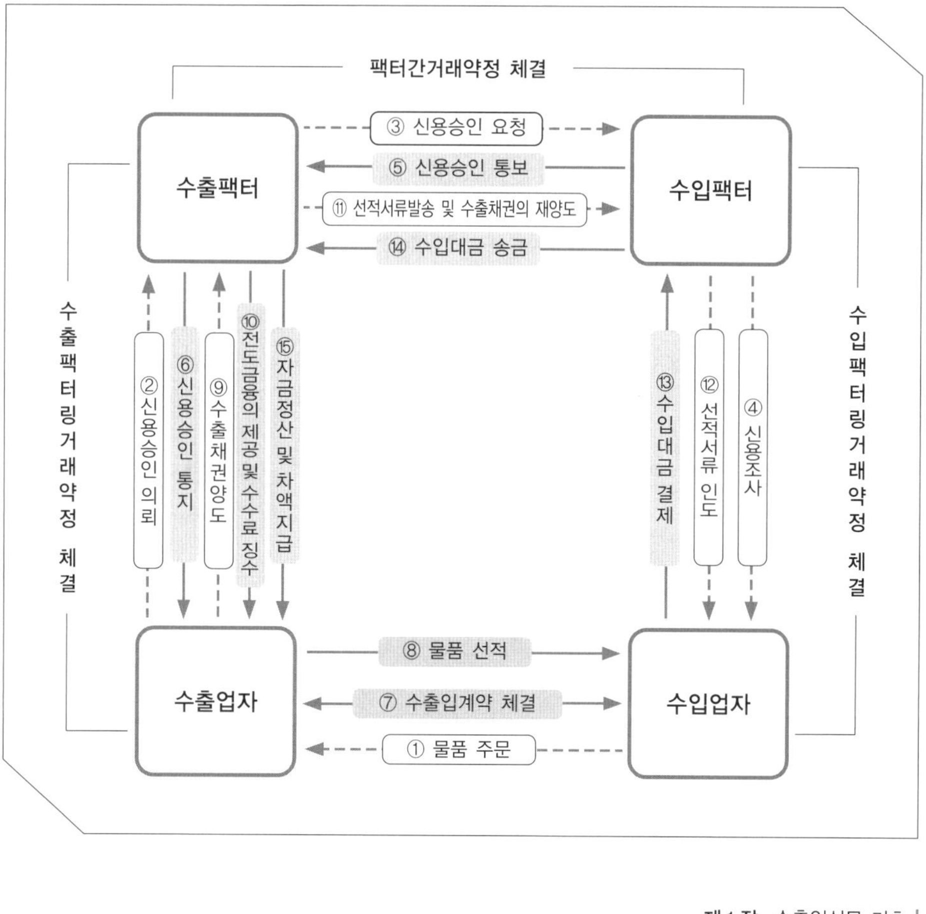

plus+ 'Invoice Discounting' & 'Risk Participation'

▶ 'International Factoring'이 국제팩터링 기구의 회원사들을 통한 거래임에 반하여, 'ID & RP'는 수출입국 은행 간의 개별 약정에 의한 금융서비스라는 점에서 본원적인 차이점이 있으나, 대체로 그 내용 및 성격과 효용성에 있어서는 양자가 유사한 맥락의 구조를 지니고 있음.

▶ 수출상 소재지 국가의 거래은행(수출팩터 역할)을 'Originator(Financing Party)'라 부르며 'Originator'에 의한 외상채권 매입거래를 통상 'Invoice Discounting'이라고 지칭하는 한편, 수입상 소재지 국가의 거래은행(수입팩터 역할)을 'Participant(Participating Party)'라 부르고 'Participant'에 의한 신용위험 인수(지급보증)를 흔히 'Risk Participation'이라 지칭하고 있음.

▶ 'Invoice Discounting'은 수입국 은행의 'Risk Participation'을 전제로 하는 일종의 '은행 보증부 OA Nego'라고 이해하여도 무방할 것이며, 'Risk Participation'은 OA Nego 담보용으로 제공되는 'Commercial Standby'와 대체로 그 기능이 유사함.

▶ 'ID & RP' 거래하의 관련 선적서류 일체는 수입상이 직접 수출상 앞으로 발송하는 것이 일반적이며, 그와 동시에 'Originator'는 'Participant' 앞으로 '거래실행통지서'를 송부하는 한편 수출상으로부터 징수한 보증수수료를 'Participant'에게 즉시 지급하여야 함.

※ 수출상은 'Invoice Discounting'에 따른 환가료 및 'Participant'의 보증수수료를 부담하여야 하며, 수출팩터링수수료에 해당하는 비용은 별도로 발생하지 않음. (팩터링거래보다 비교적 비용이 저렴함)

▶ 수입상은 약정된 만기일에 수출상이 미리 지정한 'Originator'의 Account로 대금을 송금하여야 하며, 만일 만기에 수입상의 결제가 이루어지지 않는 경우에는 'Participant'가 그 대지급 의무를 이행하여야 함.

※ 대지급 발생시 'Participant'는 외상수출채권의 양수인 자격으로 수입상에 대한 구상권 행사가 가능함.

▶ 'ID & RP'는 대체로 신용이 양호한 일류 은행들을 통하여 거래가 이루어짐에 따라 'Originator'의 입장에서는 보증상대방(Participant)의 신용위험 부담이 감소된다는 장점이 있으나, 그 반면 모든 거래은행별로 일일이 개별 협상을 통하여 건별 약정을 체결하여야 한다는 단점이 상존함.

※ 'ID & RP' 거래는 별도의 준거규칙이 없으므로 은행 간 거래약정 체결시 보다 신중한 검토가 요망됨.

2-5 포페이팅

가. 포페이팅 거래의 개요

포페이팅(Forfaiting)이란 현금을 대가로 채권을 포기 또는 양도한다는 의미이며, 실무에서 포페이팅 거래라 함은 기초 상거래(L/C거래, D/A거래, OA거래, 건설/용역계약, 금전대차계약 등)에서 발생하는 지급청구권(환어음, 약속어음, 외상매출채권, 금전채권 등에 근거하는 Payment Claim)을 '소구권을 행사하지 않는 조건(Without Recourse)'으로 할인 매매하는 금융기법을 지칭한다. 즉, 금융기관이 Usance L/C나 D/A방식 거래하에서 발행된 수출환어음을 매입하거나, 또는 OA거래에 따른 외상수출채권을 매입하거나, 또는 해외건설 및 용역수출 등과 관련하여 채무자로부터 취득한 약속어음 등을 매입함에 있어, 채무자 측의 만기 미지급시에도 의뢰인에게 상환청구권을 행사하지 않는다는 조건하에 이를 고정금리부로 할인 · 매입하는 방식의 금융서비스라고 이해하면 될 것이다.

수출상의 입장에서는 소구조건 없이 외상채권을 양도하여 즉시 현금화할 수 있으므로, 현금거래와 동일한 효과를 거둘 수 있다는 점에서 그 유용성이 있다고 하겠다.

참고 **'소구권(상환청구권)'이란?**

어음(환어음, 약속어음)이나 수표의 인수 또는 지급이 거절되어 부도 반환되는 경우에, 당해 어음 또는 수표의 정당한 소지인이 당해 어음 · 수표의 발행인 또는 배서인에 대하여 그 대금의 반환을 청구할 수 있는 권리를 말함. 수출환어음(L/C, D/P, D/A 등) 또는 외상수출채권(OA 등) 등을 매입한 은행은 수출상에 대하여 어음법에 의한 소구권(상환청구권)을 행사하거나 또는 외국환거래약정에 근거한 환매청구권을 행사할 수 있음.

이러한 포페이팅 거래와 관련한 국제 규칙으로는, ICC에 의해 제정되어 2013년 1월 1일부터 발효 중인 '포페이팅에 관한 통일규칙(URF 800 : Uniform Rules for Forfaiting, ICC Publication No. 800)'이 있다.

나. 포페이팅 거래의 특징

포페이팅 거래의 주요 특징을 살펴보면 다음과 같다.

첫째, 포페이터(Forfaiter)는 소구권을 행사하지 않는 조건으로 채권(환어음, 약속어음 등)을 매입하며, 의뢰인은 채무자 측(수입상 또는 개설은행 등)이 만기에 대금을 결제하지 못하여도 부도상환의 의무를 지지 않는다. 따라서 의뢰인은 소구권 청구에 따른 우발채무 부담으로부터 벗어나 재무건전성을 유지할 수 있게 되며, 회계 장부상으로도 외상채권을 제거하고 현금으로 대체함으로써 별도의 차입금 증가 없이 유동성을 확보하는 효과를 얻게 된다. 이것이 Usance L/C 및 D/A 방식하에서의 수출환어음매입과 구별되는 가장 큰 차이점이다. 다만, 사기거래 및 수입지국 법원의 지급정지가처분명령(Injunction)이 있는 경우 등에는, 예외적으로 포페이터에 의한 소구권의 행사가 가능하다.

둘째, 포페이터는 대개 제3자(원채무자의 거래은행, 보증 · 보험사, 公的수출신용기관 등)가 발행하는 화환신용장(Documentary Credit), 보증신용장(Standby L/C), 청구보증(Demand Guarantee), 은행지급보증(BPO; Bank Payment Obligation), 수출보험 등을 담보로 활용하거나 또는 어음에 추가하는 Aval을 담보로 활용하며, 수출상에게는 별도의 보증이나 담보제공을 요구하지 않는다. 'Aval'이란 일종의 어음보증을 말하는 것으로서, 수입상의 거래은행이나 제3자가 환어음이나 약속어음상에 지급보증의 문언을 표시하고 서명하는 행위를 말한다. Aval은 별도의 지급보증서를 발행하는 것보다 그 절차가 간편하고 간단 · 명료하여 포페이팅 거래에 유용하게 활용될 수 있다. 한편, 신용장을 근거로 하여 발행된 기한부 환어음을 포페이팅하는 경우에는 신용장 그 자체의 보증기능으로 인하여 별도의 지급보증을 요구하지 않으며, 또한 초 우량기업 앞으로 발행된 D/A 환어음의 포페이팅 거래시에도 별도의 지급보증을 요구하지 않는 것이 일반적이다.

셋째, 포페이팅은 주로 신용장대금채권이나 환어음 및 약속어음 등의 어음채권을 그 할인 대상으로 하며, 기타의 증권 또는 채권은 그 취득에 관한 복잡한 법률적 문제 및 분쟁 가능성으로 인하여 취급이 제한적이다. 다만, 국제물품매매계약에 따른 사후송금방식 결제 조건의 단기 외상매출채권은 비어음채권임에도 불구하고 'OA 포페이팅' 또는 'OA 팩토링'이라는 명칭으로 비교적 활발하게 거래되고 있는 편이다.

넷째, 포페이팅 거래에서는 대개 고정금리부로 할인이 이루어진다. 따라서 수출상은 중장기 계약의 경우에 발생 가능한 이자율 변동 위험을 제거할 수 있게 되며, 뿐만 아니라 중장기 거래에 따른 환리스크도 포페이터가 부담하게 되므로 환율 변동 위험으로부터도 벗어날 수 있게 된다.

☞ 포페이팅은 해외 건설 · 용역 및 플랜트수출 등과 같은 중장기의 거액 거래에서 그 효용성이 높은 편이나, 현재 국내에서는 1년 미만의 단기 신용장거래 및 D/A 거래에서 보다 많이 활성화되어 있는 상황임.

참고 포페이팅 실무 프로세스 보충 설명

Usance L/C는 개설은행의 '인수통보(SWIFT MT 754)'가 접수된 이후 포페이팅이 진행되며, D/A 방식은 추심은행으로부터 '인수 및 Aval 통보(SWIFT MT 412)'가 접수된 이후 포페이팅이 진행됨. D/A 포페이팅 FLOW를 예로 보면 [①은행간 추심 프로세스를 통한 환어음의 '인수제시' ⇒ ②지급인(Drawee)의 '인수' ⇒ ③보증인(대개는 추심은행)의 'Aval' ⇒ ④인수(및 Aval)된 환어음의 추심의뢰은행(포페이터)앞 반환교부 ⇒ ⑤'포페이팅' 실행 ⇒ ⑥만기에 '지급제시' ⇒ ⑦환어음 '결제']의 흐름으로 진행되는 것이 전통적인 절차이지만, 국제 거래의 실무 관례상 현재는 대개 인수/보증환어음 실물은 추심은행(보증인)이 보관하며 그 대신 SWIFT MT412를 통하여 '인수 및 Aval' 사실을 통보하는 것이 일반적이고, 따라서 인수/보증환어음 실물의 반환/교부 및 만기시 포페이터에 의한 지급제시 과정은 생략되고 있음.

다. 신용장방식 기한부 수출환어음의 포페이팅

일람불 신용장은 포페이팅의 대상에서 제외하며, 기한부 신용장이라 하더라도 포페이터가 지정은행이 아닌 한 자유이용신용장(Available with any bank)에 한하여 취급하는 것을 원칙으로 한다. 또한 포페이터는 개설은행의 인수통보가 접수된 후에 할인을 함으로써 개설은행의 신용위험(파산위험)만을 부담하게 되며, 포페이터가 서류심사와 관련한 리스크를 부담하면서 비소구 조건으로 즉시 할인하는 경우는 실무적으로 매우 드물다.

국내에서 이루어지고 있는 신용장방식 포페이팅 거래의 관행을 살펴보면, 대개 다음과 같은 세 가지의 형태로 구분이 된다.

1) Direct Forfaiting

가장 일반적인 형태의 포페이팅 거래 방식으로서, 수출기업이 포페이터와 포페이팅 거래약정을 체결한 뒤 당해 포페이터에게 직접 서류를 제시하는 방식이다.

포페이터는 개설은행의 인수통보를 접수한 후 할인료 차감금액을 지급하게 되며, 대금의 지급 시점까지는 약 10일 정도가 소요되고 있다. 물론, 상환청구가 가능한 조건으로 먼저 매입(일반적인 Nego)한 후에, 개설은행의 인수통보가 접수되는 대로 상환청구불능조건(Without Recourse)의 포페이팅 거래로 전환하는 방식이 활용될 수도 있다.

국내 은행권에서는 아직까지 'Direct Forfaiting'이 가능한 개설은행을 매우 제한적으로 허용하고 있을 뿐만아니라 할인료율에 대한 경쟁력도 그리 높지 않은 편이어서, 수출상의 입장에서는 본인의 거래은행을 통하여 포페이팅을 취급하기가 용이하지 않은 측면이 있다.

2) Renego Forfaiting

수출기업이 포페이터와 포페이팅 거래약정을 체결한 뒤, 본인의 거래은행을 경유하여 리네고의 형태로 포페이터에게 서류를 송부하는 방식이다.

이때 수출상의 거래은행은 만기까지의 환가료를 징수한 후 즉시 그 매입대금을 지급하게 되며, 포페이터는 개설은행의 인수통보를 접수한 후 할인료 차감금액을 수출상의 거래은행으로 이체하게 된다(약 10일 정도 소요). 포페이터로부터 대금이 입금되면 입금일 이후의 환가료 해당분을 환출하고, 포페이터가 차감한 할인료는 LESS로 처리하여 수출상으로부터 재징수하게 된다.

이러한 방식의 포페이팅 거래가 실무에서 활용되고 있는 이유는, 수출상이 포페이터로부터 대금을 회수하기까지 소요되는 약 10일 간의 자금 공백을 해소하기 위함이며, 또한 거래은행과의 유대관계를 원활히 하기 위한 거래실적 제고의 목적도 일부 내재되어 있다.

참고 수출상 거래은행의 업무처리 유의사항

☞ 포페이팅 관련 건의 환어음 배서는 반드시 '무담보배서(Without Recourse)'로 이루어져야 함. 일반적인 리네고로 착오하여 양도배서를 하게 되면, 포페이팅의 취지와는 무관하게 어음법상의 소구권을 행사당할 우려가 있음.

☞ 포페이터와 별도의 약정을 체결하여 쌍방 간의 권리 · 의무 관계를 명확히 설정한 후 취급하여야 하며, 대상 건에 대하여는 반드시 포페이팅 관련 거래임을 명시하여 서류를 송부하여야 함. 그렇지 않으면 유사시 리네고약정에 따른 소구권의 행사 가능성 여부를 두고 분쟁이 발생할 소지가 있음.

3) Counter Forfaiting

은행이 특정 포페이터와 미리 포페이팅 중계거래와 관련한 포괄적인 협약을 체결한 뒤, 수출기업으로부터 개설은행의 인수(또는 연지급확약)를 전제로 하는 유보부(Under reserve)의 비소구 조건으로 수출환어음을 매입한 후, 이를 2차 포페이터에게 다시 매각하는 방식이다. 이때 1차 포페이터인 수출상의 거래은행은 사전에 2차 포페이터 앞으로 포페이팅 가능 여부를 조회한 후 취급하게 되며, 개설은행의 인수(또는 연지급확약)가 이루어지지 않거나 Injunction이 있는 경우 등에는 소구권을 행사하는 조건으로 매입한다.

수출상은 1차 포페이터인 거래은행으로부터 즉시 그 매입대금을 지급받게 되며, 2차 포페이터는 개설은행의 인수통보를 접수한 후 할인료 차감금액을 1차 포페이터인 수출상의 거래은행으로 이체하게 된다(약 10일 정도 소요).

참고 수출상 거래은행(1차 포페이터)의 실익

☞ 개설은행의 인수통보서 접수일(포페이팅 실행일) 이후부터는 배서어음계정이 소멸하고 EL(Expected Loss)이 Zero가 되므로 당해 NEGO 건은 더 이상 위험자산으로 분류되지 않으며 신용원가 대상에서 제외됨. 따라서 여신성 수익인 NEGO 환가료가 '수수료 수익'으로 전환되는 효과가 발생함. 즉, 수출상의 거래은행은 포페이터의 할인료율과 USANCE NEGO 환가료율과의 차액분을 무위험으로 수취하는 셈이 되는데, 이는 '대고객 금리'가 적용되는 'NEGO 환가료율'보다 '은행간 금리'가 적용되는 '포페이터의 할인료율'이 더 낮기 때문에 가능한 현상임.

☞ 동 방식의 거래를 통하여 수출상의 거래은행이 얻는 수익은 다음과 같음.

- 수출환어음 매입시의 외환매매익(포지션 거래시)
- 포페이터로부터 대금을 이체 받을 때까지의 NEGO 환가료(약 10일분)
- 입금일 이후에는 포페이터의 할인료율과 NEGO 환가료율과의 차액분

◀Banking Tips▶ 주요 국제규칙의 소개 I (신용장거래 관련 국제규칙 및 참고도서 등)

☞ UCP 600 : 신용장통일규칙 (제6차 개정 화환신용장 통일규칙, 발효일 2007.7.1),
Uniform Customs and Practice for documentary credits (2007 Revision, ICC Publication No. 600)
※ Commentary on UCP 600 (ICC Pub. No. 680) : UCP 600 Drafting Group에 의한 조문별 해설 및 분석
※ Insights into UCP 600(ICC Pub. No. 682) : UCP 500 및 UCP 600과 관련한 70여 편의 논설 수록
※ The Complete UCP(ICC Pub. No. 683) : UCP의 연혁 소개 및 제 개정 규칙 수록
※ User's Handbook for Documentary Credits under UCP 600(ICC Pub. No. 694)

☞ ISBP 821 : 화환신용장 서류심사를 위한 국제표준은행관행, International Standard Banking Practice for the examination of documents under documentary credit (2023 Revision, ICC Pub. No. 821)
(참고) ISBP 개정 내역 : ISBP 645(2003) → ISBP 681(2007) → ISBP 745(2013) → ISBP 821(2023)

☞ e-UCP version 2.1 : 전자적 제시를 위한 신용장 통일규칙, Uniform Customs and Practice for Documentary Credits for Electronic Presentation, version 2.1(2023 Revision, ICC Pub. No. 823E)

☞ URR 725 : 화환신용장하에서의 은행 간 신용장대금 상환에 관한 통일규칙(발효일 2008.10.1), Uniform Rules for bank to bank Reimbursements under documentary credits (2008, ICC Pub. No. 725)

☞ ISP 98 : 보증신용장 통일규칙, International Standby Practice (1998, ICC Pub. No. 590)

☞ ICC Policy Statement & Decisions & Recommendations : 국제상업회의소 은행위원회의 정책성명서, 결정, 권고 등
'Original documents' 'Transferable credits' 'Non-Bank L/C' 'Examination of documents, Waiver of discrepancies and notice' 'On board notation' 등 〈2007년 이전 문서는 'UCP 600'으로 흡수되었음〉

☞ ICC Opinions (ICC Pub. No. 632, 660, 697, 732, 785, 799, 802) : ICC 은행위원회의 질의 · 응답 및 유권해석

☞ DOCDEX Decisions (ICC Pub. No. 665, 696, 739, 786 참조) : 신용장 등(추심 및 보증서 포함)의 분쟁 해결을 위한 ICC 국제 자문센터의 결정, (DOCDEX : Documentary instrument dispute resolution expertise)

☞ UCC(Uniform Commercial Code) Article 5 : 미국 연방통일상법전 제5편 신용장

☞ Korea Supreme Court Cases & other leading court cases on L/C : 우리나라 및 주요국 법원의 판례

◀Banking Tips▶ 주요 국제규칙의 소개 II (국제상거래 관련 기타의 국제규칙 등)

☞ URC 522 : 추심에 관한 통일규칙 (제3차 개정),
Uniform Rules for Collections (1995 Revision, ICC Publication No. 522)

☞ e-URC version 1.1 : 전자적 제시를 위한 추심에 관한 통일규칙, Uniform Rules for Collections for Electronic Presentation (eURC) version 1.1 (2023, ICC Pub. No. 825E)

☞ GRIF : 국제팩터링에 관한 일반규칙, General Rules for International Factoring (2004, FCI)
※ 참고: UNIDROIT Convention on international factoring (1988, UNIDROIT)

☞ URF 800 : 포페이팅에 관한 통일규칙, Uniform Rules for Forfaiting (2013, ICC Pub. No. 800)

☞ URDG 758 : 청구보증에 관한 통일규칙, Uniform Rules for Demand Guarantees (2010 Revision, ICC Pub. No. 758)
※ 참고: UN Convention on independent guarantee and standby letter of credit (1995, UNCITRAL)

☞ ISDGP 814 : 국제표준 청구보증관행, International Standard Demand Guarantee Practice for URDG 758 (2021, ICC Pub. No. 814)

☞ URCG 325 : 계약보증에 관한 통일규칙, Uniform Rules for Contract Guarantees (1978, ICC Pub. No. 325)

☞ URBPO 750 : 은행지급보증에 관한 통일규칙, Uniform Rules for Bank Payment Obligations (2013, ICC Pub. No. 750)

☞ CISG : 국제물품매매계약에 관한 UN 협약,
UN Convention on Contract for the International Sale of Goods (at Vienna, 1980)

☞ Incoterms® 2020 : 무역거래조건의 사용에 관한 국제규칙,
ICC rules for the use of domestic and international trade terms (2020 Revision, ICC Pub. No. 723)

☞ ICC : 협회적하보험약관 (구 약관, 신 약관), Institute Cargo Clauses (1963 Old & 2009 New, LMA/IUA)

☞ 해상운송서류(Bill of Lading & Sea Waybill) 관련 : Hague Rules (1924), Hague-Visby Rules (1968), Hamburg Rules (1978), Rotterdam Rules (2009), Sea Waybill에 관한 CMI 통일규칙 (1990), Electronic B/L에 관한 CMI 규칙 (1990) 등

☞ 항공운송서류(Air Waybill) 관련 : Warsaw Convention (1929), Hague Protocol (1955), Guadalajara Convention (1961), Montreal Agreement (1966), Guatemala City Protocol (1971), Montreal Convention (1999) 등

☞ 복합운송서류(Multimodal Transport Document) 관련 : 복합운송서류에 관한 통일규칙 (ICC Pub. No. 298, 1975), 국제복합운송에 관한 UN 협약(UNCTAD, 1980), 복합운송서류에 관한 UNCTAD/ICC 규칙 (1992) 등

☞ Rules of Arbitration of the ICC : 국제상업회의소 중재규칙 (1998, ICC)

제 4 절

무역관리제도

1. 무역관리의 의의 및 관련 법체계

세계 각국은 자국과 외국 간의 무역거래 행위에 대하여 이를 자유방임 상태로 두지 아니하고, 자국의 이해와 관련하여 국가가 추구하는 소기의 목적을 달성하기 위하여 일정한 간섭 내지는 통제를 가하고 있는데, 국가가 수행하는 이러한 일련의 간섭을 일컬어 '무역관리(Trade Control)'라 통칭한다.

국제 무역거래는 시장경제의 원칙을 바탕으로 국제분업과 비교우위의 이점을 활용하기 위하여 자유무역의 기조하에 이루어져야 함에도 불구하고, 세계의 각국은 모두 정도의 차이만 있을 뿐 무역거래에 대하여 사전 · 사후적으로 관여하고 있는 것이 보편적인 실정이다.

무역거래에 대한 이와 같은 국가의 관리행위 중 가장 대표적인 것이 '수량제한조치'인데, 이는 '외환관리' 및 '관세정책'과 더불어 자유무역을 저해하는 3대 장벽으로 간주되고 있다.

1-1 무역관리 제도의 의의

'무역관리제도'라 함은, 국제수지의 균형과 통상의 확대 등 일련의 정책적인 필요에 의하여 국가가 수출입거래를 통제하거나 지원하기 위한 각종 법규 및 제도적 장치를 마련하여 이를 관리하는 것을 말한다.

우리나라의 무역관리 제도는 자유롭고 공정한 무역을 조장함을 원칙으로 하되, '법률' 또는 '무역에 관한 조약'과 '일반적으로 승인된 국제법규'에서 이에 관한 특별한 제한 및 의무 등을 규정하고 있는 경우에는, 그 목적을 달성하기 위하여 필요한 최소한의 범위 내에서 이를 통제하고 있다.

우리나라 무역관리의 목적은 '대외무역법 제1조'에 명시되어 있는 바와 같이, 대외무역을 진흥하고 공정한 거래질서를 확립하여 국제수지의 균형과 통상의 확대를 도모함으로써 국민경제를 발전시키는 데 이바지하기 위함이며, 이를 위하여 필요한 경우에는 국가가 그 행위를 통제하거나 지원하게 된다.

무역관리의 목적상 통제가 필요한 일부 품목 등에 대하여는 일정한 요건을 갖추도록 하거나 필요한 절차를 거쳐 수출입하도록 제한하고 있으며, 경우에 따라서는 특정 물품의 수출입을 금지하거나 수량제한의 조치를 취하는 등 다양한 형태로 수출입거래 행위를 관리함으로써, 공동의 이익을 위하여 국가가 추구하는 소기의 목적을 달성할 수 있도록 하고 있다.

대외무역법에 의하여 물품등의 수출입 또는 경유 · 환적 · 중개가 제한되거나 금지되는 경우는 다음과 같다(관련법규: 대외무역법 제5조).

① 우리나라 또는 교역상대국에 전쟁 · 사변 또는 천재지변이 있을 경우
② 교역상대국이 조약과 일반적으로 승인된 국제법규에서 정한 우리나라의 권익을 인정하지 아니할 경우
③ 교역상대국이 우리나라의 무역에 대하여 부당하거나 차별적인 부담 또는 제한을 가할 경우
④ 헌법에 따라 체결 · 공포된 무역에 관한 조약과 일반적으로 승인된 국제법규에서 정한 국제평화와 안전유지 등의 의무를 이행하기 위하여 필요할 경우
⑤ 국제평화와 안전유지를 위한 국제공조에 따른 교역요건의 급변으로 교역 상대국과의 무역에 관한 중대한 차질이 생기거나 생길 우려가 있는 경우
⑥ 인간의 생명 · 건강 및 안전, 동물과 식물의 생명 및 건강, 환경보전 또는 국내 자원보호 등을 위하여 필요할 경우

1-2 무역관리의 체계 및 관련 법규

무역관리의 방법은 크게 직접통제와 간접통제로 나누어 볼 수 있다. 직접통제는 국민의 권리를 제한하거나 의무를 부과함으로써 직접적으로 어떠한 행위를 통제하는 것임에 반하여, 간접통제는 금융정책 · 조세정책 · 보조금정책 등을 통하여 간접적으로 경제주체의 행위를 국가가 원하는 방향으로 유도해 나가는 것이다. 우리나라의 무역관리도 이와 같은 직 · 간접 통제를 통하여 대외무역을 관리 · 감독하고 있으며, 이를 위하여 여러 가지 수단과 방법들을 복합적으로 혼합하여 운용하고 있다.

무역거래의 관리대상은 크게 '거래품목', '거래유형', '결제방법', '거래상대방' 등으로 구분해 볼 수 있으며, 남북관계의 특수성으로 인하여 '대북한교역'에 대해서도 별도의 관리가 이루어지고 있다.

우리나라의 무역관리는 주무 관청인 산업통상자원부와 기획재정부가 이를 모두 도맡아 독점적으로 관리하는 체제를 취하지 않고, 여러 협조기관에 그 관리의 권한을 위임하여 분산시키는 위탁관리의 방식을 택하고 있다. 즉 무역행정의 신속하고 효율적인 운용을 도모할 목적으로 그 권한의 일부를 관계 행정기관의 장, 관련 단체(협회)의 장, 시 · 도지사, 세관장, 대한상공회의소, 한국무역협회 등에 위임하거나 또는 한국은행총재 및 외국환은행의 장 등에게 위임하는 형태를 취하고 있다.

또한 우리나라의 대외무역관리제도는 수출입행위에 대한 '무역관리'와 그 대금의 결제행위에 관한 '외환관리'가 서로 분리되어 이원적으로 관리되고 있다는 점도 큰 특징 중의 하나이다.

우리나라의 무역은 '대외무역법'에 의하여 총괄적으로 관리되고 있으며, 물품의 이동과 관련해서는 그 통관 및 과세 등에 대하여 '관세법'의 적용을 받고, 대금의 결제와 관련해서는 그 지급 및 수령 행위 등에 대하여 '외국환거래법'의 적용을 받는다. 또한 외국인 등의 국내 투자에 관하여는 '외국인투자촉진법'이 적용되고, 북한과의 교역에 관하여는 '남북교류협력에관한법률'이 적용된다. 이를 도표로 정리하여 보면 다음과 같다.

우리나라 무역관리의 기본 체계

관련법규	관리대상	관리수단
대외무역법 (산업통상자원부)	수출입거래 전반(총괄) ⇒ 무역관리의 기본법	수출입거래의 품목 · 형태 · 상대방 등에 따른 요건과 절차, 수출입승인, 인정, 허가 등
관세법 (관세청)	수출입 물품 등의 이동 ⇒ 통관 및 관세 등에 관한 사항	수출입신고, 불법거래의 감시 및 검사, 관세의 부과 및 징수, 관세율 관리 등
외국환거래법 (기획재정부)	수출입 대금의 결제 ⇒ 외국환거래와 관련한 사항 (지급과 수령 및 그 방법 등)	거래의 사유와 금액 및 결제방법 등에 대한 확인, 신고, 신고수리, 허가 등
※외국인 투자 : 외국인투자촉진법, 시행령, 시행규칙, 외국인투자에 관한 규정(산업통상자원부), 외국인투자통합공고(산업통상자원부) ※대북한 교역 : 남북교류협력에 관한 법률, 시행령, 시행규칙(통일부) 반출 · 반입 승인대상품목 및 승인절차에 관한 고시(통일부)		

2. 거래품목 등에 대한 관리

수출입 물품을 품목별로 관리하여 수출입을 제한하거나 금지하는 등의 직접 규제 방식을 말하며, 수출입을 규제하는 품목에 대하여는 사전에 '수출입승인'을 받는 등의 필요한 조치를 취하여야만 수출입을 할 수 있다.

수출입을 금지하거나 제한하는 품목 및 그 수출입 요령 등의 사항에 대하여는 대외무역법의 규정에 따라 수출입공고, 통합공고, 전략물자수출입고시 등을 통하여 산업통상자원부장관이 구체적으로 고시하고 있다.

수출하고자 하는 물품이 수출입공고, 통합공고, 전략물자수출입고시 등에 의하여 거래가 제한되는 경우에는 사전에 그러한 제한을 해제하기 위하여 반드시 수출입승인, 요건확인, 신고, 허가 등의 절차를 거쳐야 한다.

품목에 의한 무역관리방식은 'Positive System(원칙금지/예외허용방식)'과 'Negative System(원칙자유/예외금지방식)'이 있는데, 우리나라는 1967년부터

'Negative List System'을 채택하여 적용하고 있다. 'Negative List System'이란 수출입이 금지 또는 제한되는 품목만을 열거하여 공고하고, 이 공고에 포함되지 않는 품목은 자유롭게 수출입을 허용하는 방식을 말한다.

품목분류는 'HS(The Harmonized Commodity Description and Coding System)'의 상품분류기준에 의하며, 동 분류된 품목의 세분류는 'HSK(The Harmonized System of Korea)'에 따른다. HS란, WCO(세계관세기구: World Customs Organization)의 HS위원회에 의해 제정되어 1988년부터 관세 · 무역 · 통계 · 운송 · 보험 등의 각 분야에서 범 세계적으로 통용되고 있는 상품분류기준을 말하며, 국가 간에 거래되는 각종 물품을 6단위 번호체계로 분류하고 있다. HSK는 HS 협약에 의한 HS품목분류표 6단위 코드를 우리나라의 필요에 따라 다시 10단위로 세분화한 관세 · 통계통합품목분류표를 말한다.

2-1 수출입공고에 의한 수출입승인 등

'수출입공고'란 조약 및 국제법규에 따른 의무의 이행, 생물자원의 보호, 교역 상대국과의 경제협력 증진, 국방상 원활한 물자 수급, 과학기술의 발전, 항공관련 품목의 안전관리 등과 그밖에 통상 · 산업정책상의 목적으로 수출입을 제한하거나 금지하여야 할 필요성이 있는 물품 등에 대하여, 그 품목 및 수출입요령 등에 관한 사항을 구체적으로 정하여 산업통상자원부장관이 고시한 규정을 말한다(관련법규: 대외무역법 제11조, 대외무역법시행령 제16조~제19조, 대외무역관리규정 제8조~제20조).

수출입공고는 품목별로 수출입 가능 여부를 '금지' 또는 '제한품목'으로 구분하고 있으며, '수출입공고'상에 게기되지 아니한 품목('수출입 자동승인품목')은 별도의 제한 없이 자유롭게 수출입할 수 있다. 다만, 수출입공고와는 별도로 통합공고 또는 전략물자수출입고시에 별도의 제한 내용이 있는 경우에는 그러한 제한 내용도 모두 충족되어야만 수출 또는 수입을 할 수 있다.

수출입공고에 의하여 물품의 수출입이 금지되는 품목은 수출입할 수 없으며, 물품의 수출 · 수입이 제한되는 품목은 해당 수출입승인기관으로부터 수출승인 또는 수입승인을 득한 후에 거래하여야 한다. 참고로, 외화획득용 원료 · 기재를 수입하는 경우에는 '수입제한품목'이라 할지라도 별도의 제한 없이 수입을 승인받을 수 있다.

※수출(입) 금지사항 : 고래고기, 자연석, 개의 (생)모피 및 그 제품 등의 수출거래

※수출(입) 제한사항 : 규사, 자갈 · 왕자갈 · 쇄석, 대리석 등의 수출거래, 철이나 비합금강 · 스테인레스강 · 기타 합금강의 잉곳이나 (반)제품 등의 미국 · EU · 영국 등에 대한 수출거래, 항공기 · 우주선 및 그 주요 부분품 등의 수입거래

※수출(입) 승인기관 : 한국골재협회, 한국철강협회, 한국항공우주산업진흥협회 등

2-2 통합공고에 의한 수출입요건확인 등

'통합공고'란 대외무역법 외의 여러 법령(법/령/규정/규칙/훈령/고시 등)에 산재되어 있는 물품의 수출입 요건 및 절차 등에 관한 사항을 무역업자가 쉽게 파악할 수 있도록, 산업통상자원부장관이 하나의 공고에 제반 사항을 조정 · 통합하여 별도로 고시한 규정을 말한다(관련법규: 대외무역법 제12조). 국민보건 및 공중도덕 등과 같이 무역정책적인 목적 이외의 필요에 의해 규제되는 사항이 대부분이다.

통합공고에 의하여 수출입이 금지된 품목은 수출입할 수 없으며, '요건확인품목'으로 게기된 물품은 해당 주무부처 또는 관련 단체의 장으로부터 허가, 추천, 신고, 검사, 검정, 시험방법, 형식승인 등 수출입을 위한 '요건확인서'를 발급받아야 한다. 다만, 외화획득용 원료 · 기재의 수입물품, 중계무역물품, 외국인수수입물품, 외국인도수출물품, 선(기)용품, 수출/수입 승인 면제 물품(대외무역관리규정 별표3 및 별표4) 등에 대하여는, 요건면제의 확인을 받은 후 별도의 제한 없이 수출입 할 수 있다(그럼에도 불구하고, 통합공고 제12조 ②항에 명시된 법령의 적용을 받는 물품에 대하여는 해당 법령에서 규정하고 있는 수출입 요건 및 절차를 반드시 준수하여야 함). 통합공고와는 별도로 수출입공고 또는 전략물자수출입고시에 별도의 제한 내용이 있는 경우에는, 그러한 제한 내용도 모두 충족되어야만 수출 또는 수입을 할 수 있다.

대외무역법 이외의 다른 법령이란 다음에 언급한 60여 개의 특별법을 말한다.

1.약사법 2.첨단재생의료및첨단바이오의약품안전및지원에관한법률 3.마약류관리에관한법률 4.화장품법 5.식품위생법 6.화학물질관리법 7.화학물질의등록

및평가등에관한법률 8.양곡관리법 9.비료관리법 10.농약관리법 11.가축전염병예방법 12.식물방역법 13.종자산업법 14.축산법 15.전기용품및생활용품안전관리법 16.계량에관한법률 17.석유및석유대체연료사업법 18.원자력안전법 19.전파법 20.야생생물보호및관리에관한법률 21.폐기물의국가간이동및그처리에관한법률 22.대기환경보전법 23.소음 · 진동관리법 24.자동차관리법 25.산업안전보건법 26.오존층보호를위한특정물질의제조규제등에관한법률 27.건설기계관리법 28.먹는물관리법 29.자원의절약과재활용촉진에관한법률 30.생화학무기법(화학무기 · 생물무기의 금지와 특정화학물질 · 생물작용제 등의 제조 · 수출입 규제 등에 관한 법률) 31.축산물위생관리법 32.건강기능식품에관한법률 33.농수산물품질관리법 34.방위사업법 35.수산업법 36.고압가스안전관리법 37.영화및비디오물의진흥에관한법률 38.게임산업진흥에관한법률 39.음악산업진흥에관한법률 40.하수도법 41.주세법 42.지방세법 43.총포 · 도검 · 화학류등의안전관리에관한법률 44.의료기기법 45.인체조직안전및관리등에관한법률 46.수산생물질병관리법 47.사료관리법 48.생물다양성보전및이용에관한법률 49.유전자원의접근 · 이용및이익공유에관한법률 50.폐기물관리법 51.전기 · 전자제품및자동차의자원순환에관한법률 52.액화석유의안전관리및사업법 53.목재의지속가능한이용에관한법률 54.농업생명자원의보존 · 관리및이용에관한법률 55.수입식품안전관리특별법 56.어린이제품안전특별법 57.위생용품관리법 58.에너지이용합리화법 59.잔류성오염물질관리법 60.생활화학제품및살생물제의안전관리에관한법률 61.친환경농어업육성및유기식품등의관리 · 지원에관한법률 62.생활주변방사선안전관리법 63.해양수산생명자원의확보 · 관리및이용등에관한법률 64. 체외진단의료기기법 65.기타 특정물품의 수출입절차 또는 요령을 정한 법률 및 국제협약 등

2-3 전략물자수출입고시에 의한 수출허가 등

전략물자란 다자간 국제수출통제체제의 원칙에 따라 국제평화 및 안전유지, 국가

안보 등을 위하여 그 통제가 필요하다고 인정되어 산업통상자원부장관이 별도로 지정하는 물품등(물질, 시설, 장비, 부품, 소프트웨어 등 전자적 형태의 무체물 및 기술을 포함)을 말하며(흔히 말하는 이중용도품목 및 군용물자품목이 이에 해당함), 이러한 전략물자의 수출입에 관한 제한사항 및 수출입요령 등을 정하여 고시한 규정을 '전략물자수출입고시'라 한다(관련법규: 대외무역법 제19조~제31조, 대외무역법 시행령 제32조~제49조, 원자력안전법, 방위사업법, 생화학무기법).

전략물자의 수출입을 위해서는 사전에 산업통상자원부장관, 원자력안전위원회 위원장, 방위사업청장 등 관계 행정기관의 장에게 신청하여 '수출허가서(개별수출허가, 포괄수출허가, 원자력플랜트기술수출허가)' '상황허가서' '중개허가서' '경유 · 환적허가서' 또는 '수입목적확인서' 등을 발급받아야 한다.

전략물자수출입고시에 의해 수출입이 통제되고 있는 주요 품목은, 핵무기 · 화학무기 · 생물무기 등의 대량살상무기 및 그 운반수단인 미사일 등의 개발 · 제조 · 사용 · 저장에 관련되는 특정의 물품(물질 · 시설 · 장비 · 부품)과 소프트웨어 및 기술 등이다. [예 : 재래식무기수출통제체제(WA; 바세나르체제) 관련 품목, 핵수출통제체제(NSG; 핵공급그룹) 관련 품목, 미사일기술통제체제(MTCR) 관련 품목, 생화학무기수출통제체제(AG; 오스트레일리아그룹) 관련 품목, 화학무기금지협약(CWC) 관련 품목, 생물무기금지협약(BWC) 관련 품목, 무기거래조약(ATT) 관련 품목 등]

2-4 관세법에 의한 통관 제한

수출입공고, 통합공고, 전략물자수출입고시 등 이외에도 다음의 품목에 대하여는 관세법의 규정(관세법 제234조 및 제235조)에 의하여 수출입이 금지되고 있다.

① 헌법질서를 문란하게 하거나 공공의 안녕질서 또는 풍속을 해치는 서적 · 간행물 · 도화, 영화 · 음반 · 비디오물 · 조각물 또는 그 밖에 이에 준하는 물품

② 정부의 기밀을 누설하거나 첩보활동에 사용되는 물품

③ 화폐 · 채권이나 그 밖에 유가증권의 위조품 · 변조품 또는 모조품 등

④ 지식재산권(상표권, 저작권, 저작인접권, 특허권, 디자인권, 품종보호권, 지리적 표시권 등)을 침해하는 물품

3. 거래유형(형태) 등에 대한 관리

대외무역법 또는 외국환거래법에서 정하는 특정의 거래유형(형태)에 대해서는 해당 법규에서 정하는 바에 따라 사전에 승인, 인정, 신고 등의 절차를 거쳐 허락을 득한 후 거래하여야 한다.

3-1 대외무역관리규정에 의한 플랜트수출승인

미화 50만불(FOB 기준) 상당액 이상인 특정의 '기재 · 장치' 및 동 액 이상인 특정의 '산업설비'를 수출하고자 하는 자, 또는 '일괄수주방식의 수출'을 하고자 하는 자는 사전에 산업통상자원부장관에게 '플랜트수출승인'을 받아야 한다(관련법규: 대외무역법 제32조, 대외무역법시행령 제50조~제54조, 대외무역관리규정 제70조~제72조).

위에서 말하는 특정의 '기재 · 장치'란 농업 · 임업 · 어업 · 광업 · 제조업, 전기 · 가스 · 수도사업, 운송 · 창고업 및 방송 · 통신업을 경영하기 위하여 설치하는 기재 및 장치를 말한다.

위에서 말하는 특정의 '산업설비'란 발전설비, 담수설비 및 용수처리설비, 해양설비 및 수상구조설비, 석유처리설비 및 석유화학설비, 정유설비 및 송유설비, 저장탱크 및 저장기지설비, 냉동 및 냉장설비, 제철 · 제강설비 및 철강재구조설비, 공해방지설비, 공기조화설비, 신에너지 및 재생에너지설비, 정치식운반하역설비 및 정치식건설용설비, 시험연구설비, 그 밖에 산업활동을 위하여 필요한 설비 등을 말한다.

위에서 말하는 '일괄수주방식의 수출'이란 산업설비 · 기술용역 · 시공을 포괄적으로 행하는 수출을 말하며, '시공'이란 토목공사, 건축공사, 플랜트 설치공사를 수행하는 것을 말한다. 일괄수주방식에 의한 수출로서 건설용역 및 시공부문의 수출에 관하여는 해외건설촉진법에 의한 해외건설업자에 한하여 승인받을 수 있다.

참고적으로, 실무에서 흔히 말하는 플랜트(Plant)라 함은, 각종 상품을 제조하기 위한 기계 · 장치 등의 Hardware와 그 설치에 필요한 엔지니어링, Know-How,

건설시공 등의 Software가 결합된 생산단위체를 지칭하며, 다음과 같은 복잡한 특징을 지니고 있다.

플랜트는 통상 국제경쟁입찰을 통하여 계약을 체결하게 되는데, 수주의사를 결정하기에 앞서 먼저 면밀한 사전조사 및 철저한 사업타당성 검토가 요구되며, 이를 토대로 '응찰 · 낙찰 · 교섭'의 과정을 거쳐서 계약이 이루어지게 된다. 또한 플랜트 수출시 설비시공이 포함될 경우에는 설계 · 토목 · 건축 등 복잡한 업무가 추가로 요구되며, 플랜트가 설치 · 완성된 후에도 시운전 및 테스트 과정을 거쳐야 하고, 그 후에도 일정 기간 성능보증(하자보증) 책임이 뒤따르는 것이 일반적이다. 따라서 수출상의 입장에서는 보증기간이 끝난 후에야 비로소 거래가 종결되어 모든 책임에서 벗어날 수 있다는 무거운 부담을 지니게 된다.

3-2 대외무역관리규정에 의한 특정거래형태의 수출입인정

'대외무역법에 규정된 수출 또는 수입의 제한을 회피할 우려가 있는 거래', '산업보호에 지장을 초래할 우려가 있는 거래', '대금결제가 수반되지 아니하고 물품 등의 이동만 이루어지는 거래', '대금결제상황의 확인이 곤란하다고 인정되는 거래' 등 일부 특정거래형태의 수출입에 대하여는, 사전에 산업통상자원부장관에게 '특정거래인정신고'를 하여 '특정거래형태의 수출입인정'을 받은 후 거래하여야 한다(관련법규: 대외무역법 제13조, 대외무역법시행령 제20조, 대외무역관리규정 제21조~제23조).

따라서 특수한 형태의 수출입거래로 인한 지급과 수령시에는 먼저 계약서의 내용을 면밀히 점검하여 대외무역법상의 '수출입거래'에 해당하는지 여부와 '특정거래형태의 수출입인정' 대상에 해당하는지 여부를 사전에 확인한 후 거래하여야 한다.

현행 대외무역법에서는 다양한 형태의 거래가 출현되고 있는 현실을 감안하여 'Negative System' 체제로 제도를 운용하고 있으며, 여러가지 특정거래형태의 수출입 중에서도 일부 예외적인 요소를 포함하는 경우에 한해서만 '특정거래형태의 수출입인정'을 받도록 규정하고 있다.

참고 2014년 9월 3일부로 '무환수출' 및 '중계무역'거래에 대한 특정거래인정 신고 규정이 폐지됨에 따라, 현재는 별도의 '특정거래형태의 수출입인정' 대상이 없는 상황임.

가. 무환수출

[무환수출 거래에 대한 특정거래인정 신고 규정 폐지] 미화 5만불 상당액 초과의 물품이 국내에서 외국으로 이동하는 형태의 일부 무환수출 거래에 대하여, 과거에는 사전에 산업통상자원부장관에게 '특정거래인정신고'를 하여 '특정거래형태의 수출입 인정'을 받도록 하였으나, 이와 같은 종래의 대외무역관리규정상의 절차적 제한은 2014년 9월 3일부로 폐지되었다.

나. 중계무역

[중계무역 거래에 대한 특정거래인정 신고 규정 폐지] 수입대금의 지급 및 수출대금의 수령을 하나의 외국환은행(동일지점)을 통하여 행하지 않는 중계무역 거래에 대하여, 과거에는 사전에 산업통상자원부장관에게 '특정거래인정신고'를 하여 '특정거래형태의 수출입인정'을 받도록 하였으나, 이와 같은 종래의 대외무역관리규정상의 절차적 제한은 2014년 9월 3일부로 폐지되었다.

3-3 외국환거래규정에 의한 임대차계약신고

임대수출 및 임차수입과 관련하여 비거주자와 물품의 임대차계약을 체결하고자 하는 경우에는, '외국환거래규정'에서 정하는 바에 따라 그 유형별로 거래일로부터 1개월 이내에 외국환은행의 장에게 '보고'하거나, 사전에 한국은행총재에게 '신고' 후 거래하여야 한다(관련규정: 외국환거래규정 제7-45조 ~ 제7-46조).

① 별도의 신고등을 요하지 아니하는 경우는 다음과 같다(신고불요).

- 국내의 외항운송업자와 비거주자 간에, 소유권을 이전하지 않는 조건으로 선박이나 항공기(항공기엔진 및 관련 주요부품 포함)의 외국통화표시 임대차 계약을 체결하는 경우로서, 임대차 계약기간이 1년 미만인 경우
- 거주자와 비거주자 간에 부동산 이외의 물품을 무상으로 대차하는 경우(사용대차를 말하며, 사용대차는 2021년 6월 18일부로 외국환거래규정 상의 기타자본거래 규율 대상에서 제외됨에 따라 금액 및 사용대/사용차 여부에 관계없이 신고

불요 사항에 해당함)

② 외국환은행의 장에게 1개월 이내에 보고하여야 하는 경우는 다음과 같다.

- 거주자와 비거주자 간에 부동산 이외의 물품 임대차 계약을 체결하는 경우로서, 계약 건당 금액이 미화 3천만불 이하인 경우(소유권을 이전하는 경우를 포함)
- 국내의 외항운송업자와 비거주자 간에, 소유권을 이전하지 않는 조건으로 선박이나 항공기(항공기엔진 및 관련 주요부품 포함)의 외국통화표시 임대차 계약을 체결하는 경우로서, 임대차 계약기간이 1년 이상인 경우

참고 임대차계약신고(보고)시의 제출서류

- 임대차계약신고(보고)서(외국환거래규정 별지 제7-9호 서식)
- 임대차계약서(임대차물의 현재가격, 임대차 기간, 임대차료(율) 등이 명시되어야 함)
- 임대차물 증빙서류
- 임대차 사유 증빙서류 등

참고 물품 임대차 거래의 사후 보고제 전환(2023.7.4)

신고불요 거래를 제외한 모든 자본거래는 행위가 발생하기 이전의 사전 신고(수리)제가 원칙이었으나, 물품 임대차 거래를 포함한 일부 자본거래에 대해서는 2023년 7월 4일부로 '거래 또는 행위가 있었던 날로부터 1개월 이내에 외국환은행의 장에게 거래사실을 보고' 하도록 하는 사후 보고제로 체계가 전환되었음.

③ 한국은행총재에게 사전에 신고하여야 하는 경우는 다음과 같다.

- 거주자와 비거주자 간에 계약 건당 미화 3천만불 초과의 물품 임대차 계약을 체결하는 경우
- 국내의 외항운송업자와 비거주자 간에, 소유권을 이전하는 조건으로 선박이나 항공기(항공기엔진 및 관련 주요부품 포함)의 임대차 계약을 체결하는 경우로서, 계약 건당 금액이 미화 3천만불을 초과하는 경우(3천만불 이하는 외국환은행 보고 사항임)
- 그 밖에 '신고불요 사항' 및 '외국환은행 보고 사항'을 제외한 모든 경우

4. 결제방법 및 채권회수 등에 대한 관리

본 항목은 '외국환거래의 관리'에 관한 사항이다. 우리나라는 부당한 거래조건과 외화도피행위를 방지하는 한편 국제수지의 균형과 통화가치의 안정 등을 도모할 목적으로, 수출입 행위와는 독립적으로 외국환거래(대금결제) 그 자체에 대해서도 외국환거래법을 통하여 별도로 관리하고 있다.

따라서 물품 등의 수출입과는 별도로 이에 수반하는 지급이나 수령 등의 결제행위에 관하여는 외국환거래법에서 정하는 바에 따른 별도의 '절차적인 제한'을 준수하여야 한다. 그러나 법령에서 별도로 규제하지 않는 '신고불요' 사항에 대하여는 거래의 '사유'와 '금액'을 입증하는 서류만을 제시하고 관련 대금을 지급 또는 수령할 수 있다.

외국환거래법상의 '절차적인 제한'이란 다음의 것들을 말한다.

- 특정한 거래에 대하여 외국환은행의 '인정'을 받거나, '사후보고'를 하도록 하거나,
- 외국환은행, 한국은행, 기획재정부에 '신고'후 거래하도록 하거나,
  ☞ 지급수단을 수출입(휴대수출입 포함)하고자 하는 경우에는 관할 세관에 신고하여야 함.
- 외국환은행, 한국은행, 기획재정부의 '신고수리'후 거래하도록 하거나,
- 한국은행 또는 기획재정부의 '허가'를 받은 후 거래하도록 하는 등의 제한

4-1 외국환거래규정에 의한 지급등의 방법 신고

가. 지급등의 방법에 대한 관리

1) 제3자 지급등에 대한 제한 (관련규정: 외국환거래규정 제5-10조)

거주자와 비거주자 간 거래의 결제는 당사자 간의 지급 또는 수령에 의하여 이루어져야 하는 것이 원칙이며, 제3자와 결제하는 행위는 원칙적으로 한국은행총재 또는 외국환은행의 장에게 '신고' 후 거래하여야 한다(예: 수입대금을 수출상이 아닌 다른 자에게 송금하는 행위 등).

① 별도의 신고등을 요하지 아니하는 경우는 다음과 같다(신고불요).

- 미화 5천불 상당액 이하의 금액을 지급 또는 수령하는 경우
- 당해 거래의 당사자인 거주자가 거래의 당사자가 아닌 비거주자 또는 거주자로부터 수령하는 경우(관련 증빙서류를 첨부하여 제3자 수령의 타당성을 입증하여야 함)
- 당해 거래의 당사자가 아닌 거주자가 거래의 당사자인 비거주자로부터 수령하는 경우(관련 증빙서류를 첨부하여 제3자 수령의 타당성을 입증하여야 함)
- 거주자간 거래의 결제를 위하여 당해 거래의 당사자인 거주자가 거래의 당사자가 아닌 거주자와 지급등을 하는 경우
- 수입대행업체(거주자)에게 단순수입대행을 위탁한 거주자(납세의무자)가 수입대행 계약시 미리 정한 바에 따라 수입대금을 수출자인 비거주자에게 지급하는 경우
- 거주자가 인터넷으로 물품을 수입하고 수입대금은 국내 구매대행업체를 통하여 지급하는 경우 및 수입대금을 받은 구매대행업체가 수출자에게 지급하는 경우
- 거주자가 외국환은행 또는 이에 상응하는 금융기관에 개설된 에스크로계좌를 통해 비거주자와 지급등을 하는 경우
- 비거주자의 국내 소송 · 세무 · 부동산 거래를 위한 대리인이 관련 업무를 수행함에 따라 수령한 자금을 비거주자 본인에게 지급하는 경우 및, 거주자가 해외에서의 세무 · 부동산 거래를 위해 관련 대금을 현지 대리인에게 지급하는 경우
- 기타 외국환거래규정 제5-10조에서 허용하는 경우(지속적으로 추가/확대되고 있음)

참고 수입대금의 당발송금시 유의사항

수출입 계약 관련 문서를 징구하여 당해 서류상의 'Buyer'와 'Seller'를 확인한 후, 송금신청서상의 '송금의뢰인' 및 '수취인'과 서로 일치하는지의 여부를 반드시 점검하여야 한다.

② 외국환은행의 장에게 사전에 신고하여야 하는 경우는 다음과 같다.

'신고불요 사항'을 제외하고, 거주자가 미화 5천불 상당액을 초과하면서 1만불 상당액 이하인 금액을 제3자와 지급 또는 수령하고자 하는 경우

참고 '제3자지급 신고'시의 제출서류

- 지급등의 방법 신고서(외국환거래규정 별지 제5-1호 서식)
- 거래 당사자 간의 계약서
- 제3자 지급등을 입증하는 서류(당사자 간의 합의서 등)

③ 한국은행총재에게 사전에 신고하여야 하는 경우는 다음과 같다.

'신고불요 사항' 및 '외국환은행 신고 사항'을 제외한 모든 경우 (참고: 거주자가 다국적회사인 비거주자와의 거래를 결재하기 위하여 당해 거래의 당사자가 아닌 다국적회사의 자금관리 전문회사로 지정된 자에게 지급하는 경우에는, 외국환은행 또는 한국은행 신고를 지급일로부터 1개월 이내에 사후 보고(신고)할 수 있음)

2) 외국환은행을 통하지 않는 지급등에 대한 제한 (관련규정: 외국환거래규정 5-11조)

대금의 지급과 수령은 외국환은행을 통한 송금 또는 계좌이체 등의 방법에 의하는 것이 원칙이며, 외국환은행을 통하지 아니하는 지급등은 원칙적으로 한국은행총재에게 '신고' 후 거래하여야 한다(예: 수입대금을 외화현찰로 직접 지급하는 행위 등).

다만, 다음의 경우에는 예외적으로 신고를 요하지 아니한다(신고불요).

- 거주자가 외국환은행을 통하지 아니하고 지급수단을 수령하고자 하는 경우
- 거주자가 건당 미화 1만불 상당액 이하의 경상거래대금을 대외지급수단(외화현찰 등)으로 직접 지급하고자 하는 경우(경제자유구역에서는 10만불 이하)
- 거주자가 외국에서 보유가 인정된 대외지급수단으로 인정된 거래에 따른 대가를 외국에서 직접 지급하고자 하는 경우(예: 예금거래 신고 절차를 거쳐 개설한 해외 예금에서 수입대금을 인출하여 외국에서 직접 지급하는 경우 등)
- 거주자가 비거주자와의 경상거래대금을 국내에서 본인 명의의 신용카드 등으로 결제하고자 하는 경우(예: 해외 인터넷 쇼핑몰상에서 물품을 주문하고 그 대금을 국내에서 신용카드로 결제하는 행위 등)
- 거주자가 '해외여행경비'를 외국에서 본인 명의의 신용카드 등으로 지급하고자 하는 경우(외국통화로 인출하여 지급하는 경우를 포함함)
- 거주자가 당해 거래와 관련한 외국환은행의 지급확인 절차를 거쳐 '외국환신고(확인)필증'을 교부받은 경우
- 기타 외국환거래규정 제5-11조에서 허용하는 경우

참고 **수출입 대금을 외화현찰로 당사자 간에 직접 주고받는 행위가 가능한가?**

☞ **수입대금을 외화현찰로 직접 지급하는 행위**

한국은행총재에게 '지급등의 방법 신고'후 '신고필증'을 교부받아야 거래할 수 있다. 다만, 건당 미화 1만불 상당액 이하인 경우에는 신고할 필요가 없다.

☞ **수출대금을 외화현찰로 직접 수령하는 행위**

우리나라의 수출상이 외국에서 외화현찰로 수취하여 국내로 가지고 오는 경우와, 외국의 수입상이 휴대하여 가지고 온 외화현찰을 국내에서 수취하는 경우로 나누어 볼 수 있는데, 두 경우 모두 신고대상이 아니다. 그러나 외화현찰로 직접 수취한 자금을 수출대금으로 인정받기 위해서는 다음의 서류를 제시하여야 한다.

- 거래사실(사유 및 금액)을 입증할 수 있는 '계약서' 또는 '수출신고필증'
- 외화현찰의 휴대 입국시 세관에 신고하고 발급받은 '외국환신고필증'

3) 상계에 의한 지급등에 대한 제한 (관련규정: 외국환거래규정 제5-4 ~ 5-7조)

거주자와 비거주자 간의 거래 또는 행위에 따른 채권 · 채무는 건별로 정산하여야 하는 것이 원칙이며, 이를 건별로 정산하지 않고 서로 상쇄하여 차액만을 결제하는 행위는 원칙적으로 한국은행총재에게 '신고'후 거래하거나, (지정거래)외국환은행의 장에게 '신고' 나 '사후보고'를 하여야 한다. 참고적으로 차액만을 결제하는 방법으로는 '상호계산(Mutual Account)', '양자간 일반상계(Bilateral Netting)', '다자간 상계(Multilateral Netting)' 등의 방식이 활용되고 있다.

☞ 상계 또는 상호계산을 실시하는 자는 관계증빙서류를 5년간 보관하여야 함.

① 별도의 신고등을 요하지 아니하는 경우는 다음과 같다(신고불요).

- 일방의 금액이 미화 5천불 상당액 이하인 채권 또는 채무를 상계하고자 하는 경우
- 연계무역, 위탁가공무역, 수탁가공무역에 의하여 수출대금과 관련 수입대금을 상계하고자 하는 경우
- 물품의 수출입대금과 당해 수출입거래에 직접 수반되는 중개 또는 대리점 수수료 등을 상계하고자 하는 경우
- 기타 외국환거래규정 제5-4조에서 허용하는 경우

참고 위탁판매수출 및 수탁판매수입과 관련하여 그 판매대금에서 판매수수료를 공제한 차액만을 결제하는 행위는 신고불요 사항에 해당함. 그러나 수출입대금에서 불량품에 의한 클레임대가 등을 공제한 차액만을 결제하는 행위는 신고불요 사항에 해당하지 않음.

② 외국환은행의 장에게 사전에 신고하거나 사후보고를 하여야 하는 경우는 다음과 같다.

'신고불요 사항' 및 '한국은행 신고 사항'을 제외하고, 거주자가 수출입 · 자본거래 등 대외거래를 함에 있어서 계정의 대기 또는 차기에 의하여 결제하는 등, 비거주자에 대한 채권 · 채무를 비거주자에 대한 채무 · 채권으로 상계하고자 하는 경우(참고: 2019. 05부터는 양자간 일반상계 거래에 대해 외국환은행 '사전 신고' 또는 '상계처리후 1개월 이내 사후 보고' 중에서 편의에 따라 선택적으로 이행할 수 있도록 허용하고 있음)

③ 한국은행총재에게 사전에 신고하여야 하는 경우는 다음과 같다.

- 다국적 기업의 상계센터를 통하여 상계하고자 하는 경우
- 다수의 당사자의 채권 또는 채무를 상계하고자 하는 경우

plus+ 'Offsetting' 방식에 의한 지급등의 신고

1. 상호계산 (Mutual Account)

'상호계산'이란, 거래가 빈번한 양 당사자 간에 매 건별로 결제를 행하지 아니하고 장차 발생하는 채권 · 채무를 상호계산계정에 기록하여 두었다가, 미리 정한 결산주기별로 그 간의 채권 · 채무를 일괄 상쇄하고 그 차액만을 정기적으로 결제하는 방식을 말하며, 이와 같은 거래방식은 사전에 '지정거래외국환은행의 장'에게 '신고'한 후 취급하여야 하는 사항임.

▶▶ 상호계산 거래의 흐름

▶▶ 상호계산 실무

① 상호계산의 방법으로 지급등을 하기 위해서는 사전에 '지정거래외국환은행의 장'에게 '상호계산 신고'를 하여야 하며, 계정을 폐쇄하고자 하는 경우에도 '상호계산계정 폐쇄 신고'를 이행하여야 함.

☞ '상호계산 신고' 시의 제출서류
- 상호계산 신고서 (외국환거래규정 별지 제5-2호 서식)
- 법인등기부등본(법인) 또는 사업자등록증(개인사업자)
- 거래외국환은행 지정 신청서 (외국환거래업무취급지침 제1-2호 서식)

② 상호계산계정의 기장은 당해 거래가 수출입인 경우에는 그 수출입의 완료 후 30일 이내, 기타의 경우에는 당해 거래에 따른 채권 · 채무의 확정 후 30일 이내에 이행하여야 함.

☞ 상호계산신고 이전에 발생한 거래는 상호계산계정에 기장할 수 없음.

☞ 상호계산계정에는 상대방과의 채권 · 채무를 형성하는 모든 거래(수출입 · 자본거래 등)를 기장할 수 있으나, 외국환거래법 · 령 · 규정에 의하여 신고등을 요하는 거래의 경우에는 당해 신고등을 선행하여야 함.

③ 상호계산계정의 결산은 회계기간(1년)의 범위 내에서 월 단위로 결산주기를 정하여 실시하여야 하는 것이 원칙이지만, 필요한 경우에는 지정거래외국환은행의 장과 협의하여 회계기간의 범위 내에서 결산주기를 달리 정할 수 있음.

④ 상호계산계정의 결산 대 · 차기 잔액은 매 결산기간 종료 후 3개월 이내에 '지정거래외국환은행의 장'에게 신고한 후 지급 또는 수령하여야 함.

☞ '결산대차기잔액 처분 신고' 시의 제출서류
- 상호계산계정 결산대차기잔액 처분 신고서 (외국환거래업무취급지침 제5-1호 서식)
- 결산보고서 (상호계산계정의 대차기 거래 내역이 건 별로 명시되어 있어야 함)

⑤ 상호계산을 실시하는 자는 상호계산 장부 및 매 건별 관계증빙서류를 5년간 보관하여야 함.

⑥ 지정거래외국환은행의 장은 상호계산신고 및 계정폐쇄신고 사실을 익월 10일까지 '국세청장' 및 '관세청장'에게 통보하여야 함.

2. 양자간 일반상계 (Bilateral Netting)

쌍방 간의 채권 · 채무를 매 건별로 결제하지 아니하고 이를 서로 상쇄하여 그 차액만을 결제한다는 점에서는 전술한 상호계산과 그 개념이 유사하나, '상호계산'은 앞으로 발생하는 채권 · 채무의 차액결제가 그 목적인데 반하여 'Bi-Netting'은 이미 발생된 채권 · 채무의 차액결제를 그 목적으로 하고 있다는 점에서 양자 간의 본원적인 차이가 있음. 이와 같은 Bi-Netting 방식은 사전에 '외국환은행의 장'에게 '신고'한 후 거래하거나, 또는 '상계 처리후 1개월 이내에 사후 보고'를 하여야 하는 사항임.

▶▶ 외국환은행 신고(또는 30일 이내 사후 보고) 대상 거래

① 양자 간에 존재하는 한 건의 채무와 한 건의 채권을 일대일로 건별 상계하고자 하는 경우

② 양자 간에 존재하는 다수의 채권 · 채무를 일괄 상계하고자 하는 경우

☞ 양자 간 상계라 하더라도 '다국적 기업의 상계센터를 통한 상계'에 해당하는 경우에는 '한국은행 총재'에게 '신고'한 후 거래하여야 함.

※ 외국환은행 '상계 신고/사후보고' 시의 제출서류
- 지급등의 방법 신고/보고서 (외국환거래규정 별지 제5-1호 서식)
- 상계 사유서 (상계하고자 하는 사유를 정확하고 상세히 기재. 별도의 양식은 없음)
- 당사자 간의 상계합의서 또는 상계통지서 (채권 및 채무의 금액이 각각 표시되어야 함)
- 상계대상 채권 · 채무 입증서류 (해당 거래별 계약서 등)

(참고) 상계신고서 상의 신고금액은 상계대상 채권 · 채무 금액중 작은 금액으로 기재함.

※ 기타 참고사항

- 상계대상 채권 · 채무의 거래유형(수출입 · 용역 · 자본거래 등)에는 별다른 제한이 없으나, 만일 그 대상거래가 외국환거래법 · 령 · 규정에 의하여 별도의 신고등을 요하는 경우에는 당해 신고등을 선행하여야 함.
- 상계를 실시하는 자는 상계대상 채권 · 채무의 증빙서류(계약서 등)를 5년간 보관하여야 함.
- 상계의 신고를 받은 외국환은행의 장은 동 신고내용을 다음반기 첫째달 말일까지 '국세청장' 및 '관세청장'에게 통보하여야 함.

3. 다자간 상계 (Multilateral Netting)

'다자간 상계'란, 3자 이상의 당사자 상호 간에 발생하는 채권 · 채무를 서로 상쇄한 후 그 차액에 대해서만 결제하는 방식을 말하는데, 이와 같은 Multi-Netting 방식은 사전에 '한국은행총재'에게 '신고'한 후 취급하여야 하는 사항임.

▶▶ 한국은행 신고 대상 거래

① 다자간 상계(3자 이상의 다자간 채권 · 채무 상계)

② 다국적 기업의 상계센터를 통한 상계

※ 한국은행 '상계 신고'시의 제출서류

- 지급등의 방법 신고서 (외국환거래규정 별지 제5-1호 서식)
- 상계 사유서 (A4 용지 1매 정도의 분량으로 신청 사유를 정확하고 상세히 기재)
- 당사자 간의 상계합의서 (상계처리에 관한 당사자의 적법한 의사표시를 확인할 수 있는 문서)
- 상계대상 채권 · 채무 확인서류 (계약서, 수출입신고필증, Invoice 등)
- 신고인 및 거래상대방의 실체확인서류 (법인등기부등본, 여권 또는 주민등록증 등)

Multi-Netting 방식은 주로 전세계에 걸쳐 구매 · 생산 · 유통 · 판매 활동이 일어나고 있는 다국적 기업의 본지사 간 거래에 이용되고 있으며, 통상적으로는 그룹 차원의 글로벌 상계센터를 설립한 후 이를 통하여 본지사 상호 간의 채권 · 채무 금액을 일괄 정산하는 방식으로 운영되고 있음.

☞ 본지사 또는 계열사 관계에 있지 아니한 거래 기업들 간에도 Multi-Netting 방식을 활용하여 당사자 간의 차액결제가 가능함.

Multi-Netting 방식 중 특히 '글로벌 상계센터를 통한 다자간 일괄상계'의 방법을 활용하면, 그 결제건수 및 결제금액을 획기적으로 감축할 수 있게 되어 참여 기업들이 부담하여야 하는 제반의 사무처리비용 및 금융비용(각종 수수료 및 환율 Spread 등)을 대폭 절감할 수 있게 됨은 물론, FX Exposure를 최소화 함으로써 환리스크 Hedge 효과를 극대화할 수 있으며, 또한 그룹 차원의 자금통합관리시스템(Pooling System)과 연계하여 글로벌 자금관리(자산부채 종합관리)의 효율성을 제고시킬 수 있다는 이점이 있음.

▶▶ Multi-Netting 거래 예시 [글로벌 상계센터를 통한 다자간 일괄상계]

〈상계 전의 거래상황〉

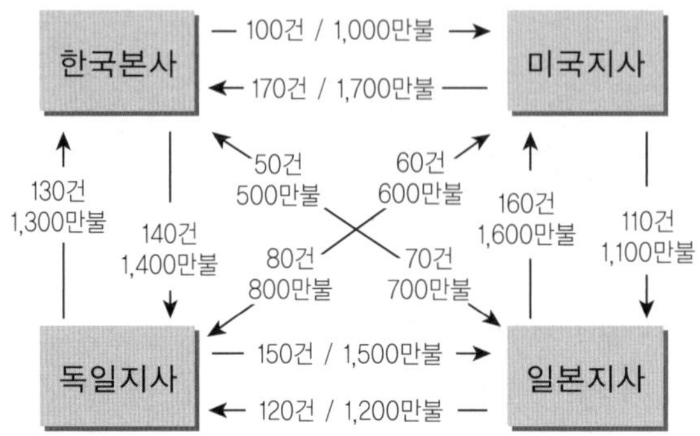

〈상계 후의 거래상황〉

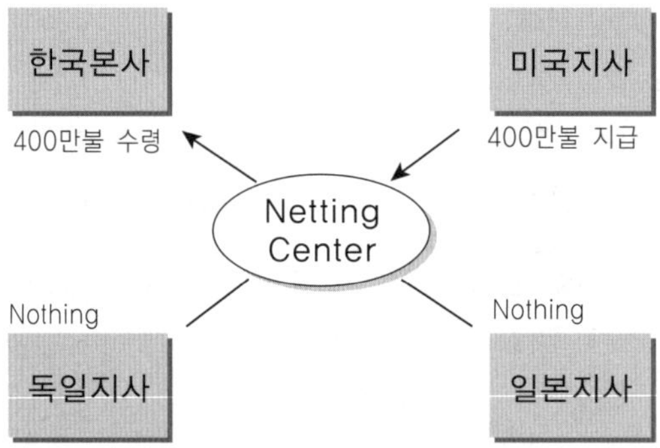

① 상계 전의 거래상황 분석

《총 거래건수 : 2,680건, 총 거래금액 : 26,800만불》

- 한국본사 : 지급건수 310건, 금액 3,100만불 / 수령건수 350건, 금액 3,500만불
- 미국지사 : 지급건수 360건, 금액 3,600만불 / 수령건수 320건, 금액 3,200만불
- 일본지사 : 지급건수 330건, 금액 3,300만불 / 수령건수 330건, 금액 3,300만불
- 독일지사 : 지급건수 340건, 금액 3,400만불 / 수령건수 340건, 금액 3,400만불

② 상계 후의 거래상황 분석

《총 거래건수 : 2건, 총 거래금액 : 800만불》

- 한국본사 : 수령건수 1건, 수령금액 400만불
- 미국지사 : 지급건수 1건, 지급금액 400만불
- 일본지사 : 지급 및 수령금액의 합계가 Zero이므로 차액결제가 발생하지 않음.
- 독일지사 : 지급 및 수령금액의 합계가 Zero이므로 차액결제가 발생하지 않음.

나. 결제기간에 대한 관리(기획재정부장관이 정한 기간을 초과하는 지급등의 방법)

거주자가 수출입 대금을 지급 또는 수령하고자 하는 경우에는 원칙적으로 신고를 요하지 아니한다. 그러나 다음과 같이 1년을 초과하는 기간으로 사전에 지급 또는 수령하고자 하는 경우에는 한국은행총재에게 '신고'후 거래하여야 한다. 다만, 그 원인이 수출입 상대방의 귀책이나 불가피한 사유(원료수급차질, 노사분규 등)로 인정되는 경우에는, 1년을 초과한 날로부터 3개월 이내에 사후신고를 할 수 있다. (관련규정: 외국환거래규정 제5-8조)

☞ [신고예외] ①선박, 철도차량, 항공기, 대외무역법에 의한 산업설비를 수출입하는 경우에는 별도의 신고등을 요하지 않음(관련규정: 외국환거래규정 제5-8조). 또한, ②대외무역관리규정 별표3(수출승인의 면제) 및 별표4(수입승인의 면제)에서 정한 물품의 수출입대금을 지급 또는 수령하는 경우에도 별도의 신고등을 요하지 않음(관련규정: 외국환거래규정 제5-2조)

1) 계약 건당 미화 10만불을 초과하는 수출대금을 물품의 선적 전 1년을 초과하여 수령하고자 하는 경우

- 수출대금의 일부 또는 전부를 사전에 수령하는 거래로서(수출선수금 수령, 사전송금방식 수출, 선대신용장 등), 계약 건당 미화 10만불 상당액을 초과하는 수출대금을, 물품의 선적일보다 1년 이상 앞서 그 이전에 미리 수령하고자 하는 경우 (즉, 대금 수령일로부터 1년을 초과하여 선적하고자 하는 경우)

참고 본지사 간 거래의 수출선수금 수령에 대하여(건당 5만불 초과 거래), 종래에는 사전에 한국은행총재에게 신고후 거래하도록 하였으나, 이와 같은 외국환거래규정 상의 절차적 제한은 2025. 02. 10일부로 폐지되었음.

참고 본지사 간의 3년 초과 D/A 또는 OA 방식 수출거래에 대하여(건당 5만불 초과 거래), 종래에는 사전에 한국은행총재에게 신고후 거래하도록 하였으나, 이와 같은 외국환거래규정 상의 절차적 제한은 2025. 02. 10일부로 폐지되었음.

2) 계약 건당 미화 10만불을 초과하는 수입대금을 선적서류 또는 물품의 수령 전 1년을 초과하여 지급하고자 하는 경우

- 수입대금의 일부 또는 전부를 사전에 지급하는 거래로서(수입선급금 지급, 사전

송금방식 수입, 선대신용장 등), 계약 건당 미화 10만불 상당액을 초과하는 수입대금을, 선적서류 또는 물품의 수령일보다 1년 이상 앞서 그 이전에 미리 지급하고자 하는 경우 (즉, 대금 지급일로부터 1년을 초과하여 물품(선적서류)을 수령하고자 하는 경우)

참고 미가공 재수출을 목적으로 하는 30일 초과의 연지급방식 Gold 수입거래에 대하여(건당 5만불 초과 거래), 종래에는 사전에 한국은행총재에게 신고후 거래하도록 하였으나, 이와 같은 외국환거래규정 상의 절차적 제한은 2025. 02. 10일부로 폐지되었음.

참고 30일 초과의 연지급 방식으로 수입한 내수용 Gold의 미가공 재수출 거래에 대하여(건당 5만불 초과 거래), 종래에는 사전에 한국은행총재에게 신고후 거래하도록 하였으나, 이와 같은 외국환거래규정 상의 절차적 제한은 2025. 02. 10일부로 폐지되었음.

다. 대응수출입 이행의무

1) 대응수입 이행의무 [폐지]

선적서류 또는 물품의 수령 전에 송금방식에 의하여 건당 미화 2만불 상당액을 초과하는 수입대금을 지급한 자는, 1년 이내에 대응수입을 이행하거나 또는 동 대금을 반환받아야 하는 법규상의 의무가 있었다. 그러나 이와 같은 종래의 외국환거래규정 상의 의무 규정은 2025년 2월 10일부로 폐지되었다.

2) 대응수출 이행의무 [폐지]

건당 미화 5만불 상당액을 초과하는 수출대금을 물품의 선적 전에 수령한 자는, 1년 이내에 대응수출을 이행하거나 또는 동 대금을 반환하여야 하는 법규상의 의무가 있었다. 그러나 이와 같은 종래의 외국환거래규정 상의 의무 규정은 2025년 2월 10일부로 폐지되었다.

3) 대응수출입 이행 여부에 대한 사후관리

무역 당사자에 대한 대응수출입 이행 의무 및 사후관리 책임과 관련한 규정은 폐지되었다. 그러나 대응수출입의 이행 여부는 관세청의 통관정보전산시스템(통관일자 · 금액) 및 한국은행의 외환정보전산시스템(결제일자 · 금액)에 의하여 모니터링 되고 있으며, 이를 통하여 불법 징후가 있는 비정상 외환/수출입 거래에 대한 감시와 통제가 이루어지고 있다.

4-2 외국환거래규정에 의한 대외채권회수의무

[대외채권회수의무 관련 '인정' 및 '신고' 제도 폐지]

거주자가 비거주자에게 보유한 건당 미화 50만불(미회수 잔액 기준) 상당액을 초과하는 대외채권은 당해 채권의 만기일 또는 조건성취일로부터 3년 이내에 이를 국내로 회수하여야 하며(위반시 벌칙: 1년 이하의 징역 및/또는 1억원 이하의 벌금), 기한 내에 이를 회수할 수 없거나 또는 회수가 불가능한 경우에는 해당 사유를 입증하는 서류를 첨부하여 외국환은행의 '인정(채권회수기한연장인정 또는 채권회수의무제외인정)'을 받거나 또는 한국은행총재에게 '신고(채권회수기한연장신고 또는 회수대상채권제외신고)'를 하여야 했으나, 이와 같은 종래의 채권회수명령 관련 조항은 2017년 7월 18일부로 폐지되었다.

그 대신 현행 외국환거래법에서는 '대외채권회수의무'를 외환위기 등의 비상시에 발동할 수 있는 세이프가드 성격의 조치로 전환하였으며, 이러한 개정 조치의 실효성을 확보하기 위하여 해외금융계좌정보를 활용할 수 있도록 하는 한편, 벌칙 조항도 대폭 상향 조정하여 5년 이하의 징역 및/또는 5억원(위반금액의 3배가 5억원을 초과하는 경우에는 위반금액의 3배) 이하의 벌금형에 처할 수 있도록 하고 있다.

참고1 외국환거래 관련 세이프가드(Safeguard): 현행 외국환거래법 제6조에 따르면, 기획재정부 장관은 국내외 경제사정의 중대하고도 급격한 변동 등으로 부득이 하다고 인정되는 경우에, ①지급 또는 수령, 거래의 전부 또는 일부에 대한 일시 정지 ②지급수단 또는 귀금속을 한국은행 · 정부기관 · 금융회사 등에 보관 · 예치 또는 매각하도록 하는 의무의 부과 ③비거주자에 대한 채권을 보유하고 있는 거주자로 하여금 그 채권을 추심하여 국내로 회수하도록 하는 의무의 부과 등과 같은 조치를 취할 수 있음.

참고2 채권회수명령과 관련한 종래의 법령 조항이 삭제되었다고 하여 대외채권을 아무런 제한없이 국내로 회수하지 않아도 된다는 의미는 아니며, 외국환거래법 · 령 · 규정 상의 절차적 제한을 준수하지 아니하고 거래하거나 또는 외화를 도피하기 위한 고의적인 목적으로 이를 국내로 회수하지 아니하는 경우에는, 외국환거래법 이외에도 '국내재산도피방지법' 및 '특정경제범죄가중처벌등에관한법률' 등에 의하여 엄한 처벌을 받을 수 있음.

참고3 대외채권을 국내로 회수하지 않고 해외에 보관 · 예치하고자 하는 경우에는 외국환거래규정 제 7-11조에 따른 해외 예금(신탁)거래신고 및 제7-12조에 따른 각종 보고(해외입금보고서, 잔액현황 보고서) 등의 절차적 제한을 준수하여야 하며, 이와 관련한 거래 정보는 국세청 및 관세청으로 통보됨.

참고4 해외 금융회사에 일정 금액을 초과(해당 연도의 매월 말일중 어느 하루의 보유계좌 합산 잔액이 5억원을 초과)하는 금융계좌를 보유하고 있는 거주자는 국제조세조정에관한법률 제53조에 따라 다음 연도 6월 1일부터 30일까지 납세지 관할 세무서장에게 관련 정보를 신고(해외금융계좌신고) 하여야 함. 해외 금융계좌란, 해외 금융회사 등에 보유하고 있는 예금계좌, 신탁계좌, 보험계좌, 증권계좌, 파생상품계좌, 가상자산계좌 등을 포함하여 금융거래 또는 가상자산거래를 위하여 개설한 모든 계좌를 말함. 이를 위반하는 경우에는 동 법률에 따라 위반(미신고, 과소신고 등) 금액의 20%에 상당하는 과태료 부과 처분을 받을 수 있음. 또한 국가간 조세정보교환 협력을 통해 입수한 정보를 바탕으로 해외 계좌에 대한 자금출처조사가 이루어질 수 있고, 자금출처의 80% 이상이 소명되지 못하면 미소명 금액의 20%에 상당하는 과태료가 추가로 부과될 수 있음.

참고5 관세청의 모니터링: '통관정보전산시스템'에 의해 입수한 수출입물품의 이동 정보와 '외환정보전산시스템'에 의해 입수된 수출입대금의 결제 정보를 상호 대사하는 방식으로, 수출입물품과 관련한 결제대금의 정당한 유출입 여부 및 대외채권의 회수 여부에 대한 관세청의 모니터링이 이루어지고 있음.

◀Banking Tips▶ 외국환거래법상의 확인의무와 증빙서류

1. 외국환거래법상의 확인의무

외국환은행은 고객과 거래를 함에 있어 고객의 거래나 지급 또는 수령이 외국환거래법 · 령 · 규정상 인정된 거래인지의 여부를 사전에 '확인'하여야 할 의무가 있으며, 보고 또는 신고등(신고 · 신고수리 · 허가)의 대상 거래인 경우에는 그 절차를 먼저 이행하도록 안내하여 그러한 절차를 필(畢)한 후에 거래하도록 하여야 한다.

☞ 이 과정에서 은행은 거래 당사자가 외국환거래규정에 의한 보고 또는 신고등을 회피하고자 하는 거래를 중개하거나 알선해서는 안됨(예: 분산송금(송금의뢰인 분산), 분할송금(수취인 분할), 변칙의 편법거래 등).

☞ 고객과의 거래시 '확인의무'를 이행하지 않는 경우에는, 외국환거래법에 의하여 1년 이하의 징역 또는 1억원 이하의 벌금형에 처하여 질 수 있음(외국환거래법 제10조 및 동 법 제29조 제1항 제2호).

☞ 고객의 거래가 '자본거래'에 해당하거나, 경상거래라 하더라도 '제3자 지급' '외국환은행을 통하지 않는 지급' '상계 등에 의한 지급과 수령'에 해당하는 경우에는, 대부분 보고 또는 신고등의 절차적 제한이 있으므로 유의하여야 함.

2. 증빙서류

외국환은행을 통하여 지급 또는 수령을 하고자 하거나 외국환의 매입 · 매각 또는 기타의 외국환거래를 하고자 하는 자는, 당해 거래와 관련한 '지급등의 증빙서류(지급 또는 수령의 사유와 금액을 입증하는 서류)' 또는 '취득경위 입증서류' 및 기타 '거래의 정당성 여부를 확인하기 위하여 필요하다고 요청되는 제반 서류(허가서, 신고수리서, 신고필증, 증명서, 확인서, 등록증 등)'를 제출하여야 하며, 외국환은행은 이를 확인하여야 한다.

☞ 외국환거래의 유형별로 어떠한 서류를 제출받아야 하는지에 대해서는 '외국환거래업무취급지침'에 명시되어 있음.

3. 원본 징구의 원칙

은행은 고객의 외국환거래를 처리함에 있어, 고객으로부터 관련 증빙서류의 '원본'을 제출받아 그 거래내역을 확인하여야 하는 것이 원칙이다.

☞ 예전에는 지급등의 증빙서류를 원본 서면으로 제출하여야 했으나, 2019.1.1일 부터는 전자거래방식의 보편화 추세를 반영하여 전자적 방법(FAX, e-mail, 스캔방식 등)에 의한 증빙서류 제출도 허용하고 있음. (외국환거래규정 제4-2조 ⑥항 및 제2-1조의2 ④항, 외국환거래업무취급지침 제3장 제1절 8호)

4. 확인의 예외 거래

은행이 고객으로부터 증빙서류의 징구를 생략할 수 있는 경우는 다음과 같다.

① 건당 미화 5천불 상당액 이하의 소액 지급 및 수령

② 연간 미화 10만불 상당액 이하의 '지급증빙서류 미제출 지급'
- 본 항목은 외국인거주자를 제외한 거주자에 한해서만 적용할 수 있음.
- 건당 미화 5천불 상당액 이하의 지급은 연간 지급누계액 산정시 포함하지 않음.
- 본 항목은 거래외국환은행 지정 대상임(항목Code: 01).
- 고객이 직접 '지급신청서(송금신청서, 외국환거래업무취급지침 제3-1호 서식)' 상에 그 지급사유를 기재하고 당해 거래의 내용을 구두로 설명하여야 함.
- 은행은 지급신청서(송금신청서) 상에 기재된 지급사유에도 불구하고 이전거래로 간주하여 사유Code를 분류 · 취급하여야 함(지급Code: 37205, 37210, 67502 등).

③ 동일자 · 동일인 기준 미화 10만불 상당액 이하의 수령
- 건당 미화 5천불 상당액 초과의 수령시에는 고객이 당해 거래의 내용을 구두로 설명하여야 하며, 만일 당해 거래가 자본거래에 해당하는 경우에는, 거래외국환은행을 지정(항목Code: 79)한 후 연간 미화 10만불 상당액 이내에서만 증빙서류 없이 취급할 수 있음(수입Code: 67501).
- 미화 10만불 상당액을 초과하는 거래임에도 불구하고 고객(거주자)이 증빙서류를 제출하지 않는 경우에는, 고객으로부터 당해 외국환의 수령사유를 기재한 '영수확인서(외국환거래업무취급지침 제4-3호 서식)'를 징구한 후 처리하여야 하며, 이 경우 은행은 영수확인서상에 기재된 수령사유에도 불구하고 이전거래로 간주하여 사유Code를 분류 · 취급하여야 함(수입Code: 37205, 37210 등).

④ 전년도 수출실적이 미화 3천만불 상당액 이상인 기업의 송금방식 수출대금 수령 및
전년도 수입실적이 미화 3천만불 상당액 이상인 기업의 송금방식 수입대금 지급
- 은행은 수출(입)실적증명서를 제출받아 거래기업이 그 대상에 해당하는지의 여부를 사전에 확인하여야 함.
- 증빙서류의 제출을 면제받은 기업은 관련 지급등의 증빙서류를 5년간 보관하여야 함.

⑤ 사후송금방식 수출입대금의 지급 또는 수령의 경우로서,
은행이 별도의 전산시스템을 통하여 관세청에 신고된 수출입신고금액 범위 내임을 확인한 경우 등

⑥ EDI 방식으로 이루어지는 사전송금방식 수출입대금의 지급 및 수령

⑦ '소지목적'이나 '일반해외여행경비' 목적의 외국통화 또는 여행자수표(T/C) 매도
- 외국인거주자를 제외한 거주자에게 소지목적(지급Code: 90300)의 외국통화 또는 T/C를 매도하는 경우
- 국민인 거주자에게 일반해외여행경비(지급Code: 30203) 목적의 외국통화 또는 T/C를 매도하는 경우

⑧ 동일자 · 동일인 기준 미화 2만불 상당액 이하의 외국통화 또는 외화(여행자)수표 매입
- 2만불을 초과하는 경우에는 취득경위입증서류를 징구하여야 하는 것이 원칙이나, 외국인거주자를 제외한 거주자의 경우에는 비록 이를 제출하지 않더라도 이전거래로 간주하여 매입할 수 있음(수입Code: 37205, 37210 등).

⑨ 기타, 예금거래와 관련한 다음의 외국환 매입 · 매각 또는 지급 · 수령 거래
- 거주자계정의 원화대가 포지션 입 · 지급 거래
- 거주자계정 간의 이체거래 및 대외계정 간의 이체거래(계좌이체 또는 국내외화자금이체)
- 대외계정에서 인출하여 당발송금 하거나 또는 타발송금된 자금을 대외계정에 예치하는 경우 등

5. 수출입거래의 증빙서류

① 신용장 방식 수입대금의 지급 :
신용장을 개설할 때 '계약서' 또는 '물품매도확약서' 등을 제출 받음.

② 신용장 방식 수출대금의 수령 :
NEGO(또는 추심)시에 '수출신고필증'을 제출 받음.
☞ 운송서류 원본에 의해 선적사실을 확인할 수 있는 경우에는 사본징구 가능

③ D/P, D/A 방식 수입대금의 지급 :
선적서류의 내도 또는 L/G 발급에 따른 D/P, D/A 원장 작성시에 관련 '계약서' 등을 제출 받음.

④ D/P, D/A 방식 수출대금의 수령 :
NEGO(또는 추심)시에 '수출신고필증'을 제출 받음.
☞ 운송서류 원본에 의해 선적사실을 확인할 수 있는 경우에는 사본징구 가능

⑤ 송금방식 수입대금의 지급 :
당발송금 처리시에 '수입신고필증(사후송금방식)' 또는 '계약서 등(사전송금방식)'을 제출 받음.
☞ 전자적 방법에 의한 송금 신청시 증빙서류는 전자적 방법(FAX, e-mail, 스캔방식 등)으로 징구 가능

⑥ 송금방식 수출대금의 수령 :
타발송금 수령시에 '수출신고필증(사후송금방식)' 또는 '계약서 등(사전송금방식)'을 제출 받음.
☞ 증빙서류는 전자적 방법(FAX, e-mail, 스캔방식 등)으로 징구 가능

6. EDI 방식 수출입거래의 증빙서류

① 수입신용장 발행
- 취소불능화환신용장발행신청서 (전자문서 APP700)
- 수출입계약서 또는 물품매도확약서 (FAX로 징구 가능)
- 보험서류 (EXW, FOB, FAS, FCA, CFR, CPT → 보험서류 원본 징구)

② 수입화물선취보증(인도승락)서 발행
- 수입화물선취보증(인도승락)신청서 및 수입화물대도신청서 (전자문서 APPLOG)
- 운송서류사본 및 상업송장사본 (FAX로 징구 가능)

③ 수입대금의 당발송금 (사전송금방식)
- 지급(송금)신청서 (전자문서 PAYORD)
- 수출입계약서 등 (제출면제, 관련근거: 외국환거래업무취급지침 제1장 제3절)

④ 수입대금의 당발송금 (사후송금방식)
- 지급(송금)신청서 (전자문서 PAYORD)
- 수입신고필증 (제출면제가능, 관련근거: 외국환거래업무취급지침 제1장 제3절, 제3장 제1절)
  ☞ 은행이 별도의 전산시스템을 통하여 관세청에 신고된 수입신고금액 범위 내임을 확인한 경우에 한함.

⑤ OA방식 수출채권 매입
- OA수출채권매입신청서 (전자문서 APPNEG)
- 수출입계약서, 수출신고필증, 운송서류사본, 상업송장사본 등 (제출면제가능)
  ☞ 단, 제출서류의 징구를 면제하고자 하는 경우에는, 별도의 통관정보 조회 시스템을 활용하여 수출사실의 진위 여부를 확인한 후 취급하여야 함(통관정보와 매입신청내역 대조).

⑥ 내국신용장 발행 (2013. 2. 1일부터 창구발행 중단, EDI방식 신청 · 발행만 가능)
- 내국신용장 발행신청서 (전자문서 LOCAPP)
- 공급자발행 물품매도확약서 (신용장기준금융 이용업체에 한하여 징구, 전자문서 DOMOFR)
- 원수출신용장 등 (신용장기준금융 이용업체에 한하여 원본서류 징구하여 취급사실 기재후 반환, 사본보관)
  ☞ 관련근거: 한국은행 금융중개지원대출관련 무역금융지원 프로그램 운용절차 제18조

⑦ 내국신용장 매입 · 추심 (2014. 2. 14일부터 창구 매입(추심) 신청 중단, EDI방식 매입(추심) 신청만 가능)
- 판매대금추심의뢰서 (전자문서 APPSPC)
- 물품수령증명서 (전자문서 LOCRCT)
- 공급자발행세금계산서 (전자문서 VATBIL, TAXINVOICE)
- 내국신용장 (전자문서 LOCADV)

⑧ 구매확인서 발행 (2011. 7. 1일부터 창구발급 중단, EDI방식 신청 · 발급만 가능)
- 외화획득용원료 · 기재구매확인신청서 (전자문서 APPPCR)
- 수출신용장 등 대외무역관리규정 제36조 제2항에 규정된 서류 (제출면제, 단 신청인은 동 서류를 5년간 보관하여야 함)
  ☞ 관련근거: 전자무역촉진에관한법률시행규정 제7조 제1항 (근거: 동 법률 제19조 제2항)
- 외화획득용원료 · 기재공급계약서 또는 물품매도확약서 (제출면제, 근거: 대외무역관리규정 제36조 제1항)

◀Banking Tips▶ 거주자의 지급증빙서류 미제출 지급 (舊 증여성 송금)

✣ 정의 :
송금액이 건당 미화 5천불 상당액을 초과함에도 불구하고 '지급증빙서류'를 제출하지 아니하는 대외지급
☞ 단, 자본거래 관련 보고 또는 신고등의 대상 거래인 경우에는 연간 미화 10만불 내의 대외지급에 한해서만 적용 가능함.

✣ 대상 :
국민인 거주자(연령에 무관함) 및 내국법인 등
☞ 외국인(국내거주기간 불문) 및 비거주자(국민인 비거주자 포함)는 본 항목의 적용 대상이 아니며,
이들은 '연간 미화 5만불 범위 내의 취득경위입증서류 미제출 지급' 항목(지정Code: 08번)으로 처리하거나,
또는 '재외동포의 국내재산 반출' 항목(지정Code : 63번)으로 처리하여야 함.

✣ 절차 :
하나의 외국환은행을 미리 선택하여 '거래외국환은행'으로 지정(지정Code: 01번)하여야 하며,
반드시 동 '지정거래외국환은행'을 통하여 송금하여야 함.
☞ 건당 미화 5천불 상당액 이하의 소액송금(지급Code: 37205, 37210번)은 거래외국환은행 지정 대상이 아님.
☞ (참고) 소액해외송금업자(외국환거래규정 제2-30조 ~ 제2-37조)를 통한 '건당 미화 5천불 이하 & 연간 미화 5만불 이하'의 송금 시에는 거래외국환은행지정 관련 규정을 적용하지 않을 수 있음. (대상거래: 거주자의 지급증빙서류 미제출 지급, 외국인 및 비거주자의 연간 미화 5만불 범위내 취득경위입증서류 미제출 지급, 해외체재비 지급, 해외유학경비 지급 등)

✣ 방법 :
외국환은행을 통한 당발 해외송금의 방법으로 지급하여야 함.
☞ 대외계정으로 입금하는 방식의 지급방법은 실무상 허용하지 않으며,
외화현찰 또는 T/C 등으로 환전하여 지급하는 방법은 한국은행 신고 사항임.

✣ 금액 :
사용 가능 한도에 대한 별도의 금액제한은 없음.
단, 송금 누계액이 연간 미화 10만불을 초과하는 시점부터는 매 송금시마다 다음의 서류들을 추가로 징구하여야 함.
☞ 건당 미화 5천불 상당액 이하의 소액송금은 연간 누계액 산정시에 합산되지 않음.
☞ 주의) 비거주자에 대한 '증여거래(국민인 비거주자에 대하여 국내에서 원화로 증여하는 경우 제외)'는
현행 외국환거래규정상 신고 대상 자본거래로 분류되고 있으며,
신고 대상 자본거래 관련 지급의 경우에는 연간 미화 10만불 상당액을 초과하여 송금할 수 없음.

※ 제출서류 (연간 지급누계액이 미화 10만불 상당액 이하인 경우에는 ㉮~㉯만 징구함)
㉮ 송금신청서 (지급신청서 및 거래외국환은행지정신청서 겸용)
㉯ 신청인의 실명확인증표 (주민등록증, 사업자등록증 등)
㉰ 지급확인서 (외국환거래업무취급지침 제4-2호 서식)
㉱ 거래 또는 행위 사실을 확인할 수 있는 서류
(예시: 내부품의서, 지출결의서, 이사회의사록, 거래당사자 일방의 요청서, 거래사실을 확인할 수 있는 e-mail 증빙 등)
㉲ 관할세무서장이 발급한 납세증명서 (조세체납사실 여부를 증명하는 문서임)
㉳ 수취인의 실체를 확인할 수 있는 서류 (여권 등)

✣ 코드 :
지급Code: 37205번(개인), 37210번(영리법인 및 개인사업자), 67502번(자본거래 관련 지급) 등

✣ 통보 :
건당 미화 5천불 상당액을 초과하는 지급은 관세청으로 자동 통보되며,
연간 지급누계액이 미화 1만불 상당액을 초과하는 경우에는 당해 거래내역이 국세청 및 금융감독원으로 자동 통보됨.

✣ 보고 :
국세청 등에 대한 통보를 회피할 목적으로 거래 금액을 다수의 명의로 분산 또는 분할하여 송금하는 행위는
탈세 · 외화도피 · 자금세탁 등의 혐의를 받을 수 있으며 이는 금융정보분석원에 보고하여야 하는 사항임.

※ 자금세탁방지 관련 법률에 의한 '혐의거래보고' 대상의 예시
• 거래자(송금의뢰인, 수취인), 거래일, 거래점포 등을 분산 · 분할하는 행위

• 경제적인 합리성이 없이 외국으로 거액의 자금을 지급하거나 또는 수령하는 행위
• 기타, 은행원의 건전한 상식에 비추어 그 정황이 不純하다고 느껴지는 비정상적인 거래 등

✣ 기타, 참고 및 유의사항 :

① 송금액이 건당 미화 5천불 상당액을 초과하는 경우에는
고객으로부터 당해 거래의 내용을 구두로 설명받아야 하며, 또한 고객으로 하여금 본인이 직접 '송금(지급)신청서' 상에 그 지급사유를 기재하도록 안내하여야 함. 만일 당해 고객의 거래가 자본거래 관련 보고 또는 신고등의 대상에 해당하는 경우에는(예: 금전대여, 해외예금, 회원권구매 등), 연간 미화 10만불 상당액 이내에서만 지급증빙서류 없이 본 항목으로 처리할 수 있으며, 동 금액을 초과하여 송금하고자 하는 경우에는 사전에 해당 자본거래 관련 '보고 또는 신고등'의 절차를 이행하도록 하여야 함.
※ 본 항목을 통한 보고 또는 신고등의 대상 자본거래의 예외 취급시에는 '지급Code 67502번'을 적용하여야 하며, 동 송금액은 지급Code 37205번, 37210번 등의 송금액과 합산하여 연간 미화 10만불을 초과할 수 없음.
※ 주의) '해외직접투자'와 '해외지사설치' 및 '외국부동산취득' 관련 자금의 경우에는
미화 5만불 범위 내에서만 본 항목을 적용하여 취급(신고 · 신고수리 이전의 사전지급)할 수 있으며,
이 경우에는 반드시 계약이 성립한 날로부터 1년 이내에 사후 신고(수리)절차를 이행하여야 함.

② 당발송금거래의 '송금의뢰인'과 '수취인'이 동일한 경우에,
이는 본인 명의의 해외 예금계좌로 송금하는 자본거래에 해당하므로,
사전에 '해외예금거래'와 관련한 '신고등'의 절차를 이행한 후 처리하여야 하는 것이 원칙임.
만약, 이를 '거주자의 지급증빙서류 미제출 지급' 항목으로 처리하고자 하는 경우에는,
연간 지급누계액 10만불을 초과하여 취급할 수 없음을 유념하여야 함. (지급Code: 67502번)

③ 송금신청서상의 수취인 란에 FOREX, FX, MARKET, BROKER, FUTURES, SECURITIES 등 외국의 투자중개업자로 추정되는 단어가 포함되어 있는 경우에는, 당해 거래가 '자본시장과 금융투자업에 관한 법률'상 금지되는 'FX마진거래'의 가능성이 높으므로 금액의 다과를 불문하고 확인의무를 철저히 이행하여야 함. (거주자가 FX마진거래 등의 해외 파생상품 거래시에는, '자본시장과 금융투자업에 관한 법률 시행령' 제184조에 따라 국내 투자중개업자를 통해 매매거래를 하여야 함)

④ 비거주자에 대한 '증여거래(국민인 비거주자에 대하여 국내에서 원화로 증여하는 경우 제외)'는
현행 외국환거래규정상 한국은행 신고 대상 자본거래에 해당하므로,
비거주자에 대하여 연간 미화 10만불 상당액을 초과하여 무상 증여하고자 하는 경우에는
사전에 '한국은행총재'에게 '신고'한 후 신고필증을 교부받고 거래하여야 함. (지급Code: 37208번)
⇒ 근거: 외국환거래규정 제7-46조 제2항

⑤ 다음의 증여성 자본거래는 '신고불요 사항'에 해당하므로
금액의 다과에 관계없이 본 항목(지정Code: 01번)을 적용하여 거래할 수 있음.
단, 연간 지급누계액이 미화 10만불 상당액을 초과하는 경우에는
반드시 앞에서 언급한 '지급확인서' 및 기타 제출서류들을 징구한 후 취급하여야 함.
⇒ 근거: 외국환거래규정 제7-45조 제1항 제21호, 제22호, 제23호, 제24호
• 비영리법인이 해외에서의 구호활동에 필요한 자금을 지급하는 경우 (지급Code: 37203번)
• 종교단체가 해외에 선교자금을 지급하는 경우 (지급Code: 37204번)
• 비거주자가 거주자로부터 일반증여 이외의 상속 또는 유증을 받는 경우 (지급Code: 37207번)
• 거주자가 국제기구 · 국제단체 · 외국정부에 대한 의연금 · 기부금을 지급하는 경우 (지급Code: 37209번)

⑥ 본 항목(지정Code: 01번)의 적용 대상 거래는 일반적으로 다음과 같음.
• 개인이 연간 10만불 범위 내에서 외국의 가족, 친척 등에게 무상으로 지급하고자 하는 경우(생활비, 학자금, 경조비 등)
• 기업이 연간 10만불 범위 내에서 수수료, 서비스료, 회비, 클레임, 리베이트 등의 명목으로 외국에 지급하고자 하는 경우
• 지급증빙서류(원본)를 제출할 수 없는 '경상거래' 관련 대금을 지급하고자 하는 경우(견본품이나 소액 물품수입대금 등)
• 자본거래 관련 보고 또는 신고등의 절차를 거치지 아니한 채 연간 10만불 범위 내에서 예외 지급하고자 하는 경우
• 비영리법인의 구호자금, 종교단체의 선교자금, 상속 · 유증에 의한 자금,
국제기구 · 국제단체 · 외국정부에 대한 의연금 · 기부금 등을 지급하고자 하는 경우 등

⑦ 연간 미화 1만불 상당액 초과 송금시 당해 거래내역이 국세청으로 통보된다는 것은,
과세 당국에 해당 거래자의 세원이 노출된다는 의미임.
따라서 '자금출처조사' 및 '증여세추징' 등으로 연결될 소지가 있고,
또한 만일 범법사실이 포착되는 경우에는 검찰에 고발될 수도 있음을 유념하여야 함.
☞ 처벌: 외국환거래법, 조세범처벌법, 국내재산도피방지법, 특정경제범죄가중처벌등에관한법률 등

⑧ '거주자의 지급증빙서류 미제출 지급' 항목에 대한 지정은 당해 연도 말일까지만 유효하므로,
매 연도별 최초 거래시에는 본 항목에 관한 거래외국환은행 지정 절차를 신규로 다시 이행하여야 함.
※ '거주자의 지급증빙서류 미제출 지급'은 거래외국환은행 지정 항목임에도 불구하고 예외적으로 NET점 취급이 가능함.

◀Banking Tips▶ 기타 실무 참고사항

1 지급수단등의 수출입

지급수단을 수출입(국내에서 국외로, 또는 국외에서 국내로 이동하는 것을 말하며, 휴대이동 및 국제우편 등에 의한 이동을 포함함) 하고자 하는 경우로서, ①미화 1만불 이하의 지급수단을 수출 또는 수입하는 경우, ②약속어음 · 환어음 · 신용장을 수입하는 경우, ③거주자가 수출대금 및 용역대금의 수령을 위하여 외국통화표시수표를 휴대수입 이외의 방법(우편 등)으로 수입하는 경우, ④외국환신고(확인)필증에 의하여 확인되는 인정된 대외지급수단(외국통화, 외화수표 등)을 수출하는 경우 등, 외국환거래규정 제6-2조 ①항에서 허용된 경우 이외에는 사전에 관할세관의 장에게 신고한 후 수출입하여야 함. 다만, 국제우편물로 수입되어 지급수단이 수입된 사실을 알지 못하는 등의 불가피한 사유로 인정되는 경우에는 지급수단이 수입된 날로부터 30일 이내에 사후 보고를 할 수 있음. (관련법규: 외국환거래법 제17조, 외국환거래법시행령 제31조, 외국환거래규정 제6-1조~제6-4조)

☞ 지급수단 이란? 정부지폐, 은행권, 주화, 수표, 우편환, 신용장, 환어음, 약속어음, 선불카드, 상품권, 기타 지급받을 수 있는 내용이 표시된 우편 또는 전신에 의한 지급지시, 전자금융거래법 상의 전자화폐, 선불전자지급수단 등 전자적 방법에 따른 지급수단을 말함.

2 이메일 해킹에 의한 무역대금 사기 피해 유의

최근 들어 무역대금의 해외송금과 관련하여 이메일 해킹에 의한 금융사기 발생빈도가 점차 많아지고 있는 추세에 있음. 이는 수출입기업의 이메일 정보(이메일 주소 및 교신내용)를 탈취하여 본인이 마치 수출상인 것처럼 가장하여 수입상에게 계좌번호 및 수취은행 등을 변경하여 송금하도록 유도한 후, 그 대금을 편취하는 형태의 사기 수법임. ①거래처가 수취계좌 및 수취은행 등을 기존과 다르게 변경하여 송금을 요청하거나, ②수출상 소재국과 수취은행 소재국이 서로 다른 경우 등에는 이메일 해킹에 의한 금융사기에 노출되었을 가능성을 염두에 두고 의심해 보아야 하며, 특히 e-mail이나 FAX로 수취계좌의 변경 요청을 받은 경우에는 반드시 유선으로 사실관계를 재확인한 후에 송금하도록 안내하여야 함.

3 가상자산 관련 거래 대금의 송금 처리시 유의사항

비트코인, 이더리움 등 소위 '코인'이라 통칭되는 가상자산(가상화폐/암호화폐)과 관련하여, 우리나라에서는 아직 그 법적 성격이 정의되어 있지 않아 이와 관련된 대금을 해외로 송금하는 행위는 외국환거래법 · 령 · 규정을 포함한 여타 법령 위반의 소지를 안고 있음. 또한 가상자산과 관련한 거래는 일반적으로 환치기, 자금세탁, 사기 등의 불법 · 범죄 거래와 연루될 가능성이 높다고 인식되는 고위험 거래로 분류되고 있음. 따라서 고객으로부터 해외 송금을 의뢰받은 경우에는 송금신청서(수취인, 송금인메세지 등) 및 관련 증빙서류의 내용을 면밀히 검토하여, 만일 가상자산 관련 거래 대금으로 의심되는 경우에는 해당 거래를 거절하는 것이 바람직함.

4 외환분야 신사업 규제 신속 확인 · 면제 제도 운영에 관한 지침 (2020.10.30 제정)

외환분야 신사업을 하고자 하는 자는 아래와 같은 경우 기획재정부장관에게 외국환거래법 · 령 · 규정의 적용 여부에 대한 '신속 확인'을 신청할 수 있으며, 외국환거래규정의 '근거 신설' 또는 '적용 면제'를 신청할 수 있다. (외환분야 신사업이란? 외국환매매와 관련한 사무의 위탁, 지급/수령과 관련한 사무의 위탁, 지급/수령과 관련한 사무의 중개 등과 관련하여 기존에 제공되던 서비스와 제공 내용 · 방식 · 형태 등에서 차별성이 인정되는 서비스를 말함)

- 외환분야 신사업의 허용 여부가 불명확한 경우
- 외환분야 신사업을 영위할 수 있는 근거가 외국환거래법 · 령 · 규정에 없는 경우
- 외환분야 신사업에 대한 외국환거래규정의 기준 · 요건 적용이 적합하지 않은 경우

5 사전송금방식 수입대금 송금 시의 증빙서류 (외국환거래업무취급지침 제3장 제2절 항목6)

사전송금방식 수입대금 송금 시에는 계약서 등의 계약관련 문서 원본을 징구하여 확인하는 것이 원칙이나, 부득이한 경우에는 실무 관행을 반영하여 계약서 대신 인보이스(상업송장)를 징구하여 확인할 수 있음. 다만, 지급등의 증빙서류(계약서 또는 인보이스 등)를 통해 ①거래상대방 ②거래금액 ③거래품목 ④대금결제방식 ⑤대응수입예정일(물품 또는 선적서류 수령예정일) ⑥무역거래형태(일반 수입, 외국인수수입, 중계무역)를 확인할 수 있어야 하며, 이를(위의 ④~⑥ 항목) 확인할 수 없는 경우에는 수입상으로 하여금 지급신청서 별지(지침서식 제3-1호 별지, 사전송금방식 수입대금 지급용)에 해당 내용을 기재하여 제출하도록 하여야 함.

- 전자적 방법에 의한 송금 신청시 지급등의 증빙서류는 전자적 방법(FAX, e-mail, 스캔방식 등)으로 징구할 수 있음.
- 송금 신청시의 제출 서류중 지급신청서(별지 포함)를 제외한 기타 서류는 신청인에게 반환하며 사본 보관 불요함.
- 참고로 사후송금방식 수입대금 송금 시에는 수입신고필증을 징구하여 확인하는 것이 원칙임.

5. 거래 상대방 등에 대한 관리

우리나라는 원칙적으로 자유무역주의를 표방함으로써, 거래상대방 등에 따른 별도의 제한이나 차별을 두지 아니하고 자유롭게 수출입할 수 있도록 허용하고 있다. 그러나 이러한 원칙적인 개방에도 불구하고 실제로는 남북관계의 특수성, 통상정책 또는 국제관계 등의 차원에서 여러 가지의 법규적 · 행정적 제한이 있음을 유의하여야 한다.

이미 앞서 설명한 수출입공고, 통합공고, 전략물자수출입고시 등도 품목별 제한 사항만 다루고 있는 것이 아니라, 그에 추가하여 거래 상대방 · 지역 · 국가 등에 대해서도 복합적으로 관리가 이루어지고 있음을 이해하여야 한다. 즉, 특정품목의 특정 지역에 대한 수출입을 통제하는 식의 관리이다.

이와 관련하여 본 항목에서는 대북교역에 대한 관리, 국제평화 및 안전유지 등을 위한 거래제한, 원산지관리 등을 위주로 하여 거래 상대방 등에 대한 관리가 어떻게 이루어지고 있는가에 대해 살펴보고자 한다.

5-1 대북한 교역에 대한 반출입승인

북한과의 거래는 민족 간 내부거래로서 외국과의 무역거래가 아니므로 '남북교류협력에관한법률'이 그 기본법이 되며, 동 법률에서 규정하고 있지 않는 사항 등에 한하여 '대외무역법', '관세법', '외국환거래법' 등의 관련 규정이 준용되고 있다. 또한 북한과의 거래에 대해서는 무역이라는 용어대신 '교역'이라는 용어를 사용하며, 수출 · 수입이라는 용어 대신 '반출 · 반입'이라는 용어를 사용하고 있다. 원산지가 북한인 반입물품에 대하여는 남북교류협력에관한법률에 의거 수입관세도 부과하지 않는다.

참고로, '교역'이라 함은 남한과 북한 간의 물품등(물품, 용역, 전자적 형태의 무체물)의 반출 · 반입을 말하며, '반출 · 반입'이라 함은 매매 · 교환 · 임대차 · 사용대차 · 증여 · 사용 등을 목적으로 하는 남한과 북한 간의 물품의 이동(단순히 제3국을 거치는 물품의 이동을 포함), 용역의 제공, 전자적 형태의 무체물 인도 및 정보통신망을 통한 전송 등을 말한다.

북한으로 물품등(및 북한에서 발행되어 유통되거나 유통되었던 화폐 및 유가증권)을 반출하거나 반입하고자 하는 경우(제3국을 거치는 반 · 출입 및 중계무역을 포함)에는 '반출 · 반입승인대상품목및승인절차에관한고시'에서 정하는 바에 따라 그 물품등의 품목, 거래형태, 대금결제방법 등에 관하여 사전에 통일부장관의 '승인'을 받아야 한다. 과거 햇볕정책의 기조하에서는 기본적으로 'Negative List System'을 채택함으로써 동 고시에서 지정하지 아니한 '물품등'과 '거래형태' 및 '대금결제방법'에 대하여는 별도의 승인을 요하지 아니하였으나, 2010년 천안함사태 이후에는 동 고시의 성격을 'Positive List System'으로 전환함으로써 일부 예외적인 경우를 제외하고 모든 물품등의 반출 · 반입시에는 그 품목 · 거래형태 · 대금결제방법 등에 관하여 사전에 통일부장관의 승인을 받도록 하고 있다.

주의 본 항목의 내용은 남북관계의 특수성에 따른 정책 기조의 변화에 따라 수시로 변경될 수 있으므로 학습에 참고 바람.

가. 개별승인대상

매 계약 건별로 사전에 통일부장관의 '승인'을 받아야 하는 대상 거래(품목, 거래형태, 대금결제방법)를 말하며, 여기에서 '승인'이라 함은 '북한물품반입승인' 또는 '대북한반출승인' 또는 '반출입승인' 등을 말한다.

2010년 6월 14일 이전의 과거 고시에서는 대부분의 거래를 '포괄승인사항'으로 풀어주고 별도의 관리가 필요한 일부의 '물품등'과 '거래형태' 및 '대금결제방법'에 대해서만 '개별승인대상'으로 적시하고 있었으나, 현 고시에서는 일부의 '포괄승인사항'을 제외한 모든 반출 · 반입 거래에 대하여 그 품목 · 거래형태 · 대금결제방법 등에 관한 통일부장관의 승인을 받도록 하고 있다.

나. 포괄승인사항

통일부장관이 사전에 미리 포괄적으로 승인함으로써, 별도의 개별적인 승인을 요하지 않는 '포괄승인사항'은 다음과 같다. (참고: 2010년 천안함사태 이후 대대적

으로 축소 변경되었음)

- 대외무역관리규정 '별표3' 및 '별표4'에 게기된 '수출입승인면제물품'으로서, 세관장이 타당하다고 인정하는 범위 내의 여행자 휴대품 · 별송품 및 북한에서 근무하는 남한주민이나 외국인의 일상생활에 필요한 물품등
- 남북당국 합의 및 그 위임에 의한 남북회담 · 행사 · 사무소 운영 등을 지원 · 진행하기 위하여 필요한 물품등
- 남북 교류 · 협력의 원활한 추진을 위하여 통일부장관이 남북교류협력추진협의회의 의결을 거쳐 별도로 공고하는 품목, 거래형태, 대금결제방법 등

참고적으로, 대북한 교역에 관한 사항을 규정하고 있는 법규 등으로는 '남북교류협력에관한법률 · 시행령 · 시행규칙', '남북협력기금법 · 시행령 · 시행규칙', '개성공업지구지원에관한법률 · 시행령 · 시행규칙', '반출 · 반입승인대상품목및승인절차에관한고시', '대북전략물자의반출승인절차에관한고시', '남북교역물품통관관리에관한고시', '남북교역물품의원산지확인에관한고시', '남북한방문특례및북한주민접촉절차에대한고시', '남북한왕래자휴대품통관에관한고시', '남북한왕래자의휴대금지품및처리방법에관한고시', '대북투자등에관한외국환거래지침', '국내기업및경제단체의북한지역사무소설치에관한지침', '남북경제협력사업처리에관한규정', '남북협력기금운용관리규정', '남북경제교류협력에대한남북협력기금지원지침', '경제협력사업보험취급기준', '교역보험취급기준', '남북한간수송장비운행승인신청및승인기준에관한고시' 등이 있다.

참고 북한주민 접촉과 왕래(방문) 요령

- 남한의 주민이 북한주민과 직접 대면하여 의사를 교환하거나 통신수단(전화, 서신, e-mail, FAX 등) 또는 중개인(제3자)을 통하여 간접적인 방법으로 의사를 교환하는 등, 직 · 간접적으로 북한주민과 접촉하고자 할 때에는, 접촉 7일 전까지 소정의 서류를 갖추어 통일부장관에게 '북한주민접촉신고'를 하여 수리를 받아야 한다.

  다만, 남북교류협력에관한법률시행령 제16조 제2항의 사유에 의하여 사전에 신고를 하지 아니하고 북한주민과 접촉한 경우에는, 접촉 후 7일 이내에 사후 '신고'하는 것으로 이를 갈음할 수 있다(예: 편지의 접수 등 사전신고가 불가능한 경우, 교역을 목적으로 긴급히 북한주민과 접촉한 경우, 외국을 여행하는 중에 우발적으로 북한주민과 접촉한 경우, 사전 계획없이 전자우편 · 전자상거래 등

인터넷을 통하여 북한주민과 접촉한 경우, 가족인 북한주민과 회합 · 통신하거나 가족의 생사확인을 목적으로 북한주민과 접촉한 경우 등).

- 북한주민접촉신고의 수리 조건으로 '북한주민접촉결과보고서'를 제출하도록 부여받은 자는 정해진 기한 내에 이를 작성하여 통일부장관에게 제출하여야 한다.
- 남한의 주민이 북한을 왕래하고자 할 때에는 방문 7일 전까지 통일부장관에게 신청하여 '북한방문승인서' 및 '북한방문증명서'를 발급받아야 한다. 참고적으로 방문증명서는 '1회방문증명서'와 '복수방문증명서'로 구분되는데, 복수방문증명서라 함은 유효기간의 만료일까지 여러차례 사용할 수 있는 방문증명서를 말한다.
- 남한의 주민이 북한을 방문하거나 북한의 주민이 남한을 방문하려면 통일부장관이 발급한 '방문증명서'를 소지하여야 한다.
- 북한방문승인의 조건으로 '북한방문결과보고서'를 제출하도록 부여받은 자는 정해진 기한 내에 이를 작성하여 통일부장관에게 제출하여야 한다.

5-2 국제평화 및 안전유지 등을 위한 국제적 거래제한

가. 국제평화및안전유지등의무이행을위한무역에관한특별조치고시

우리나라는 원칙적으로 자유롭고 공정한 무역의 진흥을 추구하고 있으나, 국제분쟁지역에서의 평화와 안전유지, 무역에 관한 조약과 국제법규 또는 유엔결의에 의한 의무이행 등을 위하여 필요한 때에는, 특정국에 대한 금수조치 등의 수출 · 수입에 관한 특별조치를 취하고 있다. 이러한 특별조치에 대한 사항에 관하여 산업통상자원부장관이 고시한 규정이 바로 '국제평화및안전유지등의무이행을위한무역에관한특별조치고시' 이다(관련법규: 대외무역법 제5조, 대외무역법시행령 제6조).

동 특별조치고시에서 다루고 있는 수출입제한은 일부 품목 및 일부 지역에 국한되지만, 위반시에는 국제적으로 커다란 문제를 야기할 수 있고, 또한 국내적으로도 대외무역법 제53조에 의해 엄한 처벌(5년 이하의 징역)을 받을 수 있으므로 각별한 주의가 요망된다.

동 특별조치고시에서 정한 수출입 제한 내용과 수출입공고 및 전략물자수출입고시 등의 제한 내용이 동시에 적용될 경우에는, 동 특별조치고시와 수출입공고 및 전략물자수출입고시 등의 제한내용이 모두 충족되어야만 거래할 수 있다.

동 특별조치고시의 주요 내용은 다음과 같다.

① 수출입금지 : 킴벌리 프로세스 회원국에 해당하지 않는 국가에 대한 '다이아몬드 원석'의 수출 · 수입 금지 (회원국과의 거래: 회원국으로의 수출시에는 사전에 산업통상자원부장관에게 '수출허가'를 받아야 하며, 회원국으로부터의 수입시에는 상대 회원국에서 발행한 '킴벌리프로세스증명서'를 제출하여야 함)

② 수출금지(경유 · 환적 · 중개 포함) : 이라크, 소말리아, 콩고민주공화국, 수단공화국, 레바논, 리비아, 북한, 중앙아프리카공화국, 예멘, 남수단공화국 등에 대한 무기 · 탄약류, 군용차량, (준)군용장비 · 부품 등의 수출 및 이의 생산 · 유지 · 사용과 관련한 기술자문 및 훈련제공, 북한에 대한 진주 · 보석(원석포함) · 귀금속 · 납크리스탈제품 · 양탄자 · 태피스트리 · 손목시계 · 회중시계 · 요트 · 고급자동차 · 경주용차 · 스노모빌 · 레크레이션스포츠장비 · 헬리콥터 · 선박 · 원유 · 정유제품 · 항공유 · 콘덴세이트 · 액화천연가스 등의 수출

③ 수입금지(경유 · 환적 · 중개 포함) : 이라크로부터의 예술품 · 수집품 · 골동품 수입(도난품 또는 도난품으로 의심되는 물품에 한함), 리비아 · 북한으로부터의 무기 · 탄약 · 군용장비 · 군용품 등 수입, 시리아로부터의 화학무기 · 장비 · 기술 등 수입, 소말리아로부터의 숯 수입, 북한으로부터의 석탄 · 철 · 철광석 · 티타늄광 · 바나듐광 · 희토류 · 금 · 은 · 동 · 니켈 · 아연 · 납 · 납광석 · 섬유(직물 · 의류포함) · 해산물 · 조형물 등의 수입

④ 적용범위 : 수출금지는 특별조치 대상 국가를 '도착항'으로 하는 수출에 대하여 적용하며, 수입금지는 특별조치 대상 국가를 '원산지' 또는 '선적항'으로 하는 수입에 대하여 적용한다. 다만, 북한의 경우에는 '북한을 도착항으로 하는 것을 목적으로 하는 제3국으로의 수출' 및 '북한을 원산지 또는 선적항으로 하는 제3국으로부터의 수입'에 대해 적용한다. (수출입 : 경유/환적/중개를 포함함)

현재 동 고시에서 규정하고 있는 세부적인 특별조치는 다음과 같다.

• 킴벌리프로세스 관련 다이아몬드 원석 무역에 관한 특별조치

- 이라크에 대한 무역에 관한 특별조치
- 소말리아에 대한 무역에 관한 특별조치
- 콩고민주공화국에 대한 무역에 관한 특별조치
- 수단공화국에 대한 무역에 관한 특별조치
- 레바논에 대한 무역에 관한 특별조치
- 리비아에 대한 무역에 관한 특별조치
- 시리아에 대한 무역에 관한 특별조치
- 북한에 대한 무역에 관한 특별조치
- 중앙아프리카공화국에 대한 무역에 관한 특별조치
- 예멘에 대한 무역에 관한 특별조치
- 남수단공화국에 대한 무역에 관한 특별조치 등

나. 국제평화및안전유지등의의무이행을위한지급및영수허가지침

동 지침은 우리나라가 체결한 조약 및 일반적으로 승인된 국제법규의 성실한 이행과 국제평화 및 안전유지를 위한 국제적 노력에 기여하기 위하여, '금융제재대상자 등'에 대한 지급 또는 수령의 제한에 관한 사항을 규정함을 목적으로 하고 있다(관련법규: 외국환거래법 제15조 제2항, 외국환거래법시행령 제29조).

거주자 및 비거주자가 '금융제재대상자 등'에게 지급하고자 하거나 그들로부터 수령하고자 하는 경우(금융제재대상자 등의 예금 · 신탁 및 금전대차 등 자본거래와 관련하여 발생하는 금융기관과의 지급 및 수령을 포함함) 및 '금융제재대상자 등'이 국내에서 외국에 지급하고자 하거나 외국으로부터 수령하고자 하는 경우에는 외국환거래규정에도 불구하고 한국은행총재의 '허가'를 받아야 한다(신청양식: 금융제재대상자 관련 지급등 허가신청서, 한국은행 양식).

또한 거래상대방이 비록 '금융제재대상자 등'에 해당하지 않는 경우라 하더라도 이란에 거주하는 개인 또는 이란에 소재하는 단체 등에게 지급하고자 하거나 그들로부터 수령하고자 하는 경우, 거래외국환은행의 장은 해당 금융거래상대방, 선적물품 입항항구 및 운송선사 등 지급 · 수령과 관련된 사항을 확인하여야 하며, 만약 이 과정에서 확인을 위하여 제출받은 서류가 허위 또는 위조 · 변조 되었거나 금융제재

대상자 등과의 거래임이 확인되는 경우에는 해당 거주자와의 지급 또는 수령을 거부할 수 있으며, 이를 제재기관의 장에게 보고하여야 한다.

'금융제재대상자 등'이라 함은, ① 국제연합 안전보장이사회 결의 제751호 · 제1267호 · 제1518호 · 제1521호 · 제1533호 · 제1572호 · 제1591호 · 제1718호 · 제1907호 · 제1970호 · 제1988호 · 제1989호 · 제2127호 · 제2140호 · 제2206호 · 제2231호 · 제2253호 · 제2669호 등에 의거 '국제연합 안전보장이사회' 또는 동 이사회 결의에 의하여 구성된 'Security Council Committee'가 지명한 개인 및 단체, ② '미합중국'이 대통령 명령(Executive Order) 제13224호 · 제13382호 및 IFSR(이란금융제재규정) · 제13573호 및 제13582호 등에 따라 지명한 개인 및 단체, ③ '유럽연합이사회'가 지명한 개인 및 단체 등, 이들 ①~③의 개인 및 단체 중에서 기획재정부장관이 본 지침에 따라 별도로 지정하여 고시한 자와, 그 밖에 국가의 안전 및 국민의 생명을 보호하기 위해 외교부장관, 통일부장관, 산업통상자원부장관 및 금융위원회위원장을 포함한 관계중앙행정기관의 장과 협의를 거쳐 기획재정부장관이 본 지침에 따라 지정한 자 등을 말한다.

현재 동 지침에서 지정하고 있는 주요 '금융제재대상자 등'은 다음과 같다.

① 소말리아 및 에리트리아의 평화와 안전에 위협이 되는 자(국제연합 안전보장이사회 결의 제751호(1992년), 제1907호(2009년))
② ISIL, 알카에다 관계자 (국제연합 안전보장이사회 결의 제1267호(1999년), 제1989호(2011년), 제2253호(2015년))
③ 후세인 정권 관계자 (국제연합 안전보장이사회 결의 제1518호(2003년))
④ 라이베리아의 평화와 안전에 위협이 되는 자 (국제연합 안전보장이사회 결의 제1521호(2003년))
⑤ 민주콩고공화국 내전 관련자 (국제연합 안전보장이사회 결의 제1533호(2004년))
⑥ 코트디브아르의 평화와 안전에 위협이 되는 자 (국제연합 안전보장이사회 결의 제1572호(2004년))
⑦ 수단의 평화와 안전에 위협이 되는 자 (국제연합 안전보장이사회 결의 제1591호(2005년))
⑧ 북한 미사일 · 핵 · 대량살상무기 관련자 (국제연합 안보리 결의 제1718호 (2006년))

⑨ 이란의 핵확산 민감활동 또는 핵무기 운반체계 개발 관계자 (국제연합 안전보장이사회 결의 제2231호(2015년))
⑩ 카다피 정권 (국제연합 안전보장이사회 결의 제1970호(2011년))
⑪ 아프가니스탄의 평화와 안전에 위협이 되는 탈리반 관계자 (국제연합 안전보장이사회 결의 제1988호(2011년))
⑫ 중앙아프리카공화국의 평화와 안전에 위협이 되는 자 (국제연합 안전보장이사회 결의 제2127호(2013년))
⑬ 예멘의 평화와 안전에 위협이 되는 자 (국제연합 안전보장이사회 결의 제2140호(2014년))
⑭ 남수단의 평화와 안전에 위협이 되는 자 (국제연합 안전보장이사회 결의 제2206호(2015년))
⑮ 미합중국이 대통령 명령(Executive Order) 제13224호에 따라 지명한 자
⑯ 미합중국이 대통령 명령(Executive Order) 제13382호 및 IFSR(이란금융제재규정)에 따라 지명한 자
⑰ 미합중국이 대통령 명령(Excutive Order) 제 13573호 및 제 13582호에 따라 지명한 자
⑱ 유럽연합이사회가 지명한 자
⑲ 기타(기획재정부장관이 관계중앙행정기관의 장과 협의를 거쳐 지정한 자 등)

참고 금융위원회(금융정보분석원)가 지정한 '금융거래등제한대상자'에 대한 금융거래허가

'공중 등 협박목적 및 대량살상무기 확산을 위한 자금조달행위의 금지에 관한 법률' 제4조 제1항에 따라 '금융위원회'에 의하여 '금융거래등제한대상자'로 지정되어 고시된 자가 금융회사 등과 금융거래 및 그에 따른 지급 · 수령을 하고자 하는 경우에는, 본 도서 5-2 나.목의 지침에 의한 허가와는 별도로 상기 법률에 의한 금융위원회의 '허가'를 받아야 거래할 수 있다(신청양식: 금융거래제한대상자 관련 금융거래등 허가신청서, 동법 관리규정 별지1호 서식).

'금융거래등제한대상자'라 함은 금융위원회가 상기의 법률에 따라 별도로 지정하여 공고(고시명: 금융거래등제한대상자 지정 및 지정취소에 관한 규정)한 개인 및 단체를 말하며, 여기에는 국제연합 안전보장이사회 결의 제1267호(1999년) · 제1989호(2011년) 및 제2253호(2015년), 제1718호(2006년), 제2231호(2015년), 제1988호(2011년)에 의거 '국제연합안전보장이사회' 또는 동 이사회 결의에 의하여 구성된 'Security Council Committee'가 지정한 자 및 국제평화와 안전유지를 위한 국제적 노력에 기여하기 위하여 공중협박자금조달 및 대량살상무기확산의 규제가 필요한 경우로서 금융위원회가 지정한 자 등이 포함되어 있다.

다. USA OFAC(Office of Foreign Assets Control)에 의한 거래 제한

국제거래의 상당 부분이 USD(미달러화)로 결제가 이루어지거나 또는 결제과정(결제통화와 자국통화간 교환을 위한 외환매매거래 포함)에 USD가 직 · 간접적으로 매개되고 있으며, 이와 같은 거래는 미국 금융기관의 직 · 간접적 개재를 수반하거나 또는 직 · 간접적으로 미 금융시스템을 통하여 이루어지게 된다. 이러한 메커니즘으로 인해 미국 OFAC의 Sanction(제재규정)에 반하는 국제거래는 사실상 미국 법규에 의한 처벌대상이 되므로 현실적으로 거래가 불가능하다.

미국의 적성국가(America's Adversaries)는 물론, OFAC이 지명한 대량살상무기 관련자, 테러리스트, 국제범죄조직, 마약밀매, 중대부패, 인권유린 및 반인륜적 범죄 등과 연관된 거래는 직 · 간접적 여부를 불문하고 미국 금융기관 또는 미 금융시스템을 통하여 결제할 수 없으며, 또한 미국의 자산동결조치로 인하여 해당 자금을 몰수당할 수도 있다. 뿐만 아니라 이에 연루된 금융기관(취급은행)에는 천문학적 액수의 벌금이 부과될 수 있으므로 각별히 주의하여야 한다(2015년 한 유럽계 은행에 약 89억 달러의 벌금이 부과된 사례가 있음). 따라서 신용장이나 계약서 또는 외화송금신청서 등에 기재되어 있는 내용을 점검하여, 당해 거래의 상대방이 OFAC의 규제 대상자에 해당하는지의 여부를 사전에 반드시 확인하여야 한다.

물론 미국 이외에도 UN, EU 및 각 국 차원에서 별도로 시행하고 있는 금융제재조치에 대해서도 이를 위반하지 않도록 유의하여야 한다. 이와 같은 국제사회의 금융제재(Global Financial Sanctions)는 그 사안이 매우 엄중하고 복잡 다단하여, 대개 은행권의 실무에서는 고객의 거래가 Global Sanction을 위반하지 않도록 모든 전신문에 대한 사전 점검을 위하여 본점 차원에서 별도의 Filtering System을 운용하는 것이 일반적이다.

미국의 경제 · 금융거래 제한대상 국가(Global Sanction 대상국가) 등은 다음과 같다. 국가에 따라서 제한조치의 구체적인 내용에는 많은 차이가 있으며, 특히 이란, 북한, 시리아, 쿠바, 수단, 미얀마 등에 대해서는 국가 전체를 대상으로 하는 광범위한 제재 프로그램이 가동되고 있으므로 각별히 유의하여야 한다. 또한 러시아에 대해서도 이란 및 북한과 마찬가지로 Primary Sanction 이외에 Secondary Sanction을 통한 매우 다양하고 엄중한 추가적 경제제재가 가해지고 있으므로 각별한 주의가 필요하다.

Afghanistan, Balkans(Former Yugoslavia), Belarus, Burma(Myanmar), China, Central African Republic, Cuba, Democratic Republic of the Congo, Ethiopia, Hongkong, Iran, Iraq, Lebanon, Libya, Mali, Nicaragua, North Korea, Russia, Somalia, Sudan, South Sudan, Syria, Venezuela, Yemen 등

참고 상기의 Country Related Sanction 이외에도 Counter Terrorism Sanction, Counter Narcotics Trafficking Sanction, Cyber-related Sanction, Magnitsky Sanction(인권), Non-proliferation Sanction, Rough Diamond Trade Controls, Transnational Criminal Organizations 등 여러 가지의 Sanction Program이 있으며, 보다 자세한 내용은 미재무성 해외자산통제국(OFAC)의 웹사이트(https://ofac.treasury.gov) 내에 게재된 'SDN List(Specially Designated Nationals and Blocked Persons List)', 'Non-SDN List(Consolidated Sanctions List)' 및 각종 'Sanctions Programs'를 참조 바람. (※ OFAC 제재대상자 검색: https://sanctionssearch.ofac.treas.gov)

◀참고▶ 'FATF 지정 국가' 및 '조세피난처' 등과의 거래

1 FATF 지정 블랙/그레이 리스트 대상 국가와의 거래시 유의사항

FATF(Financial Action Task Force, 국제자금세탁방지기구)는 매년 주기적인 성명서 발표를 통하여 '고위험 국가(블랙 리스트)' 및 '강화된 관찰 대상 국가(그레이 리스트)'를 공지하고 있는데, 이들 국가는 자금세탁방지(AML; Anti-Money Laundering), 테러자금조달방지(CFT; Combating the Financing of Terrorism), 대량살상무기확산금융방지(CPF; Countering Proliferation Finance) 등을 위한 제도적 측면에서 중요한 전략적 결함을 보유하고 있는 국가들로써, 이들 국적 보유자 또는 이들 국가에 소재하는 자와 거래하고자 하는 경우에는 자행의 컴플라이언스 기준에 따라 각별히 유의 취급하여야 함. (대상 국가는 수시 변경되므로 참고 바람)

- 블랙 리스트(고위험 국가, 사실상 거래 중단): 북한, 이란, 미얀마
- 그레이 리스트: 나미비아, 나이지리아, 남수단, 남아프리카공화국, 말리, 모나코, 모잠비크, 베나수엘라, 베트남, 부르키나파소, 불가리아, 세네갈, 시리아, 아이티, 예멘, 카메룬, 케냐, 콩고민주공화국, 크로아티아, 탄자니아, 필리핀

2 OECD 지정 조세피난처와의 거래시 유의사항

조세피난처와의 당·타발 송금거래는 탈세, 비자금 조성, 자금세탁 등 불법·탈법 거래에 악용될 소지가 높으므로, 은행의 법규리스크 및 평판리스크 관리를 위하여 사전에 송금사유 및 자금원천 등 거래의 정당성 여부를 철저히 확인한 후 취급하여야 함.

OECD 지정 조세피난처(자금세탁방지법상 고위험 국가)는 다음과 같음.

안도라, 앵귈라, 앤티가 바부다, 아루바, 바하마, 바레인, 벨리즈, 버뮤다, 영국령 버진아일랜드, 케이맨 제도, 쿡 제도, 도미니카, 지브롤터, 그레나다, 라이베리아, 리히텐슈타인, 마셜 제도, 모나코, 몬트세랫, 나우르, 네덜란드령 안틸레스, 니우에, 파나마, 세인트 키츠 네비스, 세인트 루시아, 세인트 빈센트 그레나딘, 사모아, 산마리노, 터크스 케이커스 제도, 바누아투 등

5-3 원산지관리제도

원산지관리제도란 공정한 거래질서의 확립과 생산자 및 소비자 보호를 위하여 수출입 물품등에 원산지를 표시하도록 하거나, 또는 무역관리 등의 목적으로 수입물품에 대한 원산지를 명확히 하고자 원산지증명서를 제출하도록 하는 등의 제도를 말한다. 원산지관리제도는 크게 '원산지표시' 제도와 '원산지확인' 제도로 구분할 수 있으며, 우리나라는 1991년 7월 1일부터 동 제도를 시행하여 오고 있다. (관련법규: 대외무역법 제33조~제38조, 대외무역법시행령 제55조~제67조, 대외무역관리규정 제73조~제93조)

가. 원산지표시제도

원산지표시제도란 '대외무역관리규정 별표 8'에 게시된 '원산지표시대상물품'의 수입거래와 관련하여, 당해 수입물품에 원산지를 표시하도록 하는 제도를 말한다. 이는 물품의 정확한 원산지정보를 제공함으로써 국내의 생산자 및 소비자를 보호하고, 유통거래 질서의 확립 및 불법 · 불공정 행위를 근절하고자 하는 데 그 주된 목적이 있다. 이를 위하여 우리나라는 국제적으로 인정되는 원산지 적용규정을 대외무역법에 반영하여, 모든 당사자들로 하여금 그 준수를 강제하고 있다.

무역거래자 또는 물품등의 판매업자는 다음의 행위를 해서는 안 되며, 이를 준수하지 않는 경우에는 '대외무역법' 제53조의 2 또는 '불공정무역행위 조사 및 산업피해구제에 관한 법률' 제40조에 의하여 5년 이하의 징역 또는 1억원 이하의 벌금형에 처해지거나, '대외무역법' 제33조의 2 또는 '불공정무역행위 조사 및 산업피해구제에 관한 법률' 제11조에 의하여 3억원 이하의 과징금이 부과될 수 있으므로 유의하여야 한다.

① 원산지를 거짓으로 표시하거나 원산지를 오인하게 하는 표시를 하는 행위
② 원산지의 표시를 손상하거나 변경하는 행위
③ 원산지표시대상물품에 대하여 원산지 표시를 하지 않는 행위
④ 위 ①~③항의 규정에 위반되는 물품을 수출입하거나 국내에서 거래하는 행위

원산지의 표시방법은 다음과 같다(대외무역관리규정 제75조~제84조).

① 수입물품의 원산지는 당해 물품에 직접 표시하는 것을 원칙으로 하되, 대외무역관리규정 제75조 제2항에서 허용하는 경우에는 당해 물품의 최소포장 · 용기 등에 대신 표시할 수 있다(예: 밀가루 등과 같이 당해 물품에 직접 원산지를 표시하는 것이 불가능한 경우 등).

② 수입물품의 원산지표시는 한글, 한자, 또는 영문으로 표시하여야 하며, '원산지 : 국명', '국명 산(産)', '국명 제(製)', 'Made in 국명', 'Product of 국명', 'Made by 제조회사명, 주소, 국명', 'Country of Origin : 국명' 등과 같이 최종구매자가 원산지를 오인할 우려가 없는 방식으로 표시하여야 한다(다만, 수입물품의 크기가 작아 이와 같은 방식으로 원산지를 표시할 수 없을 경우에는 국명만을 표시할 수 있다).

☞ 최종구매자가 수입물품의 원산지를 오인할 우려가 없도록 표시한다는 전제하에, 원산지표시와 병기하여 다음과 같이 보조표시를 할 수 있다.
'Designed in 국명', 'Fashioned in 국명', 'Moded in 국명', 'Styled in 국명', 'Licensed by 국명', 'Finished in 국명' 등

☞ 수출국에서의 주요 부분품의 단순 결합물품, 원재료의 단순 혼합물품, 중고물품 등의 사유로 인하여 원산지를 특정하기 어려운 물품은 다음과 같이 원산지를 표시할 수 있다.
- 단순 조립물품 : 'Organized in 국명(부분품별 원산지 나열)'
- 단순 혼합물품 : 'Mixed in 국명(원재료별 원산지 나열)'
- 중고물품 : 'Imported from 국명'

③ 수입물품의 원산지는 최종구매자가 당해 물품의 원산지를 용이하게 판독할 수 있는 크기의 활자체로 표시하여야 한다.

④ 수입물품의 원산지는 최종구매자가 정상적인 물품구매과정에서 원산지표시를 발견할 수 있도록 식별하기 용이한 곳에 표시하여야 한다.

⑤ 표시된 원산지는 쉽게 지워지지 않아야 하며, 물품(또는 포장 · 용기)에서 쉽게 떨어지지 않아야 한다.

⑥ 수입물품의 원산지는 제조단계에서 인쇄(Printing), 등사(Stenciling), 낙인(Branding), 주조(Molding), 식각(Etching), 박음질(Stitching) 또는 이와 유사한 방식으로 표시하는 것을 원칙으로 한다. 다만 물품의 특성상 위와 같은

방식으로 표시하는 것이 부적합하거나 물품을 훼손할 우려가 있는 경우에는, 날인(Stamping), 라벨(Label), 스티커(Sticker), 꼬리표(Tag)를 사용하여 표시할 수 있다.

⑦ 최종구매자가 수입물품의 원산지를 오인할 우려가 없는 경우에는 통상적으로 널리 사용되고 있는 국가명 등을 사용하여 원산지를 표시할 수 있다 (예: 'United States of America'를 'USA'로 표기하거나, 'Switzerland'를 'Swiss'로 표기하거나, 'Netherlands'를 'Holland'로 표기하거나, 'United Kingdom of Great Britain and Northern Ireland'를 'UK' 또는 'GB'로 표기하는 것 등).

⑧ 수입된 원산지표시대상물품을 국내에서 단순 제조 · 가공함에 따라 당해 물품의 원산지표시가 은폐 · 제거되거나 은폐 · 제거될 우려가 있는 경우에, 당해 제조 · 가공업자는 완성 가공품에 수입물품의 원산지가 분명하게 나타나도록 다시 표시하여야 한다.

⑨ 대형 포장으로 수입된 원산지표시대상물품이 국내에서 소매단위로 재포장되어 판매되는 경우에, 당해 재포장 판매업자는 그 재포장 용기에 수입물품의 원산지가 분명하게 나타나도록 원산지를 표시하여야 한다(재포장되지 아니하고 낱개 또는 산물로 판매되는 경우에도 그 물품이나 판매용기에 스티커를 부착하거나 또는 그 판매장소에 푯말을 부착하는 등의 방법으로 수입물품의 원산지를 표시하여야 한다).

⑩ 수입세트물품을 구성하는 개별 물품들의 원산지가 2개국 이상인 경우에는 개별 물품에 각각의 원산지를 표시하고, 해당 세트물품의 포장 · 용기에는 개별 물품들의 원산지를 모두 나열 · 표시하여야 한다(예: Made in China, Taiwan, …).

⑪ 대외무역관리규정 제82조에서 정한 원산지표시의 면제 요건에 해당하는 경우에는, 수입물품의 원산지를 표시하지 아니할 수 있다.

나. 원산지확인제도

수입 물품에 대한 원산지의 판정 기준과 요령은 대외무역법 제34조~제36조, 대외무역법시행령 제61조~제65조, 대외무역관리규정 제85조~제93조에서 정한 바에 따르며, 산업통상자원부장관은 원산지의 확인을 위하여 필요하다고 인정되는 경우

물품을 수입하고자 하는 자에 대하여 당해 물품의 원산지국 또는 선적국의 정부(또는 정부가 인정하는 기관)에서 발행하는 '원산지증명서(C/O: Certificate of Origin)'를 제출하도록 할 수 있다.

이는 우리나라 무역정책의 일환으로 특정지역에서의 수입이 제한되는 품목을 관리하고, 원산지 오인의 우려가 있는 물품을 정밀 확인하거나, 일반특혜관세 · 국제협력관세 · 편익관세 · FTA관세 등의 적용대상임을 확인하기 위함 등이다.

수입시에 원산지증명서를 제출하여야 하는 경우는 다음과 같다(대외무역관리규정 제91조).

① 통합공고에 의하여 특정지역으로부터 수입이 제한되는 물품

② 원산지 허위표시, 오인 · 혼동표시 등을 확인하기 위하여 세관장이 필요하다고 인정하는 물품(원산지 정밀확인 대상품목)

③ 법 · 조약 · 협정 등에 의하여 다른 국가의 물품에 적용되는 세율보다 낮은 세율을 적용받고자 하는 경우

④ 기타 법령에 의하여 원산지 확인이 필요한 물품 등

참고 원산지 가장 수출의 금지 의무(대외무역법 제38조)

누구든지 원산지증명서를 위조 또는 변조하거나 거짓된 내용으로 원산지증명서를 발급받거나 물품 등에 원산지를 거짓으로 표시하는 등의 방법으로 외국에서 생산된 물품(국내에서 단순 가공활동을 거친 물품을 포함함)의 원산지가 우리나라인 것처럼 가장하여 그 물품 등을 수출하거나 외국에서 판매해서는 안 된다(이를 위반하는 경우에는 대외무역법 제53조의 2에 의하여 5년 이하의 징역 또는 1억원 이하의 벌금형에 처해질 수 있음).

제 5 절

신용장에 관한 일반이론

1. 상업신용장의 의의

국제 무역거래에 있어서 대금결제에 사용되는 상업신용장(Commercial Credits)이란, 간단히 말하여 개설은행이 그 수익자에게 일정한 조건하에 일정한 금액의 지급을 약속하는 조건부의 지급확약서를 말한다.

즉, 당해 신용장의 제 조건에 일치하는 소정의 환어음 및/또는 서류와 상환으로 개설은행이 직접 그 대금을 지급 · 연지급 하거나, 제시된 환어음을 인수한 후 만기에 지급하거나, 또는 다른 은행으로 하여금 지급 · 연지급 · 인수 · 매입하도록 권한을 부여하는 취소불능의 약정이다.

신용장은 송금 또는 추심결제방식에 의한 일방의 불이익을 방지하고 격지 간의 대금결제 문제를 원활히 해결하기 위하여 고안된 방법으로서, 수출입 당사자 간의 취약한 신용을 공신력 있는 은행의 신용으로 대치함으로써 물품인도 및 대금결제 시점의 불일치로 인하여 발생하는 상거래상의 위험을 제거하고자 하는데 그 본질적 목적이 있다.

신용장통일규칙(UCP 600: The Uniform Customs and Practice for Documentary Credits, 2007 Revision, ICC Publication No. 600)에 의하면, 신용장이란 그 명칭이나 표기에 관계없이, 개설은행(Issuing Bank)이 '일치하는

제시(Complying Presentation)'에 대하여 이를 '결제(Honour)'하겠다는 확약(Definite Undertaking)으로서 취소가 불가능(Irrevocable)한 모든 약정을 의미한다(UCP 600 제2조).

신용장의 정의와 본질을 바탕으로 그 개괄적인 요점을 살펴보면 다음과 같다.

① 신용장이란 어떠한 명칭을 사용하여도 상관이 없다.

② UCP 600에서 정의하고 있는 '신용장'은 '화환신용장' 뿐만이 아니라 '보증신용장(Standby Credit)' 까지를 포함한다.

③ 신용장은 고객의 요청과 지시에 따라 개설하거나 또는 다른 은행의 요청에 따라 그들을 대리하여 개설할 수 있다.

④ 개설은행의 지급채무는 신용장에서 요구하는 서류가 제시되고 또한 제시된 서류가 신용장의 조건에 일치하는 경우 즉, '일치하는 제시(Complying Presentation)'가 이루어진 경우에만 발생한다. 따라서 조건부 지급확약서라고 할 수 있다.

☞'일치하는 제시'란 '신용장'의 제 조건은 물론 'UCP 600'의 적용 가능한 조항들 및 '국제표준은행관행'에 일치(in accordance with)하는 제시를 의미함.

⑤ 신용장은 환어음을 요구할 수도 있고 요구하지 않을 수도 있다.

⑥ 개설은행은 '일치하는 제시(Complying Presentation)'에 대하여 직접 지급 · 인수하거나 또는 다른 은행으로 하여금 지급 · 인수 · 매입하도록 약정함으로써 그 '결제(Honour)'를 보장한다.

⑦ 개설은행은 '일치하는 제시(Complying Presentation)'에 대하여 수입상과는 별도로 독립적인 지급채무를 진다.

한편, 미국의 통일상법전(UCC : Uniform Commercial Code)에서는 은행 이외의 자에 의한 신용장 발행을 명시적으로 인정하는 등 UCP 600보다 포괄적인 의미로 신용장을 정의하고 있다. UCC에서 언급하고 있는 신용장의 정의에 대하여 개괄적으로 살펴보면 다음과 같다.

신용장이란 개설의뢰인의 계산과 요청에 의하여 또는 금융회사인 경우에는 그 자신의 계산에 의하여 스스로, 서류의 제시에 대하여 대금을 지급하겠다는, 개설인이 수익자에게 행하는 확정적인 약속을 의미한다. 개설인이란 신용장을 개설하는 은행 또는 기타의 자를 말한다.

2. 신용장의 효용

신용장은 무역거래에 따른 대금결제방법으로 상당히 유용한 제도라고 할 수 있다. 이러한 신용장의 효용에 대하여 고찰해 보기로 한다.

2-1 수출상이 갖는 효용

첫째, 개설은행이 독립적으로 대금 지급을 확약하고 있으므로, 수출상은 수입상의 신용과는 관계없이 대금회수의 안전성을 확보할 수 있다.

둘째, 취소불능신용장의 경우는 수출상 동의 없이 일방적으로 취소 또는 변경이 될 수 없으므로 안심하고 생산에 착수할 수 있다.

셋째, 수출상은 신용장을 근거로 무역금융을 수혜받거나 무역어음을 발행하여 할인 받음으로써 선적 전에 용이하게 자금을 조달할 수 있다.

넷째, 수출상은 상품을 선적한 후 신용장의 조건에 일치하는 서류와 환어음을 거래은행(지정은행)에 제시하여 즉시 수출대금 전액을 회수할 수 있다. 또한 무신용장 방식과는 달리 이때(NEGO시)에 별도의 담보를 제공하지도 않는다.

2-2 수입상이 갖는 효용

첫째, 수입상은 본인의 취약한 신용도를 개설은행의 공신력으로 대체함으로써 보다 유리한 지위에서 협상을 할 수 있으며, 개설은행의 신용을 바탕으로 신규 거래선과도 용이하게 외상거래(Shipper's Usance)를 할 수 있다.

둘째, 비록 수출상이 일람불 거래를 고집하는 경우라 하더라도, 수입상은 'Banker's Usance' 신용장을 활용함으로써 외상거래와 동일한 효과를 거둘 수 있다. 이는 일정 기간 동안 수입결제자금대출을 받는 것과 유사한 효용을 제공한다.

셋째, 수입상은 대금의 결제 이전에 계약물품이 정확히 선적되었는지 여부에 대하여 서류상으로 확인할 수 있으며, 제시된 서류가 신용장의 조건에 일치하지 않는 경우에는 대금지급을 거절할 수 있다.

넷째, 신용장에는 유효기일, 선적기일, 서류제시기간 등이 명시 되는 바 수입상은 이를 통하여 자신이 원하는 일자에 상품을 입수할 수 있도록 기일 및 기한을 통제할 수 있다.

2-3 개설은행이 갖는 효용

금융기관의 입장에서 수입 신용장 거래는 일반 대출에 비해 비교적 안전한 여신 운용의 수단이며 외환수익의 주요 원천이 된다. 개설은행은 수입상과의 '신용장개설 약정'을 통하여 은행의 책임한계를 명확히 설정하고 불의의 비용과 손해 및 수입상의 위해 행위를 통제할 수 있으며, 하자 서류에 대한 언페이드 권리 및 수입 화물에 대한 양도담보권의 행사를 통하여 보완적인 리스크 커버가 가능하다.

2-4 매입은행이 갖는 효용

금융기관의 입장에서 신용장 방식하의 네고(NEGO) 금융은 비교적 안전하고 안정적인 자금운용의 수단이며 외환수익의 주요 원천이 된다. 매입은행은 신용장 조건에 일치하는 환어음 및/또는 서류를 매입하는 한 개설은행으로부터 대금지급을 보장받는다. 개설은행이 결제를 거절하는 경우에는 어음법상의 소구권 및 외국환거래약정상의 환매청구권에 기하여 수출상에 대해 매입대금의 반환을 청구할 수 있으며, 수출 화물에 대한 양도담보권의 행사를 통하여 보완적인 리스크 커버가 가능하다.

3. 신용장제도의 한계

3-1 수출상에 대한 한계

신용장거래에서는 서류만을 근거로 대금지급 여부를 결정하므로, 수입상(개설은행)이 사소한 서류상의 오류를 이유로 대금지급을 거절하는 경우 수출상은 대금회수에 차질을 겪게 된다. 또한 신용장상에 복잡하고 애매한 조항을 추가함으로써 완전한 서류를 준비하는 데 어려움을 가져올 수도 있다.

3-2 수입상에 대한 한계

수입상(개설은행)은 서류만에 의해 대금지급 여부를 결정하여야 하기 때문에, 비록 수출상이 계약조건과 상이한 저질의 물품을 선적하였다 하더라도 제시된 서류가 신용장의 조건에 일치하는 한 대금지급을 거절할 수 없게 된다. 뿐만 아니라 수출상이 물품은 선적하지도 않은 채 서류만을 허위로 만들어 대금을 청구하는 경우에도, 매입은행 등이 그러한 사실을 모른 채 선의로 대가를 지불한 경우에는 그 대금을 지급하여야 한다.

결론적으로, 신용장은 수출입 업자 간의 상호 불신을 제거하고 편의를 도모하기 위하여 활용되는 매우 유용한 수단임에 틀림이 없지만, 반면에 신용장 고유의 독립 · 추상성으로 인한 한계성의 폐단이 상존하므로 이에 대한 각별한 주의가 필요하다.

4. 신용장의 특성

4-1 신용장의 독립성

신용장은 그 성질상 '수출입상 간의 매매계약'은 물론 '개설은행과 개설의뢰인 간의 신용장 개설계약' 및 '은행 상호 간의 코레스계약' 등에 근거를 두고 발행되기는 하지만, 일단 신용장이 개설되고 나면 당해 신용장은 그 기초가 되었던 계약들로부터 완전히 독립되어 자체적으로 별도의 법률관계를 형성하게 되는데, 이를 일컬어 흔히 '독립성의 원칙(Principle of Independence)'이라 부른다(UCP 600 제4조).

설사 신용장상에 그러한 기초계약이 언급되어 있다 하더라도 은행은 그들 계약과는 아무런 관련이 없으며, 또한 그러한 계약 내용에 어떠한 구속도 받지 않는다. 따라서 신용장에 의한 결제(Honor) 또는 매입 등의 행위는 그들 기초계약에 근거한 개설의뢰인의 주장이나 항변에 구속되지 않으며, 수익자 또한 그러한 계약관계를 원용하여 항변할 수 없다.

이는 비록 신용장이 매매계약 등의 여러 기초계약에 토대하여 개설된다고는 하나, 은행이 신용장을 이용(지급 · 연지급 · 인수 · 매입)하거나 그 결제의무를 이행하는 데 있어서 그러한 계약의 내용을 일일이 확인하고 업무를 취급한다는 것이 현실적으로 불가능하기 때문에, 이들 거래에 관여하는 은행을 보호하고 신용장거래를 원활히 하기 위한 불가피한 조치인 것이다.

이러한 취지에 입각하여 개설은행은 절대로 원인계약이나 견적송장(Proforma Invoice) 등의 사본을 신용장의 일부분(Integral Part)으로 포함시키려 해서는 안 될 것이며, 개설의뢰인의 그러한 요청을 강력히 저지하여야 한다(UCP 600 제4조 b항).

한편 매매계약이 취소 또는 무효가 되는 경우에 신용장도 무효가 되느냐의 논란이 있을 수 있으나, 이 경우에도 일단 신용장의 효력은 그대로 유효한 것으로 보며, 매매계약의 당사자는 민법상의 비채변제 및 부당이득과 관련한 법리에 따라 문제를 해결하여야 할 것이다.

참고 신용장의 상품명세에 견적송장을 참조하라는 문언이 명시되어 있는 경우의 서류심사요령

신용장상의 상품명세에 "Goods as per proforma invoice No. XXX dated XXX" 등과 같은 참조문언이 기재되어 있다 하더라도, 당해 견적송장의 사본이 신용장의 일부(Integral Part)로서 첨부되지 않았거나 또는 제출서류(Documents Required)의 하나로 요구되지 않았다면, 은행은 제시된 서류상의 상품명세가 실제로 견적송장(계약서)의 내용과 일치하는지의 여부를 심사할 필요가 없다. 이와 같은 경우에 수익자는 자신의 상업송장에 "We certify that the description of the goods are in compliance with those of proforma invoice No. XXX dated XXX." 등과 같은 내용의 문언을 기재함으로써 그 명세가 일치함을 표현하면 될 것이다.

사례 Frey Vs. Sherbourne and National City Bank 사건

매수인인 원고회사는 매도인인 피고 Sherbourne 회사로부터 자바의 설탕을 수입하기로 계약하였는데, 계약내용 중에 만일 계약상품을 기한 내에 인도하지 못하면 매수인측은 계약을 취소할 수 있다는 조항이 있었고, 실제로 이와 같은 지연이 있어 매수인은 위 조항을 들어 계약을 취소한 후 신용장의 수익자인 Sherbourne 회사의 어음발행을 금지시켰으며, 또한 이미 선의의 제3자에게 양도되었을지도 모르는 그 어음에 대한 National City Bank의 지급행위를 금지시키도록 법원에 제소하였다.

이에 대하여 Greenbaurn 판사는 위의 금지명령(Injunction)을 거부하면서 다음과 같이 판시하였다. "신용장에 의하여 발행된 어음을 소지한 선의의 당사자의 이익은 신용장이 개설된 것과 관련된 매매계약의 당사자 사이에 존재할지도 모르는 권리에 의하여 침해되어서는 안 된다. 만약 매도인과 매수인 사이에 계약위반이 생길 때마다 한쪽 당사자가 법원에 제소하여 신용장에 의하여 발행된 어음의 지급금지 명령을 받을 수 있다면, 이는 제소된 사업과 같은 업에 종사하는 사업계에 큰 재난이 아닐 수 없다.[1)]"

주 ■

1) Gutteridge & Megrah, op. cit., p. 64. "Interest of innocent parties who may hold drafts upon the letter of credit should not be made to suffer by reason of right that may exist between the parties to the contract of sale in reference to which the letter of credit was issued.
It would be a calamity to the business world engaged in transactions of the kind mentioned in the complaint if for every breach of a contract between buyer and seller a party may come into a court of equity and enjoin payment of drafts drawn upon a letter of credit issued by a bank"

4-2 신용장의 추상성

신용장의 모든 당사자는 계약물품과는 상관없이 계약물품을 상징하는 서류에 의하여 거래한다는 것이 '추상성의 원칙(Principle of Abstraction)'이다. 이는 비록 선적된 물품이 신용장의 조건과 불일치하거나 또는 심지어 물품이 선적되지 않았다 하더라도, 제시된 서류가 신용장의 조건과 일치한다면 개설은행은 그 대금을 지급하여야 한다는 취지의 개념이다.

신용장통일규칙에 의하면 "신용장거래에 있어 은행은 서류로 거래하는 것이지, 그 서류에 관련된 물품 · 서비스 또는 의무이행으로 거래하는 것이 아니다(UCP 600 제5조)"라고 규정되어 있으며, 또한 "개설은행 및 확인은행 또는 지정은행은 서류가 신용장의 조건과 문면상 일치하는지의 여부에 대하여 서류만을 근거로 심사하여야 하며, 만약 서류가 신용장의 제 조건과 문면상 일치하지 않을 경우에는 서류의 수리를 거절할 수 있다(UCP 600 제14조 a항 및 제16조 a항)"라고 규정함으로써 신용장의 추상성을 명시적으로 표현하고 있다.

신용장거래의 본질적인 특성이라 할 수 있는 이러한 추상성의 원칙은, 자칫 실물거래와의 괴리를 유발하여 부정직한 당사자가 이를 악용할 수 있는 빌미를 제공하기도 하지만, 이는 실물거래와 무관한 은행을 개입시켜 신용장거래를 원활히 하기 위한 불가피한 선택인 것이다. 즉, 이러한 추상성의 원칙에 의하여, 실물거래와 전혀 상관없는 은행도 신용장거래에 개입할 수 있게 되어 신용장을 통한 무역거래가 활성화될 수 있는 것이다. 만일 신용장거래가 추상성의 원칙에 의해 보호되지 않는다면, 은행이 상품을 직접 일일이 검사하고 확인한 후에 업무(매입, 결제 등)를 취급하여야 하므로 은행을 통한 신용장거래는 사실상 불가능하게 된다.

추상성의 원칙에 의하여, 지정은행은 신용장의 조건과 일치하는 서류를 매입 또는 결제(Honor)한 이상 실물거래와는 관계없이 개설은행으로부터 그 대금지급을 보장받게 되며, 개설은행은 그러한 대금을 지급하여야 할 의무와 함께 개설의뢰인에 대한 청구권을 동시에 갖게 된다. 선적된 물품 또는 그 품질 등이 비록 서류의 내용과 다르다 하더라도, 제시된 서류가 신용장의 조건에 일치하는 한 신용장 당사자들의 그러한 권리와 의무는 하등의 영향을 받지 않는다. 간혹, 제시된 서류가 신용장의 조건에 정확히 일치함에도 불구하고 상품에 관한 결함(품질불량, 수량부족 등)을 이유로 대금결제를 거부하는 사례가 있는데, 이는 신용장의 기본 이념인 추상성의 원칙을 무시하는 처사로 정당한 지급거절의 사유가 될 수 없다. 이와 같은 문제는 당사자 간에 별도의 클레임을 제기하여 상사 조정이나 중재 또는 소송 등으로 해결하여야 하는 사항이다.

사례 Laudisi Vs. American Exchange National Bank 사건

이 사건을 담당했던 법원에서는 "… 만일 도착된 물품이 계약과 다르다면 매수인은 매도인에게 다른 방법으로 이를 시정시킬 수 있다. … 즉 은행은 매매 당사자 간의 분쟁에 개입하여야 할 부담을 지지 않으며, 또한 은행은 이를 이유로 어음을 결제하지 않으려는 구실로 삼아서도 안 된다"라고 판시하였다.

(The bank has the right to pay the draft no matter what may be the defects in the goods which have been shipped.)

4-3 엄밀일치의 원칙과 상당일치의 원칙

신용장대금의 청구를 위하여 제시되는 모든 서류는 신용장의 제 조건과 문면상으로 매우 엄격하고 세밀하게 일치하여야 한다는 견해를 '엄밀일치의 원칙'이라고 한다. 이에 반하여 '상당일치의 원칙'이란 제시된 서류상의 정보(Data)가 비록 신용장과 엄밀하게 일치하지는 않는다 하더라도, 그것이 신용장상의 정보(Data)와 충돌(Conflict)하지 않으며 또한 신용장의 조건을 전혀 해하는 사항이 아니라면, 이는 신용장의 조건에 일치하는 것으로 보아야 한다는 견해를 말한다.

서류의 일치성과 관련하여 이 두가지의 서로 다른 견해를 놓고 그동안 많은 논쟁이 있어 왔지만, 현재의 신용장통일규칙 및 각 국 법원의 판례는 '상당일치의 원칙'을

절대적으로 지지하고 있는 입장이다. 이는 신용장의 한계성으로 인한 폐단으로부터 수익자를 보호하기 위한 일종의 구제책이라 할 수 있다.

신용장통일규칙에 의하면, 개설은행은 '일치하는 제시(Complying Presentation)'에 대하여 그 대금을 결제하여야 하며, 만일 일치하지 않는다고 판단하는 때에는 결제를 거절할 수 있게 된다(UCP 600 제15조 및 제16조). 따라서 신용장거래와 관련한 당사자들의 가장 큰 관심사는, 제시된 서류가 신용장의 조건에 일치하는지의 여부에 대한 판단이라고 해도 과언이 아닐 것이다. 그러나 이와 관련한 '일치'의 정도에 대하여는 많은 논란의 여지가 있는 것이 사실이다. 실제로도 서류가 신용장의 조건에 일치하느냐를 둘러싸고 많은 분쟁이 발생하고 있으며, 끊임없이 소송이 제기되고 있는 실정이다.

이에 관하여 'UCP' 및 'ISBP'에서는 그 일반적인 기준만 제시하고 있을 뿐 실제로는 매 사안에 따라 'Case by Case'로 결정하여야 할 문제이므로, 일치의 정도에 관한 명확한 정답이 있을 수는 없다. 따라서 서류를 작성하거나 심사하는 실무자들의 입장에서는, 가급적 엄격한 잣대에서 보수적으로 행동하는 것이 일치의 정도에 관한 분쟁의 소지를 제거할 수 있는 유일한 방법이 된다. 그러나 그렇다고 하여 그 일치의 정도가 거울에 비친 것처럼 동일할 것을 요구하는 것은 아니며, 단어 또는 문장의 뜻에 영향을 미치지 아니하는 사소한 오류(Misspellings, Typing Errors 등)는 지급거절의 사유가 될 수 없다는 점을 기본적으로 이해하고 있어야 한다.

참고 제시 서류상의 신용장 번호 기재 누락 및 오타에 대한 하자여부 판단

신용장의 요구 서류상에 신용장 번호를 삽입하도록 하는 지시는 대개 개설은행의 관리 편의를 위한 것이 일반적이며, 이러한 경우 제시 서류상에 신용장 번호를 누락하거나 신용장 번호에 오타가 있다 하더라도 이는 하자로 보지 않음. 다만, 신용장 번호의 기재가 수입 국가의 필요에 의해 요구되는 상황이라면 그러한 사유를 반드시 신용장상에 명시하여야 하며, 이와 같은 경우에는 제시 서류상에 신용장 번호를 정확히 기재하여야 함. (ISBP 821 PC viii)

plus+ 서류의 일치성에 대한 판단

제시된 서류가 신용장의 조건에 일치하는지 여부에 대한 판단은, 신용장거래의 당사자에게 있어 가장 중요한 관심 사항 중의 하나이다. 일치하지 않는 경우를 '하자(Discrepancy)'라고 하는데 이는 곧 '지급거절(Unpaid)'의 사유가 되기 때문이다. 일치 여부에 대한 판단은 'UCP 600' 및 'ISBP 821' 등의 국제규칙이 정한 Guide Line을 따르고 있으나, 이는 포괄적인 기준을 제시하고 있을 뿐 모든 개별사안에 꼭 들어맞는 정답이 있는 것은 아니다. 따라서 서류의 일치성에 대한 판단은, 각종의 국제규칙과 이에 대한 유권해석 및 각국 법원의 판례 등을 참고하여 신중히 결정하여야 한다.

■ **일치성의 판단에 관한 일반적인 기준을 살펴보면 다음과 같다.**

① 제시된 모든 서류는 신용장의 조건과 문면상으로 일치(Compliance)하여야 한다. 그러나, 그 일치의 정도는 자료(Data Content)가 동일(Identical)할 것을 요구하는 것은 아니다.

② 상업송장(Commercial Invoice)의 상품명세(Description of the Goods)는, 신용장상의 상품명세와 엄격히 일치(Must Correspond)하여야 한다. 그러나 상업송장 이외의 다른 모든 서류에 표시되는 상품명세는, 신용장의 상품명세에 저촉되지 않는(Not Conflicting) 일반적인 용어로 표시할 수 있다.

③ 제출된 서류 상호 간의 정보(Data)가 충돌(Conflict)하는 경우에는 하자로 간주된다.

④ 제시된 서류 중 신용장에서 요구되지 않은 서류는 심사할 필요가 없으며, 이는 무시할 수 있다.

⑤ 신용장상에 명시적으로 언급되지 않은 사항이라 하더라도 UCP, ISBP, ICC Opinions & Decisions 등에 위배되는 사항이 있는 경우에는 하자로 간주된다.

■ **일치의 정도에 대한 표현 및 그 적용기준에 대하여 살펴보면 다음과 같다.**

① Identical (mirror image, 똑같은) : UCP 600에는 'Identical'한 일치의 정도를 요구하는 조항이 없다.

② Must Correspond (엄밀히 일치하는) : 신용장의 상품명세와 상업송장의 상품명세는 'Correspond' 해야만 한다.

③ Complying 또는 Accordance (일반적인 일치의 기준) : 제시된 서류는 '신용장의 조건'과 'UCP 600의 제 규정' 및 '국제표준은행관행'에 'Complying (Accordance)'하여야 한다.

④ Not Conflict 또는 Not Inconsistent (충돌하거나 저촉되지 않는 경미한 수준의 일치) : 제시된 서류 상호간의 Data는 'Not Conflict' 하여야 한다. 또한 상업송장 이외의 다른 서류상에 기재되는 상품명세는 신용장의 상품명세와 'Not Conflict'한 일반적인 용어로 기재될 수 있다.

■ **UCP 및 ISBP에 의거 하자로 간주되지 않는 일반적인 사항들을 살펴보면 다음과 같다.**

① 단어 또는 문장의 뜻에 영향을 미치지 않아 그 내용에 오해의 소지가 없는 단순한 오 · 탈자는 하자로 보지 않는다.

예시) 단순 오탈자: machine / mashine, fountain pen / fountan pen, model / modle 등

예시) 조건 불일치: model no.123 / model no.113, Weight 83.162 MT / Weight 88.162 MT 등

② 일반적으로 인정되는 약어의 사용은 하자로 보지 않는다.

예시) limited ⇒ ltd, international ⇒ int'l, company ⇒ co., industry ⇒ ind., manufacturer ⇒ mfr등

③ 신용장의 내용에 저촉되지 않는 한, 정보의 질을 높이는 추가기재는 하자로 보지 않는다. 그러나 그 내용이 무엇인지에 따라 하자로 간주될 가능성도 배제할 수 없으므로, 가급적 불필요한 추가정보는 기재하지 않는 것이 바람직하다.

④ 제시된 서류의 실질적인 내용이 신용장에서 요구된 서류의 기능을 완수하고 있다면, 제목을 표기하지 않았거나 또는 유사한 의미의 다른 제목으로 표기되어 있어도 하자로 보지 않는다.

⑤ 운송서류(B/L, AWB 등)의 'Consignee' 및 'Notify Party' 란 이외에 다른 서류상에 기재된 'Applicant' 또는 'Beneficiary'의 '주소 및 연락처(전화번호, 팩스번호, email 등)'는, '신용장' 또는 '제시된 다른 서류'에 기재된 '주소 및 연락처'와 반드시 동일하여야 하는 것은 아니며, 단지 '신용장'에 기재된 주소와 '동일한 국가'내에 위치하기만 하면 이는 하자로 보지 않는다.

4-4 Fraud Rule(사기거래배제의 원칙)

제시된 서류가 신용장의 조건에 엄격히 일치한다 하더라도 그것이 위조 또는 사기로 작성되었음이 밝혀지는 한, 당해 신용장의 대금지급이 중단될 수 있다고 하는 사법상의 이론을 'Fraud Rule' 또는 '사기거래(배제)의 원칙'이라고 부른다. 이는 신용장거래와 관련한 독립 · 추상성의 원칙에 예외를 인정한 것으로서, 부정직한 수익자로 하여금 신용장거래가 서류만에 의한 것이라는 점을 악용하지 못하도록 하는 데 그 당위성을 두고 있다.

신용장은 본래 상거래에 수반하는 신용위험(미결제위험)을 커버하기 위한 것으로서, 수출상은 UCP의 기본 이념인 독립 · 추상성의 원칙에 의하여 강력한 보호를 받게 되나, 그 반면에 수입상은 수출상의 사기행위에 따른 치명적인 위험에 노출되어 있음에도 불구하고 UCP에서는 이를 보호하기 위한 별도의 안전장치를 마련하고 있지 않다. 따라서 신용장의 한계성을 악용한 수출상의 사기적 청구로부터 수입상을 보호하기 위한 일종의 구제책으로 'Fraud Rule'이 생성된 것이라 이해하면 될 것이다.

그러나 사기거래라 하여 모든 경우의 지급거절이 인정되는 것은 아니며, ⓐ 사기의 사실이 있어야 하고, ⓑ 사기사실에 의하여 피해가 발생하여야 하며, ⓒ 사기사실에 대한 명백한 입증이 있는 경우에 한하여 제한적으로 적용되어야 한다는 것이 일반적인 견해이다.

Fraud Rule은 국제적인 판례에 의하여 형성되어 왔으며, 미국의 '통일상법전 신용장편(UCC Article 5)'에서는 이를 명시적으로 인정하고 있다.

'UCC Article 5-109'의 주요 내용을 살펴보면 다음과 같다.

① 개설은행의 판단에 의한 지급거절

신용장에서 요구하는 서류가 위조되었거나 사기목적으로 작성된 경우라 할지라도, 신용장의 조건과 문면상으로 일치하는 서류의 제시에 대하여 이를 당연히 결제하여야 한다면, 이는 개설은행이나 개설의뢰인을 상대로 한 수익자의 사기행위를 조장하는 결과를 초래할 수 있게 된다. 따라서 이와 같은 경우에 선의로 행동하는 개설은행은 마땅히 그 대금의 지급을 거절할 수 있어야 한다. 그러나 다음과 같은 선의의 당사자에 대하여는 반드시 그 대금을 지급하여야 한다.

- 위조나 사기에 관하여 통지를 받지 못한 채 선의로 대가를 지불한 지정은행(매입은행 등)
- 선의로 지급을 행한 확인은행
- 신용장에 근거하여 기 발행된 어음의 인수가 완료된 후 당해 어음을 취득한 정당한 소지인 등

② 법원의 명령(Injunction)에 의한 지급거절

신용장에서 요구하는 서류가 위조되었거나 또는 사기목적으로 작성되어, 만약 이를 결제하게 되면 그것은 수익자의 사기행위를 용이하게 할 뿐이라는 개설의뢰인의 주장이 있을 경우에, 재판관할권이 있는 법원은 그러한 입증자료를 제출받아 그 사실 및 법률 관계를 심리(審理)한 후 개설은행에 대하여 일시적 또는 영구적으로 신용장 대금의 결제를 금지하도록 명할 수 있다. 이 경우에 법원은 그러한 보전처분(Relief)으로 말미암아 손해를 입을 수 있는 수익자 또는 개설은행 또는 지정은행 등을 보호하기 위하여 적절한 조치를 취하여야 한다.

사례 Fraud Rule에 관한 사례

Sztejn Vs. J. Henry Schroder Banking Corporation 사건[2)]

미국의 수입상 Sztejn은 강모(Bristle)를 구입할 목적으로 신용장을 개설하였으나, 수출상은 그 내용과는 달리 쓰레기더미를 선적한 후 외관상으로 신용장의 조건에 부합하는 서류를 구비하여 환어음과 함께 거래은행에 제시하여 할인을 받았으며, 그 후 당해 서류 및 환어음은 정당한 절차에 따라 개설은행으로 제시되었다. 그러나 그러한 내용을 사전에 인지한 수입상은 당해 서류 및 환어음의 인수를 거부하면서 개설은행으로 하여금 그 대금 지급을 금지하도록 관할 법원에 지급금지명령을 구하여 이를 획득하였다.

이와 관련한 법원의 판결 요지는 다음과 같다. "은행이 자기 앞으로 발행된 어음을 지급하기에 앞서 매수인의 요청에 따라 서류의 진위를 조사한다든가 선적된 상품의 품질에 관한 매도인과 매수인의 분쟁에 관여함으로써 당사자 간의 상거래에 개입하게 됨은 가장 불행한 일이다. 당사자들이 은행으로 하여금 이와 같은 일을 하도록 하기 위해서는 신용장에 그러한 규정을 두어야 하며, 그렇지 않은 경우 법원은 형식을 완비하고 있는 어음의 지급을 연기하도록 은행에게 허용하거나 또는 이를 요구해서도 안 될 것이다."

그러나 예외로서 "어음과 서류가 지급을 위하여 제시되기 전에 은행이 매도인의 사기에 관하여 알게 되었을 경우에, 신용장거래에 있어서 은행이 부담하는 채무의 독립성의 원칙은 비양심적인 매도인을 보호하는 데까지 확대되어서는 안 될 것이다."

(~ the principle of the independence of the bank's obligation under the letter of credit should not be extended to protect the unscrupulous seller.)

주 ■

2) Schwanke, op. cit., p. 225. Harfield, op. cit., pp. 88 ~ 84. Gutteridge & Megrah, op. cit., p. 142.

◀Banking Tips▶ 'Fraud Rule'의 적용 및 실무 유의사항

1. 개설은행의 판단에 의한 지급거절시 'Fraud Rule'의 적용 요건

'Fraud Rule'이 원칙 없이 남용되는 경우에는 매입은행 등 선의의 제3자가 피해를 볼 수 있기 때문에 그 기준은 매우 보수적이며, 일반적으로 다음 조건에 해당함을 개설은행이 입증할 수 있는 경우로 한정하고 있다.

① 매입은행이 사기(서류 위 · 변조)의 당사자이거나,

② 매입은행이 서류의 매입 이전에 이미 사기(서류 위 · 변조)임을 인지하였거나,

③ 매입은행이 서류 심사시 상당한 주의를 다하지 않고 간과함으로써 과실로 인하여 사기행위(서류 위 · 변조)를 발견하지 못한 경우. 즉, 서류의 외관상으로 판단 가능한 상태성(Originality) 및 정규성(Regularity) 등에 대하여 객관적이고 합리적인 주의를 다하여 심사하지 아니한 경우를 말함.

설사 서류가 위 · 변조된 경우라 하더라도, 은행원(매입은행 등)의 일반적인 지식과 경험으로 미루어 외견상의 형식에 의해 판별 가능한 것을 간과한 경우가 아니라면, 매입은행은 UCP 600 제34조(UCP 500 제15조)에 의거 '서류의 유효성과 관련하여 면책'되므로, 개설은행은 선의의 매입은행에 대하여 'Fraud Rule'을 근거로 대금지급을 거절할 수 없다.

☞ 주의: 비지정은행(1st 네고은행 등)은 UCP 600 제34조에 의한 보호를 받지 못함.

현실적으로는 개설은행의 입증책임에 대한 부담으로 인하여, 대개 수입상으로 하여금 먼저 법원에 Injunction(지급정지가처분)을 신청하도록 한 후, 이를 근거로 개설은행이 대금지급을 거절하는 경우가 일반적이다.

☞ 참고: UCC 제5-108조 d항에 의하면, 사기 및 위 · 변조의 경우에는 서류 접수일로부터 7영업일(UCP 600은 5영업일) 이내에 지급거절의 통지의무를 이행하지 아니한 경우에도 대금지급을 거절할 수 있음.

2. 'Injunction'에 의한 개설은행의 지급거절

'Injunction'이란 법원이 내리는 일종의 '지급정지가처분명령'을 말하며, 만일 법원의 인정션 결정이 내려진 경우라면 개설은행은 이유 여하를 막론하고 신용장대금의 지급을 중지하여야 한다. 이 경우 개설은행의 지급거절은 자국 법률에 의한 정당한 행위라고 볼 수 있으며, 선의의 피해 당사자(매입은행 등)로서는 어쩔 수 없이 본안소송을 통하여 Injunction 및 Unpaid의 부당성 여부에 대하여 항변하여야 한다.

☞ 참고: 개설은행이 법원의 '인정션' 결정을 위반하여 신용장 대금을 지급하게 되면, '법원 모욕죄(Contempt of Court)'로 처벌을 받게 됨은 물론 그로 말미암은 개설의뢰인의 손해를 부담하여야 함.

비록 수입지국 법원의 인정션 결정에 따라 대금지급이 거절된 경우라 하더라도, 매입은행이 수출상의 사기나 서류의 위 · 변조 사실을 모르고 매입한 경우로서, 외견상으로 쉽게 판별 가능한 것을 간과하여 이를 식별하지 못한 과실이 있는 경우가 아니라면, 선의의 매입은행은 UCP 600 제34조에 의거 '서류의 유효성과 관련하여 면책'되므로, 결국에는 본안소송을 통하여 매입대금을 회수할 수 있다. 즉, 수입상은 결과적으로 인정션의 실익을 얻을 수 없게 되는 셈이다.

☞ 참고: 그러나 서류의 매입 이전에 미리 수입상(개설은행)이 당해 지정은행에 대하여 사기(위 · 변조) 가능성을 경고하였거나, 또는 매입은행이 지정은행이 아닌 경우 등에는 신용장 대금을 상환받을 수 없음.

'인정션'이 내려지는 기준은 관할 법원에 따라 다르지만, 일반적으로 다음에 해당하는 경우가 대부분이다.

① 신용장 개설의뢰인에게 회복될 수 없는 피해(Irreparable harm)를 끼치는 경우

② 본안 소송에서 승소가능성이 있거나 또는 본안 소송이 제기되어야 할 심각한 문제가 있고, 만약 '인정션'이 내려지지 않는다면 개설의뢰인에게 심각한 곤란을 초래하는 경우

3. 개설은행의 업무 처리시 유의사항

제시된 서류가 위 · 변조된 문서라는 것을 사전에 알았거나(개설의뢰인의 사전 경고 등), 또는 위 · 변조된 문서라고 의심할만한 충분한 이유가 있는 경우에, 개설은행은 신용장 대금의 지급을 보류하고 개설의뢰인을 보호하기 위하여 필요한 조치를 취하여야 한다.

① 서류의 접수 이전에 개설의뢰인이 수익자의 사기 가능성에 대하여 경고한 경우, 개설은행은 즉시 관련 지정은행 앞으로 동 사실을 통지함으로써 신용장의 부당 사용을 저지하여야 함(단, 자유이용신용장의 경우에는 실익이 없을 수도 있음). 만일 수출지에서 이미 신용장이 이용된 것으로 확인된 경우(매입이 이루어진 경우)에는, 개설의뢰인으로 하여금 신속히 법원에 지급정지가처분신청을 하도록 유도할 것.

② 신용장 대금이 선지급 되는 것을 방지하기 위하여 상환은행에 대한 상환수권서를 취소하여야 함.

③ 매입은행이 위 · 변조사실을 알지 못하였다고 주장하면 Fraud Rule에 의한 실익을 거둘 수 없게 되므로, 송부되어온 서류를 샅샅이 검사하여 그 불일치 사유를 통보함으로써, 사전에 신용장 대금의 지급을 적극적으로 방어하여야 함. 만일 서류상에 하자가 없는 경우에는 수입상으로 하여금 즉시 법원에 Injunction 신청을 하도록 유도하고, 제시은행 앞으로 신속히 Fraud의 사실 및 Injunction 조치에 관한 내용을 통보할 것.

☞ 주의: 만일 개설은행이 이를 해태하여 대금지급을 거절하지 못한데 과실이 있는 경우에는, 개설의뢰인으로부터 그 대금을 결제받지 못할 수도 있음. 실제, 동 사유로 인하여 개설은행이 개설의뢰인에게 패소한 사례가 있음.

☞ 참고: 신규 거래선이나 또는 중국 등과 같은 사기분쟁 다발지역으로 신용장을 개설하고자 하는 경우에는 '매입제한신용장'이나 '지정신용장'으로 개설하는 것이 바람직하며, 이를 만일 '자유이용신용장(Available with any bank)'으로 개설하는 경우에는 'Fraud Rule'에 의한 실익을 온전히 확보할 수 없다는 점을 각별히 유념하여야 함.

4. 매입은행의 업무 처리시 유의사항

수출상이 서류의 위 · 변조 또는 사기와 연루되는 경우의 대부분은 NEGO 후 부실화 되거나 잠적하는 것이 일반적이므로, 매입은행은 수출상에 대한 소구권의 실익을 상실하게 된다. 따라서 매입은행은 개설은행(또는 수입상)과의 직접적인 충돌을 피할 수 없게 되는데, 이때 'Fraud Rule'의 적용여부를 둘러싼 분쟁은 결국 법원의 최종 판결에 따를 수 밖에 없게 되며, 이 경우 서류심사에 대한 NEGO은행의 과실은 재판에 매우 불리한 요인으로 작용하게 된다. 따라서 NEGO시에는 상당한 주의를 다하여, 외견상의 형식이라든가 서류의 위 · 변조 여부 및 사기의 가능성 등에 대해서도 점검하여야만 한다.

사기거래의 가능성 여부에 대하여 특히 유의하여야 하는 경우는 다음과 같다.

• 매입의뢰인이 신규 거래선인 경우(경험적으로 사기 또는 위 · 변조의 발생 가능성이 높음)
• 본지사 간의 신용장 거래(수출입상 간 공모에 의한 사기 발생 가능성이 높음)
• 매입의뢰인의 자금사정이 악화된 경우(서류 위 · 변조의 유혹이 강함)

• 수입상 또는 수입상의 대리인이 서명한 검사증명서를 요구하는 경우
• 수입상의 선적지시서를 첨부하도록 요구하는 경우
• 수입상이 향후에 운송회사를 지정하겠다는 조항이 있는 경우 등

※ 참고: 주로 발견되는 사기의 유형으로는, 서류위조(운송서류, 검사증명서, 선적지시서 등), 서명위조, 발급일 변조, 허위부당서류발급(상업송장, 환어음 등), 수량사기, 품질사기 등이 있음. 만일 서류의 위 · 변조 여부가 의심스러운 경우라면, 매입을 실행하기에 앞서 반드시 당해 서류의 진정성 여부를 직접 확인해 보아야 함.

사기거래와 관련하여, 매입은행 등이 UCP 600 제34조(UCP 500 제15조)에 의한 보호를 받지 못하는 경우는 다음과 같다.

• 신용장의 이용은행이 개설은행(Available with us by ~)으로 제한된 경우 (비지정은행)
• RE-NEGO 관련 1st 매입은행 (비지정은행)
• 서류(환어음)를 매입하지 아니하고 단순히 추심한 경우 (추심은행)

기한부신용장의 리네고 건에 대해서는 사기거래의 가능성에 대하여 특히 유의하여야 한다. 기한부신용장은 은행들의 재매입 관행상 대개 '추심'으로 처리하는 것이 일반적인데, 이와 같이 지정은행이라 하더라도 서류(환어음)를 매입하지 아니하고 추심한 경우에는, UCP 600 제34조(UCP 500 제15조)에 의한 항변이 불가하다. 이 경우 비록 재매입의뢰은행(1st 매입은행)이 수출상으로부터 서류를 매입하였다고는 하나, 재매입의뢰은행은 지정은행이 아니므로 그 역시 UCP상의 면책조항에 근거한 항변이 불가하게 된다. 즉, 1st 매입은행은 수익자의 대리인 지위에 불과하므로, 매입은행의 지위에서 싸울 수 없는 것이다. 따라서 사기거래의 경우, 기한부신용장의 1st 매입은행으로서는 매입대금의 회수가 매우 어렵게 된다.

※ 참고: 재매입은행이 개설은행과 본지사 간인 경우에는, 설사 재매입은행에서 매입이 이루어진 경우(Sight 리네고건)라 하더라도 위험할 수 있음. 재매입은행은 개설은행의 부당한 지급거절에 대하여도 당연히 지급청구를 포기할 것이며, 무조건 1st 매입은행 앞으로 소구권(신용장 매입대금의 반환 청구권)을 행사하려 들 것이기 때문임.

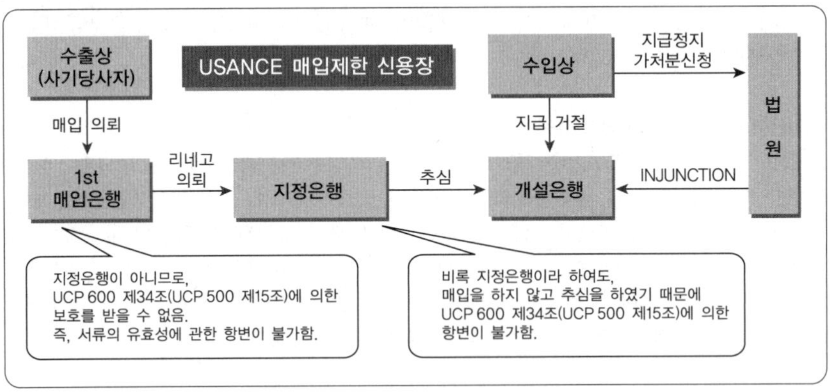

5. 신용장의 기본 요건

신용장이 신용장으로서의 역할을 하기 위한 기본 요건들에 대하여 살펴보기로 한다. 신용장과 관련하여 국내법에서는 별도의 규정이 없기 때문에, 신용장통일규칙에 규정되어 있는 사항을 위주로 일반적인 내용들에 대하여 설명하고자 한다.

5-1 신용장통일규칙 준거 문언

당해 신용장거래가 신용장통일규칙의 적용을 받기 위해서는 신용장의 본문에 신용장통일규칙을 준거한다는 뜻의 문언을 기재하여야 한다(UCP 600 제1조). 신용장통일규칙은 모든 신용장에 자동적으로 적용되는 것이 아니므로, 만약 신용장상에 그러한 뜻의 문언을 기재하지 않는 경우에는 분쟁 발생시 그 해결에 많은 어려움이 따르게 된다. 신용장통일규칙 준거 문언의 기재 예는 다음과 같다.

"This documentary credit is subject to the uniform customs and practice for documentary credit, 2007 revision, ICC Publication No.600."

2006년 11월 이전의 'SWIFT 신용장'에는 SWIFT 규약에 의거 신용장통일규칙이 자동 적용되는 것으로 간주되어 신용장통일규칙 준거문언의 기재를 생략할 수 있었다. 그러나 지금은 관련 규약의 변경으로 인하여, 비록 SWIFT에 의하여 신용장을 개설하는 경우라 하더라도 반드시 그 본문에 UCP 준거문언을 명시해 주어야 한다.

예시) 'MT 700'의 '40E' Field, Applicable Rule : UCP latest version

5-2 서류의 명세

신용장통일규칙 제5조에서는 신용장거래가 서류에 의한 거래임을 명시하고 있다. 또한 제7조 및 제16조에 의하면 개설은행은 약정된 서류가 지정은행 또는 개설은행에 제시되고 그것이 신용장의 제 조건에 일치하는 경우에만 결제의 의무를 부담한다고 규정하고 있다. 그러므로 신용장에는 반드시 제출서류에 관한 조항이 명시되어 있어야 하고, 제시되는 서류는 신용장의 조건과 일치하여야 한다.

◀Banking Tips▶ 비서류적 조건

1. '비서류적 조건(Non-documentary Conditions)' 이란?

'비서류적 조건(Non-documentary Conditions)' 이란, 제시되어야 할 서류(Documents)는 명시하지 않은 채, 어떠한 행위만을 준수하도록 요구하고 있는 신용장의 조건(Condition)을 말한다. 이러한 조건은 기재되지 않은 것으로 간주하여 이를 무시(Disregard)할 수 있다(UCP 600 제14조 h항).

예컨대, 상품이 '대한민국산(Korea Origin)'일 것을 요구하면서 이를 입증할 수 있는 'Certificate of Origin (원산지증명서)'을 요구하지 않았다면, 신용장의 그러한 조건은 비서류적 조건(Non-documentary Conditions)에 해당하며, 'UCP 600 제14조 h항'에 의거하여 이를 무시할 수 있게 된다.

☞ 주의: 그러나, 신용장에서 요구된 상업송장 등의 제 서류상에 만일 'Korea Origin'이 아닌 'China Origin' 등의 문구가 기재되어 있다면, 이는 신용장의 Data와 정면으로 충돌(Conflict)하게 되어 하자가 된다(UCP 600 제14조 d항, ISBP 821 A26조 참조).

2. 유효기일 및 선적기일도 비서류적 조건에 해당하는가?

신용장의 유효기일, 선적기일, 서류제시기일 등은 이를 증명하는 별도의 서류를 제시하지 않아도 그 효력을 판별할 수 있는 사항이며, 또한 기한을 통제하는 이러한 사항은 'Conditions'이 아닌 'Terms'에 해당하므로 '비서류적 조건(Non-documentary Conditions)'으로 분류하지 않는다.

3. 무시해서는 안될 비서류적 조건

당해 조건이 '신용장에 명시된 다른 어떤 서류와 내용상으로 연관(Linkage)되는 경우'에는, 비록 비서류적 조건이라 하더라도 그러한 조건을 충족시키는 것이 바람직하다. 만일 이를 무시한 채 그 조건을 이행하지 않는다면, 이는 경우에 따라 하자 여부에 관한 중대한 논란을 야기하게 된다.

예컨대, 신용장의 'Additional Conditions' 란에서 화물의 운송이 특정 포워더에 의하여 이루어질 것을 요구하면서도 그와 관련한 별도의 'Certificate'를 요구하지 않았다고 하자(예: The Carrier(forwarder) must be ABC shipping company). 이는 그 형식상 비서류적 조건에 해당한다고 볼 수 있겠지만, 그렇다고 하여 이를 무시한 채 다른 업체를 통하여 화물을 운송하였다면 이는 하자를 구성하게 된다. 당해 조건의 이행 여부는 운송서류를 통하여 자동적으로 확인 가능한 것이므로, 만일 이를 무시하고 이행하지 않는다면 신용장과 운송서류상의 DATA가 서로 충돌(Conflict)하게 되어 하자가 되는 것이다.

☞ 비서류적 조건이라고 하여 무조건 무시할 것이 아니라 제시된 모든 서류상의 DATA가 당해 조건과 충돌(Conflict)하지 않는가에 대해 반드시 점검하여야 한다. 제시된 서류상의 DATA가 신용장의 DATA와 충돌하는 경우에, 이는 UCP 600 제14조 d항에 의한 하자 사유에 해당한다.

4. 일반적으로 인정되는 유효한 비서류적 조건 (참고: ISP 98 Rule 4.11)

개설은행 자신의 기록이나 통상적인 업무 내에서 당해 조건의 충족여부를 결정할 수 있는 성질의 조건은, 설사 비서류적 조건에 해당한다 하더라도 이를 무시해서는 안된다는 것이 지배적인 견해이다.

〈예시〉 Inspection certificate issued and signed by applicant, whose signature and signing authority must be in conformity with the record held in our file
개설의뢰인이 서명하여 발행한 검사증명서를 첨부하되, 그 서명은 우리(개설은행)가 보관하고 있는 자료상의 서명과 일치하여야 한다.

예문의 밑줄 친 뒷부분은 비록 비서류적 조건에 해당하지만, 이는 개설은행에서 보관하고 있는 자료를 통하여 조건의 충족여부를 결정할 수 있는 사항이므로, 이를 무시해서는 안된다는 것이 일반적인 견해이다.

☞ 위와 같은 경우에 지정은행은 개설은행 앞으로 서명의 일치여부를 확인할 수 있는 자료를 요청하거나, 또는 사전에 개설은행 앞으로 그 서명의 일치여부에 대한 확인을 요청하여야 함.

5. 법원 판례의 경향

'UCP 600 제14조'에서 규정하고 있는 비서류적 조건에 대한 무시 조항에도 불구하고, 각국 법원은 이와 달리 그 유효성을 인정하는 예외적인 판결을 내리는 경우가 종종 있으므로, 비서류적 조건의 처리에 대해서는 각별한 주의를 기울여야 한다.

비서류적 조건의 유효성에 관한 법원의 일반적인 판단 기준은 다음과 같다.

- 당해 비서류적 조건을 삽입하게 된 배경이 정당한가?
- 수익자가 당해 비서류적 조건을 승낙하였는가?
- 당해 비서류적 조건이 수익자 또는 매입은행에 의하여 성취가 가능한 조건인가? 등

대부분의 법원 판례에 있어, '~신용장에 부가된 이와 같은 비서류적 조건은 신용장의 본질에 비추어 바람직하지는 않지만, 사적 자치의 원리에 입각하여 이를 무효라고 할 수는 없다.' 등과 같이 판결이 나고 있으므로, 매입은행의 입장에서는 비록 비서류적 조건에 해당한다 하더라도 이를 함부로 무시해서는 안 된다.

☞ 비서류적 조항이 충족 가능한 조건인 경우에는 당해 조건을 충족하도록 하는 것이 바람직함.

6. 비서류적 조건의 올바른 대처 요령

신용장상에 비서류적 조건이 포함되어 있는 경우의 가장 바람직한 처리 방법은, 'UCP'의 관련 조문을 인용하여 사전에 해당 조항을 삭제하는 등의 조건변경을 받고 취급하는 것이다. 만일 그렇지 못한 경우에는, 해당 조항이 신용장상의 정상적인 조건으로 인정 되는지에 대한 판단기준이 모호하므로, 매입은행의 입장에서는 당해 조건이 충족되었는지의 여부에 대하여 보수적으로 심사하는 것이 안전하다.

만약, 매입은행의 입장에서 당해 조건의 충족 여부를 객관적으로 확인할 수 없는 사항이거나, 또는 수익자가 당해 조건의 성취를 통제할 수 없는 소위 '독소조항'에 해당하는 경우에는, 불필요한 위험을 무릅쓰고 '매입' 할 것이 아니라 '추심'으로 전환하여 취급할 것을 강력히 권고한다.

특히, 대금결제와 관련한 특수한 상환제한 문구에 대해서는, 수익자가 이에 대하여 이의를 제기하고 조건변경을 받지 않는 한, 그러한 조건을 승인한 것으로 간주하는 것이 일반적인 판례의 경향이므로 각별히 유의하여야 한다.

〈예시〉 In case final buyer fails to pay merchandise referred to under this L/C within 75 days from the on board date of the B/L, the draft and documents shall not be paid on maturity date.
만약 최종매수인이 선하증권상의 선적일로부터 75일 이내에 이 신용장에 언급되어 있는 상품의 대금을 결제하지 않는 경우에는, 우리도 역시 이 신용장에 근거하여 제시된 어음 및 서류의 대금을 지급하지 않을 것이다.

5-3 취소불능의 표시

신용장에는 당해 신용장이 취소가능한 것인지 또는 취소불능한 것인지를 표시해 주어야 한다(UCP 500 제6조 b항). 취소가능신용장과 취소불능신용장은 그 기능면에서 상당한 차이가 있기 때문이다. 취소가능신용장(Revocable Credit)이란 당사자의 합의 없이 개설은행에 의하여 일방적으로 취소될 수 있는 신용장을 말하며, 취소불능신용장(Irrevocable Credit)이란 개설은행 · 확인은행(확인은행이 있는 경우) · 수익자 모두의 합의 없이는 취소될 수 없는 신용장을 말한다.

'UCP 500 제6조 c항'에 의하면, 신용장상에 취소가능 여부에 대한 별도의 언급이 없는 경우에는 '취소불능신용장'으로 간주한다고 규정되어 있다. 그러나 'UCP 600'에서는 신용장에 대하여 정의하기를, '일치하는 제시(Complying Presentation)에 대하여 그 대금을 결제(Honour) 하겠다는 개설은행의 취소 불가능한 약정'이라고 규정함으로써, 취소가능신용장의 적용 자체를 배제하고 있다(UCP 600 제2조). 따라서 UCP 600의 적용을 받는 신용장하에서는, 신용장상에 취소불능이라는 표시가 없더라도 당연히 취소불능신용장이 된다(UCP 600 제3조).

5-4 신용장의 이용방법 및 이용은행

신용장을 개설할 때에는 신용장의 이용방법과 이용은행을 명시하여야 한다.

가. 신용장의 이용방법(Availability)

신용장의 이용방법은 일람지급(Sight Payment), 연지급(Deferred Payment), 인수(Acceptance), 매입(Negotiation) 등 네 종류가 있는데, 이들 중 어느 방법으로 신용장을 이용하도록 할 것인지를 반드시 명시하여야 한다(UCP 600 제6조 b항). 이와 같은 신용장의 이용방법에 따라 신용장의 종류가 구분되는데, 지급신용장(Sight Payment Credit), 연지급신용장(Deferred Payment Credit), 인수신용장(Acceptance Credit), 매입신용장(Negotiation Credit)이 그것이다.

나. 신용장의 이용은행(Place for Presentation)

신용장에는 그 신용장을 이용 가능한 은행을 명시하여야 한다(UCP 600 제6조 a항). 신용장을 이용할 수 있는 은행은 개설은행 · 확인은행 · 기타 지정은행(지급은행 · 연지급은행 · 인수은행 · 매입은행)이다.

일반적으로 지급신용장, 연지급신용장, 인수신용장은 그 신용장을 이용가능한 특정의 은행(지급은행 · 연지급은행 · 인수은행)을 지정하게 되는데, 이러한 이유로 이와 같은 신용장을 '지정신용장(Straight Credit)'이라 부르기도 한다. 물론 지급 · 연지급 · 인수신용장이라 하여 반드시 특정의 은행에서만 이용 가능하도록 개설되어야 하는 것은 아니며, 경우에 따라 모든 은행에서 이용 가능하도록 개설될 수도 있다. 그러나 실무에서 이와 같은 자유이용신용장으로 개설되는 경우는 많지 않다.

반면에 매입신용장은 어느 은행에서나 매입에 의해 자유롭게 이용이 가능하도록 개설되는 것이 일반적이며, 실무에서는 이와 같은 신용장을 '자유매입신용장(Freely Negotiable Credit; A credit available with any bank by negotiation)'이라 부른다. 물론 매입신용장도 이용가능한 은행을 특정의 은행으로 지정하는 경우를 흔히 볼 수 있는데, 이렇게 매입이 제한되어 있는 신용장을 '제한신용장(Restricted Credit)'이라고 부른다.

지정신용장과 제한신용장은 대개 특정의 은행에서만 신용장을 이용할 수 있다고 하여 이를 '특정신용장(Specific Credit)' 또는 '지명신용장(Nominated Credit)'이라 부르기도 한다. 이에 반하여 어느 은행에서나 이용이 가능한 신용장을 '일반신용장(General Credit)' 또는 '개방신용장(Open Credit)'이라고 하는데, 매입신용장 중에서도 그 이용은행이 제한되어 있지 않은 '자유매입신용장(Freely Negotiable Credit; A Credit available with any bank by negotiation)'이 여기에 해당한다.

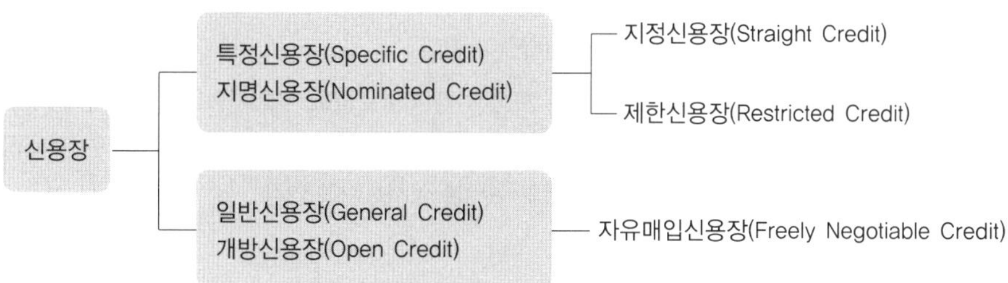

참고적으로 신용장은 이용방법(일람지급, 연지급, 인수, 매입)에 관계없이 모든 은행에서 이용이 가능하도록 개설될 수 있으며, 이와 같이 이용가능한 은행이 특정되지 않은 신용장을 통칭하여 '자유이용신용장(A Credit available with any bank)'이라 부른다.

5-5 유효기일의 표시

신용장에는 유효기일(Expiry Date)이 명시되어야 한다(UCP 600 제6조 d항). 신용장의 유효기일이라 함은 지급 · 인수 · 매입이 이루어져야 하는 최종일자를 의미하는 것이 아니라, 지급 · 인수 · 매입을 위하여 신용장에 명시된 환어음 및/또는 서류를 제시하여야 하는 최종일자를 의미한다. 다시 말하면 수익자가 신용장 조건에 일치하는 서류를 제시하고 신용장 대금을 청구할 수 있는 최종일자를 의미한다. 신용장은 그 조건과 일치하는 서류의 제시에 대하여 지급을 확약하는 일종의 보증이므로, 보증채무의 종료 기일이라 할 수 있는 '유효기일'을 반드시 기재하여야 한다.

또한 신용장은 그 유효기일이 종료하는 장소, 즉 유효기일까지 환어음 및/또는 서류가 제시되어야 할 장소를 명시하고 있어야 한다. 신용장상에 별도의 명시가 없는 한, 신용장을 이용가능한 은행(지정은행, 다만 자유이용신용장의 경우에는 모든 은행)의 장소가 곧 제시를 위한 장소이며, 이곳이 바로 유효기일의 종료 장소가 된다. 유효기일의 종료 장소는 개설은행(수입국)이 될 수도 있고 매입은행(수출국)이 될 수도 있으며, 경우에 따라서는 제3국에 소재하는 지정은행이 될 수도 있다.

참고 '유효기일이 종료하는 장소'에 대한 해석상 유의사항

① 유효기일이 'Date & Place of Expiry : Nov. 14. 20XX at our counter' 등과 같이 명시되어 있다면, 이는 20XX년 11월 14일까지 개설은행으로 서류가 제시되어야 한다는 의미이므로, 선적서류의 우송일수를 고려하여 유효기일의 경과 여부를 판단하여야 한다.

② 신용장을 이용가능한 은행이 특정의 은행으로 지정된 경우에는 당해 유효기일까지 해당 은행으로 서류가 제시되어야 하므로, 만일 지정은행이 아닌 다른 은행이 1차로 매입하는 경우라면 재매입 의뢰에 필요한 기간을 감안하여 유효기일의 경과 여부를 심사하여야 한다.

5-6 서류제시기간의 표시

운송서류(UCP 600 제19조~제25조의 서류)의 원본을 한 통 이상 요구하는 신용장에는, 신용장조건에 따라 지급 · 인수 · 매입을 위하여 서류를 제시하여야 할 '선적일 이후의 일정 기간'을 명시하여야 한다. 이러한 기간이 명시되어 있지 않은 경우에는 선적 후 21일 이내에 제시되어야 하는 것으로 본다. 그러나 어떠한 경우에도 서류는 신용장의 유효기일 이전에 제시되어야 한다(UCP 600 제14조 c항).

이와 같이 서류제시기일을 제한하는 이유는, 물품은 도착되었으나 서류가 도착하지 않아 수입상이 통관을 할 수가 없고, 이로 인하여 창고료 · 보험료 등의 추가적인 부대비용이 소요됨은 물론 적절한 판매시점을 실기함으로써 불의의 손실을 입을 수 있기 때문이다. 물론 수입화물선취보증제도를 활용하여 이와 같은 고충을 해결할 수 있다고는 하나, 이 경우에도 L/G보증료 등의 추가적인 비용 부담은 피할 수 없게 된다.

사례 다음과 같은 조건하에서 실제의 선적일이 20××년 5월 10일이라면 서류는 언제까지 제시되어야 하는가?

- 신용장 개설일자 : 20××년 4월 10일
- 유효기일 : 20××년 7월 30일
- 선적기일 : 20××년 7월 20일
- 서류제시기간 : 10일

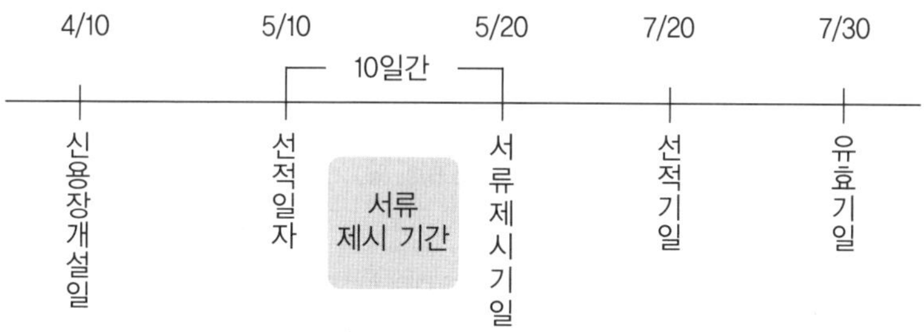

⇒ 신용장의 유효기일이 비록 7월 30일까지라 하여도, 서류는 5월 20일(5월 10일+10일)까지 제시되어야 한다.

⇒ 위의 사례에서 만약 서류제시기간이 신용장에 명시되어 있지 않다면, 서류는 5월 31일(5월 10일+21일)까지 제시되어야 한다.

⇒ 위의 사례에서 만약 서류제시기간이 명시되어 있지 않고 실제의 선적일이 7월 10일이라면, 서류는 7월 30일까지 제시되어야 한다. 비록 서류의 제시기일이 7월 31일(7월 10일+21일)까지라 하여도, 유효기일이 7월 30일까지이기 때문이다.

plus+ Presentation Period (ICC Opinion TA. 557 참조)

신용장상의 서류제시기간(Field 48: Period for Presentation)에 대한 조항은 신용장에서 운송서류의 원본을 1통 이상 제시하도록 요구된 경우에만 적용되므로, 다음과 같은 경우에는 'Late Presentation'을 이유로 대금지급을 거절할 수 없다(ISBP 821 A6조 및 A18조 참조).

① 신용장에서 운송서류(UCP 600 제19~25조의 서류)의 제시를 요구하지 않은 경우
(다음과 같은 서류들은 'UCP에서 규정하고 있는 운송서류'가 아니므로 주의를 요함)

- Forwarder's Cargo Receipt (FCR; 운송중개인의 화물수취증)
- Forwarder's Certificate of Receipt (FCR; 운송중개인의 수령증명서)
- Forwarder's Certificate of Shipment (FCS; 운송중개인의 선적증명서)
- Forwarder's Certificate of Transport (FCT; 운송중개인의 운송증명서)
- Mate's Receipt (MR; 항해사가 발행한 본선수취증)
- Delivery Order (DO; 화물인도지시서) 등

② 신용장에서 운송서류의 사본만을 요구한 경우

- One photocopy of original on board ocean bills of lading
- One non-negotiable copy of on board ocean bills of lading 등

운송서류의 '사본'만을 요구하거나 또는 운송서류가 아닌 'FCR' 등을 요구하는 신용장에서, 'Period for Presentation(SWIFT L/C의 Field No.48)'이 유효한 조건으로 적용되도록 하기 위해서는, 다음과 같은 방법 등으로 반드시 '서류제시기간의 기산일'을 별도로 명시해 주어야 한다.

① Documents must be presented within XX days after the date of shipment as evidenced on the copy(photocopy, non-negotiable copy) of the B/L. 등

② Documents to be presented no later than XX days after the date of issuance of the FCR. 등

5-7 지급확약 문언

신용장상에는 개설은행의 지급확약 문언이 기재되어야 하는데, 그 내용은 신용장의 종류에 따라 달라지게 된다.

첫째, 지급신용장의 경우에는 "We hereby engage that payment will be duly made against document presented in conformity with the terms and conditions of this credit." 등으로 표시된다.

둘째, 인수신용장일 경우에는 "We hereby engage that drafts drawn in conformity with the terms and conditions of this credit will be duly accepted on presentation and duly honored at maturity." 등으로 표시된다.

셋째, 매입신용장의 경우에는 "We hereby engage with drawers, endorsers and bonafide holders that drafts drawn and negotiated in compliance with the terms and conditions of this credit will be duly honored on presentation and that drafts accepted within the terms of this credit will be duly honored at maturity." 등으로 표시된다.

참고로 신용장상에 신용장통일규칙의 준거문언이 기재되는 경우에는 UCP 600 제7조(UCP 500 제9조)에 의하여 자동적으로 개설은행의 지급확약이 성립되므로, 지급확약 문언을 반드시 별도로 명시하여야 하는 것은 아니다.

6. 신용장의 순환

가. 제1단계, 신용장 개설계약의 체결

무역거래 당사자가 매매계약을 체결하고 그 대금을 신용장에 의하여 결제하기로 하였다면, 수입상은 먼저 자신의 거래은행과 신용장 개설계약을 체결하여야 한다.

나. 제2단계, 신용장 개설

수입상(개설의뢰인)은 거래은행에 신용장발행신청서를 제출하여 신용장의 개설을 요청하고, 이에 개설은행은 신용장을 개설하여 수출지에 소재하는 환거래은행(코레스 은행) 또는 자행의 본지점 앞으로 수출상에게 신용장을 통지하여 주도록 요청한다.

다. 제3단계, 신용장의 통지 · 확인 · 양도

개설은행으로부터 신용장의 통지를 요청받은 통지은행은 즉시 수출상에게 신용장을 통지하되, 만약 확인(Confirmation)의 요청이 있는 경우에는 신용장에 확인을 부가하여 통지할 수 있다.

양도가능신용장(Transferable Credit)을 수령한 수출상은 신용장상에 지정된 은행(Transferring Bank)에 양도(Transfer)를 요청함으로써, 신용장 금액의 전부 또는 일부에 대하여 제3자(Second Beneficiary)에게 그 사용 권리를 이전할 수 있다(UCP 600 제38조).

라. 제4단계, 선적서류의 제시(매입 의뢰)

신용장을 수령한 수출상은 약정된 물품을 제조 · 생산 또는 구매하여 선적한 후, 신용장에서 요구하는 제반 서류들을 구비하여 지정은행에 지급 · 연지급 · 인수를 위한 제시를 하거나 매입(Negotiation)을 위한 제시를 하게 되며, 그럼으로써 수출대금을 회수하게 된다. 그러나 제시된 서류가 신용장의 조건과 일치하지 않는 경우에는 '추심(Approval Basis, or Collections)'으로 처리될 수 있다.

마. 제5단계, 선적서류의 송부 및 상환청구

수출상으로부터 서류를 제시받은 지정은행은 당해 서류를 개설은행 앞으로 송부하고 신용장 대금의 상환을 청구한다. 이때 개설은행은 제시된 서류를 검토한 후, 제시된 서류가 신용장의 조건과 일치하는 경우에 한하여 대금을 상환하게 된다. 그러나 비록 제시된 서류가 신용장의 조건과 일치하지 않는 경우라도, 개설은행은 개설의뢰인의 요청에 따라 그 대금을 지급할 수 있다.

바. 제6단계, 선적서류의 인도

서류를 접수한 개설은행은 수입상에게 이를 인도한 후 수입대금을 수령한다.

사. 제7단계, 수입대금의 대외결제

개설은행은 수입상으로부터 대금을 수령하여 해외의 매입은행 등에게 신용장대금을 지급함으로써 신용장에 의한 수입절차는 종료한다.

◀예시 1-5-1▶ 신용장 거래의 순환

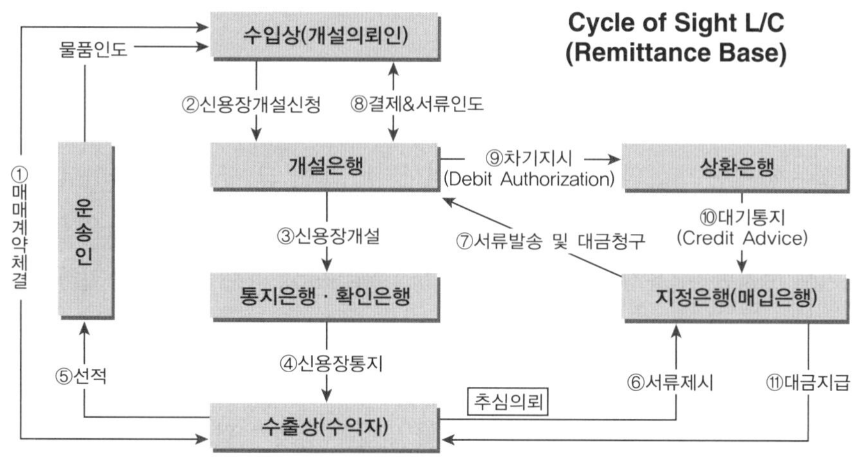

※ 위의 사례는 지정은행이 '매입'을 하지 않고 '추심 후 지급'으로 처리하는 경우의 FLOW임.

7. 신용장거래의 당사자

신용장거래의 관계 당사자는 크게 '기본당사자'와 '기타당사자'로 나누어 볼 수 있다.

첫째, 기본당사자라 함은 신용장거래에서 직접적인 권리와 의무를 부담하게 되는 자들을 말하며, 신용장의 개설은행(Issuing Bank)과 수익자(Beneficiary)가 이에 해당한다. 물론 확인신용장의 경우에는 확인은행(Confirming Bank)도 신용장거래의 기본당사자에 포함된다. 이들 기본당사자는 신용장에 관한 권리와 의무의 직접 당사자이기 때문에, 취소불능신용장이 개설된 경우에는 이러한 기본당사자 전원의 합의 없이는 신용장의 취소나 변경이 불가능하다.

둘째, 기타당사자라 함은 신용장거래에서 직접적인 권리와 의무를 부담하고 있지는 않지만, 신용장 거래의 원활한 작동을 위하여 간접적으로 거래에 참여하거나 협조하는 기타의 모든 관계자를 말한다. 예컨대, 개설의뢰인 · 통지은행(Advising Bank) · 지급은행(Paying Bank) · 인수은행(Accepting Bank) · 매입은행(Negotiating Bank) · 상환은행(Reimbursing Bank) 등이 이에 해당한다고 볼 수 있다.

7-1 기본 당사자

가. 개설은행(Issuing Bank)

'개설은행'이란 개설의뢰인의 신청에 의하거나 또는 그 자신을 위하여 신용장을 개설한 은행을 말한다. 신용장의 개설은행은 'Opening Bank', 'Issuer' 등의 명칭으로 불리기도 하지만, 신용장통일규칙에서는 'Issuing Bank'라는 용어로 통일하여 표기하고 있다.

참고로 신용장을 개설하는 자는 반드시 은행이어야 하는 것은 아니며, 경우에 따라서는 은행이 아닌 기타의 금융기관이나 일반 기업체가 될 수도 있다. 이와 같은 경우에 실무에서는 개설은행(Issuing Bank)과의 혼동을 피하기 위하여 이들을 'Non-Bank Issuer'라는 용어로 호칭하고 있으며, 이들이 개설한 신용장을 일러 'Non-Bank L/C' 또는 'Private L/C'라 부르고 있다.

개설은행은 대개 개설의뢰인의 요청에 따라 신용장을 개설하는 것이 일반적이지만, 개설은행 스스로가 본인을 위하여 신용장을 개설하는 경우(이러한 류의 신용장은 대개 Standby L/C의 형태로 개설되는 것이 일반적임)도 있을 수 있으며, 때에 따라서는 개설의뢰인으로부터 신용장의 개설을 요청받은 은행이 자신의 환거래은행(Correspondent Bank)[3]에 신용장의 재개설을 요청하는 경우도 있을 수 있다. 후자의 경우에 실무에서는 이들 각 은행을 일러 '제1차 개설은행' 및 '제2차 개설은행'이라는 용어로 표현하고 있으나, 제1차 개설은행은 '개설의뢰인의 보증인' 지위로서 행동할 뿐이며, 신용장거래 관계에 있어서는 제2차 개설은행이 실질적인 'Issuing Bank'로서의 역할을 수행하게 된다.

어찌되었건, 이와 같은 개설은행은 수익자의 '일치하는 제시(Complying Presentation)'에 대하여 그 대금을 지급 또는 연지급 하거나, 수익자가 발행한 환어음을 인수한 후 만기에 지급하거나, 다른 은행에게 그러한 지급 · 연지급 · 인수 또는 매입을 수권한 후 최종적인 결제의 의무를 부담하게 된다.

나. 수익자(Beneficiary)

신용장거래에 있어 신용장에 의한 편익을 누리는 자를 '수익자'라고 한다. 수익자는 신용장의 조건에 일치하는 소정의 서류와 상환으로 개설은행이나 기타 지정된 지급 · 인수 · 매입은행 등에 대하여 지급 · 인수 · 매입 등에 관한 청구권을 갖는다.

대개의 경우 신용장의 수익자는 매매계약에 따른 '매도인(Seller)'이나 '수출상(Exporter)'이 되는 것이 일반적이다. 신용장통일규칙에서는 이와 같은 수익자를 'Beneficiary'라고 명명하고 있다. 이 밖에도 수익자를 지칭하는 표현으로 여러 가지

주 ■

3) 은행이 외국에 있는 다른 은행과 환거래와 관련한 서비스를 상호 간에 제공하기로 하는 약정을 '환거래계약(Correspondent Arrangement)' 또는 '코레스계약'이라고 한다. 이러한 계약에 의하여 신용장의 통지나 송금 등 단순한 외국환 서비스만을 제공하는 은행을 '무예치환거래은행(Non-Depositary Correspondent Bank)'이라 하고, 단순한 환거래 서비스뿐만이 아니라 당좌계좌까지 개설하여 외국환 자금의 여수신까지 담당할 때 이러한 은행을 '예치환거래은행(Depositary Correspondent Bank)'이라고 한다.

용어들이 사용되고 있는데, 환어음을 발행하는 자라는 뜻으로 발행인(Drawer), 신용을 제공받는 자라고 하여 신용수령인(Accreditee), 신용장의 통지처라고 하여 수신인(Addressee), 환어음의 대금을 수령하는 자라고 하여 수취인(Payee), 신용장을 사용하는 자라고 하여 사용자(User), 화물을 선적하는 자라고 하여 선적인(Shipper), 운송인과 운송계약을 체결하고 화물을 탁송하는 자라고 하여 송하인(Consignor)으로 불리는 등 매우 다양한 용어로 표현되고 있다.

신용장 상에서는 보통 수익자를 'Beneficiary'로 표현하고 있으며, 개설은행의 지급확약에 연결되는 'in favor of ~ '라는 문언에 이어 수익자의 명칭과 주소를 기재하게 된다. 참고로 양도가능신용장(Transferable Letter of Credit)의 경우에는 원신용장의 수익자를 '제1수익자(First Beneficiary)' 또는 '원수익자(Original Beneficiary)'라 부르며, 원신용장을 양도받은 양수인을 '제2수익자(Second Beneficiary)'라고 부른다.

다. 확인은행(Confirming Bank)

신용장의 '확인(Confirmation)'이란, 개설은행이 지급 · 연지급 · 인수 또는 매입을 확약한 취소불능신용장에 대하여 타은행(일반적으로 통지은행)이 개설은행의 수권이나 요청에 따라 추가로 수익자에게 지급 · 연지급 · 인수 또는 소구권을 행사하지 않는 조건으로 매입할 것임을 확약하는 것을 말한다. 이처럼 취소불능신용장에 대하여 개설은행의 수권이나 요청에 따라 추가로 수익자에게 지급 · 연지급 · 인수 · 매입을 확약하는 은행을 '확인은행(Confirming Bank)'이라고 한다.

확인은행은 개설은행이 결제(Honor)하지 못할 경우의 2차적인 책임을 지는 것이 아니라 개설은행과 동일한 최종적 책임을 부담한다. 즉, 확인은행과 개설은행의 관계는 연대책임의 관계로 볼 수 있다.

확인은행은 개설은행에 대한 신용공여의 여유가 있고 개설의뢰인 또는 수익자 등으로부터 확인수수료를 징수할 수 있는 경우에 신용장의 확인을 추가하게 되며, 신용장의 통지서상에 'We hereby add our confimation to this credit.' 등의 문언을 추가함으로써 확인의 의사를 표시하게 된다.

참고 **확인은행의 위험**

확인은행이 확인은행의 지위로서 수익자의 제시에 대하여 결제 또는 매입을 실행한 이상, 그들은 비록 개설은행으로부터 그 대금상환을 거절당한 경우라 하더라도 수익자에 대한 결제(Honor)를 취소하거나 또는 이미 지급한 매입대금의 반환을 청구할 수 없다. 따라서 확인은행은 서류심사와 관련한 Risk에 직접적으로 노출되게 되는데, 실무에서는 대개 이와 같은 Risk를 회피하고 개설은행의 파산위험만을 부담할 목적으로 서류의 송부처를 자행(확인은행)이 아닌 개설은행으로 지정하는 것이 일반적이다. 경우에 따라서는 확인(Confirmation) 통지문에 "서류의 하자로 인하여 개설은행으로부터 결제(Honor)가 거절되는 경우에, 당행은 그 제시인에 대하여 상환청구권을 행사할 수 있다"는 등의 문구를 삽입하는 조건부의 확인(Confirmation)을 통하여 그 Risk를 회피하고자 하는 경우도 있다.

7-2 기타 당사자

가. 개설의뢰인(Applicant)

'개설의뢰인(Applicant)'이란 신용장의 개설을 신청한 당사자를 말하며, 매매계약에 따른 '매수인(Buyer)'이나 '수입상(Importer)'이 개설의뢰인의 지위로 행동하는 것이 일반적이다. 개설의뢰인은 그 기능과 역할에 따라 여러 가지의 다른 용어로 표현될 수 있는데, 환어음의 지급인이 될 수 있다는 점에서 지급인(Drawee), 대금결제의 의무를 진다는 점에서 채무자(Accountee 또는 For account of), 화물의 수령인이라는 점에서 수하인(Consignee), 개설은행의 고객이란 뜻에서 고객(Customer) 등으로 불리기도 한다. 그러나 보통 신용장거래에 있어 'drawee' 및 'Consignee'는 개설은행이 되는 것이 일반적이며, 개설의뢰인을 'drawee' 또는 'Consignee'로 지정하는 경우는 매우 이례적인 편이다.

나. 통지은행(Advising Bank)

개설은행의 지시에 따라 수익자에게 신용장의 내도 사실을 통지하고 신용장을 교부하는 은행을 '통지은행' 이라고 한다. 일반적으로 수익자 소재지에 위치한 개설은행의 본지점이나 환거래은행이 통지은행이 된다. 신용장통일규칙에서는 이와 같은 통지은행을 'Advising Bank'라 명명하고 있다. 실무상으로는 통지은행이 확인신용장하에서의 '확인은행'이 되거나 또는 매입은행 등의 '지정은행'이 되는 경우가 대부분이다.

다. 지급은행(Paying Bank)

'지급은행'이란 신용장(Payment L/C)의 조건에 일치하는 서류의 제시에 대하여 그 대금을 지급하도록 수권된 은행을 말하는데, 일반적으로 개설은행의 해외 본지점이나 예치환거래은행(Depositary Correspondent Bank)이 지급은행으로 지정된다.

지급은행은 통상 자행에 개설된 개설은행의 계좌에서 자금을 인출하여 신용장 대금을 지급하는 것이 일반적이며, 지급은행의 지위로서 신용장 대금을 지급한 이상 개설은행의 결제 여부와 상관없이 제시인에 대하여 상환청구권을 행사할 수 없다고 보는 것이 통설이다. 이와 같은 이유로 실무에서는 대개 지급은행이 '결제(Honour)' 행위로서의 '지급(Payment)'이 아닌 단순한 네고금융만을 제공하는 것이 일반적이며, 지급은행 지위로서의 수익자에 대한 지급(Payment) 행위는 개설은행의 결제 지시에 따라 이루어지게 된다. 참고로 지정은행이 수익자에게 결제(Honour)에 대한 명확한 의사표시(expressly agreed & communicated)를 하지 않았다면, 지정은행이 서류를 접수 · 심사 · 송부하였다고 하여 그것이 결제의 행위로 여겨지거나 결제의 책임을 지게 만들지 않는다(UCP600 第12조).

지급은행으로 지정된 은행은 신용장의 조건에 일치하는 서류와 직접 상환으로 그 대금의 전액을 지급하거나, 또는 자신 앞으로 발행된 환어음의 가액을 할인함 없이 그 대금을 즉시 지급할 수 있다. 신용장 조건에 따른 지급(Payment)에는 일람 후 즉시 대금의 지급이 이루어지는 '일람지급(Sight Payment)'과 신용장에서 정하는 미래의 특정 일자에 지급할 것을 확약하는 '연지급(Deferred Payment)'의 방법이 있다.

라. 인수은행(Accepting Bank)

인수은행'이란 신용장(Acceptance L/C)의 조건에 일치하는 환어음 및 서류의 제시에 대하여 당해 환어음을 인수한 후 만기에 지급하도록 수권된 은행을 말하며, 인수은행이 자신 앞으로 발행된 환어음을 인수한 이상 그들은 당해 어음의 만기일에 그 대금을 지급하여야 할 의무를 부담하게 된다. 따라서 어음의 만기일이 되면 인수은행은 곧 지급은행이 된다.

인수은행이 일단 수익자의 기한부환어음을 인수하게 되면 그 만기일에 지급의 책임을 부담하여야 하기 때문에, 그들(개설은행에 의하여 인수은행으로 지정받은 은행)

에게는 또한 수익자의 환어음을 인수할 것인지의 여부를 선택할 수 있는 당연한 권리가 주어진다. 즉 개설은행이 어느 은행을 인수은행으로 지정하였더라도, 지정된 은행이 이에 대해 명시적으로 동의하고 수익자에게 의사를 표명하지 않는 한 그 지정은행은 환어음을 인수하여야 할 의무를 부담하지 않는다. 인수은행으로 지정된 은행이 수익자의 환어음을 인수하지 아니하면, 신용장의 개설은행이 최종적으로 이를 인수하고 어음의 만기일에 지급하여야 한다.

인수은행이 인수은행의 지위로 행동하겠다는 것은 개설은행에 대하여 일종의 여신을 제공하는 셈이 된다. 이와 같은 이유로 실무에서는 대개 인수은행이 '인수(Acceptance)'라는 행위를 거치지 않은 채 단순히 네고금융(할인)만을 제공하는 것이 일반적이며, 인수은행의 지위로서 인수 및 결제 행위를 이행하는 경우는 매우 드문 편이다.

마. 매입은행(Negotiating Bank)

'매입은행'이란 매입신용장(Negotiation L/C) 하에서 자행이 아닌 다른 은행(개설은행 또는 제3의 Drawee Bank) 앞으로 발행된 환어음 및/또는 서류를 매입(Negotiation)하도록 수권된 은행을 말한다. 특정의 은행이 개설은행에 의하여 일람출급이나 기한부 환어음을 매입하도록 지정받은 경우에는 그 지정은행이 매입은행이 되며, 특별한 지정이 없는 경우에는 모든 은행이 매입은행이 될 수 있다.

매입은행은 자행이 아닌 다른 은행 앞으로 발행된 환어음이 신용장의 조건에 일치하는 서류와 함께 제시되면, 당해 환어음을 매입하여 미리 대금을 지불한 후 그 대가로 일정 기간 동안의 이자(환가료)를 징수하게 된다. 매입은행은 환어음 및/또는 서류를 정당하게 매입하는 한 선의의 소지인(Bona fide Holder)이 되므로, 개설은행은 신용장상의 확약 문언대로 매입은행에게 그 대금을 결제해 주어야 한다.

매입신용장 중에서 매입은행이 특정의 은행으로 제한되는 경우에 이를 제한신용장이라 하는데, 이러한 제한신용장의 경우에 지정은행이 매입한 환어음은 다른 은행이 이를 재매입할 수 없으며, 최초에 매입에 참여한 은행이 지정은행이 아닌 경우에는 이를 지정은행 앞으로 재매입(Re-Nego) 의뢰하는 것이 일반적인 실무의 관행이다.

바. 연지급은행(Deferred Payment Undertaking Bank)

신용장(Deferred Payment L/C)의 제 조건에 일치하는 서류의 제시에 대하여 연지급확약서(Deferred Payment Undertaking)를 발급한 후 만기에 그 대금을 지급하도록 수권된 은행을 '연지급은행'이라고 한다. 신용장에 연지급(Deferred Payment)이 약정되어 있으면, 환어음을 제시하지 않고도 신용장상의 조건에 따라 결정되는 만기일에 대금을 지급받을 수 있다.

연지급거래는 신용장이 중 · 장기 무역거래에서 환어음 없이 사용되는 경우를 수용하기 위하여 신용장통일규칙 제4차 개정에서 처음 도입한 개념이다. 일부 국가에서는 환어음의 발행 또는 인수와 관련하여 높은 세율의 인지세를 부과하기 때문에, 환어음 발행 없이 단지 서류와 상환으로 연지급확약서를 교부받아 지정된 만기일에 대금을 지급받을 수 있도록 하기 위하여 연지급 방식의 신용장이 종종 이용되고 있다.

사. 상환은행(Reimbursing Bank)

'상환은행'이란 개설은행을 대신하여 신용장 대금의 상환업무를 수행하는 은행을 말하며, 개설은행의 수권에 의하여 매입 등을 행한 지정은행의 상환청구에 대하여 그 대금을 지급하는 업무를 수행하게 된다. 상환은행은 개설은행의 해외 본지점이나 예치환거래은행이어야 하며, 개설은행은 상환은행 앞으로 미리 상환수권(RA: Reimbursement Authorization)을 주어야 한다.

신용장대금의 상환업무와 관련해서는 신용장통일규칙(UCP 600 제13조) 이외에도 ICC가 제정한 '은행간 신용장 대금상환에 관한 통일규칙(URR 725)'의 적용을 받는다(단, URR 725의 적용을 받기 위해서는 관련 신용장 및 상환수권서에 동 규칙을 준거하겠다는 뜻의 문언을 기재하여야 함).

아. 양도은행(Transferring Bank)

'양도은행'이란 양도가능신용장하에서 개설은행의 수권에 의하여 원수익자(First Beneficiary)의 요청에 따라 제3자(Second Beneficiary)에게 신용장을 양도하는 업무를 수행하는 은행을 말한다. 신용장에 의하여 지급 · 연지급 · 인수 · 매입이 특정의 은행에 수권된 경우에는 당해 지정은행이 양도은행이 되며, 자유이용신용장의 경우에는 신용장에서 양도은행으로 특별히 수권된 은행만이 양도업무를 취급할 수 있다.

8. 신용장 당사자 간의 법률관계

신용장 당사자 간의 법률관계는 그 이론이 명확히 정립되어 있지 아니한 부분이 많으므로, 현재의 학설과 판례 중에 통설의 입장에서 설명하고자 한다.

8-1 수출상과 수입상의 법률관계

수출상과 수입상 간의 법률관계는 매매계약에 의하여 결정된다. 수출상과 수입상 간의 법률관계는 매매계약이 성립된 때부터 시작된다고 볼 수 있지만, 신용장에 의한 대금결제를 명시한 때에는 신용장에 의하여 처리된다.

가. 수입상의 의무

1) 신용장 개설의무

매매계약에서 대금의 결제를 신용장 방식에 의하기로 약정하였다면, 수입상은 수출상을 위하여 신용장을 개설해 주어야 할 의무가 있다. 만일 수입상이 이와 같은 신용장 개설의무를 이행하지 않을 때에는, 수출상도 매매계약상 의무를 이행할 필요가 없다. 또한 수입상이 신용장을 개설하지 않거나 지연하는 경우 수출상은 매매계약을 해지할 수 있다.

2) 대금지급 의무

수입상이 신용장을 개설하였다고 하여 매매계약서상의 수입대금 지급의무가 면제되는 것은 아니다. 신용장 개설은 단지 지급을 위한 수단을 제공하는 것에 지나지 않기 때문이다. 수입업자는 개설은행이 신용장 대금의 지급을 완료할 때까지 계속하여 상품대금의 지급의무를 부담한다.

나. 수출상의 의무

1) 물품의 인도의무

수출상은 약정된 물품을 제조 · 생산 또는 구매하여 이를 수입상에게 인도하여야 할 의무가 있다. 신용장거래에서는, 물품을 선적한 후 선하증권 등의 운송서류를 발급받아 신용장에서 요구하는 다른 서류와 함께 이를 제시함으로써 인도의 의무를 다하게 된다.

2) 신용장의 제 조건 이행의무

수출상은 신용장에 명시된 각종 서류들을 구비하여 이를 지정은행 또는 개설은행에 제시하여야 할 의무가 있다. 비록 물품을 선적하였다고 하더라도 신용장에서 요구하는 제 조건을 이행하지 않았다면 신용장에 근거한 대금지급청구권은 그 효력을 상실하게 된다.

8-2 개설은행과 개설의뢰인의 법률관계

개설은행과 개설의뢰인 간의 법률관계는 신용장개설약정에 의하여 결정된다. 우리나라에서는 대개 외국환거래약정서 및 여신거래약정서 등의 약정내용에 따르는 것이 일반적이다.

가. 신용장 개설은행의 의무

1) 지시사항 준수의무

개설은행은 신용장 개설시에 개설의뢰인의 지시에 따라서 신용장을 개설해야 할 의무(외국환거래약정서 제12조)가 있으며, 개설의뢰인의 지시를 준수하지 않음으로 인하여 발생한 손해에 대하여 그 책임을 부담하여야 한다.

한편, 개설의뢰인의 그러한 지시사항은 신용장발행신청서에 명확히 표시되어야 한다. 만일 그러한 지시가 완전하고 정확하지 아니할 경우, 개설의뢰인은 지시상의 모든 애매함(Ambiguity)에 대한 위험을 부담하여야 한다.

참고적으로 ISBP 821 Preliminary Considerations v)항에 의하면 "개설은행은 개설의뢰인이 달리 명시적으로 지시하지 않는다면 신용장이나 그 조건변경의 사용을 가능하게 하는 데 필요하거나 바람직한 방향으로 그러한 지시를 보완(Supplement)하거나 개선(Develop)할 수 있다"라고 규정함으로써, 개설은행에게 그 내용의 보완이나 개선에 대한 어느 정도의 융통성을 부여하고 있다. 그러나 그럼에도 불구하고 개설은행은 사전에 개설의뢰인과 협의하여 처리하는 것이 바람직할 것이다.

2) 신용장 통지의무

개설은행은 신용장을 개설하여 이를 수익자에게 통지하여야 할 의무를 부담한다. 이는 외국환거래약정서의 규정에 의한 것이다(외국환거래약정서 제12조). 개설은행이 만일 이를 이행하지 못한 경우에는 그 책임을 부담하여야 한다.

3) 서류심사 의무

개설은행은 신용장 대금을 지급할 때, 제시된 서류가 문면상으로 신용장의 조건과 일치하는지의 여부에 대하여 상당한 주의(with reasonable care)를 가지고 심사하여야 한다. 만일 제시된 서류에 불일치 사항이 있는 경우로서, 그러한 불일치가 신용장의 조건이 의도하는 목적을 침해하지 않는 사소한 불일치 사항이 아니라면, 개설은행은 개설의뢰인의 명시적인 지시(본 서의 예시 2-2-1 '수입신용장 조건 불일치에 관한 조회 및 회신장' 참조)가 없는 한 신용장 대금을 지급하지 말아야 한다.

제시된 서류가 문면상 신용장의 조건에 일치하는지의 여부에 대한 판단은, 신용장통일규칙에 반영된 국제표준은행관행에 의하여 결정한다. 국제상업회의소에서는 이를 ISBP(International Standard Banking Practice for the examination of documents under documentary credits, ICC Publication No.645)라는 문서로 성문화하여 공표하였으며, 2003년 1월 1일부터 세계 각국에서 이를 적용하고 있다(ISBP 645, ISBP 681, ISBP 745를 거쳐 현행 버전은 ISBP 821임).

만약 개설은행이 하자있는 서류의 수리를 임의로 결정하였거나 또는 서류심사의무를 해태하여 신용장의 조건과 현저히 불일치한 서류에 대하여 그 대금을 지급하였다면, 개설은행은 상도의상 개설의뢰인에 대하여 그 대금의 결제를 청구할 수 없다. 다만 개설의뢰인의 동의 또는 사전승낙을 받은 경우에는 그렇지 않다.

신용장 조건에 불일치한 서류가 제시된 경우에는, 서류접수 익일로부터 5영업일 이내에 수리 또는 거절 여부를 결정하여 제시인(매입은행 등)에게 통보하여야 한다(UCP 600 제14조 및 제16조).

나. 신용장 개설의뢰인의 의무

1) 대금상환 의무

개설은행이 신용장의 조건에 따라 대금을 지급한 경우, 개설의뢰인은 개설은행에게 그 대금을 보상하여야 한다(외국환거래약정서 제15조). 또한 신용장에 의해 수권받은 다른 은행이 신용장의 조건에 일치하는 서류와 상환으로 지급 · 인수 · 매입을 행한 경우에도, 개설의뢰인은 개설은행을 통하여 그 대금을 보상해 주어야 한다.

2) 상환수수료 등의 보상의무

신용장 대금의 상환과 관련된 수수료는 이를 지시한 개설은행이 부담하여야 하며, 개설은행의 그러한 비용부담에 대하여 개설의뢰인은 이를 보상해 주어야 한다(외국환거래약정서 제5조).

만일 상환수수료 등을 타 당사자가 부담하기로 하였다면, 그때는 반드시 원신용장 및 상환수권서 등에 그러한 사실을 명시하여야 한다. 신용장에 'All banking charges outside Korea are for account of beneficiary.' 등의 문언이 있으면 수익자 부담이 된다.

그러나 상환은행 등이 타 당사자로부터 수수료를 징수할 수 없는 경우, 그러한 상환은행 등의 비용은 최종적으로 개설은행이 이를 부담하여야 하며, 마찬가지로 개설은행의 그러한 비용부담에 대해 개설의뢰인은 이를 보상해 주어야 한다.

3) 외국법률 및 관습의 준수의무(UCP 600 제37조)

개설의뢰인은 신용장거래에 있어서 신용장이 사용되는 국가의 법률과 관행에 의해서 부과되는 책임과 의무를 부담하여야 한다. 또한 타 은행이 지시를 이행하는 과정에서 부담하는 책임과 의무에 대해서도 이를 보상하여야 한다.

8-3 개설은행과 수익자의 법률관계

신용장의 개설은행과 수익자 간의 법률관계는 이들 사이에 존재하는 신용장에만 기초하여 발생하며, 이들 사이에 존재하는 권리 · 의무 관계는 당해 신용장이 취소가능 신용장인가 취소불능신용장인가에 따라 그 성격이 달라지게 된다.

신용장통일규칙 제4조에 의하면, 신용장의 수익자는 어떠한 경우에도 은행 상호 간 또는 개설의뢰인과 개설은행 간에 존재하는 계약관계를 원용하여 개설은행에 대항할 수 없다.

가. 취소가능신용장(Revocable Credit)

취소가능신용장은 개설은행에 의하여 일방적으로 취소될 수 있으며, 신용장이 취소되면 개설은행은 수익자에 대하여 결제의 의무를 부담하지 않는다. 그러나 신용장이 취소 또는 변경되기 이전에 이미 그 신용장의 조건에 따라 정당하게 사용이 되었다면, 개설은행은 이를 결제(Honor)하여야 할 의무를 부담한다.

이에 관하여 UCP 600에는 별도의 언급이 없지만 UCP 500 제8조 b항에 의하면, 취소가능신용장이 개설된 후 이를 취소하거나 변경하는 통지가 도달하기 전에 지정은행을 통하여 지급 · 연지급약정 · 인수 · 매입이 이루어졌다면 개설은행은 이를 상환하여야 한다고 규정하고 있다.

나. 취소불능신용장(Irrevocable Credit)

취소불능신용장의 수익자는 개설은행에 대하여 조건부의 지급청구권을 가지며, 개설은행은 수익자에 대하여 조건부의 지급확약에 따른 결제의 의무를 부담한다. 여기서 조건부라는 말은 제시된 서류가 신용장의 조건과 일치하는 경우에만 지급, 연지급, 인수 또는 매입이 유효하게 이루어진다는 말이다. 신용장의 조건이 이행되는 한 개설은행의 지급확약은 절대적이라고 할 수 있다.

수익자의 경우 취소불능신용장에 의한 개설은행의 지급확약은 그 신용장이 수익자에게 도달한 때부터 발생한다. 이것은 영국 및 미국의 판례이다.[4)]

1) 개설은행의 지급의무

개설은행은 제시된 서류가 신용장의 조건에 일치하는 한 매매계약상의 분쟁과는 관계없이 그 대금을 결제하여야 한다. 개설의뢰인이 파산하여 대금지급에 대한 보상을 받을 수 없는 경우라도 그 대금을 지급하여야 하며, 또한 선적된 물품에 치명적인 결함이 있다 하더라도 신용장의 조건에 일치하는 서류가 제시되면 그 대금을 지급하여야 한다.

신용장이 통지되면 개설은행은 수익자에 대하여 반드시 지급확약 문언에 따른 결제를 이행하여야 하며, 이 지급확약은 매매계약과는 독립된 절대적인 약속이다. 신용장의 지급확약 문언은 그 종류에 따라 다르고 내용도 차이가 있을 수 있으나, 대체로 다음과 같은 취지의 문언으로 기재되는 것이 일반적이다.

"We hereby engage with the drawers, endorsers and bona fide holders of

주 ■

4) Dexters Ltd. Schenker & Co.(9123) 14 LI, L. Rep 586 at p. 588, American Bank and Trust Co., Vs. National City Bank of New York 6 F 762 at p. 769(1925)

drafts drawn under and in compliance with the terms and conditions of this credit that the same shall be duly honored on presentation and delivery of documents as specified, if negotiated on or before the expiring date."

그러나 신용장상의 이와 같은 지급확약 문언에도 불구하고, 수익자가 제시한 서류가 위 · 변조된 것이 명백한 경우로써 판례에 의해 형성된 일정한 조건이 충족되는 경우, 개설은행은 그 대금지급을 거절할 수도 있다.

신용장통일규칙 제34조에 의하면 은행은 서류의 진정성(Genuiness) 및 위 · 변조(Falsification) 등에 대하여 책임이 없다고 규정함으로써, 비록 수익자가 사기의 목적으로 서류를 위 · 변조하여 제시한 경우라 하더라도 그러한 사실을 모르고 환어음을 매입하였거나 지급 또는 인수를 행한 선의의 은행을 보호하고 있다. 그러나 이러한 서류의 위 · 변조 사실을 매입은행 등이 사전에 인지하고 행동한 때에는, 비록 신용장의 조건과 문면상 엄격하게 일치하는 서류가 제시되었다 하더라도, 개설은행은 그 대금의 지급을 거절할 수 있다는 것이 국제적으로 인정된 관례이다.

서류의 위조와 관련한 지급거절에 대하여 국제상업회의소 은행기술위원회는 다음과 같이 유권해석을 내린 바 있다.

> 위조된 것으로 판명된 B/L을 송부한 매입은행은 UCP 500 제15조(UCP 600 제34조)에 의하여 보호 받을 수 있으나, 다음과 같은 경우에는 보호받지 못한다.
>
> - 매입은행이 위 · 변조 등 사기의 당사자인 경우
> - 서류의 제시(매입) 전에 위 · 변조 등 사기의 사실을 인지한 경우
> - 상당한 주의(Reasonable Care)를 다하여 심사하지 않음으로 인하여 위 · 변조 등 사기의 사실을 발견하지 못한 경우(예컨대, 제시된 서류의 문면상 위 · 변조된 것이 명확한 경우 등)

사례

사기거래 관련 판례

American Accord 사건으로 약칭되는 United City Merchant (investments) Ltd. & Another Vs. Royal Bank of Canada 사건은 'Fraud Rule'과 관련하여 널리 인용되는 판례 중의 하나로서, 동 판례에 언급된 내용을 바탕으로 Fraud Rule의 적용 요건에 대하여 살펴보면 다음과 같다.

첫째, Fraud Rule에 따라 대금지급을 거절할 수 있기 위해서는, 우선 수익자의 고의적인 사기의도가 존재하여야 한다.

둘째, 수익자의 그러한 사기의도와 그 행위는 객관적인 증거에 의하여 명백히 입증되어야 한다.

셋째, Fraud Rule은 사기행위를 자행한 당사자에게만 적용될 수 있고, 선의의 제3자에게는 이를 근거로 대금지급을 거절할 수 없다.

2) 수익자의 의무

수익자가 신용장에 의한 지급을 청구하기 위해서는 신용장의 제 조건에 일치하는 환어음 및/또는 서류를 지정된 기간 내에 제시하여야 한다. 이러한 의무를 다하지 않을 경우, 신용장에 근거한 수익자의 권리는 보호되지 않는다.

그러나 비록 신용장의 제 조건에 엄격히 일치하는 서류가 제시된다 하더라도 그것이 수익자의 사기에 의하여 조작된 경우에는, 그러한 비양심적인 수익자의 권리는 제한된다.

8-4 통지은행의 지위

가. 개설은행과의 관계

신용장의 개설은행과 통지은행은 통지에 관하여 위탁관계가 성립되므로, 통지은행은 개설은행의 지시를 수익자에게 안전하고 정확하게 전달하여야 할 의무가 있다.

만일 개설은행으로부터 신용장의 통지를 요청받았으나 이를 통지하지 않기로 결정한 경우에는, 지체 없이 개설은행 앞으로 그러한 사실을 알려주어야 한다(UCP 600 제9조 e항).

참고적으로, 신용장 그 자체는 개설은행과 통지은행 간의 코레스 계약과는 독립적이며, 수익자는 어떠한 경우에도 은행들 사이의 계약관계를 원용하여 항변할 수 없다.

나. 수익자와의 관계

통지은행은 개설은행의 지시에 따라 그 대리인의 자격으로 수익자에게 신용장을 통지하는 것일 뿐, 수익자에 대하여 신용장상의 채무를 부담할 의무는 없다. 그러나 만약 통지은행이 신용장에 확인(Confirmation)을 추가하였을 때에는 확인은행으로서의 의무를 부담하여야 한다.

한편, 통지은행은 신용장의 외견상 진정성을 확인하기 위하여 상당한 주의(Reasonable Care)를 다하여야 할 의무가 있다. 만일 접수된 신용장이 '외견상 진정성(Apparent Authenticity)'에 대한 요건을 충족하고 있지 않음에도 불구하고 이를 통지하고자 하는 경우, 통지은행은 반드시 수익자에게 그러한 사실을 알려주어야 한다(UCP 600 제9조). 통지은행이 이러한 의무를 해태하여 수익자에게 손실이 발생하였다면, 수익자는 통지은행의 부주의(Negligence)에 대하여 소송을 제기할 수 있다.

다. 개설의뢰인과의 관계

원칙적으로 신용장의 개설의뢰인과 통지은행 간에는 아무런 법률적인 계약관계가 존재하지 않는다. 비록 개설의뢰인이 신용장의 개설을 의뢰할 때 특정의 은행을 통지은행으로 지정하도록 개설은행에 요청한 경우라 하더라도, 이들 양자 간에는 법률적 계약관계가 성립하지 않는다.

개설은행은 개설의뢰인의 대리인으로서가 아니라 스스로의 책임하에 통지은행을 선택 · 위임하므로, 개설의뢰인과 통지은행 사이에는 직접적인 아무런 법률관계가 성립하지 않는다.

라. 매입은행과의 관계

통지은행이 신용장에 확인(Confirmation)을 추가하지 않았다면, 통지은행은 매입은행에 대하여 아무런 책임을 부담하지 않는다. 그러나 신용장의 이용은행이 통지은행으로 지정되어 있는 경우로서, 만일 수익자가 통지은행이 아닌 다른 은행으로 서류를 제시하였다면, 그러한 비지정은행은 통지은행 앞으로 당해 환어음 및/또는 서류의 재매입을 요청할 수 있다.

8-5 지급 · 연지급 · 인수 · 매입은행의 지위

가. 개설은행과의 관계

지급 · 연지급 · 인수 · 매입은행이 신용장의 조건과 일치하는 환어음 및/또는 서류를 지급 · 연지급 · 인수 · 매입한 때에는, 개설은행에 대하여 당해 대금의 상환을 청구할 권리를 갖는다. 참고로 자유이용신용장의 경우에는 모든 은행이 지정은행이 될 수 있지만 자유이용신용장이 아닌 경우에는 신용장에 의하여 수권을 받은 지정은행 만이 그러한 지급 · 연지급 · 인수 · 매입을 할 권리와 상환청구권을 가지며, 기타의 비지정은행은 수익자의 대리인 지위에서 행동하는 것이므로 신용장에 근거한 수익자로서의 권리만 행사할 수 있을 뿐이다.

개설은행은 매입은행 등이 제시한 서류가 신용장의 조건과 일치하지 않을 경우 그 결제(Honour)를 거절할 수 있는데, 이 경우 개설은행은 서류를 수취한 다음날로부터 5영업일 이내에 그러한 사실을 매입은행 등에게 통지해 주어야 한다(UCP 600 제14조 및 제16조).

나. 수익자와의 관계

수익자가 발행한 환어음을 매입(네고금융)한 은행은 개설은행으로부터 결제(Honour)가 거절되는 경우, 어음법상의 소구권에 따라 수익자에게 그 대금의 반환을 청구할 수 있다. 우리나라 어음법에서는 소구금지 어음의 발행을 인정하고 있지 않으므로, 매입은행 등은 어느 경우에나 소구권의 행사가 가능하다(어음법 제9조). 어음법 제9조에 의하면 '(발행인이) 지급을 담보하지 않는다는 뜻의 모든 문언은 기재하지 아니한 것으로 간주한다'라고 규정되어 있다.

한편 우리나라에서는 '무어음부 신용장(지급 · 연지급신용장)'에 의하여 그 대금을 지급한 은행이라 하더라도, 은행은 외국환거래약정에 따라 수익자에게 지급거절된 신용장 대금의 반환을 청구할 수 있다(외국환거래약정서 제1조의2 ①항 및 제10조). 이는 환어음이 발행되지 않는 형태의 신용장하에서 매입은행 등이 소구권에 갈음하여 부도대전을 반환받을 수 있는 근거가 된다.

9. 신용장의 종류

신용장은 그 내용 및 성격에 따라 일정한 분류기준으로 나누어 살펴볼 수 있다. 그러나 이는 어디까지나 학습의 편의를 위한 분류일 뿐이며, 학자에 따라서는 일부의 분류기준과 그 내용(용어의 사용 및 정의)에 대해 다른 견해를 보이기도 하므로, 신용장을 이해하기 위한 참고의 목적으로 활용하기 바란다.

9-1 상업신용장과 스탠바이신용장

국제거래는 무역거래와 무역외거래로 구분되는데, 무역거래(Commercial Transaction)에 따른 결제(Settlement)를 목적으로 하여 발행되는 신용장을 '상업신용장(또는 무역신용장, Commercial Credit)'이라고 하며, 무역외거래에 따른 보증 및 결제를 주된 목적으로 하여 발행되는 신용장을 '스탠바이신용장(Standby Credit)'이라고 한다.

'상업신용장'이라 함은 일반적으로 물품(Commodity or Goods)의 이동을 수반하는 무역거래의 결제수단으로 사용되는 신용장을 지칭하며, 이에 반해 '스탠바이신용장'이라 함은 여행 · 운수 · 보험 · 건설 · 용역 · 금융 · 투자 등과 관련한 무역외거래의 결제 또는 각종 채무의 보증수단으로 사용되는 신용장을 말한다. 물론 스탠바이신용장이라고 하여 항상 무역외거래에서만 사용되는 것은 아니며, 경우에 따라서는 무역거래의 보증이나 결제수단으로 활용되기도 한다(예: Commercial Standby, Direct Pay Standby).

상업신용장은 대개 환어음과 함께 이를 담보하는 운송서류(Transport Document) 및 기타의 상업서류들을 요구하는 반면에, 스탠바이신용장은 환어음 또는 청구서(Demand for Payment)와 함께 그 지급청구의 근거가 되는 불이행증명서(Certificate of Default)나 청구사유진술서(Statement of Drawing Event) 등을 요구하는 것이 일반적이다.

9-2 화환신용장과 클린신용장

'화환신용장(Documentary Credit)'이라 함은 환어음(또는 지급청구서)과 함께 이를 뒷받침하는 여타의 보조서류(상업송장, 운송서류, 증명서, 진술서 등)를 요구하는 신용장을 말하며, '클린신용장(Clean Credit)'이라 함은 환어음(또는 지급청구서) 이외의 어떠한 보조서류도 요구하지 않는 신용장을 말한다. 클린신용장은 과거의 '여행자신용장(Traveler's Letter of Credit)'에서 그 개념이 유래된 것으로 보이는데, 현재는 상거래상의 필요에 따라 다양한 목적으로 활용되고 있다(예: Direct Pay Standby). 그러나 이러한 클린신용장은 부당청구의 가능성이 매우 높으므로, 그러한 분쟁 소지가 없는 거래이거나 그에 대한 통제가 가능한 경우에만 제한적으로 활용될 수 있을 것이다.

화환신용장(Documentary Credit)과 클린신용장(Clean Credit)은 앞에서 설명한 바와는 달리 또 다른 의미의 '화환신용장(貨換信用狀)'과 '무화환신용장(無貨換信用狀)'의 개념으로 사용되기도 한다. 이때의 '화환신용장(貨換信用狀)'이라 함은 환어음과 함께 이를 담보하는 운송서류의 제시를 요구하는 상업신용장을 말하며, '무화환신용장(無貨換信用狀)'이라 함은 환어음을 담보하는 운송서류의 제시를 요구하지 않는 모든 신용장을 말한다. 이러한 '무화환신용장(無貨換信用狀)'의 범주에는 전술한 클린신용장 및 스탠바이신용장은 물론이고, 운송서류를 요구하지 않거나 그 사본만을 요구하는 상업신용장도 모두 포함된다고 볼 수 있다. 참고로, 학자에 따라서는 이와 같은 화환신용장과 무화환신용장(클린신용장)의 이원적 개념에서 야기되는 혼란을 방지하기 위하여, 이를 '담보신용장(擔保信用狀)'과 '무담보신용장(無擔保信用狀)' 이라는 용어로 대체하여 부르는 이도 있다.

'무화환신용장(無貨換信用狀)'은 그 개념상 운송서류가 수반되지 않는 무역외거래에서 사용되거나 또는 운송서류가 수반되는 무역거래라 하더라도 그 원본의 제시를 요구하지 않는다. 그러므로 개설은행의 입장에서는 화환신용장(貨換信用狀)을 개설하는 경우보다 훨씬 더 많은 위험에 노출되게 된다. 화환신용장의 경우에 개설은행은 그 운송서류의 원본을 점유하여 수입화물에 대한 지배력을 확보함으로써 양도담보권의 실익을 보장받을 수 있는 데 반하여, 무화환신용장은 양도담보권을 통한 담보보강의 효과를 전혀 기대할 수 없기 때문이다. 따라서 개설은행은 보다 엄격한 여신운용기준을 적용하여 그 개설 여부를 결정하게 되며, 실무에서는 개설의뢰인에게 전액현금담보(Full Margin)를 요구하거나 그에 상당하는 다른 담보의 제공을 요구하는 것이 일반적이다.

9-3 취소불능신용장과 취소가능신용장

신용장은 개설은행이 그 조건을 일방적으로 변경 또는 취소할 수 있는지 여부에 따라서 '취소가능신용장(Revocable Credit)'과 '취소불능신용장(Irrevocable Credit)'으로 구분할 수 있다. 취소가능성 여부는 관계 당사자의 이해관계에 지대한 영향을 미치므로 상당히 중요한 사항이다. UCP 500 제6조에서는 "신용장은 그것이 취소가능한 것인지 취소불능한 것인지를 명백히 표시하여야 하며, 그러한 명시가 없는 경우에는 취소불능신용장으로 본다"라고 규정하고 있으며, UCP 600에서는 취소가능신용장의 적용 자체를 아예 배제하고 있다(UCP 600 제2조 및 제3조).

가. 취소불능신용장

신용장에 '취소불능(Irrevocable)'이라는 명확한 표시가 있거나, 취소가능성에 대한 구분이 없는 신용장은 모두 취소불능신용장으로 본다.

'취소불능신용장(Irrevocable Credit)'이란 일단 개설된 후에는 당사자 전원,

즉 ① 개설은행 ② 확인은행(확인신용장의 경우) ③ 수익자 모두의 합의 없이는 취소 · 변경할 수 없는 신용장을 말한다. 이때 개설의뢰인은 취소 · 변경의 당사자에 포함되지 않는다. 그러나 실무적으로 개설의뢰인을 배제한 채 개설은행이 자의적으로 신용장을 취소 · 변경하는 경우는 극히 드물고, 대부분 개설의뢰인의 요청에 의하거나 개설의뢰인과의 협의하에 진행되는 것이 일반적이다. 다만, 개설의뢰인이 파산한 경우라든가 미사용잔액을 정리하는 경우 등에는 예외적으로 개설은행의 독자적인 판단에 의하여 행동할 수 있다.

나. 취소가능신용장

'취소가능신용장' 이란 신용장상에 '취소가능(Revocable)'의 표시가 있는 신용장을 말하며, 취소가능 여부에 대한 구분이 없는 신용장은 취소불능신용장으로 본다.

이러한 취소가능신용장은 개설은행이 언제든지 수익자의 동의를 받지 아니하고 일방적으로 취소하거나 그 조건을 변경할 수 있기 때문에, 수익자로서는 매우 불안한 지위에 놓이게 된다.

그러나 신용장에 의하여 지급 · 연지급 · 인수 · 매입의 수권을 받은 지정은행이 조건변경 또는 취소의 통지를 받기 이전에 이미 문면상 신용장의 조건과 일치하는 서류와 상환으로 일람지급 · 연지급 · 인수 · 매입을 실행 하였다면, 개설은행은 그 대금을 지급하여야 한다(UCP 500 제8조 b항).

9-4 확인신용장과 무확인신용장

가. 확인신용장

'확인신용장(Confirmed Credit)' 이란, 개설은행이 결제(Honour)를 확약하고 있는 취소불능신용장에 대하여 개설은행의 요청(수권)을 받은 제3의 은행이 '지급 · 연지급 · 인수' 또는 '상환청구권을 행사하지 않는 조건으로 매입'할 것임을 이중적으로 추가 확약하고 있는 신용장을 말한다.

확인은행의 이러한 확약은 개설은행의 확약을 단순히 보증하는 것이 아니라 개설은행의 결제확약과는 독립된 별도의 결제(Honour) 확약이다. 따라서 확인신용장하에서 수익자나 매입은행은 환어음의 지급확약을 이중으로 확보하는 셈이 된다. 확인은행이 개설은행과 독립된 별도의 결제(Honour) 책임을 부담하므로 수익자는 확인은행 앞으로 대금을 먼저 청구할 수도 있으며, 개설은행의 지급불능에 대하여 사후적으로 그 대금을 청구할 수도 있다.

실무적으로는 주로 통지은행이 확인은행이 되는 경우가 많으며, 신용장의 통지시에 확인을 추가하고자 하는 경우에는 개설은행의 크레딧 라인(Credit Line)이나 신용도 등을 감안하여 해당 전결권자의 승인을 득한 후 취급하게 된다.

참고 **확인신용장의 활용**

- 개설은행의 Credit Risk 또는 개설은행 소재국의 Country Risk가 높다고 판단되는 경우에, 수익자는 그에 따른 위험을 제거하기 위한 수단으로 확인신용장을 요구하게 된다.
- 수익자 또는 매입은행은 개설은행과 확인은행 중 어느 곳으로도 서류를 송부할 수 있으나, 불필요한 논쟁을 방지하기 위해서는 신용장에 지시된 바에 따라 서류를 송부하는 것이 바람직하다.

나. 무확인신용장

'무확인신용장(Unconfirmed Credit)'이란 개설은행의 지급확약만으로 발행되는 신용장으로서 통지은행 등 다른 은행의 추가적인 지급확약이 없는 신용장을 말한다. 만약 신용장상에 확인 여부가 불명확한 경우에는 이를 무확인신용장으로 본다.

9-5 지급신용장 · 연지급신용장 · 인수신용장 · 매입신용장

신용장은 당해 신용장을 어떠한 방법으로 이용할 수 있도록 하느냐에 따라 일람지급신용장(Sight Payment Credit), 연지급신용장(Deferred Payment Credit), 인수신용장(Acceptance Credit), 매입신용장(Negotiation Credit)으로 구분할 수 있다.

신용장통일규칙에 의하면 모든 신용장은 위의 네 가지 방법 중 어떠한 방식으로 이용이 가능한지를 명시하여야 하며, 자유이용신용장이 아닌 기타의 신용장은 지급 · 연지급 · 인수 · 매입이 수권된 은행을 별도로 지정하여야 한다. 지정은행에서 이용 가능한 신용장은 또한 개설은행에서도 이용할 수 있다.

참고 UCP 500(제10조 b항)에서는 (자유)매입신용장에 한하여 지정은행을 '모든 은행(Any Bank)'

으로 명시할 수 있도록 허용하였으나, UCP 600(제6조 a항)에서는 (자유)매입신용장 뿐만 아니라 지급 · 연지급 · 인수신용장의 경우에도 지정은행을 '모든 은행(Any Bank)'으로 명시할 수 있도록 허용하고 있다. 그러나 실무적으로 (자유)매입신용장이 아닌 다른 신용장이 모든 은행을 지정은행으로 수권하고 있는 경우는 흔치 않다.

가. 지급신용장

'지급신용장'의 특징을 살펴보면 다음과 같다.

첫째, 대개의 경우 수출지의 통지은행(지정은행)이 개설은행의 해외 본지점 또는 예치환거래은행일 때 사용된다.

둘째, 무어음부 신용장이다. 신용장 개설에 반드시 어음을 필요로 하는 나라 이외에는 대개 어음의 발행을 요구하지 않는다.

셋째, 일람출급신용장으로만 사용된다.

넷째, 이 신용장 하에서는 개설은행 또는 수출지의 통지은행을 지급은행으로 지정하는 것이 일반적이다.

다섯째, 신용장의 취급 사실에 대한 배서를 요구하지 않는 것이 일반적이다.

나. 연지급신용장

'연지급신용장'의 특징은 다음과 같다.

첫째, 대개의 경우 수출지의 통지은행(지정은행)이 개설은행의 해외 본지점 또는 예치환거래은행일 때 사용된다.

둘째, 무어음부 신용장이다. 연지급신용장은 절대 환어음을 요구할 수 없으며, 만일 환어음의 발행을 요구하게 되면 인수신용장과의 차별성이 없어진다. 따라서 연지급신용장에서는 환어음의 '인수(Acceptance)'라는 행위 대신에 '연지급 확약(Deferred Payment Undertaking)' 이라는 행위가 이루어지게 된다.

셋째, 기한부신용장으로만 사용된다.

넷째, 이 신용장 하에서는 개설은행 또는 수출지의 통지은행을 연지급은행으로 지정하는 것이 일반적이다.

다섯째, 신용장의 취급 사실에 대한 배서를 요구하지 않는 것이 일반적이다.

다. 인수신용장

'인수신용장'의 특징은 다음과 같다.

첫째, 인수신용장은 일반적으로 개설은행이 예치환거래은행(주로 통지은행)으로부터 인수편의를 제공받을 때 사용된다. 인수편의(Acceptance Facility)란, 개설은행을 위하여 기한부신용장의 환어음에 대한 인수(할인)금융을 제공한 후, 어음의 만기에 개설은행으로부터 그 대금을 회수하는 형태의 신용공여를 말한다.

둘째, 어음부 신용장이다. 인수신용장은 반드시 환어음의 발행을 요구하여야 한다.

셋째, 기한부신용장으로만 사용된다.

넷째, 이 신용장 하에서는 개설은행 또는 수출지의 통지은행을 인수은행으로 지정하는 것이 일반적이다.

다섯째, 신용장의 취급 사실에 대한 배서를 요구하지 않는 것이 일반적이다.

라. 매입신용장

'매입신용장'의 특징은 다음과 같다.

첫째, 가장 일반적인 신용장 타입으로서, 대개 수출지에 개설은행의 해외 본지점이나 예치환거래은행이 없는 경우에 주로 활용된다.

둘째, 어음부 신용장이다. 특별한 이유가 없는 한 환어음의 발행을 요구하는 것이 일반적이다.

셋째, 일람출급신용장 또는 기한부신용장으로 모두 다 사용될 수 있다.

넷째, 이 신용장은 대개 어느 은행에서나 매입에 의한 방법으로 이용이 가능하다. 다만 신용장 상에 매입이 특정의 은행으로 제한되어 있는 경우에는 당해 지정은행만이 정당한 매입은행이 된다.

다섯째, 일반적으로 신용장의 이면에 매입 사실의 배서를 요구하는 배서신용장(Notation Credit)이다.

참고 **(자유)매입신용장의 경우는 왜 신용장의 이면에 매입 사실의 배서를 요구하는가?**

기술한 바와 같이 (자유)매입신용장은 일반적으로 어느 은행에서나 매입에 의한 방법으로 이용이 가능하므로, 만일 매입은행이 그 매입 사실을 표시하지 않는다면 다른 은행은 이를 알 수 없기 때문에 신용장의 중복 · 과다 사용에 대한 우려를 배제할 수 없게 된다. 따라서 그러한 중복 · 과다 사용을 방지하기 위하여 매입금액에 대한 배서가 요구되는 것이다. 그러나 지급 · 연지급 · 인수신용장의 경우에는 대개 특정의 지정은행에서만 신용장을 이용할 수 있도록 제한하고 있어, 비록 배서를 하지 않더라도 그러한 염려가 없기 때문에 통상적으로 배서를 요구하지 않는다.

지급 · 연지급 · 인수 · 매입신용장의 비교

신용장 종류	수출지 상대은행	어음발행 요구여부	어음종류	취급은행 (수권은행)	매입사실 배서여부
지급신용장	일반적으로 예치환거래은행	어음미요구 (요구가능)	일람출급	일반적으로 지정은행	일반적으로 배서미요구
연지급신용장	일반적으로 예치환거래은행	어음미요구	기한부	일반적으로 지정은행	일반적으로 배서미요구
인수신용장	일반적으로 예치환거래은행	어음발행요구	기한부	일반적으로 지정은행	일반적으로 배서미요구
매입신용장	일반적으로 무예치환거래은행	어음발행요구 (미요구가능)	일람출급 또는 기한부	일반적으로 모든 은행	일반적으로 배서요구

plus+ 지급 · 연지급 · 인수 · 매입신용장의 해설

1. 지급신용장 (Sight Payment L/C)

신용장의 제 조건과 일치하는 서류가 신용장에 명시된 '지정은행(지급은행)' 또는 '개설은행'으로 제시되면, 당해 서류와 상환으로 즉시 그 대금이 지급될 것임을 약정하는 신용장을 말한다. 이때 지정은행에서의 대금 지급은 'Negotiation(매입)'이 아니라 'Payment(지급)'의 개념이며, 이것이 바로 '일람불 매입신용장'과 구별되는 본질적인 특성이다.

※ 지정은행(지급은행)은 대개 개설은행의 해외 본지점이나 예치환거래은행이 되며, 자행에 개설된 개설은행의 계좌에서 그 대금을 직접 인출하여 지급하는 것이 일반적이다.

※ 지급신용장에서는 대개 환어음의 발행을 요구하지 않는 것이 일반적이나, 신용장에서 환어음을 요구한 경우에는 반드시 환어음을 제시하여야 한다.

2. 연지급신용장 (Deferred Payment L/C)

신용장의 제 조건과 일치하는 서류가 신용장에 명시된 '지정은행(연지급은행)' 또는 '개설은행'으로 제시되면, '연지급 확약(Deferred Payment Undertaking)'과 함께 그 결정되는 만기일에 대금지급이 정히 이루어질 것임을 약정하는 신용장을 말한다. 이 신용장은 '지급신용장'과 그 성격이 동일하며,

단지 대금의 지급을 일정 기간동안 유예하는 '기한부 지급신용장'이라는 점에 차이가 있다.

※ 지정은행(연지급은행)은 신용장의 조건에 일치하게 제시된 서류를 '매입(Purchase/Prepay)'함으로써, 만기일 이전에 미리 그 대금을 지급할 수도 있다.

※ 연지급신용장에서는 절대 환어음을 요구할 수 없으며, 만일 환어음의 발행을 요구하게 되면 '인수신용장'과의 차별성이 없어지게 된다. 따라서 이 신용장에서는 환어음의 '인수(Acceptance)'라는 행위 대신에 '연지급 확약(Undertaking)'이라는 행위가 이루어지고 있다.

3. 인수신용장 (Acceptance L/C)

신용장의 제 조건에 일치하는 환어음 및 서류가 신용장에 명시된 '지정은행(인수은행)' 또는 '개설은행'으로 제시되면, 지정은행 또는 개설은행이 당해 환어음을 '인수(Acceptance)'한 후 어음 만기일에 그 대금을 정히 지급할 것임을 약정하는 신용장을 말한다. 이 신용장에서는 반드시 환어음의 발행이 요구되며, 만일 환어음을 요구하지 않게 되면 '연지급신용장'과의 차별성이 없어진다.

※ 실무적으로는 지정은행이 인수은행의 지위로서 '인수(Acceptance)' 행위를 이행하는 경우는 매우 드물며, 대개는 인수 행위를 거치지 않은 채 단순히 '네고금융(할인)' 만을 지원하는 것이 일반적이다. 지정은행이 만일 어음법상의 '인수행위(인수문언의 기재 및 서명)'를 하게 되면 개설은행의 결제 여부와 관계없이 그 어음채무를 부담하여야 하며, 이는 확인은행의 '확인(Confirmation)'과 마찬가지로 개설은행에 대한 여신행위가 된다. 따라서 지정은행은 인수에 따르는 각종 위험부담을 보상받기 위하여 관련 당사자로부터 'Acceptance Commission'을 추가적으로 징수하게 된다. 지정은행이 인수한 환어음은 수출상에게 반환하여 만기에 지급 제시토록 하거나, 또는 'Discount Charge'를 징수한 후 스스로 '할인(Discount)'하여 그 대금을 미리 지급할 수도 있다.

※ 인수신용장은 'Shipper's Usance' 및 'Banker's Usance'에서 모두 활용될 수 있으나, 'Banker's Usance' 방식은 그 성격상 '매입신용장'으로 개설하는 것이 타당하다. 국내에서 흔히 활용되고 있는 'Overseas Banker's Usance L/C'는, 본래 '기한부 매입신용장'에 개설은행의 해외 예치환거래은행이 제공하는 'Acceptance Facility(인수 및 할인편의)'를 첨가함으로써, 수익자가 당해 신용장을 자국(수출지)의 어느 은행에서나 '일람불(At sight basis) 매입(Negotiation)'에 의한 방식으로 사용할 수 있도록 그 성격을 개조한 특수한 형태의 기한부 신용장이라고 이해하면 될 것이다.

4. 매입신용장 (Negotiation L/C)

개설은행의 '결제(Honour)' 이전이라도 수익자가 미리 그 대금을 지급받아 사용할 수 있도록 하기 위하여, 지정은행(자유매입신용장의 경우에는 모든 은행)이 '매입(Negotiation)'에 의한 방법으로 신용장을 이용할 수 있도록 약정함과 동시에, 이를 위하여 환어음의 발행인인 수익자뿐만이 아니라 선의의 소지인 모두에게 그 대금지급확약을 확대한 신용장을 말한다.

※ '매입(Negotiation)'이란, 지정은행(자유매입신용장의 경우에는 모든 은행)이 개설은행으로부터 신용장 대금을 결제받기 이전에, 제시인(수익자)에게 미리 그 대금을 지급하거나 또는 대금지급에 동의하는 방법에 의하여, 신용장 조건에 일치하게 제시된 환어음 및/또는 서류를 '구매(Purchase)'하는 것을 말한다.

※ '선의의 소지인(Bonafide Holder)'이란, 신용장의 조건에 일치하게 제시(Complying Presentation)된 환어음 및/또는 서류를 매입하여 소지하고 있는 지정은행을 말하며, 자유매입신용장의 경우에는 모든 은행(매입은행)이 선의의 소지인이 될 수 있다.

※ 매입신용장에서는 대개 환어음의 발행을 요구하는 것이 일반적이나, 신용장에서 환어음을 요구하지 않는 경우에는 환어음을 제시할 필요가 없다.

참고 신용장의 Availability, Drawee, Settlement 간의 상호관계

Available by~	Available with~	Drawee	L/C Settlement
Sight Payment	지정은행 (지정은행=지급은행)	(환어음을 요구한다면) 지정은행	Debit Base (Reimbursement Base 가능)
Deferred Payment	지정은행 (지정은행=연지급은행)	환어음 요구 불가	Debit Base 또는 Reimbursement Base
Acceptance	지정은행 (지정은행=인수/지급은행)	지정은행	Debit Base 또는 Reimbursement Base
Negotiation	지정은행 (대개 Any Bank로 지정) *개설은행은 안됨	개설은행 or 상환은행 *지정은행은 안됨	Remittance Base (Reimbursement Base 가능)

☞지급/연지급/인수신용장은 'Available with Issuing Bank'로 개설될 수 있으나(이 경우 환어음 발행이 요구된다면 Drawee는 개설은행이 되어야 함), 이는 신용장의 이용에 불편함을 초래하고 수익자측에 불리함을 가중시킨다. 따라서 이와 같이 'Issuing Bank'에서만 이용 가능한 신용장은 가급적 개설되지 않는 것이 바람직하다. 모든 신용장은 신용장에 별도의 명시가 없더라도 지정은행 이외에 개설은행에서도 당연히 이용 가능하다(UCP 600 제6조 a항).

9-6 특정신용장과 일반신용장

수출지에서 특정 은행만이 지급 · 연지급 · 인수 · 매입에 의한 방법으로 신용장을 이용할 수 있는지 아니면 어느 은행에서나 자유롭게 이용할 수 있는지에 따라 신용장을 구분하여 볼 수 있는데, 전자를 '특정신용장(Specific Credit)' 또는 '지명신용장(Nominated Credit)'이라 부르며, 후사를 '일반신용장(General Credit)' 또는 '개방신용장(Open credit)'이라고 부른다.

일반신용장(개방신용장)은 수출자가 여러 은행을 돌아다니며 매입을 의뢰할 수 있다는 의미에서 '순회매입신용장(Circular Negotiation Credit)'이라 부르기도 한다. 예컨대 US$200,000의 신용장을, US$ 100,000은 A은행에 나머지 US$100,000은 B은행에 매입 의뢰하는 경우가 그것이다. 이에 반하여 특정신용장(지명신용장)은

신용장상에 지명된 특정의 지정은행에서만 지급 · 연지급 · 인수 · 매입에 의한 방법으로 신용장의 이용이 가능하다.

앞에서 살펴본 지급, 연지급, 인수신용장은 대개 특정신용장(지명신용장)에 속하고, 매입신용장은 대체로 일반신용장(개방신용장)에 해당한다.

특정신용장과 일반신용장의 비교

신용장 구분	이용가능은행(수권은행)	신용장 종류
특정신용장 (지명신용장)	지정은행	대개의 지급 · 연지급 · 인수신용장 및 매입제한신용장
일반신용장 (개방신용장)	개방	자유매입신용장 등의 자유이용신용장

9-7 지정신용장과 제한신용장

특정신용장(지명신용장)은 다시 '지정신용장'과 '제한신용장'으로 구분해 볼 수 있다. '지정신용장(Straight Credit)'은 특정의 지정은행만이 신용장을 취급할 수 있도록 약정된 신용장을 말하는 것으로, 대개의 지급신용장 · 연지급신용장 · 인수신용장이 이에 속한다. 이에 반하여 '제한신용장(Restricted Credit)'이란 일반적으로 어느 은행에서나 이용이 가능한 매입신용장 중에 매입 또는 상환이 특정 은행으로 제한된다는 문구가 있는 신용장을 말한다. 예컨대 'Negotiation under this credit is restricted to the advising bank.' 또는 'Reimbursement for all drafts negotiated under this credit shall be obtained by the advising bank from ○○○ Bank.' 등의 문구가 있는 경우가 그것인데, 전자를 '매입제한신용장(Negotiation Restricted Credit)'이라 부르고, 후자를 '상환제한신용장(Reimbursement Restricted Credit)'이라 부른다.

9-8 일람출급신용장 · 기한부신용장 · 할부지급신용장

신용장은 지급 만기일을 어떻게 약정하고 있는가에 따라 '일람출급신용장'과 '기한부신용장' 및 '할부지급신용장'으로 나누어 볼 수 있다.

가. 일람출급신용장

'일람출급신용장(At Sight Credit)'이란, 일치하는 제시(Complying Presentation)에 대하여 제시한 환어음 및/또는 서류와 상환으로 그 즉시 대금을 지급받을 수 있도록 약정한 신용장을 말한다. 여기서 '즉시'라 함은 일반적으로 개설은행의 서류접수 익일로부터 5영업일 이내의 기간을 말한다. 일람출급신용장으로는 '지급신용장' 또는 '매입신용장'이 활용된다.

1) 지급신용장의 '이용방법 표시 문언'과 '개설은행의 지급확약 문언'

① 이용방법 표시 문언

"We hereby issue in your favor this documentary credit which is available by sight payment against presentation~."

② 개설은행의 지급확약 문언

"We hereby engage that payment will be duly made against documents presented in conformity with the terms and conditions of this credit."

2) 매입신용장의 '이용방법 표시 문언'과 '개설은행의 지급확약 문언'

① 이용방법 표시 문언

"We hereby issue this documentary credit in your favor available by negotiation of your draft at sight drawn on~."

② 개설은행의 지급확약 문언

"We hereby engage with drawers and/or bona fide holders that drafts drawn and negotiated in conformity with the terms and conditions of this credit will be duly honoured on presentation."

나. 기한부신용장

'기한부신용장(Usance Credit)'이란, 환어음 및/또는 서류가 제시되고 나서 일정 기간(어음기한)이 경과한 후에 대금을 지급하기로 약정하고 있는 신용장을 말한다. 기한부신용장에는 수익자가 발행한 환어음을 인수한 후 만기에 지급할 것임을 약정하는 '인수신용장(Acceptance Credit)'과, 다른 은행으로 하여금 만기일 이전에 대금을 지급하고 환어음(및/또는 서류)을 매입할 수 있도록 허용하는 '기한부매입신용장(Usance Negotiation Credit)'이 있다. 이 밖에도 기한부신용장의 기능을 하는 '연지급신용장(Deferred Payment Credit)'이 있는데, 이는 별도의 환어음 발행 없이도 신용장의 조건에 따라 결정되는 미래의 특정일자(at maturity)에 지급할 것임을 약정하는 신용장이다.

1) 인수신용장

'인수신용장'은 환어음의 인수은행과 만기일의 산정을 위한 어음기한(Tenor)이 지정되어 있으며, 기한부환어음의 발행을 요구하고 있다.

기한부환어음의 만기일을 지정하는 기준은 다음과 같은 세 가지 방법이 있다.

① 일람후 정기출급(at ××× days after sight)

② 일자후 정기출급(at ××× days after B/L date 등)

③ 확정일 출급(at January 20, 20××등)

인수신용장에 있어서의 '이용방법 표시 문언'과 '개설은행의 지급확약 문언'은 일반적으로 다음과 같이 기재된다.

① 이용방법 표시 문언

"We hereby issue in your favor this documentary credit available by acceptance of your draft at 90 days after sight drawn on~."

② 개설은행의 지급확약 문언

"We hereby engage that drafts drawn in conformity with the terms and conditions of this credit will be duly accepted on presentation and duly honoured at maturity."

2) 기한부매입신용장

'기한부매입신용장'은 수익자가 발행한 환어음 및/또는 서류의 제시에 대하여 은행이 매입(Negotiation)에 의한 방법으로 만기일 이전에 미리 그 대금을 지급할 수 있도록 허용함으로써 수출입 금융의 편익을 증진한 신용장이다. 기한부환어음의 발행을 요구하며, 신용장에 따라 매입은행이 지정되는 경우도 있고 매입은행의 제한이 없는 경우도 있다.

기한부매입신용장에 있어서의 '이용방법 표시 문언'과 '개설은행의 지급확약 문언'은 일반적으로 다음과 같이 기재된다.

① 이용방법 표시 문언

"We hereby issue this documentary credit in your favor available by negotiation of your draft at 90 days after sight drawn on ABC Bank~."

② 개설은행의 지급확약 문언

"We hereby engage with the drawers, endorsers and bona fide holders of all draft drawn under and in compliance with the terms and conditions of this credit, that such drafts shall be duly honored at maturity upon presentation and delivery of documents as specified."

다. 할부지급신용장

'할부지급신용장(Instalment Payment Credit)'이란, 신용장 대금의 결제가 수회에 걸쳐 할부방식으로 이루어지는 신용장을 말하며, 신용장에서는 지급 만기일을 각각 달리 지정한 여러 개의 환어음을 발행하도록 요구한다. 일반적으로 기계 · 장치 및 산업설비수출 등과 같은 거액 거래에 주로 활용되고 있다. 신용장의 개설 직후 착수금조로 대금의 일부를 지급하거나 선적 직후 일람불로 대금의 일부를 지급하고, 그 잔액은 일정 거치기간(Grace Period)이 경과한 후 수회에 걸쳐 분할하여 지급이 이루어진다. 그러한 의미에서 이를 '분할지급신용장'이라 부르기도 한다.

참고 할부선적신용장(Instalment Shipment Credit)

상품을 수회에 걸쳐서 일정 기간별로 분할하여 선적하도록 지시하는 신용장을 말한다. 당해 분할 선적과 관련하여 그 분할 횟수, 각 분할분의 선적시기, 각 분할분의 선적수량 등에 대하여 신용장이 별도의 선적일정(Instalment Shipment Schedule)을 명시하고 있다.

일람출급신용장 · 기한부신용장 · 할부지급신용장

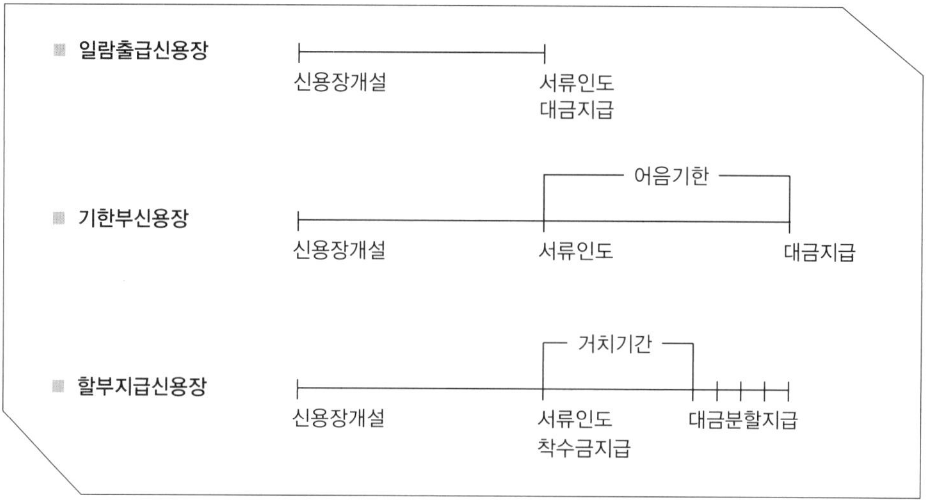

◀ 예시 1-5-2 ▶ 일람출급신용장(Sight L/C)

The Bank of Tokyo-Mitsubishi, Ltd.

G. S. B DIV 4-2-3 KITAHAMA CH
OSAKA 541-8535 JAPAN
OSAKA JAPAN
Cable Address : TOHBANK, BANKMITSUBISHI
Telex No. : J63229 J63258
Swift Address : BOTKJPJTOSA

IRREVOCABLE Documentary Credit

Number
S-501-2002219

OPERATIVE CREDIT INSTRUMENT IN CONFIRMATION OF OUR TELETRANSMISSION OF NOVEMBER 26, 20XX

Place and Date of Issue :
OSAKA, NOVEMBER 25, 20XX

Date and place of Expiry :
DECEMBER 30, 20XX
AT COUNTER OF NEGOTIATING BANK.

Applicant :
ABCD INC.
KARASUMA-TAKOYAKUSHI, NAKAGYO-KU,
KYOTO, JAPAN

Beneficiary :
DONG YANG CO.. LTD.
259-13 XXX-DONG, XXX-GU.
XXX-CITY, KYUNGGI-DO, KOREA

Advising Bank :
ABC BANK
HEAD OFFICE (SEOUL)

Amount : USD 270, 902.00
(U.S.DOLLARS TWO HUNDRED SEVENTY THOUSAND NINE HUNDRED TWO 00/100)
Amount Specification :
<PERCENTAGE CREDIT AMOUNT TOLERANCE>
5 PERCENT MORE OR LESS ALLOWED.

Partial Shipments : ALLOWED

Transhipment : PROHIBITED

INSURANCE IS TO BE EFFECTED BY BUYER

Shipment From :
PUSAN, KOREA

For Transportation To :
OSAKA, JAPAN

Not Later Than : DECEMBER 20, 20XX

DOCUMENTS MUST BE PRESENTED
WITHIN 10 DAYS AFTER THE DATE OF SHIPMENT
BUT WITHIN VALIDITY OF THE CREDIT

Credit Available :
WITH ANY BANK
BY NEGOTIATION ON SIGHT BASIS
AGAINST THE DOCUMENTS DETAILED HEREIN

<DOCUMENTS REQUIRED>
+SIGNED COMMERCIAL INVOICE IN QUINTUPLICATE
+2/3 SET OF CLEAN ON BOARD OCEAN BILLS OF LADING
MADE OUT TO ORDER OF SHIPPER AND BLANK ENDORSED MARKED FREIGHT PREPAID NOTIFY APPLICANT.
+PACKING LIST IN TRIPLICATE
+GSP CERTIFICATE OF ORIGIN FORM A IN 1 COPY
+BENEFICIARY' S CERTIFICATE STATING THAT
ONE SET OF SHIPPING DOCUMENTS INCLUDING 1/3 ORIGINAL B/L AND ORIGINAL G. S. P. CERTIFICATE(FORM A)
HAVE BEEN SENT TO APPLICANT BY COURIER SERVICE.

<SHIPMENT OF GOODS>

	(AT USD)
P/O 4109 7,000 KGS OF 40 LEA WLB WET SPUN LIMEN YARNS	10.25/KG
P/O 4099 2,660 KGS OF NM20 WET SPUN HEMP YARNS	14.70/KG

CFR OSAKA, JAPAN, INCOTERMS® 2020

<ADDITIONAL CONDITIONS>
+TOTAL QUANTITY : MORE OR LESS 5 PERCENT IS ACCEPTABLE.

<CHARGES>
ALL BANKING CHARGES OUTSIDE JAPAN ARE FOR ACCOUNT OF BENEFICIARY.

<REIMBURSEMENT BANK>
THE BANK OF TOKYO-MITSUBISHI, LTD. NEW YORK BRANCH
1251 AVENUE OF THE AMERICAS, NEW YORK, N. Y. 10020-1104, U.S.A

<INSTRUCTION TO THE PAYING/ACCEPTING/NEGOTIATING BANK>
REIMBURSEMENT BY TELECOMMUNICATION IS PROHIBITED.
NEGOTIATING BANK MUST SENT ALL DOCUMENTS TO US. I. E. THE BANK OF TOKYO-MITSUBISHI. LTD., 2-3, KITAHAMA 4-CHOME, CHUO-KU, OSAKA 541-8535 AND/OR C.P.O.BOX 388, OSAKA 530-8692 IN ONE LOT AND REIMBURSE YOURSELVES FROM REIMBURSING BANK.

<BANK TO BANK INFORMATION>
REIMBURSEMENT UNDER THIS CREDIT SUBJECT TO URR725.

PLEASE ADVISE BENEFICIARY WITHOUT ADDING YOUR CONFIRMATION.

--- END OF MESSAGE ---

We hereby issue this Documentary Credit in your favor, subject to the Uniform Customs and Practice for Documentary Credits(2007 Revision, International Chamber of Commerce, Paris, France, Publication No. 600) .
The number and date of the credit and the name of our bank must be quoted on all drafts required.
If the credit is available by negotiation, each presentation must be noted on the reverse of this advice by the bank at which the credit is available.

The Bank of Tokyo-Mitsubishi, Ltd.

Authorized Signature

9-9 전액어음발행신용장과 일부어음발행신용장

상업송장 금액 전체에 대한 어음발행을 허용하느냐, 또는 그 일부의 금액에 대해서만 어음발행을 허용하느냐에 따른 구분이다. 전자를 '전액어음발행신용장(Straight Draft Credit)'이라 하고, 후자를 '일부어음발행신용장(Partial Draft Credit)' 이라고 한다.

신용장에 '~by negotiation of your draft at sight drawn on~ for 100% of(or full) invoice value'라는 기재가 있거나 아무런 기재가 없을 때에는 전액어음발행이 인정된다.

그러나 일부어음발행신용장에서는 'for 90% of invoice value' 등과 같이 상업송장 금액의 일부에 대하여만 어음발행을 허용하고, 그 잔여 대금의 지급방법에 대해서는 별도로 명시하게 된다. 이러한 일부어음발행신용장의 NEGO 취급 시에는 신용장금액 또는 상업송장금액의 전체에 대해서 NEGO가 이루어지지 않도록 각별히 유의하여야 한다. 일부어음발행신용장의 기재 예는 다음과 같다.

[기재 예 1]

After payment 90% of invoice value the documents are to be delivered to (Buyer) by (Issuing Bank) to arrange for sampling, weighing and testing of the merchandise. Upon receipt by (Issuing Bank) of written statement from (Buyer) stating that the merchandise has been sampled and weighed (Surveyor, xxx) and has been tested by (Inspector xxx), the remaining 10% of invoice value or any part thereof will be paid by (Issuing Bank). Weights by (Surveyor, xxx) and analysis by (Inspector, xxx) will be considered final.

송장금액의 90%를 지급한 후 (개설은행)은 서류를 (수입상)에게 송부하여 상품을 표본조사, 계량 및 검사하도록 하여야 한다. 상품이 (조사인, ×××)에 의하여 표본조사 및 계량되고 (검사인, ×××)에 의하여 검사되었다는 명세서를 (수입상)으로부터 (개설은행)이 받는 즉시, 송장가액의 잔여 10% 또는 일부가 (개설은행)에 의하여 지급될 것이다. (조사인, ×××)에 의한 중량 및 (검사인, ×××)에 의한 분석이 최종적인 것으로 간주된다.

[기재 예 2]

The final calculation must be effected on the basis of the importer's calculation statement with analysis and weight certificate of end users.

최종계산은 실수요자의 분석 및 중량증명서가 첨부된 수입상의 계산서에 근거하여 이루어진다.

[기재 예 3]

The credit conveys no engagement on our part for the payment of the remaining 10% of the invoice value.

당행은 이 신용장에서 송장금액의 잔여 10%의 지급에 대하여 책임을 지지 않는다.

이와 같은 일부어음발행신용장은 일반적으로 운송 중에 중량의 차이가 발생할 수 있는 양륙중량조건의 상품에 주로 활용되고 있다. 가령 광산물이나 유지와 같은 상품은 장소에 따라 기온, 습도 또는 증발 등에 의하여 중량의 차이가 나타나는 경우가 있는데, 예컨대 선적지인 뉴욕에서 계량하였을 때에는 1,000MT 이었으나, 도착지인 부산에서 계량하였을 때에는 900MT 밖에 되지 않는 경우가 발생할 수 있는 것이다.

이때에 만약 수출상이 '1,000MT × @US$1,000 = US$1,000,000'의 환어음을 발행하여 대금 전액을 회수하였다면, 수입상은 도착지에서의 계산이 '900MT × @US$1,000 = US$900,000'이 되어 US$100,000은 반환하라고 요구하게 될 것이며, 그렇게 되면 거래의 내용이 실로 복잡하게 된다.

따라서 최초의 어음발행금액(Initial Drawing)을 송장금액의 90% 등으로 제한한 후, 나머지는 기재 예에서와 같이 수입상이 보낸 중량증명서 등에 의하여 어음을 발행하도록 하는 것이다. 그러나 [기재 예 3]에서는 개설은행이 그 잔액의 상환에 대하여 일체의 책임을 지지 않겠다고 명시하고 있으므로 주의하여야 한다.

참고 **일부어음발행신용장의 실무 활용사례 예시**

- 양륙중량조건 또는 양륙품질조건 등을 적용하기로 합의된 경우
- 기계 · 장치 등의 시운전 및 성능시험 후에 잔금을 치르기로 합의된 경우
- 상품 대금의 일부를 송금방식 등에 의하여 선수금조로 미리 결제한 경우
- 상품 대금의 Discount 또는 Deduction에 관한 별도의 합의가 이루어진 경우 등

일부어음발행신용장에서 무역거래조건이 CIF인 경우에 상업송장금액, 어음발행금액, 부보금액의 상호관계를 예시하면 다음과 같다.

- 상업송장금액 : US$1,000,000
- 어 음 금 액 : US$900,000 (US$1,000,000×90%)
- 부 보 금 액 : US$1,100,000 (US$1,000,000×110%)

9-10 차기신용장 · 상환신용장 · 송금신용장

'차기신용장(Debit Base Credit)'이란, 지정은행이 개설은행의 당좌계좌(Current Account)를 가지고 있어 수익자에게 신용장 대금을 지급할 때 개설은행의 계좌에서 차기하여 지급함으로써, 별도의 복잡한 대금상환 절차를 거치지 않는 단순한 형태의 신용장을 말한다. 대금의 결제방법이 비교적 단순하다고 하여 이를 단순신용장(Simple Credit)이라 부르기도 한다.

그러나 만일 지정은행이 개설은행의 무예치환거래은행이라면, 당해 지정은행은 개설은행의 당좌계정을 가지고 있는 별도의 예치환거래은행 앞으로 대금상환을 청구하여야 하는데, 이와 같이 지정은행이 별도로 상환청구를 하여야 하는 신용장을 '상환신용장(Reimbursement Base Credit)' 이라고 한다. 예컨대 한국의 A은행이 무예치환거래은행인 중국의 B은행을 지정은행으로 하여 신용장을 개설하고 예치환거래은행인 미국의 C은행 앞으로 상환을 청구하도록 하는 경우가 그것이다.

'송금신용장(Remittance Base Credit)'이란, 사전에 대금지급을 수권하지 아니하고 지정은행으로 하여금 자신의 결제계좌를 명기하여 서류를 송부하도록 한 후, 개설은행이 당해 계좌로 그 대금을 송금하여 줌으로써 결제가 이루어지는 형태의 신용장을 말한다. 비록 개설은행이 대금지급을 보장하고 있기는 하나, 서류상의 사소한 하자를 이유로 입금을 지연시키는 등의 문제발생 소지가 다분하므로, 수익자 또는 매입은행의 입장에서는 불리한 방식의 신용장이라 할 수 있다.

차기신용장에서의 대금지급

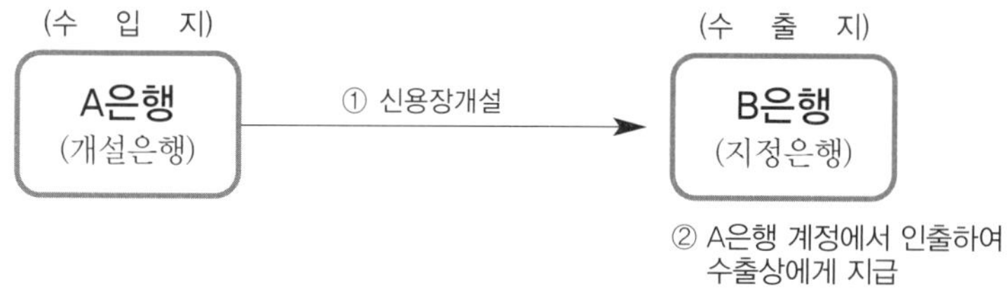

상환신용장에서의 대금지급

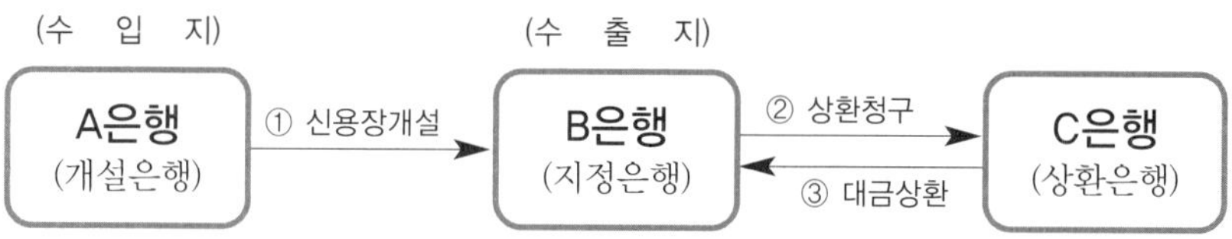

* C은행은 A은행의 예치환거래은행이며, A은행의 지시에 따라 B은행의 상환청구 시에 A은행 계정에서 대금을 인출하여 B은행의 계정으로 이체하게 된다.

송금신용장에서의 대금지급

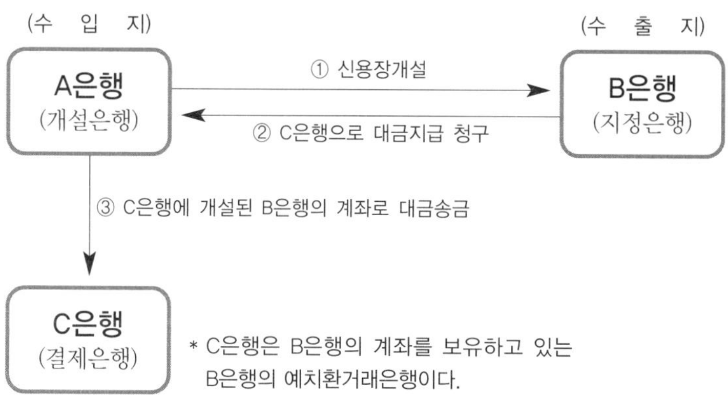

9-11 선대신용장

신용장 금액의 전부 또는 일부에 대하여 상품의 선적 전에 미리 환어음(지급청구서)을 발행할 수 있도록 허용함으로써, 수익자가 그 대금을 선지급 받을 수 있도록 약정하고 있는 신용장을 '선대신용장(Advance Payment Credit)' 이라고 한다.

선대금에 대하여는 환어음 및 수익자의 영수증만을 발행하여 대금을 청구하도록 하는 것이 일반적이며, 자금 선대 후 수출상의 선적 불이행 위험이 있을 수 있으므로 수출상으로 하여금 사전에 그 이행을 보증하는 보증서(Advance Payment Standby, 수출선수금환급보증)의 제공을 요구하는 경우가 많다.

자금을 선대하는 목적은 대개 상품의 집화 및 포장에 필요한 대전을 수출상에게 미리 제공하기 위함인데, 이러한 의미에서 선대신용장을 '집화신용장(Packing Credit)'이라 부르기도 하며, 선적 전에 미리 자금을 빌려주는 신용장이라 하여 '전대(前貸)신용장'이라 부르기도 한다.

또한 우편신용장이 많이 사용되던 지난날에 신용장상의 자금선대 문언을 붉은 글씨로 표기하던 관례에 따라, 이를 '레드클로스 신용장(Red Clause Credit)'이라 부르기도 한다.

> "We authorize the negotiating bank to pay the sums not exceeding 30% of the above mentioned amount to the beneficiary against presentation of the following documents :
> 1) Beneficiary's clean draft drawn at sight on the accountee.
> 2) Beneficiary's receipt stating that the beneficiary have duly received sums representing 30% advance payment for the delivery of (commodity) from Pusan to Seattle."
>
> 당행은 매입은행에 다음 서류의 제시가 있으면 수익자에게 상기금액의 30%를 지급하도록 수권합니다.
> 1) 개설의뢰인 앞으로 발행된 수익자의 일람출급무화환어음
> 2) 수익자가 부산으로부터 시애틀까지 (상품)의 인도를 위한 30%의 선대금을 받았다는 것을 표시하고 있는 영수증

plus+ Green Clause L/C

개설은행의 수권에 의하여 지정은행이 수익자에게 상품의 선적 전에 미리 그 대금을 선지급할 수 있다는 점에서는 전술한 'Red Clause L/C'와 별반 다를 것이 없으나, 지정은행이 선대금을 지불할 때 수익자에게 그 담보로서 '창고증서(Warehouse Receipt)'를 취득하도록 하고 있다는 점에서 양자의 차이가 있다.

이와 같은 'Green Clause L/C'는 양모(Wool) 무역에서 주로 활용되고 있는 것으로 보이며, 과거에 그 자금선대 문언을 녹색 잉크로 기재하던 관례에서 'Green Clause L/C'라는 명칭이 유래되었다.

신용장에서 요구된 선적 수량을 채우기 위하여 수익자는 상당한 기간에 걸쳐 여러 명의 생산자로부터 양모를 수집하여야 하는데, 이 과정에서 수익자는 그때그때 입수한 양모를 창고에 보관시키고 창고업자로부터 창고증서를 발급받아 이를 근거로 지정은행으로부터 선대금을 지급받게 되며, 이 자금으로 양모 생산자에게 즉시 그 구매대금을 지급할 수 있게 된다.

계약수량이 모두 채워지고 선적준비가 완료되면, 수익자는 담보조로 제공한 창고증서를 지정은행으로부터 돌려받아 곧바로 물품을 선적하게 되며, 그 후 운송서류 및 신용장에서 요구하는 기타의 서류들을 작성하여 지정은행 앞으로 당해 신용장의 잔여대금을 청구하게 된다.

9-12 회전신용장

수출상과 수입상 간에 동일상품을 지속적으로 거래하고자 하는 경우에, 매 거래시마다 건 별로 신용장을 개설한다면 많은 불편함이 따를 것이고, 그렇다고 하여 거래예상금액 전액을 한꺼번에 개설한다면 그 또한 많은 비용부담이 발생하게 될 것이다. 이때에 그러한 불편함과 비용부담을 해소하기 위하여, 최초 개설한 신용장이 일정한 조건하에 자동적으로 갱신되어 사용될 수 있도록 약정하는 신용장을 '회전신용장(Revolving Credit 또는 Self-Continuing Credit)' 이라고 한다. 즉, 회전신용장이란 일정 기간이 경과할 때마다 자동적으로 동액의 신용장금액이 갱신되도록 하는 방식의 특수한 신용장이라고 이해하면 될 것이다.

또한 회전신용장 중에서 전기의 미사용 잔액을 차기로 이월하여 사용할 수 있도록 허용하는 신용장을 '누적적 회전신용장(Cumulative Revolving Credit)' 이라고 한다. 이에 반하여 해당 기간에 이행되지 않은 미 선적분에 대해서는 자동적으로 취소되도록 함으로써 그 미사용 잔액을 차기로 이월하여 사용할 수 없도록 제한하는 신용장을 '비누적적 회전신용장(Non-Cumulative Revolving Credit)' 이라고 한다.

회전신용장이 누적적으로 사용될 수 있는지, 아니면 비누적적으로 사용되어야 하는지가 불분명하면 상대방에게 적지 않은 불편을 야기하게 된다. 따라서 회전신용장의 개설 시에는 '회전의 갱신시기' 및 '회전의 방법(자동갱신/조건부갱신)' 이외에도 '미사용 잔액의 처리 방법(Cumulative / Non-Cumulative)'에 대하여 반드시 명확하게 표시해 주어야 한다. 예를 들면, "This credit is cumulative revolving." 또는 "This credit is non-cumulative revolving." 등의 표현이 그것이다.

회전신용장의 표시 및 기재 예는 다음과 같다.

> "This credit is non-cumulative revolving.", "The amount of drawing made under this credit become automatically reinstated on payment by us. Draft drawn under this credit must not be exceeded to US$200,000 in any calendar month."
> 이 신용장은 비누적적 회전신용장이다. 이 신용장에 의하여 발행되는 어음 금액은 당행이 지급하는 동시에 자동적으로 갱신된다. 이 신용장하에서 발행되는 어음은 매월 200,000불을 초과해서는 안 된다.

9-13 양도가능신용장

'양도가능신용장(Transferable Credit)'이라 함은 수익자 이외의 제3자(제2수익자)가 신용장의 전부 또는 일부를 사용할 수 있도록, 수익자가 지정은행(양도은행)에 대하여 신용장의 '양도(Transfer)'를 요청할 수 있는 신용장을 말한다. 즉, 신용장 권리의 전부 또는 일부를 타인에게 양도할 수 있도록 허용하는 신용장을 말한다. 한편, 양도은행에 의하여 제2수익자가 원신용장의 수익자로부터 양도받은 신용장은 '양도신용장(Transferred Credit)' 이라고 부른다.

위에서 말하는 신용장의 '양도(Transfer)'란, 개설은행에 의하여 수권된 지정은행(Transferring Bank)을 통하여 신용장의 수익자(First Beneficiary)가 제3자(Second Beneficiary)에게 신용장 금액의 전부 또는 일부에 대한 사용 권리를 이전하는 것을 말한다. 이는 신용장상에 'Transferable' 이라는 문구가 표시된 경우에만 가능하다.

신용장의 양도는 양도금액에 따라 '전액양도'와 '분할양도'로 구분할 수 있으며, 양도지역에 따라 '국내양도'와 '국외양도'로 구분해 볼 수 있다. 국내양도는 단가나 금액 등의 조건을 변경하지 않고 양도하는 '단순양도'가 일반적이며, 국외양도는 대개 원신용장의 조건을 일부 변경하여 양도하는 '조건변경부 양도'가 주로 활용된다.

☞ 주의: '조건변경부 양도신용장'의 추심 또는 매입 시에는 반드시 '양도은행'으로 서류를 송부하여야 하며, 개설은행으로 직접 서류가 송부되지 않도록 각별히 유의하여야 한다. 만일 이를 개설은행으로 잘못 송부하게 되면, 제1수익자(중계상)의 서류대체 권리를 침탈하게 되는 것은 물론 수출입 당사자를 서로 노출시키는 결과를 초래하게 되어, 예기치 않은 거액의 손해배상청구소송에 피소될 우려가 있다.

9-14 백투백 신용장

'백투백신용장(Back to Back Credit)'은 다음과 같은 두 가지 의미로 사용되고 있다.

그 하나는 중계무역과 관련하여 사용되는 '견질신용장'을 의미한다. 이는 원신용장(Master L/C, Original L/C)의 수익자가 원신용장을 견질로 해서, 당해 물품의 공급상을 수익자로 하여 다시 개설하는 '제2의 신용장(Baby L/C, Sub L/C, Second L/C)'을 말한다.

다른 하나는 연계무역과 관련하여 사용되는 '동시개설신용장'을 의미한다. 예컨대, 연계무역하에서 어느 일방이 먼저 수입신용장을 개설할 때, 외국의 수출상이 자신의 상품 또는 자국의 상품에 대하여 일정 금액 이상의 '대응수입신용장'을 개설하는 경우에 한하여 당해 수입신용장이 유효하다는 조건을 붙인 신용장을 말한다. 즉, 신용장의 개설과 동시에 신용장의 효력이 발생하는 것이 아니라, 대응수입신용장이 개설되어야 비로소 그 효력을 발생하는 조건부신용장이다.

9-15 에스크로 신용장

'기탁신용장(Escrow Credit)'이란 수입상이 신용장의 개설시에 신용장의 한 조건으로, 당해 신용장의 결제대금을 특정 은행(개설은행, 지정은행, 제3의 환거래은행 등)에 개설되어 있는 제3자 명의(또는 지급특약부 수익자 명의, 또는 공동명의 등)의 에스크로 어카운트(Escrow Account)에 기탁하여 두었다가 수익자가 원신용장의 개설의뢰인 또는 개설국으로부터 수입하는 상품의 결제 시에만 인출이 가능하도록, 그 대금 사용에 관한 특수한 제약을 가하고 있는 신용장을 말한다. 이러한 기탁신용장은 연계무역에서 주로 활용되고 있다.

9-16 토마스 신용장

'토마스신용장(Tomas Credit)'은 이미 언급한 연계무역하에서의 백투백신용장과는 달리, 신용장의 효력발생 요건으로 대응신용장의 개설을 요구하지 않고 그 대신 장차 신용장을 개설하겠다는 보증서의 제출을 조건부로 하는 신용장을 말한다. 물품의 인도시기가 달라 쌍방이 동시에 신용장을 개설할 수 없는 경우에 사용된다. 'Tomas'란 용어는 최초로 이 방식을 사용하여 중국과 거래를 성사시킨 일본 무역회사의 전신 약호에서 유래되었다.

◀ 참고 ▶ 기타의 신용장

앞에서 언급한 것 이외에도 신용장은 그 성격상의 분류에 따라 다양한 명칭으로 불리고 있는데, 그 대표적인 것들을 살펴보면 다음과 같다.

(1) 은행신용장과 비은행신용장

'은행신용장(Bank L/C)'이란 은행이 발행한 신용장을 말하며, '비은행신용장(Non-Bank L/C, Private L/C)'이란 은행 이외의 자(비은행금융기관 또는 일반기업 등)가 발행한 신용장을 말한다.

(2) 우편신용장과 전신신용장

'우편신용장'이란 신용장이 개설은행 고유의 서면 양식에 의하여 발행 · 통지되는 신용장을 말하며, '전신신용장'이란 신용장이 전신수단에 의해 통지은행으로 전송됨으로써 통지은행이 자신의 양식으로 이를 출력하여 교부(통지)하는 신용장을 말한다. 전신신용장은 다시 전신수단의 종류에 따라 'SWIFT신용장'과 'TELEX신용장'으로 구분하여 볼 수 있다.

(3) 직접개설신용장과 간접개설신용장

'직접개설신용장'이란 수입상의 거래은행이 직접 개설하는 보통의 일반적인 신용장을 말하며, '간접개설신용장'이란 수입상 거래은행의 요청에 의하여 외국에 있는 제3의 은행이 재개설한 신용장을 말한다. 이러한 간접개설신용장은 '통과신용장(Transit Credit)'이라 불리기도 한다.

제 2 장 수입실무

제 1 절

수입신용장의 개설

1. 신용장 개설의 의의 및 절차

1-1 신용장 개설의 의의

수입신용장 개설은 은행이 수입상을 위하여 수입화물의 대금지급을 보증하는 것으로, 장차 신용장의 조건과 일치되는 서류가 제시되면 결제(Honour)를 확약하겠다는 증서를 발행하는 것을 말한다. 이러한 개설은행의 채무는 개설 당시로는 미확정 우발채무에 해당하지만, 장래 수익자의 '일치하는 제시(Complying Presentation)'에 의하여 확정 채무로 전환된다는 특성을 지니고 있다. 신용장은 개설은행에 대하여 1차적이면서도 최종적인 지급책임을 부여함으로써 개설은행은 많은 위험을 부담하게 된다.

1-2 신용장의 개설 절차

신용장을 개설하기 위해서는 먼저 개설의뢰인과 개설은행 간에 '신용장 개설약정'을 체결하여야 한다. 그 후 수입상이 은행에 '신용장발행신청서'와 '물품매도확약서(Offer Sheet)' 또는 '계약서(Contract)'를 제출하면, 은행은 그 주요 사항을 확인하고 수입신용장을 개설한 후에 통지은행을 통하여 이를 수출상에게 통지하게 된다.

가. 수입신용장 개설약정 체결

수입신용장 개설약정은 신용장의 개설의뢰인과 개설은행 사이에 체결하며, 개설의뢰인은 개설은행 고유의 '외국환거래 약정서' 및 '여신거래 약정서' 등에 서명하여 제출하게 된다. 개설은행은 약정을 체결하기에 앞서, 개설의뢰인의 신용상태를 조사한 후 신용상태에 따라 신용장 개설한도를 설정하게 된다.

◀ 예시 2-1-1 ▶ 외국환거래 약정서

담 당	책임자	결재권자

외국환거래 약정서

【수출 · 수입 · 내국신용장발행 · 내국신용장환어음매입(추심)거래】

년 월 일

주식회사 □□은행 앞

본인 (인)

주소

본인은 ○○은행(이하 "은행"이라 합니다)과 수출 · 수입 · 내국신용장 발행 · 내국신용장환어음 또는 판매대금추심의뢰서 매입(추심)거래 · 선적통지결제방식 수출거래에 의한 수출채권 매입거래를 함에 있어 "은행여신거래기본약관(기업용 이하 같음)"이 적용됨을 승인하고 다음 각 조항을 따를 것을 확약합니다.

【 제1장 공통사항 】

제1조 (용어의 정의)

이 약정서에서 사용하는 용어의 뜻은 다음과 같다.

① "화환어음"이란 선적서류를 첨부하여 발행되는 환어음을 말한다.

② "무화환어음"이란 화환어음에 대응되는 것으로서 환어음에 선적서류가 첨부되지 않고 그대신 증명서 또는 확인서를 붙이는 조건으로 발행되는 환어음을 말한다.

③ "내국신용장"이란 수출물품 또는 수출용원자재를 국내에서 구매하기 위한 신용장을 말한다.

④ "선적통지부 사후송금방식 수출거래(Open Account Transaction)"란 물품매매계약에 따라서 수출상은 상품선적과 함께 운송서류를 수입상 앞으로 직접 발송하고, 일정기간 경과후 수출대금을 수출상이 지정한 은행계좌에 수입상이 직접 입금시키는 수출거래를 말한다.

⑤ "대도"란 은행이 고객의 '수입화물대도신청'에 따라 수입화물에 대한 소유권을 유지하면서 고객이 수입대금을 결제하기 전에 미리 화물을 처분할 수 있도록 허용하는 것을 말한다.

⑥ "일람출급"이란 구비한 서류를 은행에 제시하고 대금을 청구하면 즉시 대금을 지급하는 것을 말한다.
⑦ "기한부출급"이란 일람출급에 대칭되는 것으로 30일, 60일, 90일과 같이 일정기간이 지난 후 대금을 지급하는 것을 말한다.
⑧ "차기통지서"란 은행의 예치환거래은행이 지급지시 등에 따라 자금을 출금하였다는 통지서를 말한다.
⑨ "수입화물선취보증서"란 수입물품은 이미 도착했으나 운송서류가 미도착하여 운송서류 내도 이전에 선박회사에 선하증권 원본 대신 제출하고 수입화물을 인도받는 보증서를 말한다.
⑩ "확인신용장"이란 개설은행 이외의 제3은행이 신용장에 대한 지급을 확약하는 신용장을 말한다.

제1조의2 (적용범위)

이 약정은 다음 각항의 현재 및 장래의 모든 거래(전자문서교환방식에 의한 거래 포함)에 적용하기로 합니다.

① 수출거래
1. 화환어음(환어음이 첨부되지 않은 선적서류를 포함. 이하 이 약정에서 같음)의 매입 및 추심
2. 보증신용장 등에 의한 무화환어음(Clean Bill)의 매입
3. 기타 전 각호에 준하는 거래

② 수입거래
1. 신용장 발행
2. 화환어음의 인도 및 결제
3. 보증신용장에 의한 무화환어음의 인도 및 결제
4. 기타 전 각호에 준하는 거래

③ 내국신용장발행거래
④ 내국신용장환어음 또는 판매대금추심의뢰서(이하 "내국신용장어음등"이라 함)의 매입(추심)거래
⑤ 선적통지결제방식 수출거래(Open Account Transaction)에 의한 수출채권매입거래(이하 "수출대금채권 매입거래"라 함)

제2조 (권리의 행사)

① 수출화환어음 및 내국신용장환어음 매입대금(은행의 매입대금을 말합니다. 이하 이 약정에서 같습니다) 및 수출대금채권 매입대금에 관하여 은행은 아래 제10조, 제11조, 제23조, 제24조 및 제28조에 의하여 이를 청구하거나 금전소비대차에 의한 대출금으로 보아 어음채권(어음이 발행된 경우에 한함) 또는 여신채권 중 어느 것에 의하여도 청구할 수 있습니다.
② 수입화환어음 및 내국신용장환어음 결제를 위한 대지급금의 경우에는 은행은 어음채권(어음이 발행된 경우에 한함) 또는 여신채권 중 어느 것에 의하여도 청구할 수 있습니다.

제3조 (담보)

본인은 제1조의 거래에 수반하는 물품 및 관련서류를 당해 거래와 관련하여 은행에 부담하는 채무와 이에 부수하는 이자, 할인료, 수수료, 지연배상금, 기타 부대비용 등의 지급을 위한 담보로서 은행에 양도합니다.

제4조 (적용환율)

적용환율은 매입(추심)신청서 또는 신용장발행신청서 등을 접수한 날과 관계없이 본인이 매입(추심)대금 등을 실제로 지급받거나 결제대금 등을 실제로 지급하는 날의 대고객 매입율 또는 매도율로 합니다. 다만, 제10조 제1항 제5호 및 제15조 단서의 경우 은행의 미수금 계정 처리일 또는 외화지급보증대지급금계정 처리일의 대고객 전신환매도율로 할 수 있습니다.

제5조 (수수료, 비용 및 손해의 부담)

① 본인은 은행의 책임있는 사유로 인하여 추가로 발생한 것이 아닌 한, 제1조의 거래에 따른 이자, 할인료, 수수료, 지연배상금, 손해배상금, 기타 부대비용 및 은행의 권리행사, 권리보전, 담보의 취득 및 처분에 따른 비용, 운임, 보험료, 기타 모든 비용 및 손해를 부담하며, 은행이 계산근거를 명시하여 청구하는 바에 따라 곧 지급합니다. 다만, 본인이 계산방법 등에 관하여 이의를 제기하는 경우에는 은행은 이를 심사하여 그 결과를 통보합니다.
② 은행은 제1항의 이자, 할인료, 수수료 등 제반 비용의 요율 및 계산방법을 성질상 고시하기 어려운 것(지급거절 등에 따른 법적비용, 대체거래에 따른 거래비용 또는 이와 유사한 경우로서 사안에 따라 금액의 편차가 큰 항목들을 말한다)을 제외하고는 고시토록 합니다.
③ 제1항의 수수료 등을 본인 이외의 자가 부담하기로 되어있는 경우에 본인의 비용으로 은행이 본인 이외의 부담자에게 청구하였으나 입금되지 아니하여 본인에게 청구한 때는 본인이 이를 곧 지급합니다. 다만, 은행이 본인 이외의 부담자로부터 이를 지급받은 경우에는 반환합니다.

제6조 (적용기간)

이 약정의 적용기간은 정하지 않기로 합니다. 다만, 부득이한 사유가 있는 경우 은행이나 본인은 이 약정을 해지할 수 있으며, 이 경우 해지 전에 이루어진 거래에 대하여는 이 약정을 계속 적용합니다.

제7조 (준용규정)

본인과 은행은 약정되지 아니한 사항에 대하여 따로 정함이 없는 한 「신용장통일규칙」, 「추심에 관한 통일규칙」, 「은행간 신용장대금상환에 관한 통일규칙」, 「국제표준은행관습」, 기타 국제 규약, 「전자무역업무 표준약관」 및 은행의 관련규정에 따르기로 합니다.

【 제2장 수출거래에 대한 특약 】

제8조 (환거래은행 및 송달방법의 선정)

신용장 또는 계약서, 매입신청서 등에 명시되어 있지 않은 경우 환거래은행 및 화환어음의 송달방법은 은행이 선정하기로 합니다.

제9조 (결제기간의 연장)

지급의무자가 결제기간의 연장을 요청한 경우 은행은 본인의 동의를 얻어 승낙할 수 있습니다. 다만, 지급의무자의 정부가 채무불이행을 선언하거나 지급의무자에 대한 채권단의 채무재조정이 있는 경우 등 은행이 부득이하다고 인정하는 때에는 본인의 동의없이 승낙할 수 있습니다. 이 경우 은행은 승낙한 사실을 곧 본인에게 통지합니다.

제10조 (매입대금상환)

① 다음 각호에서 정한 사유 중 하나라도 발생한 경우 본인은 은행으로부터의 독촉, 통지 등이 없어도 당연히 다음 각호에서 정한 화환어음 매입대금 또는 미수금의 상환의무를 지고 곧 변제하기로 합니다.

1. 본인에 대하여 은행여신거래기본약관 제7조 제1항(당연 기한전 채무변제의무) 각호에서 정한 사유 중 하나라도 발생한 경우에는 모든 화환어음
2. 화환어음의 지급의무자에 대하여 은행여신거래기본약관 제7조 제1항(당연 기한전 채무변제의무) 각호에서 정한 사유 중 하나라도 발생한 경우에는 그 자가 지급의무자로 되어있는 모든 화환어음

② 다음 각호에서 정한 화환어음에 대해 은행은 유선통화, 전자우편, 서면 등의 방법으로 청구하고, 이에 따라 본인은 화환어음 매입대금 또는 미수금의 상환의무를 지고 곧 변제하기로 합니다.

1. 화환어음의 매입일로부터 1개월 이내에 은행의 매입대금이 입금되지 아니하거나 화환어음의 인수가 이루어지지 아니하는 경우의 그 화환어음
2. 환거래은행 등으로부터 지급 또는 인수 거절된 경우의 그 화환어음
3. 제1호 및 제2호에 해당하는 화환어음이 매입일로부터 6개월 이내에 상환되지 아니하여 미수금계정으로 대체처리된 경우 및 은행의 자산건전성 분류기준에 의거 회수가 불확실하거나 회수불능이 확실하여 "회수의문" 또는 "추정손실"로 분류되어 미수금계정으로 대체처리된 경우의 그 원화금액

③ 본인에 대하여 은행여신거래기본약관 제7조 제4항 및 제5항(은행의 서면독촉에 의한 기한전 채무변제의무) 각호에서 정한 사유 중 하나라도 발생한 경우 본인은 은행의 서면독촉통지 도달일로부터 10일 이상으로 은행이 정한 기간이 경과하면 모든 화환어음 매입대금의 상환의무를 지고 곧 변제하기로 합니다.

④ 제1항 내지 제3항과 관련하여 본인은 환가료 징수기간 만료일 다음날부터 상환일 전날까지 부도처리시 은행이 고시한 은행계정 연체이율로 계산한 손해배상금을 지급하기로 합니다. 다만, 부도처리가 환가료 징수기간 내에 이루어진 경우에는 부도처리일로부터 손해배상금을 기산합니다.

⑤ 제1항 내지 제3항과 관련하여 본인은 매입신청시 제출한 화환어음 또는 매입신청서에 근거하여 매입대금을 상환하며, 은행은 본인이 매입대금과 이에 부수하는 손해배상금, 수수료, 비용 등을 변제할 때까지 화환어음 및 수출물품에 대하여 모든 권리를 행사합니다.

제11조 (화환어음 등의 반환)

① 이 약정에 의하여 은행에 대한 채무의 변제 또는 은행여신거래기본약관 제9조(은행으로부터의 상계 등)에 의한 상계 등의 경우 은행은 본인에게 화환어음 및 수출물품을 채무변제 등의 시점에 반환하지 아니하여도 됩니다.

② 본인은 은행이 반환하는 화환어음을 은행에서 수령합니다. 다만, 수출물품은 화환어음을 수령함으로써 반환받은 것으로 합니다.

③ 은행의 책임없는 사유로 인하여 화환어음 및 수출물품의 반환이 불가능한 경우 은행의 반환의무는 없는 것으로

합니다.

【 제3장 수입거래에 대한 특약 】

제12조 (신용장의 발행, 통지 및 환거래은행 등의 선정)

① 은행은 본인이 제출하는 신용장발행신청서(조건변경신청서 포함)등의 기재사항에 따라 신용장을 발행, 통지합니다.

② 신용장발행신청서에 명시되어 있지 않은 경우 환거래은행(통지은행, 매입은행, 지급은행, 인수은행, 확인은행, 기타 관련은행을 말합니다. 이하 같음) 및 통지 방법은 은행이 선정하기로 합니다.

제13조 (대도물품의 처분)

① 본인은 대도물품을 입고, 운반, 출고, 가공, 매도 이외의 목적으로 사용하거나 제3자에게 담보로 제공할 수 없으며, 또한 기타 은행의 권리를 해하는 행위도 할 수 없습니다.

② 본인은 대도물품을 매도할 경우 금액, 물품의 인도, 대금의 영수방법 등에 관하여 미리 은행의 동의를 받기로 합니다.

③ 본인은 대도물품의 매도대금 영수 후 곧 은행에 지급하며, 매도대금을 어음, 기타 유가증권 등으로 받는 경우에는 이를 곧 은행에 양도합니다.

제14조 (신용장 조건과 불일치하는 화환어음)

① 은행이 채권보전을 위하여 필요하다고 인정하는 경우 은행은 신용장조건과 불일치하는 화환어음에 대하여 본인의 동의없이 지급 또는 인수를 거절할 수 있습니다. 이 경우 은행은 본인에게 사후 통지하기로 합니다.

② 화환어음이 은행에 도착하기 전 신용장조건과의 불일치를 사유로 환거래은행 등으로부터 지급 또는 인수 등의 동의여부에 대한 조회를 받은 경우에도 제1항과 같습니다.

③ 은행이 본인에게 신용장조건 불일치에 관한 조회를 하였으나 본인의 회보가 조회장 발송일로부터 3영업일 이내에 도착하지 않는 경우 은행은 화환어음의 지급 또는 인수에 대한 동의 또는 거절여부를 결정할 수 있습니다.

제15조 (결제일)

본인은 대금의 결제조건이 일람출급인 경우에는 화환어음(차기통지서가 먼저 도착하는 경우에는 그 차기통지서) 도착일 익일부터 5영업일 이내에 결제하고, 기한부 출급인 경우에는 만기일에 결제합니다. 다만, 기일이내에 결제하지 못한 경우에는 익영업일에 외화지급보증대지급금계정으로 처리하여 결제하며, 본인은 그 원화금액을 상환하기로 합니다.

제16조 (수입화물선취보증서에 의한 수입화물 인도)

① 본인은 화환어음 도착전에 운송회사로부터 수입화물을 인도받고자 하는 경우 은행에 수입화물선취보증서 (항공화물운송장에 의한 수입화물인도승락서를 포함합니다. 이하 같음) 발급을 신청하여 은행의 사전승낙을 받아야 합니다.

② 본인이 수입화물선취보증서의 발급을 신청하는 경우 은행은 본인의 신용도에 따라 수입결제대금의 적립을 요청할 수 있습니다.

제17조 (신용장의 취소 및 조건변경)

① 은행은 본인이 신청한 경우에 한하여 신용장을 취소 또는 조건변경 할 수 있습니다. 다만, 그 효력은 신용장의 취소 또는 조건변경의 당사자(발행은행, 수익자, 확인신용장의 경우는 확인은행) 전원의 동의가 있어야 비로소 발생합니다.

② 제1항 본문에 불구하고 유효기일 경과 등 상당한 사유가 있는 경우 은행은 신용장을 취소할 수 있습니다. 이때 은행은 본인에게 사후 통지합니다.

제18조 (제3자 명의의 신용장발행)

본인이 제3자 명의의 신용장발행을 은행에 본인명의로 신청한 경우에는 모든 부분에 있어서 이 약정이 적용됩니다.

【 제4장 내국신용장발행에 대한 특약 】

제19조 (지급금액)

본인이 은행의 내국신용장 발행에 따라 은행에 지급할 해당금액은 다음 각항에서 정하는 바에 따르기로 합니다.

① 원화표시 외화부기 내국신용장발행의 경우에는 발행 당시의 내국신용장 원화금액에 불구하고 내국신용장 부기외화금액에 매입(추심)은행이 환어음을 매입(추심)하는 날의 매매기준율을 곱하여 청구한 금액

② 순수외화표시 내국신용장발행의 경우에는 해당 외화금액

③ 순수원화표시 내국신용장발행의 경우에는 해당 원화금액

제20조 (구매물품의 처분)

구매물품 처분에 관하여는 제13조를 준용합니다.

제21조 (신용장의 취소 및 조건변경)

은행은 본인이 관계당사자의 동의를 얻어 신청한 경우에 한하여 내국신용장을 취소 또는 조건변경할 수 있습니다. 다만, 유효기일 경과 등 상당한 사유가 있는 경우에는 은행이 신용장을 취소할 수 있습니다. 이때 은행은 본인에게 사후 통지합니다.

제22조 (결제일)

본인은 내국신용장어음등의 도착일로부터 3영업일 이내에 결제합니다. 다만, 3영업일 이내에 결제하지 못한 경우에는 3영업일에 지급보증대지급금계정으로 처리하여 결제하며, 본인은 그 원화금액을 상환하기로 합니다.

【 제5장 내국신용장어음매입(추심)에 대한 특약 】

제23조 (매입대금 상환)

① 다음 각호에서 정한 사유 중 하나라도 발생한 경우 본인은 은행으로부터의 독촉, 통지 등이 없어도 당연히 다음 각호에서 정한 내국신용장환어음 매입대금의 상환의무를 지고 곧 변제하기로 합니다.

1. 본인에 대하여 은행여신거래기본약관 제7조 제1항(당연 기한전 채무변제의무) 각호에서 정한 사유 중 하나라도 발생한 경우의 모든 내국신용장환어음
2. 내국신용장 발행은행에 의하여 지급거절되는 경우의 그 내국신용장환어음

② 본인에 대하여 은행여신거래기본약관 제7조 제4항 및 제5항(은행의 서면독촉에 의한 기한전 채무변제의무) 각호에서 정한 사유 중 하나라도 발생한 경우 본인은 은행의 서면독촉통지 도달일로부터 10일 이상으로 은행이 정한 기간이 경과하면 내국신용장환어음 매입대금의 상환의무를 지고 곧 변제하기로 합니다.

③ 제1항 및 제2항과 관련하여 본인은 매입이자 징수기간 만료일 다음날부터 상환일 전날까지 부도처리시 은행이 고시한 은행계정 연체이율로 계산한 손해배상금을 지급하기로 합니다.

④ 제1항 및 제2항과 관련하여 본인이 매입대금과 이에 부수하는 손해배상금, 수수료, 비용 등을 변제할 때까지 은행은 매도물품에 대하여 모든 권리를 행사합니다.

제24조 (내국신용장어음등의 반환)

① 이 약정에 의하여 은행에 대한 채무의 변제 또는 은행여신거래기본약관 제10조(은행으로부터의 상계 등)에 의한 상계 등의 경우 은행은 내국신용장어음등 및 이에 첨부된 서류를 채무변제 등의 시점에 반환하지 아니하여도 됩니다.

② 본인은 은행이 반환하는 내국신용장어음등 및 이에 첨부된 서류를 은행에서 수령합니다.

③ 은행의 책임없는 사유로 인하여 내국신용장어음등 및 이에 첨부된 서류의 반환이 불가능한 경우 은행의 반환의무는 없는 것으로 합니다.

【 제6장 수출대금채권 매입거래에 대한 특약 】

제25조 (선적서류의 발송)

수출대금채권 매입거래와 관련한 선적서류(운송서류, 보험서류, 상업송장 및 수출계약서에 의해 요구되는 서류를 포함합니다. 이하 같음)는 본인의 책임하에 발송하고 그 사본을 은행에 제출합니다.

제26조 (수출대금채권의 양도)

① 수출대금채권 매입의뢰시 본인은 수출대금채권을 무조건적으로 은행에 양도하기로 하며, 수출대금채권을 양도함에 있어 수입자의 동의를 얻는 등 필요한 절차를 마치고 이를 확인할 수 있는 확인서를 은행에 제출합니다.

② 본인은 수출대금채권을 은행이 아닌 다른 누구에게도 양도, 이전하지 않으며, 물품공급 계약의 수정, 수출대금채권 지급조건의 변경, 수입자의 의무에 대한 권리의 포기 등 은행이 독자적으로 판단하기에 당해 수출대금채권과 관련하여 은행의 이익을 해할 수 있는 어떠한 행위도 하지 아니합니다.

제27조 (수출대금의 회수 등)

본인은 수출대금을 수출대금채권 만기일에 은행에서 지정한 계좌에 은행의 관리번호를 명시하여 입금하도록 조치합니다.

제28조 (기타)
본인은 본 장에서 따로 정하지 아니한 사항은 "제2장 수출거래에 대한 특약"의 각 조항에 따르기로 합니다.

본인은 은행여신거래기본약관 및 이 약정서 사본을 확실히 수령하고, 주요 내용에 대하여 충분한 설명을 듣고 이해하였음.	
본 인	(인)

나. 수입승인서 등의 발급

수입하고자 하는 물품이 수출입공고, 통합공고, 전략물자수출입고시 등에 의하여 수입이 제한되는 품목인 경우에는, 사전에 수입승인서를 발급받는 등 그러한 제한을 해제하는 필요한 조치를 취하도록 하여야 한다. 비록 외국환은행의 수출입승인 제도는 이미 오래 전에 폐지되었지만, 은행은 채권보전 및 무역관리 차원에서 당해 물품이 수입제한 또는 수입금지품목이 아닌지의 여부를 확인하여야 한다.

다. 신용장발행신청서의 작성 및 검토

신용장발행신청서(Application for Irrevocable Documentary Credit)는 개설의뢰인이 신용장의 개설을 신청하는 서류로서, 개설될 신용장의 제 조건이 기재되는 매우 중요한 문서이다. 수입상은 신용장발행신청서를 통하여 신용장에 명시되어야 할 모든 사항을 완전하고 정확하게 지시하여야 한다. 이와 같이 신용장발행신청서는 대단히 중요한 역할을 하므로, 국제상업회의소에서는 신용장통일규칙하에서의 표준화환신용장개설신청서 양식을 제정하여 그 사용을 권고하고 있다(1993, ICC Pub. No. 516).

신용장발행신청서의 일반적인 기재사항은 다음과 같다.

① 개설의뢰인의 성명과 주소

② 수익자의 성명과 주소

③ 통지은행명

④ 신용장 금액 (및 More or Less 허용 여부)

⑤ 유효기일 및 유효기일의 종료장소

⑥ 신용장의 이용방법 및 지정은행 : Available with (any) Bank, By ( )

*By sight payment, By deferred payment, By acceptance, By negotiation

⑦ 환어음에 관한 사항(Draft Tenor) : At sight, ( ) days after sight, ( ) days after B/L date 등

*Usance L/C의 종류 : Shipper's usance, Banker's usance(Overseas, Domestic)

⑧ 상품의 명세 : 상품명, 수량, 단가, 무역거래조건, 원산지 등

⑨ 상업송장에 관한 사항

⑩ 운송서류에 관한 사항 : 운송서류의 종류 및 매수, 수하인, 통지처, 운임지급 여부 등

⑪ 보험서류에 관한 사항 : 보험서류의 종류 및 매수, 부보조건(부보위험), 부보금액(부보비율), 보험금 지불장소 및 지급통화 등

⑫ 기타의 서류에 관한 사항 : Packing list, Certificates of Origin, Inspection Certificates, 기타의 각종 Certificates · Declaration · Statement 등

⑬ 선적에 관한 사항 : 선적기일, 선적지, 도착지, 분할선적 및 환적의 허용 여부 등

⑭ 서류제시기간

⑮ 기타 부가조건(Additional Conditions, Special Conditions)

라. 수입자의 자격 검토

2001년 1월부터 무역업 및 무역대리업의 신고제가 폐지됨에 따라, 무역업을 영위하고자 하는 자는 누구든지 한국무역협회장에게 신청하여 '무역업고유번호'를 부여받은 후, 자유롭게 수출입 업무를 영위할 수 있게 되었다.

무역업고유번호를 부여하는 목적은 각종 수출입 통계의 작성 및 관세 · 통관행정의 전산처리를 위함이며, 또한 수출입 데이터베이스의 구축을 통하여 무역정책의 수립 및 시행을 원활히 수행하기 위함이다.

무역업고유번호의 신청은 우편 · 팩스 · 이메일 · EDI 등의 방법으로 할 수 있으며, 이에 대하여 한국무역협회는 접수 즉시 무역업고유번호를 부여하고 있다(관련규정: 대외무역관리규정 제24조).

과거 무역업신고제도하에서 발급받은 '무역업신고필증'상의 '무역업신고번호'는

무역업고유번호로 그대로 인정되므로, 2000년 이후 신규업체에 한해서만 무역업 고유번호를 신청하여 부여받으면 된다.

은행은 수입상의 자격을 검토하기 위하여, 신규 외환거래처와의 약정시에 '무역업 고유번호증'을 징구하여 확인하여야 한다.

마. 물품매도확약서

신용장 개설 신청시에는 물품매도확약서(Offer Sheet) 또는 수입계약서(Contract)를 첨부하여야 하며, 양 당사자의 서명이 있어야 한다.

◀ 참고 ▶ 국외발행오퍼확인제 폐지

예전에는 외국으로부터 물품을 수입하고자 하는 경우 국내에 있는 '갑류무역대리업자'가 발행한 '물품매도확약서'에 의하여 수입을 해야만 했으며, 만약 '국외발행오퍼'를 통하여 수입을 하고자 하는 경우에는 국내의 갑류무역대리업자가 해당 물품에 대한 오퍼를 발행하고 있지 않다는 사실에 대해 '한국무역대리점협회'의 확인을 받아야 했다. 그러나 현재는 '무역대리업신고제' 및 '국외발행오퍼확인제'가 모두 폐지되어, 수출입상 간의 계약서 등에 의하여 아무런 제한없이 수입을 할 수 있게 되었다. 따라서 신용장을 개설하고자 하는 경우에도 그에 관한 별도의 제한이 없으며, 양 당사자 (수출상과 수입상)의 서명이 있는 '계약서'나 'Offer sheet' 등에 의하여 자유롭게 신용장을 개설할 수 있게 되었다.

바. 수입물품에 대한 검토

수입하고자 하는 물품의 H.S. CODE 분류가 적정한지의 여부를 검토하고, 수출입공고 및 통합공고 등에 의한 각종 제한요건을 모두 충족하고 있는지의 여부를 점검한 후에 개설 여부를 결정하여야 한다.

1) HSK에 의한 품목분류 검토

신용장발행신청서상의 물품은 약칭 'HSK(Harmonized System of Korea)'라 불리는 우리나라의 '관세 · 통계통합품목분류표'에 따라 분류되어야 하는데, 이러한 품목분류번호의 적용이 적정한지의 여부에 대하여 기획재정부(한국관세협회)에서 발간한 '관세율표 해설서' 등을 참조하여 확인하여야 한다.

참고적으로 우리나라의 품목분류코드는 모두 10단위의 번호체계로 구성되어 있으며, 이는 약칭 'HS(Harmonized Commodity Description and Coding System)'라 불리는 '국제통합품목분류표'상의 6단위 코드를 우리나라의 필요에 따라 다시 세분류하기 위하여 4단위 코드를 추가한 것이다.

2) 수출입공고의 검토

수출입공고에 의하여 수출입에 제한이 있는 물품에 대하여는 수출입공고상의 품목별 수출입 요령에 따라 해당 승인권자의 '수입승인서(Import Licence)'를 발급받아야 한다.

산업통상자원부장관이 고시한 수출입공고는 수출입금지품목, 수출제한품목 및 동 품목의 수출요령, 수입제한품목 및 동 품목의 수입요령 등의 내용으로 구성되어 있다.

3) 통합공고의 검토

대외무역법 이외의 다른 법령에서 특정한 물품의 수출입 요건 및 절차 등을 따로 정하고 있는 경우, 수출입 요건확인 및 통관업무의 간소화 등을 위하여 이들 다른 법령에서 정하고 있는 각종의 수출입 요령에 관한 사항을 산업통상자원부장관이 조정 · 통합하여 이를 공고하고 있는데, 이것을 '통합공고'라고 한다.

신용장 개설시에는 수출입공고상의 제한요건은 물론, 통합공고상에서의 제한요건도 동시에 충족하였는지의 여부에 대해 확인하여야 한다. 이 외에도 전략물자수출입고시 등에 의하여 물품 및 기술 등에 관한 수출입의 통제사항이 있는 경우에는 이를 모두 준수하여야 한다.

4) 대북한 교역인지의 여부 검토

남북한 간 교역(제3국을 경유하는 물품의 이동을 포함)에 관하여는 '남북교류협력에 관한법률'에 의거, 대상품목 · 거래형태 · 대금결제방법 등에 대한 통일부장관의 승인을 얻어야 하며, 이에 관한 자세한 사항은 '반출 · 반입승인대상품목 및 승인절차에 관한 고시'에서 별도로 규정하고 있다.

교역물품의 반출입 승인에 관하여는, 개별적으로 통일부장관의 승인을 요하는 사항과 통일부장관이 사전에 미리 포괄적으로 승인함으로써 별도의 승인을 요하지 않는 포괄승인사항이 있다. 이에 관한 세부적인 내용은 이미 앞에서 설명한 바와 같으므로 '제1장 제4절 5-1'편을 참조하기 바란다.

사. 대금 결제조건의 검토

1) 결제통화

신용장의 결제통화는 원화 및 외화의 사용이 모두 가능하다. 다만, 신용장의 대금결제를 원화로 하고자 하는 경우에는 신용장을 이용할 은행(지정은행)이 국내의 은행에 '비거주자자유원계정'을 보유하고 있어야 한다. '원화신용장'은 국내의 은행에 개설되어 있는 매입은행 등의 비거주자자유원계정으로 원화자금을 이체하는 방식에 의하여 신용장대금의 상환이 이루어지기 때문이다.

◀ 참고 ▶ 대외지급수단으로 결제되는 '원화표시 수입신용장'

신용장의 금액은 원화로 표시되나 수입대금의 결제는 외화로 이루어지는 조건의 신용장을 말한다. 이는 환율변동에 따른 수입상의 환리스크를 회피하기 위하여 신용장의 금액을 원화로 표시하여 발행한 후, 수입대금의 결제는 결제당일의 전신환매도율을 적용하여 산정한 원화금액 상당의 외화로 이루어지는 방식이다.

2) 결제방법

당해 수입거래의 결제방식 및 결제기한 등의 결제조건이 외국환거래규정에 의한 신고등의 대상인지 여부에 대하여 확인한 후 처리하여야 한다.

다음 각 호의 수입결제 방법은 사전에 한국은행총재에게 신고하여야 한다.

① 가공하지 않고 재수출할 목적으로 계약 건당 미화 5만불을 초과하는 금(Gold)을 수입하는 경우로서, 그 수입대금을 선적서류 또는 물품의 수령일로부터 30일을 초과하여 지급하고자 하는 경우

② 계약 건당 미화 2만불을 초과하는 사전송금방식의 수입거래로서, 선적서류

또는 물품의 수령 전 1년을 초과하여 사전에 그 수입대금을 미리 지급하고자 하는 경우 등

아. 보험서류 징구

무역거래조건을 F그룹 또는 CFR · CPT 등으로 지정하여 수입신용장을 개설하는 경우에는, CIF · CIP 등과는 달리 수입상이 수입물품에 대하여 부보하여야 하므로, 개설은행은 신용장 개설 당시에 수입상에게 적하보험에 가입하도록 요구하여야 하며, 또한 당해 적하보험증권을 배서양도 받음으로써 운송 중 해난사고 등으로 인한 상품 멸실시의 담보력 보전에 만전을 기하여야 한다. 다만, BWT 거래는 당해 물품이 국내의 보세구역에 반입되었음을 증명하는 서류를 징구하고 적하보험서류를 징구하지 않을 수 있다.

2. 신용장발행신청서의 심사

신용장발행신청서는 신용장 개설의 기초가 되는 중요한 서류이므로, 각종 지시사항은 완전하고 정확하게 기재되어야 하며, 상호 간에 모순 또는 오류가 없어야 한다. 개설은행은 신용장을 개설하기에 앞서 신청서의 내용을 면밀히 점검함으로써, 그 내용이 완전 · 정확하고 국제관행에 부합하는지의 여부 및 자행의 채권보전을 해하는 조항이 없는지의 여부를 심사하여야 한다.

신용장발행신청서의 주요 점검사항은 다음과 같다.

2-1 신용장의 취소가능 또는 취소불능 여부

신청서에는 신용장의 취소불능 여부를 표시하고 있어야 하는데, 일반적으로 국내의 은행들은 '취소불능신용장'이라는 부동문자가 기재된 소정의 서식을 미리 제작하여 고객들로 하여금 이 서식을 활용하여 신용장의 개설을 신청하도록 하고 있다.

2-2 신용장의 이용방법

모든 신용장에는 그것이 Sight Payment(일람지급), Deferred Payment(연지급), Acceptance(인수), Negotiation(매입) 중에서 어느 방법으로 이용이 가능한지를 명시하여야 하는데, 우리나라의 수입신용장은 대부분 매입신용장으로 개설되고 있다.

기한부신용장의 경우에는 그것이 Shipper's Usance인지, Overseas Banker's Usance인지, Domestic Banker's Usance인지의 여부를 지시하여야 한다.

신용장의 이용방법이 어느 것이냐에 따라서 대금상환지시방법 및 지급확약문언의 내용 등 신용장의 개설 요령이 달라지게 된다.

2-3 신용장 금액

신용장 금액은 문자와 숫자로 표시된 금액이 서로 일치하여야 하며, 표시통화가 정확하여야 한다. 또한 개설은행과 개설의뢰인 간의 신용장개설약정에 의한 한도금액 범위 내에서 개설되어야 한다. 특히 신용장금액에 과부족을 허용하는 경우에는 'More'금액으로 인하여 개설한도를 초과하지 않도록 유의하여야 한다.

2-4 환어음에 관한 사항

어음의 만기는 매매계약서의 그것과 일치하여야 한다. 어음의 만기를 표시하는 방법에는 일람출급, 일람후정기출급, 일자후정기출급, 확정일출급 등의 방식이 있다.

어음 발행금액에 관한 별도의 명시가 없으면 당해 어음은 상업송장 금액의 100%에 대하여 발행할 수 있는 것으로 간주되며, 'for 90% of invoice value' 등의 문구를 기재하게 되면 송장금액의 90%에 대하여만 어음을 발행하게 된다.

2-5 운송서류에 관한 사항

운송서류의 수하인(Consignee)은 개설은행으로 지정하여야 하며, 선하증권이나 복합운송서류 등을 요구하는 경우에는 'Original Full Set(복본 전통)'을 개설은행으로 송부하도록 지시하여야 한다. 특히 항공화물운송장(Air Waybill)은 권리증권이 아니고 단순한 화물수취증서에 불과하므로, 그 수하인은 반드시 개설은행으로 지정하여야 한다. 이는 개설은행의 채권보전을 위한 필수 요건이며, 이로써 개설은행은 수입상의 대금결제시까지 양도담보권의 실익을 확보할 수 있게 된다.

운송서류상의 통지처(Notify Party)는 신용장 개설의뢰인 또는 그가 지정하는 자의 명칭과 주소를 기재한다.

무역거래조건(Incoterms® 2020에 의한 Trade Terms)이 무엇인지에 따라 운임 부담자가 달라지므로, 무역거래조건과 운임지불 관계에 대한 지시가 상호 모순되지 않는가를 확인하여야 한다. F그룹(FOB · FAS · FCA)은 '운임 후지급(Freight Collect)' 조건으로, C그룹(CFR · CPT · CIF · CIP) 및 D그룹은 '운임 선지급(Freight Prepaid)' 조건으로 개설되어야 하는 것이 원칙이다.

또한 무역거래조건에 따라 운송수단(선박/항공기 등) 및 'Port/Airport' 등에 관한 사항에 차이가 있으므로, 이 또한 모순되지 않는가를 점검하여야 한다.

2-6 보험서류에 관한 사항

수출상이 부보하지 않는 무역거래조건, 즉 FOB · FAS · FCA · CFR · CPT 등의 조건하에서는 신용장상에 보험서류의 제시를 요구하지 않는다. 이 경우에는 개설의뢰인이 부보하여 이를 개설은행에 제출하여야 한다. 그러나 무역거래조건이 CIF · CIP 등일 경우에는 신용장상에 보험서류의 제시를 요구하여야 한다. 이때는 수출상이 부보하여 대금 청구시에 이를 다른 서류들과 함께 제시하게 된다.

2-7 상품명세

상품명세는 매매계약서상의 명세와 일치하여야 하며, 상품명세를 구성하는 물품명, 수량, 단가, 원산지, 무역거래조건 등이 모두 완전 · 정확하게 명시되어야 한다.

◀Banking Tips▶ 불완전하거나 불명확한 상품명세

신용장의 상품명세를 불완전하거나 불명확하게 기술하는 것은 매우 위험한 행위이며, 그와 같은 경우에 개설의뢰인 및 개설은행은 전혀 예상하지 못한 황당한 상황에 직면할 수 있음은 물론, 수출상의 악의적인 사기 행위로부터 스스로를 보호할 수 없게 된다.

상품명세를 구성하는 '상품명'은 목적하는 상품을 완전 · 정확하게 기술하여야 하며, 그뿐만 아니라 상품명세를 구성하는 '수량' 및 '단가' 역시 완전 · 정확하게 기재하여야 한다. 포괄적인 용어로 '상품명'을 기술하거나 또는 '수량'을 기재하지 않는 경우 등에는, 개설의뢰인 및 개설은행에게 매우 치명적인 결과가 초래될 수 있으므로 각별히 유의하여야 한다.

《 예시 》 Description of Goods and/or Services :
Frozen Fishes, USD 300,000, FOB, China Origin

《 해설 》 상품의 명칭이 매우 포괄적인 용어로 기술되어 있으며 수량 및 단가가 누락되어 있다. 의도한 어종이 아닌 싸구려 잡어가 그것도 터무니 없이 적은 수량으로 선적되었음에도 불구하고, 신용장상의 하자를 주장할 수 없어 매우 곤욕을 치르다 결국은 부실로 연결된 사례가 있다. 이와 같은 행위는 개설의뢰인의 안일한 시야에서 비롯된 것이기는 하나, 보다 근원적인 이유는 취급 직원(개설은행)의 부주의에 기인한다고 보아야 할 것이다. 신용장 개설을 그저 형식적인 오퍼레이션 업무로만 생각하고 개설신청서를 아예 점검하지 않는데 그 원인이 있다. 개설의뢰인의 금전적 손실은 곧 개설은행의 부실로 연결될 수 있다는 사실을 자각하고, 이와 같은 부실한 조건의 신용장이 개설되지 않도록 충분한 안내와 조치가 이루어져야 할 것이다.

2-8 선적지와 도착지

선적지와 도착지는 매매계약서상에 표시된 것과 일치하여야 한다. 경우에 따라 선적지와 도착지는 특정 항구나 공항이 아닌 지리적 범위(Any European Ports 등)를 지정하여 표시할 수도 있다.

2-9 선적기일과 유효기일

선적기일(The Latest Date for Shipment)에는 선적을 완료하여야 하는 최종일자를 표시하며, 선적기일이 표시되어 있지 않으면 유효기일이 선적기일이 된다.

유효기일(Expiry Date)이란, 당해 신용장에 근거하여 발행된 환어음 및/또는 선적서류가 지급 · 연지급 · 인수 · 매입을 위하여 지정은행 또는 개설은행에 제시되어야 하는 최종일자를 말하며, 이는 매입 등이 이루어져야 하는 최종일을 의미하는 것이 아니다. 유효기일은 납기 및 서류작성기간 등을 고려하여 적정하게 산정되어야 한다.

2-10 서류제시기간

서류제시기간(Period for Presentation)이란, 지급 · 연지급 · 인수 · 매입을 위하여 서류가 지정은행 또는 개설은행 앞으로 제시되어야 하는 선적일 이후의 일정 기간을 말하며, 신용장이 한 통 이상의 운송서류 원본을 요구하는 경우에는 반드시 이를 명시하여야 한다. 이러한 서류제시기간이 명시되지 않은 경우에는, 선적 후(After the date of shipment) 21일 이내에 제시되어야 하는 것으로 간주된다.

서류제시기간을 두는 이유는, 화물은 기한 내에 도착하였음에도 불구하고 서류가 도착하지 않음으로 인하여 발생할 수 있는 수입상의 불이익을 보호하기 위함이다. 예를 들면, 화물의 통관지연으로 인한 적절한 판매시점의 실기 및 창고료 · 화재보험료 등의 추가적인 비용부담 등으로부터 수입상을 보호할 목적을 지니고 있는 것이다.

따라서 서류제시기간을 명시함에 있어 'Within 10 days after the date of shipment' 등으로 지시하지 않고, 'Later than 90 days after the date of shipment' 등과 같이 비정상적으로 지시하려는 행위는 억제되어야 한다. 이는 서류제시기간을 지정하도록 하는 본래의 취지를 훼손하고, 일람불신용장을 기한부신용장화하려는 등의 불순한 의도를 내포하고 있기 때문이다.

2-11 양도가능 여부

신용장의 권리를 양도가 가능하도록 개설하고자 하는 경우에는 'transferable'이라는 용어를 사용하여야 하며, 'divisible', 'fractionable', 'assignable', 'transmissible' 등과 같은 용어를 사용해서는 안된다. 만약 그와 같은 용어를 사용하였을 경우에는 '양도가능'의 의미로 해석하지 않고 이를 무시하게 된다.

◀ 예시 2-1-2 ▶ 취소불능화환신용장 발행신청서

TO : KOREA INSTITUTE BANK

20(Documentary Credit Number) Date : ______________

<table>
<tr><td colspan="2">0A(Form of Documentary Credit): Irrevocable, ▒ Transferable</td></tr>
<tr><td>Advising Bank SWIFT CODE ▒▒▒▒▒▒▒▒</td><td>31D(Date and Place of Expiry) : (yy/mm/dd)
▒ in the Beneficiary Country
▒ 기타 ( )</td></tr>
<tr><td>50 (Applicant)</td><td>59(Beneficiary)</td></tr>
<tr><td>32B(Amount)</td><td>39A(Credit Amount Tolerance) : ▒▒ / ▒▒ (More/Less)%</td></tr>
<tr><td>42C(Drafts at)</td><td>▒ Banker's(선급) ▒ Banker's(후급) ▒ Shipper's ▒ Domestic</td></tr>
<tr><td>43P (Partial Shipments): ▒ Permitted ▒ Prohibited</td><td>43T(Transhipment) : ▒ Permitted ▒ Prohibited</td></tr>
<tr><td>49(Confirmation Instructions) : ▒Without ▒May add ▒Confirm</td><td>Confirm Confirmation Charges : ▒ Applicant ▒ Beneficiary</td></tr>
<tr><td>44A(Place of Taking in Charge/ Place of Receipt)</td><td>44E(Port of Loading / Airport of Departure)</td></tr>
<tr><td>44F(Port of Discharge / Airport of Destination)</td><td>44B(Place of Final Destination / Place of Delivery)</td></tr>
<tr><td>44C (Latest Date of Shipment) (yy/mm/dd)</td><td>48(Period for Presentation)</td></tr>
<tr><td colspan="2">71B(Charges) All banking charges outside Korea and reimbursement charges are for account of ▒ Beneficiary ▒ Applicant</td></tr>
<tr><td colspan="2">45A(Description of goods and/or service) Details as per offer No.</td></tr>
<tr><td>H.S. CODE:</td><td>Shipping Mark:</td></tr>
<tr><td>Origin:</td><td>Trade Terms(Incoterms® 2020):</td></tr>
<tr><td colspan="2">46A(Documents Required)
▒ Signed commercial invoice in triplicate
▒ Packing list in triplicate
▒ Full set of clean on board ocean bills of lading made out to the order of Korea Institute Bank Seoul marked Freight ▒▒▒▒ and Notify Applicant
▒ Airway bills consigned to Korea Institute Bank Seoul marked Freight ▒▒▒▒ and Notify Applicant
▒ Certificate of origin in triplicate issued or certified by Chamber of Commerce or governmental authority where shipment is made.
▒ Full set of (marine) insurance policy or certificate endorsed in blank for 110% of invoice value with claims payable in Korea in the currency of draft covering the Institute Cargo Clauses (LMA/IUA):
▒
▒</td></tr>
<tr><td>TT Reimbursement : ▒ Allowed ▒ Not Allowed</td><td>Settlement(at sight): ▒ Remittance ▒ Reimbursement</td></tr>
<tr><td colspan="2">47A (Additional Conditions)</td></tr>
</table>

위와 같이 신용장 발행을 신청함에 있어서 따로 제출한 외국환거래약정서의 해당 조항에 따를 것을 확약하며 아울러 위 수입화물에 관한 모든 권리를 귀행에 양도하겠습니다.

신 청 인 ㊞ 또는 서명

주 소

책임자 (직인)

담당자	확인자	결재권자

3. 신용장 개설에 따른 유의사항

신용장을 개설하는 경우에는 기본적으로 다음 사항들에 대하여 유의하여야 한다.

3-1 신용장 개설을 위한 지시 및 신용장 자체의 완전정확성

신용장은 조건부 지급확약서이다. 즉 개설은행은 신용장의 조건에 일치하는 서류의 제시가 있을 경우에 한하여 결제할 책임이 있다. 그러므로 신용장의 개설에 관한 지시 사항과 신용장 그 자체의 내용은 완전하고 정확하여야 한다(UCP 500 제5조).

참고 **'애매모호한 조건' Vs. '이행이 불가능한 조건'**

신용장의 개설 및 조건변경을 위한 개설의뢰인의 지시는 완전하고 정확하여야 하며, 개설은행에 의하여 발행된 신용장 및 조건변경서 그 자체의 내용 또한 완전하고 정확하여야 함. 만일 그 내용이 불명확하거나 애매모호하여 발생하는 위험은 최종적으로 개설의뢰인이 이를 부담하여야 한다는 것이 국제적인 관행임(참고: UCP 500 제5조 a항, ISBP 821 PC v)항). 각국 법원의 판례에 있어서도 신용장의 조건에 대한 해석이 불분명하여 발생하는 분쟁에 대하여는 개설은행(개설의뢰인)에 불리하게 해석하여 판결하는 것이 일반적임. 따라서 개설은행은 개설의뢰인의 불명확한 지시에 대하여 그 용어 및 내용이 명료히 표현될 수 있도록 안내하여야 함. 참고적으로, 개설은행은 개설의뢰인이 달리 명시적으로 지시하지 않는다면, 신용장의 사용을 가능하게 하는데 필요하거나 바람직한 방향으로 그러한 지시를 보충하거나 개선할 수 있음(ISBP 821 PC v)항).

그러나 그 내용의 해석상에 오해의 여지가 없는 경우에는, 설사 조건의 이행이 불가능한 독소조항이라 할지라도 모든 위험은 수익자가 부담하여야 한다는 것이 일반적인 통설임(참고: ISBP 821 PC vii)항). 따라서 그와 같은 경우에, 수익자는 사전에 반드시 그러한 조건을 변경 받아야만 스스로를 보호할 수 있음.

3-2 불명확한 용어사용의 제한

다음과 같은 불명료한 용어는 사용을 자제하여야 한다.

① 서류의 발행인을 표현하기 위한 용어로서 'well known(저명한)', 'first class

(일류의)', 'qualified(자격있는)', 'independent(독립적인)', 'official(공인된)', 'competent(유능한)', 'local(현지의)' 등의 모호한 용어는 가급적 사용하지 말아야 한다(UCP 500 제20조 a항, UCP 600 제3조).

서류의 발행자를 'first shipping company' 또는 'well known inspector' 등과 같이 표현할 경우, '일류'라든가 '저명한'이라는 자격 기준은 당사자의 주관에 따라 크게 달라질 수 있기 때문이다. 따라서 이러한 표현은 혼란을 일으킬 우려가 있으므로 사용을 자제하여야 한다. 그럼에도 불구하고 만약 이러한 용어가 사용되는 경우에는, 수익자 이외의 어떠한 자가 발행한 서류라 하더라도 그 조건을 충족하는 것으로 간주된다. 다만 수익자 본인이 그러한 서류를 발행하는 것은 지급거절의 사유가 된다.

② 운임이 선지급되었음을 증명하는 문구로서 'freight prepayable', 'freight to be paid' 등의 애매한 용어를 사용하지 말아야 한다. 만약 이러한 용어가 사용된 경우에는 운임이 지급된 증거로 간주되지 않는다(UCP 500 제33조 c항).

③ 적하보험에 의해 담보되어야 할 위험과 관련하여 'usual risks', 'customary risks' 등의 모호한 용어를 사용하지 말아야 한다. 만약 이러한 용어가 사용된 경우, 은행은 부보되지 않은 어떠한 위험에 대해서도 아무런 책임 없이 제시된 대로 수리할 수 있다(UCP 500 제35조 a항, UCP 600 제28조 g항).

④ 행위의 시한과 관련하여 'prompt', 'immediately', 'as soon as possible' 또는 이와 유사한 모호한 용어는 사용하지 말아야 한다. 만약 이들 용어가 서류상에 사용하도록 요구된 경우가 아니라면 은행은 그러한 용어들을 무시할 수 있다(UCP 500 제46조 b항, UCP 600 제3조).

⑤ 행위의 시한과 관련하여 'on or about'이라는 용어는 가급적 사용하지 말아야 하며, 만약 그러한 용어가 사용되었다면 은행은 지정된 날짜의 전 5일로부터 후 5일까지, 즉 총 11일 이내에 어떠한 행위나 사건이 발생하여야 하는 것으로 해석한다(UCP 600 제3조).

3-3 과도한 명세의 삽입 억제

개설은행은 혼란과 오해를 방지하기 위하여 개설의뢰인이 신용장 또는 조건변경서에 과도한 명세를 삽입하려는 시도를 저지하여야 한다(UCP 500 제5조, UCP 600 제4조 b항).

개설의뢰인은 신용장거래의 독립추상성에 따라 관련 당사자 중에 가장 불리한 입장에 처하여 있다. 따라서 개설의뢰인은 자기방어책을 강구하려고 신용장에 과도한 명세를 삽입하려는 경향이 있는데, 이는 수익자로 하여금 조건의 완벽한 이행을 어렵게 함으로써 만약의 경우를 대비하여 대금지급을 거절할 수 있는 빌미를 만들기 위함이다. 그러나 그렇다고 하여 개설의뢰인이 자기가 주문한 상품을 온전하게 입수할 수 있다는 직접적인 보장을 받는 것이 아니며, 이는 오히려 여러 가지 오해와 혼란의 원인이 되어 신용장의 역기능만을 야기시키게 될 뿐이다. 따라서 그러한 과도한 명세를 삽입하려는 시도는 억제되어야 하며, 개설은행 또한 개설의뢰인의 그러한 요청과 지시를 저지하여야 한다.

3-4 외국법률 및 관습의 준수

신용장 개설의뢰인은 외국의 법률 및 관습에 의하여 부과되는 모든 의무와 책임에 구속되며 이에 대하여 은행에 보상할 책임을 진다(UCP 600 제37조 d항).

신용장은 일단 개설이 되고나면 통지, 확인, 지급, 인수, 매입, 상환 등이 모두 외국에서 발생하게 된다. 따라서 개설의뢰인이 외국 법률이나 관습의 준수를 거부한다면 여러 가지 복잡한 문제가 야기될 수 있으므로, 신용장통일규칙은 개설의뢰인이 이들 법률과 관습을 준수할 것을 규정하고 있다.

예컨대 외국의 은행들은 종종 그들의 금융관습에 따라 신용장 관련 비용을 개설은행 앞으로 청구하는 사례가 있는데, 이 경우 최종적으로는 개설의뢰인이 그러한 비용을 지급하여야 하는 것이며, 개설은행은 이러한 사실을 미리 개설의뢰인에게 주지시킬 필요가 있다.

4. 신용장의 개설 방법

신용장을 개설하는 방법에는 우편에 의한 방법과 전신에 의한 방법이 있다.

4-1 우편에 의한 개설

은행이 보유하고 있는 신용장 양식에 그 내용을 타자로 작성한 후, 해외 환거래 은행에 등기우편 또는 특사우편으로 송부하여 통지를 요청함으로써 신용장을 개설하는 방법을 말한다.

우편신용장의 개설에는 ① 아무런 조치 없이 우편신용장만을 우송하는 방법과 ② 우편신용장을 우송하기 전에 약식전보(Short Cable)를 보내는 방법이 있다.

가. 약식전보 없이 우편신용장만 우송하는 방법

사전에 별도의 약식전보(Short Cable)를 전송하지 않고, 곧바로 우편신용장만을 송부하여 신용장을 개설하는 방법이다.

약식전보라 함은, 신용장의 개설 이전에 미리 신용장의 개설과 관련한 주요 내용을 전신으로 통보해 주는 것을 말하는데, 실무에서는 대개 이러한 약식전보를 거의 활용하고 있지 않다. 이는 운송 · 통신수단의 발달로 인하여 우편신용장의 송달에 걸리는 시간이 대폭 단축됨으로써, 전신으로 미리 그 개설사실을 통보해 주어야 할 필요성이 약해졌기 때문이다.

우편신용장이 개설되는 경우, 통지은행은 당해 신용장의 진위성을 판단하기 위하여 코레스계약에 의해 교환된 서명감과 신용장의 서명이 일치하는지의 여부를 점검하여야 하며, 서명의 일치에 의해 진위성이 확인되는 경우에 수익자에게 이를 통지하게 된다.

나. 약식전보를 수반하는 방법

여기서 말하는 약식전보는 후술하는 정식전보(Full Cable)와 판이하게 다른 것이며, 정식전보는 그 자체로서 유효한 신용장이 되지만 약식전보는 단지 우편신용장의 주요 내용만을 사전예고(Preliminary Advice, Pre-Advice)하는 것이다. 수출상이 이러한 약식전보를 요구하는 것은 상품의 제조 또는 선적 이전에 신용장의 개설 사실을 미리 확인하기 위함이다.

약식전보의 기재 예는 다음과 같다.

"AIRMAILING OUR IRREVOCABLE CREDIT (번호) FAVORING (수익자) ACCOUNT (개설의뢰인) FOR (금액) COVERING (상품명세) SHIPMENT LATEST (선적기일) EXPIRY (유효기일) DETAILS TO FOLLOW"

4-2 전신에 의한 개설

수출상의 입장에서는 신용장을 수취한 후에 수출 준비를 하는 것이 안전하기 때문에 많은 시일이 소요되는 우편신용장보다는 전신신용장을 선호하는 것이 일반적이다. 이와는 반대로 수입상의 입장에서는 전신신용장의 개설시 소요되는 많은 비용(TELEX 요금) 부담으로 인하여 우편신용장의 개설을 선호하여 왔다. 이러한 양자 간의 이해상충으로 인하여 종종 분란이 제기되기도 하였고, 따라서 그 대안으로 'Cypher' 또는 'Similar Credit'에 의한 불완전한 개설방법이 활용되기도 하였다. 그러나 'SWIFT'의 등장 이후 전신료 비용이 대폭 절감됨에 따라 현재는 우편 및 텔렉스에 의한 개설방법이 급격하게 줄어든 상황이다.

전신신용장의 개설방법에는 'TELEX(텔렉스)'에 의한 방법과 'SWIFT(스위프트)'에 의한 방법이 있으며, 이에 관한 개괄적인 내용을 살펴보면 다음과 같다.

가. 'TELEX'에 의한 방법

'TELEX'에 의한 개설방법에는 'Full Cable(정식전보)'에 의한 개설과 'Cypher(암호)'에 의한 개설 및 'Similar Credit(유사신용장)'에 의한 개설방법 등이 있다. 그러나 'Cypher' 및 'Similar Credit'에 의한 개설방법은 현재 거의 활용되고 있지 않는 실정이다.

1) 'Full Cable'에 의한 방법

신용장의 내용을 처음부터 끝까지 모두 텔렉스로 전송하는 방법이다. 전신료가 많이 소요된다는 단점이 있으며, 현재는 SWIFT 망에 가입되어 있지 않은 일부 은행들과의 거래시에만 제한적으로 활용되고 있다.

텔렉스에 의하여 신용장을 개설한 후에 내용전달의 오류 여부를 확인하기 위하여 개설은행이 간혹 '우편확인서(Mail Confirmation)'를 추가로 송부하는 경우가 있는데, 이러한 행위는 당사자에게 많은 혼란을 야기시키게 된다. 따라서 신용장통일규칙(UCP 600 제11조)에서는 그러한 행위를 금지하도록 하고 있으며, 통지은행은 텔렉스 전문과 우편확인서의 내용을 대조 · 점검하여야 할 아무런 의무도 부담하지 않는다.

그러나 만일 전신문상에 'Full details to follow(상세한 내용은 추후 통보함)'라고 명시되어 있거나, 또는 'The mail confirmation is to be the operative credit. (우편확인서가 유효한 신용장임)'라고 명시되어 있는 경우에는, 그러한 전신문은 예비통지서로 간주되며 추후의 우편확인서가 유효한 신용장이 된다.

전신신용장이 개설되는 경우 통지은행은 '전신암호(Test Key)'에 의해 당해 신용장의 진정성 여부를 확인하여야 하는데, 이러한 전신암호는 해당 은행 간의 환거래(코레스)계약 당시에 상호 교환하게 된다.

2) 'Cypher' 또는 'Similar Credit'에 의한 개설

'Full Cable'에 의할 경우에는 텔렉스 비용이 많이 소요되므로, 전신료를 절감하기 위하여 편법적으로 활용하는 대표적인 방법들이다.

가) 'Cypher'에 의한 개설

'Cypher'에 의한 방법이란, 사전에 통지은행과 Cypher에 대한 Decoding 정보를 교환한 후 Cypher에 의한 약식전문을 타전하면, 통지은행이 미리 약속된 방법에 의하여 완전한 형식을 갖춘 신용장으로 작성하여 통지하는 방법이다. 그러나 이는 통지은행 측의 과중한 업무부담으로 인하여 현재는 거의 사용되고 있지 않는 실정이다.

나) 'Similar Credit'에 의한 개설

'Similar Credit'에 의한 방법이란, 이미 개설되었던 신용장과 유사한 내용으로 개설하고자 하는 경우 이전에 개설된 신용장을 참조하도록 하면서 변경되는 부분만을 전신으로 통보하여 주는 방법이다. 그러나 이는 통지은행에 많은 곤란과 불편을 초래할 뿐만 아니라 더욱이 이전의 신용장에 조건변경이 있었던 경우에는 많은 혼란이 야기되므로, 신용장통일규칙에서는 이러한 유사신용장의 이용을 억제하도록 하고 있다(UCP 500 제5조 a항).

나. 'SWIFT'에 의한 방법

신용장의 모든 내용을 'SWIFT'를 통하여 지정된 Format으로 전송한 후, 통지은행으로 하여금 이를 출력하여 통지하도록 하는 개설방법을 말한다.

SWIFT 신용장의 진위는 'SAK(Swift Authenticated Key)'에 의하거나 또는 'RMA(Relationship Management Application)' Set-Up Process에 의하여 시스템 상에서 자동적으로 확인 · 판별된다.

1) SWIFT의 개요

SWIFT(Society Worldwide Inter-bank Financial Telecommunication)란, 금융기관 간에 교환되는 각종 메시지를 업무별로 표준화하여 이를 전 세계적으로 구성된 자체 통신망을 이용하여 송수신할 수 있도록 조직된 금융정보통신망을 말한다. TELEX에 비하여 보완성이 뛰어나고 비용이 매우 저렴하며, 전문내용이 표준화되어 있어 전산에 의한 업무자동화를 용이하게 하는 등의 많은 장점을 지니고 있다. 또한 전문발송 후 30초 이내에 수신자에게 전문 전달이 가능한 매우 신속한 통신수단이다.

참고적으로 SWIFT는 TELEX와는 달리 아무나 가입할 수 없으며, 각국의 우량 금융기관들을 위주로 하는 회원제로 운용되고 있다. 또한 SWIFT로부터 수령한 Login Key 및 Select Key를 입력해야만 SWIFT 망과의 접속이 가능하며, RMA Set-Up Process에 의해 전문내용의 진위가 자동적으로 판별되므로 매우 안전한 통신수단이라고 할 수 있다.

이러한 SWIFT만의 여러 가지 장점으로 인하여 현재 대부분의 금융기관에서는 당 · 타발 고객송금, 송금수표, 추심업무, 신용장업무, 은행 간 자금이체 등을 모두 SWIFT에 의하여 처리하고 있다.

2) SWIFT 신용장의 개설

SWIFT 신용장의 개설은 'MT(Message Type) 700'과 'MT 701'을 사용한다. 'MT 700'은 신용장 개설을 위한 기본 Format이며, 서류명세 및 물품명세 등의 내용이 많아 'MT 700'으로 부족할 경우에는 'MT 701'을 추가로 사용하게 된다.

'MT 700'에서는 신용장의 필수 내용들을 주요 항목별로 코드화하고 각각의 Tag에 들어갈 내용들을 명확히 규정함으로써, 전문 송수신자 간의 신용장조건 해석에 따른 오해의 소지를 제거시키고 있다.

3) SWIFT Message Category의 분류(대분류)

- MT 0XX : System Message
- MT 1XX : 고객송금(당 · 타발) 및 송금수표 관련 메시지
- MT 2XX : 은행 간 자금이체 관련 메시지
- MT 3XX : 국제금융 관련 메시지
  (대출 및 예금, FX Dealing · Forward · Option · Swap 등)
- MT 4XX : 추심업무 관련 메시지 (D/P, D/A, 수표 등)
- MT 5XX : 유가증권 관련 메시지
- MT 6XX : 귀금속 및 차관(신디케이션) 관련 메시지
- MT 7XX : 화환신용장 및 보증서 관련 메시지
- MT 8XX : 여행자수표 관련 메시지
- MT 9XX : 입출금 통보 및 대사자료, 기타의 메시지

4) 화환신용장 및 지급보증 관련 Message Type의 분류(소분류)

- MT 700/701 : Issue of a Documentary Credit (신용장 개설)
- MT 705 : Pre-Advice of a Documentary Credit (예비통지문)
- MT 707 : Amendment to a Documentary Credit (신용장 조건변경)
- MT 710/711 : Advice of a Third Bank's or Non-Bank's Documentary Credit (L/C Relay 통지, 비은행 발행 신용장 통지 등)
- MT 720/721 : Transfer of a Documentary Credit (신용장 양도)
- MT 730 : Acknowledgement (신용장 메시지의 접수 · 통지에 관한 확인 회신)
- MT 732 : Advice of Discharge (하자의 수락 통보 : 개설은행 ⇒ 매입은행)
- MT 734 : Advice of Refusal
  (지급거절통지 및 자금반환요청 : 개설은행 ⇒ 매입은행)
- MT 740 : Authorization to Reimburse (상환수권 : 개설은행 ⇒ 상환은행)
- MT 742 : Reimbursement Claim (상환청구 : 매입은행 ⇒ 상환은행)
- MT 747 : Amendment to an Authorization to Reimburse
  (상환수권 조건변경)
- MT 750 : Advice of Discrepancy
  (하자수락 여부에 관한 전신조회 : 매입은행 ⇒ 개설은행)
- MT 752 : Authorization to Pay · Accept · Negotiate
  (MT 750에 대한 동의 회신)
- MT 754 : Advice of Payment · Acceptance · Negotiation
  (지급 · 인수 · 매입 통보)
- MT 756 : Advice of Reimbursement or Payment
  (대금상환 통보 : 상환은행 ⇒ 매입은행)
- MT 760 : Guarantee / Standby L/C (보증서 발행)
- MT 767 : Guarantee / Standby L/C Amendment (보증서 조건변경)
- MT 768 : Acknowledgement of a Guarantee / Standby L/C Message
  (보증서의 접수 · 통지에 관한 회신)
- MT 769 : Advice of Reduction or Release (감액 또는 제한해제 통지)

- MT 790 : Advice of Charges, Interest and Other Adjustments
  (이자 및 수수료 등의 통지)
- MT 791 : Request for Payment of Charge, Interest and Other Expenses
  (이자 및 수수료 등의 지급 요청)
- MT 792 : Request for Cancellation (신용장 취소 동의 요청)
- MT 795 : Queries (화환신용장과 관련한 각종 조회)
- MT 796 : Answers (MT 795 및 792 등에 대한 답변)
- MT 798 : Proprietary Message (User 간의 메시지)
- MT 799 : Free Format Message (자유 형식의 모든 메시지 교환)

참고 SWIFT GPI(Global Payment Innovation)

SWIFT 사에서 제공하는 차세대 글로벌 송금 서비스망으로, 당 · 타발 송금 관련 은행(송금은행, 중계은행, 수취은행)이 모두 동 서비스망에 가입되어 있다면, 해외송금의 당일중(Same-Day) 처리(수취은행 도착)가 가능할 뿐만 아니라, 해외은행의 송금 진행상황(처리중, 처리완료, 도착, 입금완료, 처리거절)에 대한 실시간 추적 조회 및 중계은행 수수료 금액에 대한 조회도 가능하다.
당발송금은 물론 타발송금에 대해서도 송금은행, 송금통화, 송금금액, UETR Code(SWIFT 메세지 전송시 자동 생성되는 고유번호)를 알면 송금 도착전 해외은행의 송금 진행상황에 대한 실시간 추적 조회가 가능하다. 국내 은행권은 대부분 2020년 이전에 동 서비스망에 가입을 완료하였으며, 현재 전 세계적으로도 다수의 금융기관이 동 서비스망에 가입되어 있는 상황이다.

◀ 예시 2-1-3 ▶ MT 700 Issue of Documentary Credit

M/O	Tag	Field Name	Content/Options
M	27	Sequence of Total	1!n/1!n
M	40A	Form of Documentary Credit	24x
M	20	Documentary Credit Number	16x
O	23	Reference to Pre-Advice	16x
M	31C	Date of Issue	6!n
M	40E	Applicable Rules	30x[/35x]
M	31D	Date and Place of Expiry	6!n29x
O	51a	Applicant Bank	A or D
M	50	Applicant	4*35x
M	59	Beneficiary	[/34x] 4*35x
M	32B	Currency Code, Amount	3!a15d
O	39A	Percentage Credit Amount Tolerance	2n/2n
O	39C	Additional Amounts Covered	4*35x
M	41a	Available with… By…	A or D
O	42C	Drafts at…	3*35x
O	42a	Drawee	A or D
O	42M	Mixed Payment Details	4*35x
O	42P	Negotiation/Deferred Payment Details	4*35x
O	43P	Partial Shipments	11x
O	43T	Transhipment	11x
O	44A	Place of Taking in Charge/Dispatch from…/Place of Receipt	140z
O	44E	Port of Loading/Airport of Departure	140z
O	44F	Port of Discharge/Airport of Destination	140z
O	44B	Place of Final Destination/For Transportation to…/Place of Delivery	140z
O	44C	Latest Date of Shipment	6!n
O	44D	Shipment Period	6*65x
O	45A	Description of Goods and/or Services	100*65z
O	46A	Documents Required	100*65z
O	47A	Additional Conditions	100*65z
O	49G	Special Payment Conditions for Beneficiary	100*65z
O	49H	Special Payment Conditions for Bank Only	100*65z
O	71D	Charges	6*35z
O	48	Period for Presentation in Days	3n[/35x]
M	49	Confirmation Instructions	7!x
O	58a	Requested Confirmation Party	A or D
O	53a	Reimbursing Bank	A or D
O	78	Instructions to the Paying/Accepting/Negotiating Bank	12*65x
O	57a	"Advise Through" Bank	A, B or D
O	72Z	Sender to Receiver Information	6*35z

참고
- M은 Mandatory, O는 Optional의 약어임
- n : 숫자로만 작성 가능 / a : 알파벳으로만 작성 가능 / x, z : 각종 부호, 숫자, 알파벳으로 작성 가능
- nn*nn : 작성가능한 최대 행수 및 최대 자릿수 / ! : 글자 수 고정(6!n : 6자리 숫자로 작성)

예) 4*35x : 최대 4줄, 각 행당 35자리 이하의 숫자 · 알파벳 등의 문자로 구성

◀ 예시 2-1-4 ▶ 수입신용장(SWIFT MT 700)

Application Header Block :

Input/Output Identifier	: Outgoing Message
Transaction Type	: 700 Issue of a Documentary Credit
Transaction Priority	: Normal
To	: HANKOOK BANK HONG KONG BRANCH, HONG KONG

Text Block :

27/Sequence of Total	: 1/1
40A/Form of Documentary Credit	: IRREVOCABLE
20/Documentary Credit Number	: M1234 2106NS05418
31C/Date of Issue	: 21/06/24
40E/Applicable Rules	: UCPURR LATEST VERSION
31D/Date and Place of Expiry	: 21/08/20 AT NEGOTIATION BANK'S COUNTER
50/Applicant	: KOREA TOYS CO.,LTD 250 SAMSEONGDONG KANGNAM-GU, SEOUL, KOREA
59/Beneficiary	: CHINA PLAZA CO.,LTD RM 1204 AND 1205 CHAI WAN IND. CITY PHASE 1, 60 WING TAI RD, CHAIWAN H.K.
32B/Currency Code, Amount	: USD 119,000.00
39A/Percentage Credit Amount Tolerance	: 10/10
41A/Available With··· By··· Name/Address	: ANY BANK BY NEGOTIATION
42C/Drafts at	: AT SIGHT
42A/Drawee	: HONG KONG FIRST BANK LTD., HONG KONG (ADDR: 2007, JARDINE HOUSE 1 CONNAUGHT PLACE, CENTRAL, HONG KONG)
43P/Partial Shipments	: ALLOWED
43T/Transhipment	: NOT ALLOWED
44E/Port of Loading/Airport of Departure	: SHIDAO, CHINA
44F/Port of Discharge/Airport of Destination	: BUSAN, KOREA
44C/Latest Date of Shipment	: 21/08/10
45A/Description of Goods and/or Services	: 700 PAIRS OF CHINESE GIANT BEAR TOY, SIZE : MIN 1.5 METERS, AT USD170.00, FOB SHIDAO CHINA, INCOTERMS® 2020

46A/Documents Required

+ SIGNED COMMERCIAL INVOICE IN QUINTUPLICATE
+ PACKING LIST IN TRIPLICATE
+ FULL SET OF CLEAN ON BOARD OCEAN BILLS OF LADING MADE OUT TO THE ORDER OF HANKOOK BANK MARKED FREIGHT COLLECT AND NOTIFY ACCOUNTEE
+ CERTIFICATE OF ORIGIN

47A/Additional Conditions

+ ALL DOCUMENTS MUST BEAR OUR CREDIT NUMBER M1234 2106NS05418
+ TT REIMBURSEMENT NOT ALLOWED
+ QUANTITY 10 PCT MORE OR LESS ALLOWED
+ THIRD PARTY DOCUMENTS ACCEPTABLE

71D/Charges	: ALL BANKING COMMISSIONS AND CHARGES INCLUDING REIMBURSEMENT CHARGES OUTSIDE KOREA ARE FOR ACCOUNT OF BENEFICIARY
49/Confirmation Instructions	: WITHOUT
53A/Reimbursing Bank	: HONG KONG FIRST BANK LTD., HONG KONG (ADDR: 2007, JARDINE HOUSE 1 CONNAUGHT PLACE, CENTRAL, HONG KONG)
78/Instruction to the Paying/Accepting/Negotiating Bank	: DRAFTS MUST BE SENT TO DRAWEE BANK FOR YOUR REIMBURSEMENT AND ALL DOCUMENTS TO US BY COURIER SERVICE IN ONE LOT
72Z/Sender to Receiver Information	: THIS CREDIT IS SUBJECT TO UCP(2007 REVISION) ICC PUBLICATION NO. 600.

5. 통지은행, 상환은행, 인수은행에 대한 조치

5-1 통지은행의 선정

통지은행을 선정할 때에는 수익자와 가까운 지역에 있고 수수료가 저렴한 환거래은행을 선정하며, 만약 자행의 해외지점 소재지로 개설하는 경우에는 해외지점을 이용하도록 한다. 다만 수익자의 요청에 의하여 개설의뢰인이 통지은행을 특별히 지정하는 경우에는 그에 따라야 한다.

5-2 상환은행에 대한 조치

상환은행의 선정은 개설의뢰인이 개설은행에 위임하는 것이 일반적이다. 상환은행은 주로 개설은행의 해외 본지점을 활용하게 되며, 경우에 따라서는 신용장의 표시통화와 동종 통화의 예치환거래은행 중에서 선택하게 된다.

상환방식 신용장의 개설시에는 반드시 상환은행에 상환수권(Reimbursement Authorization, Debit Authorization)을 하여야 한다는 점에 유의하여야 한다. 신용장 개설시는 상환수권이 안 되는 사례가 거의 없으나, 증액 조건변경의 경우에 증액된 금액에 해당하는 상환수권을 하지 않아 문제가 되는 경우가 간혹 발생하기도 한다. 예를 들면 신용장의 금액이 US$200,000에서 US$300,000로 증액된 경우에 증액된 금액에 대한 상환수권이 이루어지지 않았다면, 상환은행은 매입은행 등의 US$300,000 상환청구에 응할 수 없게 되어 문제가 발생하게 된다. 이 경우 개설은행은 매입은행 등의 청구은행에 대하여 상환지연으로 인한 지연이자를 부담하여야만 한다.

개설은행은 지정은행이 상환은행 앞으로 상환청구를 할 때 선적서류가 신용장 조건과 일치한다는 일치증명서(Certificate of Compliance)를 제출하도록 하는 조건을 붙여서는 안 된다(UCP 600 제13조 b항). 이와 같은 일치증명서를 요구하게 되면 지정은행과 상환은행은 이의 발송과 검사에 따른 많은 시간과 비용을 소요하게 되므로, 신용장통일규칙에서는 이를 요구하지 못하도록 규정하고 있다.

상환은행의 수수료는 개설은행이 부담하여야 한다. 만약에 타 당사자가 그러한 수수료를 부담하기로 한 경우, 개설은행은 신용장과 상환수권서에 그러한 사실을 명시할 책임이 있다(UCP 600 제13조 b항).

5-3 인수은행에 대한 조치

인수신용장을 개설할 때에는 인수은행을 선정하여 미리 인수요청서를 송부하여야 한다. 보통의 경우에는 인수은행이 곧 상환은행이 되는 것이 일반적이며, 이 경우에는 인수요청 내용이 포함된 '상환수권서(RA)'를 송부하게 된다.

인수은행은 자행에 대한 'Credit Line(신용공여한도)'이 설정되어 있는 해외의 예치환거래은행 중에서 선정하게 되며, 동행에서 부여한 'BA LINE' 범위 내에서 '인수(Acceptance)' 및/또는 '할인(Bill Discount)'의 요청을 하게 된다. 그러나 실무적으로는 대개 개설은행의 해외 본지점을 인수은행으로 지정하는 것이 일반적이다.

인수은행의 선정은 개설의뢰인이 개설은행에 위임하는 것이 일반적이나, 개설의뢰인의 지시가 있는 경우에는 그에 따른다.

6. 일람출급신용장의 개설

6-1 일람출급신용장의 의의 및 종류

일람출급신용장은 서류(환어음)의 제시와 동시에 대금을 지급하는 신용장을 말하는데, 이러한 종류의 신용장에는 매입신용장과 지급신용장 방식이 있다. 매입신용장은 지정은행이 무예치환거래은행일 경우에 주로 사용되고, 지급신용장은 지정은행이 예치환거래은행이거나 개설은행의 본지점 간일 경우에 사용된다.

매입신용장과 지급신용장의 차이점을 살펴보면 다음과 같다.

① 매입신용장은 대개 환어음의 발행을 요구하며, 신용장의 이용 방법을 'Negotiation'이라고 명시한다.

"We hereby issue in your favour this documentary credit which is available by negotiation of your draft at sight drawn on the ABC Bank, New York, N.Y." (우리는 ABC은행 뉴욕 앞으로 발행된 일람불환어음이 매입에 의한 방법으로 이용될 수 있는 이 신용장을 개설한다.)

② 지급신용장은 대개 환어음의 발행을 요구하지 않으며, 신용장의 이용 방법을 'Payment'라고 명시한다.

"We hereby issue in your favour this documentary credit which is available by payment against presentations of the following documents." (우리는 다음의 서류들을 제시함으로써 지급에 의한 방법으로 이용될 수 있는 이 신용장을 개설한다.)

매입신용장과 지급신용장은 지급확약 문언에 있어서도 차이점이 있다.

① 매입신용장의 경우에는 어음발행인은 물론 그 선의의 소지인 모두에 대하여 결제를 확약한다.

"We hereby engage with drawers and/or bona fide holders that draft drawn and negotiated in conformity with the terms and conditions of this credit will be duly honoured on presentation. The amount of each draft must be endorsed on the reverse of this credit by the negotiation bank." (신용장의 조건에 일치하게 발행되고 매입된 어음은 그 제시에 따라 정히 대금을 지급할 것임을 어음발행인과 그 선의의 소지자에게 약속한다. 매입은행은 신용장의 뒷면에 어음금액에 해당하는 금액을 배서하여야 한다.)

② 지급신용장의 경우에는 어음에 관한 별도의 내용 없이, 서류가 제시되면 바로 지급하겠다는 문언을 기재한다.

"We hereby engage that payment will be duly made against documents presented in conformity with the terms and conditions of this credit." (신용장 조건에 일치하는 서류의 제시가 있으면 지급할 것을 확약한다.)

6-2 신용장의 발행일자 및 장소

발행일자의 표시는 오해의 소지를 없애기 위하여 월 표시는 문자로 하여야 하며, 발행장소는 도시명(및/또는 국가명)을 기입한다. 예를 들면 다음과 같다.

Place and Date of Issue : Seoul, June 20, 20××

6-3 신용장 번호의 부여

신용장 번호는 한국은행이 정하여 각 외국환은행이 공통적으로 적용하고 있는 '수출입승인서 및 신용장 등의 번호기재 요령'에 따라 다음과 같이 부여한다.

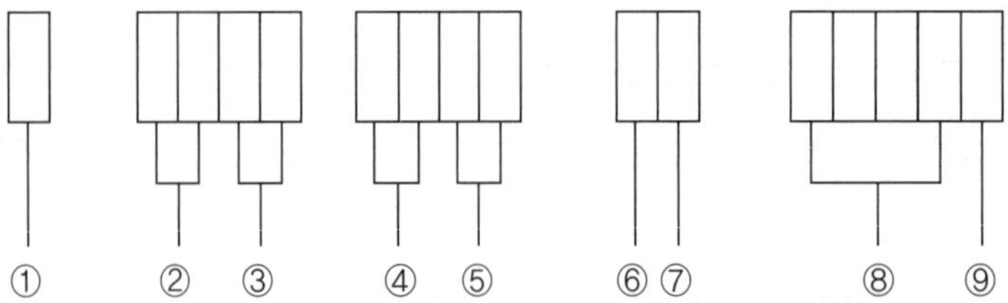

① 수입신용장 표시(M)
② 개설은행 고유번호
③ 개설점포 고유번호
④ 개설연도(두 자리로 표시)
⑤ 개설월(두 자리로 표시)
⑥ 수입용도
⑦ 결제방법
⑧ 일련번호
⑨ Check Digit(방법은 한국은행이 지정한 방식에 의한다)

(1) 종류별 표시기호

대　상	기호	대　상	기호
수출신용장통지번호	A	수입신용장번호	M
내국신용장번호	L	구매확인서번호	R(또는 P)
수출승인번호	E	수입승인번호	I
수출입승인서번호	C		

(2) 수입용도 기호

대 상	기 호	비 고
일반 내수용	N(Normal)	수출산업용 시설기자재 포함
수출용 원자재	E(Export)	
정부용	G(Government)	
위탁가공무역용	B(Bonded)	(예 : 유환 위탁가공무역의 가공물품 수입시 등)
군납용 원자재	A(Army)	
기타 외화획득용	S(Sightseeing)	
특수거래	X(Extra)	연계무역, 외국인수수입, Standby L/C 등
중계무역용	R(Relay)	
임대차방식	L(Lease)	
수탁가공무역용	T(Trust)	(예 : 유환 수탁가공무역의 원·부자재 수입시 등)
대북반입용	P(People)	

(3) 대금결제방법 기호

대 상	기 호	비 고
일람출급 신용장	S	
기한부 신용장	U	
기타 신용장	D	분할지급수입, Standby L/C 포함
D/P 방식	P	
D/A 방식	A	
송금방식	R	
무상거래	N	임차방식수입 포함

6-4 지정은행의 표시

신용장은 그 신용장의 이용이 가능한 은행을 특별히 지정하여 명시하거나, 또는 모든 은행에서 이용이 가능한지의 여부를 명시하여야 한다. 참고적으로 신용장은 지정은행 이외에 개설은행에서도 당연히 이용이 가능하다. (UCP 600 제6조 a항)

지급 · 연지급 · 인수신용장의 경우에 지정은행의 표시방법은 다음과 같다.

"Credit available with (지정은행) by (Sight Payment / Deferred Payment / Acceptance)."

매입신용장의 경우는 매입제한신용장인지 또는 자유매입신용장인지에 따라 그 표시방법이 달라지게 된다. 매입제한신용장의 경우에는 "Negotiation under this credit is restricted to the ××× bank." 등으로 표시하고, 자유매입신용장의 경우에는 "Credit avaliable with any bank by negotiation." 등으로 표시한다.

6-5 신용장의 유효기일 및 장소

가. 지정신용장인 경우

신용장은 서류의 제시를 위한 유효기일과 그 제시장소를 명시하여야 하며, 제시장소(유효기일의 종료장소)에 대한 별도의 명시가 없으면 신용장이 이용가능한 은행의 장소가 곧 제시를 위한 장소가 된다. 지정신용장의 경우 서류의 제시장소에 대한 표시는 일반적으로 'at the counters of (지정은행명 및 소재지, 또는 개설은행명 및 소재지)' 등으로 표시한다.

예를 들면 다음과 같다.

Expiry date 'September 30, 20XX at the counters of yourselves(지정은행)'

Expiry date 'September 30, 20XX at the counters of ourselves(개설은행)'

나. 자유매입신용장인 경우

자유매입신용장의 유효기일 및 장소의 표시는, '유효기일'과 '어떤 특정 도시명' 또는 '어떤 특정 국가명' 등으로 표시한다.

예를 들면 다음과 같다.

'September 30, 20XX in New York'

'September 30, 20XX in Italy'

'September 30, 20XX in the country of beneficiary'

다. 유효기일 관련 참고사항

① 신용장의 유효기일은 선적 후 서류의 작성을 위한 여유기간을 감안하여 최종 선적일의 약 10일 뒤 정도로 설정하는 것이 일반적인 관례이다.

② 은행은 천재지변, 폭동, 소요, 반란, 전쟁, 테러행위, 어떤 파업이나 직장폐쇄 또는 자신의 통제 밖에 있는 원인에 의한 영업의 중단으로부터 발생하는 결과에 대하여 하등의 의무나 책임을 부담하지 않는다. 따라서 은행은 이와 같은 사유로 자신의 영업이 중단된 기간 중에 유효기일이 경과한 신용장에 대하여 결제 또는 매입을 행하지 않는다(UCP 600 제36조).

③ 신용장의 유효기일(Expiry Date) 또는 최종제시일(Last Day for Presentation)이 UCP 600 제36조에 언급된 사유 이외의 사유로 인한 은행 휴무일(공휴일 등)에 해당할 경우, 당해 유효기일 또는 최종제시일은 그 다음 첫 은행영업일까지 자동적으로 연장된다(UCP 600 제29조 a항). 그러나 그렇다고 하여 최종선적일(The latest date for shipment)까지 연장되는 것은 아니므로 주의하여야 한다.

6-6 서류제시기간

운송서류(UCP 600 제19조~제25조의 서류)의 원본을 한 통 이상 제시하도록 요구하는 신용장에는 지급 · 인수 · 매입을 위하여 서류가 제시되어야 하는 '선적일 이후의 특정기간'을 표시해 주어야 한다. 이러한 서류제시기간의 명시가 없는 경우에는 선적 후 21일 이내에 제시되어야 하는 것으로 본다. 그러나 어떠한 경우라도 서류는 유효기일 이내에 제시되어야 하며, 은행은 유효기일이나 서류제시기간을 경과하여 제시된 서류를 수리하지 않는다(UCP 600 제14조 c항).

서류제시기간의 표시방법은 일반적으로 다음과 같다. "Documents must be presented within 10 days after the date of shipment."

참고 선적일자가 다른 여러 세트의 운송서류가 제시된 경우로서, 그것이 UCP 600 제31조 b항에 의거 분할선적으로 간주되지 않는 경우(B/L 세트 상호 간의 Vessel Name, Voyage Number, Port of Discharge가 모두 동일한 경우)에는 제시된 운송서류상의 선적일자 중에서 가장 늦은 일자를 기준으로 서류제시기간 및 선적기일의 경과여부를 판단하며, 그 이외의 경우에는 그들 중 가장 빠른 일자를 기준으로 서류제시기간의 경과여부를 판단하고 가장 늦은 일자를 기준으로 선적기일의 경과여부를 판단하여야 한다(ISBP 821 E19조).

6-7 제시서류의 명세

신용장에서 요구하는 서류는 기본서류인 상업송장(Commercial Invoice), 운송서류(Transport Documents), 보험서류(Insurance Documents)와 기타 상품의 특성상 또는 법규상의 필요에 의해 요구되는 보충서류, 즉 원산지증명서, 포장명세서, 검사증명서 등이 있다. 일반적으로 보충서류의 요구 여부는 수입상의 의사에 달려 있으므로, 은행은 기본서류와 법규에서 요청되는 서류 이외에는 수입상의 신청에 따라야 한다.

특히 기본서류 이외의 부수서류(보충서류)를 요구하는 경우에는, 그러한 서류의 '발행인'과 'Wording(문언)' 또는 'Data Contents(기재내용)'에 대해서도 명시하도록 하여야 한다. 만일 서류의 명칭만을 표시하는 경우에는 그 내용이 신용장에서 요구하는 다른 서류와 모순되지 않는 한 제시된 대로 수리하여야 하므로, 예상치 못한 결과를 초래할 수 있음을 유의하여야 한다.

운송서류 및 보험서류의 주요 기재사항을 살펴보면 다음과 같다.

가. 해상선하증권

운송서류로서 해상선하증권이 요구되는 경우에는 다음과 같이 기재하는 것이 일반적이다. "Full set of clean on board ocean bills of lading made out to the order of Korea Institute Bank Seoul, marked 'freight ___ ' and 'notify accountee'."

위에서 운임의 지불여부와 관련한 표시는 'freight collect' 또는 'freight prepaid'로 기재되는데, FOB · FAS · FCA 등은 운임미지급 조건이므로 'freight collect'로 표시하고, CFR · CPT · CIF · CIP 등은 운임선지급 조건이므로 'freight prepaid'로 기재한다.

해상운송서류를 요구하는 경우에는 일반적으로 FOB · FAS · CFR · CIF 등의 무역거래조건이 사용된다.

나. 항공운송장

운송서류로서 항공운송장이 요구되는 경우에는 다음과 같이 기재하는 것이 일반적이다. "Air waybills consigned to Korea Institute Bank Seoul, marked 'freight __' and 'notify accountee'."

운임의 지불 여부에 관한 기재 예는 해상선하증권(B/L)의 경우와 동일하며, 항공운송서류(AWB)를 요구하는 경우에는 일반적으로 FCA · CPT · CIP 등의 무역거래조건이 사용된다.

다. 복합운송서류

적어도 두 개 이상의 다른 운송방법을 포괄하는 운송서류가 요구되는 경우에는 다음과 같이 기재하는 것이 일반적이다. "Full set of clean on board combined (또는 multimodal) transport documents made out to the order of Korea Institute Bank Seoul, marked 'freight __' and 'notify accountee'."

복합운송서류를 요구하는 경우에는 일반적으로 FCA · CPT · CIP 등의 무역거래조건이 사용된다.

라. 우편영수증, 특송배달영수증

우편영수증이나 우편증명서가 요구되는 경우에는 'Post Receipt' 또는 'Certificate of Posting'이라 기재하고, 기타 국제특송의 경우에는 'Courier Receipt' 또는 특정특사배달업체(DHL, TNT, OCS, UPS, FedEx 등)가 발행한 영수증(수취증)의 제시를 명시하면 된다.

마. 보험서류

무역거래조건이 CIF 이거나 CIP 등인 경우에는 신용장상에 보험서류의 제시를 요구하여야 한다.

1) 보험서류조항의 기재 예

"Full set of insurance policy or certificate endorsed in blank for 110% of the invoice value, with claims payable in Korea in the currency of draft, covering the Institute Cargo Clauses(LMA/IUA)."

2) 표시통화 및 보험금 지급장소

보험증서의 표시통화는 신용장의 통화와 동일한 통화로 지정하고, 보험사고 발생시 신속한 보험금의 수령 및 업무편의를 위하여 보험금의 지급장소를 '우리나라'로 지정하여야 한다.

3) 담보위험 (부보범위)

담보위험(부보범위)에 대한 표시는 대개 LMA/IUA에서 제정한 '협회적하약관(ICC: Institute Cargo Clauses)'의 명칭을 사용하는 것이 일반적이다.

해상운송의 경우에는 구 약관상의 ICC(All Risks) · ICC(WA) · ICC(FPA) 등으로 표시하거나, 신 약관상의 ICC(A) · ICC(B) · ICC(C) 등으로 표시하며, 항공운송인 경우에는 구 약관상의 'Institute Air Cargo Clause (All Risks)'로 표시하거나 신 약관상의 'ICC(Air)'로 표시한다.

상기 기본약관에 의해 보호되지 않는 면책위험이나 기타 특수한 위험들에 대하여 부보가 필요할 경우에는, 'Institute War Clauses' 'Institute Strike Clauses' 등의 약관이나 기타 해당 위험에 관한 특별약관의 명칭을 추가적으로 기재하면 된다.

6-8 상품명세의 기재

상품명세는 'Description of Goods and/or Services' 또는 'Covering' 다음에 기재하며, 상품명 이외에도 수량 · 단가 · 원산지 · 무역거래조건 등이 함께 표시되는 것이 일반적이다. 예를 들면 다음과 같다.

- 10,000dz of sporting goods @US$ 25 U.S.A origin CIF Busan Incoterms® 2020
- 1,000,000 bls. of Kuwait crude oil @US$ 90 Kuwait origin FOB Persian Gulf Incoterms® 2020

상품의 규격 및 형식 등 내용이 복잡한 경우에는 상품명세에 추가하여 'details as per contract No. ×××' 등으로 기재하게 되는데, 이는 단지 수익자에 대한 참고용 메시지일 뿐이며, 제시된 서류의 상품명세가 기재된 매매계약서의 내용과 다르다 하여 대금지급을 거절할 수는 없다.

상품명세의 기재시에는 특히 무역거래조건의 기재에 주의하여야 하는데, 무역거래 조건 다음에는 매도인(수출상)의 운임부담 종료지점이 기재되어야 한다. F그룹(FOB · FAS · FCA)에서는 매도인의 책임이 수출지에서 종료하므로 '선적지명'이 기재되어야 하나, C그룹(CIF · CIP · CFR · CPT)에서는 매도인이 수입지까지의 비용을 부담하여야 하므로 '도착지명'을 기재하여야 한다.

6-9 부가조건의 기재

일명 '특수조건(Special Conditions)'이라 불리는 '부가조건(Additional Conditions)' 란에는 개설의뢰인이 특별히 요구하는 사항들을 기재하되, 이는 일반(기본) 조건들과 상호 모순되지 않아야 한다. 또한 '비서류적 조건(Non-Documentary Condition)'이나 '이행이 불가능한 조건' 등을 삽입하려는 행위는 억제되어야 할 것이다. 특히 개설은행은 자행의 채권보전을 저해하는 조항이 있는지의 여부에 대하여 세심히 점검하여야 한다.

실무에서 흔히 사용되는 부가 조건들을 예시하면 다음과 같다.

① 양도가능신용장의 표시 : 'This credit is transferable by ABC Bank'

② 회전신용장의 표시 : 'This credit is cumulative(or non-cumulative) revolving'

③ 확인의 요청 및 확인수수료 부담자의 표시 : 'Please advise this credit to the beneficiary adding your confirmation. Confirmation charges are for account of beneficiary.'

④ 신용장번호의 표시(또는 금지)요청 : 'All documents must(or must not) bear our credit number'

⑤ 운송회사의 지정 : 'Carrier(Forwarder) must be ABC shipping company'
⑥ 서류제시기간이 경과한 B/L의 허용 : 'Late presentation B/L is acceptable' 또는 'Stale B/L is acceptable'
⑦ 전신상환의 허용(또는 금지) : 'TT reimbursement is allowed(or not allowed)'
⑧ 해외은행수수료 부담자의 표시 : 'All banking charges including reimbursement charge outside Korea are for account of beneficiary'

개설은행의 담보권을 해하는 다음과 같은 특수 조건들은 저지하여야 한다.
① Non-negotiable documents acceptable
② Copy B/L acceptable
③ 2/3 B/L acceptable
④ One original B/L shall be dispatched directly to applicant by courier.
⑤ Surrendered B/L acceptable
⑥ Air Waybills consigned to ABC Co., Ltd.
⑦ All discrepancies are acceptable.
⑧ L/C expired shall not be considered as a discrepancy.
⑨ The amount of this credit will automatically fluctuate to cover any increase according to the price clause without further amendment.
⑩ Documents acceptable as presented 등

6-10 상환지시

매입은행 등의 지정은행에 대하여 신용장 대금을 결제해 주는 방법에는 다음과 같은 세 가지의 방식이 있다.

가. 상환방식(Reimbursement Base)

상환방식이란, 신용장의 발행과 동시에 미리 상환은행을 지정하여 '상환수권서

(RA: Reimbursement Authorization)'를 보내놓고, 매입은행 등으로 하여금 상환은행 앞으로 자금을 청구하도록 지시함으로써 신용장의 대금결제가 이루어지도록 하는 방식을 말한다. 일람불신용장의 경우에는 개설의뢰인의 신용장대금 결제 이전에 미리 개설은행의 계좌에서 자금이 인출되어 매입은행 등으로 지급된다는 특징이 있다.

매입은행 등의 지정은행이 개설은행의 '무예치환거래은행'일 경우에 사용되며, 상환청구에 관한 지시문언의 예를 보면 다음과 같다. 'You are authorized to reimburse yourselves from Korea Institute Bank, New York, NY'

매입은행 등의 '상환청구(Reimbursement Claim)' 방법으로는 '원본서신(Original Letter)'에 의한 방법과 '전신(TT Reimbursement)'에 의한 방법이 있는데, 대개는 수익자가 발행한 환어음을 상환은행으로 송부하여 대금을 청구하도록 하는 원본서신에 의한 방법이 주로 활용되고 있다. 수익자 발행 환어음을 개설은행으로 송부하도록 지시된 경우에는, 매입은행 등이 상환용 어음을 별도로 발행하여 그 대금을 청구하게 된다.

그러나 만약 상환청구의 지시문언에 'By telegraphic transfer'라는 문구를 삽입하거나 또는 'TT reimbursement allowed'라는 문구를 추가하게 되면, 매입은행 등은 상환은행으로 환어음을 우송하지 않고도 전신에 의한 방법으로 즉시 대금상환을 청구할 수 있게 된다. 이렇게 전신상환을 허용하는 경우에는, 개설은행의 계좌에서 자금이 인출되는 시점이 보다 빨라지게 되므로 개설은행의 자금부담 일수는 그만큼 늘어나게 된다. 따라서 일람불 수입신용장의 개설시에는, 가급적 'TT reimbursement not allowed' 조건으로 개설하도록 유도하는 것이 바람직하다.

나. 차기방식(Debit Base)

차기방식이란, 지정은행이 개설은행의 '해외 본지점'이거나 또는 '예치환거래은행'일 경우에, 당해 지정은행이 가지고 있는 개설은행의 계좌에서 자금을 인출(차기)하여 지급하도록 함으로써 신용장의 대금이 결제되도록 하는 방식을 말한다. 수익자는 'Payment Commission'만을 지불하게 되며 별도의 환가료를 부담하지 않는다는 특징이 있다.

국내 은행에서의 활용빈도는 매우 미미한 편이며, 상환지시에 관한 문언의 예를 보면 다음과 같다. 'In reimbursement, please debit our account with you'

참고적으로 실무에서 종종 활용되고 있는 '後차기방식'이라 함은, 수입상의 결제가 이루어진 후에 별도의 차기수권서를 송부하여 그 지시에 따라 대금을 인출하도록 하는 방식을 말한다.

다. 송금방식(Remittance Base)

송금방식이란, 개설은행 앞으로 서류가 내도되어 '일치하는 제시'임이 확인되면, 매입은행 등이 '선적서류송부장(Covering Letter)'에 표시한 계좌정보에 따라 그 자금을 송금하여 줌으로써 신용장의 대금결제가 이루어지는 방식을 말한다. 개설은행이 개설의뢰인으로부터 수입대금을 결제받은 이후에 매입은행 등에 대한 신용장대금의 상환이 이루어진다는 특징이 있다.

환어음은 개설은행 앞으로 발행하도록 하며, 일반적으로 다음과 같은 상환문언을 기재하게 된다. 'Upon receipt of all documents and drafts in conformity with the terms and conditions of this credit, we shall remit the proceeds to the bank designated by negotiation bank.'

참고 신용장 대금의 결제방법과 관련한 국제 관례를 보면 지급, 연지급, 인수신용장에서는 '차기방식' 또는 '상환방식'이 활용되며(송금방식으로 개설되어서는 안됨), 매입신용장은 주로 '송금방식'을 활용하는 것이 일반적이다. 그러나 우리나라에서 발행되는 (매입)신용장의 경우에는 거의 대부분 '상환방식'이 활용되고 있다.

용어 Debit(차기) & Credit(대기): 자행의 예치금(자산계정, 차변항목)은 상대은행(Depo Bank)의 입장에서 예수금(부채계정, 대변항목)에 해당하므로, 자행의 계좌에서 자금을 인출하라는 지급지시는 상대은행의 계정원장에 차변기장(왼쪽 Debtor side, 부채의 감소)을 의미하는 것이며, 자행 계좌로 결제를 청구하는 입금요청은 상대은행의 계정원장에 대변기장(오른쪽 Creditor side, 부채의 증가)을 의미하는 것임. 따라서 은행(Depo Bank) 기준의 용어사용 관례상 'Debit(차기)'은 지급거래를 뜻하며 'Credit(대기)'은 입금거래를 뜻하게 됨.

◀Banking Tips▶ 신용장의 대금결제방법 선택시의 고려사항

1. 'Reimbursement Base'의 장점

- 신용장 대금의 결제업무를 상환은행에 위임함으로써 업무량을 절감할 수 있으며, 또한 과실로 인한 송금지연 및 오류송금 등의 개연성이 제거되므로 업무리스크를 절감할 수 있음.
- 신용장의 대외 신인도를 제고할 수 있음.
- 수입결제시에 환가료 및 Gr. Chg를 징수할 수 있게 되어 수익기회를 확대하는 효과가 있음.
  ☞ 수입환어음결제환가료, 수입환어음결제유예이자(Gr. Chg: Grace Day Charge)
- 상환은행을 개설은행의 해외지점으로 지정하는 경우 추가적인 수수료수익을 창출할 수 있음.
  ☞ 상환수수료: 대략 건 당 USD100 ~ 150

2. 'Reimbursement Base'의 문제점

수입상의 결제 이전에 미리 신용장대금의 상환이 이루어지므로,
서류상의 하자로 인하여 대금지급을 거절(Unpaid)하고자 하는 경우에는
매입은행 등으로부터 다시 그 대금을 반환(Refund) 받아야 하는 번거로움이 있으며,
만일 매입은행 등이 비협조적인 경우에는
'Refund'과정에 많은 시간과 비용이 소요될 수 있다는 단점이 있음.
즉, 명백한 하자사유가 있다 하더라도 매입은행 등에서 그 대금을 반환하지 않으면,
최종적으로는 상대국의 법원에 소송을 제기하여 회수하여야 함.

3. 'Remittance Base'의 보완적 활용

따라서 아래와 같은 경우에는,
영업점 자체적으로 신중하게 판단하여 'Remittance Base'로 개설할 것을 강력히 권장함.

《UNPAID의 가능성이 예견되는 모든 경우》

✓ 신규거래처 등 수입상의 신용위험이 높은 경우 (수입상 도산시 사후관리에 애로사항이 많음)
✓ 지급거절 요청이 잦은 업체 및 수입대행건 등
✓ 수익자가 개설의뢰인의 고정거래선이 아닌 경우 (사기거래 또는 클레임 발생 가능성이 높음)
✓ 상업위험이 높은 국가로 L/C를 개설하는 경우 (중국, 인도, 파키스탄, 방글라데시, 중동지역 등)
✓ 국외양도신용장, Back-To-Back L/C, Standby L/C 등 거래의 특성상 필요한 경우
✓ 기타 사후관리 목적상 필요한 경우 등

신용장을 상환방식으로 개설한 경우로서 만약 UNPAID를 하여야 하는 상황이 발생한다면,
개설은행은 UNPAID 및 그 사후관리 업무의 처리에 엄청난 애로를 감수하여야 함.
특히, 논란의 여지가 있는 애매한 하자사항의 경우에는 대금회수가 실질적으로 불가능함.
(즉, 상대방에게 칼자루를 빼앗긴 채 맨손으로 싸우는 셈임.'우리 돈 좀 제발 돌려주세요~!')

7. 기한부신용장의 개설

7-1 기한부신용장의 의의 및 종류

기한부신용장이란 환어음 및/또는 서류가 제시되고 나서 일정기간(어음기한)이 경과한 후에 대금을 지급하는 신용장을 말한다. 따라서 개설의뢰인은 수입물품을 판매하여 그 대금으로 수입대금을 결제할 수 있는 시간적 여유를 가지게 된다.

기한부신용장은 누가 신용을 공여하느냐에 따라 'Shipper's Usance Credit(무역인수신용장)'과 'Banker's Usance Credit(은행인수신용장)'으로 구분되며, Banker's Usance Credit은 다시 인수금융의 제공지역이 어디냐에 따라 'Overseas Banker's Usance Credit(해외은행인수신용장)'과 'Domestic Banker's Usance Credit(국내은행인수신용장)'으로 구분된다.

기한부신용장의 종류

- **기한부신용장**
  - Shipper's Usance Credit (무역인수신용장)
  - Banker's Usance Credit (은행인수신용장)
    - Overseas Banker's Usance Credit (해외은행인수신용장)
    - Domestic Banker's Usance Credit (국내은행인수신용장)

참고 위의 분류는 어디까지나 국내 업계에서 사용하고 있는 관행상의 분류일 뿐, 그 분류기준 및 내용(용어의 사용 및 정의)에 대한 국제적인 컨센서스가 이루어져 있는 것은 아니며, 실제로 해외에서는 Banker's Usance에 대한 용어를 이해하지 못하고 대개 'UPAS(Usance Payable At Sight)'라는 특수 신용장 정도로 인식하고 있음.

7-2 Shipper's Usance 신용장의 개설

'Shipper's Usance Credit'이란 수출상(Shipper)이 직접 수입상에게 신용을 공여하여 일정기간 대금결제를 유예하여 주는 방식의 기한부 신용장으로서, 수입상은 신용장에서 정한 일정기간이 경과한 후에 수입대금을 지급하게 되며, 수출상 또한 신용장상의 Tenor에 따라 결정되는 만기에 수출대금을 회수할 수 있게 된다. 그러나 대개의 경우 수출상은 거래은행에 당해 환어음 및/또는 서류를 매입(Nego) 의뢰함으로써 대부분 만기 이전에 이를 현금화 하는 것이 일반적이며, 그 대가로 만기까지의 기간에 해당하는 할인료(환가료)를 거래은행에 지불하게 된다.

가. 이자부담에 관한 사항의 표시

수출상은 수입대금의 결제를 유예하여 줌에 따라 추가적인 금융비용을 부담하게 되나, 그 이면을 살펴보면 어떠한 식으로든 이를 모두 수입상에게 전가함으로써 궁극적으로는 수입상이 모든 금융비용을 부담하여야 하는 것이 일반적이다. 여기서 수출상이 부담하는 금융비용이라 함은, 당해 기한부환어음을 할인(Nego)하는 데 소요되는 환가료 등의 비용을 말한다.

수입상에게 금융비용을 전가하는 방법에는 두 가지가 있는데, 그 하나는 상품의 가격에 미리 이자비용을 포함시키는 것이며, 다른 하나는 어음의 만기에 이자비용을 별도로 정산하는 방법이다. 후자의 경우에는 이자의 청구에 관한 사항을 신용장상에 별도로 명시하여 주거나, 또는 매매계약서에 의해 미리 약정된 바에 따라 수입상이 별도로 송금하여 주는 방법이 있다.

'Shipper's Usance' 방식하에서 수출상이 부담하여야 하는 금융비용은 대개 단가의 조정을 통해 미리 상품가격에 반영하는 것이 일반적이며, 이 경우 신용장상에는 다음과 같이 이자에 관한 문구를 기재하게 된다.

- Usance interest is for seller's(또는 beneficiary's) account.
- Acceptance commission and discount charges are for seller's(또는 beneficiary's) account. 등

이자의 청구에 관한 사항에 대하여, 신용장상에 별도로 명시하여 주는 경우의 기재예를 살펴보면 다음과 같다.

- Interest is for account of applicant at an interest rate not more than 3 percent per annum. In such case, signed beneficiary's statement showing interest amount claimed and interest rate must be submitted.
- Interest up to the maturity is for account of buyer(또는 applicant). And the negotiating bank is requested to inform us of the interest up to the maturity at prime prevailing rate. 등

* 이자 청구를 허용하는 경우에는 '통화별 지표금리(Term SOFR, EURIBOR, TIBOR 등)+α' 등과 같이 금리 수준을 미리 신용장상에 명시하는 것이 바람직함.

나. 상환지시에 관한 사항의 표시

'Shipper's Usance' L/C의 대금상환 관련 지시 문언의 예를 살펴보면 다음과 같다.

1) 송금베이스로 지급하는 경우

'Usance Interest is for beneficiary's account. In reimbursement, we will remit the proceeds as per negotiating bank's instruction at maturity.'

2) 상환베이스로 지급하는 경우

'Usance Interest is for beneficiary's account. In reimbursement, the negotiating bank is authorized to drawn on XXX Bank(결제은행) at maturity.'

3) 차기베이스로 지급하는 경우

'Usance Interest is for beneficiary's account. In reimbursement, please debit our account with you for the face amount of drafts only at maturity under advise to us.'

Shipper's Usance (Remittance Base)

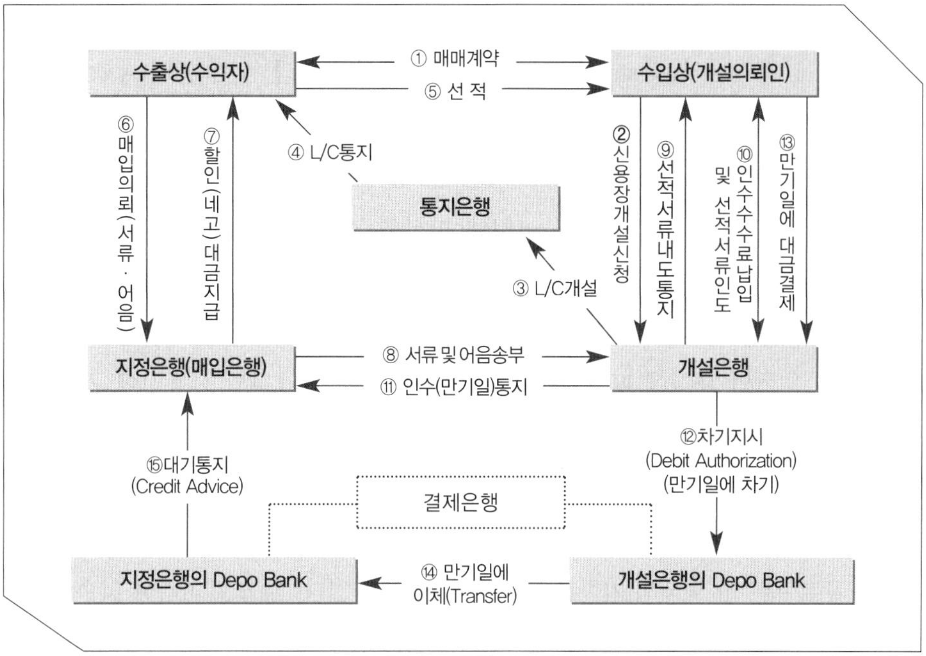

Shipper's Usance (Reimbursement Base)

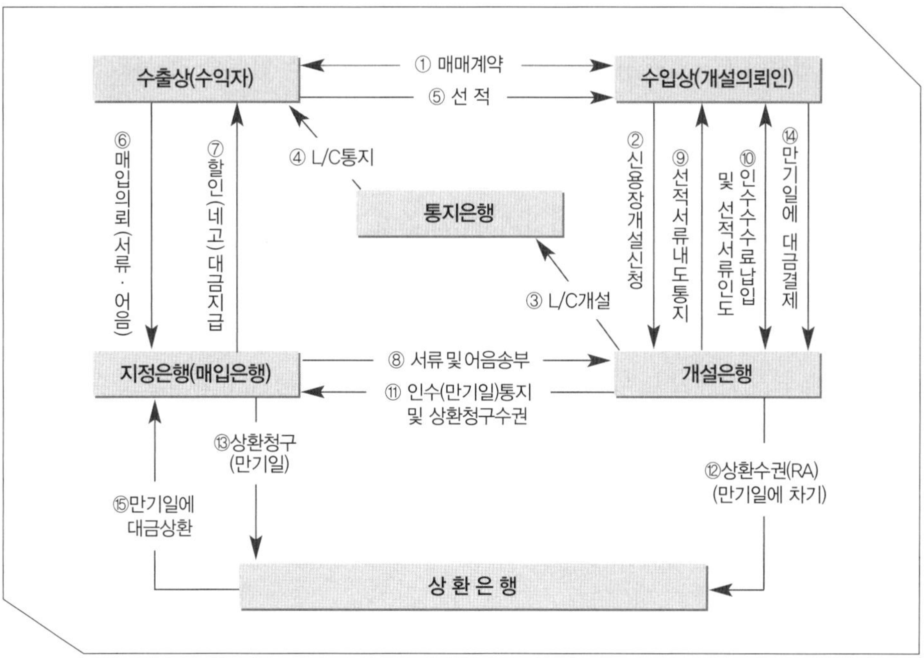

7-3 Overseas Banker's Usance 신용장의 개설

'Overseas Banker's Usance Credit'이란, 해외은행의 '인수편의(Acceptance Facility)'에 의거 수출상에게는 일람불로 즉시 수출대금을 지급하고 수입상에게는 일정기간 수입대금의 결제를 유예하여 주는 형태의 신용장을 말한다. 'Shipper's Usance'가 수출상에 의한 신용공여임에 반하여 'Overseas Banker's Usance'는 개설은행의 해외 예치환거래은행(또는 개설은행의 해외 본지점)이 신용을 공여하여 주는 방식이다.

즉, 개설은행의 요청에 따라 해외의 신용공여은행이 약정된 신용장에 근거하여 발행된 수출환어음을 인수 · 할인한 후, 수출상(매입은행)에게는 'At sight basis'로 대금을 지급하여 주는 한편 수입상(개설은행)에게는 일정기간 후에 자금을 회수함으로써, 수출상에게는 일람불거래의 효과를 주고 수입상에게는 기한부거래의 효과를 주는 특수한 형태의 기한부 신용장이라 할 수 있다. 참고로 이러한 인수 · 할인 금융을 해외의 은행이 아닌 개설은행이 직접 제공하게 되면 이를 'Domestic Banker's Usance (내국수입유전스)'라 부른다.

Banker's Usance 신용장의 구조를 들여다 보면, Sight 결제조건의 신용장거래에 대하여 수입상이 Usance 신용장과 동일한 편익을 누릴 수 있도록, 개설은행이 수입상을 대신하여 해외의 신용공여은행으로부터 자금을 차입하여 지정은행 앞으로 Sight L/C의 대금을 상환하는 형태를 취하고 있음을 알 수 있다. 즉, Banker's Usance L/C는 Sight L/C에 수입결제자금대출이 믹스된 혼합형 신용장이라 할 수 있다.

이로써 기한부신용장임에도 불구하고 수출상은 별도의 금융비용 부담 없이 At sight basis로 수출대금을 회수할 수 있고, 수입상은 은행의 신용공여를 통하여 일정기간 대금지급을 유예 받은 후 환어음의 만기에 이를 결제할 수 있게 되는 것이다. 따라서 수입상은 본인을 위하여 여신(인수 및 할인편의)을 공여한 은행에 대하여 그 보상으로 'A/D Charge(Acceptance Commission & Discount Charge)'를 지불하여야 한다.

Usance L/C임에도 불구하고 수출상의 입장에서는 Sight L/C와 다를 바가 없고, Usance 기간 동안의 모든 금융비용(A/D Charge)은 수입상이 부담하게 되므로, 수출상품의 가격은 Sight L/C와 동일한 조건으로 책정된다.

가. 신용공여은행의 선택

인수편의를 공여하고 있는 은행 중 비용이 저렴한 은행으로 선정하고, 개설금액이 동행에서 부여한 'Credit Line' 범위 내인지를 확인하여야 한다. 이러한 신용공여은행은 개설은행이 선정하며 이에 관한 제 비용은 개설의뢰인이 부담한다. 실무적으로는 대개 개설은행의 해외 본지점을 활용하는 것이 일반적이나, 개설의뢰인의 요청에 따라 해당 통화에 대한 예치환거래은행 중에서 선정하여 활용하기도 한다.

나. 신용장의 이용방법 및 신용공여은행의 표시

국내에서 발행되는 Overseas Banker's Usance 신용장은 대개 '인수신용장'이 아닌 '매입신용장'의 형태로 개설되는 것이 일반적인 관행이며, 이에 관한 기재 예는 다음과 같다.

"We hereby issue in your favour this documentary credit which is available by negotiation of your draft at 90 days after sight drawn on ××× Bank." 예문에서 'drawn on' 다음에 개설은행의 해외 본지점 또는 인수편의를 공여하는 해외 예치환거래은행명을 기재하게 된다.

다. 이자 및 대금상환에 관한 사항

신용공여은행이 환어음을 인수할 때의 '인수수수료(Acceptance Commission)'와 이 어음을 할인하여 그 대금을 일람불로 지급할 경우에 발생하는 '할인료(Discount Charge)'는 개설은행으로 청구되며, 이는 최종적으로 수입상이 부담하게 된다.

따라서 매입은행에게는 기한부신용장임에도 불구하고 환어음상의 기간에 관계없이 일람불로 매입하도록 지시하여야 한다. 또한 인수금융을 위하여, 상환청구시에는 환어음과 함께 선적 관련 주요사항을 명시하여 신용공여은행으로 송부하도록 지시하여야 한다.

① 일람출급 조건으로 매입하도록 지시하는 문언의 예를 살펴보면 다음과 같다.

- Usance drafts must be negotiated at sight basis and acceptance commissions and discount charges are for buyer's account.
- You may negotiate the drafts on a sight basis. Accptance commissions and discount charges are for buyer's account.
- Payment under this L/C is to be made at sight basis regardless of draft tenor. Acceptance commissions and discount charges are for buyer's account.

② 대금상환과 관련한 지시 문언의 예를 살펴보면 다음과 같다.

'In reimbursement, the drafts are to be forwarded to drawee bank and provide them with the date of shipment, loading and unloading port, commodity names.'

Overseas Banker's Usance (Reimbursement Base)

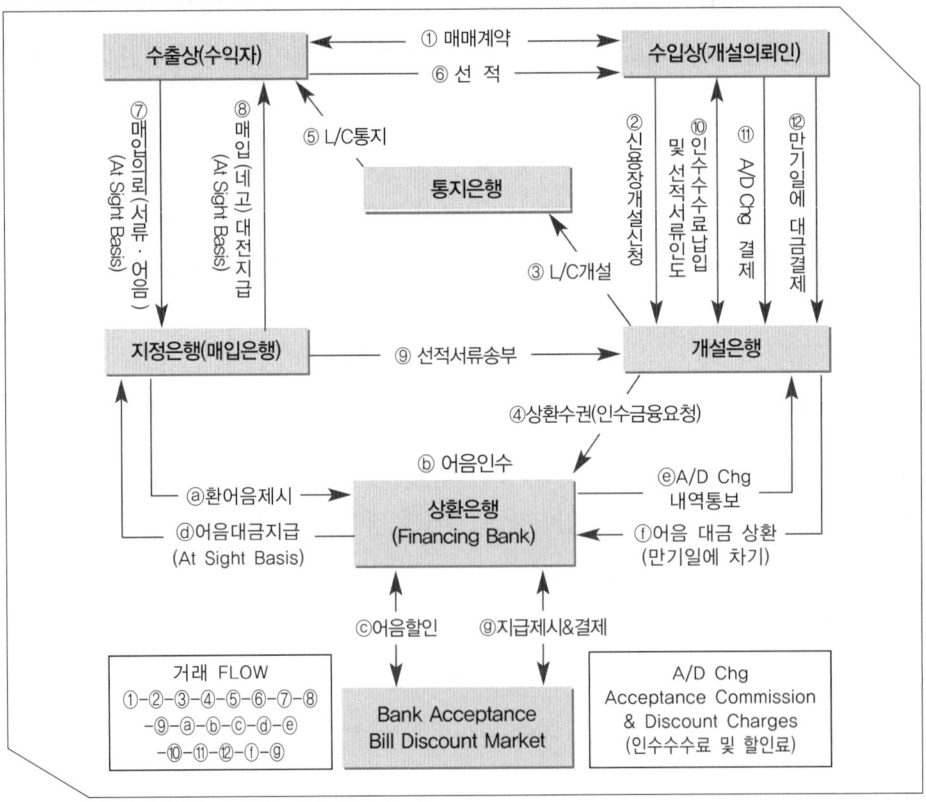

7-4 Domestic Banker's Usance 신용장의 개설

'Domestic Banker's Usance Credit'이란 수출상이 발행한 환어음을 국내의 은행(개설은행 등)이 인수하여 이를 할인함으로써, 수출상에게는 일람불로 수출대금을 지급하고 수입상에게는 일정기간 수입대금의 결제를 유예하여 주는 방식의 신용장을 말한다. 이는 인수금융이 국내에서 발생하므로 인수수수료와 할인료가 해외로 유출되지 않는다는 점을 제외하고는 'Overseas Banker's Usance'와 거의 동일하다. 'Domestic Banker's Usance'는 흔히 '내국수입유전스'라 부르기도 한다.

가. 환어음에 관한 사항

개설은행이 당해 기한부 환어음을 인수하여 금융을 제공하는 것이므로, 어음지급인으로는 개설은행을 기재하여야 한다. 따라서 신용장상의 'drawn on' 다음에는 개설은행의 명칭을 기재하거나 또는 'ourselves'라고 표시한다.

"We hereby issue in your favour this documentary credit which is available by negotiation of your draft at 90 days after sight drawn on ourselves."

나. 이자 및 대금상환에 관한 사항

'Overseas Banker's Usance'에서와 마찬가지로 인수 및 할인비용을 수입상이 부담한다는 문언을 기재하여야 하며, 기한부신용장임에도 불구하고 일람불로 매입할 수 있도록 수권한다는 내용의 문언을 표시하여야 한다. 송금베이스에서의 이자부담 및 대금상환과 관련한 지시 문언의 예를 살펴보면 다음과 같다.

'Instruction to the negotiating bank. Accptance commission and discount charges are for buyer's account. Payment under this credit to be made on at sight basis regardless of draft tenor. Upon receipt of documents, we will remit the proceeds as per your instruction.'

다. 인수어음의 매각

수출상이 발행한 환어음을 인수한 개설은행은, 자금조달을 위하여 당해 인수어음을 한국은행이나 다른 외국환은행 또는 기타 거주자나 비거주자(해외 본지점 포함)에게 매각 또는 처분할 수 있다.

Domestic Banker's Usance (Remittance Base)

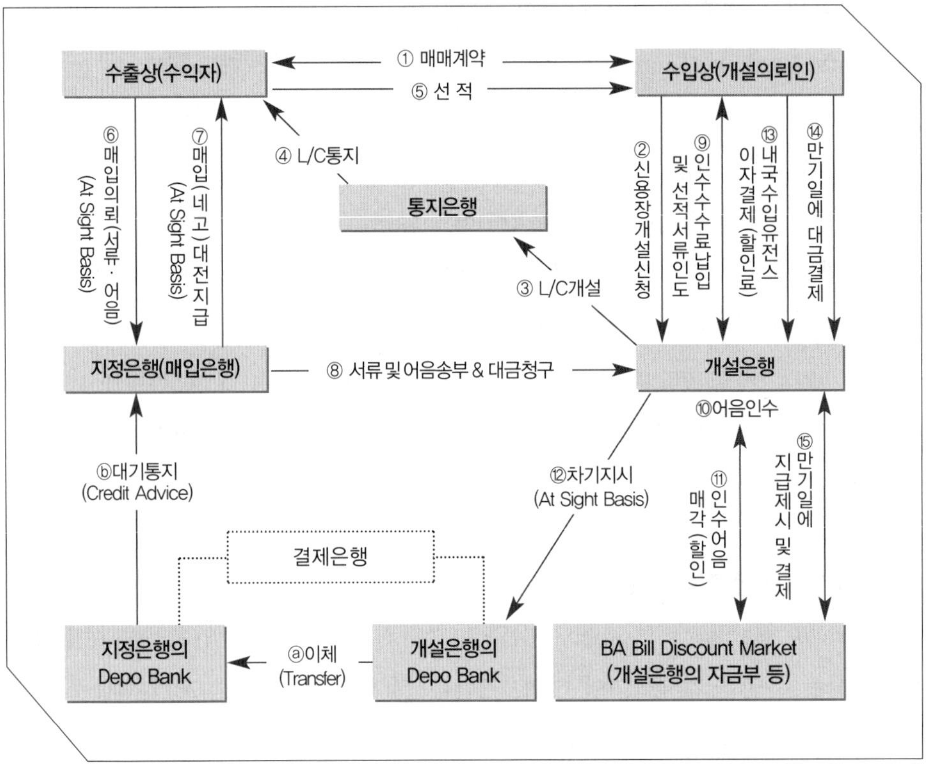

Domestic Banker's Usance (Reimbursement Base)

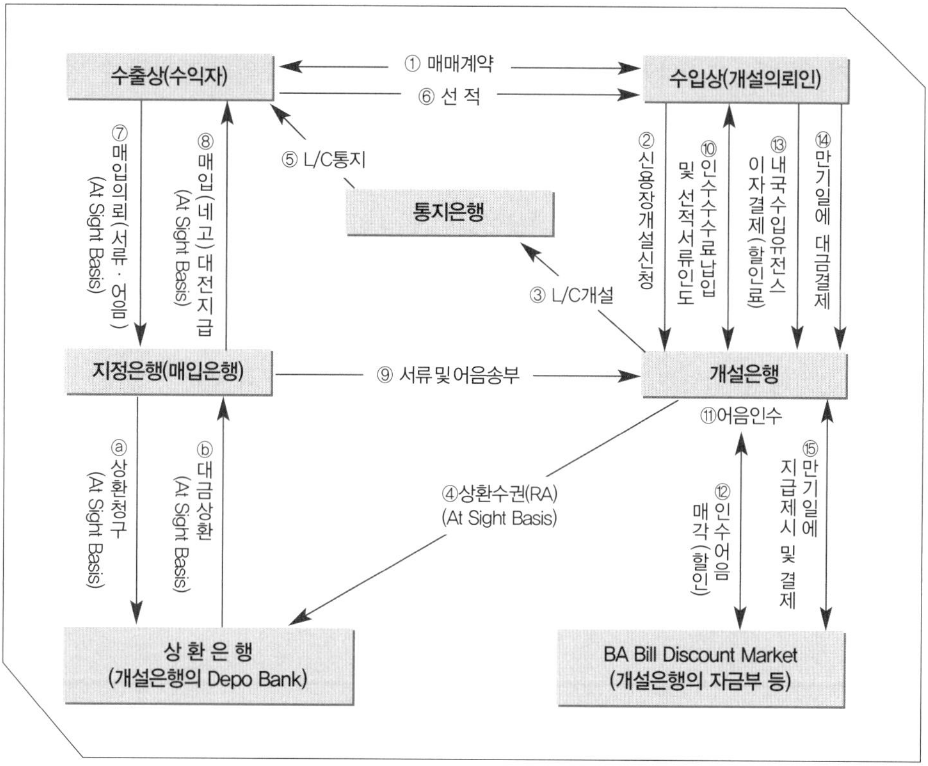

8. 신용장의 조건변경과 취소

8-1 조건변경과 취소의 의의

신용장의 조건변경 또는 취소란, 이미 개설된 신용장 조건 중의 일부를 관계 당사자 간의 합의에 따라 변경하거나 또는 취소하는 것을 말한다. 조건변경의 당사자란 '개설은행', '수익자', '확인은행(확인신용장의 경우)'을 말하며, 신용장의 조건변경 또는 취소가 유효하기 위해서는 이들 당사자 전원의 합의가 있어야 한다(UCP 600 제10조 a항).

개설은행은 조건변경서의 '발급' 시점부터 자기가 발행한 조건변경서를 임의로 취소할 수 없으며, 확인은행은 조건변경서의 '확인(Confirmation)' 시점부터 임의로 취소하지 못한다. 그러나 확인은행은 조건변경서를 확인하지 않고 통지할 수 있으며, 만일 그렇게 하기로 결정한 경우에는 개설은행 및 수익자에게 지체 없이 그러한 사실을 통보해 주어야 한다.

신용장 조건변경의 당사자에는 개설의뢰인을 포함하고 있지 않지만 실무적으로는 개설의뢰인의 요청에 따라 조건변경이 이루어지게 되며, 만일 개설은행이 임의적으로 신용장을 취소하거나 또는 조건변경하는 경우에는 개설의뢰인과의 사이에 불필요한 분쟁이 야기될 수 있으므로 유의하여야 한다(외국환거래약정서 제17조 참조).

8-2 제출서류

개설의뢰인이 신용장의 조건을 변경하고자 하는 경우에는 다음 서류를 제출하여야 한다.

가. 신용장조건변경신청서

일반적으로 개설은행 고유의 양식을 사용하며, 신청서에는 당초 신용장의 조건 중에서 변경하고자 하는 내용이 구체적으로 명시되어 있어야 한다. 다만, 유효기일 경과 등의 상당한 사유(미사용잔액정리를 위한 취소 등)가 있는 경우에는 개설의뢰인의 신청이 없어도 신용장을 취소할 수 있으며, 이 경우 은행은 개설의뢰인에게 사후 통지하여야 한다(외국환거래약정서 제17조).

나. 변경 매매계약서 또는 물품매도확약서 등

변경된 계약서 또는 'Offer Sheet(물품매도확약서)'는 조건변경의 정당성 및 계약 내용의 변경사항을 확인하기 위하여 징구하는 서류이다.

다. 보험서류

무역거래조건이 변경되어 수입상이 보험에 가입하여야 하는 경우이거나, 또는 수입상이 부보하여야 하는 무역거래조건으로서 신용장 금액이 증액되는 경우에는 보험서류를 추가적으로 징구하여야 한다. 이때의 보험서류는 수입물품의 운송 중에 발생할 수 있는 불의의 사고에 대비하여 개설은행이 채권보전을 목적으로 징구하는 서류이다.

8-3 조건변경시 유의사항

1) 신청인이 여러 건의 신용장을 발행한 경우에는 신청인의 착오로 인해 전혀 다른 신용장에 대하여 조건변경을 신청하는 사례가 있다. 이러한 착오로 인하여 불필요한 혼란이 발생하지 않도록, 사전에 신용장번호 · 금액 · 품목 및 기타 항목 등을 원신용장과 대조 · 확인하여야 한다.
2) 조건변경의 내용이 원신용장의 내용과 상호 모순되지 않도록 다음과 같은 사항들에 유의하여야 한다.
   ① 무역거래조건이 F그룹이나 CFR · CPT에서 CIF · CIP 등으로 변경되는 경우에는, 보험서류의 명세와 보험조건을 추가적으로 명시해 주어야 한다.
   ② 운송방법이 해상운송에서 항공운송으로 변경되는 경우에는, 해상선하증권(B/L)을 항공화물운송장(AWB)으로 변경하여야 함은 물론 선적지 및 양륙지도 공항으로 변경해 주어야 한다.
   ③ 신용장 금액을 변경하는 경우에는 그 사유가 수량 또는 단가 중의 어느 것에 기인하는지를 확인하여 금액과 수량 및 단가 상호 간에 모순이 발생하지 않도록 하여야 한다.
   ④ 선적기일의 연장시에는 유효기일의 연장도 필요하지 않은지의 여부에 대하여 검토하여야 한다.
3) 조건변경시에는 반드시 원신용장을 통지한 은행을 통하여 조건변경을 통지하여야 한다(UCP 600 제9조 d항).
4) 상환베이스(Reimbursement Base)로 개설된 신용장의 금액을 변경하고자

하는 경우에는 상환은행 앞으로도 즉시 상환수권서의 변경내용을 통보해 주어야 한다. 증액시는 물론 감액시에도 그 변경사실을 통보해 주어야 하며, 특히 신용장의 증액조건변경시에 상환수권서의 변경통보를 게을리하여 대금지급이 늦어지는 경우에는 개설은행이 그 지연이자를 부담하여야 하므로 주의하여야 한다.

5) 수익자에 대한 조건변경의 효력은 수익자가 그러한 조건변경을 수락하고 이를 통지은행에 통보한 때부터 유효하며, 수익자의 침묵(Silence)을 조건변경에 대한 수락으로 간주할 수 없다. 따라서 조건변경서상에 '일정한 기간 내에 조건변경을 거절하지 않는다면 당해 조건변경이 효력을 가지게 된다'는 등의 문구를 삽입하는 행위는 무효이며, 그러한 문구는 수익자 등에 의해 무시되므로 유의하여야 한다(UCP 600 제10조 f항). 그러나 만약 수익자가 조건변경의 수락통보를 하지 않은 채 변경된 신용장의 제 조건에 일치하는 서류를 지정은행 또는 개설은행에 제시하는 경우에는, 수익자가 그러한 조건변경을 수락한 것으로 간주하여 그 시점에서 신용장의 조건변경이 이루어진 것으로 본다(UCP 600 제10조 c항).

6) 조건변경은 전체적으로 동의 또는 거절되어야 하며, 하나의 동일한 조건변경에 대한 부분적인 수락은 허용되지 않는다(UCP 600 제10조 e항). 그러나 다수에게 분할 양도된 신용장의 조건변경은 각각의 제2수익자별로 조건변경을 동의 또는 거절할 수 있으며, 조건변경에 동의한 제2수익자에 대하여만 조건변경이 성립하게 되므로 유의하여야 한다(UCP 600 제38조 f항).

8-4 조건변경서의 작성

조건변경 사항에는 여러 가지의 것들이 있겠으나 대표적인 사항은 다음과 같다.

가. 신용장 금액의 증액 또는 감액

① 신용장의 증액시에는 다음과 같이 기재한다(예: 10만불을 20만불로 증액).

"L/C amount is increased by US$100,000 to US$200,000"

"Amount is increased by US$100,000 making total of US$200,000"

위에서 'by' 이하에 기재된 US$100,000은 증가하는 금액이고, 'to' 이하에 기재된

US$200,000은 증액 변경 후의 최종 금액이다.

② 신용장의 감액시에는 다음과 같이 기재한다(예: 20만불을 10만불로 감액).

"L/C amount is decreased by US$100,000 to US$100,000"

"Amount is decreased by US$100,000 making total of US$100,000"

위에서 'by' 이하에 기재된 US$100,000은 차감되는 금액이고, 'to' 이하에 기재된 US$100,000은 감액 변경 후의 최종 금액이다.

나. 선적기일 또는 유효기일의 연장

선적기일이나 유효기일이 연장되는 경우에는 다음과 같이 기재한다.

"The latest date for shipment is extended to June 20, 20××"

"Expiry date is extended to June 30, 20××"

위에서 'Extended to' 이하에 기재되는 날짜가 연장된 선적기일 또는 유효기일이 된다.

다. 물품명이 변경되었거나 물품명세가 변경된 경우

변경된 사항을 포함하여 상품명세 전체를 새로이 기재하여 주는 것이 바람직하다. 예컨대 원신용장의 명세가 "2,000pcs of Sports Wear USA origin @US$20 CIF Pusan Incoterms® 2020"이었던 것이 단가가 @US$30으로 바뀐 경우에는 다음과 같이 기재하는 것이 좋다.

"Descriptions of commodity are changed as follows"

"2,000pcs of Sports Wear USA origin @US$30 CIF Pusan Incoterms® 2020"

라. 선적항 또는 양륙항의 변경

선적항이 샌프란시스코에서 시애틀로 바뀐 경우에는 다음과 같이 표시한다.

"Port of loading is changed into Seattle instead of San Francisco"

양륙항이 인천에서 부산으로 바뀐 경우에는 다음과 같이 표시한다.

"Port of discharge is changed into Pusan instead of Incheon"

◀ 예시 2-1-5 ▶ 취소불능화환신용장 조건변경 신청서

TO : KOREA INSTITUTE BANK

Date : ____________

20 (Documentary Credit Number)	변경 No.
Advising Bank	
50 (Applicant)	
59 (Beneficiary)	

We request you to amend as follows :

변 경 전	변 경 후
32B (Amount)	
31D (Date and Place of Expiry) :	
44C (Latest Date of Shipment) :	

79 Other Conditions.

All other terms and conditions remain unchanged.

위와 같이 신용장 조건변경을 신청함에 있어서 따로 제출한 외국환거래약정서의 해당 조항에 따를 것을 확약합니다.

신청인 ㊞ 또는 서명

주 소

책임자 (직인)

담당자	확인자	결재권자

사례 신용장의 조건변경에 관한 사례

신용장 조건변경의 효력 발생

■ 사건내용

완구제품 수출업체인 국내의 M통상은 호주의 매수인으로부터 개당 단가 US$8.50의 봉제 완구제품 5,000PCS, 총액 US$42,500의 수출계약을 체결하고 20XX년 3월 20일자로 신용장을 수취하였으며, 그 후 상품의 제작이 거의 완료된 시점에서 20XX년 5월 15일자로 조건변경서를 통지받았는데 그 내용은 상품의 개당 단가를 US$7로 감액하는 내용이었다. 이에 M통상은 즉시 매수인에게 그 부당성을 항변하였으나, 매수인은 자신의 경쟁업체가 똑같은 제품을 US$7로 수입하고 있다고 하며 변경된 단가대로 서류를 작성하여 제시하지 않으면 지급을 거절하겠다고 통보하여 왔다. 그러나 M통상은 변경된 가격으로는 수지를 맞출 수 없었으므로, 조건변경서의 내용을 무시한 채 원신용장의 단가대로 상업송장을 작성하고 환어음을 발행하여 20XX년 6월 21일자로 거래은행에 매입을 의뢰하였다. 그런데 그 후 서류를 접수한 개설은행은 자신의 20XX년 5월 15일자 조건변경서의 단가와 상이함을 이유로 부도를 통보해 오면서, 매입은행이 상환은행으로부터 선지급 받은 신용장 대금의 반환(Refund)을 요구하여 왔다. 이러한 경우, 개설은행의 지급거절 사유는 과연 정당한가에 대하여 살펴보기로 하자.

■ 사건경과

지급거절 통지를 받았던 매입은행은 즉시 UCP 500 제9조 d항의 문언을 인용하여 수익자의 동의가 없는 그러한 조건변경은 무효임을 주장하였다. 그러나 개설은행은 수익자가 조건변경의 통지를 받은 후 1개월이 지나도록 자신의 거절의사를 밝히지 않은 것은 그 조건변경에 대한 묵시적인 동의를 나타내는 것으로 간주된다고 주장하였다. 이에 대하여 매입은행은 다시, 신용장통일규칙의 어떠한 조항에도 수익자가 조건변경통지서의 수락 여부에 대한 명시적인 의사표시를 일정한 기간 내에 하도록 규정되어 있지 않으며, 또한 수익자가 조건변경의 수락 사실을 통지은행에 명시적으로 통보할 때까지는 원신용장의 조건이 계속하여 유효한 것이며, 또한 아직 수락되지 않은 조건변경 사항을 배제한 채 원신용장의 조건에 일치하는 서류를 제시한 것은 조건변경의 거절통고로 간주됨을 강력히 주장하였다. 결국 개설은행은 매입은행의 그러한 반박에 더이상 항변하지 못하고 자신의 주장을 철회할 수 밖에 없었다.

■ 참고사항

수입신용장의 조건변경 업무와 상대적인 관점에서, 여러분이 만일 수출업무를 취급하는 경우로서 위와 같이 수익자에게 불리한 조건변경서가 접수된 경우에는, 향후의 불필요한 분쟁을 예방하기 위하여 미리 조건변경의 거절(또는 수락) 사실을 명시적으로 통보하여 주는 것이 바람직하다.(UCP 600 제10조 d항 참조)

9. 신용장 관련 수수료

수입신용장과 관련된 수수료는 각 은행의 내규에서 정하는 바에 따라 자율적으로 결정하여 징수하고 있으며, 또한 동일한 은행 내에서도 거래처의 신용도 등에 따라 요율을 달리 적용하고 있다. 그러므로 여기에서는 수수료에 관한 일반적인 기준을 위주로 개괄적인 내용만을 살펴보기로 한다. (참고로, 수입보증금을 전액 적립하고 신용장을 개설하는 경우의 개설수수료 및 인수수수료는 해당 금융기관의 최저 수수료율을 적용하는 것이 일반적임)

9-1 화환신용장의 개설수수료 등

화환신용장의 개설, 증액, 기간연장 및 기타의 조건변경수수료는 다음과 같다.

가. 개설수수료

신용장의 개설로 인하여 발생하는 개설은행의 '신용위험부담(우발채무보증)'을 커버할 목적으로 징수하는 수수료이며, 통상 '3개월'의 기간단위로 수수료를 징수한다고 하여 '기간수수료(Term Charge)'라 부르기도 한다.

☞ 금융소비자 권익 보호를 위한 은행권의 수수료 관행 개선 방침에 따라, 현재는 대부분의 은행에서 기간(3개월) 단위 수수료 징수관행을 폐지하고 '연 요율'로 계산하여 '일 단위'로 수수료를 징수하고 있음.

수수료의 징수기간은 개설일로부터 수입환어음의 결제(또는 인수) 전일까지를 원칙으로 한다. 일람불신용장의 개설시에는 먼저 유효기일까지에 대해 일 단위로 징수한 후, 초과하는 기간에 대해서는 신용장의 결제시점에서 추가적으로 징수하게 된다. 기한부 신용장의 개설시에는 유효기일까지에 대해 일 단위로 징수한 후, 인수수수료를 징수하는 시점에서 인수일 이후의 기간(중복되는 기간)에 해당하는 개설수수료를 환급하게 된다.

징수요율은 수입용도 및 업체별 신용도 등에 따라 각기 달리 적용되나, 일반적으로 0.6% ~ 1.6% 정도의 연요율을 적용하고 있다.

개설수수료의 계산 산식은 다음과 같다.

▶ 신용장금액 × 적용요율 × 징수기간(일)/360(또는 365)× 매매기준율

나. 증액수수료

신용장의 증액으로 인한 개설은행의 신용위험부담 증가분을 커버할 목적으로 징수하는 수수료이며, 증액되는 금액에 대하여 개설수수료와 동일한 방법으로 징수한다.

다. 기간연장수수료

신용장 유효기일의 연장으로 인하여 개설은행의 보증채무기한이 연장됨에 따라 이를 커버할 목적으로 징수하는 수수료를 말하며, 연장되는 기간에 대하여 개설수수료와 동일한 방법으로 징수한다.

라. 기타 조건변경수수료

신용장의 증액 및 기간연장 이외의 기타 조건변경시 징수하는 수수료를 말한다. 기타조건변경수수료는 'Handling Commission(취급수수료)'의 성격을 지니고 있으며, 정액제의 요금이 적용되는 수수료이다.

9-2 인수수수료

기한부신용장(Shipper's Usance)의 환어음을 '인수(Acceptance)'한다는 것은 신용장 개설에 따른 '(난외)미확정우발채무보증'이 '확정채무보증'으로 전환되는 것임을 의미하며, 더욱이 Banker's Usance 신용장하에서 'Financing Party(신용공여은행)'의 'Bill Discount(인수 · 할인)'가 이루어진 경우라면, 개설은행은 이를 해외은행에 대한 차입금(대변 : 기타외화차입금) 및 수입상에 대한 대출금(차변 : 내국수입유전스)으로 계상하여야 한다. 따라서 개설은행은 그에 따른 추가적인 비용 및 리스크(Cost & Risk: 대손충당금의 추가 적립, BIS 자기자본비율 저하에 따른 기회비용 증가, 신용위험 증가 등)를 커버할 목적으로 인수수수료를 징수하게 된다.

인수수수료는 개설수수료보다 높은 요율(수입상의 신용등급별로 연요율 0.8%~2.4% 수준)이 적용되며, 인수일로부터 만기일 전일까지 일 단위로 징수한다. 인수수수료의 징수기간이 이미 징수한 개설수수료의 징수기간과 중복되는 경우에는 당해 중복기간에 해당하는 개설수수료를 환급하여야 한다.

9-3 확인 및 할인비용

가. 확인수수료(Confirming Charge)

신용장의 '확인(Confirmation)'시에 확인은행이 징수하는 수수료를 말하며, 확인수수료는 신용장에서 지시하는 당사자(수출상 또는 수입상)가 이를 부담하게 된다. 보통 국내에서는 신청은행 본점 소재국에 따라 0.8%~1.6% 정도의 연요율을 적용하고 있다.

☞ 신용장의 '확인'은 개설은행에 대한 우발채무보증임.

나. A/D Charge(Acceptance Commission & Discount Charge)

'Banker's Usance' 신용장하에서, 해외의 신용공여은행이 개설은행(개설의뢰인)의 요청에 따라 매입은행 등에게 'At Sight Basis'로 대금을 지급하기 위해 수익자가 발행한 기한부환어음을 '인수'하고 '할인'하는 때에 발생하는 금융비용을 말한다. A/D Chg는 해외의 신용공여은행이 개설은행으로 청구하며, 이는 최종적으로 개설의뢰인이 부담하게 된다.

참고 'A/D Charge' Vs. '인수수수료'

'A/D Charge'는 환어음의 인수 · 할인에 따른 이자조로 해외의 신용공여은행(Financing Bank)이 징수하는 실비성격의 수수료(해외 은행의 자금부담비용)임에 반하여, '인수수수료'는 개설은행의 '(난외)미확정지급보증'이 '(차변)내국수입유전스' 및 '(대변)기타외화차입금' 계정으로 전환됨에 따라 개설은행이 추가적으로 부담하여야 하는 비용 및 리스크를 커버할 목적으로 징수하는 보증료성의 수수료(개설은행의 신용위험부담비용)임.

① A/D Chg 선급조건 (BA Bill Discount Rate + α)

지정은행(매입은행)이 송부한 환어음을 신용공여은행이 인수하여 이를 BA Market에서 할인한 후 그 자금으로 신용장 대금을 결제(At Sight Basis)하는 메커니즘을 가지며, 신용공여은행은 어음의 인수에 따라 본인이 부담하여야 하는 리스크 부담비용(Acceptance Commission)과 당해 어음을 BA Market에 매각하는 과정에서 발생하는 할인차액(Discount Charge)을 그 즉시 개설은행의 계좌에서 차기(인출)하게 된다.

따라서 개설은행은 신용공여은행으로부터 A/D Chg 통보서를 접수하는 즉시 수입상에게 그 대금(A/D Chg)의 결제를 요청하게 되며, A/D Chg의 선차기에 따른 자금부담비용을 커버할 목적으로 약 8~10일간의 A/D Chg 환가료를 징수하게 된다.

그 후 환어음의 만기가 도래하면 수입상은 개설은행에 그 대금(신용장대금)을 결제하게 되며, 신용공여은행 또한 환어음의 만기에 개설은행의 계좌에서 자금을 인출하여 당해 어음의 소지인에게 그 대금을 결제하게 된다.

② A/D Chg 후급조건 ('통화별 LIBOR 대체 지표금리' + α)

지정은행(매입은행)이 송부한 환어음을 신용공여은행이 인수한 후 이를 담보로 은행간 단기금융시장에서 자금을 차입하여 그 자금으로 신용장 대금을 결제(At Sight Basis)하는 메커니즘을 가지며, 신용공여은행은 당해 어음의 만기에 그 원금과 함께 본인의 인수수수료(Acceptance Commission) 및 차입금 이자(Discount Charge)를 개설은행의 계좌에서 차기(인출)하게 된다. 따라서 수입상은 어음의 만기에 원금(신용장대금)과 함께 A/D Chg를 결제하게 되며, 위의 선급조건과는 달리 별도의 A/D Chg 환가료는 발생하지 않게 된다.

환어음의 만기에, 신용공여은행은 개설은행의 계좌에서 대금(신용장대금 및 A/D Chg)을 인출하여 그 자금으로 차입금 원금(신용장대금) 및 이자(Discount Charge)를 상환하게 되며, 그 나머지 차액을 본인의 인수위험부담대가(Acceptance Commission)로 수취하게 된다.

그러나 실무적으로는 A/D Chg 선급 및 후급 조건을 막론하고, 대개의 경우에는 신용공여은행이 인수수수료 및 할인료를 모두 자신이 수취할 목적으로 지정은행(매입은행)에 대한 결제(At Sight Basis)를 자기자금으로 집행하는 것이 일반적이며, 개설은행 또한 이를 자행의 수익원으로 활용하고자 해외의 신용공여은행을 자신의 해외 본지점으로 지정하는 것이 일반적이다.

9-4 코레스 비용

'코레스 비용(Corres Charges)'이란 신용장의 개설, 통지, 매입, 상환 등과 관련하여 해외의 거래은행이 청구하여 오는 일체의 수수료를 말한다. 해외은행수수료를 수익자 부담으로 명시한 경우에는 개설의뢰인이 그러한 수수료를 지급할 필요가 없지만, 만일 수익자가 지급하지 않는 경우 최종적으로는 개설의뢰인이 이를 부담할 책임이 있다.

가. Advising Commission

해외의 통지은행이 신용장의 통지시에 징수하는 취급수수료로서, 보통 해외의 수익자가 이를 부담하는 것이 일반적이다.

나. Negotiation Commission

매입신용장하에서 매입을 수권받은 은행(자유매입신용장은 모든 은행)이 수출화환어음을 매입하는 경우에 징수하는 취급수수료를 말하며, 지급신용장에서는 'Payment Commission(지급수수료)'이 발생하게 된다. 이들 비용은 해외의 수익자가 부담하는 것이 일반적이다.

다. Reimbursement Commission

상환은행이 신용장 대금의 상환업무를 처리할 때에 징수하는 취급수수료를 말하며, 대개의 경우 금액에 관계없이 매 어음 건별로 일정액을 부과하게 된다. 상환수수료는 신용장에서 지시하는 당사자(수출상 또는 수입상)가 이를 부담한다.

해외은행수수료를 수익자 부담으로 명시한 경우, 상환은행은 수수료비용을 차감한 후의 환어음 금액을 매입은행 등으로 지급하게 되며, 매입은행 등은 이를 'Less Charge'로 분류하여 수출상에게 청구하게 된다.

◀Banking Tips▶ Less Charge, Less 환가료, Less 지체료

Less Charge란?

매입외환의 결제과정에서 발생하는 수수료 등으로 인하여 해당 원금에 미달하는 부족금액을 말하며, 개설은행/상환은행/추심은행/결제은행 등이 관련 수수료를 공제하고 입금함으로써 발생하게 된다.

매입은행의 자금부담비용 커버 구조
(가정 : 매입금액 USD10,000, LESS금액 USD100)

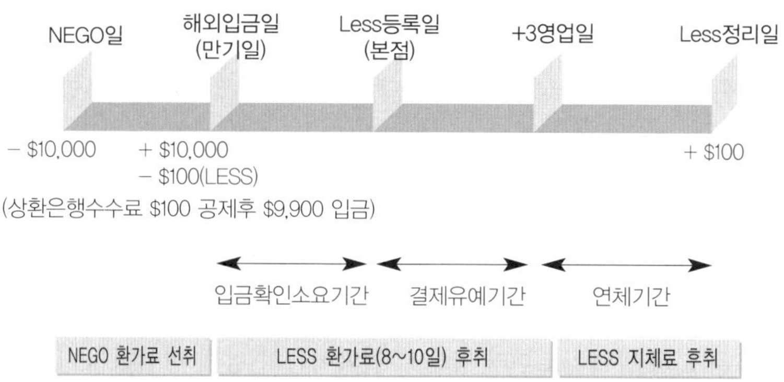

매입대금 USD10,000에 대한 만기일까지의 금리비용은 환가료를 통하여 매입 당시에 선취함.

매입대금은 만기일 당일에 마땅히 원금 전액이 회수되어야 하나,
상환은행이 상환수수료 USD100을 공제하고 입금함으로써 USD100에 대한 원금연체가 발생함.
그러나 이는 NEGO 원금에 대한 연체라기보다는 매입의뢰인이 상환은행에 부담하여야 하는 수수료 비용을 만기일 당일에 매입은행이 이를 대신 부담함으로써 발생하는 추가적인 금전대여의 성격을 지님.
따라서 매입의뢰인은 매입은행이 정한 소정의 기간 이내에 동 대금(Less)을 상환하여야 하며, 또한 그로 인하여 매입은행이 추가적으로 부담하여야 하는 자금부담비용을 보상하여야 함.
이때 매입은행이 그러한 자금부담비용을 커버하기 위하여 징수하는 수수료를 'Less 환가료'라 부름.
☞ Less Charge의 결제유예기간: 본점의 Less 등록일로부터 3영업일 (은행마다 조금씩 상이함)
☞ Nego 만기일로부터 Less 결제유예기간의 만료일까지는 통상 8~10일 정도가 소요되며, 따라서 Less 환가료는 약 8~10일치의 정상적인 금리비용을 반영하고 있음.

Less Charge는 신용장거래의 구조적인 특성상 불가피하게 발생하는 추가적인 비용이므로 매입은행은 이를 배려하여 매입의뢰인에게 일정 기간 동안의 결제유예기간을 부여하고 있음.
그럼에도 불구하고 소정의 기간 이내에 이를 상환하지 않는 경우에는
부득이 그 시점부터 연체로 간주하여 연체이율을 적용할 수 밖에 없게 되는데,
이렇게 매입은행이 연체이자조로 징수하는 수수료를 'Less 지체료'라 부름.

9-5 기타의 수수료 등

가. 수입화물선취보증서 발급에 따른 수수료

여기에는 'L/G 발급수수료'와 'L/G 보증료(수입화물 선취보증료)'가 있다. 'L/G 발급수수료'란 수입화물선취보증서의 발급에 따른 은행의 '취급수수료'를 말하며, 'L/G 보증료'란 수입화물선취보증서의 발급에 따라 은행이 추가적으로 부담하여야 하는 '신용위험부담'을 커버할 목적으로 징수하는 보증료를 말한다.

L/G 발급에 따라 은행이 추가적으로 부담하여야 하는 리스크란, 수입화물에 대한 담보권의 상실 및 선박회사에 대한 새로운 보증채무의 발생을 말한다.

일반적으로 'L/G 보증료'는 연리 3%의 요율을 적용하여 징수하고 있으며, L/G 발급액 전액에 대하여 수입보증금을 적립하는 경우에는 보증료의 징수를 면제한다.

☞ L/G 보증료 징수기간 :

Sight L/C는 L/G 발급일로부터 당해 수입환어음의 결제 전일까지, Usance L/C는 L/G 발급일로부터 당해 수입환어음의 인수 전일까지의 기간에 대하여 징수함.

나. 수입환어음 결제 환가료

상환베이스(Reimbursement Base)의 일람불 수입신용장하에서는 수입상의 대금결제 이전에 개설은행의 예치환계정에서 먼저 대금지급이 이루어지게 된다. 따라서 개설은행은 그러한 '자금부담비용'을 커버할 목적으로 일정한 기간에 대하여 이자조의 수수료를 징수하게 되는데, 이를 '수입환어음 결제 환가료'라고 한다. 여기서 일정한 기간이라 함은 '표준결제일수(또는 표준우편일수)'를 말하는데, 통상 은행에 따라 약 8~10일을 적용하고 있다.

다. Gr. Charge(Grace-day Charge)

전술한 바와 같이 상환베이스의 일람불 수입신용장하에서는 수입상의 대금결제 이전에 개설은행이 미리 그 대금을 지급하게 되며, 이에 따라 8~10일치의 '수입환어음 결제 환가료'를 징수하게 된다. 그러나 실제로 수입상의 대금결제가 이루어지는 시점은 선적서류의 내도 익일로부터 5영업일째 되는 날이 대부분이어서, '수입환어음

결제 환가료'만 가지고는 개설은행의 자금부담 비용을 커버할 수 없게 된다. 따라서 그 초과일수에 해당하는 기간에 대하여 별도의 수수료를 징수하게 되는데, 이를 'Gr. Charge'라고 한다. 선적서류의 도착통지일 당일에 결제하도록 하지 아니하고 일정 기간 대금결제를 유예하여 줌으로써 발생하는 수수료라 하여, 이를 '수입환어음 결제유예이자' 또는 '수입환어음 결제지연이자'라 부르기도 한다.

일반적으로 서류도착(선적서류의 본점 내도) 익영업일을 경과하여 결제가 이루어지는 경우에 징수하게 된다. (Gr. Charge의 징수기간은 은행마다 그 기준이 다를 수 있으므로 참고 바람)

라. 수입환어음 대지급금 이자

일람불신용장은 선적서류가 도착한 다음날로부터 5영업일 이내에 대금을 결제하여야 하며, 기한부신용장은 정해진 만기(또는 그 이전)에 그 대금을 결제하여야 한다.

만일 수입상이 결제를 이행하지 못하는 경우에는 개설은행이 이를 대신 지급하여야 하며, 그로 인한 '대지급금'에 대하여는 회수일 전일까지의 기간에 대해 연체이율을 적용한 이자를 징수하게 된다.

마. 하자수수료

내도된 선적서류가 신용장의 조건과 불일치함에도 불구하고 그러한 환어음을 결제하는 경우에는, 신용장에서 미리 정한 소정의 수수료를 결제금액에서 차감한 후 지급하는 방법으로 수출상으로부터 하자수수료를 징수하게 된다. (통상 50~100불)

바. 우편료 및 전신료

신용장의 개설 · 증액 · 기간연장 및 기타의 조건변경 또는 기타 통신문 등의 발송에 수반되는 우편료 및 전신료의 실비는 이를 개설의뢰인으로부터 징수하게 된다.

제 2 절

신용장에 의한 선적서류 인도

1. 선적서류 인도 업무의 개요

1-1 선적서류 인도의 의의

개설은행이 신용장을 발행하여 환거래은행을 통해 이를 수익자에게 통지하면, 수익자는 선적을 완료한 후 신용장에서 요구하는 서류를 갖추어 거래은행에 매입을 의뢰하게 되고, 매입은행은 이를 매입한 후 다시 동 서류를 개설은행으로 송부하게 된다. 그 후 선적서류를 송부받은 개설은행은 개설의뢰인에게 서류의 내도 사실을 통보하고 이를 인도하게 되는데, 이와 같이 선적서류를 개설의뢰인에게 인도하는 일련의 업무를 '선적서류인도(delivery of shipping documents)'라고 한다.

서류인도의 일반적인 절차는 다음과 같다.

① 선적서류의 접수

② Covering Letter의 검토

③ 신용장 조건과의 일치 여부 심사

④ 선적서류 도착 통지

⑤ 개설의뢰인의 수입대금 결제(또는 인수)

⑥ 선적서류의 개설의뢰인 앞 인도

만약 서류상에 하자가 있는 경우 개설은행은 대금지급을 거절할 수 있으며, 이 경우 개설은행은 지급거절의 사실을 서류접수 익일로부터 5영업일 이내에 제시인(매입은행 등) 앞으로 통보해 주어야 한다.

1-2 서류심사의 의무 및 면책

가. 서류의 심사 기준

① 제시된 서류에 대하여 그것이 문면상 '일치하는 제시(Complying Presentation)' 인지의 여부를 단지 서류만으로 심사하여야 한다.

② 제시된 서류가 문면상으로 'Complying Presentation' 인지의 여부를 결정하기 위하여, 신용장의 조건(Terms & Conditions)은 물론 UCP 600의 제 규정 및 국제표준은행관행에 어긋나는 사항이 없는지 상당한 주의를 기울여 심사하여야 한다.

③ 신용장 및 서류 자체의 문맥과 국제표준은행관행에 비추어 판단할 때, 제시된 각 서류상의 정보(Data)는 신용장의 내용과 충돌(Conflict)하지 않아야 함은 물론, 당해 서류내의 제 정보 간에도 충돌(Conflict)하지 않아야 하며, 또한 제시된 다른 서류상의 정보와도 충돌(Conflict)하지 않아야 한다.

④ 신용장에 명시된 서류의 일부가 제시되지 않거나, 신용장에 명시된 원본 및 사본의 통수가 요청한대로 제시되지 않으면, 이는 'Complying Presentation'이 아니므로 'UNPAID'의 사유가 된다.

⑤ 제시된 서류 중 신용장에서 요구하지 않은 서류는 심사하지 않아도 되며, 그러한 서류는 제시인에게 다시 반환하거나 또는 아무런 책임없이 그대로 전달할 수 있다.

⑥ 은행은 서류를 심사하여 'Complying Presentation' 인지를 판단하고 당해 서류의 수리거절 여부를 결정하여 서류의 제시인에게 그 결과를 통보하기 위하여, 서류접수 익일로부터 최장 5영업일(Five Banking Days) 간의 기간을 갖는다.

나. 서류의 유효성과 관련한 은행의 면책

신용장거래에서는 오로지 문면상으로만 서류를 심사하게 되며, 은행은 다음과 같은 사항들에 관하여 어떠한 의무나 책임도 부담하지 않는다(UCP 600 제34조).

① 서류의 형식, 충분성, 정확성, 진정성, 위조 여부, 법적효력

② 서류상에 명시되어 있는 일반조건 및 특수조건 또는 부가조항

③ 서류에 표시되어 있는 상품(물품 · 서비스 · 퍼포먼스)의 명세, 수량, 무게, 품질, 상태, 포장, 인도, 가치 또는 실존 여부

④ 물품의 송하인, 운송인, 운송중개인, 수하인, 보험자 또는 기타 모든 관계자의 선의, 작위/부작위, 지불능력, 이행 또는 지위 등

그러나 서류의 진정성, 위 · 변조, 법적효력과 관련한 은행의 면책조항은 무조건적인 것이 아니며, 사전에 서류가 위 · 변조되었다는 것을 알았거나 또는 쉽게 알 수 있었음에도 불구하고 상당한 주의를 기울여 심사하지 않음으로써 발견하지 못한 경우에는 면책되지 않는다는 점을 유의하여야 한다.

참고 UCP 600 제34조의 의의

UCP 600 제34조(UCP 500 제15조, Disclaimer on Effectiveness of Documents)는 독립 · 추상성의 원칙(UCP 600 제4조 및 제5조, UCP 500 제3조 및 제4조)과 더불어 신용장거래에 관여하는 은행들을 보호하는 매우 중요한 원칙이다. 그러나, UCP 600 제34조의 규정에도 불구하고 은행은 서류의 형식상 정규성 및 위 · 변조 여부에 대하여 상당한 주의를 다하여 심사할 필요가 있으며, 만일 은행원이 일반적으로 지니고 있는 지식과 경험으로 미루어 외관상으로 쉽게 판별 가능한 사항을 간과함으로써 제시된 서류의 위 · 변조 사실을 발견해내지 못하였거나, 또는 서류가 위 · 변조 되었다는 사실을 충분히 인지할 수 있었던 경우에는, 동 면책 규정에 의한 권리를 보호받을 수 없음을 유념하여야 한다.

2. 하자없는 선적서류의 인도

2-1 수입 선적서류의 심사

개설은행은 내도된 선적서류가 'Covering Letter'에 기록된 서류의 매수와 맞는가를 조사한 후, 신용장의 제 조건에 일치하는지 여부를 심사하여야 한다.

'Covering Letter'란 내도된 선적서류의 앞면에 첨부되어 있는 표지를 말하며, 당해 서류의 처리 및 대금결제 등에 관한 안내서 역할을 하는 문서이다. 지정은행이 하자 있는 서류를 송부한 경우에는 하자사항 및 서류의 처리방법 등에 관하여 Covering Letter에 표시하는 것이 일반적이므로, 이를 우선적으로 검토한 후 개설의뢰인에게 서류의 수리 여부를 결정토록 하여야 한다. 그러나 Covering Letter에 명시되지 않은 하자사항들도 매우 빈번히 발견되고 있으므로, 서류의 심사를 절대로 소홀히 해서는 안 될 것이다.

서류의 심사시에는 신용장에서 요구하는 모든 서류들이 명시된 부수대로 제출되었는지의 여부를 검토하고, 제시된 각각의 서류내용이 신용장의 지시내용과 일치하는지를 심사한 후, 서류 상호 간에 모순되는 내용이 없는지의 여부를 점검하여야 한다. 신용장에 명시되지 않은 일반적인 사항은 'UCP 600(신용장통일규칙)' 및 'ISBP 821(국제표준은행관습)'에 따라 심사하면 된다.

2-2 선적서류의 도착 통지

내도된 선적서류에 대한 심사가 끝나면 개설의뢰인의 결제자금 마련을 위한 충분한 시간확보 및 통관준비 등을 위하여 선적서류의 도착사실을 전화상으로 신속히 통보한 후에 '선적서류도착통지서'를 발송하여야 한다. 그러나 현재는 '선적서류도착통지서'의 발송을 대부분 팩스 및 이메일 전송으로 대체하고 있는 추세이다.

2-3 수입결제 및 서류의 인도

개설의뢰인은 개설은행에 서류가 도착한 다음 영업일로부터 '5은행영업일' 이내에 수입대금을 결제하거나 또는 기한부환어음의 인수의사를 표시하여야 한다. 만일 기한 내에 결제가 이루어지지 않는 경우 개설은행은 그 익일에 대지급 처리하여야 하며, 대지급일로부터 대지급금 상환 전일까지에 대하여 연체이자(수입환어음 대지급금 이자)를 징수하게 된다. 개설의뢰인이 수입대금을 결제하거나 또는 기한부환어음의 인수의사를 표시하면, 개설은행은 개설의뢰인에게 운송서류를 포함한 모든 수입선적 서류를 인도하게 된다.

상환베이스(Reimbursement Base)의 일람불신용장인 경우에는 수입대금의 결제 시에 '표준결제일수'에 해당하는 약 8~10일치의 '수입환어음 결제 환가료'를 징수하며, 그 외에도 선적서류가 도착한 다음 영업일을 경과하여 결제가 이루어지는 경우에는 서류도착 익영업일로부터 결제 전일까지의 기간에 대해 그 경과일수 만큼의 'Gr. Charge(수입환어음 결제유예이자)'를 추가로 징수하게 된다.

참고 각 은행의 내규에 따라 '수입환어음 결제 환가료' 및 'Gr. Charge'의 징수대상기간에 다소 차이를 보이고 있으므로 참고 바람. 리얼 타임의 전신에 의한 상환청구가 보편화된 요즘 현실에서, 상환은행이 매입은행 등의 상환청구 익영업일에 개설은행의 계좌에서 대금을 차기(지급)하여 매입은행 등의 계좌로 대기(입금)할 수 있는 상황을 고려하면, 개설은행은 서류도착 익영업일을 경과하여 결제가 이루어지는 모든 거래에 대해 Gr. Charge를 부과 할 수 있음.

그러나 송금베이스(Remittance Base)의 신용장 및 기한부신용장의 경우에는 개설 은행의 자금부담이 없으므로 '수입환어음 결제 환가료' 및 'Gr. Charge'가 발생하지 않는다. (기한부신용장은 만기일에 수입결제와 대금상환이 동시에 이루어짐)

신용장대금은 원화 또는 외화로 결제할 수 있으며, 원화로 결제하는 경우에는 결제 당시의 '전신환매도율'이 적용된다. 수입대금의 결제는 대개 자기자금에 의하여 이루어지는 것이 일반적이나, 개설은행과 개설의뢰인 간의 약정에 따라 무역금융 또는 외화 대출(수입결제자금대출)로 결제가 이루어질 수도 있다.

수입환어음 결제 환가료 및 Gr. Charge의 징수배경

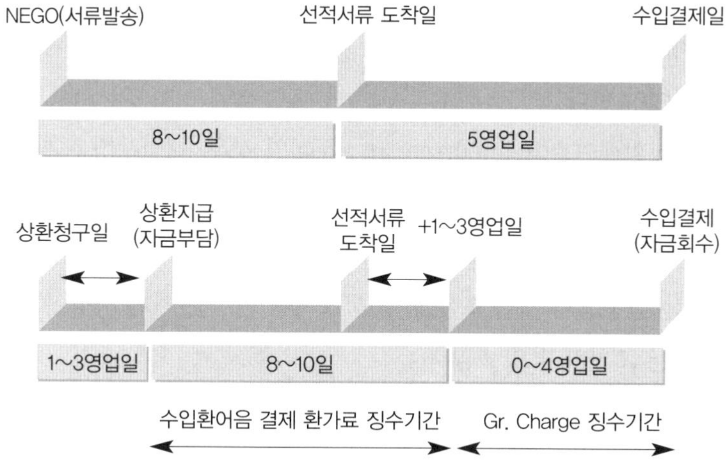

매입은행 등이 선적서류를 송부하여 개설은행이 이를 접수하기까지는 통상 8~10일 정도가 소요된다고 보는 국제적인 관행이 있으며, 또한 상환은행은 'URR 725(은행간 신용장 대금상환에 관한 통일규칙)'에 의해 매입은행 등의 상환청구 익일로부터 3영업일 이내에 개설은행의 계좌에서 대금을 차기(지급)하여 매입은행 등의 계좌로 대기(입금)하여야 한다는 사실에 근거할 때, 개설은행은 서류도착 익일로부터 1~3영업일(상환은행의 상환처리 일 수에 해당하는 기간)이 되는 시점까지 약 8~10일간의 자금부담이 발생하게 된다. 따라서 이러한 자금부담 비용을 커버할 목적으로 '수입환어음 결제 환가료'를 징수하는 것이다.

그러나 개설의뢰인이 실제로 수입대금을 결제하는 시점은 서류도착 익일로부터 5영업일째 되는 날이 대부분이며, 이로 인하여 개설은행은 수입 대금의 결제시점까지 추가적으로 자금부담을 하게 되는데, 바로 이러한 추가적인 자금부담비용을 커버하기 위하여 징수하는 것이 'Gr. Charge'이다. 따라서 개설의뢰인이 서류 도착후 은행이 정하는 소정 기간(상환청구 접수후 평균 지급 처리일)을 경과하여 수입대금을 결제하고자 하는 경우에는 '수입환어음 결제 환가료' 외에도 'Gr.Charge'를 추가로 부담하여야 한다.

'수입환어음 결제 환가료' 및 'Gr. Charge'는 상환방식의 일람불신용장하에서 발생하게 되며, 송금방식의 신용장 및 기한부신용장에서는 발생하지 않는다. 송금방식의 신용장에서는 수입상의 결제가 이루어진 후에 대금을 지급하며, 기한부신용장에서는 만기에 수입상의 결제와 동시에 대금의 지급이 이루어지므로, 개설은행의 자금부담이 발생하지 않기 때문이다.

2-4 신용장 대금의 지급

개설은행은 지정은행의 대금청구에 대한 결제를 위하여 '지급지시서(Payment Order)'를 발송하여야 한다.

① 결제방법이 상환베이스(Reimbursement Base)일 경우, 개설은행은 지정은행이 직접 상환은행 앞으로 자금을 청구하도록 지시하고, 상환은행에는 지정은행의 요구에 따라 대금을 상환해 주도록 지시(Reimbursement Authorization)하게 되는데, 이는 신용장의 개설 또는 인수 통보시에 이미 지시된 사항이므로 결제 시에는 별다른 조치가 필요치 않다.

② 그러나 송금베이스(Remittance Base) 신용장의 경우에는, 개설의뢰인의 결제가 이루어지는 즉시 지정은행이 요구한 계좌로 송금이 이루어질 수 있도록 조치하여야 한다. 간혹 계좌정보의 오류 및 송금지연 등으로 인하여 문제가 발생하는 예가 있으므로 유의하여야 한다. 참고로, 송금베이스 신용장은 수입결제 이후에 상환자금을 지급하기 때문에, 개설은행은 별도의 자금부담을 하지 않으므로 '수입환어음 결제환가료'는 발생되지 않는다.

2-5 신용장 파일정리

이와 같은 모든 절차가 끝나면, 신용장의 미사용 잔액을 정리하여 관련 지급보증을 해지한 후 해당 파일을 종결하게 된다.

참고 기한부신용장의 결제 만기일 연장

① Shipper's Usance의 결제 만기일 연장: 만기연장 조건변경에 대한 여신전결권자의 사전 승인을 거친 후, 수출입상 간의 합의에 의거 서류송부은행(매입은행 등)의 만기일 연장 동의 전문이 수신된 경우에는, 기 인수한 수입환어음(선적서류)의 결제 만기일을 연장할 수 있음.

② Banker's Usance의 결제 만기일 연장: 만기연장 조건변경에 대한 여신전결권자의 사전 승인을 거친 후, 수입상의 만기일 연장 요청에 대해 해외 인수은행의 동의(만기연장 승낙 및 A/D chg 재청구)가 있는 경우에는, 기 인수/할인된 수입환어음의 결제 만기일을 연장할 수 있음.

3. 하자있는 선적서류의 인도

개설은행이 선적서류를 심사한 결과 신용장 조건과 불일치한 점이 발견되면, '예시 2-2-1'의 양식을 작성하여 이를 개설의뢰인에게 송부한 다음, 개설의뢰인으로부터 그 수락 여부를 서면으로 통지받은 후 처리하여야 한다.

서류상의 하자에도 불구하고 개설의뢰인이 결제에 동의하는 경우에는 개설의뢰인의 서면동의서(예시 2-2-1)를 징구한 후 선적서류의 인도가 가능하며, 이때는 매입은행 등이 요구한 계좌로 그 대금을 송금하여 주거나 또는 당해 은행 앞으로 상환청구의 허용을 지시하는 전문을 송부해 주어야 한다.

만일 개설의뢰인이 신용장 조건과의 불일치를 이유로 대금지급의 거절을 요구하는 경우라면, 그때는 그러한 사실을 신속하게 제시인(매입은행 등) 앞으로 통보해 주어야 한다. 이때 개설은행은 반드시 다음의 세 가지 사항을 준수하여야 한다.

1) 개설은행은 서류접수 익일로부터 '5은행영업일' 이내에, 전신 또는 전신의 이용이 불가능할 경우에는 기타 신속한 방법으로, 결제(Honour)를 거절한다는 사실을 통보해 주어야 한다.
2) 결제를 거절하는 경우에는 지급거절의 사유가 되는 모든 불일치 사항을 명시하여 한번에 통보해 주어야 한다. 하자통보는 오직 1회에 한하여 유효하며, 처음 통보시에 명시하지 않았던 하자는 자연 치유된 것으로 간주되므로, 사후에 기존 서류상의 다른 하자를 이유로 지급거절을 할 수 없다.
3) 결제를 거절하는 경우에는 반드시 해당 서류의 행방에 대해서도 명시해 주어야 한다. 서류의 행방을 표시하는 문언의 기재 예는 다음과 같다.

- 귀 행(제시인)의 추가 지시가 있을 때까지 서류를 보관하고 있을 것임.
- 귀 행(제시인)으로 즉시 서류를 반송할 것임. (또는 이미 반송 중에 있음.)
- 하자에 대한 Unpaid 권리의 포기 여부에 대하여 개설의뢰인과 교섭 중에 있으며, 추후 개설의뢰인의 요청에 따라 이를 수리하기로 결정할 때까지 당행이 서류를 보관할 것이나, 만일 그 이전에 귀 행(제시인)의 어떠한 지시를 접수한 경우에는 그 지시에 따라 행동할 것임. 등

통상 매입은행이 서류의 매입시 하자를 발견하게 되는 경우, 매입은행은 '선적서류 송부장(Covering Letter)'에 서류상의 하자로 인하여 '보증부(Under Guarantee)' 또는 '유보부(Under Reserve)'로 매입하였음을 표시하게 되는데, 이러한 경우에 개설은행은 하자에 따른 클레임 제기(하자통보)를 태만히 하기 쉽다. 왜냐하면 매입은행이 이미 하자의 내용을 알고 있으므로 업무를 천천히 취급하여도 되는 것으로 착각하기 때문이다. 그러나 이러한 '유보'나 '보증'은 매입은행과 수익자 사이의 관계에 기인한 것일 뿐 개설은행과는 무관한 행위이므로, 그러한 경우에도 반드시 모든 불일치사항을 명시하여 지정된 기한 내에 통보해 주어야 한다.

만약 개설은행이 위와 같은 의무를 다하지 못한 경우, 즉 기한 내에 통보를 행하지 아니하거나 관련 서류를 온전하게 보관 또는 반송할 수 없는 경우에는, 비록 서류가 신용장의 조건과 일치하지 않는다고 해도 그 대금결제를 거절할 수 없게 된다. 이러한 이유에서 L/G(수입화물선취보증서) 발급 후에는 원칙적으로 부도통보를 할 수 없는 것이다.

'하자(부도)통보 전신문'의 예시

Re your ref no. ABC1234 dated July 14, 20XX for USD 100,000.00
Under our L/C No. M42R1-2006-NS-01114.

We refuse to honour due to the following discrepancies.
1. L/C expired
2. Late shipment
3. Late presentation

We are holding the documents pending your further instructions.
Please instruct immediately.
※ 또는, We are returning the documents to you by courier.
※ 또는, We are holding the documents until we receive a waiver from the applicant and agree to accept it unless we receive your further instructions.

◀ 예시 2-2-1 ▶ 수입신용장 하자(조건 불일치) 확인 요청 및 회신장

한국협회은행

수입신용장 하자(조건 불일치) 확인 요청

_______________ 앞

신용장 번호	
금　　액	

1. 귀사의 신청에 의해 발행된 위 수입신용장에 따른 수입환어음 또는 선적서류의 매입, 지급, 인수와 관련하여 아래와 같이 신용장 조건과 불일치한 사항이 발견되어, 이에 대한 귀사의 하자 수락 여부를 조회하오니 조속히 회신하여 주시기 바랍니다.
2. 이 조회장의 발송일로부터 3영업일 이내에 저희 은행에 회신이 도착하지 않을 경우에는 저희 은행이 매입, 지급, 인수에 대한 동의 또는 거절 여부결정하겠습니다.

불일치 내용

20　　년　　월　　일

한국협회은행　　　　지점(부)

한국협회은행　　　　지점(부)앞

신용장 번호	
금　　액	

귀행의 하자 확인 요청에 관하여 위 수입신용장에 따른 수입환어음 또는 선적서류의 매입, 지급, 인수에 □ 동의 □ 거절 하오니 필요한 조치를 취하여 주시기 바라며, 이로 말미암은 비용과 손해가 은행의 고의 또는 중대한 과실로 인한 것이 아닌 한 본인이 부담하겠습니다.

■ 수리 거절시 서류의 처리 방법 : □ HOLD □ NOTIFY □ RETURN □ PREVINST

* HOLD : 제시자의 추가 지시가 있을 때까지 서류 보관
* NOTIFY : 개설의뢰인이 하자를 수리하거나, 제시자의 추가 지시를 받을 때까지 서류 보관
* RETURN : 제시자에게 서류 반환
* PREVINST : 사전에 제시자로부터 받은 지시에 따라 행동

20　　년　　월　　일

본인　　　　　　㊞

4. 수입화물선취보증서

4-1 수입화물선취보증서의 개요

개설의뢰인이 수입화물을 인도받기 위해서는 선박회사에 '선하증권 원본'을 제시하여야 한다. 따라서 수입화물이 이미 도착하였음에도 불구하고 개설은행에 선적서류가 내도되지 않은 경우에는, 선박회사에 선하증권 원본을 제시할 수가 없으므로 화물을 인도받을 수 없게 된다. 이와 같은 경우에 선하증권 원본을 제시하지 않고도 수입화물을 조속히 인도받을 수 있도록 하기 위하여 생긴 제도가 바로 '수입화물선취보증' 제도이다. 수입상은 이 제도를 활용함으로써 통관지연에 따른 창고료와 화재보험료 등의 부담을 줄일 수 있고, 더욱이 수입화물을 적기에 판매함으로써 정상적으로 수입거래의 목적을 달성할 수 있는 것이다.

'수입화물선취보증서(L/G: Letter of Guarantee 또는 Shipping Guarantee)'란, 선하증권 원본을 제시하지 않고도 화물을 찾을 수 있도록 하기 위하여 은행이 선박회사 앞으로 발행하는 일종의 연대보증서로서, 선박회사가 Original B/L을 회수하지 않은 채 화물을 인도함에 따라 발생할 수 있는 모든 문제에 대하여 은행이 보증하는 것은 물론, 차후에 선하증권 원본이 도착하는 대로 이를 선박회사에 제출할 것을 약속하는 증서이다.

4-2 수입화물선취보증서의 발급

수입화물선취보증서의 발급은 은행이 수입상을 위하여 선박회사에 대해 새로운 보증행위를 하는 것이기 때문에 발급 신청에 의무적으로 응해야 하는 것은 아니며, 사전에 신청인에 대한 채권보전 상황 및 해당 거래의 특수성 등을 종합적으로 검토한 후에 발급하게 된다.

수입상(개설의뢰인)은 수입화물선취보증서의 발급을 위하여 다음의 서류를 개설은행에 제출하여야 한다.

- 수입화물선취보증신청서 및 수입화물대도신청서(겸용 서식)
- 선하증권 사본
- 상업송장 사본
- 기타 필요한 서류

수입화물선취보증서를 발급하게 되면 차후에 내도하는 서류에 하자가 있더라도 대금지급을 거절할 수 없게 된다. 개설은행이 수입화물선취보증서를 발급하게 되면 선적서류가 내도하는 즉시 선하증권 원본 1부를 선박회사 앞으로 송부하여야 하는데, 그렇게 되면 지정은행으로부터 받은 서류 일체를 온전하게 반환할 수 없게 되어 개설은행이 서류의 수리거절시 이행하여야 하는 의무를 준수할 수 없기 때문이다.

만일 개설은행이 선하증권 원본을 선박회사에 송부하지 않은 채 하자를 이유로 UNPAID 처리를 하게 되면, 당해 B/L의 선의 취득자인 지정은행이나 수출상은 Original B/L을 이용하여 선박회사에 화물의 반환을 요구하게 될 것이며, 수입상에게 이미 화물을 인도한 선박회사로서는 당연히 그와 같은 요구에 응할 수 없게 될 것이다. 따라서 선박회사는 L/G 발급은행 및 수입상을 상대로 그에 따른 보증채무의 이행이나 손해배상을 청구하게 될 것이며, 이와 같은 이유에서 개설은행은 L/G 발급 건에 대한 UNPAID 처리의 실익을 전혀 기대할 수 없게 된다.

개설은행의 입장에서 수입화물선취보증서를 발급하는 것은 B/L의 원본을 교부하는 것과 동일한 효력이 있으므로, 개설은행이 수입화물선취보증서를 발급할 때에는 수입대금의 결제를 담보하기 위하여 '수입보증금(L/G보증금)'을 적립하도록 하는 것을 원칙으로 하고 있다. 그러나 각 은행의 내규에서 정하는 바에 따라 신용도가 양호한 업체 등에 대하여는 수입보증금의 적립을 면제할 수 있으며, 그 대신 일정기간 동안에 해당하는 '수입화물선취보증료(L/G보증료)'를 징수하게 된다. 여기서 일정기간이라 함은 L/G 발급일로부터 결제일 또는 인수일 전일까지를 말하는데, 이는 은행에 따라 그 기준이 다를 수 있다. 수입화물선취보증료는 통상 연리 3%의 요율을 적용하여 징수하고 있으며, L/G 발급액 전액에 대하여 수입보증금을 적립하는 경우에는 징수하지 않는다.

수입화물선취보증에 따른 '수입보증금'의 적립 및 '수입화물선취보증료'의 징수를 면제할 수 있는 경우는 대개 다음과 같다.

① '수입보증금'의 적립을 면제할 수 있는 경우

- 정부, 지방자치단체, 정부투자기관이 직접 수입하는 경우
- 담보비율이 100% 이상인 업체가 수입하는 경우
- 대출(무역금융 포함) 또는 해외차입에 의하여 수입대금을 결제하기로 예정된 경우
- 기한부신용장에 의하여 수입하는 경우(예정만기일로 적립을 유예함)
- 기타 각 은행에서 정하는 우량기업 등

② '수입보증금'의 적립 및 '수입화물선취보증료'의 징수를 모두 면제할 수 있는 경우

- 정부, 지방자치단체, 정부투자기관이 직접 수입하는 경우
- 대출(무역금융 포함) 또는 해외차입에 의하여 수입대금을 결제하기로 예정된 경우 등

이와 같은 L/G 제도는 수입상에게 매우 유리한 제도이나 L/G의 위조사건이 발생하게 되면 운송회사들이 막대한 피해를 볼 수도 있게 된다. 실제로 1987년에 L/G 위조사건이 발생하여 운송회사들이 큰 피해를 입은 사례가 있다. 따라서 이러한 L/G 위조를 방지할 목적으로, L/G 발급내역을 은행에서 팩시밀리로 해당 선박회사에 확인하여 주는 'L/G 확인업무'가 1990년 7월부터 시행되어 활용되고 있다. 다만, L/G 신청 및 발급 프로세스가 EDI에 의한 전자문서로 이루어지는 경우에는 서면 진위확인 업무가 생략될 수 있다.

4-3 항공화물운송장에 의한 수입화물인도승낙서

항공운송의 경우에도 선적서류가 도착하기 전에 물품을 수령하고자 하는 경우에는 해상운송의 '수입화물선취보증서'와 마찬가지로 '항공화물운송장에 의한 수입화물인도승낙서'를 발급하게 된다.

그러나 수입화물선취보증서와는 달리 수입화물인도승낙서의 경우에는 개설은행에 선적서류가 도착하지 않은 경우는 물론이고, 선적서류가 이미 도착되어 결제가 이루어진 경우에도 발급해 주어야 한다. 이는 '항공화물운송장(Air Waybills)'상의 '수하인(Consignee)'이 개설은행으로 되어 있는 경우에 개설의뢰인이 항공화물을 수령하기 위하여 반드시 필요한 서류이기 때문이다.

'선하증권(B/L)'이 배서에 의해 권리의 양도가 가능한 '유가증권'임에 반하여, '항공화물운송장(AWB)'은 화물운송을 증거하기 위한 단순한 증서일 뿐 배서에 의한 권리양도가 인정되지 않는다는 특징을 지니고 있다. 따라서 AWB의 수하인인 개설은행이 권리양도의 사실을 증명하기 위해서는 별도의 요식행위가 필요하게 되는데, 이 경우 '수입화물인도승낙서'가 바로 그러한 역할을 대신해 주는 것이다.

4-4 수입화물선취보증서의 회수

수입화물선취보증서에 의해 은행이 부담하여야 하는 보증채무는 해당 선박회사가 관련 선하증권의 원본을 회수하는 시점에서 종료하게 된다. 따라서 개설은행은 수입선적서류가 내도하는 즉시 선하증권 원본을 선박회사로 송부하고 '수입화물선취보증서'를 회수하여야 하는데, 이를 'L/G Redemption'이라고 한다. 다만, 항공운송의 경우에는 '항공화물운송장에 의한 수입화물인도승낙서'의 회수를 위한 별도의 Redemption 행위가 필요치 않다. 이는 AWB이 배서양도가 가능한 유가증권이 아니기 때문이다.

개설은행은 'L/G Redemption'을 위하여 선하증권의 원본에 다음과 같이 서명한 후, '수입화물선취보증서 반송요청서(예시2-2-6)'와 함께 선박회사 앞으로 송부하여야 한다.

FOR CANCELLATION(REDEMPTION) OF L/G ONLY KOREA INSTITUTE BANK ____________________ AUTHORIZED SIGNATURE

◀ 예시 2-2-2 ▶ 수입화물선취보증신청서

• 선박회사명 :

• 보증서번호 :

• 발행일자 :

한국협회은행 앞

<table>
<tr><td colspan="2">선명/항차번호</td><td>신용장번호</td><td>발행일</td></tr>
<tr><td colspan="2">선적항</td><td colspan="2">송장금액</td></tr>
<tr><td colspan="2">양하항(또는 인도장소)</td><td colspan="2" rowspan="3">화물명세</td></tr>
<tr><td>선하증권번호</td><td>발행일</td></tr>
<tr><td colspan="2">송하인</td></tr>
<tr><td colspan="2">수하인</td><td rowspan="2">포장개수</td><td rowspan="2">하인 및 번호</td></tr>
<tr><td colspan="2">인수예정자</td></tr>
</table>

본인은 위 신용장 등에 의한 관계 선적서류가 귀행에 도착하기 전에 수입화물을 인도받기 위해 수입화물 선취보증을 신청하며, 본인이 따로 제출한 수입화물 선취보증(LETTER OF GUARANTEE)에 귀행이 서명함에 있어 다음 사항에 따를 것을 확약합니다.

1. 귀행이 수입화물 선취보증서에 서명함으로써 발생하는 위험과 책임 및 비용은 모두 본인이 부담하겠습니다.
2. 본인은 위 수입화물에 대하여는 귀행에 소유권이 있음을 확인하며, 귀행이 수입화물 선취보증서에 따른 보증채무를 이행하여야 할 것이 예상될 경우 또는 본인에 대하여 은행여신거래기본약관 제7조 각 항의 사유가 발생한 경우에는, 귀행의 청구를 받는 즉시 위 수입화물을 귀행에 인도하겠으며 수입화물의 인도가 불가능할 경우에는 위 수입화물에 상당하는 대금으로 상환하겠습니다.
3. 본인은 위 수입화물에 대한 관계 선적서류를 제3자에게 담보로 제공하지 않았음을 확인하며, 또한 귀행의 서면동의 없이 이를 담보로 제공하지 않겠습니다.
4. 본인은 위 수입화물에 관한 관계 선적서류가 도착할 때에는 신용장 조건과의 불일치 등 어떠한 흠결에도 불구하고 이들 서류를 반드시 인수하겠습니다.

20　　년　　월　　일

신청인　　　　　㊞

주　소

※ 첨부서류 명세

□ 선하증권　□ 상업송장　□ 기타(　　　)

담 당	책임자	결재권자

◀ 예시 2-2-3 ▶ 수입화물선취보증서(영문)

LETTER OF GUARANTEE

TO____________________
[Shipping Company]

L/G No____________________
Date____________________

Vessel Name / Voyage No.		L/C No.	Date of Issue
Port of Loading		Invoice Value	
Port of Discharge(or Place of Delivery)		Description Cargo	
Bill of Lading No.	Date of Issue		
Shipper			
Consignee		No. of Packages	Marks & Nos.
Party to be Delivered			

Whereas you have issued a Bill of Lading covering the above shipment and the above cargo has been arrived at the above port of discharge(or the above place of delivery), we hereby request you to give delivery of the said cargo to the above mentioned party without production of the original Bill of Lading.

In consideration of your complying with our above request, we hereby agree as follows.

1. To indemnify you, your servants and agents and to hold all of you harmless in respect of liability, loss, damage or expenses which you may sustain by reason of delivering the cargo in accordance with our request, provided that the undersigned Bank shall be exempt from liability for freight demurrage or expenses in respect of the contact of carriage.
2. As soon as the original Bill of Lading corresponding to the above cargo comes into our possession, we shall surrender the same to you, whereupon our liability hereunder shall cease.
3. The liability of each and every person under this guarantee shall be joint and several and shall not be conditional upon your proceeding first against any person, whether or not such person is party to or liable under this guarantee.
4. This guarantee shall be governed by and construed in accordance with Korean law and the jurisdiction of the competent court in Korea.

Should the Bill of Lading holder file a claim or bring a lawsuit against you, you shall notify the undersigned Bank as soon as possible.

Yours faithfully,

For and on behalf of
[Name of Requestor]

For and on behalf of
[Name of Bank]

Authorized Signature

Authorized Signature

◀ 예시 2-2-4 ▶ 수입화물선취보증서(한글)

수 신 : ______________________ L/G 번호 ______________________

(선박회사명) 발행일자 ______________________

선명/항차번호		신용장번호	발행일
선적항		송장금액	
양하항(또는 인도장소)		화물명세	
선하증권번호	발행일		
송하인			
수하인		포장개수	하인 및 번호
인수예정자			

귀사가 상기 선적화물에 관한 선하증권을 발행하였고 상기화물이 상기 양하항(또는 인도장소)에 도착하였기에, 우리는 선하증권 원본을 제시함이 없이 상기 당사자에게 상기화물을 인도해 줄 것을 귀사에게 요청합니다.

귀사가 상기와 같이 당사의 요청에 따를 경우 우리는 아래와 같이 합의합니다.

1. 귀사와 귀사가 지정한 고용인, 대리점 모두는 당사의 요청에 의하여 화물을 인도함으로써 발생할지도 모를 채무, 손실, 손해, 또는 비용에 대하여 면책한다. 다만, 은행은 운송계약과 관련하여 발생하는 채무, 운임, 체선료, 기타비용은 책임을 지지 않는다.
2. 상기화물의 선하증권 원본을 입수하는 대로 귀사에게 전달하겠으며, 이때 당사의 책임은 종료된다.
3. 본 보증서상 하기 서명자 각각 그리고 모두가 단독 및 연대책임이 있으며, 귀사가 하기 서명자 중 어떤 사람에게 먼저 소송을 제기하였을 때 해당인(피고인)이 당사이든 아니든 책임이 있든 없든 그것은 조건부가 아니다.
4. 이 보증서의 준거법 및 관할법원은 한국법 및 한국법원으로 한다.

선하증권 소지인이 분쟁 또는 소송을 제기하는 경우에는 가능한 빨리 은행에 통보하여야 한다.

화 주 은 행

______________ ______________

(서 명) (서 명)

◀ 예시 2-2-5 ▶ 항공화물운송장에 의한 수입화물인도승낙(신청)서

한국협회은행 앞

운 송 회 사 명		
송 하 인		
신 용 장 (계 약 서)번 호		
운 송 장 번 호		(발급일 :)
상업송장	번 호	
	금 액	

본인은 위 내용의 항공화물인도승낙을 신청함에 있어 다음 사항에 따를 것을 확약합니다.

1. 은행이 수입화물인도승낙서를 발급함으로써 발생하는 위험과 책임 및 비용은 모두 본인이 부담하겠습니다.
2. 본인은 위 수입물품에 대하여 은행에 소유권이 있는 것으로 확인하고, 담보권 실행을 위하여 은행이 요구한 경우에는 수입물품을 지체 없이 은행 또는 은행이 지정한 자에게 인도하겠으며, 수입물품의 인도가 불가능할 경우에는 위 수입물품에 상당하는 대금으로 상환하겠습니다.
3. 본인은 은행의 서면동의 없이는 위 수입물품 및 관련서류를 제3자에게 담보로 제공하지 않겠습니다.
4. 본인은 위 수입물품에 대한 관계 선적서류가 도착할 때 신용장 조건과의 불일치 등 어떠한 하자에도 불구하고 반드시 지급 또는 인수하겠습니다.

20 년 월 일
신청인 ㉟
주 소

____________ 앞

발급번호	

상기 신청내용과 같이 수입물품을 인도할 것을 승낙합니다.

년 월 일

승낙권자 : 한국협회은행 ㉟

* 첨부서류 명세

☐ 항공화물운송장 ☐ 상업송장 ☐ 기타( )

◀ 예시 2-2-6 ▶ 수입화물선취보증서 반송요청서

KORAE INSTITUTE BANK

KOREA INSTITUTE BANK

SEOUL, KOREA

Gentlemen :

Re : Redemption of our Letter of Guarantee

Enclosed herewith please find the Original Bills of Lading endorsed by ourselves for redemption of our Letter of Guarantee specified below.

L/G No. ________________

L/C No. ________________

L/G Amount ________________

B/L No. ________________

Vessel. ________________

Kindly acknowledge receipt of this Letter by signing and returning us the attached copy of this Letter or return to us, at your earliest convenience, the respective Letters of Guarantee which is/are to be redeemed on surrendering the enclosed Bills of Lading to you.

We consider above Letters of Guarantee to have been redeemed in case you fail to comply with above request within 15 days from the date of this letter.

Very truly yours,

____

Asst. Manager

5. 수입화물대도(TR)

5-1 TR의 개요

수입화물대도(TR: Trust Receipt)란 개설은행이 수입화물에 대한 소유권을 유지하면서, 개설의뢰인이 수입대금을 결제하기 전에 미리 화물을 처분할 수 있도록 허용하는 제도를 말한다. 이로써 수입상은 대금을 결제하지 않은 상태에서도 수입화물을 인도받아 적기에 처분할 수 있게 되며, 그 판매대전으로 수입대금을 결제할 수 있는 편의를 제공받게 되는 것이다.

수입화물대도는 개설은행과 개설의뢰인 간의 계약이므로, 이것을 알지 못하는 선의의 제3자에 대하여는 대항할 수 없게 된다. 즉 개설의뢰인이 대도화물을 매각한 다음 수입대금 결제를 하지 않는다고 하여, 개설은행이 그 화물을 매입한 제3자에게 화물의 소유권을 주장할 수는 없다는 것이다. 따라서 개설은행은 TR을 취급함에 있어 신중을 기하여야 하며, 사전에 채권보전 상황 및 신용상태 등을 면밀히 검토하여야 할 것이다.

5-2 TR의 법적 성질

수입화물대도를 법률적으로 설명하려는 설에는 여러 가지가 있는데, 이에는 대리관계설, 기탁설, 질권존속설, 조건부매매설, 양도담보 · 기탁 · 대리의 3자결합설 등이 있다.

가. 대리관계설

수탁자(개설의뢰인)는 은행의 대리인으로 화물을 매각 또는 처분하는 것이며, 그것의 법률적 효과는 소유자인 은행에 귀속된다는 설이다.

나. 기탁설

수탁자는 은행으로부터 화물을 매각할 목적으로 기탁받아 보관하고 판매하는 것 이외에는 화물에 관하여 아무런 권리가 없다는 설이다.

다. 질권존속설

수탁자는 은행이 질권자로서 점유하고 있는 수입화물을 이전받는 것이며, 화물인도 후에도 은행의 질권이 존속된다는 설이다.

라. 조건부 매매설

은행은 자기가 소유하고 있는 화물을 일정기간 후에 대금을 지급받는 조건으로 개설의뢰인에게 매각하는 것이고, 따라서 수탁자가 대금을 지급하기 전에는 화물의 소유권이 은행에 있으며 수탁자는 단지 화물의 점유권만을 취득하는 것이라는 설이다.

마. 양도담보, 기탁, 대리의 3자결합설

수입화물대도는 수탁자가 수입화물을 기탁받아 은행의 대리인으로서 화물을 매각 · 처분하는 면을 가지고 있을 뿐만 아니라 양도담보의 법률적 요건을 구비하고 있으므로, 이는 '양도담보 · 기탁 · 대리'의 세 가지 법률적 특성이 모두 결합되어 있는 행위라고 보는 이론이다.

수입담보화물대도는 ① 피담보채권이 존재하고 ② 담보의 목적인 재산이 신탁자인 은행에 이전되며 ③ 수탁자가 목적물을 사용할 수 있으므로 양도담보로서의 법률적 요건을 갖추고 있다.

수입화물대도의 법률관계에 대하여 미국에서는 'The Uniform Trust Receipt Act' 및 '통일상법전 제9장'에서 이를 규정하고 있으며, 일본에서도 'The Law Relating to Trust Receipt in Japan'을 제정하여 이를 규정하고 있다. 그러나 우리나라에서는 이에 관하여 상법이나 별도의 법률에서 규정하고 있지 않으며, 다만 수입화물대도신청서상에 '은행여신거래기본약관'과 '외국환거래약정서' 및 '양도담보 계약서'의 모든 조항에 따른다는 것만을 언급하고 있을 뿐이다.

5-3 TR의 활용

가. 일람출급신용장에 의한 수출용 원자재 수입대금의 무역금융 결제시

일람출급신용장에 의한 수출용 원자재 수입대금의 결제시에는 한국은행(금융중개지원대출관련 무역금융지원 프로그램 운용세칙 및 운용절차)이 정하는 바에 따라 무역금융(원자재수입자금)의 융자지원이 가능하다. 그러나 이러한 무역금융을 활용하여 수입대금을 결제하는 경우에는, 비록 신용장에 의한 보증채무가 종결되었다 할지라도 무역어음대출로 인한 또 다른 신용공여가 지속적으로 이루어지게 되는 것이다.

따라서 융자금의 상환시까지 수입상이 부담하여야 하는 무역금융 채무의 담보조로 수입화물대도 약정을 체결하게 된다.

나. 일람출급신용장에 의한 내수용 일반재 수입대금의 TR Loan 결제시

무역금융에 의하여 수입대금을 결제하기 위해서는 수입하는 물품이 수출용 원자재에 해당하여야 한다. 따라서 내수용 일반재 수입의 경우에는 무역금융의 혜택을 받을 수 없게 되는데, 이러한 경우 개설은행은 별도의 수입결제자금대출을 통하여 수입상이 기한의 혜택을 받을 수 있도록 함으로써, 기한부신용장과 동일한 효과를 거두게 할 수 있다.

이 경우 신용장에 의한 개설은행의 지급보증채무는 수입결제자금대출로 전환되는 것이며, 따라서 개설은행은 그러한 대출채권의 담보조로 TR을 활용하게 된다.

다. 기한부신용장에 의한 수입화물 인도시

1) Shipper's Usance Credit

Shipper's Usance 신용장에 의하여 수입이 이루어지는 경우, 개설은행은 당해 수입환어음을 인수함으로써 어음발행인(수출상)에 대하여 만기에 대금을 지급하여야 할 의무를 부담하게 된다. 따라서 개설은행이 개설의뢰인에게 선적서류를 인도할 때에는 그러한 인수보증채무에 대한 담보조로 수입화물대도 약정을 체결하게 된다.

2) Overseas Banker's Usance Credit

Overseas Banker's Usance 신용장하에서는 당해 신용장에 근거하여 발행된 기한부환어음을 해외의 은행이 인수 · 할인하여 그 대금을 지급하여 줌으로써 개설은행에 여신을 공여하게 되고, 한편 개설은행은 이러한 채무를 부담하면서 개설의뢰인에 대해 만기일까지 대금결제를 유예하여 줌으로써 또 다른 신용을 공여하게 된다.

이에 따라 개설은행은 당해 환어음의 만기일에 해외의 인수은행에 대해 그 대금을 지급하여야 할 채무를 부담하게 되며, 따라서 선적서류를 인도할 때에는 그에 대한 담보조로 수입화물대도 약정을 체결하게 된다.

3) Domestic Banker's Usance Credit

Domestic Banker's Usance 신용장의 경우에도 개설의뢰인이 개설은행으로부터 선적서류를 인도받을 때에는 개설은행의 환어음 인수 및 할인에 대한 채무의 담보조로 수입화물대도 약정을 체결하여야 한다.

라. 수입화물선취보증서에 의한 수입화물 인도시

수입화물선취보증서에 의하여 수입대금의 결제 이전에 먼저 화물을 인도받기 위해서는 그에 대한 담보조로 수입보증금을 적립하여야 하는 것이 원칙이다. 그러나 이와 같은 수입보증금의 적립을 면제하는 경우에 개설은행은 그 보증채무를 온전히 담보받을 수 없게 되며, 따라서 이를 담보할 목적으로 수입화물대도 약정을 체결하게 된다.

5-4 TR 신청시 제출서류

수입상이 수입화물대도를 신청하고자 하는 경우에는 다음 서류를 제출하여야 한다.

① 수입화물대도신청서

② 선하증권 사본, 상업송장 사본, 포장명세서 사본

③ 기타 필요한 서류(신용장 개설시 양도담보계약서를 징구하지 아니한 경우에는 양도담보계약서 등)

◀ 예시 2-2-7 ▶ 수입화물대도신청서

담 당	책임자	결재권자

수입화물대도(TR)신청서

한국협회은행 앞

본인은 아래 신용장 등에 의하여 도착된 수입화물을 대도신청함에 있어서 은행여신거래기본약관, 따로 제출한 외국환거래약정서 및 양도담보계약서의 모든 조항에 따를 것을 확약합니다.

선하증권 기타	번 호 : 발행일 :	발행일 :						
대도(TR)금액	금액 :	(원화 : ₩)						
신용장 등	번호 : 금액 :	발행일 :						
물품 명세	물품명 : 수량 : 단가 : 금액 :	화물표시 및 번호 :						
	선적항 : 도착항 : 도착(예정)일 :	선명 :						
선적서류	선하 증권	항공화물 운송장 등	상업 송장	보험 서류	포 장 명세서	중 량 증명서	검 사 증명서	기타
통수								

20 년 월 일

신청인 ㊞

주 소

인감대조

◀ 사례 ▶ TR에 의해 인도된 수입화물 판매대전에 대한 은행의 우선청구권

Re David Allester 사건

바클레이즈(Barclays)은행이 수입업자에게 TR과 상환으로 선하증권(B/L)을 넘겨주었다. 그런데 수입업자가 대금을 상환하기 전에 파산함으로써, 그 회사의 일반 채권자들과 은행 간에 해당 물품의 판매대금에 대한 우선권 문제를 놓고 분쟁이 발생되었다. 일반 채권자들은 은행이 판매대금에 대한 우선권이 없다고 주장하였고, 은행은 이 대금은 특수거래에 의한 은행의 물품을 판매한 것이므로 은행에게 우선적으로 귀속되어야 한다고 주장하였다. 이러한 분쟁에 대하여 이 사건을 담당했던 에스트버리(Astbury) 판사는 은행 승소판결을 내렸다. 즉 TR을 발급한 은행에게 수입물품 판매대전에 대한 우선 청구권이 있다는 것이다.

◀Banking Tips▶ 수입화물대도(TR) 약정

1. TR의 유용성과 실익

TR 약정을 체결한 은행은 외국환거래약정서 제13조에 의한 권리를 보호받게 되며, 더욱이 수입상의 부도시에 관련 화물이 아직 처분되지 않은 상태로 창고 등에 적재되어 있는 경우라면, 당해 화물에 대한 배타적인 권리(소유권)를 주장할 수 있게 된다. 따라서 TR약정을 체결한 은행은 다른 채권자들의 (가)압류를 배척할 수 있게 되며, 당해 화물을 처분하여 결제대전에 충당하거나 대지급금을 회수할 수 있게 된다.

☞ 개설은행의 입장에서 보면, TR약정을 체결하는 행위는 수입화물에 대한 양도담보권을 소유권 취득으로 대체한다는 의미를 가짐.

외국환거래약정서 제13조

1. 본인은 대도물품을 입고, 운반, 출고, 가공, 매도 이외의 목적으로 사용하거나 또는 제3자에게 담보로 제공할 수 없으며, 기타 은행의 권리를 침해하는 어떠한 행위도 할 수 없습니다.
2. 본인은 대도물품을 매도할 경우 금액, 물품의 인도, 대금의 영수방법 등에 관하여 미리 은행의 동의를 받기로 합니다.
3. 본인은 대도물품의 매도대금 영수 후 즉시 은행에 지급하겠으며, 매도대금을 어음 또는 기타의 유가증권 등으로 받는 경우에는 이를 곧 은행에 양도합니다.

☞ Usance L/C 하에서 만기일 이전에 수입화물의 판매대금을 수취한 수입상은 그 시점에서 이미 기한부거래의 목적을 달성하였다 할 수 있을 것이므로, 판매대금을 수령하는 즉시 그 대금을 개설은행에 지급하여야 함(수입보증금 적립).

※ 외국환거래약정서 제13조는 개설은행이 화물의 소유권자로서 행사할 수 있는 정당한 권리이므로, TR 약정 시에는 매 건마다 '외국환거래약정서 제13조'의 내용을 반드시 설명하여야 한다.

2. TR 약정의 체결 방법

TR 대상거래에 대하여는 신청인으로 하여금 당해 신청서에 관련 화물의 내용을 기재하도록 한 후, 명판 및 신고된 인감(또는 서명감)을 날인하도록 함으로써 TR 약정의 체결에 갈음한다.

☞ 자행의 권리(수입화물에 대한 소유권) 보호를 위하여, TR약정서(신청서)에는 가능한 한 관련 화물의 명세를 최대한 상세하게 기재하도록 하여야 함. (화물의 정확한 명칭과 수량, Model No., 규격, 무게, 부피, Shipping Marks & No., 기타 당해 화물이 본 건과 관련된 화물임을 입증할 수 있는 고유의 특징이나 식별요령 등)

6. 인수업무

6-1 인수의 의의

인수(Acceptance)란 기한부 환어음의 지급인(Drawee)이 만기일에 그 대금을 정히 지급할 것임을 약속하는 행위를 말하며, 이러한 인수행위에 의하여 지급인(인수인)은 어음소지인에 대한 주된 채무자로서 만기에 환어음 대금을 지급하여야 할 법적인 의무를 부담하게 된다(어음법 제28조).

신용장거래에서 어음의 지급인(인수인)은 개설은행 또는 제3의 은행이 될 수 있는데, 'Overseas Banker's Usance' 신용장하에서는 제3의 은행이 지급인(인수인)이 되며, 'Shipper's Usance' 및 'Domestic Banker's Usance' 신용장하에서는 개설은행이 어음의 지급인(인수인)이 된다.

신용장통일규칙에 의하면 개설의뢰인은 어음의 지급인(인수인)이 될 수 없으며, 그럼에도 불구하고 만일 신용장이 그러한 어음의 발행을 요구하는 경우, 그러한 어음은 금융서류로서가 아닌 기타의 부수서류로 간주하도록 규정하고 있다.

6-2 인수의 방법

어음의 인수는 '지급인'이 당해 어음에 '인수의 뜻을 기재'하고 '기명날인 또는 서명'하는 것을 원칙으로 하되, 어음의 표면에 지급인이 단순히 기명날인 또는 서명만 하는 경우에도 이를 인수로 본다(어음법 제25조). 또한 일람후정기출급(after sight) 어음의 경우에는 당해 어음에 인수일자를 함께 기재하여야 한다(어음법 제25조). 어음의 인수는 어음의 앞면에 표시하는 것을 관습으로 하고 있는데, 이는 만일 뒷면에 표시하게 되면 배서와 혼동될 염려가 있기 때문이다. 인수문언의 기재 예를 살펴보면 다음과 같다.

Accepted on	(인수일자)
Payable at	(지 급 지)

(인수인의 기명날인 또는 서명)

Authorized Signature

그러나 신용장거래에 있어서는 환어음의 지급인(인수인)이 개설은행 또는 해외의 인수은행이 되는 까닭에 실무적으로는 인수와 관련한 이러한 요식행위가 발생하지 않고 있으며, 매입은행 앞으로 '인수통지서'를 송신하는 것으로 인수의 의사표시를 대신하고 있다.

참고적으로 D/A 거래에서는 신용장거래와 달리 수입상이 환어음의 지급인(인수인)이 되며, 추심은행(수입상의 거래은행)은 수입상의 '인수(Acceptance)'가 이루어 진 후에 선적서류를 교부하여야 하므로, 선적서류의 인도 전에 환어음의 인수에 관한 요식행위(어음 표면에 인수의 뜻을 기재하고 기명날인 하는 것)가 반드시 이루어져야만 한다. 만일 만기에 수입상의 결제가 이루어지지 않는 경우, 추심은행은 당해 인수된 환어음을 추심의뢰은행(수출상의 거래은행) 앞으로 송부하여야 하는데, 이때 환어음의 인수가 이루어지지 않았다면 추심은행은 손해배상 책임으로부터 자유로울 수 없게 된다.

참고 본래는 '인수제시'된 환어음의 인수가 이루어지면 이를 추심의뢰은행으로 송부한 후 만기에 다시 '지급제시' 하도록 하는 것이 올바른 방법이겠지만, 국제거래의 관례상 그와 같은 행위는 거의 이루어지고 있지 않으며, 그 대신 추심은행이 당해 인수된 환어음을 만기일까지 보관하다가 이를 수입상에게 '지급제시' 하는 방식을 취하는 것이 일반적임.

6-3 기한부어음의 만기일 산정방법

기한부환어음의 종류에는 '일람후정기출급', '일자후정기출급', '확정일출급'의 세 가지가 있다.

가. 일람후정기출급

'일람후정기출급어음'은 지급인이 어음을 인수한 날짜를 기준으로 하여 만기일을 산정하는 어음을 말한다. 만기를 정하는 방법에는 '일'로 정하는 방법과 '월'로 정하는 방법이 있다. 예컨대 전자는 'At 60 days after sight'인 경우이고, 후자는 'At 2 months after sight'인 경우이다.

일수에 의할 때에는 초일은 산입하지 않고 그 다음날로부터 계산하여 만기일을 산정한다. 예를 들어 어음의 기한(Tenor)이 'At 60 days after sight'인 경우로서 지급인이 7월 7일에 인수하였다면, 그 어음의 만기산정을 위한 기산일은 7월 8일이 되고 만기일은 9월 5일이 된다.

7월 8일	~	7월 31일	=	24일
8월 1일	~	8월 31일	=	31일
9월 1일	~	9월 05일	=	05일
		총계	:	60일

월에 의하여 정할 때에는 월의 대소에 불구하고 지급할 달의 대응일을 만기일로 하며, 대응일이 없을 경우에는 해당 월의 말일을 만기일로 한다(어음법 제36조). 예컨대 어음의 인수일이 12월 30일이고, 어음의 기한(Tenor)이 'At 2 months after sight' 이면, 2월 30일이 만기일이 되어야 한다. 그러나 2월 30일이 없기 때문에 평년에는 2월 28일, 윤년에는 2월 29일이 만기가 된다.

주의 일람후정기출급어음의 위와 같은 만기일 산정 기준은 신용장방식을 제외한 D/A방식 및 기타 우리나라 어음법의 적용을 받는 환어음에 한하여 유효하며, 신용장거래하에서 발행된 일람후정기출급방식 환어음의 만기일은 UCP 및 ISBP에서 정한 별도의 규칙에 따라 산정하여야 한다. ISBP에 의하면, 일람후정기출급어음의 경우로서 개설은행의 지급거절통지(하자통보)가 이루어지지 않은 경우에는, 개설은행이 서류를 접수한 그 익일을 환어음 만기산정의 기산일로 하여 만기를 산정하여야 한다.

나. 일자후정기출급

'일자후정기출급어음'은 선적일 또는 환어음이나 상업송장의 발행일자 등과 같이 특정한 일자를 기준으로 하여 만기일이 계산되는 어음을 말한다. 예컨대 'At 60 days after B/L date' 또는 'At 2 months after draft's date' 등으로 표시되는 경우이다. 이러한 어음은 지급인의 인수일자와 관계없이 만기일이 확정되며, 지정일자의 다음날이 환어음의 만기산정을 위한 기산일이 된다. 다만 만기일을 월로 정하는 경우에는 해당 월의 대응일이 만기일이 된다.

환어음의 기한과 관련하여 'From'이라는 용어가 사용된 경우에는 이를 'After'와 동일한 의미로 해석하여야 하며, 따라서 해당 일자를 제외하고 그 다음날로부터 만기를 산정하여야 한다(UCP 600 제3조, ISBP 821 B2조 d항).

환어음의 기한과 관련하여 사용되는 'B/L date'란 선하증권의 발행일자가 아닌 '본선적재일자(On board date)'를 의미하는 것으로 해석하여야 하며, 본선적재일자가 부기되어 있지 않은 '선적선하증권(Shipped B/L)'의 경우에만 그 발행일자를 의미하는 것으로 본다.

하나의 환어음에 선적일자가 다른 두 세트 이상의 선하증권이 첨부되어 있거나 또는 하나의 선하증권에 여러 개의 본선적재부기가 있는 경우에는 그들 중 가장 늦은 일자를 기준으로 어음의 만기를 산정하는 것이 원칙이다. 다만, 신용장에 명시된 선적지역(예: Any Korean port) 내에서의 환적으로 인하여 하나의 선하증권에 두 개 이상의 본선적재부기(On Board Notation)가 나타나는 경우에는 그들 중 가장 빠른 'On Board Date'를 기준으로 어음의 만기를 산정하여야 한다(ISBP 821 B2조 e항).

다. 확정일출급

'확정일출급어음'은 만기일이 '20XX년 X월 X일'과 같이 특정한 일자로 확정되어 있는 어음을 말한다. '일자후정기출급' 조건의 경우와 같이 어음발행인이 미리 그 만기일을 알 수 있는 경우에는 종종 '확정일출급'으로 어음을 발행하기도 한다.

예컨대 어음의 기한이 'At 60 days after B/L date'이고 '선적일자(The date of shipment, On board date)'가 7월 7일인 경우에 이 어음의 만기일은 9월 5일이 되는데, 이때 어음에 'At 60 days after B/L date July 07. 20XX'라고 기재하지 않고 'At September 05. 20XX'라고 기재하는 것이 그것이다.

6-4. 인수의 통지

가. Shipper's Usance

국제표준은행관행에 의하면, 일람후정기출급(At XX days after sight) 어음의 경우에는 제시된 서류가 신용장의 조건에 일치하거나 또는 비록 일치하지 않는 경우라 하더라도 지급거절통지(하자통보)가 이루어지지 않은 경우에는, 개설은행이 서류를 접수한 그 익일을 환어음 만기의 기산일로 하여 만기를 산정하여야 한다(ISBP 821 B5조). 그러나 일부의 국가에서는 아직까지도, 개설은행이 개설의뢰인에게 인수수수료를 징수하고 서류를 인도하는 그 익일로부터 기산하여 만기일을 산정하는 경우가 있어 종종 물의를 빚기도 한다.

이렇게 만기일이 확정되면 개설은행은 반드시 제시인(매입은행 등) 앞으로 '인수통지서(Advise of Acceptance)'를 송부하여야 하며, 당해 인수통지서는 인수일자 · 금액 · 만기일 및 대금지급에 관한 사항 등을 포함하고 있어야 한다.

대금지급을 송금베이스로 하는 경우, 예컨대 신용장상에 'We will make payment as per your instruction to be received at maturity'라고 기재한 경우에는, 만기에 그 대금이 지급될 수 있도록 결제은행 앞으로도 별도의 조치를 취하여야 한다.

그러나 대금지급을 상환베이스로 하는 경우, 예컨대 개설은행이 신용장상의 상환지시 문구로 'Please reimburse yourselves by sending reimbursement claim to ABC Bank at maturity'라고 기재한 경우에는, 매입은행 등이 만기에 직접 ABC 은행으로 상환청구를 하게 된다.

나. Banker's Usance

1) Overseas Banker's Usance

인수편의를 제공하는 해외의 은행이 어음지급인이 되며, 동 은행이 인수한 날짜가 만기의 기산일이 된다. 해외의 신용공여은행은 어음의 만기일 및 인수 · 할인료(A/D Charge)의 내역이 담긴 인수통지서를 개설은행 앞으로 송부하게 되며, 개설은행은 이를 개설의뢰인에게 통보한 후 그 대금을 수납하여 해외의 신용공여은행 앞으로 지급하게 된다.

수출상과 매입은행 등은 어음의 만기일과 관계없이 일람출급 방식으로 대금을 수령하게 되므로, 매입은행 등에 대한 별도의 인수통지는 필요하지 않다.

2) Domestic Banker's Usance

환어음의 인수가 개설은행에 의해 이루어지므로 'Shipper's Usance'와 동일한 방법에 의해 어음의 만기일을 산정하게 된다. 그러나 'Shipper's Usance'와는 달리 수출상 및 매입은행 등은 어음의 만기일과 관계없이 일람출급 방식으로 대금을 수령하게 되므로, 매입은행 등에 대한 별도의 인수통지는 필요치 않으며, 수입상에 대해서만 그 내역을 통보하게 된다.

7. 수입대금의 대외결제

7-1 신용장 대금의 대외결제

선적서류의 인도 후 수입상의 결제가 이루어지면, 개설은행은 매입은행 등의 지급청구에 맞추어 그 대금을 대외적으로 지급하여야 한다. 이러한 수입대금의 대외적 지급방법에는 '차기방식(Debit Base)', '송금방식(Remittance Base)', '상환방식(Reimbursement Base)'의 세 종류가 있다.

'차기방식'은 지정은행이 개설은행의 계좌를 보유하고 있는 경우에만 사용되며, 이 경우 지정은행은 신용장의 지시에 따라 본인이 보유하고 있는 개설은행의 당좌계좌에서 직접 대금을 차기(인출)한 후에 개설은행 앞으로 '차기통지서(Debit Advise)'를 송부하게 된다.

'송금방식'의 경우에는 매입은행 등의 지정은행이 '선적서류송부장(Covering Letter)'에서 요청한 바에 따라 개설은행이 해외의 예치환거래은행 앞으로 '지급지시서(Payment Order)'를 송부하여 당해 지정은행으로의 자금이체를 지시하게 된다.

'상환방식'의 경우에는 신용장의 개설시에 미리 상환은행에 '상환수권서'를 송부한 다음, 지정은행으로 하여금 상환은행 앞으로 대금을 청구하도록 지시함으로써 그 대금의 결제가 이루어진다.

'상환방식'은 현재 우리나라에서 가장 많이 사용되고 있는 방법이며, 이러한 '상환방식' 하에서의 은행간 대금결제는 ICC에 의해 제정되어 발효 중인 '은행간 신용장 대금상환에 관한 통일규칙'이 준거규칙으로 활용된다.

7-2 은행간 신용장 대금상환에 관한 통일규칙

신용장통일규칙에서 간단하게 다루고 있는 신용장 대금의 상환과 관련하여, 당사자가 되는 각 은행의 권리와 의무 및 상환의 절차와 요건 등을 보다 구체적이고 명확하게 규정함으로써, 대금결제 과정상의 불필요한 지체와 마찰을 제거하여 원활한 신용장 거래를 도모할 목적으로, 국제상업회의소에 의하여 제정되어 1996년 7월 1일부터 발효 중인 국제규칙을 말한다(2008년 10월 1일부터는 제2차 개정규칙이 발효 중임).

'은행간 신용장 대금상환에 관한 통일규칙'의 정식 명칭은 'ICC Uniform Rules for Bank-to-Bank Reimbursements under Documentary Credits, ICC Publication No. 725'이며, 흔히 이를 약칭하여 'URR 725'라고 부른다.

개설은행은 상환방식의 '신용장' 및 그 '상환수권서(Reimbursement Authorization)'에 대금상환청구가 이 규칙의 적용을 받는다는 것을 명시하여야 한다.

7-3 상환수권서(RA)

가. 상환수권서의 의의

'상환수권서(Reimbursement Authorization)'란 상환은행으로 하여금 매입은행 등의 상환청구요청에 대하여 그 대금을 지급하라는 개설은행의 지시(수권)서를 말하며, 여기에는 기한부환어음을 인수하여 즉시 또는 만기에 지급하라는 요청을 포함할 수도 있다.

상환수권서는 신용장과는 독립된 별도의 지시이므로 신용장의 각종 조건을 포함하고 있어서는 안 되며, 또한 신용장의 제 조건과 일치한다는 증명서를 요구해서도 안 된다.

개설은행이 상환방식의 신용장을 개설하는 경우에는 신용장의 개설 후 즉시 상환은행 앞으로 상환수권서를 발송하여야 한다. 만약 개설은행의 상환수권이 제때에 이루어지지 않아 대금지급이 지연되었다면, 그로 인하여 매입은행 등이 입은 이자손실에 대해서는 개설은행이 이를 모두 보상하여야 한다.

개설은행은 신용장 발행시에는 물론 신용장의 감액 또는 증액시에도 금액변동에 관한 정확한 지시를 하여야 한다. 이를 소홀히 함으로써 발생하는 초과지급 또는 지연지급 등의 문제는 모두 개설은행의 책임이다.

나. 상환수권서의 내용

'상환수권서'에는 다음의 사항을 명시하여야 한다(URR 725 제6조 d항).

① 신용장 번호

② 통화와 금액

③ 지급가능한 추가금액과 허용범위(해당하는 경우)

④ 상환청구은행(자유이용신용장의 경우에는 어떠한 은행이라도 상환청구를 할 수 있다는 사실)

⑤ 상환청구은행과 상환은행의 비용을 부담할 당사자

만일 상환은행에 대하여 기한부어음의 인수 및 지급을 요청하는 경우에는 다음 사항들을 추가로 표시하여야 한다(URR 725 제6조 e항).

① 발행될 어음의 만기

② 발행인

③ 인수 및 할인 비용을 부담할 당사자

다. 상환청구 선통지 및 계좌차기 선통지

'상환청구 선통지(Pre-Notification of a Reimbursement Claim)'란 매입은행

등이 상환은행으로 대금을 청구하기 전에 그러한 사실을 개설은행으로 먼저 통보하여 주도록 요구하는 것을 말한다. 이러한 경우 그러한 지시사항은 반드시 신용장에 명시되어야 한다(URR 725 제6조 f항).

'계좌차기 선통지(Pre-Debit Notification)'란 매입은행 등의 상환청구에 대하여 상환은행이 언제 개설은행의 계좌에서 대금을 차기(지급)할 것인지를 개설은행 앞으로 먼저 통보하여 주도록 요구하는 것을 말한다. 이러한 요구는 개설은행이 상환은행 앞으로만 지시하는 것이 일반적이므로 수익자나 매입은행 등은 그러한 사실을 알지 못하며, 불행히도 이러한 요구로 인하여 상환청구은행에 대한 대금지급이 늦어지는 상황이 종종 발생하고 있다. 따라서 URR에서는 신용장의 모든 당사자의 이익을 위하여 그러한 지시사항을 신용장상에도 반드시 명시하도록 규정하고 있다(URR 725 제6조 f항).

라. 상환수권의 변경 및 취소

상환수권은 취소불능이 아니므로, 개설은행은 상환은행에 통고함으로써 언제라도 상환수권을 취소하거나 또는 그 조건을 변경할 수 있다(URR 725 제8조 a항). 그러나 개설은행은, 상환은행이 상환수권의 취소 또는 조건변경의 통고를 접수하기 전에 행한 상환청구대금의 지급 또는 어음의 인수에 대하여는 이를 상환하여야 한다(URR 725 제8조 c항).

마. 상환수권시 고려사항

상환방식하에서는 선적서류가 개설은행에 도착하기 전에 미리 대금이 지급되므로, 서류상의 하자로 인하여 대금지급을 거절하고자 하는 경우에는 미리 지급한 대금을 반환(Refund) 받아야 한다. 그러나 일부 국가의 은행은 자금의 반환에 매우 미온적이어서 'Refund' 업무에 많은 시간과 비용이 소모되기도 한다. 따라서 신용상태가 불량한 일부의 개도국 등으로 신용장을 개설하고자 하는 경우에는 가급적 상환방식의 사용을 자제하는 것이 바람직하다.

매입은행 등이 상환청구를 하는 방법에는 '전신(Teletransmission)'에 의한 방법과 '원본서신(Original Letter)'에 의한 두 가지의 방법이 있다. 전신에 의한 청구시에는 원본서신에 의한 경우보다 개설은행의 계좌에서 차기(지급)되는 시점이 빨라지므로, 개설은행은 그만큼 자금부담 비용이 늘어나게 된다. 따라서 가급적이면 전신에 의한 상환청구를 허용하지 않는 것이 효과적인 자금관리방법의 수단이 될 것이다. 전신상환을 금지하고자 하는 경우 개설은행은 반드시 그러한 뜻을 신용장에 명시해 주어야 한다. 예를 들면 'TT Reimbursement is not allowed'와 같은 문구를 신용장의 조건으로 삽입하는 것이다.

7-4 상환확약서

가. 의의

'상환확약서(Reimbursement Undertaking)'란 개설은행의 수권 또는 요청에 따라 상환은행이 상환수권서에 지정된 상환청구은행(매입은행 등) 앞으로 발행하는 것으로서, 상환확약의 제 조건이 충족되면 상환청구에 대해 지급하겠다는 별도의 취소불능 확약서를 말한다(URR 725 제2조).

나. 취소와 조건변경

상환은행으로 하여금 상환확약서를 발행하도록 지시하는 개설은행의 '상환확약수권서'는 '상환은행'의 동의 없이 일방적으로 조건변경 또는 취소될 수 없다. 또한 상환은행이 상환청구은행(매입은행 등) 앞으로 발행한 '상환확약서'는 '상환청구은행'의 동의 없이 일방적으로 취소되거나 조건변경될 수 없다(URR 725 제9조).

다. 상환확약수권서의 내용

상환확약서를 발행하도록 요청하는 개설은행의 '상환확약수권서'는 '취소불능'이어야 하며, 다음의 사항을 명시하고 있어야 한다(URR 725 제9조 b항).

① 신용장 번호

② 통화와 금액

③ 지급가능한 추가금액 및 허용범위(해당하는 경우)

④ 상환확약서의 발행 대상인 상환청구은행의 명칭과 주소

⑤ 기한부 거래의 경우에 유전스기간 및 상환청구의 최종제시일
⑥ 상환청구은행과 상환은행의 비용 및 상환확약료를 부담할 당사자

만일 상환은행에 대하여 기한부어음의 인수 및 지급을 요청하는 경우에는 다음 사항들을 추가로 표시하여야 한다(URR 725 제9조 c항).
① 발행될 어음의 만기
② 발행인
③ 인수 및 할인 비용을 부담할 당사자

라. 상환확약서의 내용

'상환확약서'에는 상환확약을 위한 제 조건과 다음의 사항을 기재하여야 한다(URR 725 제9조 e항).
① 신용장 번호와 개설은행
② 상환수권의 통화와 금액
③ 지급가능한 추가금액과 허용범위(해당하는 경우)
④ 상환확약의 통화와 금액
⑤ 기한부거래의 경우에 유전스기간 및 상환청구의 최종제시일
⑥ 상환확약비용을 부담할 당사자

7-5 상환청구서

가. 개요

상환방식 신용장의 경우에는 매입은행 등이 상환은행 앞으로 '상환청구서(Reimbursement Claim)'를 발송하여 지급을 청구하게 된다. 이러한 상환청구서는 '전신(Teletransmission)' 또는 '원본서신(Original Letter)'의 형태로 송부될 수 있는데, 만약 개설은행이 전신에 의한 상환청구를 금지하였다면, 그때는 반드시 '원본서신'의 형태로 상환청구서를 송부하여야 한다(URR 725 제10조 a항).

나. 상환청구서의 내용

'상환청구서'에는 다음 사항이 명시되어야 하며, 상환확약서가 발급된 경우에는 상환확약서의 제 조건에 일치하여야 한다(URR 725 제10조 a항).

① 신용장 번호 및 개설은행

② 상환청구 원금

③ 추가 청구금액 및 비용(신용장에서 허용한 경우)

기한부어음이 상환은행을 지급인으로 하여 발행되는 경우(예를 들면 Overseas Banker's Usance 신용장하에서 발행되는 환어음), 상환청구은행은 그 어음을 상환청구서와 함께 상환은행으로 송부하여야 하며, 상환청구서에는 다음 사항들을 추가로 표시하여야 한다(URR 725 제10조 b항).

① 상품(또는 용역)의 일반적 명세

② 원산지

③ 목적지(또는 이행지)

④ 선적일

⑤ 선적지

다. 상환청구시 유의사항(URR 725 제10조)

① 전신에 의한 상환청구시 절대로 우편확인서를 송부해서는 안 되며, 만일 우편확인서의 송부에 의해 중복상환이 이루어진 경우에는 그 모든 책임을 상환청구은행이 부담하여야 한다.

② 한 통의 전신 또는 서신에 복수의 상환청구를 넣어서는 안 된다.

③ 상환청구은행이 개설은행에 송부하는 '지급 · 연지급 · 인수 · 매입 통지서'의 사본은 상환청구서를 대신할 수 없으며, 이에 의한 상환청구는 인정되지 않는다.

④ 상환청구은행은 상환청구서에 신용장 조건과의 불일치로 인하여 지급 · 인수 · 매입 등이 '유보조건(Under Reserve)' 또는 '손해보상조건(Against an Indemnity)'으로 이루어졌다는 등의 내용을 표시해서는 안 된다.

7-6 상환은행의 상환처리

가. 상환청구의 처리(URR 725 제11조 a항)

상환은행은 상환청구를 처리하는 데 있어, 상환청구의 접수 다음날로부터 3은행 영업일을 초과하지 않는 범위 내에서 상당한 시간을 가지며, 은행 영업시간을 경과하여 접수된 상환청구는 다음 은행영업일에 접수된 것으로 간주한다. 개설은행이 계좌차기 선통지를 요구하는 경우, 이러한 계좌차기 선통지기간은 위에서 언급한 처리기간에 추가된다.

나. 상환청구의 선지급(URR 725 제11조 b항)

상환은행은 상환청구은행의 자금결제일(Value Date) 소급 요청(Back Value)을 처리하지 아니한다.

다. 하자조건부 또는 유보조건부 매입 등에 대한 상환책임(URR 725 제11조 e항)

상환은행은 유보 또는 손해보상조건으로 지급 · 인수 · 매입 등이 이루어졌다는 것을 명시한 상환청구에 대해서도 아무런 책임을 지지 않고 지급할 수 있으며, 그러한 명시를 무시한다.

즉 상환은행은 서류에 대한 심사의무가 없으며 하자있는 서류에 대한 지급에 대하여 책임이 없다.

라. 상환은행의 비용 부담(URR 725 제16조)

상환은행의 비용은 원칙적으로 개설은행(개설의뢰인)이 부담하며, 만일 그러한 비용이 다른 당사자(수익자 또는 매입은행 등)의 부담인 경우 개설은행은 원신용장과 상환수권서에 이를 명시하여야 한다.

개설은행이 상환은행에 대하여 비용부담의 당사자에 관한 지시를 하지 않은 경우에 모든 비용은 개설은행이 부담하여야 하며, 비록 다른 당사자의 부담으로 지시된 경우라 하더라도 다른 당사자가 이를 지불하지 않는 경우에는 개설은행이 그러한 비용을 부담하여야 한다.

제 3 절

D/P, D/A 방식에 의한 수입

1. D/P, D/A 업무의 개요

1-1 D/P, D/A의 의의

국제무역거래는 그 대금결제 방법에 따라 신용장에 의한 거래방식과 신용장이 수반되지 않는 무신용장 거래방식으로 크게 구분된다. 무신용장방식은 다시 추심결제방식과 송금결제방식 및 국제팩터링 등으로 나누어 볼 수 있겠으나, 그 중에서도 가장 대표적인 것이 D/P, D/A 거래방식이다. D/P(Documents against Payment)는 수입상의 지급(Payment)과 동시에 선적서류를 인도하는 일람출급거래를 말하는 것이며, D/A(Documents against Acceptance)는 수입상이 인수(Acceptance)의 뜻만 표시하면 먼저 서류를 인도하고 그 대금결제는 만기에 이루어지는 기한부거래를 말한다.

D/P, D/A 거래의 대금결제는 추심에 의한 방법으로 이루어진다. 즉, 수출상이 자기 거래은행에 추심을 의뢰하여 수입상으로부터 대금을 회수하는 역청구의 방식이다. 이것이 송금방식과의 차이점이다. 또한 D/P, D/A 거래에서는 대금결제를 전적으로 수입상의 신용에만 의존하게 되며, 대금지급에 대한 은행의 보증이 없다. 이것이 신용장 방식과의 차이점이다.

D/P, D/A 거래가 실무에서 빈번히 사용되는 주요 이유는 다음과 같다.

첫째, 신용장거래에서는 개설수수료 및 인수수수료 등의 많은 비용이 소요되는 데 반하여, D/P 및 D/A 거래에서는 이러한 비용부담이 없다. 따라서 오랫동안 거래하여 상호 신뢰할 수 있는 경우에는 비용절감을 위하여 D/P, D/A 거래방식을 활용하게 된다.

둘째, 세계무역시장이 경쟁의 격화로 판매자시장(Seller's market)에서 구매자시장(Buyer's market)으로 전환됨에 따라 수출상이 대금결제상의 불리함을 감수하고 D/P, D/A 거래를 하는 경우가 있다.

셋째, 국내의 많은 기업들이 세계 도처에 현지법인 및 해외지점을 설치하고 있어 본 · 지사 간 무역거래가 상당히 증가되었고, 본 · 지사 간 거래에서는 신용장거래를 이용할 필요가 없으므로 D/P, D/A 거래가 증가하고 있다.

D/P, D/A 거래의 특성을 살펴보면 다음과 같다.

첫째, D/P 및 D/A 거래는 수출입상 간의 매매계약서에 근거한 거래이므로 은행의 지급에 대한 보증이 없다. 따라서 대금의 지급 유무는 전적으로 수입상의 신용에 의존하게 된다. 비록 은행이 거래에 관여한다고 하더라도 이는 어디까지나 위임사무의 처리를 위한 것일 뿐, 대금 지급에 관한 한 은행은 하등의 책임도 지지 않는다.

둘째, 신용장에 의한 거래방식은 '신용장통일규칙(UCP 600)'이 적용되는 데 반하여 D/P, D/A 거래는 '추심에 관한 통일규칙(URC 522: Uniform Rules for Collections, ICC Publication No. 522)'이 적용된다.

1-2 D/P, D/A 거래의 절차

가. 매매계약 체결

수입상과 수출상이 매매계약을 체결하고 그 대금결제를 D/P, D/A 방식에 의하기로 합의하면 D/P, D/A 거래가 발생하게 된다.

나. 수입승인 등의 취득

수출입공고, 통합공고, 전략물자수출입고시 등에 의하여 수입이 제한되는 품목이거나 또는 기타 관계 법령에 의하여 절차적 제한이 있는 경우에는, 그러한 제한을 해제하기 위하여 사전에 수입승인 등의 절차를 필하여야 한다. 다만, 수입금지 품목에 대하여는 수입할 수 없다.

다. 선적지시

수입상은 매매계약서에 근거하여 수출상에게 선적지시를 하게 되며, 수출상은 이러한 수입상의 선적지시에 따라 약정된 상품을 선적하게 된다.

라. 추심의뢰

선적을 완료한 수출상은 추심에 필요한 서류(환어음 등의 금융서류 및/또는 송장, 운송서류 등의 상업서류)를 구비하여 본인의 거래은행에 수출대금의 추심을 의뢰한다. 이때 수출상의 거래은행은 추심 이전에 먼저 당해 환어음 및/또는 선적서류 등을 매입한 후 그 대금을 미리 지급하는 경우도 있다. 이를 D/P, D/A NEGO라고 하는데, 이는 수출상에 대한 여신 행위이므로 적절한 채권보전조치가 강구되어야 할 것이다.

마. 추심서류 송부

추심의뢰를 받은 수출상의 거래은행은 추심지시서(Collection Instruction)를 작성하여 환어음 및/또는 선적서류 등과 함께 수입지의 은행으로 송부한 후, 수입상으로부터 그 대금을 추심하여 줄 것을 요청하게 된다.

바. 추심서류 도착통지 및 인수 요청

수입지의 추심은행은 수입상에게 환어음 및/또는 선적서류 등이 도착하였음을 통지하고, 대금의 지급(D/P) 또는 환어음의 인수(D/A)를 요청한다.

사. 인수 및 대금결제

D/P의 경우 수입상은 대금을 결제하고 선적서류를 인도받으며, D/A인 때에는

환어음을 인수하고 선적서류를 인도받은 후 만기일에 대금을 결제하게 된다. 추심은행은 D/P일 경우에는 서류인도 후 즉시, D/A일 경우에는 어음만기일에 대금을 결제받은 후 즉시 추심의뢰은행으로 그 대금을 지급하여야 한다.

아. 인수통지 및 대금상환

추심은행은 수입상에게 선적서류를 인도하는 즉시 추심의뢰은행 앞으로 그 대금을 송금(D/P의 경우)하거나 또는 인수통지서를 송부(D/A의 경우)하여야 한다.

자. 추심대금 지급

추심의뢰은행은 D/P의 경우에는 송부받은 대전을 즉시 수출상에게 지급하고, D/A의 경우에는 수출상에게 어음의 인수사실을 먼저 통지한 후 만기에 추심은행으로부터 송금받은 대금을 지급한다.

◀ 예시 2-3-1 ▶ D/P, D/A 수입의 거래과정

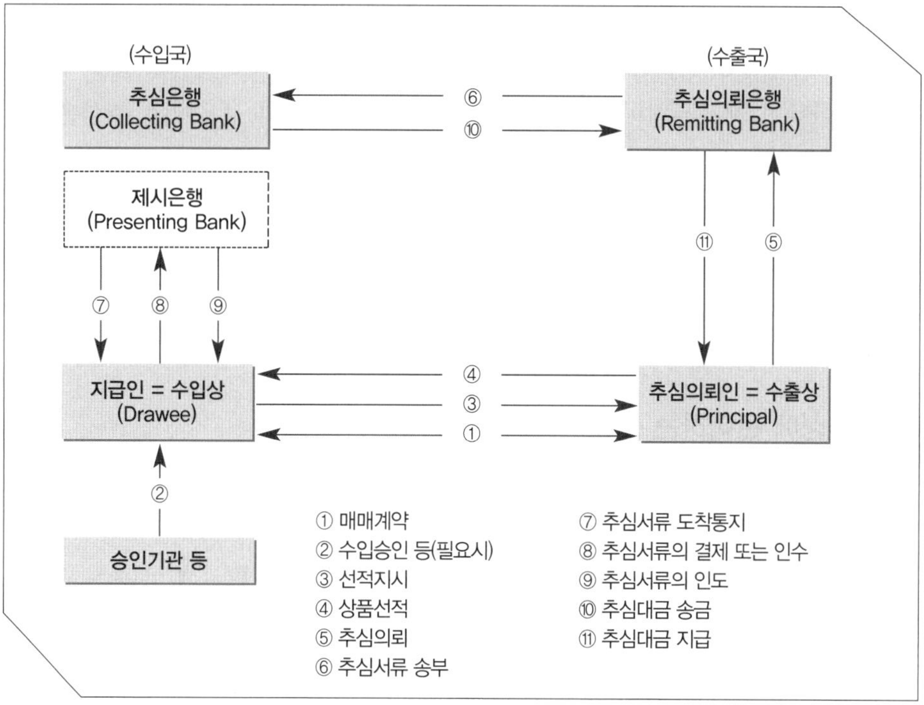

1-3 D/P, D/A 거래의 당사자

가. 추심의뢰인(Principal)

거래은행에 추심을 의뢰하는 수출상(Exporter)을 말하며, 경우에 따라 매도인(Seller), 어음발행인(Drawer), 송하인(Consignor) 등으로 불리기도 한다.

나. 추심의뢰은행(Remitting Bank)

추심의뢰인의 요청에 의해 수입국 은행에 추심을 의뢰하는 수출국의 은행을 말한다.

다. 추심은행(Collecting Bank)

수출국의 추심의뢰은행으로부터 서류를 받은 수입국의 은행을 말한다. 지급인이 자기의 고객이면 직접 제시를 하고, 그렇지 않으면 지급인의 거래은행으로 송부한다.

라. 제시은행(Presenting Bank)

추심은행으로부터 서류를 송부받아 지급인에게 제시하는 은행을 말한다. 추심은행이 수입상의 거래은행이면 추심은행이 제시은행이 되지만, 추심은행이 수입상의 거래은행이 아니면 제시은행이 별도로 존재하게 된다. 대개의 경우에는 추심은행이 곧 제시은행이 된다.

마. 지급인(Drawee)

추심서류의 제시를 받아야 할 자, 즉 환어음의 지급인이 되는 수입상을 말한다.

1-4 추심에 관여하는 은행의 의무와 면책

가. 추심에 관여하는 은행의 의무

추심에 관여하는 은행은 선량한 수임자로서 신의성실의 원칙에 따라 행동하고 업무취급에 있어서 상당한 주의를 하여야 한다(URC 522 제9조).

나. 물품의 인수 · 보관의무의 면제

물품은 추심은행의 사전동의 없이 추심은행 앞으로 탁송되어서는 안 된다. 만약 물품이 추심은행의 사전동의 없이 추심은행 앞으로 탁송된 경우에, 추심은행은 그러한 물품을 인수하여야 할 의무를 지지 않으며 그러한 물품은 탁송자의 위험과 책임으로 남는다.

또한 추심은행은 화환추심과 관련된 물품의 보관이나 보험가입 등에 대하여 특별한 지시를 받은 경우라 하더라도 이에 따를 의무가 없다. 만약 추심은행이 물품의 보전을 위한 조치를 취하였더라도 그 결과에 대하여는 책임을 지지 아니하며, 다만 그 조치 내용을 추심의뢰은행 앞으로 통지하여야 한다. 이러한 추심은행의 물품보전 조치와 관련하여 발생하는 모든 비용은 추심의뢰은행의 부담으로 한다.

추심의뢰은행의 지시에 의하여 행동함으로써 추심은행에 발생한 모든 손해와 비용은 추심의뢰은행이 이를 보상하여야 한다(URC 522 제10조).

다. 추심을 위한 제3당사자 이용에 대한 면책

추심의뢰은행이 추심의뢰인의 지시사항을 이행하기 위하여 타은행의 서비스를 이용할 경우 그 비용과 위험은 추심의뢰인이 부담한다. 설혹 추심의뢰은행이 전달한 지시가 이행되지 않은 경우라도 추심의뢰은행은 아무런 의무 또는 책임을 지지 않는다.

추심의뢰인은 외국의 법률과 관습에 의하여 부과되는 모든 의무와 책임을 부담하여야 하며, 이로 인하여 발생한 은행의 비용과 손실에 대하여 보상하여야 한다(URC 522 제11조).

라. 접수된 서류에 대한 면책

추심은행은 접수된 서류가 외관상 추심지시서에 기재된 것과 일치하는지를 확인하여야 하며, 만약 누락된 서류가 있거나 추심지시서의 내용과 다른 경우에는 지체없이 전신 등에 의한 신속한 수단으로 추심의뢰은행에 통지하여야 한다. 추심은행은 서류의 내용에 대하여는 심사할 의무가 없으며, 추심지시서에 기재된 서류의 종류 및 통수가 맞는지의 여부만 확인하고 접수된 대로 제시하면 된다. 그 외 사항은 면책이다(URC 522 제12조).

마. 서류의 효력에 대한 면책

은행은 서류의 형식, 충분성, 정확성, 진정성, 위조여부, 법적효력, 서류상의 일반 조건 또는 특별조건에 대하여 어떠한 의무나 책임을 지지 않는다. 또한 서류상의 물품명세, 수량, 중량, 품질, 상태, 포장, 인도, 가치나 실존여부에 대해서도 책임이 없다. 또한 물품의 송하인, 운송인, 운송주선인, 수하인, 보험자 또는 기타 관계 당사자의 선의, 작위 · 부작위, 지불능력, 이행 또는 신용상태에 대해서도 어떠한 의무나 책임을 지지 아니한다(URC 522 제13조).

바. 송달 중의 지연 · 멸실 · 번역의 오류에 대한 면책

은행은 모든 통보, 서신, 서류의 송달 중에 지연 및 멸실로 인하여 발생하는 결과와 모든 전신의 송달 중에 발생하는 지연, 훼손, 기타의 오류에 대하여 책임을 지지 않는다. 또한 전문용어의 번역 및 해석상의 오류에 대하여도 책임을 지지 않는다(URC 522 제14조).

사. 불가항력적 사항에 대한 면책

은행은 천재지변, 폭동, 소요, 반란, 전쟁 또는 기타 불가항력적 사유와 동맹파업, 직장폐쇄에 의하여 은행업무가 중단됨으로 인하여 발생하는 결과에 대하여 책임을 지지 않는다(URC 522 제15조).

1-5 추심에 관한 통일규칙

국제간의 추심거래는 법률과 관습이 상이한 국가 간의 거래이기 때문에 분쟁이 발생할 여지가 많고, 또한 그 해결에도 어려움이 많았다. 따라서 국제상업회의소에서는 이를 해결하기 위하여 1956년에 '상업어음추심에 관한 통일규칙(Uniform Rules for the Collection of Commercial Paper Brochure No. 254)'을 제정하여 이의 채택을 세계 각국에 권고하였으나, 대부분의 주요 국가들이 자국의 판례 및 관습과 상이하다는 이유로 이의 채택을 거절하여 광범위하게 적용되지 못하였다.

그리하여 다시 이를 범세계적으로 수용되는 규칙으로 만들기 위하여 1967년에 전면적인 개정을 하기에 이르렀고, 이에 전세계의 은행들에게 다시 이 규칙의 채택을 권고한 결과, 1968년 2월 1일에 미국 · 영국 · 프랑스 · 독일 · 이태리 · 일본 · 홍콩 등을 비롯한 41개국이 이 규칙을 채택하게 되었으며, 우리나라도 1968년 5월 15일에 이를 채택하였다.

그후 또다시 일부 내용을 변경하여 1979년부터는 2차 개정규칙이 시행되었으며, 그 명칭도 지금과 같은 '추심에 관한 통일규칙(Uniform Rules for Collection, URC 322)'으로 변경하였다. 현재 적용되고 있는 제3차 개정규칙은 1996년 1월 1일부터 시행되었으며, 그 내용은 전체 7장 26조로 구성되어 있다.

추심거래에서 본 규칙을 적용하기 위해서는 추심지시서의 본문에 다음과 같은 준거문언을 삽입하여야 한다.

"This collection is subject to Uniform Rules for Collections, 1995 Revision, ICC Publication No. 522." 또는 "This collection is subject to URC 522."

2. 추심지시서

2-1 추심지시서의 개요

'추심지시서(Collection Instruction)'란 추심에 관한 제 조건을 나열한 서류로서, 추심거래에 관여하는 당사자들의 서류처리에 관한 기준을 제시하는 매우 중요한 서류이다. 외형적으로 보면, 신용장거래에 있어서의 'Covering Letter'에 해당하는 서류라고 볼 수 있다. 추심은행은 지시사항을 찾기 위하여 추심지시서 이외의 다른 서류를 검토할 필요가 없으며, 만약 어떠한 지시사항이 다른 서류에 표시되어 있다 할지라도 이를 무시할 수 있다.

이러한 추심지시서는 예전부터 'Collection Order(추심의뢰서)'라는 이름으로 각국의 상관습에 따라 은행별로 매우 다양한 형태로 사용되어 왔으며, 이에 따라 업무취급에 혼란이 있었던 것도 사실이다. 따라서 ICC는 이러한 추심지시서의 통일을 기할 목적으로, 'SWIFT' 및 'ISO(International Standardization Organization)'와의 긴밀한 협조하에 1982년 12월에 이미 '표준추심지시서(Standard Collection Instruction, Documents No. 470-27/1)'를 제정하여 그 사용을 권고한 바 있다.

표준추심지시서의 양식은 3개 부분으로 구성되어 있는데, 그 내용은 다음과 같다.

- 고 객 용 : 양식 A, B, C, D
- 은 행 용 : 양식 E, F, G
- 서류명세 : 양식 H

양식 A와 B는 추심의뢰인이 추심의뢰은행에 제출하는 양식으로, A는 추심 건수가 하나인 경우에, B는 추심 건수가 2가지인 경우에 사용된다. 양식 C는 추심의뢰인이 수입지의 추심은행에 직접 추심을 의뢰하는 경우에 사용되는 양식이다. 양식 D는 화환신용장에 의하여 추심을 하는 경우에 사용되는 양식이다. 신용장방식이라 하더라도 하자 등의 사유로 인하여 일반추심을 의뢰하게 되면, 신용장거래가 아닌 추심거래로 간주된다. 양식 E는 양식 A에 상응하는 것으로 추심의뢰은행이 수입지의 추심은행에 송부하는 경우에 사용된다. 양식 F는 양식 B에 상응하는 것이고, 양식 G는 양식 D에 상응하는 은행용 양식이다. 양식 H는 송부되는 금융서류와 상업서류의 내용을 기재하는 양식이다.

2-2 추심지시서의 내용

추심지시서에는 다음과 같은 정보가 적절하게 포함되어야 한다. 추심지시서에 포함되어야 할 내용을 표준추심지시서(고객용)를 통하여 한번 살펴보기로 하자. 다음의 각 번호는 '예시 2-3-2' 양식상의 번호와 일치한다.

1) 추심의뢰인

추심의뢰인, 즉 수출상의 상호와 주소, 텔렉스 · 전화 · 팩스번호를 명기한다.

2) 금액

추심의뢰하는 금액을 문자와 숫자로 표시한다.

3) 어음의 만기

D/P인 경우에는 'at sight'라고 표시하고, D/A인 경우에는 'at 60 days after sight' 등으로 기재한다.

4) 어음지급인 · 수하인

어음지급인 및 수하인의 정식 명칭, 우편주소, 텔렉스 · 전화 · 팩스번호 등을 기재한다. 참고적으로, 추심의뢰인은 추심은행(제시은행)의 동의없이 그 은행을 수하인으로 지정해서는 안 된다.

5) 수하인이 아닌 지급인

지급인과 수하인은 동일한 경우가 대부분이나, 만일 양자가 다른 경우에는 그 지급인의 명칭을 기재한다. (예: 단체 · 협회 등을 통한 일괄 구매시, 지사를 대신하여 본사가 수입하는 경우 등)

6) 지급장소

어음의 지불장소, 즉 지급지 은행의 명칭과 주소를 기재한다.

7) 추심의뢰은행

추심의뢰인의 요청에 따라 수입지의 은행으로 서류를 송부하는 수출지의 추심의뢰은행(명칭, 주소, 텔렉스 · 팩스 · 전화번호)을 기재한다.

8) 추심은행

추심은행의 명칭과 주소를 기재한다.

9) 운송내용

운송내용, 즉 선적항 · 도착항 · 선적일자 등을 기재한다.

10) 상품명세

상품의 명세를 간단 명료하게 기재한다.

11) 서류명세

송부되는 서류의 목록과 각 서류의 통수를 기재한다.

12) D/P 또는 D/A의 표시

D/P일 경우에는 '□ against payment'에 표시하고, D/A인 경우에는 '□ against acceptance'에 표시한다.

13) 물품 도착시까지의 서류제시 보류 여부

어떤 경우에는 물품이 도착항에 도착할 때까지 추심은행이 서류제시를 보류하도록 하는 사례가 있다. 'D/P Usance'가 바로 그러한 경우이며, D/A인 경우에도 인수일자를 물품 도착일과 맞추기 위하여 서류제시의 보류를 요구하는 예가 있다.

14) 현지통화 예금

수출상이 추심대금을 수입지의 은행에 현지통화로 예금하기를 원하는 경우에는 '□ yes'에 표시한다.

15) 인수어음의 처리

수출상에 의해 인수된 어음을 추심은행이 추심의뢰은행 앞으로 회송하기를 원하는 경우에는 '□ to be returned to you'에 표시하고, 추심은행 또는 제시은행이 어음 만기에 지급을 위하여 어음지급인에게 제시하기를 원하는 경우에는 '□ collect when due'에 표시한다. 대개의 경우에는 인수어음의 회송을 요청하지 않고 추심은행이 보관하도록 하는 것이 일반적이다.

16) 거절증서의 작성 또는 작성면제

거절증서의 작성을 원하는지, 원하지 않는지를 표시한다. 인수거절증서의 작성을 원하는 경우에는 'protest for non-acceptance' 란의 '□ yes'에 표시하고, 원하지 않는 경우에는 '□ no'에 표시한다. 지급거절증서의 경우에는 'protest for non-payment' 란에 표시한다.

17) 이자와 수수료

이자나 기타 은행수수료 등이 추심되어야 하는 경우에 사용되는 난이다. 이자 명세가 환어음에 기재되어 있는 경우에는 '□ interest as per bill of exchange' 란에 표시하고, 추심지시서에 별도로 표시되어 있는 경우에는 '□ interest as detailed below' 란에 표시한다. 그리고 추심은행의 수수료를 수입상으로부터 징수하도록 하고자 하는 경우에는 '□ your charges' 란에 표시하며, 기타 추심수수료가 있는 경우에는 '□ further collection charges' 란에 표시한다.

또한 수수료 및 이자가 포기될 수 있는지의 여부를 명시하여야 한다. 이자의 경우는 이자율, 이자지급 기간, 계산근거를 표시하여야 한다.

18) 예비지급인

어음의 인수거절 또는 지급거절시 추심은행이 접촉하여야 하는 예비지급인이 있는 경우에는 이들의 명칭과 주소를 명시한다. 예비지급인이 단순히 조력하는 경우에는 '□ for assistance only' 란에 표시하고, 별도의 권한이 있는 경우에는 '□ see powers as described below'에 표시한 후 그 권한을 'Additional instructions' 란에 명시한다.

19) 지급 · 인수 또는 지급거절 · 인수거절의 통지방법

'지급(Payment)통지', '인수(Acceptance)통지', '지급거절(Non-Payment)통지', '인수거절(Non-Acceptance)통지' 중에서, 전신에 의한 방법으로 통지를 받고자 원하는 항목에 각각 표시한다.

20) 대금결제(전신송금의 요청 여부 및 수취계좌번호)

결제대금을 전신으로 송금받고자 원하는 경우에는 '□ by teletransmission method' 란에 표시한다. 그 하단의 'Account No.' 란에는 수취계좌의 번호를 정확히 기재한다.

21) 추가지시 : 추가적으로 지시할 사항이 있는 경우에 그 내용을 기재한다.

◀ 예시 2-3-2 ▶ 추심지시서(고객용)

Standard Collection Instruction

Principal to remitting bank

Principal 1* Reference	Collection Order
	Amount 2*
	Tenor 3*
Drawee/Consignee 4*	Drawee if not Consignee 5*
	Domicile 6*
Remitting bank 7*	Collecting bank to be used 8*
Transport details 9*	We send you the enclosed documents for Collection in accordance with our instructions(See "X" where appropriate) and subject to the Uniform Rules for Collection(Publication No. 522) of the international Chamber of Commerce, Paris as far as these are applicable.

Goods 10*

Documents 11*	Nos.	Deliver commercial documents 12*	Hold Until arrival of goods? 13*
Bill of exchange Commercial invoice Transport document Insurance document Certificate of		□ against acceptance □ against payment Accepted bill of exchange 15* □ collect when due □ to be returned to you Protest for non-acceptance 16* □ yes □ no Protest for non-payment □ yes □ no Also collect 17* (Waive if refused) □ interest as per bill of exchange (□ yes □ no) □ interest as detailed below (□ yes □ no) □ your charges (□ yes □ no) □ further collection charges (□ yes □ no)	□ Yes, or request □ No, drawee only Accept deposit in local currency? 14* □ Yes, against drawee's guarantee concerning exchange risk □ No In case of need, consult 18* □ for assistance only □ see powers as described below Request teletransmitted advice to you(of) : 19* □ acceptance and due date □ payment □ non-acceptance and reason □ non-payment and reason Proceeds to be remitted to you 20* □ by teletransmission method Upon receipt, credit proceeds to our account No.

Additional instructions 21*

Place, date and principal's authentication or signature

◀ 예시 2-3-3 ▶ 추심지시서(은행용)

Collection Instruction

KOREA INSTITUTE BANK
NEW YORK, U.S.A.

TO

Date : ______________

WE ENCLOSE FOLLOWING DRAFTS/DOCUMENTS FOR YOUR COLLECTION.

DRAFT	AMOUNT	
	TENOR	
	NO.	
DRAWER		
DRAWEE		

DOCUMENT(S) ENCLOSED

MAIL	DRAFT	INV.	CON. INV. CUS. INV.	B/L	AWB	INS.	PKG. L	W/ML	CERT. ORIGIN	INSP. CERT.
1ST										
2ND										

IN REIMBURSEMENT.

☐ PLEASE AUTHORIZE US TO DEBIT YOUR ACCOUNT WITH US

☐ PLEASE CREDIT OR REMIT THE PROCEEDS TO OUR ACCOUNT WITH

COLLECTION INSTRUCTIONS ARE MARKED "X".

☐ DELIVER AGAINST

☐ PLEASE FORWARD US ADVICE OF PAYMENT BY AIRMAIL/CABLE. IN CASE OF TIME BILL, PLEASE ADVISE US OF ACCEPTANCE AND DUE DATE BY AIRMAIL/CABLE.

☐ CABLE US IN CASE OF NON-PAYMENT/NON-ACCEPTANCE GIVING REASONS.

☐ DO NOT PROTEST / PROTEST FOR NON-PAYMENT/NON-ACCEPTANCE.

☐ IN CASE OF DISHONOUR, PLEASE STORE AND INSURE GOODS AGAINST FIRE AND/OR OTHER USUAL RISKS.

☐ IN CASE OF NEED, NOTIFY______________________WHOSE AUTHORITY IS LIMITED TO SECURE PAYMENT, ACCEPTANCE ONLY.

☐ ALL CHARGES ARE FOR ACCOUNT OF DRAWEE.

☐ COLLECT INTEREST FROM DRAWEE _____% P.A. FROM THE DATE OF ___________ TO THE DATE OF PAYMENT.

KOREA INSTITUTE BANK
New York
ASST. MANAGER

This collection is subject to the URC522

3. 추심서류의 접수

3-1 추심경로 검토

해외로부터 추심서류를 접수한 추심은행은 어음의 지급인, 즉 수입상이 자행의 거래선인가를 확인하여야 한다. 지급인이 자행의 거래선이면 동 은행이 서류를 지급인에게 제시하는 제시은행이 되지만, 자행의 거래선이 아니거나 추심지시서에 제시은행이 별도로 명시되어 있을 때에는 지급인의 거래은행 또는 명시된 제시은행으로 서류를 송부하여야 한다.

서류를 검토한 결과 수입상이 자행의 거래선인 것으로 확인되면, 먼저 서류가 추심의뢰은행을 통하여 내도된 것인가 또는 수출상으로부터 직송되어 온 것인가를 확인하여야 한다. 종전에는 수출상이 직접 추심할 수 없고 추심의뢰은행을 통하여 추심하는 것을 원칙으로 하였으나, 현재에는 관습이 변경되어 수출상이 수입지의 추심은행에 직접 추심의뢰할 수 있다.

수출상으로부터 직접 송부된 서류는 추심에 관한 제 지시사항 및 선적서류가 완비되어 있고 송금처가 명시되어 있는 경우에 한하여, 추심의뢰은행에서 내도된 서류와 동일한 방식으로 취급 · 접수한다. 그러나 만약 추심지시사항이 불충분하거나 누락된 서류가 있는 경우 등에는 이를 반송하여 거래은행을 통해 재추심하도록 유도하는 것이 바람직하다.

간혹 수출상이 수입상 앞으로 추심서류를 직접 송부하여 수입상이 서류를 은행에 제시하는 경우가 있는데, 이때는 수입상에게 충분히 설명하여 추심서류를 반송케 한 후에 정식으로 추심의뢰은행을 통하여 재추심하도록 하는 것이 좋다. 그러나 만약 서류의 반송 및 재추심이 여의치 않을 경우에는, 수출상으로 하여금 추심서류 사본에 의거 거래은행을 통하여 추심 의뢰하도록 하는 방법도 검토해 볼 수 있다.

3-2 서류의 원본 · 부본 검토

다음으로 서류가 원본서류(Original Documents)인지 부본서류(Duplicate Documents)인지를 확인하여야 한다. 오래된 관행에 의하여 국제간 거래에서는 선적서류를 두 번에 걸쳐 나누어 보내는 습관이 있는데, 어찌되었든 간에 은행은 원본서류와 부본서류 중에서 일찍 도착하는 서류에 의해 인도하게 된다. 이러한 경우 은행은 나중에 도착한 서류가 중복적으로 처리되지 않도록 주의하여야 한다.

3-3 D/P, D/A의 분류

추심지시서에는 당해 추심의 방식이 D/P인지 D/A인지를 명시하고 있어야 한다. 만일 그러한 명시가 없는 경우에는 D/P인 것으로 간주하여 처리한다(URC 522 제7조). 추심지시서에는 당해 조건을 'D/P' 또는 'D/A'로 명시하는 것이 일반적이나, 기타의 다른 표현을 사용하는 경우도 있다.

1) D/P 조건으로 간주되는 표현은 다음과 같다.

- deliver documents against payment
- D/P at sight
- Sight
- at sight on arrival of vessel
- D/P, at 30 days after B/L date
- D/P, at 30 days after draft's date

2) D/A로 간주되는 표현은 다음과 같다.

- deliver documents against acceptance
- 60 days after arrival of cargo
- at 60 days after arrival of steamer(vessel)
- 30 days after sight

- at 30 days sight
- 60 days after B/L date
- 60 days after the date of draft
- 90 D/S
- D/A, 90 D/S B/L

※ 참고: D/S라는 용어는 의미와 출처를 알 수 없는 약어이므로 사용하지 말아야 함.(Days의 자의적 표현)

3-4 서류의 종류와 통수 확인

추심지시서에 보면 발송서류의 종류와 통수가 기입되어 있는데, 실제 첨부된 서류와 일치하는지를 확인하고 누락된 것이 있으면 추심의뢰은행에 연락하여 보완하도록 한다.

3-5 수입화물선취보증서 발급 확인

당해 추심서류가 이미 수입화물선취보증서를 발급받은 건인지의 여부를 확인하여야 한다. 수입화물선취보증을 받지 않은 건은 서류 인도절차를 취하고, 만일 수입화물선취보증서가 발급된 경우라면 선하증권 원본을 선박회사로 송부하여 선취보증서를 회수하여야 한다. 통상적으로 '수입화물선취보증반송요청서' 발송일로부터 15일이 경과하여도 '수입화물선취보증서' 또는 '선하증권원본수취증'이 미회수된 경우에는 수입화물선취보증서를 회수한 것으로 간주하여 처리하는 것이 일반적이다. (참고: 본 서의 제2장 제2절 4관에 수록된 예시 2-2-6 참조)

4. D/A 추심서류의 인도

4-1 추심지시서의 검토

추심을 위하여 송부되는 모든 서류에는 완전하고 명확한 지시가 기재된 추심지시서가 첨부되어야 한다. 은행은 이러한 추심지시서에 기재된 지시에 따라서 업무를 수행하여야 하며, 만약 추심은행이나 제시은행이 어떠한 이유로 추심지시서상의 지시에 응할 수 없는 경우에는 이를 곧 추심의뢰를 한 상대방(추심의뢰은행 또는 추심의뢰인)에게 통지하지 않으면 안된다(URC 522 제1조 c항). 추심지시서를 검토할 때 특히 유의하여야 할 사항은 다음과 같다.

가. 추심에 관한 통일규칙 적용문언 확인

추심서류가 '추심에 관한 통일규칙'의 적용을 받는가를 확인하여야 한다. 만일 추심지시서상에 이 규칙의 적용을 받는다는 명시적인 문구가 없으면, 사후 분쟁발생시 해결에 어려운 점이 많으므로 주의하여야 한다.

추심의뢰은행이 '추심에 관한 통일규칙'을 준거하고자 하는 경우에는 추심지시서에 "This collection is subject to the Uniform Rules for Collections(1995 Revision), ICC Publication No. 522"라고 명시하게 된다.

나. D/A 거래 표시문언

추심서류가 D/A 거래인지에 관한 명시적인 문언을 확인하여야 한다. 추심지시서에는 D/P인지 D/A인지의 표시가 명시되어 있어야 하는데, 만약 그러한 표시가 없는 경우에는 D/P로 간주된다(URC 522 제7조 b항).

다. 인수 및 인수거절 통지방법

인수 또는 인수거절시 어떠한 방법으로 통지하도록 요구하고 있는가를 확인하여야 한다. 통지방법으로는 우편 또는 전신에 의한 방법이 있는데, 보통 전신에 의한 방법을 요구하는 것이 일반적이며, 그 기재 예는 다음과 같다.

① Please forward us of payment/acceptance and due date by air mail/cable.

② Airmail/cable advice of payment/acceptance.

③ Advise us payment/acceptance by airmail/cable.

④ Cable in case of non-payment/non-acceptance giving reasons.

⑤ Airmail/cable advice of non-payment/non-acceptance giving reasons.

⑥ In case of dishonour, advise us by cable/airmail giving reasons.

라. 인수제시시기

인수를 위한 제시를 물품 또는 선박의 도착시까지 보류하여야 하는지의 여부에 대하여 확인하여야 한다. 그 기재 예는 다음과 같다.

① Hold the drafts until arrival of goods.

② Hold the drafts until arrival of steamer(vessel).

③ at 30 days after arrival of goods

④ at 30 days after arrival of vessel

마. 추심대금의 지급방법

추심대금(수입상의 결제대금)을 어떠한 방법으로 지급하도록 요구하고 있는가를 확인하여야 한다. 추심대전은 추심의뢰은행이 지시하는 방법에 의하여 즉시 지급되어야 한다. 대개 추심의뢰은행이 지정한 계좌로의 전신송금이 요구되는 것이 일반적이나, 간혹 국내은행에 개설된 '대외계정' 또는 '비거주자 자유원계정' 등으로의 이체를 요구하는 경우도 있다.

바. 거절증서 작성 여부

거절증서를 작성하여야 하는지의 여부를 확인하여야 한다. 거절증서란 인수거절 또는 지급거절을 입증하는 서류로서 소송 또는 상사 중재시에 중요한 역할을 하게 된다.

D/P, D/A 거래에서는 신용장과 같은 강한 증거력을 갖는 서류가 없고, 추심에 관여하는 은행도 신용장거래에 비하여 소극적이므로 그 거절 사실을 입증하는데 어려움이 있기 때문에 수입상의 인수거절 또는 지급거절시에 거절증서를 작성하도록 요구하는 예가 많다.

추심지시서에 거절증서의 작성에 대한 명시가 없으면 작성이 면제되는 것으로 해석된다(URC 522 제24조). 거절증서의 작성에 관한 기재 예는 다음과 같다.

① Do not protest for non-payment/non-acceptance.

② Protest for non-payment/non-acceptance.

사. 예비지급인의 지정 및 권한

인수 또는 지급의 거절에 대비한 예비지급인을 지정하고 있는지에 대하여 확인하여야 한다. '예비지급인(C/Need, Case of Need)'이란 어음 지급인이 인수 또는 지급을 거절할 경우를 대비하여 추심의뢰인이 지정한 대리인을 말하며, 인수 또는 지급거절시 추심은행은 추심지시서에 명시된 예비지급인의 지시에 따라 행동하게 된다.

추심의뢰인이 예비지급인을 정한 때에는 반드시 그 권한을 명시하여야 하는데, 그 권한에 따라 다음과 같이 구분할 수 있다.

① "In case of need, refer to drawer's representative, ××× Co. who should be kept informed of all particulars and of effected payment." 또는 "In case of difficulties, apply to Messrs ××× Co. who may only intervene but are not entitled to alter our instructions."와 같은 경우인데, 이때 추심은행은 추심서류의 모든 진척상황에 관하여 지명된 대리점과 긴밀한 연락을 취할 의무는 있으나, 그 대리점이 추심은행에 서류의 추심에 관하여 지시할 권리는 없고 은행도 그 지시에 따를 필요가 없다.

② "In case of need, refer to ××× Co. whose instructions you are authorized to follow without reserve."와 같은 경우로서, 여기서 지명된 대리점은 서류의 추심에 관하여 추심의뢰인과 동등한 자격으로 모든 지시를 할 수 있으며, 추심은행은 그 지시에 따라야 할 의무가 있다.

아. 이자징수에 관한 지시

D/A 거래에서는 인수일 이후 만기일까지의 외상거래에 따른 이자문제가 발생하게 된다. 이러한 이자의 부담은 계약조건에 따라 부담 주체가 달라지게 되며, 수입상이 부담하는 경우에는 다음과 같이 이자징수를 요청하게 된다.

"Please collect interest at 6% p.a. from the date of acceptance to maturity"

추심지시서에서 '이자가 추심되어야 함(Interest is to be collected)'을 표시하고 있으나 별도로 '이자가 포기될 수 없음(Interest may not be waived)'을 명시하고 있지 않는 한, 지급인이 이자의 지급을 거절한 경우에 추심은행은 이자를 추심하지 아니하고 서류를 인도할 수 있다.(URC 522 제20조 a항)

추심지시서에 '이자가 포기될 수 없음(Interest may not be waived)'을 명확하게 표시하고 있으나 지급인이 그 이자의 지급을 거절한 경우, 추심은행은 서류를 인도하지 아니하며 서류인도의 지연에서 비롯되는 어떠한 결과에 대해서도 책임을 지지 아니한다. 이자의 지급이 거절되었을 경우 추심은행은 전신 등 가장 신속한 수단으로 지체 없이 추심의뢰은행에 통지하여야 한다.(URC 522 제20조 c항)

자. 추심수수료 또는 비용부담

추심에 관련된 수수료 또는 비용을 누가 부담하는가에 대하여 확인하여야 한다.

1) 지급인이 부담하는 경우

추심지시서에 수수료 및 비용이 '지급인의 부담(for account of drawee)'임을 명시하고 있으나 지급인이 이를 거절하는 경우에 추심은행은 이를 징수하지 않고 서류를 인도할 수 있다. 추심수수료 및 비용이 지급되지 않는 경우에 이는 추심서류 송부 당사자의 부담으로 추심대금에서 공제할 수 있다.(URC 522 제21조 a항)

추심지시서에 수수료 및 비용이 '포기될 수 없음(may not be waived)'을 명시하고 있으나 지급인이 이를 거절한 경우, 추심은행은 서류를 인도하지 않으며 서류인도의 지연에서 비롯되는 어떠한 결과에 대해서도 책임을 지지 않는다. 수수료 및 비용 등의 지급이 거절되었을 경우에 추심은행은 전신 등의 가장 신속한 수단으로 지체 없이 추심의뢰은행에 통지하여야 한다(URC 522 제21조 b항).

2) 추심의뢰인이 부담하는 경우

추심에 관련된 지출금, 비용, 수수료를 추심의뢰인이 부담하기로 한 경우에 추심은행은 추심지시서 송부은행으로부터, 추심의뢰은행은 추심의뢰인으로부터 그러한 비용 및 수수료 등을 징수한다(URC 522 제21조 c항). 실무적으로는 그러한 경비 및 수수료 등을 차감하고 추심대금을 지급하는 것이 일반적이다.

3) 비용의 선지급

은행은 지시사항을 이행하기 위해 필요한 수수료 및 비용에 대하여 추심지시서를 송부한 당사자에게 선지급하도록 요구할 수 있다(URC 522 제21조 d항).

차. 인수거절시 상품에 관한 지시

인수거절시의 상품보전에 관한 지시를 확인하여야 한다. 어음이 인수거절되는 경우를 대비하여 상품의 보전에 관하여 지시하는 예가 있으나, 그렇다고 해서 추심은행이 이에 대한 지시를 반드시 이행하여야 할 의무가 있는 것은 아니다. 상품의 보전에 관한 지시가 있든 없든 추심은행이 상품의 보전에 대하여 조치를 취한 경우 추심은행은 다음 사항에 관하여 책임을 부담하지 않는다(URC 522 제10조 c항).

① 물품의 보전결과 또는 물품의 상태

② 물품의 보관 또는 보전을 수탁받은 제3자의 작위 또는 부작위

다만, 추심은행은 자기가 취한 조치에 대하여 추심의뢰은행 앞으로 즉시 통지하여야 한다. 물품의 보전조치와 관련하여 발생된 수수료 및 비용은 추심의뢰인이 이를 모두 부담하여야 하므로 추심은행은 사후에 이들을 추심의뢰은행에 청구한다.

인수거절시 물품의 보전을 요구하는 경우의 기재 예는 다음과 같다.

"In case of dishonour, please store and insure goods against fire and/or other usual risks"

카. 분할결제의 가능 여부

화환추심서류는 추심지시서에 특별히 수권되지 않는 한 분할결제가 허용되지 않는다(URC 522 제19조). 따라서 추심지시서상에 명시적으로 수입대금의 분할결제를 허용하고 있는지의 여부를 확인한 후 추심업무를 취급하여야 한다. 분할결제를 허용하는 기재 예는 다음과 같다.

"Partial payment is acceptable"

타. 기타 지시사항

앞에서 고찰한 확인사항 이외의 지시에는 다음과 같은 것들이 있다.

① Hold drafts and documents awaiting further instruction from us in case of non-payment/non-acceptance.

② Please note that the maturity is September 10, 20××.

③ Inspection of the goods is permitted, but only under Customs Authority Supervision at customs warehouse.

④ Discount 5% if paid within 5 days after first presentation.

4-2 추심서류의 검토

추심지시서의 검토가 끝나면 금융서류와 상업서류가 정규의 것인가를 확인하여야 한다.

가. 금융서류

금융서류란 대금결제에 사용되는 수단을 의미하며 환어음(Bill of Exchange), 약속어음(Promissory Note), 수표(Cheque) 등이 이에 해당한다(URC 522 제2조 b항). 화환추심거래의 금융서류로는 환어음이 가장 많이 사용되고 있다.

어음은 요식증권으로서 행위지법을 따르도록 되어 있기 때문에 인수 및 지급행위에 관하여는 국내법인 '어음법'의 우선적용을 받게 되며, 그 다음으로 '추심에 관한 통일규칙' 및 '국제관례'에 따라야 한다.

어음의 지급인은 수입상으로 되어 있어야 하며, 추심은행을 그 지급인으로 하여 발행되어서는 안 된다. 이것이 신용장방식과 다른 점이다. 신용장방식은 개설은행을 지급인으로 하여 발행되어야 하며, 개설의뢰인 명의로 발행해서는 안 된다.

나. 상업서류

상업서류란 신용장 거래에 있어서의 선적서류를 의미한다.

상업서류 중에서 중요한 것으로는 운송서류, 상업송장, 보험서류와 포장명세서 등이 있다. 'UCP 600'과는 달리 'URC 522' 에서는 이들 기본서류 등의 요건에 관한 사항을 별도로 규정하고 있지 않으므로, 계약서의 조건과 일치하는지의 여부 및 특이사항만을 점검하게 된다.

1) 운송서류

운송서류에 대해서는 보다 세심한 주의가 요구되며, 특히 운송서류의 '수하인(Consignee)'이 수입상으로 되어 있는지의 여부를 반드시 확인하여야 한다. 만일 수하인이 추심은행으로 되어 있는 경우에는 이를 시정하도록 한 후에 취급하는 것이 안전하다. 왜냐하면 추심은행의 배서행위가 예기치 않은 분쟁의 소지로 비화될 가능성을 배제할 수 없기 때문이다.

2) 상업송장

상업송장은 수입화물의 명세서 겸 가격계산서이기 때문에 선적서류와 매매계약서의 내용을 대조 · 검토할 때에는 반드시 송장 내용을 기준으로 하여야 한다.

3) 보험서류

매매계약서상 무역거래조건이 CIF 또는 CIP 등이면 보험서류가 제시되어야 하며, 부보금액은 송장금액의 110%로 하는 것을 관습으로 한다.

4-3 추심서류의 도착 통지

추심서류의 검토가 끝나면 수입상에게 서류의 도착사실을 통보하여야 한다. 실무적으로는 대개 전화 등의 신속한 수단으로 먼저 추심에 관한 일반적인 사항을 전달한 후에 서면으로 '추심서류도착통지서(Arrival Notice)'를 발송하게 된다. 그러나 현재는 추심서류도착통지서의 발송을, 대부분 팩스 및 이메일 전송으로 대체하고 있는 추세이다.

서류의 도착통지시에는 추심지시서상의 특이사항에 관해서도 함께 통보하도록 하고, 만일 지급인이 지급 또는 인수를 거절하는 경우에는 즉시 추심의뢰은행으로 그 사실을 통보하여야 한다.

4-4 추심서류의 제시와 인수

추심서류의 제시(Presentation)란 추심은행이 추심의뢰은행으로부터 지시받은 대로 서류를 지급인이 취득할 수 있도록 하는 일련의 절차를 말한다. 추심서류를 수입상에게 제시할 때의 유의사항 및 환어음 '인수(Acceptance)'시의 유의사항에 관하여 살펴보면 다음과 같다.

첫째, 추심은행은 지체 없이 인수를 위한 제시를 하여야 하고, 만기일에는 지급을 위한 제시를 하여야 한다(URC 522 제6조). 실무적으로 '인수'를 위한 제시는 '추심서류도착통지서'의 발송으로 갈음하고 있으며, '지체 없이'라는 기간은 상기의 도착통지서를 발송하는 데 필요한 합리적인 최소한의 기간으로 보아야 할 것이다.

때로는 인수를 위한 제시를 화물의 도착시(Arrival of Vessel or Cargo)까지 유예하라는 지시가 있는 경우도 있는데, 이때는 선박회사에 연락을 취하여 화물 도착일자를 확인한 다음 그 날짜를 기준으로 제시하여야 한다. 그러나 사실상 이와 같은 확인은 어려운 실정이다.

둘째, 추심서류는 추심지시서에 표시된 주소에 제시되어야 한다. 만일 주소가 불완전하거나 불명확한 때에는 적정한 주소를 확인하기 위하여 조치를 취할 수 있으나,

이에 대하여 어떠한 의무나 책임을 부담하는 것은 아니다(URC 522 제4조 c항).

셋째, 추심서류는 접수된 원형 그대로 지급인에게 제시되어야 한다. 다만 의뢰인의 비용부담으로 인지를 첨부하거나, 업무상 필요에 의하여 고무인을 찍거나 기타 인식표시 및 부호를 표시하도록 수권되어 있는 경우는 예외이다(URC 522 제5조 c항).

넷째, 일반적으로 추심지시서에는 지급인이 행위를 취하여야 하는 시한을 기재하게 되는데, 서류의 제시시에는 이러한 명시된 행위기한을 확인하여야 한다. 예를 들면 추심지시서에 지급인이 인수 또는 인수거절을 취해야 하는 시한을 명시하고 있는 경우, 만약 지급인이 제한 시일 내에 어떠한 조치도 취하지 않는다면, 그러한 사실은 지체 없이 추심의뢰은행으로 통지되어야 하며 그러한 서류는 추심의뢰은행의 지시에 따라 처분되어야 하는 것이다.

다섯째, 추심은행은 환어음의 인수(Acceptance) 형식이 외견상 완전하고 정확한가를 확인할 책임이 있다. 그러나 서명의 진정성이나 서명인의 권한에 대해서는 책임을 지지 않는다(URC 522 제22조).

D/A 서류는 반드시 환어음이 인수된 후에 인도되어야 하며, 신용장 방식과는 달리 환어음 인수에 관한 요식행위가 반드시 이루어져야 한다. 인수의 방법 및 만기일 산정에 관한 사항은 신용장방식의 인수업무에서 이미 설명한 바와 같다.

[D/A 환어음의 Acceptance 예시]

Accepted on Oct. 05, 20XX
By XYZ Co., Ltd. Seoul, Korea
Payable at Korea Institute Bank, Seoul

XYZ Co.,Ltd. Changsik Lee, Chairman & CEO

____

Authorized Signature

◀ 예시 2-3-4 ▶ 추심서류도착통지서

ARRIVAL NOTICE

RECEIVED FROM

DATE : ____________

Documents against Acceptance

OUR NO.	
REMITTING BANK NO.	THEIR DATE

DRAWEE	DRAWER		
COMMODITY	STEAMER	B/L NO.	B/L DATE
	FROM	TO	VOYAGE NO.

	DRAFT	INV	B/L	INS POL	P/L	CONS INV.	MISCELL-ANEOUS	TENOR	AMOUNT
ORIG.									
DUPL								DUE-DATE	

IMPORTANT

We would appreciate your calling on our office and accepting/honoring the relative bill promptly. If you are unable to accept this collection please inform us of your reasons for non-acceptance and schedule so that we may notify our correspondent accordingly.

SPECIAL REMARKS

We will not insure the relative cargo against fire risk and so forth unless we are so advised by yourselves.

If you are desirous of having the cargo insured at our end please let us know the period to be insured and the party who will bear the insurance premium.

For our better service to you, your prompt notification of any change of your address or telephone number to us will be highly appreciated.

____
Assist. Manager

4-5 추심 관련 제 비용의 징수

추심에 관련되는 비용에는 '타발추심수수료'와 '전신료' 등이 있으며, 이러한 비용은 어음지급인이 부담하는 경우와 추심의뢰인이 부담하는 경우가 있다. 지급인이 부담하도록 되어 있는 경우에는 지급인(수입상)에게 청구하여 징수한 후 서류를 인도하고, 추심의뢰인이 부담하도록 되어 있는 경우에는 해당 금액을 추심대전에서 차감한 후 잔액만을 지급하게 된다. 또한 인수거절 등의 경우에 추심지시서에 따라 행동함으로 인하여 발생한 각종 지출경비 등은 추심의뢰은행 앞으로 청구하여 추심의뢰인으로부터 상환받도록 한다.

4-6 추심서류의 인도

이상에서 설명한 절차가 완료되면 수입상으로부터 선적서류수취증을 징구한 후 선적서류를 인도한다. 그러나 실무에서는 선적서류수취증의 징구를 생략하는 것이 일반적이다. 선적서류의 인도는 인수된 환어음에 의해 증거되기 때문이다.

4-7 인수의 통지

추심은행은 D/A 환어음의 인수결과를 다음과 같이 추심의뢰은행에 통지하여야 한다.

가. 통지의 형식

추심의뢰은행에 추심결과를 통보할 때에는 추심지시서상의 참조번호(Ref. No.)와 기타 관련 사항을 표시하여 추심의뢰은행이 정확한 관리를 할 수 있도록 협조하여야 한다.

나. 통지방법

추심결과의 통지는 추심지시서에 표시된 대로 통지하여야 한다. 통지방법에 대한 지시가 없는 경우에는 추심은행이 선택한 방법으로 통지하며, 보통 추심의뢰인의 비용부담하에 전신으로 통지한다.

다. 인수통지서

어음지급인이 환어음을 인수한 경우에는 인수일자, 인수금액, 만기일 등을 인수통지서에 표시하여 지체 없이 송부하여야 한다.

라. 인수거절통지

추심지시서에 표시된 인수기한까지 어음지급인이 환어음을 인수하지 않은 경우에는 추심의뢰은행에게 인수거절 사실을 통지하여야 한다. 이때 추심은행은 수입자의 인수거절 사유를 확인하기 위해 노력하고 그 결과를 통보하여야 한다.

한편 인수거절통지를 받은 추심의뢰은행은 합당한 기간(Reasonable Time) 내에 추심은행의 서류 처리방법(서류반송, 서류보관, 예비지급인에게 송부 등)에 대하여 지시하여야 한다. 만일 인수거절 통지일로부터 60일 이내에 추심의뢰은행으로부터의 서류처리에 대한 지시가 없으면, 추심은행은 더 이상의 책임 없이 당해 추심서류를 추심의뢰은행으로 반송할 수 있다(URC 522 제26조 c항).

4-8 대금의 결제

가. 지급을 위한 제시

D/A 어음의 만기일이 다가오면 수입상에게 어음의 지급을 위한 제시를 하여야 한다. 실무상 'D/A 어음의 지급을 위한 제시'는 만기일의 약 1주일 전에 만기일통지서를 송부하는 것으로 갈음하는 것이 일반적이다.

추심대금의 결제는 전신환매도율을 적용한 원화 또는 외화로 할 수 있으며, 추심지시서의 요구에 따라 원화로 결제가 이루어지는 경우(비거주자 자유원계정으로의 이체)도 있다.

나. 이자의 추심

추심에 관한 통일규칙 제20조에 의하면 추심의뢰인이 이자를 받기 위해서는 추심지시서에 이자율, 이자지급기간 및 계산근거를 명시하여야 한다.

1) 지급인이 이자의 지급을 거절하는 경우

추심지시서에 '이자가 추심되어야 함(Interest is to be collected)'을 표시하고 있으나 그러한 이자가 포기될 수 없음에 관하여 별도의 명시가 없는 한, 추심은행은 지급인이 이자지급을 거절하는 경우라도 그러한 이자를 추심하지 않은 채 서류를 지시조건에 따라 인도할 수 있다(URC 522 제20조 a항).

2) 이자가 포기될 수 없음을 명시하고 있는 경우

추심지시서에 '이자가 포기될 수 없음(Interest may not be waived)'을 명확하게 기재하고 있으나 지급인이 그러한 이자의 지급을 거절한 경우, 추심은행은 서류를 인도하지 않으며 그 결과에 대해서도 책임을 지지 않는다.

위의 어느 경우든지 간에 이자의 지급이 거절된 때에는, 추심은행은 전신 또는 기타의 신속한 수단으로 지체 없이 추심의뢰은행에 통지하여야 한다(URC 522 제20조 c항 3호).

다. 대금결제방법

1) 지급지연의 발생 방지

추심은행은 수입자로부터 영수한 추심금액을 추심지시서에서 정한 방법에 따라 추심의뢰은행 앞으로 지급하여야 하며, 지급통지서에는 공제한 수수료, 지출금 및 비용 등을 표시하여야 한다. 추심은행은 D/P, D/A 대금결제 후 추심대금을 즉시 송금함으로써 송금 지연에 따른 지연이자가 발생치 않도록 주의하여야 한다.

2) 대금의 송금방법

추심대금의 송금방법은 대개 SWIFT를 이용하게 된다. 추심의뢰은행이 추심은행의 예치환거래은행인 경우에는 차기수권서(Debit Authorization)를 발송하여 지급하고, 무예치환거래은행인 경우에는 제3의 은행(예치환거래은행)을 통하여 지급지시를 한 후에 대금지급의 사실을 추심의뢰은행 앞으로 통보한다.

4-9 추심대금 미결제시의 조치

인수된 D/A 어음이 만기일까지 결제되지 아니한 경우, 추심은행은 지체 없이 전신 등 가장 신속한 방법으로 추심의뢰은행에 통지하여야 한다. 또한 추심지시서에서 지급거절증서의 작성을 요구한 경우에는 지체 없이 이를 작성하여야 한다. 위와 같은 업무의 처리시에 소요되는 제 경비는 이를 추심의뢰은행에 청구한다.

5. D/P 추심서류의 인도

5-1 추심지시서의 검토

D/A의 경우와 거의 같으므로 여기서는 그 차이점을 위주로 간략히 설명하고자 한다.

가. 추심에 관한 통일규칙 적용문언

우선 추심지시서상에 '추심에 관한 통일규칙'의 적용문언이 있는지의 여부에 대하여 검토한다.

나. D/P 문언

D/P로 간주되는 문구가 있는지를 확인하여야 하며, 만일 D/A인지 D/P인지가 분명하지 않은 경우에는 D/P로 간주한다(URC 522 제7조 b항).

추심서류가 기한부 환어음을 포함하고 있으면서 추심지시서에는 상업서류가 지급과 상환으로 인도되어야 한다고 명시된 경우, 서류는 오직 추심지시서에 따라 지급에 대해서만 인도되어야 한다. 이 경우 추심은행은 서류인도의 지연으로 인하여 발생하는 어떠한 결과에 대해서도 책임을 지지 않는다(URC 522 제7조 c항).

다. 추심대금의 지급방법

추심대금의 지급방법에 관하여 확인하여야 한다. 즉 차기방식인지 또는 송금방식인지를 확인하여 지정된 방식에 따라서 처리하여야 한다.

라. 추심수수료, 전신료 등

추심수수료, 전신료 등의 비용을 누가 부담하는지에 대해 확인하여야 한다. 지급인의 부담일 경우에는 수입상에게 직접 청구하고, 추심의뢰인의 부담일 경우에는 추심대금에서 해당 비용을 공제한 후 지급하는 방식으로 징수한다.

마. 이자부담

D/P 거래의 경우에는 이자문제가 발생하지 않는 것이 원칙이다. 그러나 대금의 결제가 지연되었을 경우 간혹 지연이자의 추심을 요청하는 사례가 있는데, 이때는 지급인에게 청구하여 지급하도록 한다.

바. 추심서류의 양도

추심지시서상에 'assignable' 등의 표시가 있는가를 검토하여야 한다. 추심지시서상의 양도지시에 따라 본래의 어음지급인과 양수인 간에 양도계약이 체결되고 이에 따라 매매계약서가 변경되는 경우에는, 양수인이 D/P 대금을 결제함으로써 추심서류 일체를 인도받을 수 있는 권리를 취득하게 된다. 이와 같이 제3자에게 양도하기 위해서는 추심지시서에 'Consignee XYZ Co. or their assignee' 또는 'assignable' 등의 지시가 있어야 한다.

대개 양도지시를 하는 경우에는 수하인을 수출상의 대리점 명의로 하고 대리점이 선정한 양수인이 결제하도록 하는 것이 일반적이다.

사. 분할지급

추심지시서에 'Partial payment is allowed(acceptable)' 또는 'divisible' 등의 표시가 있는 경우에는, 어음대금의 분할결제가 가능하다. 그러나 어음과 선하증권 등이 비록 여러 장으로 분할되어 있다 하더라도, 추심지시서상에 분할결제에 관한 허용문구가 없으면 분할결제는 금지된다.

추심지시서에서 분할결제를 허용하는 경우 그 처리방법을 살펴보면 다음과 같다.

① 추심서류가 분할 건별로 일정하게 구분되어 있으면, 구분된 서류 단위로 인도한다.

② 추심서류가 한 건으로 작성되어 분리할 수 없는 경우에는 분할결제 해당액에 대하여 수입화물선취보증서를 발행하고, 분할결제되는 수량 · 금액 등을 상업송장에 표기하여 관리한다. 이 경우에도 선하증권 단위로 분할하여야 한다.

③ 선하증권이 하나로 작성되어 있으나 추심의뢰은행을 통하여 선적지의 선박회사가 그들의 대리점인 국내의 선박회사에 대하여 선하증권을 분할할 수 있는

권한을 부여했다는 통고를 받고, 또 이 권한을 위임받은 국내의 선박회사가 분할된 선하증권을 제시했을 때에는, 은행이 보관하고 있는 선하증권과 교환해 주고 분할된 선하증권에 의하여 추심서류를 인도할 수 있다.

아. 예비지급인

추심지시서에 예비지급인이 지정되어 있는가를 확인한다. 예비지급인이 지정되어 있는 경우에는 반드시 그 권한에 대해서도 확인하여야 한다. 만일 예비지급인의 권한에 대한 명확한 지시가 없는 경우 추심은행은 예비지급인의 어떠한 지시에도 따를 의무가 없다.

예비지급인을 지정하고 있는 경우의 기재 예를 보면 다음과 같다.

'In case of need refer to XYZ Co. whose instructions you are authorized to follow without reserve'

5-2 추심서류의 검토

D/A의 경우와 마찬가지로 서류의 종류 및 통수가 추심지시서와 일치하는지를 확인하고, 각 서류의 주요 내용 및 특이사항을 점검한다.

5-3 추심서류의 제시와 대금결제

D/P 서류의 제시는 D/A 서류의 요령과 같다. 다만 D/A에 있어서는 인수를 위한 제시가 있는 데 반해서, D/P에서는 인수를 위한 제시가 없고 바로 지급을 위한 제시가 이루어진다는 점에 차이가 있다. 또한 D/A에 있어서는 수입상의 인수로서 추심서류의 인도가 가능하나, D/P에 있어서는 추심대금의 결제와 동시에 서류를 인도해야 한다는 것이 구별된다.

5-4 추심결과 통지

추심은행은 D/P 대금이 결제되면 추심금액, 수수료 · 지출금 · 비용 등의 공제액, 그 자금의 처분방법 등을 상술한 '지급통지서'를 추심의뢰은행으로 지체 없이 송부하여야 한다(URC 522 제26조 c항).

추심지시서에 '별도의 지시'가 없는 한 지급인에게 추심서류도착통지서를 발송한 날로부터 '상당한 시일'이 경과하도록 지급인이 추심대금을 결제하지 않는 경우에는 그러한 사실(지급거절)을 추심의뢰은행 앞으로 지체 없이 통보해 주어야 한다.

여기서 '별도의 지시'라 함은, 예컨대 'Payment may be deferred until arrival of vessel (or cargo)'와 같이 대금결제가 일정기간 유예된다는 표시가 있는 것을 말하며, 이 경우 화물 도착시까지는 지급거절통지를 할 필요가 없다.

또한 '상당한 시일'과 관련하여 '추심에 관한 통일규칙'에서는 별도의 언급이 없으며, 다만 추심지시서에 개별적으로 그러한 시한을 명시하도록 하고 있을 뿐이다. 따라서 추심지시서에 그러한 시한이 명시되어 있지 않은 경우에는 각 은행의 내규에서 정하는 기한에 지급거절통지를 하면 된다.

만일 지급인이 명시적으로 지급거절의 의사를 표시한 경우에는 추심의뢰은행 앞으로 지체 없이 지급거절통지서를 발송하여야 한다.

지급거절을 통지 받은 추심의뢰은행은 향후의 서류취급에 대한 적절한 지시를 하여야 한다. 만일 통지일로부터 60일 이내에도 추심의뢰은행으로부터의 그러한 지시가 없으면 추심은행은 추심의뢰은행 앞으로 서류를 반송할 수 있다(URC 522 제26조 c항).

5-5 D/P Usance 서류의 인도

'D/P at 60 days after B/L date' 등과 같은 D/P Usance 서류는 반드시 지정된 일자에 인도되어야 한다. 만약 화물이 지정일자 전에 도착하여 어음지급인이 인도를 요구하는 경우에는 추심의뢰은행에 연락하여 수권을 받은 후에 인도하여야 한다. 단순히 'D/P at 60 days'라고 표시하여 기산일이 명확하지 않은 경우에는 추심의뢰은행에 연락하여 분명한 지시를 받은 후에 취급하여야 한다.

이러한 D/P Usance는, 서류의 지급을 위한 제시를 일정한 기간 후에 하라는 것에 불과하고 대금의 지급은 D/P의 성질상 서류의 제시와 동시에 이루어져야 한다.

6. 수입화물선취보증서

D/P, D/A 거래에 있어서의 수입화물선취보증은 신용장거래에 있어서의 수입화물선취보증과는 달리 새로운 신규의 채무가 발생하는 것이므로, 이에 대한 적절한 채권보전조치가 선행되어야 한다.

즉 추심은행은 단지 위임사무를 처리할 뿐 대금지급에 관한 아무런 책임과 의무가 없음에도 불구하고, 수입화물선취보증서를 발급함으로 인하여 추심의뢰인의 화물에 대한 처분권을 훼손하는 셈이 되어 지급인이 결제를 이행하지 않을시 그 손실을 보상하여야 하는 위험에 처하게 되는 것이다.

따라서 D/P, D/A 거래에 있어서의 수입화물선취보증은 전액 수입보증금을 적립하지 않는 한 일반적인 보증서의 발행과 같이 신규의 여신에 준하여 처리되어야 한다.

6-1 D/A 거래하의 수입화물선취보증서

수입상의 수입화물선취보증서 발행 요청에 대하여 추심은행이 반드시 이에 응해야 되는 것은 아니며, 오히려 업체의 신용도 및 거래실적 등을 감안하여 제한적으로 취급되어야 할 것이다. 뿐만 아니라 수입보증금(L/G보증금)을 적립하도록 하는 등의 적절한 채권보전조치도 강구되어야만 한다.

그러나 D/A 거래의 경우에는 기한부 거래라는 특성으로 인하여 수입화물선취보증서의 발급에 따른 수입보증금의 적립이 사실상 곤란할 것이다. 수입보증금을 적립하여야 한다면 더 이상 기한부거래의 실익(대금결제의 유예)을 향유할 수 없게 되기 때문이다.

따라서 D/A 거래의 경우 대부분의 은행에서는 수입보증금을 적립하도록 하지 않고, 이를 동일인 여신한도에 포함하여 해당 여신전결권자의 승인을 득한 후 별도의 여신한도거래약정을 체결하여 운용하도록 하고 있다. 은행에 따라서는 '수입신용장 발행 및 인수대충(기한부신용장발행계정)' 한도를 전용하는 경우도 있으므로, 이는 각 은행의 내규에서 정하는 바에 따라 처리하면 될 것이다.

기타의 업무처리 요령은 신용장방식과 크게 다르지 않으므로, 신용장방식의 수입화물선취보증서를 참조하기 바란다.

6-2 D/P 거래하의 수입화물선취보증서

D/P 거래에서 L/G가 발행되는 사유는 두 가지이다. 하나는 화물이 이미 도착하였으나 추심서류가 도착하지 않은 경우이고, 다른 하나는 서류 원본은 도착하였으나 분할결제를 하고자 하는 경우이다.

추심서류의 미도착으로 인하여 L/G를 발행하는 경우에는 L/G 발행시 수입대금을 징수하여 수입보증금 계정에 적립하여야 한다. 분할결제를 위한 L/G 발행시에는 L/G 발행시 분할분에 대한 수입대금을 징수하여 추심의뢰은행으로 지급하여야 한다.

기타 L/G 발행 신청시의 제출서류 및 업무처리 요령 등은 신용장방식의 수입화물선취보증서 편을 참조하기 바란다.

6-3 L/G 발행에 따른 사후관리

가. 추심서류 원본의 조속한 내도 촉구

추심서류의 미도착으로 인하여 L/G를 발행한 경우에는 사후에 원본이 조속히 도착하도록 조치하여야 한다. 적정시간 내에 도착하지 않을 때에는 수입상에게 연락하여 조속히 서류 원본을 송부하도록 촉구하여야 한다. 간혹 추심의뢰은행 또는 수출상의 착오로 인하여 타 은행으로 서류가 송부되는 경우가 있는데, 이때는 자행 앞으로 서류가 전달될 수 있도록 조치를 요구하여야 한다.

나. D/P 대금의 송금과 D/A 어음의 인수

D/P 서류가 차후에 도착하면 수입상에게 서류도착통지를 한 후, 수입보증금계정에 입금된 수입대금을 인출하여 추심의뢰은행 앞으로 지급하여야 한다. L/G 발행시 예상하지 않았던 수수료 및 비용 등의 청구가 있는 경우에는 이를 지급인으로부터 징수하여 추심대금과 함께 지급하도록 한다. L/G 발행 후 서류 원본이 도착하였음에도 D/P 대금을 송금하지 않아 추심의뢰은행이 이자를 청구하여 오는 예가 있으므로 주의를 요한다.

D/A의 경우에는 인수절차를 밟도록 하고 인수와 동시에 추심의뢰은행에 통지한다.

다. L/G가 발행된 D/A 어음의 만기일 기산방법

일자후정기출급어음(Time Date Draft)은 어음지급인의 인수와 관계없이 선적일자(On Board Date) 또는 어음의 발행일자 등으로부터 기산하여 만기일을 산정하며, 일람후정기출급어음(at Sight Draft)의 경우에는 L/G 발행에 관계없이 어음인수일자를 기준으로 만기일을 확정한다. 어음의 인수일자란 추심은행이 어음지급인에게 환어음을 제시하여 어음지급인이 당해 환어음을 일람한 후 인수의 뜻을 표시한 시점을 말한다.

라. L/G의 회수

추심서류가 도착하면 선하증권 원본을 운송회사에 송부하고, 기발행된 L/G를 회수하여야 한다. 이를 'L/G Redemption'이라고 한다.

7. 거절증서

7-1 거절증서의 개요

거절증서라 함은 어음의 형식적 소구요건인 인수거절 또는 지급거절의 사실을 증명하는 공정증서를 말하며, 공증인이나 집달관에 의해 작성된다. 거절증서를 작성하는 목적은 수출상인 어음발행인이 수입상에게 상품대금청구를 위한 소송 제기시 부도사실에 대한 확정적인 증거로서 사용하기 위함이다.

거절증서에는 인수거절시에 작성되는 인수거절증서와 지급거절시에 작성되는 지급거절증서의 2종이 있다. 이와 같은 거절증서는 추심지시서에 그 작성을 지시하고 있는 경우에만 작성하면 되는 것이며, 추심지시서에 이에 관한 명확한 지시가 없으면 추심은행은 거절증서를 작성하여야 할 의무를 지지 아니한다. 또한 거절증서의 작성에 따른 수수료 등의 비용은 추심지시서에 별도의 명시가 없는 한 추심의뢰인(수출상)의 부담으로 한다(URC 522 제24조).

추심지시서에 의해 거절증서의 작성을 요청받은 경우 추심은행은 법에서 정한 기한 내에 거절증서를 작성함으로써, 수출상의 정당한 권리행사에 지장을 초래하지 않도록 신의성실의 의무를 다하여야 한다.

7-2 거절증서의 작성요령

거절증서는 공증인 또는 집달관이 작성할 수 있게 되어 있으나, 실무상 집달관은 작성하지 않으므로 공증인이 작성하게 된다.

거절증서의 작성시에는 다음과 같은 요건을 갖추어야 한다.

가. D/A 어음의 인수거절증서

D/A 어음의 '인수거절증서'를 작성하기 위해서는 먼저 D/A 어음의 인수를 위한 제시가 이루어져야 한다. 환어음의 소지인 또는 점유자는 만기일에 이르기까지 인수를 위하여 지급인에게 어음을 제시할 수 있다. 그러나 만기일을 확정할 수 없는 '일람후 정기출급' 어음의 인수제시기간은 어음발행일로부터 1년 이내이다(어음법 제23조). 인수거절증서는 반드시 인수제시기간 내에 작성되어야 하며, 인수거절 즉시 작성하는 것이 원칙이다.

나. D/P, D/A 어음의 지급거절증서

D/P, D/A 어음의 '지급거절증서'를 작성하기 위해서는 먼저 D/P, D/A 어음의 지급을 위한 제시가 이루어져야 한다. D/P 어음의 지급제시기간은 발행일로부터 1년 이내이며, D/A 어음의 지급제시기간은 만기일 또는 그에 이은 2거래일 이내이다(어음법 제38조). 지급거절증서는 반드시 지급제시기간 내에 작성되어야 하며, 지급거절 즉시 작성하는 것이 원칙이다.

D/P 어음의 지급거절증서는 지급거절 즉시 작성하도록 하고, D/A 어음의 지급거절증서는 만기일에 이은 2영업일 이내에 작성되어야 한다.

지급거절증서는 작성기간이 극히 단시일로 제한되어 있기 때문에 만기에 결제가 이루어지지 않은 경우에는 바로 그 다음날 공증인사무소에 지급거절증서의 작성을 의뢰하여야 한다. 특히 D/A 어음의 경우에는 지급거절증서의 작성 시한이 만기일에 이은 2거래일 이내이므로 기한을 경과하지 않도록 각별히 유의하여야 한다.

다. 거절증서 작성시 제출서류

거절증서를 작성하기 위해서는 공증인에게 다음의 서류를 제출하여야 한다.

① 지급거절 또는 인수거절된 어음

② 추심은행 등기부등본

③ 은행장 또는 지배인의 위임장

④ 기타 필요한 서류

◀ 예시 2-3-5 ▶ 거절증서

거 절 증 서	
거절자의 성명 또는 명칭	○○○주식회사
피거절자의 성명 또는 명칭	American ××× Co.
거절자에 대하여 청구를 한 뜻 및 거절자가 그 청구에 응하지 아니하였거나 거절자와 면회할 수 없었던 것 또는 청구를 할 장소를 알 수 없었던 뜻	거절자가 그 청구에 응하지 아니함
청구를 하였거나 이를 할 수 없었던 장소 및 연월일	서울특별시 종로구 삼청동 28-1 한국협회은행본점 서기 20××년 10월 5일
거절증서작성의 장소 및 연월일	서울특별시 중구 태평로 2가 120 ABC공증인합동사무소 서기 20××년 10월 6일
법정 장소 이외의 지역에서 거절증서를 작성하는 때에는 거절자가 이를 승낙한 것	승낙하였음
지급인이 어음법 제24조 1항 전단의 규정에 의하여 제2의 제시를 할 것을 청구한 때에는 그 뜻	서기 20XX년 10월 20일내로 지불하겠음

서기 20XX년 10월 6일

서울특별시 중구 태평로 2가 120

서울지방검찰청소속

공증인

성명 ㊞

7-3 거절증서의 기재사항과 작성방법

거절증서에는 거절증서령 제3조에 의하여 다음 사항이 기재되어야 한다.

① 거절자 및 피거절자의 성명이나 명칭

② '거절자에 대하여 청구한 뜻' 및 '거절자가 그 청구에 응하지 아니하였거나 거절자와 면회를 할 수 없었던 것' 또는 '청구를 할 장소를 알 수 없었던 뜻'

③ 청구를 하였거나 이를 할 수 없었던 장소 및 연월일

④ 거절증서 작성의 장소 및 연월일

⑤ 법정장소 이외의 곳에서 거절증서를 작성하는 때에는 거절자가 이를 승낙한 것

⑥ 지급인이 어음법 제24조 제1항 전단의 규정에 의하여 제2의 제시를 할 것을 청구한 때에는 그 뜻

거절증서의 작성방법은 다음과 같다.

① 거절증서는 어음이나 또는 이에 결합된 부전에 기재하여 작성한다.

② 거절증서를 어음 자체에 작성할 때에는 뒷쪽 배서에 이어 작성하여야 하며, 부전에 작성할 때에는 공증인 또는 집달리가 그 접목에 간인을 하여야 한다.

추심은행이 거절증서를 작성하였을 때에는 거절증서 작성일에 이은 4거래일 이내에 배서인과 발행인에 대하여 동 사실을 통지하도록 되어 있으므로, 거절증서의 작성 즉시 추심의뢰은행에 동 사실을 통지하여야 한다(어음법 제45조 제1항).

8. 무환인도, 공매, 재선적

8-1 추심서류의 무환인도

'무환인도(Free of Payment)'란 추심의뢰은행의 요청에 따라 추심의뢰를 해제하고 무상으로 수입상에게 추심서류를 인도하는 것을 말한다. 이는 소액의 추심대금을 추심의뢰인이 이미 송금방식 등에 의하여 수취한 경우 등에 활용된다. 추심서류를 무환으로 인도할 때에는 반드시 추심의뢰은행으로부터 무환인도에 관한 별도의 수권을 받아야 하며, 수입상으로부터 '추심서류수취증'을 징구한 후에 인도하여야 한다.

추심의뢰은행의 무환인도 수권과 관련한 전문의 기재 예는 다음과 같다.

> "Our collection Ref. No.12345 for USD 10,000 accountee ABC Co., Ltd. Seoul, Korea. Please deliver above documents against free of payment to the accountee. Best regards."

8-2 D/P, D/A 화물의 공매

추심어음의 지급거절 또는 인수거절로 인하여 화물이 일정기간 내에 수입통관되지 아니하는 경우, 당해 수입화물은 '장치기간경과물품'으로 분류되어 매각처분의 대상이 된다. 법정 장치기간은 보세구역의 종류별로 상이하나, 보세창고의 경우에는 반입일로부터 1년이 경과(1년의 범위 안에서 연장가능)하게 되면 장치기간경과물품으로 분류되며, 이러한 장치기간경과물품은 세관장의 반출통고일로부터 1개월 이내에 반출되지 않으면 매각처분의 대상이 된다.

수입체화물의 매각은 일반경쟁입찰 · 지명경쟁입찰 · 수의계약 · 경매 · 위탁판매 등에 의하여 이루어지며, 매각대금은 매각비용 · 관세 · 기타제세 · 창고료 · 보험료 등에 먼저 충당되고, 그 잔여 금액을 지급받게 된다. 매각되지 아니한 물품에 대해서는 즉시 반출할 것을 통고받게 되며, 그 통고일로부터 1개월 이내에도 반출되지 않는 경우에는 소유권을 포기한 것으로 보고 이를 국고에 귀속시키게 된다.

지급거절 또는 인수거절된 물품에 대하여 추심의뢰인이 공매를 원하는 경우에는, 추심의뢰은행에서 내도한 공매요청서류를 첨부하여 관할 세관에 공매요청을 하여야 한다. 공매 후에는 세관으로부터 지급받은 금액에서 추심은행의 소요경비를 제한 잔액을 추심의뢰은행 앞으로 지급하면 된다.

8-3 D/P, D/A 화물의 재선적

수입상이 추심어음을 인수 또는 지급하지 않음으로 인하여 D/P, D/A 화물이 보세창고에 장기간 체화되는 경우로서, 수출상이 공매하기를 원하지도 않고 제3자에게 전매도 불가능한 경우에는 화물을 반송할 수 밖에 없게 된다.

재선적은 대부분 수출상이 국내의 대리점을 통하여 진행하는 것이 일반적이나, 간혹 대리점이 없을 경우 추심은행에 재선적을 의뢰하는 사례가 있다. 이때에는 통관업자에게 재선적 업무를 위임하고 여기에 소요되는 경비는 추심의뢰은행에 청구하여 송금받으면 된다.

제 4 절

보증신용장과 청구보증(DG)

1. 보증신용장

1-1 보증신용장의 의의

'보증신용장(Standby Letter of Credit)'이란, 무역외거래(여행 · 운수 · 보험 · 건설 · 용역 · 금융 · 투자 등)의 결제 또는 금융의 담보 또는 각종 채무이행의 보증을 그 주된 목적으로 하여 발행되는 신용장을 말한다. 일반적으로 국내기업의 해외 현지법인이 현지금융을 받고자 할 때 그 담보용으로 이용되거나, 또는 계약이행보증, 선수금 환급보증 등의 용도로 활용되고 있다.

'화환신용장(Documentary Credit)'이 상품대금의 결제를 그 주된 목적으로 하는 '지급수단'임에 비하여, 보증신용장은 주로 무역외거래 및 자본거래 등에 대한 '보증수단'으로 사용된다는 점에서 양자의 차이가 있다고 하겠다.

보증신용장도 화환신용장(상업신용장)과 마찬가지로 기본적으로는 'UCP 600(The Uniform Customs and Practice for Documentary Credit, 2007 Revision, ICC Publication No. 600)'의 적용을 받는다. 그러나 이러한 신용장통일규칙은 근본적으로 화환신용장(상업신용장)을 위한 목적으로 만들어진 규칙이므로, 복잡하고 다양한 형태의 'Standby L/C'에는 그 적용이 적절하지 않고 또한 완전하게 적용할 수도 없다는 문제점을 지니고 있다. 따라서 'Standby L/C'에 관한 별도의 구체적인 규칙이 필요하게 되었고, 이에 따라 제정된 규칙이 '스탠바이신용장통일규칙(ISP 98: International Standby Practice 1998, ICC Publication No. 590)'이다.

☞ UN국제상거래법위원회(UNCITRAL)에서 제정한 'UN Convention on Independent Guarantee and Standby Letter of Credit(1995)'도 준거규칙으로 활용될 수 있음.

1-2 보증신용장과 보증서의 비교

'보증서(Letter of Guarantee)'는 주채무에 종속이 되는 채무인 데 반하여, 보증신용장은 주채무와는 별개의 독립된 채무이다. 보증서를 발행한 보증인은 주채무자가 채무를 이행하지 못하는 경우에 한하여 2차적으로 보충적인 책임을 지지만, 보증신용장의 개설은행은 신용장의 조건과 문면상 일치하는 서류의 제시에 대하여 원인계약과는 관계없이 그 대금을 지급하여야 하는 1차적이고 독립적인 채무를 부담한다.

보증서는 원인계약과의 부종성이 강하여 보증신용장과는 달리 독립 · 추상성을 인정받지 못하는 것이 일반적이며, 이로 인하여 부당청구 및 지급거부 등과 같은 분쟁발생의 소지를 안고 있다. 따라서 요즘에는 종래의 이러한 일반 보증서의 약점을 보충하기 위하여, 주채무의 이행여부와는 관계없이 문면상 보증서 조건에 일치하는 채권자(수익자) 측의 청구에 대하여 무조건 지급을 약속하는 은행보증서(BG: Bank Guarantee)가 널리 이용되고 있는데, 이를 '청구보증(DG: Demand Guarantee)' 또는 '요구불보증' 또는 '독립보증(Independent Guarantee)'이라고 부른다. 이러한 청구보증(DG)은 보증신용장과 동일한 성질을 지니고 있으며, 실무적으로도 별도의 구분없이 혼용되고 있는 실정이다.

1-3 보증신용장의 유형

가. Bid Standby (입찰보증)

개설의뢰인이 입찰에 응하여 낙찰될 경우 본 계약을 체결할 것임을 보장함과 동시에, 계약을 체결하지 않음으로 인하여 수익자가 입을 수 있는 손실을 보상하기 위하여 사용되는 보증신용장을 말한다.

나. Performance Standby (이행보증)

기초거래(원인계약)의 의무이행을 보장하고, 개설의뢰인이 계약상의 의무를 이행하지 않음으로 인하여 발생할 수 있는 손실을 보상하기 위하여 사용되는 보증신용장을 말한다.

다. Advance Payment Standby (선수금보증)

개설의뢰인이 수익자로부터 받은 선수금에 대하여 그 계약의 이행을 보장하고, 또한 계약 불이행시의 선수금 반환을 보장할 목적으로 사용되는 보증신용장을 말한다.

라. Retention Standby (유보금보증)

기성고에 따른 공사비 지급 방식과 같이 계약 이행의 단계별로 대금의 지급이 이루어지는 경우에, 발주자(Buyer)는 각 기성 단계별로 그 대금 중의 일부를 시공자(Seller)의 완공(이행)불능위험에 대비하여 유보금(Retention Money)으로 적립하는 관행이 있는데, 이와 같은 경우에 그러한 유보금을 공제하지 않고 기성 대금을 지급받기 위하여 사용되는 보증신용장을 말한다.

마. Warranty Standby (하자보증)

공사완공 또는 기계 · 설비 등의 수출 완료 후 일정기간 동안의 하자보수 책임을 보장함과 동시에, 개설의뢰인이 그 의무를 이행하지 않음으로 인하여 발생할 수 있는 손실 및 하자보수비용을 보상하기 위하여 사용되는 보증신용장을 말한다.

바. Counter Standby (구상보증)

수익자가 당해 신용장상의 지시에 따라 제2차의 다른 신용장(또는 보증서)을 발행함에 있어 부담하여야 하는 채무를 담보할 목적으로 사용되는 보증신용장을 말한다. (Reissue 용)

사. Financial Standby (금융보증)

차입금의 상환을 보장하기 위한 수단으로 사용되는 보증신용장을 말한다. 즉, 여신거래의 담보용으로 제공하기 위한 보증신용장이다.

아. Commercial Standby (상업보증)

계약에 의해 미리 정해진 방법(사후송금, OA 등)대로 대금이 지급되지 않았을 때를 대비하여, 당해 상품 또는 서비스의 대금지급을 2차적으로 보장할 목적으로 사용되는 보증신용장을 말한다.

자. Insurance Standby (보험보증)

개설의뢰인의 보험 또는 재보험 의무를 보장하기 위하여 사용되는 보증신용장을 말한다.

차. Direct Pay Standby (직불보증)

대금지급의 1차적인 수단, 즉 지급수단의 목적으로 발행되는 보증신용장을 말하며, 계약불이행 또는 미지급 등의 'Default' 사실과 연결될 수도 있고 연결되지 않은 채로 사용될 수도 있다.

참고 국내에서 보증신용장이 주로 활용되는 예를 살펴보면 다음과 같다.

■ 현지금융 관련 보증

우리나라 기업의 해외지점 또는 현지법인이, 현지의 금융기관으로부터 영업활동과 관련한 운전자금 및 시설자금을 차입하고자 하거나 또는 수출입거래와 관련한 신용장 개설 등의 보증을 제공받고자 할 때, 국내의 모기업이 현지법인 등의 그러한 현지금융 채무를 담보할 목적으로 보증신용장을 활용한다.

■ 해외건설 등 관련 보증

우리나라의 기업이 해외에서 수행하는 건설 · 토목공사, 기계 · 장치 · 산업설비 · 플랜트수출, 선박 · 항공기 · 철도차량 등의 수출, 기타 해외용역사업 등에 따른 입찰보증, 이행보증, 선수금보증, 하자보증 등을 목적으로 보증신용장이 활용된다.

■ 수출선수금환급보증

선대신용장 또는 사전송금에 의해 미리 수취한 수출선수금과 관련하여, 계약 물품을 선적하지 못할 경우 당해 선수금의 반환을 담보하기 위하여 보증신용장을 활용한다.

■ 상업보증

OA(Open Account) 거래와 같은 사후송금방식의 무역거래 등과 관련하여, 수입상이 물품만 받고 그 대금을 송금하지 않을 경우에 대비하여 수입상의 대금지급 의무 이행을 보장할 목적으로 보증신용장이 활용된다.

1-4 보증신용장의 개설 및 결제

가. 보증신용장 개설시 징구서류

보증신용장을 개설하고자 하는 경우에는 먼저 개설의뢰인의 신용도 및 담보제공 여부 등을 고려하여 적절한 여신한도를 산정한 후, '화환신용장 개설약정'과는 별도의 '보증신용장 개설약정'을 체결하여야 한다. 또한 보증신용장의 개설은 대외지급보증의 일종이므로 외국환거래법에 따른 인정된 거래임을 확인한 후 취급하여야 하며, 만약 당해 거래가 외국환거래규정에 의한 신고등의 대상인 경우에는 먼저 그러한 신고등의 절차를 이행하도록 한 후 처리하여야 한다(관련법규: 외국환거래규정 제2-8조, 제7-17조~제7-19조).

보증신용장의 개설시 징구하여야 하는 서류는 대개 다음과 같다.

① 여신거래약정서 및 외국환거래약정서 등의 약정서류 일체

② 근보증서 및 근저당권설정계약서 등의 담보취득 관련 채권서류 일체(필요시)

③ 외화지급보증서발행신청서

④ 보증채무의 원인이 되는 기초거래 관련 계약서 등

⑤ 외국환거래규정에 의한 신고등의 대상 거래인 경우 그 신고필증 등

참고 **대외 보증관련 실무 유의사항**

보증신용장 또는 청구보증 등의 대외 보증업무 처리 시에는 사전에 외국환거래 관련 법규에 따른 신고등의 절차적 제한 규정을 준수하여야 하나, 간혹 이를 간과하여 사후적으로 민 · 형사상의 사고로

비화되는 사례가 산견되고 있음. Standby나 Guarantee 등의 대외 보증업무 취급 시에는, 사전에 반드시 외국환거래규정상의 관련 조문을 숙독한 후 해당 거래가 신고등의 대상 거래인지의 여부를 점검한 후 처리하여야 함. 외국환거래규정 상의 관련 조항은 다음과 같음. ①제2-8조(외국환은행의 보증관련 신고불요 거래 및 한국은행 신고 대상 거래), ②제7-17조(채무의 보증계약관련 신고불요 대상 거래), ③제7-18조(채무의 보증계약관련 외국환은행 신고 대상 거래), ④제7-19조(채무의 보증계약관련 한국은행 신고 대상 거래).

나. 보증신용장의 문언

보증신용장은 보증의 내용에 따라 그에 적합한 각기 다른 보증문언을 사용하여야 한다. 일반적으로는, 지급청구시 환어음이나 지급청구서(Demand for Payment)와 함께 당해 지급청구의 근거가 되는 불이행증명서(Certificate of Default) 또는 청구사유진술서(Statement of Drawing Event) 등의 서류를 제시하면 그 대금을 지급하겠다는 문언과, 'ISP 98' 또는 'UCP 600'의 적용을 받는다는 준거문언이 공통적으로 기재되고 있다.

다. 보증신용장의 결제

개설은행(Issuer)은 유효기간 이내에 신용장의 제 조건과 문면상 일치하는 서류가 제시되면, 원인계약의 이행 유무와는 관계없이 그 대금을 지급하여야 한다. 다만, 수익자의 명백한 사기적 청구가 있는 경우에는 그 대금지급을 거절할 수도 있다.

참고 Financial Standby 개설시의 Expiry Date 설정

실무적으로 보증신용장의 유효기일은 수익자의 지급청구 소요 기간을 고려하여 통상 기초계약의 Expiry Event 일자로부터 5~10일을 가산하여 설정하는 것이 일반적이다. Financial Standby를 담보로 1년 만기의 대출이 추진되는 경우, 대출 취급은행(수익자)은 개설은행에 Standby 유효기일을 '1년 + (5~10일)'로 요청하여야 하며, 만일 Standby 유효기일이 1년으로 설정되었다면 대출기간을 '1년 – (5~10일)'로 단축 실행하여야 한다. 행여 부득이한 사유로 Standby 유효기일과 대출만기가 동일하게 취급되었다면, 대출 취급은행(수익자)은 유효기일 이전에 'Extend or Pay' Rule(ISP 98 제3.09조, URDG 758 제23조 참고)에 따른 선택부 지급청구를 통해 그 흠결을 치유하여야 한다.

◀ 예시 2-4-1 ▶ 현지금융 담보용 Standby L/C

Financial Standby

Advisor: XYZ Bank, Chicago, IL USA
Issuer: Korea Institute Bank, Hanguk Banking Center, Seoul Korea
Applicant: ABC Corp., Samsung-Ro 151, Kangnam-Gu, Seoul Korea
Borrower: ABC-America Corp., 201 E Randolph St, Chicago, IL 60602 USA
Beneficiary: XYZ Bank Willis Branch, 233 S Wacker Dr, Chicago, IL 60606 USA
Amount: USD 1,000,000
Issuing Date: February 05, 2XX4
Expiry Date: February 10, 2XX5
Standby Letter of Credit No.: M42012402XD12345

We, Korea Institute Bank Hanguk Banking Center, have been informed that ABC-America Corp. (hereinafter called the "Borrower") is to enter into a loan agreement (hereinafter called the "Agreement") with you, XYZ Bank Willis Branch (hereinafter called the "Beneficiary"). Furthermore, we understand that a Financial Standby Letter of Credit is required to enter into the aforesaid Agreement.

At the request of and for the account of ABC Corp., the Applicant, we hereby issue this Financial Standby Letter of Credit No. M42012402XD12345 (hereinafter called the "Standby") in favour of you, as a security for your loan to the Borrower for their working funds and purchase of machinery & equipments.

Upon receipt of all documents and drafts in conformity with the terms and conditions of this Standby, we hereby irrevocably and unconditionally undertake to pay you at sight the amount unrepaid to you by the Borrower up to the aggregate amount of USD 1,000,000 (say one million united states dollars only), which shall consist of the unrepaid principal amount and, if any, its accrued interest.

This Standby is available with Korea Institute Bank Hanguk Banking Center Seoul Korea by payment of your draft at sight drawn on us accompanied by the photocopy of original Agreement & slip, and your signed statement certifying that the Borrower has failed to repay you its loan & interest pursuant to the Agreement and specifying the unpaid amount. And the statement should specify the basis for calculating the amount of drawings.

When a repayment is made to you by installment pursuant to the Agreement, the amount of this Standby shall automatically be reduced by the equivalent amount repaid to you. Such repaid amount shall immediately be advised to us from you upon every repayment. If you demand payment to us of the amount larger than the Borrower owes to you under the Agreement, and we subsequently pay to you any excess amount, you shall immediately return such excess amount and, if any, its interest to us.

This Standby shall expire on Feb. 10, 2XX5 (hereinafter called the "Expiry Date") at our counter. Any demand for payment hereunder shall be received by us in writing on or before the Expiry Date, after which this Standby shall automatically become null & void and be cancelled, whether or not it is returned to us.

All documents and drafts shall be dispatched to Korea Institute Bank, International Trade Business Department at Sejong-Ro 1, Jongro-Gu, Seoul Korea.
All banking charges outside the Republic of Korea are for the account of the Beneficiary.
TT reimbursement is not allowed.
Provided that the stipulated documents and drafts are presented to our bank and that they constitute a complying presentation, we shall remit the amount demanded in accordance with your instruction.

This is to inform you that all necessary approvals under the Foreign Exchange Transactions Act and other regulations of the Republic of Korea for the issuance of this Standby have been obtained from the relevant authorities.

This Standby is subject to the International Standby Practices 1998, International Chamber of Commerce Publication No. 590 (hereinafter called the "ISP 98"), and all and any matters under this Standby not addressed by the ISP 98 shall be governed by and construed in accordance with the laws of the Republic of Korea. All and any matters arising out of or related to this Standby and its parties shall be subject to the exclusive jurisdiction of the Seoul Central District Court, Republic of Korea.

◀ 예시 2-4-2 ▶ 선수금환급보증용 Standby L/C

Advance Payment Standby

Advisor: PAKA Bank, Karachi, Pakistan
Issuer: Korea Institute Bank, Hankuk Banking Center, Seoul, Republic of Korea
Applicant: ABC Corporation,
Room No. 6321, Namsan Building 55 Iksun-Dong, Jongro-Gu, Seoul, Korea
Beneficiary: XYZ Ltd., 2-B Danepur Road, Gor-3, Lahore, Pakistan
Amount: USD 276,935.60
Issuing Date: May 13, 20XX
Expiry Date: December 15, 20XX
Standby No. _____

We, Korea Institute Bank Hankuk banking center, have been informed that ABC Corporation (hereinafter called the "applicant") has entered into contract No. AX1234 dated March 04, 20XX (hereinafter called the "contract") with you, XYZ Ltd., 2-B Danepur road, Gor-3, Lahore, Pakistan (hereinafter called the "beneficiary"), for the supply of 3 EBM, 2 IMM and recycling equipment for HDPE bottle & cap making lines.

Furthermore, we understand that, according to the conditions of the contract and the red clause credit No. 0109LC30384 of PAKA Bank, Karachi, Pakistan (hereinafter called the "red clause credit"), an advance payment in the amount of USD 276,935.60(Say in United States dollars two hundred seventy six thousand nine hundred thirty five dollars and sixty cents only) is to be made against an advance payment standby letter of credit.

At the request of the applicant, we issue this standby letter of credit No. _____ in your favor. We hereby irrevocably undertake to pay you up to the aggregate amount of USD 276,935.60(Say in United States dollars two hundred seventy six thousand nine hundred thirty five dollars and sixty cents only) as a security for repayment of advance payment of USD 276,935.60(Say in United States dollars two hundred seventy six thousand nine hundred thirty five dollars and sixty cents only) representing 20 percent of amount of the red clause credit for USD 1,384,678(Say in United States dollars one million three hundred eighty four thousand six hundred seventy eight dollars only).

This standby letter of credit is payable against presentation of beneficiary's draft at sight drawn on Korea Institute Bank, Seoul accompanied by beneficiary's signed statement. The statement shall state:

(i) that the applicant has failed to perform its obligations under the contract No. AX1234 dated March 04, 20XX and the red clause credit No. 0109LC30384 of PAKA Bank, Karachi; and
(ii) the respects of such failure; and
(iii) that the applicant had one month's notice to cure such failure before beneficiary makes a demand under this standby letter of credit; and
(iv) that the amount of drawing represents the extent of the applicant's liability to repay the advance payment.

When a payment is made to you under this standby letter of credit or a repayment of the advance payment is made to you by the applicant, the amount under this standby letter of credit shall automatically be reduced by the same amount paid to you.

This standby letter of credit shall become effective on the condition that the aforesaid advance payment has been received by the applicant under the red clause credit.

This standby letter of credit shall expire on December 15, 20XX (hereinafter called the "expiry date") at our counter. Any demand for payment hereunder shall be received by us on or before the expiry date, after which this standby letter of credit shall automatically become null and void and be cancelled, whether or not it is returned to us.

All documents shall be dispatched to Korea Institute Bank, International trade business department at 54, Cheonggyecheon-ro, Jung-gu, Seoul 100-200, Republic of Korea.

All banking charges outside the Republic of Korea are for account of the beneficiary.

This standby letter of credit is subject to the International Standby Practices 1998, International Chamber of Commerce Publication No. 590 (hereinaftercalled the "ISP 98"), and all and any matters under this standby letter of credit not addressed by ISP 98 shall be governed by and construed in accordance with the laws of the Republic of Korea. All and any matters arising out of or related to this standby letter of credit and its parties shall be subject to the exclusive jurisdiction of the Seoul Central District Court, Republic of Korea.

2. 청구보증(Demand Guarantee)

2-1 청구보증(Demand Guarantee)의 의의

'청구보증(Demand Guarantee)'은 일반 보증서와는 달리, 주채무자의 채무불이행 시 보충적으로 2차적 책임을 지는 것이 아니고 주채무자와는 독립된 1차적 책임을 부담하는 보증을 말한다. 보증서의 외형만 지니고 있을 뿐 그 내용과 성격 면에서는 앞서 설명한 'Standby L/C'와 같다고 볼 수 있다.

다시 말하면, 청구보증의 보증인(Guarantor)은 수익자(채권자)가 문면상 보증의 조건과 일치하는 지급청구서 및 보증서에 명시된 기타의 서류들을 제시하는 경우에, 주채무자의 실질적인 채무불이행 여부와는 관계없이 보증서에 기재된 금액을 지급하여야 할 의무를 부담하게 된다.

청구보증(DG)은 '요구불보증' 또는 '독립보증'이라고도 하며, 이러한 청구보증에 관한 국제규칙으로는 ICC(국제상업회의소)에 의해 1992년에 제정된 '청구보증통일규칙(URDG 458)'이 있는데, 이 규칙은 그후 한 차례의 개정작업을 거쳐 2010년 7월 1일부터는 'URDG 758(Uniform Rules for Demand Guarantee, 2010 Revision, ICC Pub. No. 758)'이 발효 중에 있다. [참고 해설서: Guide to URDG 758, ICC Pub. No. 702] [국제표준 청구보증관행(ISDGP 814) : International Standard Demand Guarantee Practice for URDG 758, 2021, ICC Pub. No. 814]

참고 UN국제상거래법위원회(UNCITRAL)에서 제정한 'UN Convention on Independent Guarantee and Standby Letter of Credit(1995)'도 준거규칙으로 활용될 수 있음.

참고적으로 일반 계약보증에 관한 국제규칙으로는 ICC에 의해 1978년에 제정된 '계약보증통일규칙(URCG 325: Uniform Rules for Contract Guarantee, ICC Pub. No. 325)'과 1993년에 제정된 '일반보증통일규칙(URCB 524: Uniform Rules for Contract Bonds, ICC Pub. No. 524)' 등이 있다.

2-2 보증의 방법

가. 직접보증(3자 보증)

직접보증에는 다음과 같은 3 당사자가 개재되며, 직접보증의 구조는 다음과 같다.

1) 지시당사자(Instructing Party)

보증인에게 보증서의 발행을 지시하고 그 배상(Indemnifying) 책임을 지는 자를 말한다. 대개는 원인계약(기초거래)상의 주채무자인 보증의뢰인(Applicant)이 곧 지시당사자가 되는 것이 일반적이지만, 양자가 동일인이 아닐 수도 있다.

참고 보증의뢰인(Applicant)이란, 원인계약상의 채무자 또는 의무(Obligation) 부담자로서 당해 보증서상에 'Applicant'로 명시된 자를 말한다.

2) 보증인(Guarantor)

지시당사자(Instructing Party)의 요청에 의하거나 자신의 계산으로 보증서를 발행하는 자를 말하며, 보증인은 통상 지시당사자(보증의뢰인)의 거래은행으로 그와 동일한 국가에 소재하는 것이 일반적이다.

3) 수익자(Beneficiary)

보증의 혜택을 받는 자, 즉 원인계약(기초거래)상의 채권자를 말한다.

직접보증(3자 보증)의 구조

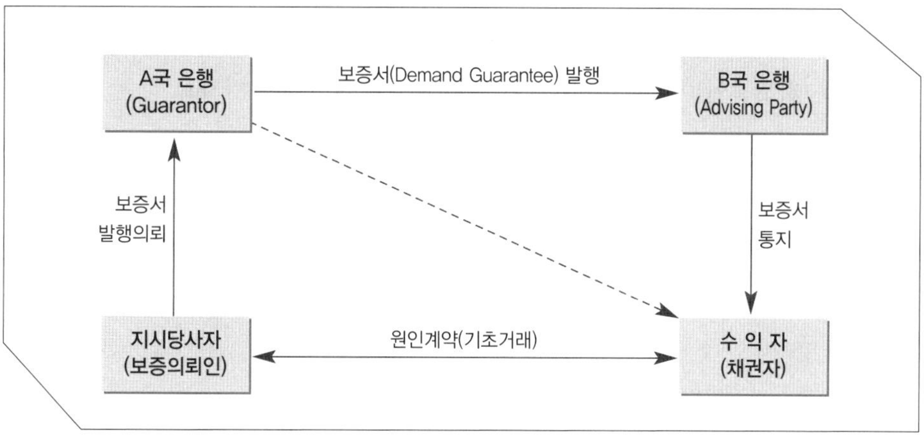

나. 간접보증(4자 보증)

지시당사자(보증의뢰인)의 요청에 의하여 그 거래은행이 수익자 소재지의 은행 앞으로 구상보증(Counter Guarantee)을 발행하면, 수익자 소재지의 은행이 이를 근거로 스스로 보증인이 되어 수익자에게 최종 보증서(Demand Guarantee)를 발행하는 형태를 말한다.

여기에서 제1차 보증서를 발행하는 은행을 구상보증인(Counter Guarantor)이라 하며, 수익자 앞으로 제2차 보증서를 발행하는 은행을 보증인(Guarantor)이라고 한다. 참고적으로 구상보증(Counter Guarantee)이라 함은, 구상보증인(보증의뢰은행)이 보증인의 상환청구권을 담보할 목적으로 발행하는 1차 보증서를 말하며, 보증인은 곧 당해 구상보증의 수익자가 된다.

간접보증의 경우에는 다음과 같은 4 당사자가 개재되며, 간접보증의 구조는 다음과 같다.

1) 지시당사자(Instructing Party)

원인계약(기초거래)상의 채무이행을 담보하기 위하여, 자신의 거래은행(구상보증인)으로 하여금 해외에 소재하는 수익자의 거래은행(보증인)을 통하여 수익자를 위한 보증서가 발행될 수 있도록 보증을 의뢰하는 자를 말한다. 지시당사자는 보통 원인거래의 주채무자 본인이 되는 것이 일반적이나 주채무자를 위하여 행동하는 제3자(Instructing Party ≠ Applicant)가 될 수도 있다.

2) 구상보증인(Counter Guarantor)

다른 은행(보증인)이 원인계약(기초거래)상의 채권자를 수익자로 하는 보증서를 발행할 수 있도록, 동 은행을 수익자로 하는 구상보증서(Counter Guarantee)를 발행하는 은행을 말한다. 구상보증인이 발행하는 Counter Guarantee는 보증인이 수익자에게 Demand Guarantee를 발행함에 따른 보증채무 및 그 상환청구권을 담보하게 된다.

3) 보증인(Guarantor)

자신을 수익자로 하여 발행된 구상보증(Counter Guarantee)에 근거하여 자신 스스로가 보증인이 되어 최종수익자 앞으로 제2차의 보증서(Demand Guarantee)를 발행하는 수익자의 거래은행을 말한다.

4) 수익자

원인계약(기초거래)의 채권자로서 보증의 혜택을 받는 자를 말한다.

간접보증(4자 보증)의 구조

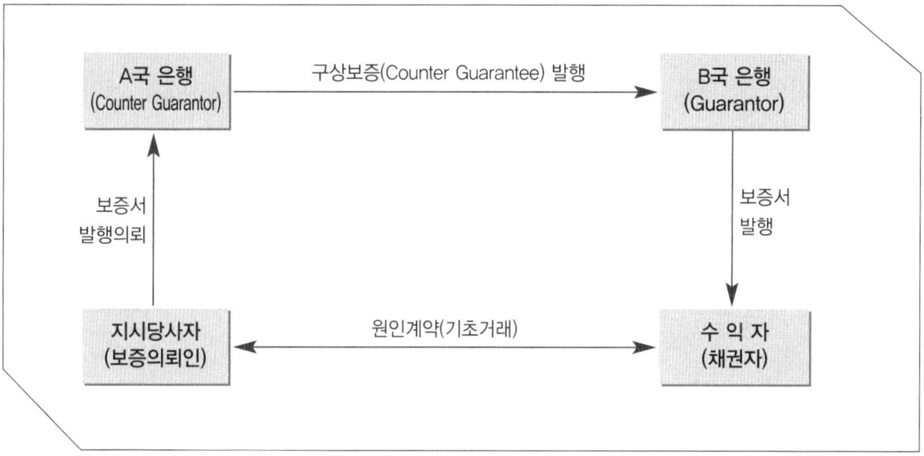

2-3 청구보증의 유형

보증은 계약이행의 어느 단계와 연관되는가에 따라 다음과 같이 나누어 볼 수 있다.

가. 입찰보증(Bid Bond, Tender Guarantee)

발주자가 입찰공고에 의하여 입찰에 응하는 자에게 요구하는 보증이다. 이는 낙찰이 이루어진 후에 당해 낙찰자가 계약체결이나 계약이행에 응하지 않을 위험을 담보하기 위한 보증으로서, 보증금액은 통상 입찰금액의 1~5% 수준이다.

☞ 입찰보증서는 입찰보증금의 납입을 대신하기 위한 보증서이며, 본 계약의 체결과 동시에 이행보증서로 대체되는 것이 일반적임.

나. 이행보증(P-Bond, Performance Guarantee)

계약 체결시에 계약의 확실한 이행을 보장하고 계약불이행시의 손해를 담보하기 위한 보증으로서, 보증금액은 통상 전체 계약금액의 5~15% 정도이다.

☞ 이행보증서는 계약의 시작부터 완성시점까지의 메인 스테이지를 보증하기 위한 보증서임.

다. 선수금보증(AP-Bond, Advance Payment Guarantee)

비교적 거액 계약의 경우에 발주자는 통상 시공자 또는 수출자에게 계약금액의 일정액에 대하여 운영자금조로 선수금을 지급하게 되는데, 이러한 경우 계약 불이행시의 선수금 반환을 담보하기 위하여 사용되는 보증이다. 조선(造船) 업계에서는 이를 흔히 'RG(Refund Guarantee)'라 부르기도 한다.

☞ 선수금을 지불하기에 앞서 선수금보증서의 제출을 요구하는 것이 일반적임.

라. 유보금보증(R-Bond, Retention Money Guarantee)

기성고에 따라 단계별로 대금의 지급이 이루어지는 계약의 경우에, 발주자는 각 기성단계별로 그 대금 중의 일부를 시공자(수출자)의 공사완공불능위험에 대비하여 유보금으로 적립하는 관행이 있는데, 이때에 그러한 유보금을 공제하지 않고 기성대금을 지급받기 위하여 요구되는 보증이다. 유보금은 통상 기성대금의 5~10% 정도이다.

☞ 유보금보증서는 기성고에 따른 공사대금 지급시의 유보금 적립을 대신하기 위한 보증서임.

마. 하자보증(M-Bond, Maintenance Bond, Warranty Guarantee)

공사완공 후 일정기간 동안에 대한 정기점검 및 하자보수 책임을 보장하거나, 또는 기계 · 설비 등을 수출한 후 일정기간 내에 고장이나 하자가 발생하는 경우에 그 보수나 수리 등의 의무이행을 보장하기 위한 용도로 사용되는 보증이다.

☞ 공사완료 직후 이행보증서를 하자보증서로 교체하도록 요구하는 것이 일반적이며, 이는 공사대금의 잔금 지급시 하자보수금 적립을 대신하기 위한 보증서임.

바. 기타의 보증

위의 계약이행 단계에 따른 직접보증 이외에도 실무에서는 '구상보증(Counter Guarantee)', '금융보증(Financial Guarantee)', '지급보증(Payment Guarantee)', 관세보증(Customs Guarantee) 등과 같은 여러 형태의 보증이 다양하게 사용되고 있는데, 'Counter Guarantee'란 제2차 보증서의 발행(Reissue)을 위한 담보용 보증서를 말하며, 'Financial Guarantee'란 차입금의 만기 상환을 보장할 목적으로 여신거래의 담보용으로 제공하기 위한 보증서를 말하고, 'Payment Guarantee'란 물품매매계약이나 서비스공급계약 등과 같은 상거래 계약상의 매수인(수입상)이 그 대금을 지급하지 않는 경우에 매도인(수출상)의 대금회수를 보장할 목적으로 사용되는 보증서를 말한다.

2-4 보증금의 청구

가. 수익자의 지급청구권

보증인이 보증서를 발행하면 수익자와의 관계에서 보증채무관계가 성립하고, 수익자는 원인계약상의 채무자와는 별도로 보증인에 대하여 보증금 청구권을 행사할 수 있게 된다. 즉, 수익자는 보증서의 조건 및 URDG에 일치하는 지급청구(Complying Demand)에 대하여 보증인으로부터 그 지급을 보장받는다. 참고적으로, 보증인의 동의하에 보증서가 양도(Transfer)된 경우에는 그 양수인(Transferee)이 수익자로서의 모든 지위와 권리를 승계받게 되지만, 단순히 보증금채권(Proceeds)을 양수(Assignment)한 양수인(Assignee)은 보증서에 기한 지급청구권을 행사할 수 없다(URDG 758 제12조, 제33조).

나. 보증금의 지급청구

수익자는 보증의 만료(Expiry Date 또는 Expiry Event 중 먼저 도래하는 날)

이전에, 보증서에서 요구하는 서류를 갖추어, 보증서의 발행지나 보증서에 명시된 장소로, 보증서의 조건 및 URDG에 일치하는 지급청구(Complying Demand)를 하여야 한다. 이때에는 반드시 보증인의 참조번호(보증서번호)를 기재하는 등의 방법으로 당해 제시가 어느 보증서 하에서 이루어진 것인지를 명확히 하여야 한다(URDG 758 제14조).

지급청구시에는 보증서에서 특별히 요구하지 않았다 하더라도 지급청구서 외에 '원인계약(Underlying Relationship)과 관련한 보증의뢰인(Applicant)의 의무위반 내용'을 표시하는 수익자의 진술서가 반드시 첨부되어야 한다(URDG 758 제15조). 이러한 수익자의 보강진술(Supporting Statement)은 지급청구서 내에 기재되거나 또는 별도의 서명된 서류에 기재될 수 있다. 다만, 보증서상에 'The supporting statement under URDG 758 article 15[(a)] [(b)] is excluded'와 같은 문구가 기재된 'Simple Demand Guarantee'의 경우에는, 수익자의 채무불이행진술서와 같은 별도의 보강진술서 없이 단지 수익자의 지급청구서만으로도 지급청구가 가능하다.

지급청구시에 필수로 제시되어야 하는 수익자의 보강진술은 일종의 채무불이행 진술서(Statement of Default)라 볼 수 있는데, 여기에는 기본적으로 ① 보증의뢰인이 원인계약이나 입찰조건에 따른 의무를 이행하지 않았다는 것과, ② 보증의뢰인의 구체적인 계약위반 내용에 관한 사항을 담고 있어야 한다. 계약위반에 대한 언급은 예컨대 "낙찰자(Bidder)가 계약에 서명하지 아니하였다(입찰보증)" 또는 "수급인이 프로젝트를 이행하지 아니하였다(이행보증)" 또는 "수입업자가 대금을 지급하지 아니하였다(지급보증)" 등이 될 것이다. 채무불이행의 진술은 수익자의 일방적 선언만으로 이루어지고, 그 구체적 사실에 대한 입증자료는 요구되지 않는 것이 일반적이다.

만약 보증서가 기본계약의 불이행을 증명하는 제3자 작성서류의 제시를 요구하는 경우라면, 수익자는 반드시 제3자가 작성한 그러한 서류를 추가로 제출하여야 한다. 다만 이러한 서류는 결국 보증서에 의한 지급을 원인관계의 유효라든가 이행 여부에 연계시키는 것이기 때문에 보증서의 독립 · 추상성에는 반한다고 하겠다.

다. 지급청구에 대한 심사 및 거절통지

보증인은 수익자의 제시(Presentation)에 대하여 그것이 문면상(On its face)으로 당해 보증서의 제 조건은 물론 URDG 및 국제표준청구보증관행(International Standard Demand Guarantee Practice)에 '일치하는 제시(Complying Presentation)' 인지의 여부를 심사하여, 제시일의 익일로부터 5영업일 이내에 '일치하는 지급청구(Complying Demand)' 인지의 여부를 결정하여야 한다(URDG 758 제19조~제20조).

만일 그러한 지급청구가 '일치하는 지급청구'가 아닌 경우에는, 그러한 지급청구를 거절하거나 또는 자신의 독자적인 판단으로 하자에 대한 권리포기를 위하여 지시당사자와 교섭할 수 있다. 보증인이 지급청구를 거절하고자 하는 경우에는, 제시일의 다음 날로부터 5영업일 이내에, 전신 또는 기타 신속한 방법으로 지체 없이, 지급청구를 거절한다는 사실과 함께 지급청구의 거절 사유가 되는 각각의 불일치 사항을 명시하여, 단 한번의 통지로 모든 것을 통보하여야 한다(URDG 758 제24조).

지시당사자(보증의뢰인)는 문면상 명백하지 않은 사기(Fraud), 위조(Forgery) 또는 기타 하자(Defect)의 주장만으로 보증인으로 하여금 지급을 거절하게 할 수 없다. 보증인이 지급을 거절할 수 있는 경우는 '일치하는 지급청구(Complying Demand)'가 아닌 경우 및 법원의 'Injunction(지급금지명령)'이 있는 경우 등이며, 은행이 알고 있는 명백한 사기행위가 존재하지 않는 이상 지급거절을 행사하지 않는 것이 일반적인 관행이다.

라. 보증인의 의무 및 구상권

보증인은 '지급청구(Demand)' 또는 'Extend or Pay의 선택부 지급청구'를 접수하는 즉시(Without delay) 지시당사자(구상보증의 경우에는 구상보증인)에게 그러한 사실을 통지하여야 하며, 구상보증인 또한 지시당사자에게 그러한 사실을 통지하여야 한다(URDG 758 제16조). 아울러 보증인은 일치하는 지급청구의 사본 및 그 관련서류의 사본을 지체 없이 지시당사자(구상보증의 경우에는 구상보증인)에게 전달하여야 하며, 구상보증인 또한 지체 없이 지시당사자에게 전달하여야 한다. 그러나 그렇다고 하여 구상보증인이나 지시당사자가 그러한 전달이 있을 때까지 지급이나 상환을 보류할 수 있다는 것은 아니다(URDG 758 제22조).

수익자의 청구에 대하여 지급을 행한 보증인(구상보증의 경우에는 구상보증인)은 지시당사자에 대하여 상호 간의 지급보증 약정 관계(외국환거래약정 및 여신거래약정)에 근거한 구상권(상환청구권)을 행사할 수 있으나, 만일 '일치하는 지급청구' 인지의 여부를 제대로 심사하지 않아 불일치한 청구에 대하여 지급이 이루어진 경우에는 지시당사자(보증의뢰인)의 상환이 거절될 수도 있다. 또한 URDG 758 제24조에 규정된 지급거절시의 통지의무와 관련하여 보증인이 중과실로 이를 준수하지 못해 지시당사자(보증의뢰인)에게 손해를 끼친 경우에도 그 상환이 거절될 수 있다.

마. 1차보증은행(구상보증인)과 2차보증은행(보증인)의 관계

간접보증에 있어서 2차은행은 1차은행의 보증서를 근거로 다시 수익자에게 보증서를 발급하는 것이므로, 2차은행은 1차은행에, 1차은행은 지시당사자(보증의뢰인)에게 각각 그 대금의 상환을 청구할 수 있다. 이때 2차은행에 대한 보상의 확약을 위하여 제공되는 보증을 'Counter Guarantee'라고 한다. 이는 구상보증, 역보증, 재보증, 복보증 등의 용어로 다양하게 불리기도 한다.

Counter Guarantee에 의한 2차은행과 1차은행 간의 구상관계는 1차은행과 지시당사자(보증의뢰인) 간의 관계 및 지시당사자(보증의뢰인)와 수익자 간의 관계로부터 도출되는 항변으로부터 독립적이다. 또한 1차은행에 대한 2차은행의 구상청구가 '일치하는 지급청구(Complying Demand)'에 해당하는 한, 수익자의 2차은행에 대한 지급청구 및 그에 대한 지급(Payment)이 정당한 것이었는지의 여부를 불문하고 1차은행은 그 지급을 거절할 수 없다.

2-5 보증금의 지급거절

보증인은 독립적 보증의 특성상 원인계약의 효력이나 계약의 이행 유무 등에 불구하고 수익자의 '일치하는 지급청구(Complying Demand)'에 대하여 지급하여야 한다. 다만 다음과 같은 경우에는 지급을 거절할 수 있다.

가. 불일치하는 지급청구(Non-complying Demand)

보증인은 보증서의 조건(Terms and Conditions)이나 URDG의 규정에 위배되는 '불일치하는 지급청구'에 대하여 지급을 거절할 수 있다. 가령 지급개시일 이전의 지급청구, 유효기일 이후의 지급청구, 수익자 이외의 자에 의한 지급청구, 이용가능한 금액을 초과하는 지급청구, 요구서류의 누락, 제시서류 상호 간의 데이타 충돌(Conflict), 그 밖에 보증서의 조건 또는 URDG의 규정 위반 등에 대하여는 지급을 거절할 수 있다.

그러나 보증인이 이와 같은 '불일치한 지급청구(Non-complying Demand)'에 대하여 지급을 거절하고자 하는 경우에는, 전술한 URDG 758 제24조에 규정된 지급거절시의 통지의무를 반드시 준수하여야 한다.

나. 사기적 청구(Fraudulent Demand)

수익자의 명백한 사기(Manifest Fraud)가 있고, 보증인이 이를 알았을 경우에는 지급을 거절할 수 있다. 그러나 URDG를 준거하는 청구보증은 독립 · 추상성의 원칙이 적용되기 때문에, 이와 같은 지급거절은 사기가 명백한 경우에 한하여 제한적으로 적용되어야 할 것이다.

일반적으로 사기 등에 의한 지급거절은 법원의 'Injunction(지급금지명령)'에 의하는 경우가 대부분이다. 대체로 사기를 이유로 하는 Injunction의 결정에 있어서, 미국 법원은 '수익자에게 害意(Evil Intent)가 있는 경우'와 같이 예외허용의 폭을 넓게 인정하지만, 영국 법원은 독립성을 강하게 인정함으로써 예외허용을 엄격하게 제한하는 경향이 있다. ICC의 중재판정 중에는 원인계약의 무효가 법원의 판결에 의해 확정된 경우에는 보증채무도 소멸한다고 한 사례가 있다. 이 판정은 보증의 독립성을 충분히 고려하지 않았다는 비판을 받고 있지만, 원인계약이 무효가 되었다는 사실을 수익자가 명백히 알았음에도 불구하고 보증채무의 이행을 청구하는 것이 타당한가에 대하여는 여전히 또 다른 논란이 되고 있다.

다. 권리남용적 청구(Abusive Demand)

수익자의 권리남용에 의한 지급청구 및 신의성실의 원칙에 반하는 악의적 청구에 대하여, 지시당사자(보증의뢰인)는 지급의무가 있는 보증인(은행)을 상대로 수익자에 대한 '지급정지가처분' 신청을 할 수가 있는데, 이에 대하여 각국의 법원은 신청인이 그러한 사실을 입증하는 경우에 'Injunction(지급금지명령)'을 허용함으로써, 보증서의 독립 · 추상성을 합리적인 선에서 제한하고 있는 것이 일반적인 경향이다.

◀ 참고 ▶ URDG 758에서 권장하는 보증서 상의 필수 기재사항

1. 보증의뢰인(The applicant)
2. 수익자(The beneficiary)
3. 보증인(The guarantor)
4. 원인 계약서의 참조번호(A reference number or other information identifying the underlying relationship)
5. 보증서 번호(A reference number or other information identifying the issued guarantee or, in the case of a counter guarantee, the issued counter guarantee)
6. 보증금액 및 지급통화(The amount or maximum amount payable and the currency in which it is payable)
7. 보증의 만료(The expiry of the guarantee)
8. 지급청구의 조건(Any terms for demanding payment)
9. 서면제시 또는 전자제시의 여하(Whether a demand or other document shall be presented in paper and/or electronic form)
10. 서류상의 언어(The language of any document specified in the guarantee)
11. 수수료 부담자(The party liable for the payment of any charges)

◀ 예시 2-4-3 ▶ 하자보증용 Demand Guarantee

Warranty Guarantee

Advising Party: PAKA Bank, Karachi, Pakistan
Guarantor: Korea Institute Bank, Hankuk Banking Center, Seoul, Republic of Korea
Instructing Party: ABC Corporation,
Room No. 6321, Namsan Building 55 Iksun-Dong, Jongro-Gu,Seoul, Korea
Beneficiary: XYZ Ltd., 2-B Danepur Road, Gor-3, Lahore, Pakistan
Amount: USD 138,467.80
Issuing Date: December 29, 2019
Expiry Date: January 29, 2021
Guarantee No. _____

We, Korea Institute Bank Hankuk banking center, have been informed that ABC Corporation (hereinafter called the "applicant") has entered into contract No. AX1234 dated March 04, 2019 (hereinafter called the "contract") with you, XYZ Ltd., 2-B Danepur road, Gor-3, Lahore, Pakistan (hereinafter called the "beneficiary"), for the supply of 3 EBM, 2 IMM and recycling equipment for HDPE bottle & cap making lines.

Furthermore, we understand that, according to the conditions of the contract and the documentary credit No. 0109LC30384 of PAKA Bank, Karachi, Pakistan (hereinafter called the "documentary credit"), the applicant is requested to provide the beneficiary with a warranty guarantee.

At the request of the applicant, we issue this warranty guarantee No. _____ in your favor. We hereby irrevocably undertake to pay you up to the aggregate amount of USD 138,467.80 (Say in United States dollars one hundred thirty eight thousand four hundred sixty seven dollars and eighty cents only) representing 10 percent of amount of the documentary credit for USD 1,384,678(Say in United States dollars one million three hundred eighty four thousand six hundred seventy eight dollars only).

This guarantee is payable against presentation of your first demand in writing and your signed written statement stating:

(i) that the applicant is in breach of its obligations under the contract No. AX1234 dated March 04, 2019; and
(ii) the respects in which the applicant is in breach; and
(iii) that the beneficiary has advised to the applicant in writing of the event which has given rise to a claim under this guarantee and the applicant has not instigated any action to correct the situation within one month of such notification.

And the statement must also be accompanied by the copy of letter from the beneficiary to the applicant stating the problem that would give rise to a claim under this guarantee.

This guarantee shall expire on January 29, 2021 (hereinafter called the "expiry date") at our counter. Any demand for payment hereunder shall be received by us on or before the expiry date, after which this guarantee shall automatically become null and void and be cancelled, whether or not it is returned to us.

Multiple demands are prohibited.

All documents shall be dispatched to Korea Institute Bank, International trade business department at 54, Cheonggyecheon-ro, Jung-gu, Seoul 100-200, Republic of Korea.

All banking charges outside the Republic of Korea are for account of the beneficiary.

This guarantee is subject to the Uniform Rules for Demand Guarantees 2010 revision, ICC Publication No. 758

◀ 예시 2-4-4 ▶ ICC Model Form under URDG 758

URDG 758 하에서의
청구보증 및 구상보증에 관한 ICC 표준 통합양식

Form of Demand Guarantee under URDG 758

[Guarantor Letterhead or SWIFT identifier Code]

To: *[Insert name and contact information of the Beneficiary]*

Date: *[Insert date of issue]*

- Type of Guarantee : *[Specify tender guarantee, advance payment guarantee, performance guarantee, payment guarantee, retention money guarantee, warranty guarantee etc.]*
- Guarantee No. *[Insert guarantee reference number]*
- The Guarantor : *[Insert name and address of place of issue, unless indicated in the letterhead]*
- The Applicant : *[Insert name and address]*
- The Beneficiary : *[Insert name and address]*
- The Underlying Relationship : The Applicant's obligation in respect of *[Insert reference number or other information identifying the contract, tender conditions or other relationship between the applicant and the beneficiary on which the guarantee is based]*
- Guarantee Amount and Currency : *[Insert in figures and words the maximum amount payable and the currency in which it is payable]*
- Any document required in support of the demand for payment, apart from the supporting statement that is explicitly required in the text below :
  [Insert any additional document required in support of the demand for payment. If the guarantee requires no documents other than the demand and the supporting statement, keep this space empty or indicate "none"]
- Language of required documents : *[Insert the language of any required document. Documents to be issued by the applicant or the beneficiary shall be in the language of the guarantee unless otherwise indicated herein]*
- Form of presentation : *[Insert paper or electronic form. If paper, indicate mode of delivery. If electronic, indicate the format, the system for data delivery and the electronic address for presentation]*
- Place for presentation : *[Insert address of branch where a paper presentation is to be made or, in the case of an electronic presentation, an electronic address such as the Guarantor's SWIFT address. If no place for presentation is indicated in this field, the Guarantor's place of issue indicated above shall be the place for presentation]*

■ Expiry : *[Insert expiry date or describe expiry event]*

■ The party liable for the payment of any charges : *[Insert the name of the party]*

As Guarantor, we hereby irrevocably undertake to pay the Beneficiary any amount up to the Guarantee Amount upon presentation of the Beneficiary's complying demand, in the form of presentation indicated above, supported by such other documents as may be listed above and in any event by the Beneficiary's statement, whether in the demand itself or in a separate signed document accompanying or identifying the demand, indicating in what respect the Applicant is in breach of its obligations under the Underlying Relationship.

Any demand under this Guarantee must be received by us on or before Expiry at the place for presentation indicated above.

This Guarantee is subject to the Uniform Rules for Demand Guarantees(URDG) 2010 revision, ICC Publication No. 758.

Signature(s) :

Optional clauses to be inserted in the Form of Demand Guarantee

■ Time as from which a demand can be presented if different from the date of issue:

A demand under this guarantee may be presented as from *[indicate date or event, e.g. :]*

- The crediting of *[insert currency and exact amount to be received as advance payment]* to the applicant's account *[indicate account number]* maintained with the guarantor, provided such remittance identifies the guarantee to which it relates;
- The receipt by the guarantee of *[insert currency and exact amount to be received as advance payment]* for further credit to the applicant's account *[indicate account number]* maintained with the guarantor, provided such remittance identifies the guarantee to which it; *or
- The presentation to the guarantor of a statement stating *[the release of the tender guarantee]* *[the issue of a documentary credit fulfilling the following terms : indicate amount, issuing or confirming party and goods/services description]* or *[the entry into effect of the underlying contract]*.

■ Variation of amount clause:

- The Guarantee Amount will be reduced by *[insert percentage of Guarantee Amount or exact amount and currency]* upon *[choose one or more of the options below:]*
  - Presentation to the Guarantor of the following document(s) : *[inset list of documents];*
  - In the case of an index specified in the guarantees as triggering reduction *[insert index figures triggering the reduction in the guarantee Amount;]* or
  - (In the case of a payment guarantee) : the remittance of *[insert exact amount and currency]* to be beneficiary's account *[indicate account number]* held with the guarantor, provided the record of such remittance enables the guarantor to identify the guarantee to which it relates (for example, by referring to the guarantee's reference number).

- The Guarantee Amount will be increased by *[insert percentage or exact amount and currency]* upon *[choose one or more of the options below:]*
  - Presentation to the Guarantor of the following document(s) : *[Insert list of documents];*
  - Presentation to the Guarantor of the Applicant's statement stating that the underlying contract was amended to increase the scope or value of the works and specifying the amount and currency of the new value; or
  - In the case of an index specified in the guarantees as triggering increase *[insert index figure triggering increase in the Guarantee Amount].*

■ Sample terms for article 15(a)'s supporting statement to be provided by the beneficiary:

- In the case of a tender guarantee, the supporting statement could state :
  The Applicant:
  - Has withdrawn its offer during the tender period, or
  - While it was declared the successful bidder, the Applicant did not sign the contract corresponding to its offer and/or failed to provide the guarantee(s) requested in the call for tenders.

---

* This suggested operativeness/entry into effect clause, like the one in the bullet immediately preceding it, is frequently used in advance payment and retention money guarantees. In both cases, the clause ensures that the guarantees is not available for drawdown before the amount due by the beneficiary under the underlying contract is paid to the applicant. There are two ways to draft this clause. The first one, reflected in the first bullet, is to consider the guarantee operative only when the amount is effectively credited to the applicant's. Another way to draft this type of clauses, reflected in the second bullet, considers the beneficiary's obligations as satisfied when the payment is received by the guarantor holding the applicant's account. Any delay in crediting that payment to the applicant's account is left to be sorted out between the applicant and the guarantor according to the bank-customer relationship agreement or rules of law.

- In the case of a performance guarantee, the supporting statement could state :
  The applicant is in breach of its obligations with respect to the underlying relationship because *[of late delivery] [the contract's performance was not completed by the due date] [there was a shortfall in the quantity of the goods supplied under the contract] [the delivered works are defective]* etc.

- In the case of a payment guarantee, the supporting statement could state:
  The Applicant has not fulfilled its contractual payment obligations.

- Supporting statements required under other types of guarantees (advance payment, retention money, delivery, warranty, maintenance, etc.) are likewise expected to be general in their drafting without the need for the beneficiary to substantiate its claim or to provide meticulous technical detail of the breach absent an express requirement in the guarantee itself.

Form of Counter-Guarantee under URDG 758

[Counter-guarantor Letterhead or SWIFT identifier Code]

To : *[Insert name and contact information of the guarantor]*

Date : *[Insert date of issue]*

Please issue under our responsibility in favour of the Beneficiary your guarantee in the following wording :

[Quote]

- Type of Guarantee : *[Specify tender guarantee, advance payment guarantee, performance guarantee, payment guarantee, retention money guarantee, warranty guarantee etc.]*
- Guarantee No. *[Guarantor to insert guarantee reference number]*
- The Guarantor : *[Guarantor to insert name and address of place of issue, unless indicated in the addressee field above]*
- The Applicant : *[Insert name and address]*
- The Beneficiary : *[Insert name and address]*
- The Underlying Relationship : The Applicant's obligation in respect of *[Insert reference number or other information identifying the contract, tender conditions or other relationship between the applicant and the beneficiary on which the guarantee is based]*
- Guarantee Amount and Currency : *[Insert in figures and words the maximum amount payable and the currency in which it is payable]*

- Any document required in support of the demand for payment, apart from the supporting statement that is explicitly required in the text below:
  [Insert any additional document required in support of the demand for payment. If the guarantee requires no documents other than the demand and the supporting statement, keep this space empty or indicate "none"]
- Language of required documents : *[Insert the language of any required document. Documents to be issued by the applicant or the beneficiary shall be in the language of the guarantee unless otherwise indicated herein]*
- Form of presentation : *[Insert paper or electronic form. If paper, indicate mode of delivery. If electronic, indicate the format, the system for data delivery and the electronic address for presentation]*
- Place for presentation : *[Guarantor to insert address of branch where a paper presentation is to be made or, in the case of an electronic presentation, an electronic address such as the Guarantor's SWIFT address. If no place for presentation is indicated in this field, the Guarantor's place of issue indicated above shall be the place for presentation]*
- Expiry of Guarantee : *[Insert expiry date or describe expiry event]*
- The party liable for the payment of any charges : *[Insert the name of the party]*

As Guarantor, we hereby irrevocably undertake to pay the Beneficiary any amount up to the Guarantee Amount upon presentation of the Beneficiary's complying demand, in the form of presentation indicated above, supported by such other documents as may be listed above and in any event by the Beneficiary's statement, whether in the demand itself or in a separate signed document accompanying or identifying the demand, indicating in what respect the Applicant is in breach of its obligations under the Underlying Relationship.

Any demand under this Guarantee must be received by us on or before Expiry at the place for presentation indicated above.

This Guarantee is subject to the Uniform Rules for Demand Guarantees(URDG) 2010 revision, ICC Publication No. 758.

[Unquote]

As Counter-Guarantor, we hereby irrevocably undertake to pay the Guarantor any amount up to the Counter-Guarantee Amount indicated below upon presentation of the Guarantor's complying demand, in the form of presentation indicated above, supported by Guarantor's statement, whether in the demand itself or in a separate signed document accompanying or identifying the demand, indicating that the Guarantor has received a complying demand under the guarantee.

Any demand under this Counter-Guarantee must be received by us on or before Expiry at the place for presentation indicated below.

- **Counter–Guarantee No.** *[Insert Counter–Guarantee reference number]*
- **The Counter–Guarantor :** *[Insert name and address of place of issue, unless indicated in the letterhead]*
- **Counter–Guarantee Amount and Currency :** *[Insert in figures and words the maximum amount payable and the currency in which it is payable]*
- **Form of presentation :** *[Insert paper or electronic form. If paper, indicate mode of delivery. If electronic, indicate the format, the system for data delivery and the electronic address for presentation]*
- **Place for presentation :** *[Counter–Guarantor to insert address of branch where a paper presentation is to be made or, in the case of an electronic presentation, an electronic address such as the Counter–Guarantor's SWIFT address. If no place for presentation is indicated in this field, the Counter–Guarantor's place of issue indicated above shall be the place for presentation]*
- **Expiry of Counter–Guarantee :** *[Insert expiry date or describe expiry event. Note that the expiry of the counter–guarantee is generally scheduled to occur later than the expiry of the guarantee to include a mailing period]*
- **The party liable for the payment of any charges :** *[Insert the name of the party, generally the counter–guarantor]*

The Guarantor is requested to confirm to the Counter–Guarantor the issuance of the guarantee.

This Counter–Guarantee is subject to the Uniform Rules for Demand Guarantees(URDG) 2010 revision, ICC Publication No. 758

Signature(s) :

제 3 장 수출실무

제 1 절

신용장의 통지 · 확인 · 양도

1. 신용장의 통지

1-1 통지의 의의

'신용장의 통지(Advice)'란 수입지의 개설은행이 발행하여 송부해 온 신용장을 수출지의 은행(통지은행)이 수익자에게 그 내도사실을 알리고 이를 교부하는 일련의 행위를 말한다.

신용장의 통지는 수익자 소재지에 있는 개설은행의 본 · 지점이나 또는 환거래은행을 통하여 이루어지는 것이 일반적이며, 개설은행이 직접 수익자에게 통지하는 방식은 거의 사용되고 있지 않다. 만일 개설은행이 해외의 수익자에게 직접 신용장을 송부하게 되면, 신용장의 진위성에 대한 객관적인 확인이 곤란하여 수출지의 은행들이 모두 매입을 기피하게 될 것이므로 당해 신용장의 정상적인 사용이 사실상 불가능해지기 때문이다.

수출신용장의 일반적인 통지 절차를 보면, 먼저 본점의 외신 · 통지 파트에서 당해 신용장의 진정성 여부에 대한 확인 절차를 거친 후, 전화 또는 이메일 또는 모사전송(Facsimile Transmission) 등에 의하여 수익자에게 그 내도사실을 미리 알리고, 신용장의 원본은 거래 영업점의 창구에서 직접 교부하는 것이 일반적이다.

그러나 최근에는 '무역자동화(EDI)' 업무가 보편화됨에 따라 전자문서에 의한 신용장의 통지도 크게 늘어나고 있는 추세에 있으며, 이 경우 수익자는 은행을 방문하지 않고도 자신의 사무실에서 신용장을 출력하여 사용할 수 있다. EDI로 통지된 신용장의 진위성은 통지은행의 전자서명에 의하여 증거되며, 매입은행 등은 당해 신용장의 사용에 앞서 통지은행 앞으로 전화하여 전자서명의 진위 여부를 다시 확인하게 된다.

참고1 전자무역촉진에관한법률시행규정 제12조 제3항

무역업자가 자기 시스템에서 출력한 전자무역문서를 세관 또는 무역유관기관등 제3자에게 제출할 경우에는 당해 출력된 전자무역문서의 여백에 다음과 같이 적색고무인을 날인하여야 한다.

본 문서는 전자무역 촉진에 관한 법률 제14조 및 제15조에 의거 정당하게 발급된 문서이며, 위조 · 변조시 동법률 제30조에 의한 책임을 준수할 것을 확인함. ○년 ○월 ○일 제출자 ○○○인

☞ **전자무역촉진에관한법률 제30조 제1항**

전자무역기반사업자 · 전자무역문서송수신업자 · 무역업자 · 무역관계기관의 컴퓨터 파일에 기록된 전자무역문서 또는 데이터베이스에 입력된 무역정보를 위조 또는 변조하거나 위조 또는 변조된 전자무역문서 또는 무역정보를 행사한 자는 10년 이하의 징역 또는 1억원 이하의 벌금에 처한다.

참고2 전자신용장(e-L/C) 제도

서면으로 인쇄된 원본 신용장이 없이도 신용장을 사용(Nego)할 수 있도록, 전자적인 형태로 신용장을 교부하고 관리하는 일련의 시스템을 말한다. 전자신용장(e-L/C)은 금융결제원의 'e-L/C 관리시스템'을 통하여 'e-트레이드 플랫폼'에 등록되며, 매입은행은 동 시스템에서 e-L/C의 내용 및 매입가능 잔액을 조회할 수 있다. 각 은행의 매입내역은 동 시스템으로 전송되어 e-L/C 별로 통합 · 관리되므로 신용장의 부당사용 및 과다사용에 따른 위험을 제거할 수 있으며, 또한 매입은행은 동 시스템을 통하여 e-L/C의 조회 및 사본인쇄가 가능하므로, 수출화환어음 매입시 Original Letter 형태의 Paper L/C를 필요로 하지 않는다. EDI 통지방법과 e-L/C 통지방법은 동시 사용이 불가능하므로, e-L/C를 활용하고자 하는 경우에는 EDI 통지 서비스를 해지하여야 한다.

1-2 통지은행의 의무 및 지위

가. 통지은행의 의무

신용장은 통지은행 측의 아무런 책임(Engagement) 없이 수익자에게 통지될 수 있으나, 통지은행이 신용장을 통지하기로 결정한 경우에는 당해 신용장의 '외견상 진정성(Apparent Authenticity)'을 확인하기 위하여 '상당한 주의(Reasonable Care)'를 기울여야 한다. 만일 신용장을 통지하지 않기로 결정한 경우, 통지은행은 그러한 뜻을 지체 없이 개설은행으로 통보해 주어야 한다.

통지은행이 신용장의 외견상 진정성을 확인할 수 없는 경우에는 그러한 사실을 지체 없이 개설은행에 통보하여야 하며, 만일 진정성을 확인할 수 없음에도 불구하고 신용장을 통지하기로 결정한 경우에는 그러한 사실에 대하여 반드시 수익자에게 안내하여야 한다.

통지은행이 신용장의 외견상 진정성을 확인하기 위하여 과거에 관례적으로 행하던 방식은 개설은행과 통지은행 간의 환거래계약 체결시 교환된 '서명감(List of Authorized Signature)' 또는 '전신암호(Test Key)' 등에 의하여 그 일치 여부를 검사함으로써 신용장의 진위성을 확인하는 것이다. 그러나 현재 SWIFT 신용장의 경우에는 'RMA(Relationship Management Application)' Set-Up 프로세스에 의해 전문내용의 진위가 시스템상에서 자동적으로 확인 · 판별되고 있다.

나. 통지은행의 지위

1) 통지은행과 개설은행과의 관계

통지은행은 개설은행의 선택에 의하여 결정되며, 이러한 통지은행과 개설은행 간에는 환거래계약에 의한 대리 또는 위임의 관계가 성립된다고 볼 수 있다. 그러나 통지은행으로 지정되었다고 하여 그 지정된 은행이 반드시 개설은행의 지시에 따라야 하는 것은 아니며, 통지를 하거나 하지 않거나는 통지를 요청받은 은행의 권한에 속하게 된다.

만일 통지은행으로 지정된 은행이 신용장을 통지하지 않기로 결정하였거나 또는 신용장의 진정성을 확인할 수 없는 경우에는 개설은행에 대하여 반드시 그러한 사실을 통보해 주어야 한다. 통지은행이 확인은행으로서의 역할을 수행하지 않는 한, 통지은행은 신용장에 대한 외견상의 진정성만을 확인한 후 수익자에게 신속히 전달하기만 하면 그 책임을 다하게 된다.

2) 통지은행과 수익자와의 관계

통지은행이 수익자에 대하여 신용장을 통지하는 것은 수익자에 대한 의무라기보다는 개설은행에 대한 의무로 볼 수 있다. 그러나 신용장을 통지하기로 결정한 이상 통지은행은 선량한 관리자로서의 주의를 다하여 신용장의 진정성을 확인하여야 하며, 개설은행으로부터 송부되어 온 신용장을 수익자에게 신속히 전달하여야 한다. 또한 통지하고자 하는 신용장의 진정성이 확인되지 않는 경우에는 그러한 사실에 대하여 반드시 수익자에게 안내해 주어야 한다.

통지은행은 신용장의 개설 · 통지 과정에서 발생할 수 있는 송달지연 및 분실로 인하여 발생하는 결과, 또는 전송 중에(In the transmission of any telecommunication) 발생하는 지연, 훼손, 기타의 오류 등에 대하여 어떠한 의무나 책임을 지지 않는다. 또한 신용장에 기재된 전문용어의 번역이나 해석상의 오류에 대하여 책임을 지지 아니하며, 신용장의 조건을 번역하지 아니하고 전달할 권리를 갖는다.

1-3 신용장의 통지방법

가. 우편신용장(Mail Credit)의 통지

신용장의 통지방법은 '우편신용장의 통지'와 '전신신용장의 통지'로 구분되며, 우편신용장의 통지는 다시 '예비통지(Pre-Advice 또는 Short Cable)'가 있는 경우와 없는 경우로 구분하여 볼 수 있다.

1) 예비통지가 없는 우편신용장의 통지

환거래계약 체결시 교환된 개설은행의 '서명감'을 통하여 당해 신용장에 표시된 서명의 진위성을 확인한 후, 이상이 없으면 'Signature Verified'의 고무인을 찍고 날인한다. 그 후 통지번호를 부여하고 신용장에 이를 기재한 후에 책임자가 서명 날인하여 수익자에게 교부하게 되며, 이때 통지은행은 개설은행의 요청에 의하여 신용장의 접수 · 통지 사실을 회신(Acknowledgement)하여 주기도 한다.

2) 예비통지가 있는 우편신용장의 통지

신용장의 개설 또는 조건변경과 관련한 전문을 처리함에 있어, 동 전신문을 유효한 신용장증서로 간주하지 않고 추후 발송되는 우편확인서를 유효한 증서로 통지하려면, 동 전신문에는 반드시 그러한 뜻의 문언이 명시되어 있어야 한다. 즉 전신문의 내용상에 'Full details to follow (세부사항 추후 통지)' 또는 'The mail confir- mation is to be the operative credit instrument(우편확인서가 유효한 신용장증서가 됨)' 또는 이와 유사한 문언이 명시되어 있어야 한다.

이러한 예비통지서(Pre-Advice)가 내도하면 통지은행은 '전신암호(Test Key)'를 통하여 당해 전문의 진위성을 확인하고, 통지문에 'Non-negotiable' 또는 'For your information only' 등의 문언을 표시한 후에 이를 수익자에게 교부하게 된다. 그 후 우편확인서(Mail Confirmation)가 내도되면 비치된 '서명감'을 이용하여 서명의 진위성을 확인한 후 'Signature Verified'의 고무인을 찍고, 예비통지서와 동일한 통지번호를 기재하여 수익자에게 교부하면 된다.

예비통지서는 신용장 개설에 대한 정보를 미리 제공함으로써 수출자로 하여금 선적 준비를 하도록 하는 사전예고에 지나지 않지만, 개설은행은 유효한 신용장증서를 발행할 준비가 되어 있을 때에만 예비통지를 하여야 한다. 만일 개설은행이 추후의 신용장개설에 대하여 책임을 지지 않고자 한다면, 개설은행은 반드시 예비통지서상에 그러한 뜻의 문언을 명시하여야 한다.

나. 전신신용장(Teletransmission Credit)의 통지

전신에 의한 방법으로 개설된 신용장의 경우로서, 동 전신에 이어 송부되는 우편확인서가 유효한 신용장증서가 된다든가 또는 그와 유사한 문언의 명시가 없는 한, 동 전신문은 그 자체로 유효한 신용장증서가 된다. 만일 전신으로 개설된 신용장에 대하여 별도의 지시 없이 우편확인서가 송부되어 오는 경우, 그러한 우편확인서는 아무런 효력을 갖지 못하며, 통지은행은 전신으로 접수한 신용장증서와 그러한 우편확인서를 대조 · 점검할 의무를 부담하지 않는다.

전신신용장의 개설 · 통지 방법으로는 다음과 같은 네 가지의 방식이 있다.

1) 정식전문(Full Cable)에 의한 신용장의 통지

신용장의 모든 내용이 처음부터 끝까지 텔렉스(TELEX: Teletypewriter Exchange) 또는 전보(Cablegram) 등에 의해 전송되어 개설된 신용장으로, 통지은행은 소정의 통지서식에 동 전문 내용을 이기하거나 또는 전문용지 그 자체를 통지서식에 부착하여 수익자에게 통지하게 된다. 텔렉스 또는 케이블로 수신된 신용장은 '전신암호(Test Key)'에 의하여 그 진위 여부를 확인하게 되며, 수신된 전신문(신용장의 내용)에는 반드시 신용장통일규칙의 적용에 관한 문언이 기재되어 있어야 한다.

2) 전신약호(Cypher Code)에 의한 신용장의 통지

신용장의 모든 내용을 전신으로 송신함에 따른 비용의 절약을 위하여, 환거래은행 간에 신용장의 약정내용에 따른 신용장의 양식을 미리 정하고 'Private Code Word'를 교환한 후 필요한 내용만을 송신함으로써 신용장을 개설 · 통지하는 방법이다. 이 방법을 사용하여 신용장을 개설하는 경우에는 Code Model을 명시하게 되는데, 이를테면 'Refer to our model Ⅱ'라는 지시가 있으면, 수신된 전문내용을 해당 모델형식에 따라 해독(Decode)하여 신용장을 작성하게 된다.

이와 같은 Cypher Code에 의한 통지방법은 통지은행의 업무가중으로 인하여 'Decoding Charge'를 별도로 받아야 하는 등 당초의 의도와는 달리 비용절감의 효과가 그리 크지 않으며, 비용이 저렴한 SWIFT의 등장으로 인해 요즈음엔 거의 사라지고 없는 실정이다.

3) 유사신용장(Similar Credit)에 의한 신용장의 통지

유사신용장에 의한 신용장의 통지란 이전에 개설된 바 있는 유사한 조건의 다른 신용장을 참조토록 하는 매우 간단한 지시에 의하여 신용장을 개설 · 통지하는 방법으로서, 이는 불완전하고 불명확한 지시의 전형적인 사례로 분류되고 있다.

유사신용장에 의한 신용장 통지의 지시 문언은 통상 다음과 같다.

- Similar to our credit No. XXX dated XXX except XXX.
- Refer to our previous credit No. XXX dated XXX except XXX.
- Repeat our credit No. XXX dated XXX except XXX.

이 경우 통지은행은 전에 개설된 신용장을 참조하여 변경사항(즉 'except' 다음에 기재된 내용)만을 보완하여 수익자에게 통지하게 되는데, 이와 같은 방법은 동일 거래선과 계속 · 반복적으로 거래를 하는 경우라든가 이전에 개설된 신용장과 내용상에 큰 차이가 없는 경우에 사용될 수 있다.

그러나 이와 같은 유사신용장에 의한 개설 및 통지는 해석상의 오해나 잘못된 적용 등으로 인하여 분쟁발생의 소지가 높고, 더욱이 참조하여야 할 신용장에 조건변경이 있었던 경우에는 당사자에게 많은 혼란을 야기하게 되므로, 이러한 방법에 의한 신용장의 통지는 가급적 저지하는 것이 바람직하다.

요즘에는 이러한 유사신용장에 의한 신용장의 개설 · 통지가 거의 사라지고 없는데, 이는 비용이 저렴한 SWIFT의 사용이 보편화됨으로 인하여 굳이 이러한 불안전한 방식을 활용할 필요성이 없어졌기 때문이다.

4) SWIFT에 의한 신용장의 통지

세계적으로 표준화된 SWIFT 고유의 화환신용장 개설 FORMAT인 'MT 700'을 사용하여 SWIFT System을 통해 전송되어 온 Message를 통지은행이 소정의 통지서식에 출력하여 수익자에게 교부하거나, 또는 EDI를 통하여 수익자에게 재전송함으로써 신용장을 통지하는 방법을 말한다. SWIFT로 수신된 전신문(신용장)은 RMA Set-Up 프로세스에 의하여 시스템상에서 자동적으로 그 진위성이 확인 · 판별된다.

최근에는 우편 및 텔렉스 등에 의한 신용장의 통지가 극히 일부의 예외적인 경우에만 제한적으로 활용되고 있을 뿐, 거의 모든 신용장이 SWIFT에 의하여 개설 · 통지되고 있는 상황이다. 이는 SWIFT 방식이 다른 수단에 비하여 보안성이 뛰어나고 비용이 저렴하며 신속 · 정확할 뿐만 아니라, 모든 메시지 양식이 표준화되어 있어 인터페이스를 통한 업무 자동화가 가능하다는 획기적인 장점들을 지니고 있기 때문이다.

다. 통지번호의 부여

신용장의 진정성을 확인하고 나서, 한국은행 제정 '수출입승인서 및 신용장 등의 번호기재요령'에 따라 다음 예시와 같이 통지번호를 부여한다. 또한 조건변경 통지의 경우에는 통지번호 끝에 파생 일련번호를 부여한다.

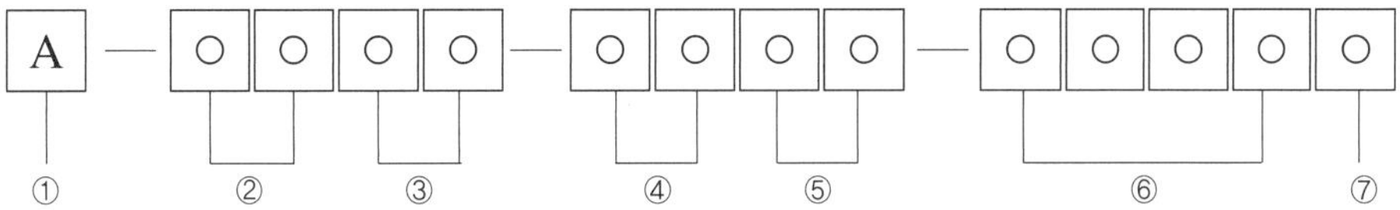

① 신용장통지 고유번호　② 통지은행 고유번호　③ 통지은행 취급부점 고유번호
④ 통지연도 표시　⑤ 통지월 표시　⑥ 통지 일련번호
⑦ 검증번호(check digit)

라. 지정신용장과 매입제한신용장의 통지

신용장은 그 약정내용에 따라 일람지급(Sight Payment), 연지급(Deferred Payment), 인수(Acceptance), 매입(Negotiation) 신용장으로 구분할 수 있는데, 모든 신용장에는 반드시 이와 같은 신용장의 이용방법을 표시해 주어야 한다. 또한 개설은행에서만 신용장의 사용이 가능하다고 명시하지 않는 한 신용장은 그러한 지급 · 연지급 · 인수 · 매입이 수권된 은행을 지정하고 있어야 한다(다만, 자유이용신용장(Credit available with any bank)의 경우에는 모든 은행이 지정은행이 된다).

그러나 특정은행(일반적으로 통지은행이 이에 해당함)을 지급 · 연지급 · 인수 · 매입은행으로 지정하는 것은 개설은행의 의사이지 지정받은 은행의 자발적인 의사는 아니므로, 지정받은 은행이 확인은행(Confirming Bank)이 아닌 한 지급 또는 연지급의 약정, 환어음의 인수 또는 매입을 한다는 어떠한 확약이 성립되는 것은 아니다. 따라서 지정은행이 개설은행과의 명백한 합의에 의하여 이를 수익자에게 통지한 경우를 제외하고는, 비록 지정은행이 서류를 접수 · 심사 · 발송하였다고 하여 지급 · 연지급 · 인수 · 매입의 의무를 부담하지는 않는다.

그럼에도 불구하고 실무적으로는, 예치환거래은행이 아님에도 자행을 환어음의 지급(연지급)은행으로 지정한 신용장을 접수한 경우라든가 또는 개설은행에 대하여 신용공여를 하지 않았음에도 자행을 인수은행으로 지정한 신용장을 접수한 경우에는, 당해 신용장을 통지하기에 앞서 먼저 대금의 지급 또는 상환조건이 수락 가능한 것인지의 여부에 대하여 신중히 검토한 후 처리하는 것이 바람직하다.

만약 자행을 지정은행으로 명시한 신용장을 통지함에 있어서 그러한 지급 · 연지급 · 인수 · 매입의 제한에 대해 수락할 의사가 없는 경우에는, 신용장의 통지문 상에 그러한 뜻을 표시하거나 또는 별도의 '제한해제서(Release Letter)'를 발급할 수 있다.

그러나 그렇다고 하여 신용장에 명시된 지정은행이 해제되어 자유이용신용장으로 효력이 변경되는 것은 아니며, 이는 (재)매입 의뢰 및 반려 등에 따른 번거로움을 해소하기 위한 실무적인 관행일 뿐, 제3자에 대한 어떠한 구속력을 지니는 것은 아니다.

마. 불완전 · 불명료한 지시가 있는 신용장의 통지

신용장의 통지 또는 조건변경과 관련하여 불완전하거나 불명료한 지시를 받은 경우, 통지은행은 그러한 신용장에 대하여 아무런 책임 없이 수익자에게 단순한 참고(Information Only)를 위하여 사전통지를 할 수 있다. 이러한 '사전통지서(Preliminary Notification)'에는 그러한 통지가 '단순히 참고사항으로만 제공되는 것이며 통지은행은 아무런 책임을 지지 않는다(Information only and without the responsibility of the advising bank)'는 뜻의 내용을 분명히 표시하여야 한다. 단순한 참고의 목적으로 전달된 사전통지서는 신용장의 효력을 갖지 못한다.

지시의 내용이 불완전하거나 불명료한 경우 통지은행은 자행이 취한 조치를 개설은행에 통보하고 필요한 정보를 제공해 주도록 요청하여야 하며, 이때 개설은행은 필요한 정보를 지체 없이 제공하여야 한다. 개설은행으로부터 완전하고 명확한 지시가 접수되면, 통지은행은 그러한 지시에 따라 정상적으로 신용장을 통지하게 된다.

지시내용이 불완전하거나 불명료한 경우라 함은 대개 다음과 같은 상황을 말한다.

- 송수신 기기의 에러 등으로 인해 전신문(신용장)의 내용이 분명하지 못한 경우
- 동일 사안에 대한 기재내용이 서로 상이한 경우
- 지시내용이 상호 간 모순되는 경우 등

바. 환거래가 없는 은행이 발행한 신용장의 통지

환거래가 없는 은행(Non-Correspondent Bank)이 개설하는 등의 사유로 인하여 신용장의 진위 여부를 확인할 수 없음에도 불구하고 그러한 신용장을 통지하기로 결정하였을 때에는 반드시 다음과 같은 뜻의 면책문언을 표시하여야 한다.

① Non-Corres로 인하여 Signature 확인 불능 (또는)

② We assume no responsibility regarding advising this credit, since we have no correspondent relationship with the issuing bank and therefore, can not check the apparent authenticity of this credit. (또는)

③ Please note that the signature on this credit is not verified and that we assume no liability or responsibility for consequences arising from advising this credit. 등

사. 신용장의 조건변경 및 취소 통지

개설은행으로부터 조건변경의 통보가 있는 때에는 이를 즉시 수익자에게 통지하고, 만일 수익자가 이에 동의하지 않는 경우에는 반드시 서면으로 회신을 받아 그러한 뜻을 즉시 개설은행에 통보해 주어야 한다.

신용장의 조건변경이나 취소는 '개설은행', '확인은행(확인신용장의 경우)', '수익자' 전원의 합의가 있어야만 가능하며, 또한 하나의 동일한 조건변경통지서에 대한 부분적인 수락은 허용되지 않는다.

신용장이 조건변경되는 경우에 개설은행은 그러한 조건변경서의 발급시점부터 이를 임의로 취소하지 못하며, 확인은행은 조건변경서의 확인통지 시점부터 이를 임의로 취소하지 못한다. 그러나 확인은행은 조건변경서를 확인(Confirmation)하지 않고 수익자에게 통지하기로 결정할 수 있으며, 그렇게 결정한 경우에는 그러한 사실을 개설은행과 수익자에게 지체 없이 통보해 주어야 한다.

수익자는 통지은행으로부터 조건변경의 통지를 받는 경우 이를 수락할 것인지의 여부를 결정하여 통지은행에 통보해 주어야 한다. 만일 수익자가 조건변경의 수락 여부에 대해 결정을 유보하는 경우 그러한 조건변경은 수락되지 않은 것으로 간주되며, 수익자의 명시적인 거절의사가 없는 한 그러한 조건변경은 수익자에 대하여 계속 유효한 상태로 남게 된다.

수익자가 조건변경서의 동의 여부에 대한 아무런 통보도 하지 않은 상태에서 아직 명시적으로 승낙하지 않은 조건변경서의 내용과 일치하는 서류를 제시하는 경우, 이는 조건변경에 대한 수익자의 승낙으로 간주되며, 그 시점부터 신용장의 유효한 조건변경이 성립되는 것으로 본다.

간혹 조건변경의 효력발생 여부에 관한 문제로 개설은행과의 불필요한 분쟁이 발생되고 있는 바, 특히 수익자에게 불리한 조건변경이 접수되는 경우에 통지은행은 수익자의

동의 여부를 서면으로 징구하여 이를 확인한 후 그 내용을 개설은행 앞으로 통지하여 주는 것이 바람직하다.

한편 개설은행으로부터 신용장의 취소요청이 있는 경우, 수익자가 이에 동의할 때에는 수익자의 서면동의서와 함께 신용장 원본을 회수하고 개설은행에 그러한 사실을 통보하여야 한다. 수익자가 신용장의 취소에 동의하지 않을 경우에도 통지은행은 그러한 뜻을 개설은행에 즉시 통보해 주어야 한다.

아. 신용장 분실신고 접수시의 처리

수익자로부터 신용장의 분실신고가 있을 때에는 '신용장분실신고 및 재발행 의뢰서'를 접수한 후에 '신용장분실통지서(Caution Notice)'를 작성하여 국내의 각 외국환은행 앞으로 통보하여야 한다. 또한 개설은행 앞으로도 그러한 사실을 통지하여 별도의 지시가 있으면 그에 따라 처리하여야 한다.

신용장을 재발행 하는 경우에는 신용장 사본의 매 장마다 '원본대조필인' 및 '간인'을 하고, 다음과 같은 문언을 기재한 후에 책임자가 서명하여 수익자에게 교부한다.

'This advice supersedes the original instrument dated XXX issued by XXX which has been reported lost'

◀ 예시 3-1-1 ▶ 예비통지서(PRELIMINARY ADVICE)

KOREA FINANCE BANK
SEOUL KOREA

CABLE ADDRESS : INSTIBANK — Date : May 1, 20XX

IRREVOCABLE DOCUMENTARY CREDIT	Credit Number 12345 / Advice Number A4201-2005-00018
Issuing bank Seattle First National Bank Seattle, WC. USA	Applicant XYZ Co., Ltd.
Beneficiary ABC Trading Co., Ltd.	Amount USD400,000.00 Expiry date May 30, 20XX

… FOR YOUR INFORMATION ONLY …

Gentlemen :

We are pleased to inform you, without any responsibility on our part, that have received a telegraphic message :

(X) Duly authenticated ( ) Unauthenticated

reading as follows :

FROM : SEATTLE FIRST NATIONAL BANK SEATTLE, WC, USA
TO : KOREA INSTITUTE BANK SEOUL, KOREA

WE OPEN OUR IRREVOCABLE CREDIT NO 12345
APPLICANT XYZ CO., LTD SEATTLE
BENEFICIARY ABC TRADING CO., LTD DADONG CHUNG-GU SEOUL, KOREA
AMOUNT USD400,000.00
COVERING : 1,000M/T OF STEEL COIL
LATEST SHIPMENT MAY 20, 20XX AND EXPIRY MAY 30, 20XX
AIRMAILING DETAILS

As this message has been advised by cable, we reserve the right to make such correction as may be necessary upon receipt of the mail advice and we assume no responsibility for any errors and/or ommission in the transmission and/or translation of the cable.
The amount of each draft must be endorsed on the reverse of the credit by the negotiating bank

Yours faithfully

Authorized Signature

N.B., In case of difficulties, please consult us before communicating with your customer.

2. 신용장의 확인

2-1 확인의 의의

신용장의 '확인(Confirmation)'이란 개설은행이 1차로 일람지급 · 연지급 · 인수 · 매입을 확약하고 있는 취소불능신용장에 대하여 제3의 은행이 개설은행의 그러한 확약에 추가하여 다시 일람지급 · 연지급 · 인수 · 매입을 확약하는 것을 말한다.

개설은행의 요청에 의해 신용장에 확인을 추가한 '확인은행(Confirming Bank)'은 신용장의 제 조건에 일치하는 환어음 및/또는 서류가 확인은행 또는 기타 지정은행에 제시되는 한, 신용장이 '일람지급'을 약정하였으면 '일람지급'하여야 하고, '연지급'을 약정하였으면 '연지급 확약'을 한 후 '만기일에 지급'하여야 하며, '인수'를 약정하였으면 '환어음을 인수'하고 이를 '만기일에 지급'하여야 하고, '매입'을 약정하였으면 수익자가 발행한 환어음 및/또는 서류를 어음발행인 및 선의의 소지인에게 '소구권을 행사하지 않는 조건으로 매입'하여야 할 의무를 부담한다.

신용장은 개설은행의 신용에 의해 그 기능을 발휘하는 것이므로, 만일 개설은행의 자산과 신용상태가 양호하지 못하다면 신용장으로서의 가치는 퇴색할 수밖에 없게 된다. 이와 같이 개설은행의 신용상태가 불확실한 경우에 신용장의 확인제도는 그러한 불확실성을 제거하기 위한 유용한 수단으로 활용될 수 있을 것이다. 즉 수출상은 '확인신용장(Confirmed Credit)'을 수취함에 따라 당해 신용장을 확인한 제3의 유수한 은행에 의해 대금지급을 추가적으로 보장받게 되고, 이에 따라 대금회수와 관련한 불확실성을 제거할 수 있게 되는 것이다.

신용장의 '확인(Confirmation)'은 대체로 다음과 같은 특징을 지니고 있다.

첫째, 확인은 취소불능신용장(Irrevocable Credit)을 대상으로 한다. 확인이란 제3의 은행이 개설은행과는 독립적으로 개설은행과 동일한 신용장의 의무를 부담하는 것이므로, 개설은행이 일방적으로 취소 · 변경할 수 있는 취소가능신용장(Revocable Credit)에 대한 확인은 있을 수도 없으며, 또한 아무런 의미도 지니지 못한다.

둘째, 확인은 개설은행의 요청 또는 수권에 의하여 이루어지며, 확인을 요청받은 은행은 확인을 추가할 수도 있고 추가하지 않을 수도 있다. 개설은행의 확인요청서에 별도의 명시가 없는 한 확인을 요청받은 통지은행은 자신의 의지에 따라 신용장에 확인을 추가하지 않고 그대로 수익자에게 통지할 수 있다. 그러나 확인을 요청받은 은행이 확인을 추가할 용의가 없는 경우에는 그러한 사실을 지체 없이 개설은행에 통보해 주어야 한다

셋째, 확인은 개설은행의 확약에 추가하여 일람지급 · 연지급 · 인수를 확약하거나, 수익자가 발행한 환어음 및/또는 서류를 어음발행인(또는 선의의 제3자)에게 '상환청구권을 행사하지 않는 조건(Without Recourse)'으로 매입할 것을 확약하는 것이다. 일람지급 · 연지급 · 인수의 경우에는 그러한 행위의 법률적 성격상 어음발행인에 대한 상환청구권 자체가 성립되지 못하지만, 매입의 경우에는 환어음의 지급인인 개설은행에 의해 지급이 이루어지지 않는 경우에 그 소지자는 어음발행인 및 전 배서인 등에 대하여 상환청구권을 행사할 수 있게 된다. 그러나 확인의 경우에는 이러한 상환청구권을 배제하는 것이며, 만일 확인은행이 상환청구권을 행사할 수 있는 경우라면 그러한 신용장은 확인신용장으로서의 기능을 상실하게 된다.

2-2 확인의 실행

가. 확인시의 검토사항

확인은행은 신용장에 확인을 추가함으로써 그 신용장에 대하여 개설은행과 독립적인, 그러나 동일한 책임을 부담하게 된다. 따라서 확인을 요청받은 은행은 다음의 사항들을 면밀히 검토한 후에 확인의 실행을 결정하게 된다.

① 확인요청은행(개설은행)에 대하여 확인(Confirmation)에 관한 신용공여 한도가 설정되어 있는가?

② 확인요청은행의 신용상태 및 자산상태는 충실한가?

③ 확인요청은행 소재지에 불가항력적 사태가 발생하여 확인채무의 이행에 따른 채권의 회수에 곤란을 초래할 우려는 없는가?

나. 확인의 종류

확인의 종류는 그 확약의 내용에 따라 일람지급(Sight Payment)확인, 연지급(Deferred Payment)확인, 인수(Acceptance)확인, 매입(Negotiation)확인으로 구분하여 볼 수 있다.

1) 지급 · 연지급 · 인수의 확인

개설된 신용장이 지급 · 연지급 · 인수를 확약하고 있는 경우에는 지급 · 연지급 · 인수의 확인을 하게 되며 확인문언은 다음과 같다.

가) At the request of our correspondent, we confirm their credit and also engage with you that payment will be duly made against documents presented in conformity with the terms and conditions of this credit.

나) We confirm this credit and hereby undertake to pay on the maturity date determinable in accordance with the stipulation of this credit against documents presented in conformity with the terms and conditions of this credit.

다) We confirm this credit and hereby engage with you that drafts drawn in conformity with the terms and conditions of this credit will de duly accepted on presentation and duly honored at maturity.

2) 매입의 확인

개설된 신용장이 매입신용장인 경우에는 수익자가 신용장에 의하여 발행한 환어음 및/또는 서류를 그 발행인 또는 선의의 소지인에게 상환청구함 없이 매입할 것임을 확인하게 되며, 확인 문언은 다음과 같다.

가) At the request of our correspondent we confirm their credit and engage with you that drafts drawn under and in compliance with it terms will be negotiated by us without recourse to drawer and/or bona-fide holders.

나) We have been requested to add our confirmation to this credit and therefore, undertake that any drafts drawn by you in conformity with the terms of the credit will be duly negotiated by us without recourse.

다) We confirm this credit and engage that drafts drawn in conformity with the terms of the credit will be duly negotiated by us without recourse to drawer and/or bona-fide holders.

3) 조건부 확인

확인은 개설은행이 발행한 신용장 그대로에 대하여 지급 · 연지급 · 인수 · 매입에 대한 확약을 추가하는 것이 원칙이지만, 회전신용장(revolving credit)이나 연불거래 조건의 경우와 같이 유효기간이 장기이거나 거래금액이 거액인 때에는 당사자의 동의하에 조건부로 확인을 하는 경우가 있다. 예컨대 일정기간 또는 일정금액에 대해서만 먼저 확인을 하고, 나머지 기간 또는 금액에 대해서는 기 확인기간이 경과된 후에 또는 기 확인금액의 이행 후에 확인을 하는 방법으로, 이는 확인은행으로서의 피해를 최소화하기 위한 조치이다.

참고 개설은행의 채무 불이행 위험만을 보장하는 제한적 확인(Confirmation)

확인은행이 당면할 수 있는 위험으로는 ①Credit Risk(개설은행 또는 개설은행 소재국의 신용위험(Default, moratorium 등)으로 말미암아 신용장 대금이 결제되지 않을 위험), ②Commercial Risk(사기나 위 · 변조 등 당사자간의 상업적 분쟁에 따른 수입국 법원의 조치 등으로 말미암아 신용장 대금이 결제되지 않을 위험), ③Documentary Risk(서류상의 하자에 따른 개설은행의 언페이드로 말미암아 신용장 대금이 결제되지 않을 위험) 등 다양한 종류의 리스크가 있으나, 이러한 여러가지 위험중에서 '개설은행의 채무 불이행 위험' 만을 특정하여 제한적으로 확인하는 것이 최근의 일반적인 확인(Confirmation) 업무의 경향임.

2-3 확인요청의 거절

개설은행으로부터 신용장을 확인하도록 요청 또는 수권을 받았으나, 동 은행과의 환거래계약관계나 기타 거래상황을 감안하여 확인을 추가하지 않기로 결정한 경우에는 즉시 개설은행에 이 사실을 통보하여야 한다.

개설은행의 확인요청 또는 수권서에 별도의 지시가 없는 한 통지은행은 확인을 추가하지 않고(without adding confirmation) 신용장을 통지할 수 있다. 즉 확인을 추가하지 않은 신용장은 통지할 수 없다든가 또는 어느 특정은행으로 릴레이 하라든가 하는 등의 지시가 있으면 그에 따르면 되고, 그렇지 않으면 확인을 추가하지 않은 채로 수익자에게 단순히 통지만을 할 수 있다.

확인요청 거절시의 통신예문

> We refer to your cable of 10th March 20×× as follows :
> "RE OUR CREDIT NO. ×××× PLS ADD YOUR CONFIRMATION"
> We very much regret to have to inform you that we are unable to add our confirmation to this instrument particularly showing that this credit is available by beneficiary's drafts to be drawn on your customer at 90 days after sight. Had the credit been at sight, we would have no objection to adding our confirmation.

2-4 확인은행의 권리와 의무

확인은행은 개설은행과 동일한 입장에서 제시된 서류를 심사할 권리를 가지며, 신용장의 제 조건에 일치하지 않는 서류가 제시되는 경우에는 신용장의 확인에 따른 어떠한 의무도 부담하지 않는다. 또한 확인은행은 '일치하는 제시'에 대하여 결제(Honour) 또는 매입을 행한 경우, 개설은행에 대하여 그 대금상환에 관한 청구의 권리를 갖는다.

확인은행은 '일치하는 제시'에 대하여 결제 또는 매입을 하고 그 서류를 확인은행에 송부한 다른 지정은행에 대하여 신용장 대금을 상환할 의무를 부담한다. 또한 확인은행은 동 은행이 확인한 신용장이 다른 지정은행에서 지급 · 연지급 · 인수 · 매입에 의하여 이용될 수 있도록 약정되었으나, 해당 지정은행이 '일치하는 제시'임에도 불구하고 지급 · 연지급 · 인수 · 매입을 행하지 않는 경우, 그에 대한 결제의 의무를 부담한다.

2-5 확인신용장의 조건변경 및 취소

확인신용장의 조건변경 및 취소가 유효하게 성립하려면 당사자 전원, 즉 ① 개설은행 ② 확인은행 ③ 수익자(양도가능신용장의 경우 제2수익자 포함) 모두의 합의가 있어야 한다.

확인은행이 원신용장에 확인을 추가하였다는 이유로 조건변경서에도 반드시 확인을 하여야 하는 것은 아니며, 조건변경서에 확인을 추가하거나 하지 않거나는 확인은행의 권한에 속한다. 그러나 확인은행은 조건변경서에 확인을 추가하여 통지한 시점부터 이를 임의로 취소할 수 없게 된다.

확인은행이 조건변경서에 확인을 추가하지 않기로 결정한 경우에는 그러한 사실을 개설은행과 수익자에게 지체 없이 통보해 주어야 한다. 확인은행이 조건변경서에 확인을 추가하지 않은 경우에도 원신용장에 대한 확인은 그대로 유효한 것이며, 확인은행은 조건변경 이전의 원신용장에 대하여 확인의 의무를 부담하여야 한다.

3. 신용장의 양도

3-1 양도의 의의

신용장의 양도란 신용장의 수익자가 향유하는 권리(신용장의 사용권)의 전부 또는 일부를 수익자의 요청에 의하여 수익자가 지정하는 제3자에게 양도하는 것을 말한다. 신용장의 양도는 대개 다음과 같은 사유에 연유하여 발생하고 있다.

첫째, 수출 자격이 없는 자 또는 관련 업무를 수행할 만한 역량이 부족한 자가 신용장을 수취한 경우에 그 신용장을 다른 무역업자에게 양도하고 수출대행을 의뢰하는 경우이다.

둘째, 소량 다종의 물품을 수입하는 자가 수출지에 있는 자신의 대리점 등에 일괄하여 신용장을 개설한 후에 대리점 등으로 하여금 물품의 소요시기에 맞추어 물품의 실공급자에게 일부씩 양도하도록 하는 경우이다.

셋째, 수익자가 계약물품을 보유하고 있지 아니한 경우에 당해 물품을 생산자 등으로부터 구매하여 선적하는 대신 그들로 하여금 직접 수출을 이행하도록 하기 위하여 신용장을 양도하는 경우이다.

넷째, 양도차익의 취득을 목적으로 하는 전문 무역업자(중계무역상 등)가 수익을 확보하기 위하여 신용장을 양도하는 경우이다.

3-2 양도의 요건

신용장은 수익자 이외의 제3자가 자유로이 이용할 수 없으며, 제3자가 이를 사용할 수 있기 위해서는 반드시 당해 신용장이 '양도가능신용장(Transferable L/C)'이어야 한다.

'양도가능신용장'이란 신용장의 수익자(제1수익자)가 신용장의 전부 또는 일부를 1인 또는 그 이상의 다른 수익자(제2수익자)가 이용할 수 있도록 '양도은행(Transferring Bank)'에 대하여 양도를 요청할 수 있는 신용장을 말한다. 여기서 '양도은행'이라 함은 지급 · 연지급 · 인수 · 매입을 수권받은 지정은행 또는 자유이용신용장(Credit available with any bank)의 경우에는 신용장에서 특별히 양도은행으로 수권된 은행을 말한다.

신용장이 양도가능신용장으로 사용되기 위해서는 개설은행이 신용장에 'transferable' 이라고 분명히 명시하여야 한다. 신용장에 'transferable'이라는 명시가 없거나 또는 기타의 다른 용어가 사용된 경우 그러한 신용장은 양도가능신용장으로 취급될 수 없다. 'divisible', 'fractionable', 'assignable', 'transmissible' 등의 용어는 양도를 가능하게 하는 용어로 사용될 수 없으며, 만일 신용장에 그러한 용어가 사용되는 경우 은행은 이를 무시하게 된다.

3-3 양도 관련 유의사항

가. 양도의 횟수

분할선적(Partial Shipment) 또는 분할청구(Partial Drawing)가 허용되는 경우에 신용장은 두 사람 이상의 제2수익자에게 분할 양도될 수 있다. 그러나 '양도된 신용장(Transferred Credit)'은 제2수익자의 요청에 의하여 그 다음 수익자에게 다시 양도될 수 없다.

예컨대 제1수익자가 갑, 을, 병에게 신용장을 분할하여 양도하는 것은 가능하나, 제2수익자인 갑, 을, 병이 당해 양도된 신용장을 다시 제3자에게 양도하는 것은 허용되지 않는다. 다만 제2수익자가 제1수익자에게 다시 양도하는 것은 가능하다.

나. 원신용장의 조건 중 변경이 가능한 항목

신용장의 양도시에는 원신용장의 조건 그대로 양도되어야 하는 것이 원칙이며, 만일 양도은행이 이를 위반하여 양도업무를 취급하는 경우에는 제2수익자에 대하여 그 책임을 부담하게 될 수도 있으므로 각별히 유의하여야 한다. 그러나 양도차익의 추구를 목적으로 신용장이 양도되는 경우에 양도의뢰인(제1수익자)의 권리를 보호하기 위하여 다음과 같은 조건들에 대해서는 그 예외를 인정하고 있다.

참고 **조건변경부 양도와 관련한 양도은행의 책임**

양도은행은 제2수익자에 대하여 직접적인 결제(Honor)의 의무를 부담하지 않으며, 단지 개설은행의 결제가 이루어지는 경우에 한하여 양도신용장에 대한 지급책임을 부담함. 그러나 만일 양도은행이 아래에 열거된 사항 이외의 항목을 변경하여 신용장을 양도하게 되면, 개설은행의 결제 여부와는 관계없이 제2수익자에 대하여 직접적인 지급책임을 부담하게 될 수도 있음을 유념하여야 함. 따라서 원신용장의 조건을 변경하여 양도하고자 하는 경우에는, 그 변경되는 항목이 다음의 어느 하나에 해당하는지의 여부를 반드시 확인한 후에 양도업무를 처리하여야 하며, 만일 기타의 항목을 변경하고자 하는 경우에는 이를 '조건변경부 양도'로 처리할 것이 아니라, 별도의 수입거래약정을 체결한 후 'Back-to-Back L/C'의 개설로 처리하여야 함.

원신용장의 조건을 변경할 수 있는 항목은 다음과 같음.

- Reduction in the amount of the credit
- Reduction of any unit price stated in the credit
- Curtailment of the expiry date
- Curtailment of the period for presentation

- Curtailment of the latest shipment date or given period for shipment
- Increase of the percentage for insurance cover
- To substitute the name of first beneficiary for that of the applicant

1) 신용장금액 및 단가의 감액

제1수익자(양도의뢰인)는 원신용장의 금액과 단가를 감액하여 양도할 수 있다. 예컨대 원신용장의 금액이 US$100,000이고 단가가 US$100인 경우, 신용장 금액을 US$90,000로 감액하고 단가를 US$90로 조정하여 양도할 수 있다는 말이다. 이렇게 함으로써 제1수익자는 US$10,000의 양도차익을 취득할 수 있게 된다.

2) 유효기일, 서류제시기간, 선적기일의 단축

제1수익자가 양도차익을 취득하기 위해서는 제2수익자가 작성하여 제시한 상업송장과 환어음을 자신의 것으로 대체하여야 하는데, 이를 위해서는 시간적 여유가 필요하게 된다. 따라서 송장 및 어음의 교체를 위한 시간을 확보하기 위하여 신용장의 유효기일, 서류제시기간, 선적기일을 단축할 필요성이 있다.

3) 원신용장의 보험금액을 담보하기 위한 부보비율의 증가

신용장의 금액이 US$100,000이고 부보비율이 송장금액의 110%인 신용장을 US$90,000로 감액하여 양도하는 경우에, 만약 부보비율을 조정하지 않는다면 제2수익자는 US$99,000에 대해서만 부보를 하게 될 것이므로 원신용장이 요구하는 부보금액 US$110,000과 비교하여 US$11,000의 미달액이 발생하게 된다.

따라서 신용장의 양도시에는 감액분을 감안하여 부보비율을 증가시켜야 할 필요성이 있다.

4) 신용장 개설의뢰인의 성명 대체

신용장을 감액 양도하는 경우 제2수익자가 개설의뢰인의 존재를 알게 되면, 제2수익자는 제1수익자를 배제하고 직접적인 거래관계를 모색할 가능성이 있다. 따라서 제1수익자는 가급적이면 개설의뢰인의 명칭이 양도되는 신용장상에 표시되지 않기를 바랄 것이다.

이러한 경우 제1수익자의 이해관계를 보호하기 위하여 양도되는 신용장에 개설의뢰인의 성명 대신에 제1수익자의 성명을 표시하여야 할 필요성이 발생하게 된다.

그러나 원신용장이 상업송장 이외의 다른 어떤 서류에 개설의뢰인의 명의를 표기하도록 특별히 요구하고 있는 경우에는 그러한 요구가 반드시 이행되어야 한다. 예컨대 원신용장이 선하증권의 통지처(Notify Party)를 개설의뢰인으로 표기하도록 명시하고 있는 경우, 선하증권의 통지처에는 반드시 개설의뢰인의 명칭이 표기될 수 있도록 별도로 조치하여야 한다.

다. 제1수익자의 권리와 의무

1) 송장대체 및 어음대체의 권리

제1수익자는 제2수익자가 작성한 송장 및 어음을 원신용장의 단가대로 작성한 자신의 송장 및 어음으로 교체시킬 수 있는 권리를 가진다. 이로써 제1수익자는 그 차액을 양도차익으로 취득할 수 있게 된다.

그러나 제1수익자가 송장 및 어음을 교체하라는 양도은행의 최초 요구시에 이를 행하지 아니하는 경우, 양도은행은 제1수익자에 대한 더 이상의 책임 없이, 제2수익자가 발행한 송장 및 어음이 포함되어 있는 접수된 서류 그대로를 개설은행에 인도할 권리를 갖는다.

2) 제1수익자의 의무

첫째, 신용장의 양도에 소요되는 제 비용은 원칙적으로 제1수익자의 부담이며, 양도은행은 이러한 비용을 지급받을 때까지 양도요청에 응하지 아니할 수 있다.

둘째, 제1수익자는 신용장의 양도 요청시에, 양도은행이 장차 내도하는 조건변경을 제2수익자에게 통지하여야 하는지의 여부와 어떠한 조건하에서 조건변경을 통지하여야 하는지에 대하여 명확하게 지시해 주어야 한다.

셋째, 제1수익자의 송장 및 어음에 대한 대체권리는 이를 대체하라는 양도은행의 최초 요구시에 즉시 행사하여야 한다. 만일 이에 응하지 않으면 제1수익자의 송장 및 어음에 대한 대체권리는 상실된다.

라. 기타의 실무 유의사항

1) 양도신용장(Transferred Credit)하에서의 서류 제시장소

양도신용장(Transferred Credit)하에서 작성된 환어음 및/또는 서류는, 양도신용장상에 별도의 명시가 없는 한 반드시 양도은행으로 제시되어야 한다(UCP 600 제38조 k항). 따라서 만일 환어음 및/또는 서류가 양도은행으로 제시되어야 할 실익이 없는 경우로서, UCP 600 제38조 k항을 배제한 채 관련 서류를 제2수익자(또는 거래은행)로 하여금 개설은행으로 직접 발송하도록 하고자 한다면, 양도은행은 양도신용장상에 반드시 그와 같은 사실을 명시해 주어야 하며, 또한 그러한 사실을 개설은행으로 통보해 주어야 한다. (예: 신용장 '전액'을 제2수익자 1인에게 '단순양도' 하는 경우 등)

2) 중계무역 관련 수출신용장의 조건변경부 국외양도시 유의사항

신용장의 '조건변경부 양도'시에 서류의 송부처(제시장소)는 반드시 '양도은행'으로 지정하여야 한다. 또한 양도은행은 직접적인 지급확약의 책임이 없으므로, 다음과 같은 내용의 '대금결제 관련 특별 상환조항'을 삽입함으로써, 양도신용장에 대한 직접적인 결제(Honour)의 의무를 부담하지 않는다는 사실을 미리 고지하는 것이 필요하다. 그러나 참고로 'Back-to-Back L/C'는 원수출신용장(Master L/C)과 독립적인 별도의 지급확약이므로, 'Back-to-Back L/C'를 개설하는 경우에는 아래와 같은 취지의 문언을 기재하지 않는 것이 원칙이다.

"Upon receipt of documents at our counters, we shall forward the necessary documents to the issuing bank. Upon reimbursement from the issuing bank, we undertake to reimburse you as per your instructions."

3-4 양도의 실행

가. 양도의 종류

양도는 실무의 편의상 다음과 같이 그 종류를 구분하여 볼 수 있다.

1) 전액양도와 분할양도

- 전액양도 : 신용장 금액의 전부를 제2수익자 1인에게 양도하는 것을 말한다.
- 분할양도 : 신용장 금액을 분할하여 다수의 제2수익자에게 양도하는 것을 말한다.

2) 국내양도와 국외양도

- 국내양도 : 동일 국내에 소재하는 제2수익자에게 신용장을 양도하는 것을 말한다.
- 국외양도 : 외국에 소재하는 제2수익자에게 신용장을 양도하는 것을 말한다.

3) 단순양도와 조건변경부양도

- 단순양도 : 원신용장의 조건을 변경하지 않고 있는 그대로 양도하는 것을 말한다.
- 조건변경부양도 : 신용장의 양도에 따른 중계차익을 확보할 목적으로 신용장의 금액 · 단가 · 유효기일 · 서류제시기간 · 선적기일 · 부보비율 등을 감액 또는 단축하는 등, 원신용장의 조건을 일부 변경하여 양도하는 것을 말한다.

나. 징구서류

신용장의 양도업무 처리시 징구하여야 할 서류는 다음과 같다.

① 양도신청서(Application for Total/Partial Transfer)

② 신용장 원본(조건변경서 포함)

③ 인감(서명)신고서 및 그 부속서류(인감증명서 등)

☞ '인감(서명)신고서'는 최초 거래시에 양도인 및 양수인 모두에게 징구한다. 단, 국외양도인 경우에는 양도인에게만 징구한다.

다. 서류의 검토

양도신청을 받았을 때에는 다음 사항들에 대하여 검토하여야 한다.

① 신용장상에 'transferable'이라는 문구가 표시되어 있는가?

② 자행이 양도은행으로 수권되어 있는가?

③ 제2수익자가 제3수익자에게 행하는 2차 양도는 아닌가?

④ 분할선적이 금지되어 있는 신용장의 분할양도는 아닌가?

⑤ 양도금액이 신용장 금액(잔액)을 초과하지는 않는가?

⑥ 무역금융 등의 융자취급 사실은 없는가?

☞ 무역금융이 취급된 건은 양도할 수 없다.

⑦ 제2수익자에 대한 양도조건은 원신용장의 조건과 동일한가?

☞ 신용장통일규칙에 의해 변경이 허용된 조건에 한해서만 변경할 수 있다.

⑧ 조건변경서의 통지방법에 대하여 명확히 지시하고 있는가?

☞ 원신용장이 장차 조건변경될 경우, 양도은행이 이를 누구에게 통지하여야 하는지 및 만일 제2수익자에게 통지한다면 어떠한 조건하에서 통지하여야 하는지 등에 대한 명확한 지시가 있어야 한다.

⑨ 양도신청서의 기명날인은 신고된 인감과 일치하는가?

라. 양도장의 발행

① 양도장(Advice of Total/Partial Transfer)에 양도번호 및 양도일자, 양도인 및 양수인, 신용장번호 및 양도금액 등 필요한 사항을 기재하여 양도장을 완성한다.

② 전액양도의 경우에는 책임자가 서명날인한 '양도장'과 '신용장 원본'을 제2수익자에게 직접 교부한다.

③ 분할양도의 경우에는 책임자가 서명날인한 '양도장'과 '신용장 사본'을 간인하여 제2수익자에게 교부하고, 신용장 원본은 제1수익자에게 반환한다. 이때 양도장에 첨부되는 신용장 사본은 매 장마다 원본대조필의 고무인을 찍고 책임자가 직인을 날인한 후, 다시 매 장마다 책임자 직인으로 간인하여야 한다.

④ 신용장 원본의 뒷면에 다음과 같이 양도사실을 기재하고 확인인을 날인한다.

> This credit has been totally(or partially) transferred to (제2수익자) for (금액).
> 20XX. ○○. ○○
> Korea Institute Bank ○○ Branch

⑤ 신용장에서 특별히 개설은행 앞으로 양도사실의 통지를 요청하는 경우에는 개설은행 앞으로 양도의 사실과 그 주요 내용을 통보해 주어야 한다.

※ 상기의 양도장 발행 요령은 실무에서 가장 많은 비중을 차지하고 있는 '국내양도이면서 단순양도'인 경우에 대한 설명이며, '국외양도' 또는 '조건변경부양도'의 경우에는 본점에 의뢰하여 제2수익자의 거래은행 앞으로 양도 내용에 관한 전문을 발신하여, 제2수익자 앞으로 별도의 '양도신용장(Transferred Credit)'에 대한 통지가 이루어질 수 있도록 조치하여야 함.

3-5 양도신용장의 조건변경

신용장의 양도 후 내도되는 조건변경서의 통지방법은 제1수익자의 지시에 따라 결정된다. 제1수익자는 신용장의 양도 요청시에 그러한 조건변경서의 통지방법에 대하여 양도은행에 명확히 지시하여야 한다. 조건변경서를 제2수익자에게 직접 통지하도록 지시받은 양도은행은 향후에 내도하는 조건변경사항에 대하여 제2수익자에게 직접 통지하여야 한다.

신용장이 다수의 제2수익자에게 양도된 경우로서 당해 신용장에 대한 조건변경이 이루어지는 경우에는, 그러한 조건변경을 수락한 양수인에 대해서만 조건변경의 효력이 발생하며, 조건변경을 수락하지 아니한 양수인에 대하여는 기존 신용장의 조건이 그대로 적용된다. 비록 일부의 양수인이 조건변경사항을 거절한다 해서 조건변경서가 모두에게 무효가 되는 것은 아니며, 조건변경을 수락한 양수인에 대하여는 당해 조건변경이 유효하게 적용된다.

◀ 예시 3-1-2 ▶ 신용장 양도 신청서

Application for ■ Total ■ Partial Transfer

KOREA INSTITUTE BANK SEOUL, KOREA

Date :

Gentlemen :

We hereby request you to transfer irrevocably all of our rights of the above mentioned credit to the transferee under the same terms and conditions of the original credit with exceptions indicated hereunder :

Amount to be transferred :
Latest shipping date :
Expiry date :
Description of commodities and other conditions :

Any amendment to the credit hereafter made is to be advised to ☐ the first beneficiary. ☐ the second beneficiary.

The original credit (including amendments to this date, if any) is attached herewith for your endorsement.

We agree to indemnify and hold you harmless against any and all losses, damages and expenses arising from your actions on this transfer.

This application is subject to The Uniform Customs and Practice for Documentary credits, 2007 Revision, International Chamber of Commerce Publication No.600.

Accepted by	Truly Yours.
Authorized Signature & Name of Second Beneficiary	Authorized Signature & Name of First Beneficiary

담 당	책임자

KOREA INSTITUTE BANK

◀ 예시 3-1-3 ▶ 신용장 양도서(양도장)

Advice of ■ Total ■ Partial Transfer

Original

KOREA INSTITUTE BANK SEOUL, KOREA

Date :

T/S No. :

L/C No. :
Dated :
Issuing Bank :
Amount :
Beneficiary :
Accountee :

Gentlemen :

We are pleased to advise you that the above mentioned credit has been ☐ totally ☐ partially transferred to you by the first beneficiary, so amendments hereafter will be advised to ☐ the first beneficiary. ☐ the second beneficiary.

Details of transfer are as follows
Amount to be transferred :
Latest shipping date :
Expiry date :
Description of commodities and other conditions :

This advice is to be considered as an integral part of original credit. All other terms and conditions are same to the original credit with exceptions indicated as above.

All drafts to be negotiated under this advice must be accompanied by this Letter and the amount of any such drafts be endorsed on the back hereof by the negotiating bank.

This advice is subject to The Uniform Customs and Practice for Documentary Credits, 2007 Revision, International Chamber of Commerce Publication No.600.

C.C. :

Truly Yours.
FOR KOREA INSTITUTE BANK

Authorized Signature

KOREA INSTITUTE BANK

제 2 절

서류의 심사 및 매입

1. 수출환어음 매입 업무의 개요

'매입(Nego)'이란 수출상이 신용장 또는 D/P, D/A 등의 수출계약에 따라 선적을 완료하고 발행한 수출환어음(및/또는 선적서류)에 대하여, 거래은행이 이를 할인(Discount) · 구매(Purchase)하는 방식으로 미리 그 대금을 지불한 후, 수출상을 대신하여 개설은행에 상환 청구하거나 환거래은행을 통하여 수입자에게 추심함으로써 그 대금을 회수하는 일련의 금융기법을 말한다. 이러한 '매입(Nego)'은 은행의 지급보증 유무에 따라 L/C에 의한 매입과 D/P · D/A 계약서 등에 의한 매입으로 구분할 수 있으며, 이를 다시 하자 유무에 따라 클린매입(Clean Nego)과 하자매입(L/G Nego)으로 세분할 수 있고, 또한 결제조건에 따라 일람불매입과 기한부매입으로 구분해 볼 수 있다.

'매입(Nego)'은 근본적으로 그 의뢰인(수출상)에 대한 여신행위이므로 취급상에 많은 주의를 필요로 한다. 비록 화환신용장에 의한 매입이 개설은행의 보증기능으로 인하여 높은 안정성이 확보된다고는 하나, 신용장이라는 것은 '일치하는 제시(Complying Presentation)'에 대하여만 그 대금을 결제하겠다는 조건부의 지급확약이므로, 매입은행의 입장에서는 신용장의 조건에 대한 엄격한 해석과 함께 '일치하는 제시'인지의 여부에 대한 철저한 심사가 요구된다. 특히 신용장의 조건과 일치하지 않는 하자있는 서류의 추심전 매입이라든가, 또는 은행의 지급보증이 없는 D/P · D/A 계약서에 의한 추심전 매입시에는, 그 매입대금의 회수 가능성이 불투명하므로 반드시 사전에 그에 대한 별도의 채권보전책을 강구하여야 한다.

◀참고▶ '매입'과 '추심'이라는 용어에 대한 고찰

1 매입

'매입'이라는 용어는 UCP 600 제2조에 정의된 'Negotiation'의 의미 이외에도 국내의 실무 관행에서는 보다 폭넓은 의미의 매우 포괄적인 개념으로 사용되고 있는데, 이는 신용장(매입신용장, 인수신용장, 연지급신용장)은 물론 D/P, D/A, OA 등의 결제 거래와 관련하여, 지정된 만기까지의 이자를 할인 · 차감한 후 그 대금을 미리 지급하는 형태의 모든 'Export Financing'을 의미하는 개념으로 사용되고 있다. 따라서 Negotiation(매입신용장), Discounting(인수신용장), Prepay(연지급신용장), Purchase 등 그 용어에 관계없이 모든 'Advance Financing'을 '매입' 또는 '네고(NEGO)'라는 용어로 표현하고 있음을 이해하여야 한다.

이와 같은 모호하고 포괄적인 개념의 용어 사용에 대하여 그간 이를 시정하고자 하는 수차례의 시도가 있었으나, 이는 이미 오래 전부터 컨센서스가 형성된 국내 업계의 뿌리깊은 실무 관행으로서, 용어의 정정 및 다양하고 생소한 대체용어의 사용으로 인한 또다른 오해와 혼란을 감안하면 그 실익이 없을 것으로 판단되며, 따라서 본 서에서도 '매입'이라는 용어를 UCP 600에 정의된 'Negotiation'의 의미는 물론 국내 업계에서 사용하고 있는 포괄적인 의미의 용어로 혼용하고자 한다.

2 추심

'추심(Collection)'이란 '송금'에 대별되는 용어로서(받아내는 것과 보내주는 것의 차이), 채권자가 그 대금을 회수하기 위하여 채무자(또는 지급인)에게 상환을 청구하는 일련의 행위를 지칭하며, 신용장 방식을 제외한 대부분의 국제 추심거래는 'URC 522'을 준거하여 처리되는 것이 일반적이다. 그러나 실무에서는 이와 같은 '추심'의 본원적인 의미 이외에도, 'D/P, D/A 거래 대금의 상환청구 행위'만을 의미하는 협의의 개념으로 사용되거나, 또는 전술한 '매입'의 상대적인 개념으로 '대금결제방식과 관계없이 네고금융을 지원하지 않은 상태로 대금 상환을 청구하는 일체의 행위'를 의미하는 색다른 개념으로 사용되기도 한다. 본 서에서도 이와 같은 실무의 관행을 받아들여 '추심'이라는 용어를 상기와 같은 여러 가지의 의미로 혼용하고 있으므로, 문맥에 따른 적절한 해석이 요구된다.

2. 서류의 접수

2-1 신규거래시 징구서류

수출환어음(선적서류) 매입거래를 하기 위해서는 먼저 신청인에게 은행여신거래기본약관을 교부하고 관련 거래약정을 체결하여야 한다. 수출거래(매입외환) 약정시 징구하여야 하는 기본서류는 대개 다음과 같다.

① 외국환거래약정서

② 인감(서명감)신고서

③ 인감증명서

④ 법인등기부등본(개인기업의 경우에는 주민등록등본)

⑤ 사업자등록증(사업자등록증명원)

⑥ 무역업고유번호부여증 사본

⑦ 정관 또는 규약(원본 확인후 사본보관)

⑧ 이사회의사록(법인인감으로 원본대조필)

D/P, D/A, OA Nego 등 필요시에는 다음의 서류를 추가로 징구하여야 한다.

① 여신거래약정서

② 근보증서(보증인 입보시)

③ 근저당권설정계약서 또는 근질권설정계약서(필요시)

④ 채무 관련인의 주민등록증

⑤ 기타 필요한 서류(각종 권리서류 및 추가약정서 등)

2-2 매입신청 접수시 징구서류

수출자는 수출계약에 따라 물품을 선적하고 관련 신용장이나 계약서에 명시된 소정의 서류를 구비하여 거래은행에 매입을 신청하게 된다. 수출자(신용장의 수익자)로부터 서류의 매입 또는 추심의뢰가 있을 때에는 다음과 같은 서류를 징구한다.

① 수출환어음 매입(추심) 신청서

② 신용장(또는 D/P, D/A 계약서 등)과 그 조건변경서의 원본 및 사본

③ 신용장 또는 계약서에서 요구하는 제 서류 및 환어음(필요한 통수와 사본)

④ 수출신고필증

⑤ 기타 필요한 서류(수출승인서 등)

3. 서류의 심사

신용장은 그 성질상 매매계약이나 또는 기타의 계약에 근거를 두고 있다 하더라도 이들 계약과는 별개의 독립된 거래로서, 은행은 신용장에 그러한 계약에 관한 어떠한 참조사항이 포함되어 있더라도 그러한 계약과는 아무런 관계가 없고, 또한 그러한 계약에 의하여 구속을 받지 아니한다. 따라서 은행이 신용장에 근거하여 지급 · 인수 · 매입하거나 또는 기타 모든 의무를 이행하겠다는 확약은 개설은행 또는 수익자와의 관계에 기인한 개설의뢰인 측의 클레임이나 항변의 대상이 되지 않는다. 수익자 또한 어떠한 경우에도 은행 상호 간 또는 개설의뢰인과 개설은행 간에 존재하는 계약관계를 원용할 수 없다.

신용장거래에 있어서 모든 당사자는 서류에 의하여 거래하는 것이지, 그러한 서류와 관련된 물품, 서비스 또는 기타 의무이행을 취급하는 것이 아니다. 그러므로 수익자(수출자)는 신용장에서 요구하는 모든 서류를 신용장조건에 일치하게 제시하여야만 신용장에 부여된 권리를 주장할 수 있으며, 매입은행의 경우에도 신용장조건에 일치하는 서류를 매입하였을 때 개설은행으로부터 독립 · 추상적인 보호를 받는다.

신용장거래에 관계하는 은행은 모든 서류가 신용장조건과 문면상 일치하는지 여부를 확인하기 위하여 상당한 주의(Reasonable Care)를 가지고 서류를 심사하여야 한다. 서류가 신용장조건과 일치하는지의 여부는 신용장통일규칙에 반영된 국제표준은행관습

(International Standard Banking Practice)에 의하여 결정된다. 은행의 서류심사는 서류가 문면상 신용장조건과 일치하는지 여부를 확인하는 것으로, 서류의 지정없이 조건(Conditions)만을 명시하고 있는 경우에 그러한 조건은 명시되지 않은 것으로 간주하고 무시한다.

그리고 은행은 서류의 유효성과 관련하여 다음 사항에 대하여는 어떠한 의무나 책임을 지지 않는다.

- 서류의 형식, 충분성, 정확성, 진정성, 위조 또는 법률적 효력, 그리고 서류에 기재된 일반 및 특별조건 또는 부가조항
- 물품의 명세, 수량, 품질, 상태, 포장, 인도, 가치 또는 실존 여부
- 물품의 송하인, 운송인, 운송주선인, 수하인, 보험자 또는 기타 모든 관련자의 성실성, 작위 또는 부작위, 지급능력, 의무이행 또는 신용상태 등

그러나 은행은 선량한 관리자로서 주의의무를 다하여야 하며, 만일 매입은행이 위조행위의 관련 당사자일 경우나 선적서류의 매입 전에 위조사실을 인지하였을 경우 및 서류가 외관상 위조된 것이 식별되는 경우에는 면책되지 않으므로 주의를 요한다.

3-1 신용장의 심사

신용장에 대하여 다음 사항에 주안점을 두고 심사한다.

가. UCP 준거문언의 기재 여부

신용장통일규칙의 적용을 받지 않는 신용장은 그 처리 및 분쟁의 해결에 많은 어려움이 따르므로, 사전에 반드시 UCP 600(또는 UCP 500)의 준거문언이 기재되어 있는지의 여부를 확인하여야 한다. 신용장통일규칙이 적용되지 않는 신용장은 신용장으로서의 가치를 인정하지 않는 것이 일반적인 실무의 관행이다.

나. 취소가능신용장이 아닌지의 여부

취소가능신용장은 당사자 간의 합의 없이도 개설은행에 의하여 언제든지 취소 또는 변경될 수 있으므로, 수출환어음(및/또는 선적서류)의 추심전 매입을 위한 신용장은

반드시 취소불능신용장이어야 한다. 신용장상에 취소가능 여부에 대한 별도의 언급이 없는 경우에는 취소불능신용장으로 간주하여 처리할 수 있다.

다. 사전예고통지서가 아닌지의 여부

전신문의 내용 중에 'Full details to follow' 등의 문구가 기재되어 있는 소위 'Short Cable'이라든가, 또는 신용장의 통지문상에 'Preliminary Advice', 'Preliminary Notification' 등의 고무인이 찍혀있는 경우라면, 이는 단순한 정보제공 차원의 불완전한 신용장이므로 별도의 '우편확인서(Mail Confirmation)'가 첨부되어 있지 않는 한 NEGO 취급할 수 없다.

라. 신용장의 외견상 진정성 및 위변조 가능성

통지은행을 통하여 그 진정성이 확인된 신용장인지의 여부를 점검하여야 하며, 만일 그 진위성이 의심스러운 경우에는 통지은행 앞 유선 확인 후 취급하여야 한다. 특히 EDI · TLX · MAIL L/C 등의 경우에는 신용장의 위 · 변조 가능성에 대한 보다 철저한 주의가 요구된다.

참고 통지은행이 진정성을 확인하지 못한 채 통지한 경우의 표기 사례

We assume no responsibility in regard to this credit, since we have no correspondent relationship with the issuing bank and therefore, can not verify the apparent authenticity of this credit.

마. 개설은행 소재국의 Country Risk, Sanction 여부, 개설은행의 신용상태 등

① 전쟁, 폭동, 소요, 반란, 테러 등의 불가항력적 사태가 발생하였거나 또는 발생할 소지가 있는 국가는 아닌가?

② 심각한 경제(금융 · 외환 등)위기 상황으로 인하여 외환통제를 가하고 있거나, 또는 대외채무의 동결(Moratorium) 소지가 있는 국가는 아닌가?

③ 우리나라 및 UN 또는 USA의 통상금지조치(Embargo) 대상은 아닌가?

☞ '국제평화및안전유지등의무이행을위한무역에관한특별조치고시' '국제평화및안전유지등의의무이행을위한지급및영수허가지침' 'USA OFAC의 SDN List(Specially Designated Nationals List)' 등을 참조하여 거래 거절할 것.

④ 규모 및 신용도가 열악한 은행이 발행한 신용장은 아닌가?

☞ 개설은행의 Bank Rating 및 자산규모 등에 관한 사항은 본점 외신계로 문의할 것.

⑤ 은행(Bank)이 아닌 기업이 발행한 신용장(Private L/C)은 아닌가?

위와 같은 경우에는 비록 신용장조건에 엄격히 일치하는 서류를 제시한다 할지라도 대개 그 대금 결제를 보장받을 수 없는 것이 일반적이므로, 별도의 채권 보전책을 강구한 후에 취급하여야 한다. 예를 들면 일류은행의 '확인(Confirm)'을 추가하도록 하거나 '수출신용보증서' 또는 '포페이팅(재매각방식)' 거래 등을 활용하여 리스크를 보완하여야 하며, 그렇지 못한 경우에는 '추심거래'로 전환하여 취급하는 것이 바람직하다. 만일 이를 '매입(NEGO)'하고자 한다면, 이는 무신용장방식과 마찬가지로 매입의뢰인에 대한 '동일인한도여신'으로 간주하여, 여신전결권자의 사전 승인을 득한 후 '매입외환' 한도 약정 후에 취급하여야 한다.

바. 유효기일의 경과 여부

유효기일이란 지급 · 인수 · 매입을 위하여 수익자가 지정은행 또는 개설은행에 환어음 및/또는 서류를 제시하여야 하는 최종기일을 말하며, 유효기일이 경과하게 되면 당해 신용장에 근거한 모든 권리는 자동적으로 소멸하게 된다. 따라서 NEGO 취급시에는 반드시 그 유효기일의 경과여부를 우선적으로 점검하여야 한다.

유효기일은 통상 매입지에서 종료되는 것이 일반적이나 간혹 개설은행 소재지에서 종료되는 경우도 있으므로, 유효기일의 종료 장소에 대해서도 각별히 유의하여야 한다. 유효기일이 개설은행 소재지에서 종료되는 경우에는 소요 우편일수를 고려하여 유효기일의 경과여부를 판단하여야 하며, 또한 매입지에서 종료되는 경우라 하더라도 타은행 앞 재매입(Renego) 의뢰대상 신용장일 경우에는 'Renego Bank' 도착 기준으로 판단하여야 한다.

사. 소위 '독소조항(Poison Clause)'의 내포 여부

① 신용장의 유효성을 제약하는 'Conditional L/C (Inoperative L/C)'는 아닌가?

- This Credit will be operative upon condition that ~ blah blah blah.
- Sample must be approved by the applicant prior to shipment and the approval is required.
- Shipment is subject to our further instruction and the shipping instruction must be submitted.

② 개설은행의 결제 책임을 면탈시키는 조항이 삽입된 신용장은 아닌가?

- In case final buyer fails to pay merchandise referred to under this L/C within 60 days from the on board date of the B/L, the draft and documents shall not be paid on maturity date.
- Payment will be effected on maturity under condition that we must receive the proceeds under L/C No. ABC1234 issued by OOO Bank.
- This Credit is available by negotiation on sight basis for 70% of invoice value, and the remainder will be paid upon receipt of notice from applicant that they are satisfied with the merchandise.

③ 개설의뢰인이 발행 또는 부서하여야 하는 서류를 요구하는 신용장은 아닌가?

- Inspection certificate issued and signed by applicant.
- Commercial invoice countersigned by the applicant.

④ 실무관행 등으로 미루어 사실상 이행이 불가능한 조건이 삽입된 신용장은 아닌가?

- Bill of Lading bearing a clause such as 'shipper's load and count' is not acceptable.
- Bill of Lading showing 'said by shipper to contain' or similar clause is not acceptable.

⑤ 소위 'Incomplete L/C' 또는 'Ambiguous L/C'는 아닌가?

- 신용장 자체에 구조적인 결함이 있거나 그 내용이 불완전 · 불충분한 경우
- 신용장에 사용된 용어나 조건의 내용이 불명확하여 그 해석이 애매모호한 경우
- 조건 상호 간에 모순이 있어 그 하나를 이행하면 다른 조건을 충족시킬 수 없는 경우

• Full set of clean on board ocean bill of lading ~, loading on board Seoul, Korea.(서울은 항구도시가 아니므로 조건이행이 불가능함)

⑥ 기타, 수익자나 매입은행이 그 조건을 통제할 수 없는 'Uncontrollable L/C'는 아닌가?

위와 같은 비정상적인 조건이 삽입되었거나 소위 독소조항이 내포된 신용장은, 그 내재된 위험의 예측이 어려울 뿐만 아니라 서류의 위 · 변조 및 사기거래 등과 관련한 분쟁 발생 가능성이 농후하므로, 사전에 반드시 그 조건을 변경 받도록 하거나 또는 추심거래로 전환하여 취급하여야 한다. 만일 개설은행의 Unpaid시에도 수출상에 대한 소구권의 실익이 확실하다고 판단되는 경우라면, 이를 무신용장방식에 준하여 매입의뢰인에 대한 '동일인한도여신'으로 간주하여 '매입'할 수 있으나, 이 경우에는 여신전결권자의 사전 승인을 득한 후 '매입외환' 한도 약정 후에 취급하여야 한다.

아. 기타 점검사항

1) 개설은행에 지나치게 불리한 조건의 신용장은 아닌가?

'All discrepancies are acceptable' 또는 'L/C expired & over drawing shall not be considered as a discrepancy' 등과 같이 개설은행에 지나치게 불리한 조건의 신용장은, 변칙적인 목적 또는 사기의 수단으로 악용될 가능성이 농후하게 내재되어 있으므로 각별히 유의하여야 한다. 언뜻 보기에는 매입은행에 매우 유리한 조건으로 비추어질지 모르지만, 오히려 사기 등에 연루될 가능성이 높아 매입은행에 예기치 않은 손실을 끼칠 수 있기 때문이다.

2) 수출입 당사자가 본 · 지사 간인 신용장은 아닌가?

본지사 간의 거래는 수수료 부담이 적은 송금방식이나 또는 D/P, D/A 등의 방식을 활용하는 것이 일반적이다. 만일 본지사 간의 거래에 신용장방식이 이용되었다면, 이는 변칙적인 목적 또는 사기의 수단으로 악용될 가능성이 농후하므로 매입은행은 불의의 피해를 입을 가능성이 그만큼 높아지게 된다. 따라서 수출입 당사자가 본지사 간인 신용장을 취급하는 경우에는 각별히 유의하여야 한다.

3) '조건변경부 국외양도신용장'은 아닌가?

양도은행은 '양도신용장(Transferred L/C)'에 대하여 별도의 지급확약을 하는 것이 아니며, '원신용장(Master L/C)'이 정상적으로 결제된 후에야 비로소 당해 양도신용장의 대금을 지급하게 되므로, 만일 제1수익자가 제시하는 서류상에 하자가 있는 경우에는 그 결제를 보장받을 수 없게 된다. 따라서 이러한 '조건변경부 양도신용장'은 무신용장 방식에 준하여 처리하는 것이 바람직하다.

또한 '조건변경부 양도신용장'의 관련 서류는 반드시 양도은행으로 송부하여야 하며, 만일 개설은행으로 서류를 잘못 송부하는 경우에는, 중계상의 서류대체 권리를 침탈하는 것은 물론 수출입당사자를 노출시키는 결과를 초래하여 심각한 분쟁에 휘말릴 우려가 있으므로 각별히 유의하여야 한다.

4) 'Partial Draft L/C (일부어음발행신용장)'는 아닌가?

송장금액의 일부에 대해서만 환어음을 발행하도록 지시하고 있는 'Partial Draft L/C'에 대해서는, 송장금액의 전체에 대해서 NEGO가 이루어지지 않도록 각별히 유의하여야 한다.

5) 'Remittance Base'의 신용장은 아닌가?

대금의 결제방법이 'Remittance Base(송금방식)'인 신용장은 'Reimbursement Base(상환방식)'에 비하여 '입금지연' 또는 '부당지급거절' 등의 말썽을 일으키는 예가 많으므로 각별한 주의가 요구된다. 특히, 개도국에서 발행된 신용장 또는 신규거래처와의 거래(Nego)시에는 보다 철저히 서류를 심사하여야 한다.

☞ '송금방식의 일람불신용장'은 그 거래의 구조상 대부분 '입금지연'이 발생할 수 밖에 없음. 즉, 'Sight Nego 환가료'의 징수 일수인 '8일'만에 입금되는 것이 현실적으로 거의 불가능함.

[입금소요기간 약 11일 : 매입(지점) → 매입은행의 본점(1일) → 개설은행(2일) → 개설의뢰인의 결제(7일 : 5영업일) → 개설은행의 지급지시(1일) → 매입대금 입금]

☞ 'Remittance Base' 신용장의 대금상환 문구 예시 :

Upon receipt of all documents and drafts in conformity with the terms and condition of this credit, we will remit the proceeds to the bank designated by negotiating bank as per their instruction.

6) 수출화물에 대한 양도담보권을 해하는 조항이 있지는 않은가?

수출화물은 유사시 양도담보물로서의 역할을 하게 되며, 개설은행의 Unpaid시 매입은행은 운송서류를 반환 받음으로써 화물에 대한 권리를 확보하게 된다. 그러나 다음과 같은 경우에는 수출화물에 대한 매입은행의 담보권이 훼손당하게 되므로, 완벽한 Clean Nego를 자신할 수 없는 한 별도의 채권 보전책을 강구한 후에 취급하는 것이 바람직하다.

- B/L의 Original Full Set을 개설은행으로 송부하도록 지시하지 않는 신용장
- B/L의 사본제시를 허용하는 신용장
- Surrendered B/L을 허용하는 신용장
- AWB의 Consignee를 개설은행으로 지정하지 않는 신용장 등

7) 리네고 대상 신용장은 아닌가?

특정의 은행을 지급 · 연지급 · 인수은행으로 지정한 '지정신용장' 이거나 또는 '매입제한신용장'이나 '상환제한신용장'일 경우에는, 해당 은행 앞으로 재매입(Renego)을 요청하여야 하는 것이 원칙이다.

8) 'Banker's Usance L/C'는 아닌가?

기한부신용장의 경우에는 당해 신용장이 'Banker's Usance'인지 'Shipper's Usance'인지를 확인하여야 하며, Banker's Usance인 경우에는 'At Sight Basis'로 Nego 하여야 한다.

☞ 'Banker's Usance L/C' 임을 나타내는 문구 예시 :

Usance draft must be negotiated at sight basis regardless of draft tenor. And acceptance commission and discount charges are for buyer's account.

3-2 신용장 조건의 해석

가. 유효기일 및 제시장소

신용장은 반드시 서류의 제시를 위한 '유효기일' 및 그 '제시장소'를 명시하고 있어야 한다. '유효기일(Expiry Date)'이란 지급 · 인수 · 매입을 위하여 신용장에 명시된 서류를 제시하여야 하는 최종일자를 말하며, 이는 지정은행에 의하여 지급 · 인수 · 매입이 이루어져야 하는 최종시한을 의미하는 것이 아니다. 서류의 '제시장소'란 지급 · 인수 · 매입을 위하여 신용장에 명시된 서류를 제시하여야 하는 장소를 말하며, 이는 곧 유효기일이 종료하는 장소가 된다. '지정신용장'이나 '매입제한신용장'은 당해 지정은행의 창구가 곧 서류의 제시장소가 되며, 모든 은행에서 이용이 가능한 '자유이용신용장(Credit available with any bank)'의 경우에는 그 모든 은행이 곧 서류의 제시장소가 된다. 물론 서류는 지정은행을 경유하지 않은 채 개설은행으로 직접 제시될 수도 있으므로 개설은행 또한 서류의 제시장소가 된다.

1) 유효기일의 종료장소

유효기일이 종료되는 장소는 지급 · 인수 · 매입은행 또는 개설은행의 소재지가 된다. 통상적으로는 지정은행의 소재지에서 유효기일이 종료되는 경우가 대부분이나, 간혹 개설은행 소재지에서 종료되는 경우도 있으므로 주의하여야 한다.

'Expiry date yymmdd in ○○○ for negotiation' 또는 'Expiry date yymmdd at the counters of ○○○'의 문장에서 'in' 또는 'at the counters of' 다음에 기재되는 장소가 바로 유효기일이 종료되는 장소이다.

2) 유효기일의 연장

은행의 휴업기간 중에 유효기일이 경과하게 되면 당사자들은 그 처리를 둘러싸고 많은 혼란과 분쟁에 빠져들게 된다. 따라서 신용장통일규칙에서는 그러한 혼란을 방지하고 원만한 거래가 이루어질 수 있도록 하기 위하여, 은행의 휴업기간 중에 유효기일이 종료되는 경우의 처리 방법에 대하여 다음과 같이 별도로 규정하고 있다.

첫째, 천재지변, 폭동, 소요, 반란, 전쟁, 테러행위, 기타 불가항력적인 사태나 파업 또는 직장폐쇄 등으로 인하여 은행의 업무가 중단되는 경우이다. 은행은 이와 같은 원인에 의한 업무의 중단으로부터 발생하는 결과에 대하여 어떠한 책임도 지지 않는다. 즉, 은행은 그러한 업무중단기간 중에 유효기간이 경과된 신용장에 대하여 지급, 연지급약정, 인수 또는 매입을 이행하지 않으며, 따라서 수익자는 그 업무중단기간 중에 신용장의 유효기일이 경과하게 되면 신용장에 근거한 청구권을 잃게 된다. 그러나 만일 지정은행이 정당한 절차에 의하여 이미 서류를 수리(지급 · 연지급약정 · 인수 · 매입)한 경우라면, 개설은행은 비록 위와 같은 원인에 의해 업무가 중단된 경우라 하더라도 그러한 불가항력적 사유가 해제되어 업무가 재개되었을 때 이를 반드시 결제하여야 한다.

둘째, 통상적인 은행의 휴무, 즉 불가항력적 사유 이외의 사유로 은행이 영업을 하지 않는 경우이다. 은행의 휴업일이 통상적인 공휴일(토요일 · 일요일 · 국경일 · 기념일 · 명절 등)에 해당하는 경우로서 당해 기간 중에 신용장의 유효기일이 종료된 경우라면, 이때는 그 휴업일에 이은 최초 영업일까지 당해 신용장의 유효기일이 자동 연장된다. 이와 같은 사유에 의하여 연장된 유효기일에 지급, 연지급약정, 인수 또는 매입을 이행하였을 경우, 지정은행은 그 서류송부장(Covering Schedule)에 다음과 같은 취지의 문언을 기재해 주어야 한다.

"The presentation was made within the time limits extended in accordance with sub-article 29(a) of the uniform customs and practice for documentary credits, 2007 revision, ICC publication No. 600."

3) 기간으로 표시된 유효기일

개설은행이 신용장의 유효기일을 'for six months' 등의 기간으로 표시하고 그 기산일을 별도로 명시하지 않은 경우에는, 당해 신용장의 개설일을 그 기산일로 간주하여 유효기일을 산정한다. 그러나 은행은 이러한 방법으로 신용장의 유효기일을 표시하는 것을 억제하여야 한다.

나. 서류의 제시기간

운송서류(UCP 600 제19조 ~ 제25조의 서류)의 원본을 한 통 이상 제시하도록 요구하는 신용장에는, 서류의 제시를 위한 '유효기일'의 명시에 추가하여 서류가 제시되어야 하는 '선적일 이후의 특정기간'을 명시하여야 한다. 만일 이러한 기간이 명시되어 있지 않은 경우에는 선적 후 21일 이내에 제시되어야 하는 것으로 보고, 해당 기간을 경과하여 제시된 서류의 수리를 거절한다.

서류 제시기간과 관련한 지시 문언의 예를 살펴보면 다음과 같다. "Document must be presented not later than ~ days after the date of shipment" 참고적으로 실무에서는 'date of shipment'라는 용어 대신에 'B/L date', 'AWB date', 'on board date' 등의 용어가 사용되기도 한다.

1) 선적일자(Date of Shipment)

서류제시기간의 기산 기준이 되는 선적일자는 다음과 같다.

가) 두 가지 이상의 서로 다른 운송방법을 포괄하는 운송서류(복합운송서류; Multimodal / Intermodal / Combined Transport Documents): 운송서류상에 스탬프 또는 부기에 의하여 발송일(Date of Dispatch), 수탁일(Date of Taking in Charge) 또는 본선적재일(Date of Shipped on Board)이 별도로 표시되어 있는 경우에는 그 표기일자를 선적일자로 보고, 그러한 표시가 없는 경우에는 당해 운송서류의 발행일(Date of Issuance)을 선적일자로 본다.

나) 해상 운송서류(Marine / Ocean Bill of Lading, Sea Waybill): 운송서류상에 본선적재부기(On Board Notation)가 있는 경우에는 그 본선적재부기에 기재된 일자(On Board Date)를 선적일자로 보고, 본선적재부기가 없는 경우에는 당해 운송서류의 발행일을 선적일자로 본다.

다) 항공 운송서류(Air Waybill): 운송서류상에 실제선적일(Actual Date of Shipment)에 대한 특정한 부기가 있는 경우에는 그 부기에 기재된 일자를 선적일자로 보고, 그러한 부기가 없는 경우에는 당해 운송서류의 발행일을 선적일자로 본다.

라) 도로, 철도, 내수로 운송서류 (Road, Rail, Inland Waterway Transport

Documents): 운송서류상에 일자가 표시된 수령스탬프(Dated Reception Stamp)가 찍혀 있거나 수령일(Date of Receipt) 또는 선적일(Date of Shipment)에 대한 별도의 표시가 있는 경우에는 그 표기일자를 선적일자로 보고, 그러한 표시가 없는 경우에는 당해 운송서류의 발행일을 선적일자로 본다.

마) 특송배달영수증, 우편영수증 또는 우편증명서(Courier Receipt, Post Receipt or Certificate of Posting): 특송배달영수증에는 집배일자(Date of Pick-up) 또는 수령일자(Date of Receipt) 또는 그러한 취지의 문구가 반드시 표기되어 있어야 하며, 그 표기일자를 선적일자로 본다. 우편영수증이나 우편증명서는 신용장에 명시된 선적장소에서 스탬프되거나 서명되고 일자가 기재되어 있어야 하며, 그 표기일자를 선적일자로 본다.

바) 단일 건에 대하여 두 세트 이상의 운송서류가 제시되는 경우에는, 제시된 운송서류상의 가장 늦은 선적일을 선적일자로 본다.

주의 선적일자가 다른 여러 세트의 운송서류가 제시된 경우로서, 그것이 UCP 600 제31조 b항에 의거 분할선적으로 간주되지 않는 경우(B/L 세트 상호 간의 Vessel Name, Voyage Number, Port of Discharge가 모두 동일한 경우)에는 제시된 운송서류상의 선적일자 중에서 가장 늦은 일자를 기준으로 서류제시기간 및 선적기일의 경과여부를 판단하며, 그 이외의 경우에는 그들 중 가장 빠른 일자를 기준으로 서류제시기간의 경과여부를 판단하고 가장 늦은 일자를 기준으로 선적기일의 경과여부를 판단하여야 한다(ISBP 821 E19조).

참고 하나의 운송서류에 여러 개의 본선적재부기(On Board Notation)가 있는 경우로서, ① 그것이 신용장에 허용된 선적지역(예 : Any Korean port) 내의 복수의 항구에 적치된 화물을 동일한 선박이 순차 선적함으로 인하여 발생한 경우에는 그들 중 가장 늦은 'On Board Date'를 선적일자로 간주하여 서류제시기간 및 선적기일의 경과여부를 판단하되, ② 그것이 신용장에 허용된 선적지역 내에서의 환적으로 인하여 발생한 경우에는 그들 중 가장 빠른 'On Board Date'를 선적일자로 간주하여 서류제시기간 및 선적기일의 경과여부를 결정한다(UCP 600 제31조 b항 준용, ISBP 821 B2조 e항 및 E19조 준용).

사) 서류제시기일의 산정과 관련하여 'From'이라는 용어가 사용된 경우에 이는 'After'와 동일한 의미로 해석하며, 따라서 해당일자를 제외하고 그 다음날로부터 기일을 산정한다(ISBP 821 A15조). [예: Documents must be presented within 10 days from(= after) the date of shipment]

2) 서류제시기간의 연장

서류 제시기간의 최종일(Last Day for Presentation)이 은행의 통상적인 휴무일에 해당하는 경우에는, 유효기일의 경우와 마찬가지로 그 휴무일에 이은 최초 영업일까지 당해 서류의 최종제시일이 자동 연장된다. 만일 연장된 기간 중에 지급, 연지급약정, 인수 또는 매입을 이행하였다면, 이때도 역시 지정은행은 그러한 사실을 다음과 같이 서류송부장에 표시해 주어야 한다.

"The presentation was made within the time limits extended in accordance with sub-article 29(a) of the uniform customs and practice for documentary credits, 2007 revision, ICC publication No. 600."

다. 금액 및 수량의 과부족

1) 'About' 또는 'Approximately' 기타 이와 유사한 용어의 해석

신용장의 금액(Amount), 수량(Quantity), 단가(Unit Price)와 관련하여 'About' 또는 'Approximately'라는 용어가 사용된 경우에, 이는 해당 금액 또는 해당 수량 또는 해당 단가에서 10% 범위 이내의 과부족을 허용하는 것으로 해석한다(UCP 600 제30조 a항). 이때 주의하여야 할 점은 'About' 등의 용어가 사용된 바로 그 항목에 대해서만 과부족이 허용된다는 점이다.

예를 들어 설명하면 다음과 같다. 신용장상의 물품 수량이 'about 1000pcs'라고 표시되어 있는 경우, 그 선적 수량의 상한은 1100pcs가 되며 하한은 900pcs가 된다. 이때 가령 신용장금액이 US$500,000이고 단가가 @US$500이며 실제의 선적 수량이 900pcs(−10%)라고 한다면, 송장금액은 US$450,000이 되어 이는 신용장금액 범위 내에 해당하므로, 분할선적이 금지되어 있지 않는 한 별다른 문제를 야기하지 않는다. 그러나 만일 실제의 선적 수량이 1100pcs(+10%)라고 한다면, 그때는 송장금액이 US$550,000이 되어 신용장금액을 초과하게 되는 문제점이 발생하게 된다. 따라서 이 경우 'About'의 효과는 1000pcs에서 그 하한선인 900pcs의 범위 내에서만 선적을 허용하는 것임에 불과하며, 만일 그 상한선인 1100pcs까지 선적할 수 있기 위해서는 신용장의 금액 앞에도 'About' 등의 용어가 반드시 기재되어 있어야만 한다.

참고 Up to, Not exceeding, Maximum

신용장의 금액 또는 수량과 관련하여 'Up to' 'Not exceeding' 'Maximum' 등의 용어가 사용된 경우에, 이는 해당 금액 또는 해당 수량에 대한 일체의 상한편차(More)를 금지하는 것으로 해석함.

2) 수량 과부족에 대한 예외 허용

물품의 성질에 따라서는 신용장에 명시된 수량을 정확하게 선적하는 것이 곤란하여 그 편차가 발생하기 쉬운 것들이 있다. 예를 들면 Bulk Cargo의 광석 · 곡물 · Oil 등이 그것인데, 이들은 매매계약시의 계약량과 실제 선적량 또는 도착량을 정확히 일치시키기가 매우 곤란한 상품들이다. 만일 신용장상에 'More or Less Terms (M/L Clause)'가 명시되어 있는 경우라면 별다른 문제가 없겠지만, 그렇지 않은 경우라면 그때는 분쟁 발생의 소지를 피할 수 없게 된다. 따라서 그러한 분쟁을 예방하기 위하여 신용장통일규칙에서는 다음과 같이 수량 과부족의 예외를 허용하고 있다.

① 신용장상에 수량의 과부족을 금지하는 조건(예: The quantity must not be exceeded or reduced.)이 없고, ② 또한 신용장상의 상품 수량이 '포장단위(Packing Units)'나 '개개품목(Individual Items)'의 '개수'로 명시되어 있지 않으며(예: 수량조건이 길이, 면적, 용적, 중량 등으로 명시된 경우를 말함), ③ 또한 청구금액(어음발행금액)의 총액이 신용장 금액을 초과하지 않는다면, ④ 비록 신용장상에 별도의 과부족 허용조항이 명시되어 있지 않다 하더라도 상품수량에 대한 5% 범위 이내의 과부족(More or Less)은 허용되는 것으로 본다(UCP 600 제30조 b항, ISBP 821 C14조).

즉, 신용장에서 요구하는 수량을 정확하게 선적하기 어려운 경우에, 부득이하게 발생 가능한 초과선적에 대해서는 이를 하자로 보지 않는 반면에 그 초과분에 대해서는 신용장을 통하여 대금을 청구할 수 없도록 제한하고 있으며, 또한 상품수량에 대한 5% 범위 이내의 부족분이 발생한 경우에는 비록 분할선적을 금지하는 신용장이라 하더라도 이를 분할선적에 의한 하자로 보지 않겠다는 의미이다.

참고 초과(More) 선적시의 환어음 및 상업송장 금액

위와 같이 5% 범위 이내의 초과선적이 이루어지는 경우에 상업송장의 금액은 신용장 금액을 초과하게 되지만, 환어음은 신용장 금액을 초과하여 발행할 수 없으므로, 환어음의 금액과 상업송장의 금액은 서로 불일치하게 된다. 그러나 이와 같은 문제는 UCP 600 제18조 b항에 의하여 용인되는 사항이며, 경우에 따라서는 ISBP 821 C8조에 의거하여 아예 상업송장상에 Deduction으로 처리하는 사례도 있다.

3) 신용장 금액에 대한 하한편차의 허용

비록 분할선적을 금지하는 신용장이라 하더라도, 신용장상에 명시된 상품의 수량이 전량 선적되고 또한 단가가 일치하는 경우라면, 신용장 금액에 대한 5% 범위 이내의 하한편차(Less)는 허용되는 것으로 본다(UCP 600 제30조 c항, ISBP 821 C15조).

즉, 상업송장 및 환어음의 금액이 신용장 금액보다 5% 범위 이내에서 부족하게 발행된 경우로서, 만일 상업송장에 기재된 상품의 수량 및 단가가 신용장과 정확히 일치하는 경우라면, 이는 분할선적에 의한 하자로 보지 않겠다는 말이다. 그러나 단가 및 상품 수량 중의 어느 하나라도 신용장과 일치하지 않는다면 이는 하자가 된다. 또한 신용장상에 특정비율의 과부족 허용 조항이 별도로 명시되어 있거나, 금액 · 수량 · 단가와 관련하여 'About' 등의 용어가 사용된 경우에는 위의 규정이 적용되지 않는다.

사례 개산 금액으로 먼저 신용장을 개설하고 사후에 그 차액을 정산하기로 하는 경우:
CIF 조건하에서 운임 및 보험료가 확정되지 않은 채 개산 금액으로 신용장이 개설됨에 따라, 사후에 그 부대비용의 실비를 반영할 목적으로 신용장 금액의 일부를 감액 청구하고자 하는 경우 등에 활용할 수 있음. 단, 상품의 수량 및 단가는 신용장의 조건과 일치하여야 함.

plus+ 'More or Less' 조항의 적용시 유의사항

신용장상에 'L/C amount & quantity 5% more or less acceptable.' 등과 같은 과부족 조항이 명시되어 있는 경우로서, 그 상품명세에 'Model No' 또는 'Color' 등이 다른 여러 개의 품목이 언급되어 있는 경우라면, 그러한 과부족 허용비율에 대한 제한은 전체(Total)의 수량 및 금액뿐만이 아니라 개별 품목의 수량 및 금액에 대해서도 모두 적용되는 것으로 해석하여야 한다. (ICC Pub. No.632 Ref.236 참조)

《 하자 사례의 예시 》

- 신용장상의 과부족 허용 조건:
  L/C amount & quantity 5% more or less acceptable.

- 신용장에 명시된 상품수량 Vs. 상업송장상의 상품수량

개별품목의 명세	신용장상의 수량	상업송장상의 수량	상호 간의 편차
A (blue)	100	102	+2%
B (red)	100	104	+4%
C (yellow)	**100**	**106**	**+6%**
Total	300	312	+4%

- 'Complying Presentation'인지의 여부에 대한 해설:
  전체의 수량을 놓고 보면 과부족 허용비율을 준수하고 있는 것으로 보이지만, 일부의 품목(상품 C)이 과부족 허용비율인 5%를 초과하고 있으므로 이는 하자가 된다.

라. 일자와 관련된 각종 용어의 해석 기준

1) 'Prompt', 'Immediately', 'As Soon As Possible'의 해석

Prompt, Immediately, As soon as possible 등과 같은 용어는 가급적 사용하지 말아야 하며, 만약 그러한 용어가 사용된 경우로서 이들 용어가 서류상에 기재되도록 요구된 경우가 아니라면 이를 무시할 수 있다. 즉, 신용장에서 어떠한 행위(예: 선적 등)의

기한과 관련하여 위와 같은 용어가 사용된 경우에, 그러한 용어는 신용장의 조건으로 간주되지 않으며 무시된다.

2) 'On or about'의 해석

어떠한 행위의 기한(예: 선적 등)과 관련하여 'On or about' 등의 용어가 사용된 경우에, 이는 명시된 일자의 전 5일부터 후 5일 사이 즉, 총 11일 이내에 그러한 행위가 발생되어야 하는 것으로 해석한다.

예시 On or about JAN. 10. 20XX :
1/5, 1/6, 1/7, 1/8, 1/9, 1/10, 1/11, 1/12, 1/13, 1/14, 1/15

3) 'To', 'Till', 'Until', 'From', 'Between', 'Before', 'After'의 해석

선적기간을 정하기 위하여 'to', 'till', 'until', 'from', 'between' 등의 용어가 사용된 경우에는 명시된 일자를 포함하는 것으로 해석하고, 'before', 'after' 등의 용어가 사용된 경우에는 명시된 일자를 제외하는 것으로 해석한다.

다만, 만기(Maturity)를 정하기 위하여 'from'과 'after'라는 용어가 사용된 경우에는, 이들 모두 명시된 일자를 제외하는 것으로 해석한다.

4) 월을 양분하는 용어의 해석

어느 월의 'First Half(전반)'라 함은 해당 월의 1일부터 15일까지를 의미하는 것으로 해석하고, 'Second Half(후반)'라 함은 해당 월의 16일부터 말일까지를 의미하는 것으로 해석한다.

5) 월을 삼분하는 용어의 해석

어느 월의 'Beginning(상순)'이라 함은 해당 월의 1일부터 10일까지를 의미하는 것으로 해석하고, 'Middle(중순)'이라 함은 해당 월의 11일부터 20일까지를 의미하는 것으로 해석하며, 'End(하순)'라 함은 해당 월의 21일부터 말일까지를 의미하는 것으로 해석한다.

6) 일자와 관련된 기타 용어의 해석

- Within 2 days after May 10 : 5월 10일 ≦ D-day ≦ 5월 12일
- Not later than 2 days after May 10 : D-day ≦ 5월 12일
- At least 2 days before May 10 : D-day ≦ 5월 8일
- Within 2 days of May 10 : 5월 8일 ≦ D-day ≦ 5월 12일

마. 선적기일(Latest Date for Shipment)

1) 선적에 관한 용어

신용장에서 선적기일을 명시하는 경우에 'Shipment must be effected not later than May 15, 20XX' 등과 같이 'Shipment'란 용어를 주로 사용하게 된다. 이때 'Shipment'라는 용어는 'shipped on board', 'loading on board', 'dispatch', 'taking in charge', 'accepted for carriage', 'receipt of goods', 'pick-up for transport' 또는 기타 이와 유사한 표현이 모두 포함되는 것으로 해석한다.

2) 선적기일의 연장

선적기일의 연장은 신용장의 조건변경을 통한 명시적인 지시에 의해서만 가능하며, 비록 선적기일이 통상적인 은행의 휴무일에 해당한다 하더라도 유효기일과는 달리 그 다음 첫 영업일까지 자동 연장되지 않는다.

참고적으로 신용장상에 유효기일만 명시되어 있고 선적기일이 별도로 명시되어 있지 않은 경우로서 해당 유효기일의 연장에 관한 조건변경이 이루어진 경우에는, 그 연장된 유효기일까지 선적기일도 함께 연장되는 것으로 해석한다. 그러나 이때 유효기일이 통상적인 은행의 휴무일에 해당함으로써 그 다음 첫 영업일까지 자동 연장되는 경우, 선적기일은 유효기일과 달리 자동 연장되지 않으므로 주의하여야 한다. 즉, 선적은 은행의 휴무일에 관계없이 원래의 유효기일까지 이행되어야 한다.

바. 분할선적(Partial Shipment)

분할선적이란 신용장에서 요구하는 화물을 두 개 이상의 단위로 나누어 서로 다른 운송수단에 적재하거나, 또는 서로 다른 항해일정에 따라 2회 이상으로 나누어 선적하는 것을 말하며, 이에 관한 신용장상의 지시는 다음과 같은 3종류로 분류해 볼 수 있다. (참고: UCP 600 제31조, ISBP 821 E19조)

1) 분할선적을 금지하는 사례

- Partial shipments are prohibited.
- Partial shipments are not allowed(permitted).

2) 분할선적을 허용하는 사례

- Partial shipments are allowed(permitted).
- Shipment in one or more lots is allowed(permitted).

3) 분할선적을 지시하는 사례

- Partial shipments are allowed. Shipment should be proportionately split into three equal lots, for shipment during June, July and August 20XX.

  ☞ 신용장상에 분할선적에 대한 특별한 지시가 있는 경우에는 이를 단순한 분할선적의 허용으로 보아서는 안 되며, 신용장에서 지시한 'Shipment Schedule'에 따라 분할선적을 이행하여야 한다.

4) 분할선적의 허용 여부에 대한 언급이 없는 경우

신용장상에 분할선적에 관한 별도의 언급이 없으면 분할선적이 허용되는 것으로 간주한다.

5) 분할선적에 해당하는지의 여부에 대한 판단 요령

신용장에서 요구하는 화물을 두 대 이상의 운송수단에 나누어 선적하는 것은 예외 없이 모두 분할선적으로 간주된다. 예를 들어 하나의 선박에 화물을 모두 실을 수 없어 그 화물의 일부를 다른 선박에 적재하였다면, 비록 그러한 화물이 동일한 선적항에서 같은 날짜에 선적되고, 또한 그들 선박이 동일한 목적지를 향하여 같은 날짜에 출항한다고 하더라도 이는 분할선적에 해당한다.

그러나, 비록 선적일자 또는 선적장소가 다른 여러 세트의 운송서류가 제시된 경우라 하더라도, 다음 세 가지의 요건을 모두 충족하고 있는 경우라면 이는 분할선적으로 보지 않는다. 다만, 운송서류상의 선적지가 서로 다를 경우에는 분할선적의 여부를 떠나 '선적지 상이'를 이유로 부도 처리될 수 있으므로, 신용장상의 선적지가 'Any Korean Port' 등과 같이 특정의 항구/공항으로 명시되지 않은 경우에만 수리할 수 있다는 점에 유의하여야 한다.

① The same Means of Conveyance : 운송수단이 동일할 것.
예) The same Vessel (동일한 선박)
② The same Journey : 운송구간이 동일할 것.
예) The same Voyage (동일한 항해)
③ The same Destination : 목적지가 동일할 것.
예) The same Port of Discharge (동일한 양륙항)

즉, 제시된 B/L 세트 상호 간의 'Vessel Name' & 'Voyage Number' & 'Port of Discharge'가 모두 동일하다면, 비록 '선적항' 및/또는 '선적일자'가 서로 다르다 하더라도 이는 분할선적에 해당하지 않는다. 그러나 제시된 B/L 세트 상호 간의 '선적항' & '양륙항' & '선적일자' & '출항일자'가 모두 동일하다고 하더라도, 만일 화물이 두 대 이상의 서로 다른 선박에 나뉘어 실린 경우라면, 이는 위 ①항 및 ②항의 요건을 충족하지 못하게 되므로 분할선적에 해당한다.

사례 분할선적으로 간주되지 않는 사례 :

'인천항'에서 출발하여 '군산항' 및 '부산항'을 거쳐 '시애틀'로 향하는 A라는 동일한 선박에, '인천항'과 '군산항' 및 '부산항'에서 각각 화물을 나누어 선적하고 B/L을 3세트로 발급 받는 경우

- 수익자의 인천공장이 인천항에서 A선박에 3월 5일자로 15 CNTR 선적
- 수익자의 군산공장이 군산항에서 A선박에 3월 7일자로 10 CNTR 선적
- 수익자의 부산공장이 부산항에서 A선박에 3월 9일자로 20 CNTR 선적

사. 할부선적(Instalment Shipment)

할부선적이란 요구된 상품의 수회차 분할 선적과 관련하여 각 회차분의 선적기간(시작일과 종료일을 포함하는 Period) 및 선적수량 등에 대하여 신용장이 별도의 '할부일정(Instalment Schedule)'을 명시하고 있는 경우에, 이들 조건에 따라 화물을 나누어 선적하는 것을 말한다.

신용장에서 단순히 분할선적을 지시하고 있는 경우에는 선적기일 이내에서 요구된 상품을 한꺼번에 일괄하여 선적하거나 또는 분할하여 선적하는 것이 허용되지만, 만일 신용장이 할부선적을 지시하고 있는 경우라면 신용장상의 'Instalment Schedule'에 따라 반드시 지정된 기간 내에 지정된 물량만을 선적하여야 하며, 임의로 전체를 일괄하여 선적하거나 또는 서로 다른 회차분을 묶어서 선적할 수 없다.

참고 신용장이 각 회차분의 선적기간(예: 언제부터 언제까지, 몇 월 중에, between~ and~, in~ 월, during~ 월)을 명시하지 않은 채 '5/31일까지 100개, 6/30일까지 100개, 7/31일까지 100개'의 선적을 지시하는 등 각 회차분의 최종선적일(예: latest on~ 날짜)만을 명시하고 있는 경우에, 이는 UCP 600 제32조의 적용을 받는 할부선적 지시로 보지 아니하고 분할선적을 위한 선적스케줄로 본다. 따라서 이와 같은 경우에 신용장이 별도로 금지하지 않는 한 ① 5/31일까지 300개가 선적되거나 ② 5/31일까지 100개가 선적된 후 6/30일까지 200개가 선적되거나 ③ 5월분 선적이 이행되지 않은 채 6/30일까지 100개가 선적된 후 7/31일까지 100개가 선적되는 등의 경우라 하더라도 이는 하자가 되지 않는다.

신용장이 할부선적을 요구하는 경우에, 각각의 선적(선적시기 및 선적수량)은 반드시 신용장상의 'Instalment Schedule'과 일치하여야 하며, 만일 어느 한 기간의 할부선적을 이행하지 못하면 당해 할부분을 포함하여 그 이후의 모든 잔여 할부분에 대하여 신용장의 효력이 상실되므로 유의하여야 한다(UCP 600 제32조, ISBP 821 C16조). 한편 신용장이 분할선적을 명시적으로 금지(예: Partial shipments in each installment are not allowed)하고 있지 않는 한, 각 할부스케줄 내의 지정된 물량을 다시 분할하여 선적하는 것은 허용되는 것으로 본다(ISBP 821 C16조, ICC Opinion TA. 633 참조).

예컨대, March(3/1~3/31)-1,000MT, April(4/1~4/30)-500MT, May(5/1~5/31)-1,000MT와 같이 선적을 요구하는 경우에, 만일 3월분 1,000MT를 기간 내에 선적하지 못하였다면 당해 미 선적분은 물론 4~5월 선적분에 대하여도 더 이상 신용장을 이용할 수 없게 된다. 그러나 분할선적이 금지되지 않았다면, 3월분 1,000MT를 3월 중에 700MT 및 300MT로 각각 분할하여 선적하는 것은 하자가 아니다.

아. 환적(Transhipment)

환적이란 신용장에 명시된 선적지로부터 도착지까지의 운송 도중에 기존 운송수단에서 화물을 양하(Unloading)하여 다른 운송수단으로 재적재(Reloading) 하는 것을 말하며, 복합운송에 의하여 화물을 운송하는 경우이거나 또는 도착지까지의 직항노선이 없는 경우 등에 주로 발생하게 된다.

참고적으로 신용장에 명시된 선적지에서 도착지까지의 구간이 아닌 기타의 지역에서 화물을 다른 운송수단으로 옮겨 싣는 것은 환적으로 보지 않는다. 또한 신용장통일규칙에 의하면, 운송서류상에 'The carrier reserves the right to tranship (운송인이 환적할 권리를 갖고 있음)'이라고 기재되어 있는 조항은 이를 무시하도록 규정하고 있으므로, 이를 이유로 신용장상의 환적금지 조건을 위반하였다고 하자를 주장할 수 없다.

신용장통일규칙에서 규정하고 있는 환적의 허용 여부에 대한 해석기준을 살펴보면 다음과 같다. (참고: UCP 600 제19조 ~ 제24조)

1) 해상선하증권

가) 신용장상에 환적에 대한 언급이 없는 경우

환적을 허용하지 않는 것으로 간주하여 해석하되, 선적항에서 양륙항까지 전체의 해상운송 구간이 하나의 동일한 선하증권에 의해 커버되는 경우에는, 설혹 B/L상에 '환적될 수도 있다(Goods may be transhipped)'라는 표시가 있거나, 또는 '환적될 것이다(Goods will be transhipped)'라는 표시가 있는 경우에도 수리할 수 있다.

나) 신용장에서 환적을 금지하고 있는 경우

선적항에서 양륙항까지 전체의 해상운송 구간이 하나의 동일한 선하증권에 의해 커버되는 경우로서, 관련화물이 컨테이너, 트레일러, 래쉬바지에 선적되었다는 것이 선하증권에 의해 증명되는 경우라면, 설혹 B/L상에 '환적될 수도 있다(Transhipment may take place)'거나 또는 '환적될 것이다(Transhipment will take place)'라는 표시가 있는 경우에도 예외적으로 수리할 수 있다.

☞ 'LASH(Lighter Aboard Ship)'란 화물을 적재한 부선(Lighter, Barge)을 그대로 탑재하여 수송할 수 있도록 장치된 선박을 말하며, 'Barge'란 비교적 짧은 거리의 수상운송에 사용되는 바닥이 평평한 소형의 부선을 말한다.

다) 환적이 절대적으로 불가능한 경우

만일 신용장상에 'UCP 600 제20조 c항(UCP 500 제23조 d항)을 배제하면서 환적을 금지한다'는 문구가 명시되어 있는 경우라면, 그때는 어떠한 경우에도 환적이 금지되는 것으로 해석한다. 예를 들면 'Transhipment is not allowed, and the UCP 600 sub-articles 20(c) and (d) is excluded' 등의 문언이 그것이다.

2) 항공운송서류

항공운송은 직항노선이 많지 않은 관계로 기본적으로 환적을 전제로 한다. 따라서 비록 신용장이 환적을 금지하고 있다 하더라도, 전체의 항공운송 구간이 하나의 동일한 항공운송장에 의해 커버되는 경우에는, AWB상에 '환적될 수도 있다(Transhipment may take place)'라거나 또는 '환적될 것이다(Transhipment will take place)'라는 표시가 있는 경우에도 예외적으로 수리할 수 있다.

그러나 신용장에서 'UCP 600 제23조 c항'을 배제하면서 환적을 금지하고 있는 경우라면, '환적될 수도 있다'라거나 또는 '환적될 것이다'라는 등의 문구가 기재된 AWB은 수리거절의 사유가 된다.

3) 복합운송서류

복합운송은 그 운송방식의 특성상 기본적으로 '환적'을 전제로 하고 있다. 따라서 비록 신용장이 환적을 금지하고 있다 하더라도, 전체의 운송구간이 하나의 동일한 복합운송서류에 의해 커버되는 경우에는, 운송서류상에 '환적될 수도 있다(Transhipment may take place)'라거나 또는 '환적될 것이다(Transhipment will take place)'라는 표시가 있는 경우에도 예외적으로 수리할 수 있다.

plus+ Signatures (서명)

1 서명이 필요한 서류

신용장에서 비록 서명을 요구하지 않더라도 다음 서류들은 그 서류의 본질적인 성격상 서명이 필요하며, 특히 운송서류와 보험서류는 반드시 UCP 600에서 규정한 바에 따라 서명되어야 함.

① Drafts (환어음)

② Transport Documents (운송서류: B/L, AWB 등)

③ Insurance Documents (보험서류: 보험증권, 보험증명서 등)

④ Certificates, Certifications (증명서: 원산지증명서, 검사증명서 등)

⑤ Declarations (신고서, 선언서, 표명서)

⑥ Statements (진술서)

2 유효한 서명의 방법

신용장에서 육필에 의한 자필서명(Handwriting Signature, Manual Signature)을 명시적으로 요구하지 않았다면, 다음과 같은 방법으로 서명된 서류는 모두 유효한 서명 요건을 충족한 것으로 인정함.

① Stamp(스탬프): 업계에서 흔히 사용하는 소위 '싸인방' 등을 말함.

② Symbol(상징): 우리나라에서 흔히 사용하는 '도장(Chop)' 등을 말함.

③ Facsimile Signature(모사서명; for example, a pre-printed or scanned signature): 팩시밀리 서명이란 서명된 서류를 팩스로 전송받거나 또는 팩스기기를 활용하는 어떠한 방법을 말하는 것이 아니라, 컴퓨터화 또는 기계화된 수단에 의해 원래의 서명과 똑같이 재생된 서명을 의미하며, 예를 들면 수기서명을 스캐닝하여 컴퓨터에 입력 · 저장한 후 인쇄기 또는 레이저프린터를 통하여 이를 서류상에 인쇄 · 출력하는 방식 등을 말함. 즉, 사전 인쇄된 서명 또는 자필서명을 스캔하여 출력한 것 등이 이에 해당함.

④ Perforated Signature(천공서명): 천공 서명이란 천공기(Perforator, Punch)를 활용하여 서류상에 여러 개의 작은 구멍을 뚫어 일정한 표식(일정한 모양 또는 글자 등을 만듦)을 하는 방식을 말하며, 이는 서명 수단으로서 뿐만이 아니라 여러 장의 문서가 하나의 세트임을 입증하는 간인(間印)의 용도로서도 활용됨.

⑤ Any other mechanical or electronic method of authentication(그 밖에 기계식 인증방법 또는 전자식 인증방법): 여러가지 다양한 형태의 서명 방식으로 나타날 수 있으며, Bar Code나 QR Code 등을 활용한 인증방법도 이에 해당한다 할 수 있음. 서류상에 "특정 웹사이트(URL)에 접속하여 인증을 확인 또는 획득할 수 있다"라고 기재하는 것은 전자식 인증방법의 일종에 해당함.

3 기타 참고사항

① 원본 서류는 신용장이나 서류 그 자체 또는 UCP 600에 의해 서명이 요구되는 경우에 서명되어야 함. 그러나 신용장에서 특별히 요구하지 않는 한, 서류의 사본은 서명될 필요가 없음.

☞ (참고) 비록 신용장에서 모든 서류(All Documents)에 수기서명(Manually Signed)을 요구하는 경우라도 서류의 사본(Copies of Documents)은 서명될 필요가 없음.

② 서명된 서류를 복사기로 복사(Photocopy)한 것이나 팩스로 전송받은 것은 'Original Signature' 요건이 결여된 것으로써 서명된 서류로 보지 않음. (ISBP 681 제39조)

③ 'Signed and Stamped' 또는 이와 유사한 요건은 '서명'과 함께 '서명자의 이름'이 기재되어야 한다는 의미로 해석하며, 스탬프(소위 싸인방)를 활용하여 서명이 이루어져야 한다는 의미로 해석하지 않음. 서명자의 이름은 서류상에 사전 인쇄되어 있거나(Pre-printed or Scanned) 또는 스탬프 · 타자 · 육필 등으로 기재되어 있으면 충족됨.

④ 서명자가 발행인의 지점을 대리하여 서명한다고 표시하고 있는 경우에(Signing for or on behalf of a branch of the issuer), 그 서명은 발행인의 것으로 간주됨. 또한, 수익자가 발행한 환어음, 상업송장, 포장명세서 등의

서명이 서로 다르더라도(서로 다른 서명권자에 의해 서명되는 경우) 이는 하자로 보지 않음. (ICC Pub. No. 632, R417, Ref. 102)

⑤ 신용장에서 서명을 요구하지 않으며 서류의 본질적인 성격상 서명이 필요하지 않다면, 서류상에 서명을 위한 공란이나 박스가 있다고 하여 해당 공란이나 박스가 반드시 서명되어야 하는 것은 아님.

☞ (참고1) 예컨대, AWB의 우측 하단에는 각각 '선적인' 및 '운송인'의 서명란이 있는데, 그 중 '선적인 서명란(Signature of shipper or his agent)'은 AWB의 효력 발생 요건이 아니므로 서명될 필요가 없음. 그러나 '운송인 서명란(Signature of issuing carrier or its agent)'은 신용장에 별도의 명시가 없더라도 반드시 UCP 600 제23조 a항에 따라 서명되어야 함.

☞ (참고2) 상업송장은 신용장에서 'Signed Commercial Invoice' 등과 같이 명시적으로 서명을 요구한 경우가 아니라면 서명될 필요가 없음. 즉, 상업송장 원본의 서명란에 서명이 누락되었다고 하여 그 자체만으로 이를 하자로 보지 않음.

⑥ '신용장의 조건' 또는 'UCP 600의 규정'에 의해 서명되어야 하는 경우가 아니라도, 만일 당해 서류가 문면상으로 그 효력 발생을 위한 서명을 명시적으로 요구하고 있는 경우라면, 그러한 서류는 반드시 서명되어야 함.

☞ (참고1) 예컨대, 서류상에 "This document is not valid unless signed(or countersigned) by (name of the person or entity)" 등과 같은 문구가 기재되어 있다면, 그 서류의 해당 칸(Box, Field, Space)에는 서명과 함께 서명자의 이름(및 자격)이 표시되어야 함.

☞ (참고2) 보험증명서(Insurance Certificate)는 UCP 600 제28조 a항에 따른 '발행/서명권자 (보험회사)'의 서명 이외에도 서류 그 자체에서 '피보험자의 서명(Countersignature)'을 효력 발생 요건으로 명시하고 있는데, 이와 같은 경우에 해당 공란은 반드시 피보험자(Assured)에 의해 서명되어야 함.

◈ 관련규칙: UCP 600 제3조, ISBP 821 A3~A5, A31, A35~A38

plus+ Originals & Copies (원본과 사본)

1 원본의 판정 기준

서류 자체에 사본이라고 표시되어 있거나 또는 원본이 아니라고 표시되어 있는 경우를 제외하고, 다음과 같이 원본의 작성을 의도하고 만든 서류로 보이는 경우에는 이를 원본 서류로 취급함.

① 서류 발행자에 의해 유효한 서명 방법으로 '서명(Original Signature)'된 문서

② 서류 발행자의 원본성 의도로 보여지는 '마크(Mark)'나 '스탬프(Stamp)' 또는 '라벨(Label)'이 부가(Bearing) 되어 있는 문서

☞ (참고) 서류 발행자의 오리지널 서명, 마크, 스탬프, 라벨 등이 있는 문서는 서류 발행자의 원본 작성 의도가 담긴 서류로 간주하여 원본으로 취급함.

③ '서류 발행자의 손(By the document issuer's hand)'에 의하여~, 쓰여졌거나(Written), 타이핑 되었거나 (Typed), 천공 되었거나(Perforated), 스탬프 된(Stamped) 것으로 보이는 문서

④ 서류 발행자의 상호가 미리 인쇄된 '원본용지(Original Stationery, Letterhead Paper)'에 작성된 문서

⑤ 서류에 '원본(Original)'이라고 표시된 문서

☞ (참고) 예컨대, 서류상에 'Original' 이라는 표시가 인쇄되어 있거나 또는 스탬프로 찍혀 있거나, 서류 내용 중의 어느 부분에 원본으로 취급하라는 의도가 표시되어 있는 경우 등을 말함. 그러나 'Original' 이라는 단어가 스탬프된 서류를 복사한 경우와 같이, 원본성(Originality)의 표시가 그 서류에 적용되는 것으로 보이지 않는 경우는 해당하지 않음.

참고 1 서류가 'Photocopy(복사본)' 또는 'Carbon-copy(먹지부본)'로 작성되었거나 작성된 것으로 보이는 경우라도, 서류 발행자가 원본의 작성을 의도하고 'Original' 이라는 스탬프를 찍거나 유효한 서명 방법으로 서명을 하여 서류를 완성하였다면, 해당 서류는 원본으로 취급함.

참고 2 복본(여러 통)으로 발행되는 원본 서류는 Original, Duplicate, Triplicate, 또는 First Original, Second Original 등으로 표시될 수 있으며, 이러한 표시는 원본 서류로서의 결격 사유가 되지 않음.

2 사본으로 취급되는 서류

① '팩스(Telefax Machine)'로 전송된 것으로 보이는 서류

② 다른 서류의 'Photocopy(복사본)'로 보이면서, 서류 발행자의 '수기 표시(Hand Marking)'에 의해 완성된 것으로 보이지 않는 경우

☞ (참고) 다만, 백지(Plain Paper, Blank Paper)가 아닌 서류 발행자의 '원본용지(Original Stationery, Letterhead Paper)' 위에 복사된 문서는 원본 서류로 간주함.

③ "It is a true copy of another document" 또는 "Another document is the sole original" 또는 "It is not original" 또는 "It is a copy" 등과 같이 서류상에 원본성(Originality)을 부정하는 진술이나 표시가 있는 경우

☞ (참고) 원본처럼 보이는 서류라도 서류상에 'Copy'라는 단어가 스탬프로 찍혀 있는 경우에는 사본 서류로 간주함.

주의 1 ⓐ팩스로 전송받은 서류 ⓑ'Original'이라고 스탬프된 원본 서류를 'Photocopy(복사)'한 문서 ⓒ서명되어있는 원본 서류를 'Photocopy(복사)'한 문서 등은 사본으로 취급되는 대표적인 사례이지만, 이와 같은 서류에 'Original'이라는 스탬프를 찍게되면 원본과 사본의 구분이 애매 모호해 짐. 이러한 서류는 원본성에 관한 다툼이 발생할 소지가 다분함은 물론, 서류 위변조 시비에 관한 논란의 여지가 있으므로 유의하여야 함.

주의 2 서명이 되어있는 서류를 'Photocopy(복사)'하여 'Original'이라는 단어만을 스탬프로 찍은 후 별도의 유효한 서명 방법으로 서명을 추가하지 않은 채 제시되었다면, 당해 서류의 원본과 사본에 대한 판단 여부를 떠나 이는 서명된 서류로 볼 수 없음. 따라서 만일 당해 서류가 서명이 요구되는 서류라면(Certificate, Declaration, Statement 등), 이는 서명 요건을 충족하지 못하는 하자 사항에 해당함.

3 원본과 사본의 제시 통수

① 신용장에서 요구하는 서류는 적어도 1통 이상의 원본이 제시되어야 함.

☞ (참고) 신용장에서 Invoice, One Invoice, Invoice in 1 copy, Invoice – 1 copy 등으로 송장의 제시를 요구하였다면, 송장의 원본 1부를 제시하여야 함.

② 신용장에서 in duplicate, in two fold, in two copies 등과 같이 복수의 서류를 요구하였다면, 서류 자체에 다른 명시가 없는 한 적어도 1통 이상의 원본과 나머지 수량의 사본을 제시하면 됨.

☞ (참고) 예컨대, 신용장에서 Invoice in 4 copies, Invoice in 4 fold 등으로 송장의 제시를 요구하였다면, 최소한 1부 이상의 송장 원본과 나머지 수량의 사본을 제시하면 됨.

③ 신용장에서 서류의 사본 제시를 요구하였다면 원본 또는 사본의 제시가 모두 허용되는 것으로 봄.

☞ (참고1) 신용장에서 'Photocopy of invoice' 또는 'Copy of invoice' 등으로 송장의 제시를 요구하였다면, 송장의 복사본(Photocopy) 또는 사본(Copy)을 제시하거나, 원본 서류의 제시를 별도로 금지하지 않는 한 송장의 원본을 제시할 수 있음.

☞ (참고2) 신용장에서 'Photocopy of a signed invoice'를 요구하였다면, 서명이 되어있는 원본 송장의 복사본(Photocopy)이나 또는 서명된 송장 사본(Copy)을 제시할 수 있으며, 원본 서류의 제시를 별도로 금지하지 않는 한 서명된 원본 송장을 제시할 수도 있음.

④ 신용장에서 "Photocopy of invoice, original document not acceptable in lieu of photocopy" 등과 같이 원본 서류의 제시를 금지하면서 사본 서류를 요구하였다면, 반드시 '송장 복사본 (Photocopy of an invoice)' 또는 '사본이라고 표시된 송장(Invoice marked copy)' 등과 같이 해당 서류의 사본이 제시되어야 함.

☞ (참고) 신용장에서 운송서류의 사본 제시를 요구하면서 원본 서류를 어떻게 하라고 별도로 지시한 경우에는, 반드시 운송서류의 사본을 제시하여야 하며 사본 대신에 원본을 제시할 수 없음.

⑤ 제시되어야 하는 원본의 통수는 신용장이나 UCP 600에 의해 요구되는 통수 이상이어야 함.

☞ (참고1) 원본이 복수로 발행되었음을 표시하고 있는 운송서류나 보험서류는 발행된 원본 전체가 제시되어야 함. 다만, AWB이나 도로/철도/내수로 운송서류는 원본 전통(Original Full Set) 대신에 'Original for Consignor(Shipper)' 1부를 제시할 수 있음. (ISBP 821 H12 및 J7(c) 참조)

☞ (참고2) 신용장에서 운송서류 원본의 복본중 일부(예: 2/3 Original B/L)만을 요구하면서 나머지 원본 서류의 처리에 관하여 별도로 지시하지 않았다면, 신용장에서 요구한 원본 매수에 불구하고 발행된 원본 전통(Full Set)을 제시할 수 있음.

⑥ 신용장에서 요구하는 서류는 각각 별개의 서류로 제시되어야 하는 것이 원칙이지만, 여러 종류의 서류가 하나의 복합 서류에 결합되어 제시될 수 있으며, 이와 같은 경우에는 각각의 서류가 요구된 총 부수만큼 원본과 사본이 제시되어야 함.

☞ (참고) 예컨대, 신용장에서 'Packing List' 원본 1부와 'Weight List' 원본 1부를 요구하였다면, 이를 대신하여 포장과 중량의 세부 사항을 모두 포함하고 있는 결합문서 'Packing & Weight List' 원본 2부를' 제시할 수 있음.

◈ 관련규칙: UCP 600 17조, ISBP 821 A27~A31, A40~A41, ICC Banking Commission Policy Statement Document 470/871(Rev)

3-3 환어음(Bill of Exchange)

가. 환어음의 의의

환어음이란, 채권자인 어음의 발행인(Drawer)이 채무자인 지급인(Drawee)에 대하여, 어음상에 기재된 금액을 일정 기일(만기)에 일정한 장소(지급지)에서, 어음상의 권리자(Payee) 또는 그 소지인(피배서인)에게 무조건으로 지급하여 줄 것을 위탁하는 요식유가증권을 말한다. 참고적으로, 환어음은 발행인 자신을 지급받을 자로 하여 발행할 수도 있으며, 경우에 따라서는 발행인 자신을 지급인으로 하여 발행할 수 있다 (어음법 제3조).

국제 상거래에 따른 환어음의 유통에는 적어도 2개국 이상이 개입하게 되며, 이에 대하여 각 나라마다 어음의 유통력 강화와 공신력 유지를 위하여 강력한 규정을 적용시키고 있는데, 이러한 환어음에 관한 사항은 행위지(서명지)의 현지법률에 의하여 처리되는 것이 원칙이다. 예컨대, 한국에서 어음을 발행하고 일본에서 배서 양도한 후 미국에서 인수를 하였다면, 어음의 발행에 관하여는 한국법의 적용을 받게 되고, 배서 및 인수는 각각 일본 및 미국법에 의한 적용을 받게 된다. 그러므로 만일 한국에서 발행된 어음이 한국법에 의하여 무효라 할지라도, 일본에서 합법적으로 배서되고 미국에서 합법적으로 인수 및 유통될 수 있다면 그러한 어음은 유효한 것이 된다(국제사법 제53조).

환어음이 신용장거래하에서 선적서류에 근거하여 발행되는 경우에는 '화환어음(Documentary Bill)'이라 부르며, 선적서류가 첨부되지 않는 경우에는 '무화환어음(Clean Bill)'이라 부르고, D/P, D/A 거래하에서 대금의 추심용으로 발행되는 경우에는 '추심어음(Collection Bill)'이라고 부른다. 이러한 환어음은 통상 2통으로 발행하는 것이 일반적인 관례이며, 그중 하나가 결제되면 나머지는 자동적으로 효력을 잃게 된다. 환어음의 주요 당사자를 살펴보면 다음과 같다.

1) 발행인(Drawer)

환어음을 발행하고 서명하는 자로서, 보통 수출상(수익자)이 이에 해당된다.

2) 지급인(Drawee)

환어음 금액을 지급하도록 어음상에 기재된 자로서, 보통 개설은행이나 개설은행으로부터 지급 · 연지급 · 인수를 수권받은 은행 또는 상환은행으로 지정된 은행이 이에 해당된다. 추심결제방식(D/P, D/A)의 경우에는 대개 수입상이 환어음의 지급인이 된다.

참고적으로, 신용장은 제출서류 중의 하나로써 개설의뢰인 앞으로 발행된 환어음을 요구할 수 있으나, 개설의뢰인을 지급인으로 하는 그러한 환어음에 의해 이용 가능하도록 개설되어서는 안 된다. 만약 신용장에서 개설의뢰인을 지급인으로 하는 환어음을 요구하였다면, 그러한 환어음은 금융서류로 보지 않고 기타의 요구서류로 간주하여 처리된다(참고: ISBP 821 B18조, UCP 600 제6조 c항, UCP 500 제9조 b항 ⅳ호).

3) 수취인(Payee)

환어음 금액을 지급받을 자로서, 어음의 발행인 또는 어음발행인이 지정하는 제3자(매입은행 또는 추심의뢰은행 등)가 이에 해당된다.

나. 환어음의 기재사항

환어음은 요식증권이므로 반드시 일정한 형식을 갖추고 있어야 하며, 어음상의 권리는 무인적이며 추상적인 권리이므로 다른 증권보다 엄격한 형식이 요구되고 있다. 어음상에 기재되는 내용은 필수기재사항과 임의기재사항으로 구분하여 볼 수 있는데, 필수기재사항은 그 중에 어느 하나라도 누락되는 경우 어음으로서의 법적 효력이나 구속력을 갖지 못하게 된다.

1) 필수기재사항

가) 환어음임을 표시하는 문자

증권의 본문 중에 그 증권의 작성에 사용하는 국어로 '환어음(Bill of Exchange)' 임을 표시하는 문자가 기재되어 있어야 한다.

나) 어음금액 및 무조건의 지급위탁 문언

일정한 금액을 지급하라는 조건 없는 위탁문언(Unconditional order in writing)이 기재되어 있어야 한다. 이것은 지급하는 데 무슨 조건을 붙이거나 지급자금이나 지급방법을 한정시키는 문언이 기재되어서는 안 된다는 뜻이다. 영문 환어음상에 일반적으로 기재되는 'Pay to ~ The sum of ~ '가 이에 해당하는데, 'Pay to' 다음에는 수취인이 기재되며, 'The sum of' 다음에는 어음금액이 기재된다.

다) 지급인의 명칭

환어음을 지급할 자 또는 그 지급을 위탁받은 자의 명칭이 기재되어 있어야 한다. 영문 환어음상의 'To' 이하에 표시된 자가 이에 해당하는데, 보통 개설은행이나 개설은행으로부터 지급 · 연지급 · 인수를 수권받은 은행 또는 상환은행으로 지정된 은행이 기재된다.

라) 만기의 표시

환어음에는 지급 만기가 기재되어 있어야 하며, 만기를 기재하지 않은 경우에는 일람출급의 환어음으로 본다. '만기(Tenor)'를 표시하는 방법에는 다음과 같은 4가지의 방식이 있으며, 영문 환어음상에 일반적으로 기재되는 'At ~ sight of ~'가 이에 해당하는데, 'At' 다음에 어음기한이 기재된다.

- 일람출급(at sight) : 지급인에게 어음을 제시하는 날이 곧 만기일이 된다.
- 일람후정기출급(at ○○ days after sight) : 지급인에게 어음을 제시하여 지급인이 어음을 인수한 그 익일로부터 ○○일째 되는 날이 만기일이 된다. 다만 신용장방식의 경우로서, 제시된 서류상에 하자가 없는 경우이거나 또는 하자가 있음에도 불구하고 하자통보(Notice of Refusal)를 이행하지 않은 경우에는, 개설은행(지급은행)이 서류를 접수한 그 익일로부터 ○○일째 되는 날이 만기일이 된다. 이 경우에는 어음의 인수일자가 아닌 서류의 수령일자(Receipt of documents)가 곧 만기 산정의 기준일이 된다는 점에 유의하여야 한다(참고: ISBP 821 B5조).

• 일자후정기출급(at ○○ days after B/L date) : '일자후정기출급'이란 선적일 등과 같이 특정한 일자를 기준으로 하여 만기일을 산정하는 방식을 말하는데, 이러한 어음은 인수일에 상관없이 지정된 특정일자의 익일로부터 ○○일째 되는 날이 만기일이 된다.

• 확정일출급(yyyy.mm.dd) : '확정일출급'이란 어음 만기를 '20XX년 X월 X일' 등과 같이 확정하여 표시하는 방식을 말하는데, 이 경우에는 어음상에 기재된 그 특정일자가 만기일이 된다.

마) 지급지

지급지는 실제로 존재하는 지역이어야 하며 현존하지 않는 지역을 기재한 경우에는 어음이 무효가 된다. 만일 지급지의 기재가 없는 경우에는 지급인의 명칭에 부기한 지역을 지급지로 보며, 참고적으로 영미법에서는 지급지의 표시를 필수 기재요건으로 규정하고 있지 않다.

바) 수취인 또는 수취인을 지시할 자의 명칭

환어음 금액의 지급을 받을 자 또는 지급을 받을 자를 지시할 자의 명칭이 기재되어 있어야 한다. 이를 기재하는 방법에는 다음과 같은 4가지의 방식이 있으며, 신용장거래 및 D/P · D/A 거래에서는 주로 지시식이 이용되고 있다.

• 기명식 : Pay to ○○○
• 지시식 : Pay to the order of ○○○ 또는 Pay to ○○○ or order
• 소지인식 : Pay to bearer
• 선택무기명식 : Pay to ○○○ or bearer

사) 발행일 및 발행지

환어음의 발행일은 신용장의 유효기일 이내이어야 하며, 화환어음의 경우에는 선적일 이후의 일자이어야 한다. 발행지의 표시는 어음법 적용의 근거가 되며, 발행지의 기재가 없는 경우에는 발행인의 명칭에 부기한 지역에서 발행한 것으로 본다.

아) 발행인의 기명날인 또는 서명

환어음은 반드시 발행인에 의하여 기명 날인되거나 또는 서명되어 있어야 한다. 우리나라의 어음법에 의하면 발행인의 기명날인 또는 서명이 없는 경우에는 이를 무효로 본다.

2) 임의기재사항

임의기재사항이란 어음의 효력발생을 위한 필수기재사항 이외의 사항들로서, 어음의 성격과 내용을 명확히 하기 위하여 추가적으로 기재하는 사항들을 말한다. 신용장에서 어음상에 특별한 문구의 기재를 요구하는 경우에는, 그것이 '유해기재사항(이를 기재함으로써 어음 자체를 무효로 만드는 사항)'이 아닌 한 이를 반드시 기재해 주어야 한다.

가) 어음번호

특별한 의미는 없으며 후일의 참조 및 관리의 편리성을 위하여 기재한다.

나) 파훼문구

환어음은 그 분실에 대비하여 두 통을 한 세트로 하여 발행하는 것이 일반적인 관례인데, 이러한 복수어음은 각 통이 똑같은 법적 효력을 가지고 있으나 그중 어느 한 통에 대하여 지급이 이루어지면 다른 것은 자동적으로 무효가 된다. 따라서 환어음을 복수로 발행하는 경우에는 당해 어음이 복수어음이라는 것과 그 다른 한 통이 아직 지급되지 않았다는 뜻의 문언을 기재하게 되는데, 그 영문 기재 예를 살펴보면 다음과 같다.

- This first bill of exchange (Second unpaid)
- This original bill of exchange (Duplicate unpaid)

여기에서 'First(Original)' 또는 'Second(Dupulicate)'라는 문언은 복본번호의 표시이며, 이와 같이 2매 이상 발행되는 어음을 복수어음(Set Bill)이라 하고, 1매만 발행되는 어음을 단수어음(Sola Bill)이라고 한다. 이러한 복본번호의 표시가 없으면 복본으로 발행되더라도 양자가 독립적으로 유통된다.

다) 복기금액

환어음에는 숫자로 표시된 표제금액에 추가하여 문자로 그 금액을 복기하는 것이 일반적인 관례인데, 영문 환어음상의 'The sum of ~' 이하에 기재되는 것이 그것이다. 우리나라의 어음법에 따르면 숫자로 기재된 금액과 문자로 기재된 금액이 서로 상이한 경우에는 문자로 기재된 금액을 그 어음금액으로 삼도록 규정하고 있으며, 이에 대해서는 ISBP 821 B14조에서도 동일하게 규정하고 있다.

라) 대가수취 문구

영문 환어음을 보면 'Value received and charge the same to account of XXXXX'라는 문언을 관례적으로 기재하고 있는데, 여기에서 'Value receive'라는 문언이 바로 대가수취문구에 해당한다. 이는 '어음발행인이 어음의 대가를 영수하였으며, 동 대가에 해당하는 어음금액을 XXXXX의 계정으로부터 징수를 요한다'라는 뜻으로서, 'account of ' 다음에는 개설의뢰인의 명칭이 기재된다.

마) 신용장에 관한 문구

신용장에 근거하여 발행되는 영문 환어음을 보면 'Drawn under~', 'L/C No. ~', 'Dated~'라는 문구를 관례적으로 기재하고 있는데, 이는 개설은행과 신용장번호 및 개설일자를 기재함으로써 당해 어음의 발행근거를 명확히 하기 위함이다.

바) 발행인의 지급무담보 문구(Without recourse to drawer)

신용장에서 어음발행인의 지급무담보 문언을 기재하도록 지시한 경우에는, 어음발행인이 당해 환어음의 여백에 'Without recourse to drawer'라고 기재하게 된다. 일부의 국가에서는 환어음상에 '발행인이 지급을 담보하지 아니한다'는 뜻의 문언을 기재할 수 있도록 함으로써, 어음의 지급거절시에도 발행인이 수취인 또는 그 정당한 소지인에 대하여 상환의무를 부담하지 않을 수 있도록 허용하고 있으나, 우리나라의 어음법에서는 이를 인정하고 있지 않다. 국제사법 제54조에 의하면 환어음 발행인의 채무 및 소구권에 관한 사항은 발행지법의 적용을 받도록 규정되어 있으며, 또한 어음법 제9조에 의하면 '발행인은 인수를 담보하지 아니한다는 뜻의 문언을 기재할 수 있으나, 지급을 담보하지 아니한다는 뜻의 모든 문언은 이를 기재하지 아니한 것으로 본다'라고 규정되어 있다. 따라서 환어음이 부도 반환되는 경우 당해 환어음의 소구권 행사에 관하여는 우리나라 어음법의 적용을 받게 되므로, 비록 환어음상에 'Without recourse to drawer'라고 기재되어 있다 하더라도 그 권리자는 어음법 제9조 및 동 법 제43조 내지 제54조에 따라 소구권의 행사가 가능하게 된다. 그러나 참고적으로, 발행인 이외의 배서인에 의한 지급무담보 문구는 그 효력이 인정되므로 착오가 발생하지 않도록 유의하여야 한다. 즉, 지급무담보 문구를 기재한 배서인은 환어음의 지급거절시 그 이후의 배서인 및 소지인에 대하여 소구의 의무를 부담하지 않는다(참고: 어음법 제15조).

사) 이자에 관한 문구

신용장이나 계약서(D/P, D/A)에서 환어음상에 이자에 관한 문구의 기재를 요구하는 경우에는, 어음의 여백에 이자금액 및 그 산출근거를 기재하여야 한다.

아) D/P 또는 D/A임을 표시하는 문구

D/P, D/A 거래하에서 발행하는 환어음은 그것이 D/P 어음인지 D/A 어음인지의 여부를 명확하게 하기 위하여, 환어음상에 D/P 또는 D/A라는 문구를 기재하여 발행하는 것이 일반적인 관행이다.

환어음의 기재내용 예시

BILL OF EXCHANGE

NO. (어음번호) ABC-1234　　DATE (어음발행일 및 발행지) MAR.15, 20XX, SEOUL, KOREA

FOR (숫자금액) US$100,000.00

AT (TENOR) XXX SIGHT OF THIS ORIGINAL BILL OF EXCHANGE(DUPLICATE UNPAID)

PAY TO (수취인) THE ORDER OF KOREA INSTITUTE BANK, SEOUL, KOREA

THE SUM OF (문자금액) US DOLLARS ONE HUNDRED THOUSAND ONLY

VALUE RECEIVED AND CHARGE THE SAME TO ACCOUNT OF (개설의뢰인의 명칭 · 주소)

DRAWN UNDER (개설은행의 명칭 및 주소)

L/C NO. (신용장 번호)　　DATED (신용장 개설일)

TO (지급인 : 신용장상의 "drawee" 또는 "drawn on" 다음에 기재된 은행의 명칭과 주소를 기재)

(D/P, D/A방식의 경우에는 수입상의 명칭과 주소를 기재)

ABC CO., LTD.

C. S. LEE, MANAGING DIRECTOR

다. 환어음의 심사

환어음의 심사시에는 어음법에서 규정한 필수기재사항의 누락여부를 우선적으로 점검한 후, 신용장 조건과의 일치 여부를 심사하여야 한다. 환어음의 일반적인 심사요령 및 실무 유의사항은 다음과 같다.

① 신용장에서 환어음을 요구하지 않는 경우에는 이를 발행하지 않는다. (예: Sight Payment L/C 및 Deferred Payment L/C 등)

② 신용장에서 특별히 허용하지 않는 한, 다른 신용장과 통합하여 환어음을 발행할 수 없다. 이를 허용하는 경우의 예를 들면 'Combined shipment and drawing with other credits(L/C No. XXX) are acceptable' 등의 문언이 그것이다.

③ 환어음은 반드시 '수익자(Beneficiary)'에 의해 발행되어야 하며, 신용장에 명시된 '지급인(Drawee)' 앞으로 발행되어야 한다. 다만, 신용장이 양도된 경우에는 제2수익자가 환어음의 발행인(Drawer)이 될 수 있다.

④ 환어음은 신용장에 명시된 통화로 발행하여야 하며, 어음상에 기재된 숫자금액(Amount in Figures)과 문자금액(Amount in Words)은 일치하여야 한다.
만약 숫자금액과 문자금액이 서로 상이한 경우에는 문자로 기재된 금액을 청구금액(환어음금액)으로 간주하여 처리하여야 한다.

⑤ 신용장금액을 초과하여 'Over-Drawn'되지 않았는지의 여부를 확인하여야 하며, 이때는 반드시 신용장 원본의 이면에 표기된 기 사용금액을 감안하여 체크하여야 한다.

⑥ 'UCP 600 제18조 b항'의 경우가 아니라면 환어음의 금액은 송장금액과 일치하여야 한다. 따라서 상업송장이 신용장 금액을 초과하여 발행된 경우가 아닌 한, 환어음은 반드시 상업송장의 금액과 일치하게 발행되어야 한다. 다만 'Partial Draft Credit'의 경우에는, 신용장이 지시한 바에 따라 반드시 송장금액의 일부에 대해서만 어음을 발행하여야 하므로 주의하여야 한다.

⑦ 환어음의 발행일은 반드시 신용장의 유효기일 이내이어야 하며, 화환어음의 경우에는 선적일 이후의 일자로 발행되어야 한다. (참고: 환어음은 신용장에서 명시적으로 요구하지 않는 경우라 하더라도 반드시 발행일을 표시하여야 함)

⑧ 어음기한(Tenor)은 반드시 신용장과 일치하여야 하며, 또한 '일자후정기출급' 방식의 환어음을 발행하는 경우에는 반드시 환어음 자체의 데이터만 가지고도 만기일의 계산이 가능할 수 있도록 작성하여야 한다.

예시 신용장상의 'Draft Tenor'가 'At 60 days after bill of lading date'이고 '선적일(The date of shipment)'이 '20XX년 5월 12일' 이라면, 환어음상에는 반드시 다음과 같은 방식으로 'Tenor'를 표기하여야 하며, 'At 60 days after bill of lading date'라고 그대로 기재해서는 안 된다.

- 60 days after bill of lading date 12 May 20XX
- 60 days after 12 May 20XX
- 60 days after bill of lading date 라고 표기하고, 환어음의 앞면 여백에 'Bill of lading date 12 May 20XX'라고 추가하여 기재함.
- 11 July 20XX (실제의 만기일을 계산하여 표기) 등

⑨ 환어음상에 표기되는 개설은행의 명칭, 신용장번호 및 개설일자, 개설의뢰인의 명칭 등이 올바로 기재되었는지의 여부를 점검하여야 한다.

⑩ 발행인의 기명날인 또는 서명이 미리 제출된 인감(서명감)신고서와 일치하는지의 여부를 점검하여야 한다.

⑪ 'Confirmed L/C'의 매입서류를 확인은행으로 송부하는 경우라든가 또는 'Forfaiting' 거래 건의 경우에는, 반드시 'Without Recourse'라는 문구를 삽입하여 '무담보 배서'를 하여야 한다.

◀Banking Tips▶ 환어음의 배서(Endorsement)

1. 환어음의 배서는 어떠한 의미를 지니는가?

환어음의 소지인(피배서인)은 배서의 연속에 의해 정당한 수취인으로서의 권리를 보호받게 된다. 따라서 환어음의 배서는 그 소지인(피배서인)이 정당한 권리자임을 확인시켜 주는 의미와 함께, 지급거절시 발행인 및 이전 배서인에 대하여 소구권을 행사할 수 있는 법적인 근거를 갖게 한다. 실무적으로는 통상 피배서인을 기명하지 않고 백지배서에 의해 권리를 양도하는 것이 일반적이며, 다만 'Forfaiting 건' 및 'Confirmation 건'과 관련해서는 그 거래의 본질상 어음법상의 소구권을 차단할 목적으로 무담보배서를 하게 된다.

2. 환어음의 배서는 누가 하여야 하는가?

환어음은 대개 수익자가 매입은행을 수취인으로 하여 발행하는 것이 일반적인데, 이와 같은 경우에는 그 권리자(대금 수취인)인 매입은행이 배서하여 양도하거나 추심위임을 한다. 그러나 환어음의 수취인을 수익자 본인으로 하여 발행한 경우에는 수익자(어음발행인) 본인이 매입은행 앞으로 배서하여 양도하거나 추심위임을 하며, 그 후 권리를 이전받은 매입은행이 다시 배서하여 양도하거나 추심위임을 한다.

3. 어떠한 경우에 배서를 하는가?

지급은행(개설은행)이 아닌 제3의 은행으로 환어음을 송부하는 경우에는 당해 은행 앞으로 권리를 이전하기 위하여 양도배서 또는 추심위임배서가 필요하며(예: 재매입신용장, 확인신용장, Forfaiting 거래, Outsourcing Nego 등), 지급은행(개설은행)으로 환어음을 송부하는 경우라 하더라도 지급은행(개설은행)에 의해 환어음의 만기 전에 할인 · 유통될 가능성이 있는 기한부 신용장은 지급은행(개설은행)의 권리를 보호하기 위하여 통상 배서하여 '인수제시'하는 것이 일반적이다. 그러나 수취인(또는 최종배서인)이 직접 '지급제시'하는 경우에는 배서를 요하지 않는다(예: Direct Nego 건의 at sight draft 등).

3-4 상업송장(Commercial Invoice)

상업송장이란 '수출상(Beneficiary)'이 '수입상(Applicant)' 앞으로 작성하는 선적화물의 '내용명세서(상품명세서)'이면서 동시에 '매매계산서' 및 '대금청구서'의 역할을 담당하는 서류로서, 비록 선하증권과 같이 그 자체로서 청구권이 있는 유가증권은 아니지만, 모든 무역거래의 대금 청구시에 필수적으로 요구되고 있는 매우 중요한 서류이다. 이러한 상업송장은 수출입물품의 진실성 및 정확성을 입증하기 위한 세관신고의 증명자료가 되기도 한다.

가. 송장의 종류 및 명칭

송장(Invoice)은 그 성격에 따라 '견적송장(Pro forma Invoice)'과 '상업송장(Commercial Invoice)' 및 '공용송장(Official Invoice)'의 3가지 형태로 분류해 볼 수 있으며, 상업송장은 다시 '견본송장(Sample Invoice)'과 '선적송장(Shipping Invoice)'으로 분류해 볼 수 있고, 공용송장은 '영사송장(Consular Invoice)'과 '세관송장(Customs Invoice)'으로 분류해 볼 수 있다. 실무에서 흔히 말하는 '송장(Invoice)'이라 함은 대개 상업송장 중의 선적송장을 의미한다.

신용장에서 'Invoice'란 표제의 서류를 요청하였다면, Commercial Invoice, Customs Invoice, Tax Invoice, Consular Invoice, Final Invoice 등을 포함한 어떠한 종류의 송장도 수리가 가능하다. 그러나 'Provisional Invoice' 및 'Proforma Invoice'는 신용장에서 특별히 허용하지 않는 한 수리할 수 없으므로 주의하여야 한다. 또한 신용장에서 'Commercial Invoice'를 요구한 경우에, Commercial Invoice 대신 'Invoice'라는 제목의 서류가 대신 제시되어도 이는 하자로 간주되지 않는다.

나. 상업송장의 발행 및 서명

1) 상업송장 발행인의 명의(Name)

신용장이 양도된 경우가 아닌 한, 상업송장은 반드시 'Beneficiary'가 발행한 것으로 보여야 하며 또한 'Applicant' 앞으로 발행되어야 한다(UCP 600 제18조 a항). 수익자가 발행한 것으로 나타내기 위해서는 수익자의 명칭이 기재된 Letterhead 용지를 사용하여 작성하거나, 또는 '서명란'에 수익자의 명칭을 기재하거나 수익자의 명칭이 새겨진 명판을 찍는 등의 방법이 활용될 수 있다. 따라서 상업송장의 Letterhead 또는 서명란 등에 기재되어 있는 '수익자의 명칭(Name of the Beneficiary)'이 신용장과 조금이라도 다를 경우에, 이는 하자로 인정될 가능성이 높으므로 각별히 주의하여야 한다.

2) 상업송장에 기재되는 주소(Address)

상업송장에 기재되는 '수익자' 및 '개설의뢰인'의 '주소(Address)'는 신용장 또는 다른 서류에 기재된 주소와 정확히 일치할 필요는 없으며, 단지 신용장에 기재된 주소와 '동일한 국가' 내에 위치하고 있기만 하면 된다(UCP 600 제14조 j항). 또한 주소의 일부로 기재되는 전화 · 팩스 · 텔렉스 · 이메일 등의 '세부연락처(Contact Details)'는 이를 심사하지 아니하고 무시할 수 있다. 그러나 참고적으로, 운송서류의 'Consignee' 및 'Notify Party' 란에 기재되는 'Applicant'의 주소 및 세부연락처는, 신용장에 명시된 'Applicant'의 주소 및 세부연락처와 일치하여야 한다.

3) 상업송장의 서명(Signature)

상업송장은 신용장에서 명시적으로 요구하지 않는 한 '서명'이나 '일자'를 필요로 하지 않는다. 그러나 신용장에서 'Signed Commercial Invoice'를 요구하였다면, 그때는 반드시 서명되어야 한다. 또한 신용장에서 '수기서명 (Manually Signed, Hand Signed)'을 요구하였다면, 그때는 반드시 수기로 서명되어야 한다.

다. 상업송장의 상품명세

상품명세(Description of the Goods)란, 신용장에서 상품의 명세를 구성하는 상품명, 수량, 단가, 원산지, 무역거래조건 등의 모든 요소를 포함하는 전체를 의미한다. 예를 들면 '1,000 cases of cashmere wool yarn U.S.A. origin @US$100 CIF Pusan Incoterms® 2020' 등이 그것이다.

상업송장의 상품명세는 신용장의 상품명세와 반드시 일치하여야 한다. 그러나 다른 모든 서류에는 신용장의 상품명세에 저촉되지 않는 일반적인 용어로 표시할 수 있다

(UCP 600 제18조 c항, UCP 600 제14조 e항). 따라서 상업송장의 상품명세는 보다 엄격한 잣대로 심사하여야 하며, 신용장에 기재된 상품명세의 일부를 누락하거나 또는 불필요한 문언을 삽입함으로써 지급거절의 빌미를 제공하지 않도록 각별히 유의하여야 한다.

그러나 신용장과 상업송장의 상품명세가 엄밀하게 일치하여야 한다고 해서 마치 거울에 비친 것처럼 똑같아야 한다는 것을 의미하지는 않으며, 상업송장 내의 여러 위치에 기재된 내용들을 조합하여 상품명세의 일치 여부를 판단하게 된다(ISBP 821 C3조). 또한 일반적인 용어로 표시된 신용장의 상품명에 추가하여 보다 구체적으로 상품명세를 기재하는 것은 하자로 보지 않는다. 예를 들어 신용장에 '100 units of Color Televisions'라고 표시된 것을 상업송장에 'Color Televisions, Model ABC 100 units'라고 표시하는 것은 하자로 보지 않는다. 그럼에도 불구하고 실무적으로는 신용장과 똑같이 작성하는 것이 후일의 불필요한 분쟁을 예방하기 위한 바람직한 방법이다. 왜냐하면 그 일치성의 판단기준이 애매모호하여 'Case by Case'로 판결이 다를 수 있기 때문이다.

신용장상의 상품명세 또는 금액과 관련하여 'Trade Terms(무역거래조건)'가 기재되어 있다면, 상업송장에서도 반드시 이를 동일하게 기재해 주어야 한다(ISBP 821 C9조). 예를 들어 신용장의 상품명세에 '~ FOB Singapore Incoterms® 2020'이라고 기재되어 있는 경우에, 만일 상업송장에 이를 기재하지 아니하고 누락하였다거나, 또는 'FOB' 또는 'FOB Singapore' 또는 'FOB Singapore Incoterms' 등과 같이 기재하였다면, 이는 명백한 하자를 구성하게 된다.

분할선적(Partial Shipment)의 경우에 상업송장의 상품명세에는 실제로 선적된 부분만을 표시하여야 하며, 신용장의 상품명세와 일치시킬 목적으로 실제로 선적되지 않은 물품까지 표시해서는 안 된다(ISBP 821 C4조). 예를 들어 신용장이 분할선적을 금지하지 않으면서 '10 Trucks & 5 Tractors'를 요구하는 경우에, 실제 4대의 트럭만이 선적되었다면 상업송장에는 '4 Trucks'라고 표시하여야 하며, 이는 상품명세의 불일치로 인한 하자를 구성하지 않는다. (참고: 신용장에 명시된 상품명세를 그대로 기술하고 그중 4 Trucks만이 실제로 선적되었음을 표시하는 방법도 가능함)

라. 신용장금액을 초과하여 작성된 상업송장의 수리여부

상업송장의 금액은 신용장에서 허용된 금액을 초과하지 않아야 하는 것이 원칙이다. 그럼에도 불구하고 신용장금액을 초과하여 작성된 상업송장이 제시되는 경우, 지정은행(매입은행 등)은 그 수리여부에 대하여 선택권을 행사할 수 있으며, 만약 지정은행이 이를 수리(매입 등)하였다면 개설은행은 반드시 그 대금을 지급하여야 한다(UCP 600 제18조 b항). 단, 환어음은 반드시 신용장금액 범위 내에서 작성되어야 하며, 지정은행은 신용장금액을 초과하는 금액에 대해서는 '결제(Honour)' 또는 '매입'하지 않아야 한다.

이는 물품대금 이외의 부대비용을 추가로 청구하고자 하는 경우 등에 활용될 수 있는 규정인데, 예를 들어 FOB 조건에서 수출상이 수입상의 부탁으로 운임을 대신 지급한 후에, 그 대금을 상업송장에 추가로 기재하여 청구하는 경우 등이 그것이다. 단, 상업송장에만 추가금액을 반영하고 환어음에는 그 대금을 포함시키지 않아야 한다. 이러한 경우 매입은행은 신용장에 허용된 금액 범위 내에서만 매입하여야 하며, 그 초과금액에 대해서는 서류송부장에 관련 내용을 명시하여 추심 처리하여야 한다. 이와 같은 경우에 개설은행은 신용장과 송장금액의 불일치를 이유로 대금지급을 거절할 수 없으나, 그렇다고 하여 신용장금액을 초과하는 부분에 대해서까지 지급할 의무가 있는 것은 아니다. 그 초과 금액에 대해서는 전적으로 수입상의 의사에 따라 지급여부가 결정되게 된다.

마. 상업송장의 기재사항

상업송장에 기재되어야 하는 사항은 다음과 같으며, 가급적이면 참고정보의 기재를 최소화함으로써 불필요한 하자의 빌미를 만들지 않는 것이 바람직하다.

① 상업송장(Commercial Invoice)이라는 표제

② 수신자 : 개설의뢰인

③ 선적 상품의 명세

④ 선적 상품의 수량 및 단가와 가격(청구금액)

⑤ 발행자 : 수익자

바. 상업송장의 심사

상업송장의 일반적인 심사요령 및 실무 유의사항은 다음과 같다.

① 상업송장은 선적된 상품의 가액(Value)을 표시하고 있어야 하며, 그 통화 및 단가는 신용장과 일치하여야 한다(ISBP 821 C6조).

☞ 특정국 달러 통화(USD, CAD, AUD, NZD, HKD, SGD 등)를 범용 달러표시($, $)로 기재하지 않도록 주의. (ISBP 821 C7조 참조하여 하자여부 판단)

② 신용장에서 'Discount(할인)' 또는 'Deduction(공제)'을 요구하는 경우에, 상업송장은 반드시 이를 표시하고 있어야 한다(ISBP 821 C6조).

☞ Deduction: 선수금으로 미리 지급한 금액을 차감하도록 하는 것 등을 말함.

☞ 상업송장에는 신용장에 명시되지 않은 'Advance Payment' 나 'Discount' 등의'Deduction'을 표시할 수 있으며, 이와 같은 경우에 환어음은 당해 'Deduction'을 반영한 감액된 금액으로 발행하여야 함.

③ 상업송장에 표시된 상품의 'Quantity(수량)' 'Weights(중량)' 'Measurements(용적)' 등은 운송서류 및 포장명세서 등을 포함한 기타의 서류들과 불일치(Conflict)하지 않아야 한다(ISBP 821 C12조).

④ 상업송장은 초과선적(Over-Shipment)을 표시해서는 안 된다(ISBP 821 C13조). 다만 'UCP 600 제30조 b항'에 의거한 5% 범위 이내의 초과선적은 허용됨.

⑤ 비록 무료(Free of Charge)라고 하더라도, 상업송장은 절대로 신용장에서 요구하지 않은 상품(샘플, 판촉물 등)을 표시해서는 안 된다(ISBP 821 C13조). 예를 들어 신용장의 상품명세에 'Model A'만이 명시되어 있는 경우, 상업송장의 상품명세에 'Model A'라고 기재한 후 'Model B'를 추가로 표시하였다면, 그것이 비록 'Free of Charge'의 견본 또는 광고물이라 하더라도 이는 하자로 간주된다.

⑥ 신용장이 할부선적(Installment Shipment)을 요구하는 경우에, 각각의 선적은 반드시 신용장상의 할부스케줄(각 분할분의 선적시기 및 수량)과 일치하여야 하며, 상업송장은 당해 할부스케줄에 따른 선적수량 및 금액을 정확하게 반영하고 있어야 한다. 참고적으로, 각 할부 선적분 내의 분할선적은 신용장에서 이를 특별히 금지하지 않는 한 허용되는 것으로 본다.

⑦ 신용장이 'Shipping Mark(화인)'에 관한 세부사항을 명시하고 있는 경우라면, 상업송장의 'Mark & Number' 란에 기재되어 있는 내용은 신용장에 명시된 것과 일치하여야 한다. 서류 상호간에 화인란의 데이타 배열 순서가 다르거나, 일부 서류의 화인란에 다른 서류에 없는 추가 정보가 포함되어 있거나, 컨테이너에 의한 화물 운송서류의 화인란에 다른 서류에 표시된 상세한 화인 데이타를 생략한 채 컨테이너 번호만을 표시하고 있다는 등의 사항은, UCP 600 제14조 d항에서 규정하고 있는 하자(Conflict of Data)로 간주되지 않는다. (ISBP 821 A32~A34조).

⑧ 은행은 서류상의 상세한 산술적 계산을 심사할 필요가 없으며 신용장 또는 다른 서류와 대비하여 총액(Total Value)만을 심사할 의무를 부담하지만, 후일의 불필요한 분쟁을 예방하기 위하여 간단한 계산내역 정도는 확인하는 것이 바람직하다.

3-5 운송서류(Transport Documents)

운송서류란 UCP 600 제19조에서 제25조에 해당하는 서류를 말하며, 이를 그 특성별로 분류하여 보면 선하증권(Bill of Lading), 비유통 해상화물운송장(Non-Negotiable Sea Waybill), 용선계약부 선하증권(Charter Party Bill of Lading), 복합운송서류(Multimodal Transport Document), 항공운송서류(Air Transport Document), 도로 · 철도 · 내수로 운송서류(Road, Rail, Inland Waterway Transport Document), 특송배달영수증(Courier Receipt), 우편영수증 또는 우편증명서(Post Receipt or Certificate of Posting) 등으로 구분하여 볼 수 있다.

가. 선하증권(Bill of Lading)

1) 선하증권의 의의

선하증권(B/L; Bill of Lading)이란, 화주와 운송인(선사) 간의 해상운송계약에 의거 운송인이 발행하는 것으로서, 운송물품의 수취(Received) 또는 선적(Shipped)을 증명하는 증명서이면서, 동시에 그 정당한 소지인에게 운송물품을 인도할 것을 약속하는 유가증권이다. 이러한 선하증권은 '채권적 효력'과 '물권적 효력'을 모두 지니고 있으며,

배서양도에 의하여 권리의 이전이 가능한 '유통증권(Negotiable Instrument)'에 해당한다. 참고적으로 이와 같은 B/L을 뜻하는 용어로서 '船荷證券(선하증권)'과 '船貨證券(선화증권)'은 동일한 의미로 사용되고 있다.

은행의 입장에서 보면, 신용장 거래에 있어 B/L은 단순한 운송서류의 차원을 넘어 관련 여신거래(L/C Open, Nego 등)에 대한 담보 수단으로서의 의미를 지닌다. B/L은 운송물품의 인도청구권을 문서화한 유통 · 유가증권이므로, 은행이 그 수하인(Consignee)으로 기재되거나 또는 이를 소지하게 된다는 것은 곧 물품 자체를 소유하는 것과 동일한 효력을 갖기 때문이다.

2) 선하증권의 기재사항

가) 법정기재사항

상법 제853조에 규정된 법정기재사항은 다음과 같다.

① 선박의 명칭(Vessel Name), 국적 및 톤수

② 송하인이 서면으로 통지한 운송물의 종류, 중량 또는 용적, 포장의 종별, 개수와 기호 (Description of Goods, Weight, Measurement, Kind of Package, Marks and Number)

참고 선하증권은 송하인이 운송인에게 서면으로 통지한 내용을 근거로 작성되는데, 만일 그 서면 기재내용 중 운송물의 중량 · 용적 · 개수 또는 기호가 실제로 수령한 운송물을 정확하게 표시하고 있지 않다고 의심할 만한 상당한 이유가 있거나 또는 이를 확인할 적당한 방법이 없는 경우에, 운송인은 그 기재를 생략할 수 있다.

③ 운송물의 외관상태

④ 송하인(Shipper)의 성명 · 상호

⑤ 수하인(Consignee) 또는 통지수령인(Notify Party)의 성명 · 상호

⑥ 선적항 (Port of Loading)

⑦ 양륙항 (Port of Discharge)

⑧ 운임 (Freight and Charges)

⑨ 발행지와 그 발행연월일 (Place and Date of Issue)

⑩ 여러 통의 선하증권이 발행되는 경우에는 그 발행통수(No. of Original B/L)

참고 선하증권은 해운관습상 원본 3통을 1세트로 하여 발행하는 것이 일반적이나, 송하인의 요청에 따라 원본의 발행통수는 조정될 수 있다. 원본이 2통 이상으로 발행되는 경우 그 각각의 원본은 서로 동등한 효력을 지니며, 그중 한 통을 운송인(선사)에게 제시함으로써 화물을 인도받을 수 있게 된다. 이때 그 사용하지 않은 나머지 원본은 자동적으로 유가증권의 효력을 잃게 된다.

⑪ 운송인의 성명 또는 상호 (Name of the Carrier)

⑫ 운송인의 주된 영업소 소재지

나) 기타기재사항

법정기재사항 이외에 선하증권의 앞면에 기재되는 사항들을 말하며, 그 주요 항목을 열거하면 다음과 같다.

① 사전운송인(Pre-carriage by)

② 화물수취장소(Place of Receipt)

③ 인도장소(Place of Delivery)

④ 최종목적지(Final Destination)

⑤ 항차번호(Voyage No.)

참고 선사(운송인)가 임의로 부여하는 항해 일련번호를 말하는데, 대개 선박의 운항 횟수가 기재된다. 선적항에서 목적항을 거쳐 다시 선적항으로 복귀하는 것을 1항차로 보며, 출항(수출)과 회항(수입)을 구분하기 위하여 통상 E(East), W(West), S(South), N(North) 등의 문자를 병기하고 있다.

⑥ 선하증권번호(B/L No.)

⑦ 컨테이너번호(Container No.), 컨테이너봉인번호(Seal No.)

⑧ 컨테이너 또는 포장 개수 (Number of Containers or Packages)

⑨ 운임기준톤수(Revenue Tons), 운임률(Rate), 단위기준(Per)

⑩ 운임선지급 또는 후불의 표시 (Prepaid / Collect)

⑪ 운임선지급장소(Freight prepaid at), 선지급금액(Total prepaid in)

⑫ 운임후불장소(Freight payable at)

⑬ 본선적재부기(Shipped/Laden on board, Date~, By~)

참고 선적선하증권(Shipped B/L)의 경우에는 별도로 기재할 필요가 없으나, 수취선하증권(Received B/L)의 경우에는 반드시 기재해 주어야 한다. 다만, 서명은 본선적재부기의 필수 요건이 아니므로 생략이 가능하다.

다) 면책약관

면책약관이란 선하증권의 앞면 또는 뒷면에 기재된 내용 중 선주의 책임면제에 관한 사항을 말하는데, 흔히 부동문자로 미리 인쇄되어 있는 조항을 일반약관(General Clause)이라 부르며, 타이핑 또는 고무인 등에 의하여 별도로 표시한 조항을 특별약관(Special Clause)이라 부른다. 특히, 선하증권의 뒷면에 미리 인쇄되어 있는 일반면책약관을 일컬어 이면약관이라 부르기도 한다. 이들 면책약관은 대개 읽기 힘들 정도의 작은 글씨로 기재되어 있어 그냥 지나치기 쉬우나, 그 주요내용을 살펴보면 다음과 같다.

① 위험 면책 조항

- 천재 및 해난 제외조항 : 운송인이나 그 사용인이 예견할 수 없고 방지할 수도 없는 해난, 즉 폭풍, 좌초, 유빙 등에 기인하는 손해와 결빙이나 낙뢰 등과 같은 천재에 기인하는 손해에 대해서는 그 책임을 지지 않는다는 조항이다.
- 전쟁위험 제외조항 : 전쟁행위, 즉 어뢰나 폭탄 등의 폭발, 나포, 봉쇄 등에 기인하는 손해에 대해서는 그 책임을 지지 않는다는 조항이다.
- 제3자의 행위에 기인하는 위험의 제외조항 : 검역, 억류 등과 같은 규제에 기인하는 손해 및 파업, 폭동, 절도 등과 같은 제3자의 행위로 발생되는 손해에 대해서는 그 책임을 지지 않는다는 조항이다.

② 책임 면책 조항

- 과실조항(Negligence Clause) : 선장, 선원, 도선사 및 운송인의 사용인이 선박의 운항과 안전항해를 위하여 필요한 기술행위를 하는 과정에서 비롯된 항해과실에 기인하는 손해에 대해서는 면책된다는 조항이다. 그러나 화물의 선적, 보관, 양하, 인도 등에 관한 상업상 과실에 기인하는 손해는 면책되지

않는다.

- 잠재하자조항(Latent Defect Clause) : 운송인은 선박의 감항능력(Seaworthiness)을 갖추기 위하여 정당한 노력을 기울일 의무가 있으므로 감항능력을 갖추지 못한 태만은 면책될 수 없으나, 정당한 노력에도 불구하고 발견할 수 없는 선체나 기관설비 등의 잠재하자에 기인하는 손해에 대해서는 면책된다는 조항이다. 즉, 특정사고를 직접적으로 발생시킬 감항능력 부족에 대하여 정당한 노력을 등한시하지 않았다면 선박회사는 면책된다.
- 이로조항(Deviation Clause) : 인명과 재산의 구조 및 피난, 연료 및 식료품 등의 보급 등 기타 타당한 사유로 인하여 예정항로를 벗어난 항해 또는 기항은 면책된다는 조항이다.
- 부지조항(Unknown Clause) : 컨테이너 등에 의하여 봉인된 화물의 경우에는 선적시 그 외관 상태만을 확인할 수 있을 뿐 내용물에 대한 검사가 실질적으로 불가능하며, 선적화물의 내용 및 수량, 품질, 종류, 가격 등에 관하여는 전적으로 송하인의 진술에 의존할 수 밖에 없으므로, 그와 같이 알 수 없는 사항에 대해서는 면책된다는 조항이다
- 파손과 누손 조항(Breakage, Leakage Clause) : 파손 또는 변질되기 쉬운 물품은 그러한 화물에 손해가 발생하였을 경우, 그것이 운송인의 과실에 의한 것인지 아니면 불가항력 또는 화물고유의 성질이나 하자에 기인한 것인지의 여부를 가리기가 극히 어려우므로, 그러한 화물의 손해에 대해서는 면책된다는 조항이다. 즉 갑판적 화물, 어패류, 동물, 과실류, 부패성 화물, 유리, 도자기 등의 파손, 변질, 누손, 습손, 부패, 사망 등으로 인한 손해에 대하여 선박회사는 면책된다.
- 고가품에 관한 조항 : 고가품은 취급과 보관에 특별한 조치가 필요하므로 그러한 화물의 종류, 품질, 가격 등을 명시하여 사전에 미리 신고하고 종가율 운임을 적용하지 않았다면, 어떠한 사고에 대해서도 일정 금액 이상의 배상 책임을 지지 않는다는 조항이다.
- 위험물에 관한 조항 : 사전에 신고하지 않은 채 선적된 위험물이 발견되면 선장은 이를 임의로 양륙시키거나 선체 밖으로 버릴 수 있으며, 그로 인한

손해는 송하인 또는 수하인의 부담이라는 취지의 조항이다. 수출입금지품 및 법령에 위반하여 선적된 화물에 대해서도 동일한 조항이 적용된다.

- 손해배상에 관한 조항 : 이 조항에는 클레임 제기방법, 손해배상의 시효, 보상금액 결정의 표준 및 한도 등이 명시되어 있다.

③ 기타 조항

- 뉴 제이슨 조항(New Jason Clause) : 선체에 발생한 공동해손에 대해 선주가 화주들에게 그 손해의 분담을 청구할 수 있다는 취지의 조항(Jason Clause)과 그러한 위험에 처한 선박과 이를 구조한 선박이 동일한 선주에 속하는 경우에도 구조료의 청구권을 인정한다는 조항 등을 합하여 이를 뉴 제이슨 조항이라 칭한다.
- 공동해손 조항 : 공동해손은 이에 관한 각국의 법률과 관습을 배제하고, 1994년 요오크 · 앤트워프 규칙(York-Antwerp Rules, 1994) 및 그 이후의 수정규칙에 따라 처리한다는 취지의 조항이다.

3) 선하증권에 관한 신용장 지시문언의 해석

선하증권에 관한 신용장의 조건은 대개 다음과 같이 표시되는 것이 일반적이다. "Full set of clean on board ocean bills of lading made out to the order of ○○○ (issuing bank or shipper or applicant) marked 'freight prepaid(or collect)' and notify accountee."

예시된 문언의 의미를 각 요항별로 구분하여 살펴보면 다음과 같다.

가) Full Set of (Bills of Lading)

선하증권의 원본이 복수로 발행된 경우에는 발행된 원본의 전부를 제시하여야 한다는 의미이다. 선하증권은 그 원본이 분실될 경우를 대비하여 대개 원본 3통(Original, Duplicate, Triplicate)을 한 세트로 하여 발행하는 것이 일반적인데, 그 각각의 원본은 모두 독립적으로 완전한 효력을 가지며 그중 어느 한 통이 사용되면 나머지 원본은 자동적으로 무효가 된다. 따라서 개설은행은 발행된 원본의 전부를 입수하여야만 화물에 대한 지배력을 확보할 수 있게 되며, 그러한 이유로 B/L의 Full Set을 제시하도록 신용장에 명시하고 있는 것이다.
여기서 한 가지 주의하여야 할 사항은 선하증권의 원본이 항상 3통으로 발행되는 것은 아니므로, B/L의 Full Set이 항상 3통을 의미한다고 생각해서는 안 된다는 점이다. 경우에 따라서는 원본이 1통으로 발행될 수도 있고 2통, 4통, 5통으로 발행될 수도 있으므로, Nego시에는 반드시 그 원본의 발행 통수를 확인하여야 한다. B/L의 Full Set이 몇 통으로 구성되어 있는지는 대개 선하증권의 하단 중앙부에 표기되어 있다.

나) Clean (Bills of Lading)

물품 또는 포장에 결함이 있다는 등의 문언이 선하증권상에 기재되어 있지 않아야 한다는 의미이다. 선하증권은 그 앞면에 선적화물의 하자에 관한 문언이 표시되어 있는지의 여부에 따라 'Clean B/L'과 'Foul B/L(Defective B/L)'로 나누어 볼 수 있는데, 선적된 물품 및 포장 등에 외관상으로 드러난 어떠한 결함이 있음을 표시하고 있는 B/L을 'Foul B/L'이라고 하며, 그에 관한 특별한 문언이 기재되어 있지 않은 B/L을 'Clean B/L'이라고 한다. 예를 들어 '1,000 bundles of Iron bars-10 bundles rusty' 등과 같이 화물 또는 포장과 관련하여 Broken, Damaged, Torn, Scratched, leaking, Soiled 등의 결함문언이 기재되어 있으면 이는 Foul B/L이 된다. 이러한 Foul B/L은 개설은행 및 매입은행 등의 담보가치를 훼손하는 것은 물론 클레임 등의 복잡한 문제를 야기하게 되므로, 그 수리를 거절하는 것이다.

다) On Board (Bills of Lading)

화물이 본선에 적재되어 있음을 표시하고 있는 선하증권을 제시하여야 한다는 의미이다. 선하증권은 그 앞면에 미리 인쇄된 문언으로 물품이 지정된 선박에 선적되었음을 표시하고 있는가, 아니면 선적을 위하여 단순히 수취한 상태임을 표시하고 있는가, 아니면 별도의 부기(Notation)를 통하여 물품이 본선에 적재된 사실을 따로 증명하고 있는가에 따라, 'Shipped B/L(선적선하증권)'과

'Received B/L(수취선하증권)' 및 'On board B/L(본선적재선하증권)'로 나누어 볼 수 있다. 이들 중 Shipped B/L 및 On board B/L에 한하여 수리가 가능하며, 단순한 Received B/L은 그 수리를 거절하겠다는 의미이다. 이러한 Received B/L은 화물이 온전히 선적된다는 보장이 없으므로 관련 당사자에게 예기치 않은 손실이 초래될 우려가 있기 때문이다.

① 선적선하증권(Shipped Bill of Lading)

선적선하증권이란 화물을 운송할 특정의 선박에 선적을 완료한 후에 발행하는 선하증권을 말하며, 동 증권의 앞면에는 대개 '**Shipped** on board in apparent good order and condition~' 등과 같은 문언이 미리 인쇄되어 있다. 이러한 선적선하증권은 화물이 이미 본선에 적재된 후에 발급되는 B/L이므로 본선적재부기(On Board Notation)에 의하여 선적일자를 별도로 표시할 필요가 없으며, 선하증권의 발행일자가 곧 선적일자로 간주된다.

② 수취선하증권(Received Bill of Lading)

수취선하증권이란 선박회사가 화물을 수령한 상태에서 아직 본선에 적재하지 않은 채로 발행하는 선하증권을 말하며, 동 증권의 앞면에는 대개 '**Received** by the carrier from the shipper in apparent good order and condition~' 등과 같은 문언이 미리 인쇄되어 있다. 이러한 수취선하증권은 실제로 화물을 선적하고 난 후에 별도의 본선적재부기에 의하여 선적일자를 표시해 주어야만 수리가 가능하다.

③ 본선적재선하증권(On board Bill of Lading)

수취선하증권에 '본선적재부기(On Board Notation)'가 되어있는 경우, 실무적으로는 이를 본선적재선하증권이라 부르며 이는 선적선하증권과 동일하게 취급된다. '본선적재부기(On Board Notation)'란 화물을 선적하고 난 후에 본선에 적재되었음을 증명하는 문언을 추가로 기재하는 것을 말하는데, 여기에는 '본선에 적재되었다는 뜻'과 '본선적재일자'가 반드시 포함되어 있어야 하며 서명은 필수

사항이 아니다. '본선에 적재되었다는 뜻'은 'Shipped' 또는 'On board'라는 단어를 포함하고 있어야 하며, 통상 'Shipped on board', 'Laden on board', 'Clean on board' 등의 문구로 표현하는 것이 일반적이다. 본선 적재부기에는 이 밖에도 적재선박명, 선적항, 양륙항 등이 별도로 명시되어야 하는 경우가 있는데, 이에 관해서는 'UCP 600 제20조 a항' 및 'ISBP 821 E6조~E8조'를 참조하기 바란다. (참고: 선하증권에 복수의 선적항이 표시되어 있는 경우에는 각각의 선적항에 대한 일자부 본선적재부기가 필요함)

라) Ocean Bills of Lading

해상(대양)운송과 관련한 항대항 선적(Port-to-Port Shipment)을 커버하는 선하증권을 제시하여야 한다는 의미이며, 해상선하증권이 아닌 내수로운송서류(Inland Waterway Transport Document)나 비유통해상화물운송장(Non-Negotiable Sea Waybill) 또는 항공화물운송장(Air Waybill) 등이 제시되면 그 수리를 거절하겠다는 의미이다.

참고적으로 신용장이 선하증권을 요구하고 있는 경우에, 제시된 운송서류상에 기재된 선적항과 양륙항이 신용장과 일치하고 또한 당해 구간이 해상으로 운송될 것이라면, 그 명칭에 관계없이 어떠한 표제(Title)의 선하증권이라도 수리할 수 있다(UCP 600 제20조 a항, ISBP 821 E2조). 즉, 신용장이 'Ocean Bill of Lading'을 요구하고 있다 하더라도, 제시된 선하증권이 전술한 조건을 모두 충족하고 있는 경우에는, 비록 'Multimodal Transport Bill of Lading' 또는 'Combined Transport Bill of Lading' 등의 다른 명칭이 사용된 경우에도 이를 수리할 수 있다.

마) Made out 'To the order of ○○○'

B/L의 'Consignee(수하인)'란에 'To order of ○○○'라고 기재되어 있는, ○○○의 지시식으로 발행된 선하증권을 제시하여야 한다는 의미이다. 수하인(Consignee)이란 도착지에서 운송인에게 화물의 인도를 청구할 수 있는 선하증권상의 권리자를 말하며, 신용장거래에서는 대개 개설은행이 지정되는 것이 일반적이다.

선하증권의 수하인을 표시하는 방법에는 '기명식(Order B/L)'과 '지시식(Straight B/L)'의 두 가지 방식이 있는데, 기명식이란 B/L의 'Consignee'란에 'To ABC' 등으로 표시하는 방식을 말하며, 지시식이란 B/L의 'Consignee'란에 'To order of ABC' 등으로 표시하는 방식을 말한다.

신용장에서 B/L의 Consignee를 'To ABC Bank' 등으로 요구하였다면 B/L의 Consignee란에는 반드시 그와 똑같이 'To ABC Bank' 등으로 기재하여야 하며, 'To order of ABC Bank' 등과 같이 지시식으로 발행하는 것은 하자가 된다. 마찬가지로, 신용장에서 B/L의 Consignee를 'To order of ABC Bank' 등으로 요구하였다면 B/L의 Consignee란에는 반드시 그와 똑같이 'To order of ABC Bank' 등으로 기재하여야 하며, 'To ABC Bank' 등과 같이 기명식으로 발행하는 것은 하자가 된다(ISBP 821 E12조 및 E13조).

참고적으로 B/L이 만약 'To order' 또는 'To order of the shipper'와 같이 '송하인 지시식'으로 발행되었다면, 비록 신용장에서 배서에 관한 별도의 언급이 없다 하더라도 B/L은 'Shipper(수출상)'에 의해 배서되어야 한다(ISBP 821 E13조).

참고 'To order'는 'To order of the shipper'와 동일한 의미로 해석한다.

바) Marked 'Freight Prepaid (or Collect)'

선하증권에는 당해 화물의 운임이 이미 지급되었다는 뜻의 'Freight Prepaid'라는 문언이 기재되어 있어야 한다는 의미이다. 신용장은 운임의 지불관계(Freight Prepaid or Freight Collect)를 명확히 지시하여야 하는데, 무역거래조건이 F그룹인 경우에는 'Freight Collect'로 지시하며, C그룹 또는 D그룹인 경우에는 'Freight Prepaid'로 지시하게 된다. 선하증권에는 반드시 신용장의 조건과 일치하게 운임의 지불여부가 표시되어 있어야 하며, 'Freight prepayable' 또는 'Freight to be prepaid' 등의 용어는 운임이 선지급 되었음을 나타내는 문구로 인정하지 않는다(UCP 500 제33조 c항).

참고적으로 선하증권에 선적비용(Loading Cost) 및 양륙비용(Unloading Cost) 등과 같은 '운임에 추가되는 요금(Charges/Costs additional to freight)'이 표시된 경우에도, 만일 신용장에서 이를 금지하지 않았다면 그러한 운송서류는 수리가 가능하다(UCP 600 제26조 c항). 선적비용과 양륙비용 부담자의 표시 방식에는 Berth Term, FI, FO, FIO등의 방식이 있으며, 이에 관한 내용은 본 도서의 '제1장 제2절 4-4'에서 이미 설명한 바와 같다. 그 밖에 운송서류에서 흔히 볼 수 있는 추가 비용으로는 다음과 같은 것들이 있다.

- CAF(Currency Adjustment Factor): (외화표시 운임에 대한) 통화할증료
- BAF(Bunker Adjustment Factor): (연료용 유가변동 커버를 위한) 유류할증료
- Heavy Lift Surcharge: (기준중량 초과 화물에 대한) 중량할증료
- Congestion Surcharge: (항만 혼잡으로 인한) 체선할증료
- Wharfage(WFG): 부두사용료 (항만시설사용료, 화물입출항료)
- THC(Terminal Handling Charge): 터미널내 화물취급비용 (화물처리비)
- Demurrage(DEM): 체선료/체화료의 두 가지 의미로 모두 사용됨.
  - Vessel Demurrage(체선료): 화물의 하역(선적 또는 양륙) 지체시 부과
  - Container/Cargo Demurrage(체화료): 터미널(CY)에서의 컨테이너 반출 지체시 부과
- Detention Charge: 컨테이너 반납 지체료

만일 신용장에서 "Cost additional to freight are not acceptable" 등과 같이 명시하고 있다면, 운송서류에는 운임에 추가되는 비용이 있다거나 또는 발생될 수 있다는 등의 내용이 표시되어서는 안된다. 다만, 'Demurrage Cost' 및 'Detention Cost'는 운임에 추가되는 비용의 표시로 보지 않는다. (ISBP 821 E27, D31, F25, G25, H27)

사) Notify Accountee

선하증권의 'Notify Party(착하통지처)'란에는 '개설의뢰인(Accountee, Applicant)'이 지명되어 있어야 한다는 의미이다. 'Notify Party(착하통지처)'란, 화물이 목적지에 도착하였을 때 운송인이 화물의 도착사실을 통지해 주어야 하는 당사자를 말한다. 만일 신용장에서 'Notify Party'를 별도로 명시하지 않은 경우에는, 선하증권의 해당 란을 공란으로 남겨두거나 또는 임의로 기재할 수

있다(ISBP 821 E14조).

참고 신용장에서 운송서류의 'Consignee' 또는 'Notify Party'를 개설의뢰인(또는 개설은행)으로 명시하고 있는 경우에, 운송서류의 해당 란에는 개설의뢰인(또는 개설은행)의 명칭에 추가하여 굳이 주소 및 연락처(Contact Details)까지 기재할 필요는 없다. 그러나 만일 운송서류의 해당 란에 개설의뢰인(또는 개설은행)의 주소 및 연락처를 기재하였다면 그것은 신용장에 나타난 주소 및 연락처와 일치(not conflict)하여야 한다(ISBP 821 E14조~E16조).

4) 선하증권의 심사

가) 운송인의 명칭(Name of the Carrier)

선하증권의 앞면에는 반드시 운송인의 '명칭(Name; 상호)'을 표시하고 있어야 하며, 명칭과 함께 그가 'Carrier(운송인)'임을 나타내고 있어야 한다(UCP 600 제20조 a항 i 호, ISBP 821 E5조). 이는 선하증권의 앞면에 누가 운송인(Carrier) 인지를 명확히 표시하고 있어야 한다는 의미인데, 예를 들면 'ABC Lines, Carrier' 또는 'Carrier: ABC Lines' 등의 표현이 그것이다. 만일 B/L 상단의 상호표시 부분에 'ABC Lines' 등과 같이 운송인의 '명칭'만 기재되어 있고 'Carrier'임이 표시되어 있지 않은 경우에는, 하단의 서명란 등을 통해서라도 'Carrier'가 정확히 누구인지를 밝히고 있어야 한다.

나) 선하증권의 서명(Signature)

신용장에서 선하증권을 요구하고 있다면, B/L은 '운송인(Carrier)' 또는 '선장(Master/Captain)' 또는 그들의 '대리인(Named Agent)'에 의해 서명되어야 한다. 참고로 B/L은 운송인의 지점(Named Branch)에 의해 서명될 수 있으며, 이는 운송인에 의해 서명된 것으로 간주된다(UCP 600 제20조 a항 i 호, ISBP 821 E5조). B/L의 서명란에는 서명 당사자가 누구(운송인, 선장, 대리인)인지 식별될 수 있도록 표시되어 있어야 하며, 만일 운송인이나 선장의 '대리인(Agent)'에 의해 서명되는 경우에는 반드시 그 대리인의 '명칭(Name; 상호)'과 '자격'에 대해서도 표시해 주어야 한다. 대리인의 자격표시에 대한 예를 들면 'As agent **for** the carrier' 또는 'As agent **on behalf of** the carrier' 또는 'As agent **for** the master' 또는 'As agent **on behalf of** the master' 등의 표현이 그것이다. 참고로 선장 또는 선장의 대리인이 서명하는 경우, B/L의 서명란에 선장의 이름까지 표시해 줄 필요는 없다. 선하증권의 서명에 관한 실제 사례를 살펴보면 다음과 같다. (가정: 운송인을 ABC Line이라 가정하고, 운송인의 대리인을 XYZ Co., Ltd.라고 가정한다)

① 운송인에 의한 서명

- B/L상에 ABC Line이 Carrier라고 별도로 표시되어 있지 않은 경우
  - As Carrier, ABC Line
    (Signature)
- B/L상에 ABC Line이 Carrier라고 별도로 표시되어 있는 경우(택일)

– As Carrier	또는	– ABC Line	또는	– As Carrier, ABC Line
(Signature)		(Signature)		(Signature)

② 운송인의 대리인에 의한 서명

- B/L상에 ABC Line이 Carrier라고 별도로 표시되어 있지 않은 경우
  - XYZ Co., Ltd.
    As agent for(또는 on behalf of) ABC Line, Carrier
    (Signature)
- B/L상에 ABC Line이 Carrier라고 별도로 표시되어 있는 경우(택일)
  - XYZ Co., Ltd.
    As agent for(또는 on behalf of) ABC Line
    (Signature)
  - XYZ Co., Ltd.
    As agent for(또는 on behalf of) the Carrier
    (Signature)
  - XYZ Co., Ltd.
    As agent for(또는 on behalf of) ABC Line, Carrier
    (Signature)

다) FBL(Forwarder's B/L)의 수리요건

'Freight Forwarder(운송중개인)'가 발행한 서류라 하더라도, 그들이 '운송인의 자격(Acting as carrier)' 또는 '운송인의 대리인 자격(As agent for the carrier)'으로 서명하고 발행하였다면, 이는 신용장에서 특별히 금지하지 않는 한 'UCP 600 제14조 1항 및 제20조 a항'에 의거 수리할 수 있다. 그러나 Freight Forwarder가 운송인 또는 그 대리인으로서의 자격을 명시하지 않은 채, 단순히 '운송중개인(Forwarding agent)의 자격'으로 서명하고 발행하였다면, 그러한 Forwarder's B/L은 신용장에서 별도로 허용하지 않는 한 수리할 수 없다. 만일 신용장에 'Freight forwarder's B/L(또는 House B/L) is acceptable' 등과 같은 문구가 기재되어 있다면, 그때는 Freight Forwarder가 운송인 또는 그 대리인으로서의 자격을 명시하지 않은 채 Freight Forwarder 본인의 자격과 권한으로 서명하여 발행할 수 있으며, B/L상에 운송인의 명칭이 별도로 표시되어 있어야 할 필요도 없다(ISBP 821 E3조). 그러나 Freight Forwarder가 발행하는 Forwarder's Cargo Receipt, Forwarder's Certificate of Receipt, Forwarder's Certificate of Transport, Forwarder's Certificate of Shipment 등과 기타 Mate's Receipt, Cargo Receipt, Delivery Order, Delivery Note 등은 UCP 600에서 규정하고 있는 운송서류가 아니므로, 신용장에서 이를 특별히 허용하지 않는 한 어떠한 경우에도 수리할 수 없다.(ISBP 821 A18조 a항)

라) 선적항과 양륙항(도착항)

신용장에서 선하증권을 요구하는 경우에, 신용장의 'Shipment from (선적항) to (양륙항)'에 명시된 항구의 명칭은, B/L상의 'Port of Loading' 및 'Port of Discharge' 란에 각각 표시되어 있어야 한다. 즉, SWIFT MT 700의 포맷에 따라 개설된 신용장의 44E Field에 표시된 항구는 B/L의 'Port of Loading' 란에 표시되어야 하며, 44F Field에 표시된 항구는 B/L의 'Port of Discharge' 란에 표시되어야 한다.

참고적으로 SWIFT MT 700의 운송서류 관련 FIELD를 살펴보면 다음과 같다.

① 44A Field (수탁지/발송지) : Place of Taking in Charge / Dispatch from / Place of Receipt, ② 44E Field (선적항/출발공항): Port of Loading / Airport of Departure, ③ 44F Field (양륙항/도착공항): Port of Discharge / Airport of Destination, ④ 44B Field (최종목적지/인도지): Place of Final Destination / For Transportation to / Place of Delivery

신용장에서 선적항 또는 양륙항을 'Any European port' 등과 같이 지역(Geographical Area)의 형태로 명시하거나 또는 'A port, B port, C port' 등과 같이 범위(Geographical Range)를 지정하여 명시한 경우에, 선하증권에는 명시된 지역이나 범위 내의 '실제 항구명'을 표시하여야 한다(ISBP 821 E6조 g항 및 E10조).

◀Case Study▶ 운송인 명칭(상호)의 표시와 서명

Question

ABC은행이 매입한 선하증권은 'Star Marine Corporation (SMC)'의 양식에 의해 발행되었으며, 하단의 서명란에는 'Arirang Shipping co.,ltd. as agent for the carrier'라고 표시되어 있었습니다.
그런데, 개설은행인 XYZ은행은 '운송인 미표시 (Carrier not identified)'를 사유로 대금지급을 거절한다고 부도를 통보하여 왔습니다.
이에 대하여 매입은행인 ABC은행은, 비록 선하증권의 앞면에 'SMC'가 'Carrier'라고 직접적으로 표시되어 있지는 않지만, B/L 양식의 상단에는 로고와 함께 운송인(SMC)의 명칭이 커다랗게 인쇄되어 있으며, 또한 'Arirang Shipping'이 '운송인의 대리인(As agent for the carrier)' 자격으로 발행(서명)하였으므로, 이는 하자가 될 수 없다고 항의하고 있습니다.
또한 ABC은행은, 비록 그것이 정당한 하자의 사유가 된다 할지라도, 'SMC가 운송인이라는 Arirang Shipping의 확인서'를 유효기간 이내에 추가로 제시하였기 때문에, 당해 서류는 정상적으로 수리되어야 함을 강력히 요청하고 있습니다.
개설은행과 매입은행 중 과연 누구의 의견이 타당한지에 대하여 생각해 봅시다.

Answer

사례의 B/L은 UCP 600 제20조를 위반한 하자서류가 되며, 따라서 개설은행의 지급거절은 정당합니다. (참고 : ISBP 821 E5조)
UCP 600 제20조 및 ISBP 821 E5조에 따라, 선하증권은 그 앞면에 운송인의 명칭이 기재되어 있어야 하고, 또한 누가 운송인(Carrier)인지를 명확히 표시하고 있어야 하며, 운송인이나 선장 또는 그들의 대리인에 의해 서명되어야 합니다.
그러나 사례의 B/L은 운송인의 명칭이 기재되어 있고 운송인의 대리인에 의해 서명되어 있지만, 누가 운송인(Carrier)인지는 명확하게 표시하고 있지 않습니다. 즉, SMC가 운송인으로 추정될 뿐 누가 운송인인지를 정확히 표시하고 있지 않습니다.
그러나 만일 B/L의 서명란에 'Arirang Shipping co.,ltd. as agent for SMC, Carrier'와 같이 표시되어 있거나, 또는 B/L 상단의 상호 옆에 'SMC'가 'Carrier'라고 표시(ex. Carrier: SMC)되어 있었다면, 이는 UCP 600 제20조의 규정을 충족하게 되어 하자가 되지 않습니다.
'SMC가 운송인이라는 확인서'를 추가로 발송한 행위는 별다른 도움이 되지 못하며, 이는 신용장에서 요구되어진 서류가 아니므로, UCP 600 제14조에 의해 제출자에게 반려되거나 심사하지 않고 그대로 Pass 될 수 있습니다.

♣ B/L의 상단에 인쇄되어 있는 운송인의 명칭과 함께 이미 'Carrier'라는 단어가 표시(ex. Carrier: SMC)되어 있는 경우에는, 서명란에서 다시 운송인이 누구인지를 반복적으로 표시할 필요가 없습니다. 즉, 'Arirang Shipping co., ltd. as agent for the carrier' 또는 'Arirang Shipping co., ltd. as agent for SMC' 등으로 기재하여도 무방합니다.

♣ 그러나 B/L 상단에 인쇄되어 있는 운송인의 명칭에 'Carrier'라는 단어가 표시되어 있지 않다면, 서명란을 통해서라도 운송인이 누구인지를 반드시 밝히고 있어야 합니다.

⇒ 예: Arirang Shipping co., ltd.
as agent for SMC, Carrier

ARIRANG SHIPPING CO.,LTD.
Arirang
AS AGENT FOR STAR MARINE CORP., CARRIER

plus+ 'On Board Notation'의 요건

'On Board Notation'에는 '본선에 적재되었다는 뜻'과 '본선적재일자'가 반드시 포함되어 있어야 하며, 서명은 필수요건이 아님(UCP 600 제20조 a항 ii호). '본선에 적재되었다는 뜻'은 'Shipped' 또는 'On Board'라는 단어를 포함하고 있어야 하며, 통상 'Shipped On Board' 'Laden On Board' 'Clean On Board' 등의 문구로 표현하는 것이 일반적임(ISBP 821 E7조).

참고 B/L에 복수의 선적항이 표시된 경우에는 각각의 선적항에 해당하는 'On Board Notation'이 있어야 함(ISBP 821 E6조 h항)

Example

Shipped On Board
Date: Mar. 14. 20XX
⇒ 필수기재사항

(Vessel : Balbari V-051E)
(Port of Loading : Pusan, Korea)
(By Chung)
⇒ 임의기재사항 (필요시 기재)

B/L상의 '선박명(Name of the Vessel)'과 관련하여 'Intended' 등의 용어가 포함된 경우의 'On Board Notation' 요령 (UCP 600 제20조 a항 ii호)

- 본선적재문언 ⇒ Shipped On Board
- 본선적재일자 ⇒ Date of Shipment : Mar. 14. 20XX
- 실제의 선박명 ⇒ Name of the Actual Vessel : Balbari (V-051E)

B/L상의 '선적항(Port of Loading)'과 관련하여 'Intended' 등의 용어가 포함된 경우의 'On Board Notation' 요령 (UCP 600 제20조 a항 iii호)

- 본선적재문언 ⇒ Shipped On Board
- 본선적재일자 ⇒ Date of Shipment : Mar. 14. 20XX
- 적재 선박명 ⇒ Name of the Vessel : Balbari (V-051E)
- 신용장에 기재된 선적항 ⇒ Port of Loading : Pusan

L/C에 기재된 '선적항'이 B/L의 'Port of Loading'이 아닌 'Place of Receipt'란에 기재되어 있는 경우의 'On Board Notation' 요령 (UCP 600 제20조 a항 iii호, ISBP 821 E6조 e항)

- 본선적재문언 ⇒ Shipped On Board
- 본선적재일자 ⇒ Date of Shipment : Mar. 14. 20XX
- 적재 선박명 ⇒ Name of the Vessel : Balbari (V-051E)
- 신용장에 기재된 선적항 ⇒ Port of Loading : Pusan

L/C에 기재된 '양륙항'이 B/L의 'Port of Discharge'가 아닌 'Final Destination'란에 기재되어 있는 경우의 'Notation' 요령 (ISBP 821 E8조)

- 양륙항(도착항) 부기문언 ⇒ Port of Discharge : ○○○ Port

plus+ '선적항'과 '수탁지' 및 '사전운송수단'

신용장이 '해상선하증권'을 요구하는 경우로서, 제시된 B/L이 '선적항(Port of Loading)'과 함께 별도의 '수탁지(Place of Receipt)' 및 '사전운송수단(Pre-carriage)'을 표시하고 있는 경우에, 당해 B/L의 'On Board Notation'에는 화물이 적재된 '선박명'과 신용장에 명시된 '선적항'이 반드시 추가로 표기되어 있어야 한다. 이와 같은 경우에는, '선적선하증권(Shipped B/L)'이라 할지라도 반드시 '선박명'과 '선적항'이 추가된 'On Board Notation'을 별도로 부기하여야 한다.(ISBP 821 E6조)

[신용장의 조건]
- 운송서류 : 해상선하증권
- 선적항 : 부산

➔

[B/L상의 Data]
- Pre-carriage by : PTR328
- Place of Receipt : Incheon
- Port of Loading : Pusan

➔

[On Board Notation]
Shipped On Board
Date : Mar. 14. 20XX
Vessel : Balbari (V-051E)
Port of Loading : Pusan

- B/L상에 '선적항'과 함께 별도의 '수탁지'가 기재되어 있더라도 만일 '사전운송수단(Pre-carriage)'이 표시되지 않았다면, 이러한 경우에는 'On Board Notation'에 '선박명'과 '선적항'을 추가로 표기할 필요가 없으며, '선적선하증권(Shipped B/L)'의 경우에는 별도의 'On Board Notation'이 필요하지 않다.

  주의 그러나, B/L의 전면약관에 ISBP 821 E6조 d항에서 예시하고 있는 문구나 그와 유사한 문구가 사전 인쇄되어 있다면, 그때는 '사전운송수단'에 관한 아무런 표시없이 '수탁지'만 기재되어 있더라도 반드시 '선박명'과 '선적항'이 추가된 'On Board Notation'이 필요하다.

- B/L상에 '수탁지'가 기재되어 있지 않은 경우라도 만일 '사전운송수단(Pre-carriage)'이 표시되어 있다면, 이러한 경우의 'On Board Notation'에는 '선박명'과 '선적항'이 반드시 추가로 표기되어야 하며, 이는 선적선하증권(Shipped B/L)의 경우에도 동일하게 적용된다.

☞ B/L 양식에 사전 인쇄되어 있는 각종 장소

Place of Receipt (수탁지) (Place of Taking in Charge)	운송인이 송하인으로부터 화물을 수령하는 장소 ※ 복합 운송시의 출발 지점
Port of Loading (선적항)	선박에 화물을 적재하는 항구 ※ 해상 운송시의 선적항
Port of Transhipment (환적항)	운송 도중에 화물을 다른 선박으로 옮겨 싣는 항구 ※ 목적지까지 직항 노선이 없는 경우 등
Port of Discharge (양륙항)	선박에서 화물을 양륙하는 항구 ※ 해상 운송시의 도착항 (참고 : 업계의 실무에서는 '양륙항'과 '도착항'이라는 용어를 동일한 의미로 혼용하고 있음)
Final Destination (최종목적지) (Place of delivery, 인도지)	화물의 최종 목적지 (운송인이 수하인에게 화물을 인도하는 장소) ※ 복합 운송시의 종착 지점

◀Case Study▶ 선적항과 양륙항(도착항)의 표기

Question

신용장에서 '해상선하증권'을 요구하고 있는 경우에, L/C의 '선적항'이 B/L의 'Port of Loading'이 아닌 'Place of Receipt' 란에 표기되어 있거나, L/C의 '양륙항(도착항)'이 B/L의 'Port of Discharge'가 아닌 'Final Destination' 란에 표기되어 있다면, 그러한 B/L은 하자입니까?

Answer

'On Board Notation' 및/또는 기타 별도의 부기로서 다음과 같은 사실을 추가로 입증하지 않는 한, 그러한 B/L은 신용장의 조건에 일치하지 않는 것이 되어 지급거절의 사유가 됩니다.

① B/L의 'Place of Receipt'란에 기재된 항구가 실제의 선적항이며, 그 곳에서 기명 선박에 적재되었다는 사실
☞ 본선적재부기에 '적재 선박명'과 '신용장에 명시된 선적항'을 추가로 표기하여 해당 사실을 입증 가능함.
② B/L의 'Final Destination'란에 기재된 항구가 실제의 양륙항(Port of Discharge)이라는 사실
☞ 'Port of Discharge: ㅇㅇㅇ Port' 등과 같은 양륙항 부기 문언을 통하여 그러한 사실을 입증 가능함.

예를 들어 신용장에서 '양륙항(Port of Discharge)'을 '인천'으로 요구하고 있는 경우로서, B/L의 'Port of Discharge' 란에 '부산'을 기재하고 'Final Destination'란에 '인천'을 기재한 채 아무런 'Notation'도 하지 않았다면, 일단 양륙항이 신용장의 조건과 일치하지 않으므로 하자가 될 뿐만 아니라, 비록 인천이 실제의 양륙항이고 부산에서 인천까지 동일한 선박에 의해 해상으로 운송되었다 하더라도 당해 구간은 해상운송 이외의 운송방식에 의해 운송된 것으로 간주됩니다. 따라서 이는 신용장에서 요구하는 '선적항'으로부터 '양륙항'까지 '해상운송'으로 커버하지 못한 셈이 되어, 이 또한 하자의 사유가 되는 것입니다.

'Place of Receipt'와 'Final Destination'은 주로 복합운송서류의 양식에서 사용되는 용어이며,
복합운송은 기본적으로 두 가지 이상의 서로 다른 운송방법에 의한 운송을 원칙으로 하기 때문에,
① 'Place of Receipt'의 구간으로부터 'Port of Loading'의 구간까지
② 'Port of Loading'의 구간으로부터 'Port of Discharge'의 구간까지
③ 'Port of Discharge'의 구간으로부터 'Final Destination'의 구간까지는
모두 서로 다른 운송방법에 의해 복합운송되는 것으로 간주됩니다.

ISBP 821 E6조 e항

신용장에서 요구된 '선적항(Port of Loading)'은 선하증권 내의 'Port of Loading' Field에 기재되어야 합니다. 그러나 만일 다음의 조건이 충족되는 경우에는, 선하증권 내의 'Place of Receipt' 또는 기타 이와 유사한 표제의 Field에 기재될 수 있습니다.

⇒ 상품이 'Place of Receipt' Field에 기재된 항구에서 기명 선박에 적재되었다는 사실을 증명하는 일자부 '본선적재부기(On Board Notation)'가 있어야 함.
[본선적재부기 표기 사항: Shipped on Board, 선적일, 적재선박명, 신용장에 명시된 선적항]

ISBP 821 E8조

신용장에서 요구된 '양륙항(Port of Discharge)'은 선하증권 내의 'Port of Discharge' Field에 기재되어야 합니다. 그러나 만일 다음의 조건이 충족되는 경우에는, 선하증권 내의 'Final Destination' 또는 기타 이와 유사한 표제의 Field에 기재될 수 있습니다.

⇒ 'Final Destination' Field에 기재된 장소가 곧 'Port of Discharge'라는 사실을 증명하는 별도의 부기가 있어야 함.
[예: 본선적재부기에 'Port of Discharge : ㅇㅇㅇ Port' 라고 덧붙여 기재하거나 주변 여백에 별도로 부기]

plus+ Freight Forwarder (운송중개인)

1. 계약운송인(Contract Carrier)

운송수단(선박, 항공기, 철도 등)을 소유하지 않은 채, '운송인(As Carrier)'의 지위에서 전체의 운송계약구간에 대하여 단일 운송증권을 발행한 후, 자기의 책임하에 타인의 운송수단을 이용하여 화물을 운송하는 사업자를 말하는데, 일반적으로 업계에서는 이들을 '무선박운송인(NVOCC)'이라 부르고 있으며, 우리나라의 물류정책기본법에서는 이들을 포함하여 모두 '국제물류주선업자'라는 용어로 통칭하고 있다. 이들은 '화주(Shipper)'와 '운송인(Carrier)'의 사이에서, 화주에게는 '운송인(Contract Carrier, 계약운송인)'의 입장이 되고, '운송인(Actual Carrier, 실제운송인)'에게는 화주의 입장이 되어 행동하게 된다.

☞ 서명란의 예시 : XYZ(Contract Carrier) acting as carrier

2. 해운대리점(Shipping Agency)

외국의 '선박회사(VOCC)' 또는 '무선박운송인(NVOCC)'과의 '대리점계약(Exclusive Agency)'에 의거, 그들의 국내 대리인 자격으로 그들과 동일한 지위에서 제반의 업무를 수행하는 사업자를 말하며, 이들은 본인이 대행하는 외국 선사의 대리인 지위에서 그들의 명의로 운송증권을 발행한다. 일반적으로 업계에서는 이들을 'Freight Forwarder'로 분류하지 않고 외국선사와 동일하게 취급하고 있으며, 이들이 'VOCC(Liner 선사)'의 대리인 자격으로 발행한 운송증권은 'Forwarder's B/L'로 간주되지 않는다.

☞ 서명란의 예시 : XYZ(Shipping Agency) as agent for ABC Line, carrier

3. 항공화물대리점(Air Cargo Agent)

항공사(Airlines 및 Exclusive Agency)들과 일반 판매대리계약 관계를 맺은 후, 그들 항공사를 대신해 여러 화주들로부터 화물을 수집하여 운송계약을 체결하고 그 대가로 항공사로부터 화물운임의 일부를 수수료로 취득하는 업자를 말하는데, 국내의 실무 관행에서는 대개 본인들의 별도 운임률표를 적용하여 그 차액을 취득하는 것으로 보인다. 이들은 본인이 수집한 화물에 대하여 당해 항공사로부터 'Master AWB'을 발급받은 후, 이를 근거로 당해 항공사의 대리인 지위에서 다시 개별 화주들 앞으로 'House AWB'을 발급하게 된다. 일반적으로 업계에서는 이들을 일명 '항공운송주선업자(Air Cargo Consolidator)'라 부르기도 하는데, 이들은 해운대리점과는 달리 단순한 판매촉진자에 불과하고 항공사와는 독립적으로 행동하게 된다. 그러나 그렇다고 하여 '계약운송인(Acting As Carrier)'의 자격으로 AWB을 발행하지는 않는다.

☞ 서명란의 예시 : XYZ(Air Consolidator) as agent for ABC Airline, carrier

4. 단순한 운송중개인

화주로부터 화물운송의 전 과정 또는 특정 구간을 위임받아 그에 관한 모든 사무를 대행하고, 화주의 대리인 지위에서 운송인을 상대로 화물의 운송을 중개하는 업자를 말하며, 이들은 '운송인' 또는 '운송인의 대리인' 지위로서가 아닌 'Freight Forwarder'의 지위로서 행동한다. 이들은 대개 화주에 대하여 B/L 또는 AWB 등의 운송서류를 발행하지 아니하고, 그대신 UCP상의 운송서류로 인정되지 않는 Forwarder's Cargo Receipt, Forwarder's Certificate of Receipt, Forwarder's Certificate of Transport, Forwarder's Certificate of Shipment 등과 같은 종류의 증서를 발급한다. 지금은 단순한 '운송중개인(As Freight Forwarder)'의 자격으로 행동하는 자는 거의 사라지고 없으며, 이들은 대개 복합운송인의 자격으로 행동하는 'Contract Carrier'의 역할을 수행하거나, 복합 · 해상 · 항공 운송인의 대리인 자격으로 행동하는 'Forwarding Agency'의 역할을 수행하고 있다.

5. FBL(Forwarder's B/L) 및 HAWB(House Air Waybill)의 위험

'Freight Forwarder'의 과실로 인하여 화물에 문제가 발생하더라도, 대개 그들의 자산과 신용이 불충분하여 그 손해를 보상받지 못하는 것이 일반적이므로, 이를 취급하고자 하는 경우에는 채권보전에 각별히 유의하여야 한다. 또한 수입상 또는 수출상과의 유착관계로 인하여 화물을 부당 반출하는 사례가 많으며, 이로 인하여 은행은 관련 화물에 대한 양도담보권의 실익을 상실하게 될 가능성이 높다.

5) 신용장에서 선하증권 요구시 자동수리가 인정되지 않는 서류

가) Sailing Boat Shipment B/L (범선선하증권)

화물이 범선에 의하여 운송된다는 표시가 있는 B/L을 말한다. 범선이란 단지 돛(Sail)만으로 바람에 의해 추진되는 운송선을 말하며, 컨테이너운송 이전의 재래운송에서 종종 이용되기도 하였으나 요즘에는 거의 사라지고 없는 추세이다. 이러한 범선선하증권은 신용장에서 특별히 허용하지 않는 한 수리할 수 없다.

나) On Deck Shipment B/L (갑판적재선하증권)

화물이 선창이 아닌 갑판 위에 적재되었거나 또는 적재될 것이라는 표시가 있는 B/L을 말한다. 컨테이너선이 아닌 재래선박의 갑판 위에 적재된 화물은 파손, 도난, 투하, 누수 등의 수많은 위험에 노출되어 있어 안전을 보장받을 수 없게 된다. 따라서 이러한 갑판적재선하증권은 신용장에서 특별히 허용하지 않는 한 이를 수리할 수 없도록 규정하고 있는 것이다. 그러나 물품이 갑판에 적재되었거나 적재될 것임을 명시적으로 표시하지 않고, 단지 '물품이 갑판에 적재될 수도 있다(Goods may be loaded on deck)'라고 표시한 운송서류는 수리가 가능하다.

다) Foul B/L (Defective B/L, Dirty B/L; 고장부선하증권)

선적된 물품 또는 그 포장상태 등에 결함이 있음을 표시하고 있는 B/L을 말하며, 이러한 고장부선하증권은 신용장에서 특별히 허용하지 않는 한 수리할 수 없다. 물품 또는 그 포장상태 등과 관련하여 Broken, Damaged, Torn, Scratched, Leaking, Soiled 등과 같은 하자문구가 표시되어 있지 않은 B/L은 모두 'Clean B/L'로 간주되며, 신용장에서 비록 'Clean B/L'을 요구하더라도 B/L상에 'Clean'이란 단어를 삽입할 필요는 없다.

라) Stale B/L (제시지연선하증권)

선적일 다음날로부터 21일을 초과하여 제시된 B/L을 'Stale B/L' 또는 'Late Presentation B/L'이라고 하며, 이러한 제시지연선하증권은 신용장에서 특별히 허용하지 않는 한 수리할 수 없다. 물론 21일이 경과되지 않았더라도, 신용장에 명시된 서류제시기간 이내에 제시되지 않은 B/L은 수리할 수 없다.

마) Received B/L (수취선하증권)

운송인이 화물을 수령한 상태에서 본선에 적재하지 않은 채로 발행하는 B/L을 말하며, 이러한 수취선하증권은 신용장에서 특별히 허용하지 않는 한 수리할 수 없다. 그러나 이러한 수취선하증권에 '본선적재부기(On Board Notation)'가 되어 있는 경우에, 실무적으로는 이를 'On Board B/L(본선적재선하증권)'이라 부르며 이는 'Shipped B/L(선적선하증권)'과 동일하게 취급된다. 흔히 말하는 'Received B/L'이란 'On Board Notation'이 없는 'Received B/L'만을 의미한다.

바) Forwarder's B/L (FBL; 운송중개인선하증권)

선박회사(VOCC)가 아닌 자 즉, Freight Forwarder가 발행하는 각종 형태의 B/L을 총칭하는데, 이러한 Forwarder's B/L은 그 의미가 모호할 뿐만 아니라 정확히 식별하기도 어려우므로, 만일 신용장상에 이와 같은 용어가 사용된 경우에는 그 취급에 각별한 주의를 요한다.

① 일반적으로 말하는 협의의 'Forwarder's B/L'이란?

Freight Forwarder가 운송인 또는 선장 또는 그들의 대리인 자격으로 발행하지 아니하고, 단순한 운송중개인의 지위에서 본인의 명의로 서명하여 발행한 B/L을 말하는데, 이러한 의미의 Forwarder's B/L은 신용장에서 이를 특별히 허용하지 않는 한 수리할 수 없다. 그러나 만일 신용장상에 'Forwarder's B/L(또는 House B/L) is acceptable' 등과 같이 명시되어 있다면, 그때는 Freight Forwarder가 운송인 또는 그 대리인으로서의 자격을 표시하지 않은 채 운송중개인의 자격과 권한으로 서명하여 발행한 B/L이라 하더라도 수리할 수 있으며, B/L상에 운송인의 명칭이 표시되어 있지 않아도 수리할 수 있다.

② 또 다른 의미로 사용되는 광의의 'Forwarder's B/L'이란?

무선박운송인(NVOCC)을 포함하여 선박을 직접 운항하지 않는 자가 발행하는 모든 B/L을 말하는데, 이러한 의미의 Forwarder's B/L은 신용장에서 이를 특별히 금지하지 않는 한, 그들 Freight Forwarder가 운송인 또는 선장 또는 그들의 대리인 자격으로 서명하여 발행하였다면 이를 수리할 수 있다(UCP 600 제14조 l항). 그러나 만일 신용장상에 'Forwarder's B/L(또는 House B/L) is prohibited(not allowed)' 등과 같이 명시되어 있는 경우라면, 그때는 그 의미의 애매모호함으로 인하여 많은 혼란이 야기될 수 있다. 따라서 신용장은 반드시 B/L이 발행되고 서명되는 방법 등에 대한 상세한 요구조건을 별도로 지시하여야 하며(The credit provides specific requirements detailing how the B/L is to be issued and signed), 만일 별도의 지시가 없는 경우에는 그와 같은 조건을 무시한 채 UCP 600 제 20조에 따라 심사하면 된다(ISBP 821 E4조).

참고 만일 신용장에서 "FBL is not acceptable in spite of the UCP 600 sub-articles 14(l) and 20(a) i). The B/L must be issued and signed by the VOCC(Vessel Operating Common Carrier)" 등과 같이 명시하고 있다면, 그때는 선박을 직접 운항하지 않는 자(포워더)가 발행 또는 서명한 모든 B/L의 수리가 거절되며, 따라서 포워더가 비록 운송인 또는 운송인의 대리인 자격으로 서명하여 발행한 B/L이라 하더라도 수리할 수 없다.

사) FCR, FCT, FCS (화물인수증, 운송증명서, 선적증명서)

'FCR(Forwarder's Cargo Receipt, Forwarder's Certificate of Receipt)'이란 Freight Forwarder가 발행하는 '화물인수증'을 말하며, 'FCT(Forwarder's Certificate of Transport)'란 Freight Forwarder가 발행하는 '운송증명서'를 말하고, 'FCS(Forwarder's Certificate of Shipment)'란 Freight Forwarder가 발행하는 '선적증명서'를 말한다. 이들은 'UCP 600'에서 규정하고 있는 '운송서류(Transport Documents)'가 아니며, 따라서 이들 FCR, FCT, FCS 등은 신용장에서 특별히 허용하지 않는 한 수리할 수 없다. 그 외에도 화물의 운송과 관련하여 흔히 사용되는 Mate's Receipt, Cargo Receipt, Delivery Order, Delivery Note 등의 서류도 'UCP 600'에서 규정하고 있는 '운송서류'가 아니며, 이들 또한 신용장에서 특별히 허용하지 않는 한 수리할 수 없다.

아) Intended Clause B/L (예정표시선하증권)

B/L 발행 당시에 '선박' 또는 '선적항' 등이 아직 확정되지 않은 채, 그와 관련하여 'Intended' 또는 이와 유사한 예정성 문구를 병기하고 있는 B/L을 말하며, 이러한 예정표시선하증권은 원칙적으로 신용장의 조건을 이행하지 못한 셈이 되어 수리거절의 사유가 된다(미선적, 선적항불명 등). 그러나 이러한 'Intended Clause B/L' 이라 하더라도, 신용장에서 특별히 금지하지 않는 한 다음과 같은 조건부로 수리가 가능하다(UCP 600 제20조 a항 ii호 및 iii호).

① '선박명'과 관련하여 'Intended' 등의 문구가 표시되어 있는 경우: 본선적재부기에 '선적일'은 물론 '실제의 선박명'이 표시되어 있어야 수리할 수 있다.

② '선적항'과 관련하여 'Intended' 등의 문구가 표시되어 있는 경우: 본선적재부기에 '선적일'은 물론 '적재선박명' 및 '신용장상의 선적항'이 표시되어 있어야 수리할 수 있다.

즉, 본선적재부기(On Board Notation)에 반드시 당해 예정된 내용을 추가로 확정 · 기재하고 있어야만 수리가 가능하다.

자) Surrendered B/L (권리포기선하증권)

운송인이 Shipper(수출상)와의 'Surrender' 약정에 의하여 Original B/L의 발급을 생략하거나 또는 이미 발급한 Original B/L의 Full Set을 반환 받은 후, 당해 B/L의 유가증권적인 성질 및 유통가능성이 소멸되었음을 증거할 목적으로 특별히 'Surrendered'라는 문구의 스탬프를 날인하여 교부한 'Non-Negotiable B/L'을 말한다. 이는 수출상이 수입상(Consignee)에게 Original B/L을 송부하고 수입상이 이를 다시 운송인에게 제시하여야 하는 번거로운 절차를 생략하기 위하여, 수출상이 미리 운송인에게 Original B/L의 Full Set을 양도하고 그 권리를 반환한다는 의미를 가지며, 이에 따라 수입상은 Original B/L을 제시하지 않고도 당해 B/L상의 Consignee(수하인)임이 확인되면 곧바로 화물을 인도받을 수 있게 된다.

'Surrender'된 B/L은 더 이상 배서양도에 의하여 유통이 가능한 유가증권이 아니며, 이는 화물의 운송계약이 체결되었음을 입증하는 단순한 화물운송증서에 불과할 뿐이다. 즉 B/L이 'Sea Waybill'이나 'Air Waybill'과 같은 비유통 화물운송장으로 성질이 전환된 것이라 볼 수 있다. 이러한 B/L의 'Surrender'는 대금결제에 문제가 없다고 판단되는 고정거래선 또는 본지사 간의 송금방식거래 등에서, 당사자 상호 간의 업무편의 및 비용절감 등을 목적으로 널리 활용되고 있다. 그러나 신용장거래에 있어 B/L의 'Surrender'를 허용하게 되면 개설은행 및 매입은행 등은 화물에 대한 양도담보권을 확보할 수 없게 되므로, 신용장거래에서는 원칙적으로 이를 허용하지 않고 있다.

참고 선하증권 앞면에 사전 인쇄된 표면약관 상에 "~한 경우에, 운송인은 B/L 원본이 제시되지 않더라도 화물을 인도할 수 있다"는 등의 문구를 삽입함으로써 화물인도와 관련한 운송인의 예외적 면책조항을 마련해 두고 있는 사례가 있는데, 이는 Surrendered B/L이 아님에도 불구하고 Original B/L의 유가증권성을 훼손하는 결과를 초래함으로써 신용장 거래와 관련한 이해 당사자들 간에 불필요한 분쟁과 혼란을 야기시킬 수 있으므로 각별한 주의가 필요하다.

6) 신용장에서 선하증권 요구시 자동수리가 인정되는 서류

가) Unknown Clause B/L (부지약관선하증권)

컨테이너 또는 포장박스 내에 적입되어 있는 화물의 내용(종류, 수량 등) 및 그 상태에 관하여 운송인은 알지 못하며 또한 그 책임을 지지 않겠다는 뜻의 문언이나 약관이 기재된 B/L을 말한다. 이러한 부지약관선하증권은 신용장에서 이를 특별히 금지하지 않는 한 별도의 제한없이 수리가 가능하다(UCP 600 제26조 b항).

일반적으로 만재화물(FCL Cargo)인 경우에는 수출상이 직접 본인의 창고에서 컨테이너에 화물을 적입한 후, 운송인으로부터 교부받은 봉인(Carrier's Seal)을 부착하여 지정된 CY로 인도하게 되는데, 이 경우 운송인은 컨테이너에 적입된 화물의 내용이나 상태 등에 관하여 직접 확인할 수 없으므로, 수출상이 신고한 내용 그대로 기재하여 선하증권을 발급하게 된다. 따라서 운송인은 그 화물의 내용이나 상태 등에 관한 일체의 책임을 면하기 위하여 당해 선하증권상에 그에 대한 면책성의 문언이나 약관을 삽입할 수 밖에 없게 되는데, 그러한 취지의 문언이나 약관을 'Unknown Clause(不知約款)'라 한다. 실무적으로는 대개

선하증권의 앞면 중앙부에 위치한 상품명세 란에 'Shipper's Load & Count' 또는 'Said by Shipper to Contain' 또는 'Said to Contain'등과 같은 문언을 기재하고 있다.

나) Short Form B/L (Blank Back B/L; 약식선하증권)

선하증권의 뒷면에 기재되는 상세한 운송약관이 생략된 채, 그 일부 또는 전부에 대하여 다른 서류를 참조하도록 표시하고 있는 B/L을 말한다. 이러한 약식선하증권은 신용장에서 이를 특별히 금지하지 않는 한 별도의 제한없이 수리가 가능하다(UCP 600 제20조 a항 v 호). 약식선하증권에는 대개 다음과 같은 문언을 기재함으로써 표준형식선하증권(Long Form B/L)상의 운송약관이 그대로 적용되도록 하고 있다. "All the terms of the carrier's regular long form of Bill of Lading are incorporated herein with like force and effect as if they were written at length herein. A copy of such Bill of Lading may be obtained from the carrier, its agent, or the master"

다) Third Party B/L (제3자선하증권)

선하증권상에 기재되어 있는 'Shipper(선적인)' 또는 'Consignor(송하인)'가 신용장상의 'Beneficiary(수익자)'가 아닌 제3자로 기재되어 있는 B/L을 말한다. 이러한 제3자선하증권은 신용장에서 이를 특별히 금지하지 않는 한 별도의 제한없이 수리가 가능하다(UCP 600 제14조 k항). 참고적으로 신용장에서 특별히 금지하지 않는 한, 운송서류뿐만이 아니라 어떠한 서류이든지 간에 당해 서류상에 표시된 'Shipper' 또는 'Consignor'는 신용장상의 'Beneficiary'와 일치하지 않아도 무방하다.

통상 물품의 송하인은 신용장상의 수익자가 되는 것이 보통이지만, 중계무역이나 신용장이 양도된 경우 등에는 수익자 이외의 제3자가 송하인이 된다. 경우에 따라서는 통관대행업체가 통관서비스뿐만이 아니라 선적업무까지 대행함으로써 이들 회사가 송하인이 되기도 한다.

참고 Third party documents acceptable : 신용장이나 UCP 600에서 발행인이 명시되지 않았다면 환어음을 제외한 모든 서류는 수익자 이외의 제3자(named person or entity)에 의해 발행될 수 있음을 의미한다. 그러나 'Third party document not acceptable' 이라는 조건은 그 해석의 애매모호함으로 인하여 많은 혼란이 야기될 수 있으므로 ISBP 821 A19조에서는 그와 같은 조건을 무시하도록 규정하고 있다.

7) 기타의 선하증권

가) Switch B/L (변경가능선하증권)

중계무역상이 수출입업자 상호 간에 서로를 알지 못하도록 할 목적으로, 수출지에서 송부되어 온 Original B/L을 당해 선박회사의 국내 대리점에 제시하여 'Shipper' 또는 'Consignee' 또는 'Notify Party' 등에 대한 변경을 요청할 수 있도록 허용한 B/L을 말하거나, 또는 그러한 요청에 따라 변경 재발급된 B/L을 말한다. 선적지의 운송인이 제3국(중계국)에서의 'B/L Switch'를 허용하는 경우에는, 대개 그 Original B/L상에 'Switch'라는 문언을 표시하여 발행하는 것이 일반적이다.

나) Through B/L (통선하증권)

최종 목적지까지의 직항 노선이 없거나 또는 'Door-to-Door Service'의 복합운송을 위하여 최초 운송인이 다른 선박 또는 다른 운송방법을 이용하여 릴레이식으로 일괄 운송하는 경우에, 최초의 운송인이 전 구간의 운송에 대하여 책임을 지고 화주에게 발급하는 B/L을 말한다. 업계에서는 이러한 운송방법을 소위 'Through Carriage(통운송)' 이라고 말하는데, 해상과 해상을 연결하는 경우에는 '환적(Transhipment)'이 되며, 항공 또는 육상의 다른 운송수단과 연결하는 경우에는 '복합운송(Multimodal Transport)'이 된다.

다) Optional B/L (선택선하증권)

송하인 또는 수하인이 나중에 도착항을 선택할 수 있도록 하기 위하여, 도착항을 확정하지 않은 채 2개 이상으로 기재하여 발급하는 B/L을 말한다. 예를 들면 선하증권상의 'Port of Discharge'란에 'San Francisco / Seattle Option' 등으로 표시되어 있는 것이 그것이다. 이러한 선택선하증권은 부정기선 또는 용선계약에 의한 화물 운송시에 종종 사용되고 있는데, 도착항에서 체선 또는 체화의 우려가 있거나 수입지의 시황이 불투명하여 판매계획이 결정되지 아니한 경우 등에 대비하기 위하여 활용된다.

라) Groupage B/L과 House B/L (집단선하증권과 제2차선하증권)

Freight Forwarder가 여러 화주들로부터 'LCL Cargo(Less than Container Load Cargo)'를 모아 이를 하나로 묶어 선적하는 경우에, Actual Carrier가 그들 Freight Forwarder 앞으로 발행하는 B/L을 'Groupage B/L' 또는 'Master B/L(원선하증권)'이라 부르며, 이에 근거하여 Freight Forwarder가 개별 화주들 앞으로 발행하는 B/L을 'House B/L'이라 부른다. 참고적으로 업계의 실무에서는 'House B/L'과 앞서 언급한 'Forwarder's B/L'이라는 용어를 별도의 구분 없이 혼용하고 있는 것으로 보인다. 이러한 'House B/L'이라 할지라도 Freight Forwarder가 운송인 또는 그 대리인으로서의 자격으로 서명하고 발행하였다면, 이는 신용장에서 특별히 금지하지 않는 한 수리할 수 있다.

마) Red B/L (적색선하증권)

선하증권과 보험증권이 결합된 특수한 형태의 B/L을 말하는데, 통상 부보사실에 관한 문언이 적색으로 기재된다고 하여 이를 'Red B/L'이라고 부른다. 선박회사는 'Red B/L' 발행분에 대하여 보험회사에 일괄적으로 부보하게 되며, 보험료는 운임에 포함하여 일괄 징수하게 된다. 현재는 이러한 적색선하증권이 실무에서 거의 활용되지 않고 있는 것으로 파악되고 있다.

plus+ 용어해설 (FCL, LCL, CFS, CY)

1. FCL Cargo (Full Container Load Cargo) :

수출상 한 명의 화물만으로 1개의 컨테이너가 모두 채워지는 '만재화물'을 말한다. 일반적으로 운송회사는 수출상의 창고에 빈 컨테이너를 가지고 가서 화물을 적입한 후, 이를 컨테이너 야적장(CY)으로 운송하게 된다.

2. LCL Cargo (Less than Container Load Cargo) :

수출상 여러 명의 화물로 1개의 컨테이너가 채워지는 '혼재화물'을 말한다. 화물이 소량인 경우에는 여러 화주의 화물을 하나의 컨테이너에 적입해야 하므로, 포워더는 수탁받은 화물을 컨테이너 작업장(CFS)으로 가지고 가서 이를 다른 화물들과 혼적(consolidation)한 후 다시 CY로 운송하게 된다.

3. CFS (Container Freight Station) :

한 개의 컨테이너를 채울 수 없는 소량의 화물을 모아 이를 컨테이너에 적입하거나, 또는 하나의 컨테이너에 실려있는 여러 명의 수입화물을 꺼내어 이를 분류하는 등의 작업을 하는 '컨테이너 작업장(LCL Cargo 집화소)'을 말한다.

4. CY (Container Yard) :

수출입 컨테이너 화물을 보세상태로 보관하는 '컨테이너 야적장'을 말하는데, 컨테이너 전용 부두의 컨테이너 터미널 내에 있는 CY를 'On-Dock CY'라 부르며, 부두 밖에 따로 위치하는 CY를 'Off-Dock CY'라 부른다. CY에 보관 중인 '수출화물'은 컨테이너 전용부두로 셔틀 운송되어 본선에 적재되며, 그 반대로 본선에서 양륙된 '수입화물'은 부두내의 컨테이너 터미널에 위치한 CY로 셔틀 운송된 후 보세창고로 반입되는 것이 일반적이다.

나. 비유통성 해상화물운송장(Non-Negotiable Sea Waybill)

'해상화물운송장(Sea Waybill, SWB)'이란 해상운송인이 화물의 수취 · 선적 및 운송계약의 체결을 증빙할 목적으로 발행하는 일종의 '화물운송증서'를 말하며, 운송방법이 선박을 통한 해상운송이라는 점을 제외하면 '항공화물운송장(Air Waybill, AWB)'과 그 성격이 거의 유사하다. 해상화물운송장은 유가증권으로서의 성질이 없는 비유통(Non-Negotiable)증권이며, 운송서류상에 기명된 수하인으로서의 신분만 입증되면 그 원본을 제시하지 않고도 화물을 인도받을 수 있게 된다. 이러한 해상화물운송장은 B/L이 화물보다 늦게 도착하는 경우에 초래되는 여러가지 불편함을 제거하고 수하인이 신속하게 화물을 인도받을 수 있도록 하기 위하여 도입되었으며, 운송기간이 비교적 짧은 유럽지역 간의 해상운송에서 주로 활용되고 있다.

선하증권과 해상화물운송장의 성격을 비교하면 다음과 같은 차이점이 있다. 첫째, 선하증권이 운송화물의 인도청구권을 표창하는 유가증권인데 비하여, 해상화물운송장은 단지 화물의 운송계약이 체결되었다는 사실과 화물이 운송을 위하여 수취 · 선적되었음을 증거하는 단순한 운송증서에 불과하다. 둘째, 선하증권은 그 수하인을 지시식으로 기재할 수 있어 배서에 의한 방법으로 양도가 가능한데 비하여, 해상화물운송장은 수하인을 기명식으로만 기재하여야 하며 배서에 의해 권리를 양도할 수 없다.

신용장통일규칙에서 언급하고 있는 해상화물운송장의 수리요건은 선하증권과 거의 유사 하므로, 이에 대해서는 앞서 설명한 선하증권의 내용을 참조하기 바란다. 그러나 그렇다고 하여 선하증권 대신에 해상화물운송장을 제시하거나 해상화물운송장 대신에 선하증권을 제시할 수 있다는 것은 아니다.

다. 용선계약부 선하증권(Charter Party Bill of Lading)

'용선계약부 선하증권(Charter Party Bill of Lading)'이란, ① 화주(수출입상)가 선박의 소유주(선주)와 '항해용선계약'을 체결하고 일정 구간의 항해에 대하여 선복의 전부 또는 일부를 빌려 본인의 화물을 운송하는 경우에, 당해 선박의 '선주 · 선장 또는 그들의 대리인'으로부터 발급받는 선하증권을 말하거나, 또는 ② 선박의 소유주(선주)와 '정기용선계약'을 체결하고 선박을 빌린 '용선자(운송인)'가, 제3자의 화물을 운송하면서 개별 화주 앞으로 발행하는 선하증권을 의미하기도 한다. 일반적으로 전자의 경우를 '하주용선'이라 부르며 후자의 경우를 '운송인용선'이라 부르는데, 전자의 경우에는 '선주 · 선장 또는 그들의 대리인'이 'Charter Party B/L'을 발급하게 되며, 후자의 경우에는 '용선자 · 선장 또는 그들의 대리인'이 'Charter Party B/L'을 발급하게 된다.

이러한 'Charter Party B/L'은 정기선이 취항하지 않는 부정기 항로로 화물을 운송하여야 하거나, 또는 일반화물선이 아닌 특수선박을 이용하여 화물을 운송하여야 하는 경우 등에 활용되고 있다. 예를 들면 Bulk Carrier(곡물 · 석탄 · 철광석 · 목재 · 철강 등), Oil Tanker(원유, 정유), Gas Carrier(LPG, LNG), Reefer Vessel(냉동화물), Car Carrier(차량) 등이 그것이다.

참고적으로 용선계약은 크게 '항해용선'과 '정기용선' 및 '나용선'으로 구분하여 볼 수 있는데, 그 각각의 내용에 대하여 살펴보면 다음과 같다. '항해용선(Voyage Charter)'이란 선원이 동승한 선박을 일정구간의 항해 단위로 빌리는 것을 말하는데, 용선자는 주로 '화주(수출입상)'가 되며 당해 항로에 대한 운임의 성격으로 용선료를 지불하게 된다. '정기용선(Time Charter)'이란 선원이 동승한 선박을 일정한 기간 단위로 빌리는 것을 말하는데, 용선자는 주로 '해운업자'가 되며 당해 선박을 이용하여 제3자의 화물을 운송하는 것이 일반적이다. '나용선(Bare Boat Charter)'이란 승무원이 동승하지 않은 선박 자체만을 빌리는 '선박임대차'를 말한다.

용선계약서에는 대개 선주의 권리를 보호하는 여러 가지 특수한 조건들이 많이 포함되어 있으며, 이러한 계약의 내용을 반영하기 위하여 B/L상에 'All terms, conditions and exceptions as per Charter Party' 등의 문구를 기재하는 것이 일반적이다. 이와 같이 'Charter Party B/L'은 선주와 용선자 간의 용선계약에 기초하여 발행되기 때문에, 계약의 내용을 알지 못하는 제3자(B/L의 권리자)는 예기치 않은 위험에 노출될 수 있으며, 만일 용선자(하주용선)가 용선료를 지불하지 못하는 경우에는 선적된 상품을 압류당할 수도 있게 된다. 따라서 이러한 'Charter Party B/L'은 신용장에서 이를 특별히 허용하지 않는 한 수리할 수 없도록 규정하고 있는 것이다.

신용장에서 'Charter Party B/L'을 요구하는 경우에 이는 UCP 600 제22조에 따라 심사되어야 하는데, 그 수리요건은 상당 부분이 일반 선하증권과 유사하므로 이에 대해서는 앞서 설명한 선하증권의 내용을 참고하기 바란다. 다만 다음 사항들에 대해서는 선하증권과 그 내용에 차이가 있으므로 유의하여야 한다. ① Charter Party B/L은 '선주(Owner)' 또는 '용선자(Charterer)' 또는 '선장(Master)' 또는 그들의 '대리인(Agent)'에 의해 서명되어야 한다. 일반 선하증권과는 달리 '운송인(Carrier)'은 서명권자가 될 수 없으며, 따라서 서명자의 자격을 'As carrier' 또는 'As agent for the carrier' 등으로 표시하는 것은 하자가 된다. ② '선주 또는 용선자'의 '대리인(Agent)'에 의해 서명되는 경우에는, 반드시 '선주 또는 용선자'의 '명칭(Name; 상호)'이 표시되어 있어야 한다. ③ Charter Party B/L은 운송인(Carrier)이 발행하는 것이 아니므로 운송인의 명칭은 표시될 필요가 없다. ④ Charter Party B/L은 신용장에 기재된 바에 따라 일정한 범위나 지역(Range of Ports or Geographical Area)으로 양륙항(Port of Discharge)을 표시할 수 있다. ⑤ 신용장이 비록 용선계약서의 제시를 요구하더라도 은행은 그러한 용선계약서를 심사할 의무가 없다.

라. 복합운송서류(Multimodal Transport Document)

1) 복합운송 및 복합운송서류의 의의

'복합운송'이란 화물의 수탁지로부터 최종목적지까지 육상과 해상운송, 해상과 항공운송, 항공과 육상운송이 결합하는 등 두 가지 이상의 서로 다른 운송방법이 혼합되어 이루어지는 운송방식을 말한다. 따라서 '복합운송서류'라 함은 화물의 수탁지로부터 인도하기로 약정된 최종목적지까지 선박, 항공기, 열차 · 트럭 등 적어도 두 가지 이상의 서로 다른 운송방법(해륙, 해공, 육공, 육해공 등)에 의하여 운송되는 경우에 발행되는 서류라고 이해하면 될 것이다. 복합운송서류는 배서양도에 의해 유통이 가능한 권리증권(Documents of Title)의 형태로 발행되거나, 또는 기명식의 비유통성 운송서류로 발행될 수 있다.

이러한 복합운송서류를 UCP 600 제19조에서는 'Transport Document Covering at Least Two Different Modes of Transport'라고 명명하고 있으나, 실무에서는 Multimodal Transport Bill of Lading, Combined Transport Bill of Lading, Intermodal Transport Bill of Lading 등과 같은 다양한 명칭들이 사용되고 있다.

만약 신용장에서 '적어도 두 가지 이상의 서로 다른 운송방법을 커버하는 운송서류'를 요구하고 있다면, 그때는 반드시 위와 같은 '복합운송서류'가 제시되어야 한다. 그러나 그 제시된 운송서류가 UCP 600 제19조의 요건을 충족하고 있는 한, 서류의 명칭에는 구애를 받지 않는다.

2) 복합운송서류의 심사

복합운송서류의 수리요건은 상당 부분이 선하증권과 유사하므로, 이에 대해서는 앞서 설명한 선하증권의 내용을 참고하기 바란다. 다만 다음 사항들에 대해서는 선하증권과 그 내용에 차이가 있으므로 유의하여야 한다.

가) 미리 인쇄된 문구 또는 스탬프 또는 별도의 부기에 의하여, 상품이 '수탁(Taken in Charge)' 또는 '발송(Dispatched)' 또는 '본선적재(Shipped on Board)' 되었다는 것을 표시하고 있어야 한다(UCP 600 제19조 a항 ii호).

나) 신용장에서 복합운송서류의 제시를 요구하는 경우에는, 신용장에 명시된 '수탁지' 및 '최종목적지'가 운송서류상의 'Place of Receipt' 및 'Final Destination (또는 Place of Delivery)' 란에 각각 표시되어 있어야 한다.

다) 제시된 운송서류(복합운송서류 겸용 B/L 양식)가 복합운송서류로 인정받기 위해서는, '수탁지'와 다른 '선적항' 및/또는 '최종목적지'와 다른 '양륙항'이 기재되어 있어야 한다. 만일 '수탁지'와 '선적항' 그리고 '최종목적지'와 '양륙항'이 서로 같게 되면, 이는 하나의 운송수단에 의한 단일 운송(해상운송)으로 간주되어 하자 여부에 관한 논란을 야기하게 된다.

예시 '수탁지'와 '선적항' 및 '최종목적지'와 '도착항'이 서로 같은 사례

- Place of Receipt : Busan CY
- Port of Loading : Busan
- Port of Discharge : Tianjin
- Final Destination(Place of Delivery) : Tianjin CY

라) 신용장이 '수탁지' 및 '최종목적지'만을 명시한 채 '선적항' 및 '양륙항'을 별도로 지정하지 않았다면, 운송서류상의 '선박 · 선적항 · 양륙항'과 관련하여 'Intended' 등의 문구를 표기하고 있거나, 또는 '선적항' 및 '양륙항'을 아예 기재하지 않은 경우에도 별도의 제한 없이 수리가 가능하다. 즉, 제시된 운송서류상의 '수탁지' 및 '최종목적지'가 신용장과 일치한다면, 운송수단 및 운송경로에 상관없이 모든 복합운송서류를 수리할 수 있다.

마) 복합운송서류는 화물을 수탁한 시점에서 발행하는 것을 원칙으로 하고 있기 때문에 '본선적재부기'를 필수 요건으로 하지는 않는다. 그러나 신용장이 항구로부터의 선적을 요구하는 경우, 즉 운송의 첫 번째 구간이 해상인 경우에는 반드시 일자부 본선적재부기가 되어 있어야 한다(ISBP 821 D7조~D8조).

마. 항공운송서류(Air Transport Document)

1) 항공운송서류의 의의

항공운송서류란 운송인이 항공기로 물품을 운송하는 경우에 발행하는 '항공화물운송장'을 말하며, 실무에서는 이를 흔히 'Air Waybill(AWB)' 또는 'Air Consignment Note'라 부르고 있다. 항공화물운송장은 일명 '바르샤바협약(Warsaw Convention)'이라고 불리는 '국제항공운송규칙의 통일에 관한 조약(Convention for the Unification of Certain Rules Relating to International Carriage by Air)'에 근거를 두고 있으며, 국제항공운송협회(IATA : International Air Transport Association)에서 제정한 공통서식을 사용하여 발행되고 있다.

이러한 항공화물운송장(AWB)은 선하증권(B/L)과 같은 물권적 유가증권이 아니며(Not Negotiable), 단지 항공화물의 운송계약이 체결되었다는 사실과 화물이 운송을 위하여 수탁되었음을 증거하는 일종의 '화물운송증서'에 불과하다. 즉 AWB은 배서양도에 의하여 권리의 이전이 가능한 유통증권이 아니다.

2) 항공운송서류의 심사

선하증권과 차별되는 점들을 위주로 하여 항공화물운송장의 심사요령에 대해 살펴보기로 하자.

가) AWB의 발행 형식

AWB은 유통이 가능한 유가증권이 아니므로 'Consignee(수하인)'는 항상 기명식으로만 발행되며, 따라서 신용장은 AWB을 '지시식(To order, To order of XXX)'으로 발행하도록 요구해서는 안 된다. 비록 신용장에서 지시식으로 발행된 AWB을 요구하더라도, 기명식으로 발행된 AWB을 수리할 수 있으며 그것은 하자가 되지 않는다(ISBP 821 H13조).

참고 만일 신용장이 AWB의 Consignee를 'To order'로 요구하고 있다면, AWB은 개설은행 또는 개설의뢰인을 수하인으로 표시하여 기명식으로 발행할 수 있다.

나) AWB의 원본과 부본

신용장에서 AWB의 원본을 요구하였다면, AWB의 앞면에 'Original 3 (For Shipper / Consignor)' 등과 같이 기재된 '송하인용 원본'이 제시되어야 한다(UCP 600 제23조 a항 v호). 비록 신용장에서 AWB 원본의 'Full Set'을 요구하는 경우라 하더라도, 송하인용 원본 1통이 제시되면 그 요구조건을 충족하는 것으로 간주한다(ISBP 821 H12조).

참고적으로 AWB은 원본 3매와 부본 6매로 구성되어 있으며, 항공사에 따라 예비용 부본을 몇 매 더 추가하여 사용하는 경우도 있다. 'Original 1 (For Carrier, 녹색)'은 운송인용 원본으로서 항공회사가 운임 등의 회계처리를 위하여 사용하며, 송하인과 항공회사 간 운송계약의 성립을 증거하는 서류로서의 기능을 지닌다. 'Original 1'에는 송하인의 서명이 필요하며, 송하인이 당해 원본에 서명하여 운송인에게 교부한다. 'Original 2 (For Consignee, 적색)'는 수하인용 원본으로서 화물과 함께 목적지에 송부되어 화물의 식별에 사용되며, 목적지 공항의 항공회사 대리점이 수하인에게 교부한다. 'Original 2'에는 송하인과 운송인의 서명이 필요하다. 'Original 3 (For Shipper, 청색)'는 송하인용 원본으로서, 항공회사가 송하인으로부터 화물을 온전히 수취하였으며 운송계약이 정당하게 체결되었음을 증거하는 서류로서의 기능을 지닌다. 'Original 3'에는 운송인의 서명이 필요하며, 운송인이 당해 원본에 서명하여 송하인에게 교부한다. 이 원본(Original 3)이 바로 수출상이 매입은행에 제출하여야 하는 원본이다. 기타의 부본 6매 중 1매(Copy 4: Delivery Receipt, 황색)는 도착지에서의 화물 인도 증명을 위하여 물품인도시 수하인이 서명하여 항공회사에 반환하는 것이고, 나머지(Copy 5~9, 백색)는 도착지 공항세관의 통관업무용, 항공회사 간 운임 정산용, 발행대리점 보관용 등의 용도로 이용되고 있다.

다) 운송인의 명칭과 서명

AWB의 앞면에는 반드시 운송인의 '명칭(Name; 상호)'이 표시되어 있어야 하고, 명칭과 함께 그가 'Carrier(운송인)'임을 나타내고 있어야 하며, 또한 AWB는 '운송인(Carrier)' 또는 그 '대리인(Agent)'에 의해 서명되어야 한다(UCP 600 제23조 a항 i 호, ISBP 821 H5조~H6조). 이에 대해서는 앞서 선하증권에서 설명한 내용을 참조하기 바란다. (주의: 운송인의 명칭은 IATA 항공사 코드에 의한 약자로 표시할 수 없음)

참고적으로 AWB상의 '송하인 서명(Signature of Shipper or his Agent)' 란에 송하인의 서명이 누락되어 있다 하더라도 이는 하자의 사유가 되지 않는다(ISBP 821 A37조). UCP 및 ISBP에는 송하인의 서명에 관한 별도의 규정이 없으며, 단지 운송인 및 그 대리인의 서명 요건에 대하여만 규정하고 있을 뿐이다.

라) HAWB과 MAWB

① House Air Waybill (HAWB)

소량의 물품을 수출하고자 하는 여러 화주들로부터 화물을 수집하여 이를 하나로 만든 다음, 스스로 송하인이 되어 항공회사에 화물의 운송을 위탁하는 운송주선업자를 'Air Cargo Consolidator(Air Freight Forwarder)'라고 하는데, 이들 Consolidator가 개별 화주들 앞으로 발행하는 AWB을 'House Air Waybill'

이라고 한다. 비록 'Freight Forwarder(Consolidator)'가 발행한 이러한 HAWB이라 할지라도, 그들 운송주선업자가 '운송인' 또는 그 '대리인'의 자격으로 서명하고 발행하였다면, 이는 신용장에서 특별히 금지하지 않는 한 수리거절의 사유가 되지 않는다. 만일 신용장상에 'House AWB is acceptable.' 등과 같이 명시되어 있는 경우라면, 서명자의 자격 및 운송인의 명칭을 표시하지 않은 채 운송주선업자 본인의 명의로 서명 · 발행된 AWB도 수리가 가능하다. 그러나 신용장상에 'House AWB is not acceptable.' 등과 같이 명시되어 있다면 신용장은 반드시 AWB이 발행되고 서명되는 방법 등에 대해서도 상세히 지시하여야 하며, 만일 별도의 지시가 없는 경우에는 그러한 조건을 무시한 채 UCP 600 제23조에 따라 심사하면 된다(ISBP 821 H3조~H4조).

② Master Air Waybill (MAWB)

'Issuing Carrier(발행운송인)'인 항공회사가 혼재화물의 운송을 의뢰한 'Consolidator' 앞으로 발행하는 AWB를 'Master Air Waybill'이라고 부르며, 화주가 직접 화물의 운송을 의뢰한 경우에는 그들 화주 앞으로 MAWB가 발행된다.

③ 기타 참고사항

일반적으로 항공화물은 화주들이 직접 항공회사에 운송을 의뢰하지 아니하고, 'Air Cargo Agent(항공화물운송대리점)' 또는 'Air Cargo Consolidator(항공화물혼재업자)'들과 운송계약을 체결하는 것이 관행화되어 있는데, 그들이 Freight Forwarder의 지위에서 AWB을 발행하는 경우에는 'HAWB 양식'을 사용하며, 항공운송인의 법적 대리인 지위에서 발행하는 경우에는 'MAWB 양식'을 사용하게 된다. Freight Forwarder가 MAWB 또는 HAWB 양식 중 어느 것을 사용하든 실무적으로는 이들 모두 항공운송인의 '대리인(As Agent for the Carrier)' 자격으로 서명하여 AWB를 발행하고 있으며, 항공기를 소유하고 있지 않은 Freight Forwarder가 '계약운송인(Contract Carrier)'의 지위에서 본인을 '운송인(Acting As Carrier)'으로 표시하여 AWB를 발행하는 경우는 없다.

마) 출발공항과 도착공항

신용장에 명시된 출발공항과 도착공항은 AWB의 'Airport of Departure' 및 'Airport of Destination' Field에 각각 표시되어 있어야 한다. AWB상의 공항명에 대한 표시는 정식명칭(Full Name) 대신에 IATA(국제항공운송협회) Code에 의한 약자로 표시해도 이는 하자가 되지 않는다(ISBP 821 H10조). 예를 들어 'London Heathrow' 공항 대신에 IATA Code인 'LHR'로 기재하는 것은 하자로 보지 않는다.

바) 운임의 지불여부에 대한 표시

일반적으로 AWB의 양식에는 'Freight Charge'와 관련하여 'PREPAID' 또는 'COLLECT' 등과 같이 표제되어 있는 별도의 공란이 마련되어 있는데, AWB에 미리 인쇄되어 있는 그러한 표제하의 해당 공란에 운임금액을 기재하는 것도 신용장에서 요구된 'Freight Prepaid' 또는 'Freight Collect' 등의 표시가 이루어진 것으로 간주한다(ISBP 821 H26조). 실무적으로는 해당 공란에 'AS ARRANGED'라는 문언을 표시하는 것이 일반적이며, 이 또한 'Freight Prepaid' 또는 'Freight Collect' 등의 표시가 이루어진 것으로 간주한다.

바. 기타 운송서류

앞에서 설명한 운송서류 이외에도 신용장통일규칙에서 규정한 운송서류에는 도로운송서류(Road Transport Document), 철도운송서류(Rail Transport Document), 내수로운송서류(Inland Waterway Transport Document), 특송배달영수증(Courier Receipt), 우편영수증 또는 우편증명서(Post Receipt or Certificate of Posting) 등이 있다. 그러나 이들 운송서류가 실무에서 활용되는 빈도는 비교적 드문 편이므로, 여기서는 그 설명을 생략하고자 한다. 이에 관한 자세한 내용은 UCP 600 제24조 및 제25조를 참조하기 바란다.

사. 운송서류의 일반적 심사사항

① 신용장에서 요구한 종류(Type)의 운송서류가 제시되었는가?

② 신용장에서 요구한 원본(Original)의 통수가 모두 제시되었는가?
③ 선적기일 또는 서류제시기간이 경과되지 않았는가?
④ 수하인(지시식/기명식) 및 통지처는 신용장의 조건과 일치하는가?
⑤ 운송서류에 배서가 필요하지는 않은가?
⑥ 운송인의 명칭 표시 및 서명에 관한 부분에 흠결은 없는가?
⑦ 본선적재부기(On Board Notation) 등의 사항에 흠결은 없는가?
⑧ 선적항(수탁지) 및 양륙항(최종목적지)이 신용장의 조건과 일치하는가?
⑨ 분할선적, 할부선적, 환적과 관련하여 신용장조건을 위반하지 않았는가?
⑩ 상품명세 및 운임조건 등의 기재내용이 신용장과 일치하는가?
⑪ 물품 또는 포장상태 등의 하자를 표시하는 문언의 기재는 없는가?
⑫ 화인(Shipping Mark)은 신용장에서 요구하는 것과 일치하는가?
⑬ 제반 기재내용이 신용장이나 다른 서류상의 정보와 충돌하지 않는가?
⑭ 원본의 기재내용을 수정한 경우에 그 Authentication은 적정한가?

3-6 보험서류(Insurance Documents)

가. 보험서류의 종류(Form)

1) Insurance Policy(보험증권)

개개의 확정 보험사실에 대한 '개별보험계약'의 체결을 증거하고, 당해 선적분이 권면에 기재된 내용대로 부보가 이루어졌음을 증명하는 'Policy(증권)'를 말한다.

2) Insurance Certificate(보험증명서)

'포괄보험계약(Open Cover)'하에서 발행된 '포괄예정보험증권(Open Policy)'에 근거하여, 개개의 선적분에 대한 부보사실을 증명하기 위하여 매 건별로 발행하는 'Certificate(증명서)'를 말한다. 따라서 이러한 'Insurance Certificate'에는 당해 증서의 발급 근거가 되는 'Open Policy No.'가 기재되어 있어야 한다.

보험증명서는 보험계약자의 요청에 따라 보험회사가 발행하여 교부하는 것이 일반적이지만, 보험회사가 미리 본인의 서명이 인쇄되어 있는 원본양식을 보험계약자에게 제공한 후, 보험계약자로 하여금 직접 그 내용을 기재하여 발행하도록 하는 경우도 있다. 이러한 경우에 보험계약자는 증명서를 발행하는 즉시 그 사본을 보험회사로 통보해 주어야 한다.

만일 보험증명서가 보험계약자의 서명을 그 효력발생 요건으로 명시하고 있다면, 당해 보험증명서는 반드시 '보험회사' 및 '보험계약자' 모두에 의해 서명되어 있어야 한다(ISBP 821 A38조 및 K5조).

3) Insurance Declaration(보험확인서)

'Open Cover'하의 개별 선적분에 대한 부보확인 요청에 대하여, 보험회사가 당해 선적분에 대한 부보사실을 선언한 'Declaration(확인서)'을 말한다. Red B/L 발급시 등에 활용되나 국내에서는 거의 이용되고 있지 않다.

4) Cover Note(부보각서, 보험인수증)

보험중개업자(Insurance Broker)가 발행한 보험의 예약각서를 말하며, 부보의 사실을 인정받지 못할 뿐만 아니라 보험금에 대한 직접적인 청구권도 없다. 국내에서는 거의 활용되고 있지 않다.

5) 보험서류의 종류별 수리요건

신용장에서 '보험증권(Insurance Policy)'을 요구한 경우에는 반드시 '보험증권(Insurance Policy)'이 제시되어야 한다. 그러나 신용장에서 '보험증명서(Insurance Certificate)' 또는 '보험확인서(Insurance Declaration)'를 요구한 경우에는, 그러한 서류 대신 '보험증권(Insurance Policy)'으로 대체하여 제시할 수 있다(UCP 600 제28조 d항).

신용장에서 보험서류의 종류를 명시하지 않은 채 단순히 'Insurance Document(보험서류)'를 요구하는 경우에는, 보험증권(Insurance Policy) 또는 보험증명서(Insurance Certificate) 또는 보험확인서(Insurance Declaration)에 한하여 수리가 가능하며, 신용장에서 특별히 허용하지 않는 한 보험중개인(Insurance Broker)이 발행한 '부보각서(Cover Note)'는 수리할 수 없다(UCP 600 제28조 c항).

나. 보험증권의 기재내용 해설

1) Assured(s), etc (피보험자명)

보험사고 발생시 보험금을 수령하는 자를 말한다. 통상적으로 FOB 계열의 수입거래인 경우에는 질권기관인 개설은행의 명칭이 기재되며, CIF 계열의 수출거래인 경우에는 수출업자 본인을 '피보험자'로 지정한 후 네고(Nego)시 백지배서(Blank Endorsement)에 의해 권리를 양도하게 된다.

2) Claim, if any, payable at (보험금 지불지)

보험사고 발생시 보험금을 지급하는 곳을 말한다. 일반적으로 수입거래의 경우에는 해당 보험회사가 기재되고, 수출거래의 경우에는 도착지에 있는 보험회사 대리점의 상호 및 주소 · 연락처가 기재된다.

3) Survey should be approved by (손해사고 통지처)

보험사고 발생시 그 사실을 지체 없이 통지해 주어야 하는 곳을 말한다. 일반적으로 수입거래의 경우에는 해당 보험회사가 기재되고, 수출거래의 경우에는 도착지에 있는 보험회사 대리점의 상호 및 주소 · 연락처가 기재된다.

4) Sailing on or about (출항일)

적재선박(항공기)의 출항일자를 말한다. 수출거래의 경우에는 반드시 기재되어 있어야 하며, 수입거래의 경우에는 추후 선박명이 결정되는 대로 보험회사에 통보하여 부기하게 된다.

5) Amount insured (보험가입금액)

보험사고 발생시 보험회사가 보상책임을 지는 최고한도액을 말한다. 화물의 보험가입금액은 상업송장 가액에 희망이익율을 곱한 금액으로 설정하며, 특별한 사유가 없는 한 대개 110%를 적용한다.

6) Conditions (보험조건)

일반적으로 ICC(A), ICC(B), ICC(C) 등의 기본약관 및 특별약관 등의 명칭으로 보험조건이 기재된다. CIF 계열의 수출거래인 경우에는 반드시 신용장상에 명시된 보험조건대로 기재되어야 한다.

7) Place and Date signed in (보험증권의 발행지와 발행일)

보험서류가 발행된 장소와 발행일자를 말한다. 보험서류의 발행일자는 선적일 이전이어야 한다.

8) No. of Policies issued (보험증권의 발행매수)

보험서류 원본의 발행 매수를 말한다. 보통 'Original'과 'Duplicate'의 2통으로 발행되며, 보험회사가 1통에 대하여 변제하면 나머지 1통은 자동적으로 무효가 된다.

9) Authorized Signature (보험자의 서명)

보험서류는 보험회사(또는 보험인수업자) 또는 그들의 대리인에 의하여 서명되어야 한다. 우리나라에서는 통상적으로 보험회사 대표자의 서명과 직인이 날인된다.

10) 기타의 기재 사항들

- Policy no.: 보험증권의 번호
- Ship or vessel called the : 선박명 또는 항공기명
- At and from : 출발항 또는 출발공항
- Arrived at : 도착항 또는 도착공항
- Goods and merchandises : 피보험 화물의 명세
- Ref. no.: 참조번호 (신용장번호 또는 계약서번호 등)
- New marine policy clause : (신)협회적하약관의 본문약관이다.

• Old marine policy clause : (구)협회적하약관의 모체가 되는 본문약관이다. Lloyd's S.G. Policy 상의 증권본문(보통보험약관) 및 이탤릭서체약관으로 구성되어 있다.

다. 보험서류의 서명과 배서

1) 서명(Signature)

보험서류는 '보험회사(Insurance Company)' 또는 '보험인수업자(Underwriter)' 또는 그들의 '대리인(Insurance Agent or Proxy)'에 의해 서명되고 발행되어야 한다(UCP 600 제28조 a항, ISBP 821 K2조). 비록 보험중개인이 자기의 양식(Insurance Broker's Stationery)으로 발행한 서류라 하더라도, 그들 보험중개인이 '보험회사 또는 보험인수업자'의 '대리인' 자격으로 서명하고 발행하였다면, 그러한 보험서류는 수리가 가능하다(ISBP 821 K3조). 그러나 '부보각서(Cover Notes)'는 신용장에서 특별히 허용하지 않는 한 수리할 수 없다.

참고적으로 보험서류는 대개 발행인(보험회사)의 서명이 미리 인쇄되어 있는 원본 용지를 사용하는 것이 일반적인데, 이렇게 보험서류에 그 발행인의 서명을 미리 인쇄하여 사용하는 것은 하자의 사유가 되지 않는다.

2) 배서(Endorsement)

배서란 보험서류상의 권리자인 'Assured(보험금수령인)'가 제3자에게 보험금 청구권을 양도하는 요식 절차를 말한다. 'Assured'가 '수출상(Shipper, Beneficiary)'으로 지정된 보험서류는 반드시 수출상에 의해 배서되어야 한다(ISBP 821 K21조). 대개의 경우에는 수출상이 본인을 'Assured'로 지정하는 것이 일반적이며, 그 후 수출환어음 매입시에 백지배서(Blank Endorsement)에 의하여 권리를 양도하게 된다.

라. 부보금액(Insurance Amount)

① 보험금액은 반드시 신용장과 동일한 통화로 표시되어야 한다(UCP 600 제28조 f항 i 호).

② 보험금액은 반드시 신용장에 명시된 부보비율 이상이어야 한다(UCP 600 제28조 f항 ii 호). 신용장에 명시된 부보비율은 'Minimum Coverage(최소부보금액)'를 의미하는 것이므로, 소수점 이하의 단위로 산출된 금액을 임의로 '절사(Round Off)'하는 것은 하자의 사유가 된다. (참고: 다만, 소수점 셋째 자리에서의 절사는 ISBP 821 K13조에 따라 용인되는 것으로 해석함)

③ 신용장이 보험금액을 백분율(Percentage)로 명시하고 있는 경우에, 그러한 비율은 부보되어야 할 최소한도의 금액을 의미하는 것으로 간주하며, 이를 초과하여 부보하는 것은 하자로 보지 않는다(UCP 600 제28조 f항 ii 호, ISBP 821 K12조). 즉 'Insurance for 110% of the invoice value' 등의 표현은 부보금액의 최소한도를 의미할 뿐, 초과 부보를 금지하는 것으로 해석하지 않는다.

④ 만일 신용장이 보험금액을 특정의 '금액(Amount)'으로 명시하고 있거나, 또는 'exactly 110%' 등과 같이 정확한 비율로 부보되어야 함을 명시하고 있다면, 그러한 경우의 부보금액은 신용장에서 요구된 금액과 정확히 일치하여야 한다.

⑤ 신용장이 보험금액을 별도로 명시하고 있지 않다면, 물품의 CIF 또는 CIP Value(가액)의 110%를 최저 부보금액으로 간주한다(UCP 600 제28조 f항 ii 호). 서류의 문면상으로 CIF 또는 CIP 가액을 결정할 수 없는 경우에는, '결제(또는 매입) 요청금액'과 'Invoice상의 총 물품가액' 중에서 보다 큰 금액을 기준으로 110% 이상을 부보하여야 한다.

⑥ 대금의 할인, 선지급, 지급유예 등으로 인하여 상업송장 금액이 물품가액의 전체를 반영하고 있지 않은 경우에, 부보금액은 송장금액이 아닌 '총 물품가액(Full gross value of goods)'을 기준으로 계산하여야 한다(ISBP 821 K15조). 예를 들어 신용장 금액이 100만불인 경우로서, 그중의 20%는 선적 전에 미리 결제(Pre-Payment)가 이루어지고 선적 후에는 그 나머지 80%에 대해서만 청구하도록 요구된 경우에, 비록 Invoice 금액이 선수금을 공제한 80만불만을

반영하고 있다 하더라도, 부보금액은 총 물품가액인 100만불을 기준으로 계산 하여야 한다.

마. 부보위험(Coverage)

부보위험은 LMA(로이즈시장협회) 및 IUA(국제언더라이팅협회)에서 공동으로 제정한 협회적하약관(Institute Cargo Clauses)의 명칭으로 표시하는 것이 관례화되어 있다. 협회적하약관은 현재 구 약관과 신 약관이 병행 사용되고 있는데, 구 약관상의 기본 약관으로는 ICC(All Risks), ICC(WA), ICC(FPA), Institute Air Cargo Clause(All Risks) 등이 있으며, 신 약관상의 기본약관으로는 ICC(A), ICC(B), ICC(C), ICC(Air) 등이 있다. 부보위험과 관련한 주요 내용을 살펴보면 다음과 같다.

1) Usual Risks, Customary Risks 등의 불명료한 부보 지시

만일 신용장이 '부보위험의 종류(Type of Insurance Cover)'를 명시하고 있지 않거나, 또는 'Usual Risks' 및 'Customary Risks' 등과 같은 부정확한 부보 지시를 하고 있다면, 은행은 부보되지 않은 어떠한 위험에 대해서도 개의(Regard)치 않고 제시된 대로 보험 서류를 수리할 수 있다(UCP 600 제28조 g항).

2) 'Insurance against All Risks'를 요구하고 있다면?

만일 신용장이 'All Risks'에 대하여 커버해 줄 것을 요구하고 있다면, 제시된 보험 서류가 All Risks 조항(Clause)이나 표시(Notation)를 포함하고 있는 한, 비록 어떠한 위험이 면책된다고 기재되어 있다 하더라도 그에 개의치 않고 이를 수리할 수 있다 (UCP 600 제28조 h항, ISBP 821 K18조). ICC(All Risks), ICC(A), ICC(Air) 등은 신용장에서 요구한 'All Risks' 부보조건을 충족하는 것으로 본다.

3) Exclusion Clause(면책위험조항)

신용장이 부보위험에 관해 명시하고 있더라도 신용장에서 특별히 금지하지 않는 한, 보험서류에는 특정의 위험에 대한 배제문구(Exclusion Clause; 면책위험조항)를 기재할 수 있다(UCP 600 제28조 i항, ISBP 821 K17조). 그러나 보험서류는 반드시 신용장에서 요구(Defined)된 위험을 커버하고 있어야 하며, 신용장에 명시된 특정의 부보위험을 제외(Exclusion)해서는 안 된다(참고: ISBP 645 제186조).

4) Franchise(면책비율)

신용장상에 별도의 명시가 없는 한, 'Franchise' 또는 'Excess(Deductible)' 등과 같은 면책비율의 적용을 받는 보험서류도 수리할 수 있으며, 그러한 면책비율의 상한에 대한 제한도 없다(UCP 600 제28조 j항, ISBP 821 K14조).

바. 면책비율제도(Franchise)

'Franchise'란, 비록 담보위험에 의해 발생된 손해라 하더라도 그 발생된 손해액이 일정 비율(3%, 5% 등)에 미달할 경우에는, 보험회사가 이를 보상하지 않기로 하는 '보상책임면제비율(면책비율)'에 관한 특약을 말한다. 이는 보험회사가 사소한 손해까지도 모두 보상하게 되면 그 업무량과 비용부담이 많아지므로, 일정비율 미만의 조그마한 손해에 대해서는 그 책임을 지지 않겠다는 취지이다. 보험가입자의 입장에서는 일종의 '자기부담비율'을 설정하는 셈이 되며, 당해 비율에 상응하는 보험료의 절감 효과를 얻을 수 있게 된다.

'Franchise'라 하면 대개 'Non-Deductible Franchise'를 의미하는 것이 일반적이지만, 실무에서는 종종 'Excess(Deductible Franchise)'도 사용되고 있으므로 양자 간의 의미를 정확히 구분해서 이해하여야 한다.

1) Franchise(Non-Deductible Franchise, 소손해면책, 비공제면책)

일정비율 미만의 소손(小損)은 면책되지만, 해당 비율을 초과하여 발생한 손해액에 대해서는 그 전체를 보상하는 조건을 말한다. 예를 들어 보험서류에서 3%의 Franchise를 규정한 경우, 3% 이하의 손해에 대해서는 이를 보상하지 않지만, 3%를 초과하여 5%의 손해가 발생하였다면 5%를 모두 보상하는 조건이다.

기재되는 문언의 예를 보면, 'Subject to average(Average payable) if amounting to 3%' 또는 'To pay average if amounting to 3% on each 500 bags(running landing number)' 또는 'Free from particular average unless amounting to 5% each 75 bales separately insured' 등이 그것이다.

2) Excess(Deductible Franchise, 자기부담공제, 공제면책)

면책비율을 초과하여 발생한 손해에 대하여, 면책비율만큼을 공제하고 그 초과 분에 대해서만 보상하는 조건을 말한다. 예를 들어 Excess of 3%의 조건에서 5%의 손해가 발생하였다면, 손해액(5%)에서 3%를 공제하고 2%에 대해서만 보상하는 조건이다.

기재되는 문언의 예를 보면, 'To pay the excess of percentage specified in the policy' 또는 'Average payable in excess of 5%' 또는 'Warranted free of particular average under 5% which is deductible' 등이 그것이다.

3) Irrespective of Percentage(IOP, 免責比率 不適用 條件)

면책비율의 적용을 배제하는 조건을 말하며, 만약 신용장상에 이러한 'IOP' 조건이 명시되어 있는 경우에는 면책비율조항(Franchise, Excess)이 표시된 보험서류를 수리할 수 없다(ISBP 821 K14조).

기재되는 문언의 예를 살펴보면 다음과 같다.

- The insurance cover to be irrespective of percentage.
- Full set of insurance policy, endorsed in blank, for 110% of invoice value, with claims payable in the currency of draft in India irrespective of percentage, covering the Institute Cargo Clause W.A.

'(구)협회적하약관'의 모체가 되는 'Lloyd's S.G. Policy(Old Marine Policy Form)'의 본문 약관에는 일정비율 미만의 소손해에 대한 보험자의 면책을 규정하는 'Nota Bene Clause(주의조항)'가 있으며, '(구)협회적하약관'상의 'ICC(WA)' 조건은 상기의 면책비율조항이 자동 적용되도록 규정되어 있으므로, 만일 신용장이 면책비율의 적용을 배제하면서 'ICC(WA)' 조건으로 부보할 것을 요구하고 있다면, 별도의 'ICC(WAIOP)' 특약을 체결하고 그 내용을 보험증서의 'Conditions'란에 기재하도록 하여야 한다.

'(신)협회적하약관' 및 'New Marine Policy Form'에는 면책비율의 자동적용 조항이 폐지되어 있으며, 필요한 경우 보험증서의 'Conditions' 란에 별도로 기재하여 활용하고 있다. 예를 들면 'Excess of 5%' 등의 문언이 그것이다.

참고적으로 현재 우리나라의 보험업계에서는 계약자의 편의에 따라 신 · 구 약관을 선택적으로 적용할 수 있도록, 신 · 구 증권양식을 모두 포괄하고 있는 혼합된 보험증권을 제작하여 활용하고 있다.

4) (구)협회적하약관상 '분손담보조건(WA)'의 면책비율 적용사례 예시

① Franchise

WA ○%: ○% 이하의 손해에 대해서는 보상하지 않음.

② Excess(Deductible)

WA Excess of ○%: 손해액에 대하여 ○%를 공제하고 보상함.

③ Irrespective of Percentage

WA IOP: Franchise의 적용 없이 전체 손해액에 대하여 보상함.

사. 부보일자(Date of the Insurance Document)

보험서류의 발행일자(보험가입일자)는 최소한 선적일(The date of shipment) 또는 그 이전의 날짜로 표시되어 있어야 한다(UCP 600 제28조 e항). 이는 선적일 이후에 부보가 이루어지는 경우 선적일로부터 부보일까지의 기간이 커버되지 않기 때문에, 그러한 위험을 방지하기 위하여 마련된 규정이다. 다만, 다음의 경우에는 보험서류의 발행일자가 선적일보다 늦어도 수리할 수 있다.

1) 신용장에서 허용하는 경우

신용장상에 보험서류의 일자가 선적일보다 늦어도 된다는 표시가 있으면 수리가 가능하다.

2) 소급적용의 표시가 있는 경우

보험의 효력이 선적일 또는 그 이전의 날짜로부터 유효하다는 소급적용의 표시가 있는 경우에는 수리가 가능하다. 예를 들면 보험서류상에 'Coverage is effective from a date not later than the date of shipment' 등과 같은 문언이 기재되어 있는 것이 그것이다(ISBP 821 K10조).

한 가지 주의하여야 할 점은, 협회적하약관 內 'Transit Clause(운송약관: 구 약관 제1조, 신 약관 제8조)'의 일부인 소위 '창고약관조항(Warehouse to Warehouse Clause)'이나, 또는 (신)협회적하약관 內 'Insurable Interest Clause(피보험이익약관: 제11조)' 및 (구)보험증권의 본문약관에 언급된 소위 '소급약관조항(Lost or Not Lost Clause)'에도 불구하고, 보험서류의 'Conditions' 란 등에 반드시 위의 예시와 같은 취지의 문언을 별도로 표시하고 있어야 한다는 점이다.

또한 선적일 이전에 발급된 'Open Policy'에 근거하여 발행된 'Insurance Certificate(보험증명서)'라고 하여, 보험증명서의 발행일자에 관계없이 무조건 자동 수리되는 것은 아니며, 이 경우에도 당해 보험증명서상에 위의 예시와 같은 취지의 문언을 별도로 표시하고 있어야 한다. 그러나 만일 보험증명서상에 선적일 이전에 발급된 'Open Policy의 발행일자'를 별도로 명시하고 있는 경우라면, 그때는 비록 선적일 이후에 발행된 보험증명서라 하더라도 이를 수리할 수 있다는 것이 통설이다.

아. 기타 참고사항

1) 담보구간

보험서류는 최소한 신용장에 명시된 '수탁지' 또는 '선적지'로부터 '양륙지' 또는 '최종목적지' 사이에서 발생하는 위험을 담보하고 있어야 한다(UCP 600 제28조 f항 iii호).

2) 유효기일 및 유효기간

보험서류에는 보험금지급청구를 위한 만료일(Expiry date for the presentation of any claims thereunder)이 표시되어 있지 않아야 한다(ISBP 821 K9조).

만일 보험서류상에 유효기일(Expiry Date)이 삽입되는 경우에는, 그러한 유효기일이 보험금 청구의 제시를 위한 유효기일이 아니라, 피담보 물품의 선적(Loading on board) 또는 발송(Dispatch) 또는 수탁(Taking in charge)이 이루어져야 하는 최종일자와 관련된 유효기일임을 명확히 표시하고 있어야 한다(ISBP 681 제175조). 보험의 유효기간(The validity of the insurance in course of time)과 관련해서는 협회적하약관 및 기타의 국제규칙 등에 특별히 규정된 바가 없기 때문에, 그 의미의 해석상 여러 가지 논란의 소지가 있으므로 가급적 사용을 억제하도록 하는 것이 바람직하며, 부득이 유효기간을 설정하고자 하는 경우에는 그 의미하는 바를 명확히 정의하여 기재토록 하여야 한다.

자. 보험서류의 일반적 심사사항

① 신용장에서 요구한 종류(Type)의 보험서류가 제시되었는가?
② 신용장에서 요구한 원본(Original)의 통수가 모두 제시되었는가?
③ 발행인의 자격 및 서명에 관한 부분에 흠결은 없는가?
④ 배서를 요하는 경우 배서는 누락되지 않았는가?
⑤ 보험금액은 신용장에서 요구한 대로 부보되어 있는가?
⑥ 보험금액은 신용장과 동일한 통화로 표시되어 있는가?
⑦ 신용장에서 요구한 부보위험을 모두 커버하고 있는가?
⑧ 신용장상에 IOP조항이 있는 경우 이를 위반하지는 않았는가?
⑨ 부보일자는 운송서류상의 선적일 이전인가?
⑩ 담보구간(출발지/도착지)은 신용장의 조건과 일치하는가?
⑪ 상품명세는 신용장과 일치하는가?
⑫ 제반 기재내용이 신용장이나 다른 서류상의 정보와 충돌하지 않는가?
⑬ 원본의 기재내용을 수정한 경우에 그 Authentication은 적정한가?

3-7 기타의 서류

신용장에서 부수서류(환어음, 상업송장, 운송서류, 보험서류 이외의 다른 서류)를 요구할 때에는, 그러한 서류의 발행인과 내용(Data Contents)에 대해서도 반드시 명시해 주어야 한다. 만일 신용장상에 그에 관한 상세한 명시가 없는 경우에는, 제시된 서류의 내용이 신용장에서 요구한 서류의 기능을 충족하고 있는지 및 제시된 다른 서류상의 정보(Data)와 충돌(Conflict)되는 내용이 없는지 만을 점검한다. 신용장에서 흔히 요구하는 부수서류에는 다음과 같은 것들이 있다.

가. 포장명세서(Packing List)

수입상이나 세관 등이 화물을 확인할 때 상업송장만으로는 포장단위의 내용이나 중량, 용적 등에 대하여 정확히 파악할 수가 없기 때문에, 상업송장을 보조하기 위하여 요청하는 서류를 말한다. 기본서류는 아니지만 거의 모든 신용장에서 관례적으로 요구하고 있으며, 이에 대한 주요 점검사항은 다음과 같다.

① 상품명세, Quantity, Shipping Mark 등이 상업송장 및 운송서류 등과 일치(not conflict)하는지의 여부를 확인하여야 한다.

② Number of Package(포장화물의 개수), Weight(중량), Measurement(용적) 등이 운송서류 등과 일치(not conflict)하는지의 여부를 확인하여야 한다.

③ 간혹 수량단위를 상업송장이나 운송서류의 그것과 다른 종류로 기재하는 경우가 있으므로 그 관계를 검사하여야 한다. 예컨대 운송서류에는 MT로, 포장명세서에는 KG으로 기재하는 경우가 그것이다.

나. 영사송장(Consular Invoice)

외화도피의 목적으로 수입화물의 가격을 높게 조작(Over-Invoicing)하거나 또는 관세를 포탈할 목적으로 수입화물의 가격을 낮게 조작(Under-Invoicing)하는 등, Invoice 부정발급(가격조작)을 통한 불법거래를 차단할 목적으로 수출국에 주재하고 있는 수입국 영사의 확인을 받아 제출하도록 하는 송장을 말한다. 중동 및 중남미 지역 국가에서 주로 이용하였으나 현재는 점차 사라지고 있는 추세에 있다.

수출상이 작성한 상업송장 등에 영사(공관장)가 사증(서명)하는 방법이 주로 이용되고 있으나, 신용장에서 요구하는 구체적인 지시내용에 따라 그 발급형태가 달라질 수 있으므로, 신용장의 지시내용을 확인하고 그 요령에 따라 작성되었는지의 여부를 심사하여야 한다.

신용장에서 제출서류와 관련하여 'Visaed' 또는 'Legalized' 또는 'Notarized'라는 문언이 사용된 경우에, 이는 영사송장과 같은 목적으로 요구되는 것이며 그 일반적인 해석 기준은 다음과 같다.

① Visaed Invoice:

Invoice에 수입국 영사가 서명(사증)하도록 하는 방법을 의미한다.

② Legalized:

신용장의 구체적인 지시내용에 따라 그 작성 요령이 달라질 수 있으나, 주로 Invoice 및 B/L에 영사가 서명하도록 하는 방법을 의미한다.

③ Notarized:

신용장의 구체적인 지시내용에 따라 그 작성 요령이 달라질 수 있으나, 일반적으로 의도하는 바는 수출상이 작성한 서류에 공증인 또는 상업회의소의 서명이 있어야 하고, 이를 정당한 것으로 인정하는 영사의 서명이 있어야 함을 의미한다.

다. 세관송장(Customs Invoice)

수입국가의 세관이 다음과 같은 목적으로 활용하기 위하여 요청하는 송장을 말하며, 국가별로 요구하는 양식이 모두 상이하므로 지정된 양식에 따라 작성되어야 한다. 미국, 캐나다, 호주, 뉴질랜드, 남아프리카공화국, 나이지리아 등에서 제출을 요청하고 있다.

- 수입화물에 대한 과세 기준가격을 결정할 목적(관세포탈방지)
- 덤핑 유무를 확인하기 위한 목적
- 쿼터품목의 통상 기준량을 계산할 목적
- 수입 통계의 목적 등

라. 원산지증명서(Certificate of Origin)

1) 원산지증명서의 의의

원산지증명서(Certificate of Origin)란 물품의 제조 · 생산(재배 · 사육 · 가공 포함) 등이 이루어진 원산지 국가를 증명하는 문서로서, 특정 상대국으로부터 수입된 물품에 대하여 관세를 감면받고자 하는 경우라든가, 또는 수입국 정부의 무역관리 및 소비자

보호 등의 목적상 필요에 의하여 요구되는 서류이다(참고: 대외무역법 제33조~제38조, 대외무역법시행령 제55조~제67조, 대외무역관리규정 제73조~제93조).

원산지증명서는 수출국의 상업회의소 또는 정부기관이 발행하는 것이 일반적이나, 경우에 따라서는 수출국에 주재하는 수입국의 영사가 발행한 원산지증명서를 요구하는 경우도 있으며, 때로는 수출상이 직접 작성한 원산지증명서를 허용하는 경우도 있다.

참고적으로, 우리나라에서 수출하는 물품의 원산지증명서는 대외무역법시행령 제66조의 규정에 따라 산업통상자원부장관이 고시한 '수출물품원산지증명서발급규정'에 근거하여 (대한)상공회의소에서 그 발급업무를 관장하고 있다.

2) 원산지증명서의 종류

가) 일반(비특혜) 원산지증명서

상공회의소의 규격양식에 의해 상공회의소가 발행한 원산지증명서를 말한다.

나) 특정국(비특혜) 원산지증명서

상공회의소의 규격양식에 의하여 발행된 것이 아니라, 수입국에서 요청하고 있는 특정의 서식으로 발행한 원산지증명서를 말한다.

☞ 특정 서식에 의한 원산지증명서를 요청하는 국가 : 멕시코, 남아프리카공화국, 콜롬비아, 페루, 베네수엘라, 나이지리아, 가나, 말라위, 미국 등

다) 제3국 원산지증명서

중계무역이나 또는 외국이 원산지인 물품을 다른 나라로 수출하는 경우에, 당해 물품의 원산지에서 발행된 최초 원산지증명서를 기초로 하여 이를 재 발행한 원산지증명서를 말한다(원산지는 실제의 원산국명으로 표시함).

라) 관세양허 원산지증명서

관세 특혜를 적용받도록 하기 위하여 발행하는 원산지증명서를 말하며, GSP, GATT(TNDC), APTA(ESCAP), GSTP 원산지증명서 등이 이에 해당한다. 우리

나라에서는 (대한)상공회의소, 세관, 자유무역지역관리원에서 발급하고 있으며, 수출 상대국 및 품목 등에 따라 발급받을 수 있는 경우가 한정되어 있다.

마) FTA 원산지증명서

자유무역협정(FTA) 체결 상대국으로 물품을 수출하고자 하는 경우에 발행하는 원산지증명서를 말하며, 각 협정국별로 그 양식과 발급방식이 상이하다.

☞ FTA 원산지증명서는 협정국간 저율관세 또는 무관세 혜택을 적용받도록 하기 위하여 발행하는 서류이며, 현재 우리나라의 FTA 체결/발효 국가로는 칠레, 싱가포르, EFTA(유럽 4개국), ASEAN(동남아 10개국), 인도, EU(27개국), 페루, 미국, 튀르키예, 호주, 캐나다, 중국, 뉴질랜드, 베트남, 콜롬비아, Central America(중미 5개국), 영국, RCEP(역내포괄적경제동반자협정 14개국), 이스라엘, 캄보디아,인도네시아, 필리핀 등이 있다.

바) 남북교역물품 원산지증명서

남한과 북한 사이에 거래되는 물품에 대하여 발행하는 원산지증명서를 말하며, 세관 및 (대한)상공회의소에서 발급하고 있다.

사) 제조업자(수출자) 발행 원산지증명서

수입자의 요청에 의하여 수출자 또는 제조업자가 직접 자사의 양식으로 발행한 원산지증명서를 말한다.

3) 관세양허 목적의 원산지증명서

관세양허 목적의 원산지증명서(특혜관세 원산지증명서)란 GSP, GATT(TNDC), APTA(ESCAP), GSTP 원산지증명서 및 기타 헌법에 의하여 체결 · 공포되는 조약 · 협정의 이행 또는 일방적 조치의 이행을 위하여 외국에서 특혜관세를 적용받도록 할 목적으로 발급하는 원산지증명서를 말한다.

참고적으로 '관세양허(Concession of Tariff)'란, 국가간 관세 · 무역에 관한 협정에 따라 협정 당사국이 특정 품목에 대한 관세를 일정수준 이상으로 부과하지 않겠다는 약속을 말하며, 일단 관세가 양허된 품목의 세율은 협정 상대국과 협의하지 않고는 변경할 수 없다. 관세양허의 유형에는, 현행세율을 인하하는 관세인하(Reduction), 관세를 더 이상 올리지 않겠다고 약속하는 거치(Binding), 현행세율을 인상하더라도 일정수준 이상으로는 올리지 않기로 하는 한도양허(Ceiling Binding) 등이 있다.

가) GSP 원산지증명서

'일반특혜관세협정(GSP; Generalized System of Preferences)'에 의한 특혜관세 대상 물품의 원산지증명서를 말하며, 특혜관세 공여국의 수입상이 특혜관세 수혜국으로부터 수입하는 특정의 물품에 대하여, 자국 세관의 관세 특혜를 적용받을 목적으로 특혜관세의 적용대상임을 입증하기 위해 수출상에게 요청하는 서류이다. 대부분의 특혜무역이 협정국 상호간의 호혜적 쌍방 특혜를 바탕으로 이루어지는 것이 일반적이나, GSP는 대개 선진국이 개발도상국가에 일방적으로 공여하는 일방 특혜의 형태를 띠고 있다.

☞ 우리나라의 물품에 대해 일반특혜관세(GSP)를 공여하고 있는 국가는 호주, 러시아, 카자흐스탄, 벨라루스 등이다.

나) GATT(TNDC) 원산지증명서

GATT 체제하에서 체결된 '개발도상국간의 무역협상에 관한 의정서(TNDC; Protocol Relating to Trade Negotiations among Developing Countries)'에 의한 관세양허 대상 물품의 원산지증명서를 말한다.

☞ GATT(TNDC) 관세양허 대상 국가: 방글라데시, 브라질, 칠레, 이집트, 우루과이, 루마니아, 이스라엘, 멕시코, 파키스탄, 페루, 튀르키예, 튀니지, 유고슬라비아 등

다) APTA(ESCAP) 원산지증명서

'국제연합 아시아 · 태평양 경제사회위원회(ESCAP)' 관할 개발도상회원국간의 '아시아 · 태평양 무역협정(APTA; Asia-Pacific Trade Agreement)'에 의한 관세양허 대상 물품의 원산지증명서를 말한다.

☞ APTA(ESCAP) 관세양허 대상 국가는 중국, 인도, 방글라데시, 스리랑카, 라오스, 몽골 등이다.

라) GSTP 원산지증명서

'국제연합 무역개발회의(UNCTAD)' 주관하에 체결된 '개발도상국간의 특혜무역협정(GSTP; Global System of Trade Preferences among Developing Countries)'에 의한 관세양허 대상 물품의 원산지증명서를 말한다.

☞ GSTP 관세양허 대상 국가는 필리핀, 인도네시아, 말레이시아, 싱가포르, 베트남, 태국, 미얀마, 방글라데시, 인도, 스리랑카, 파키스탄, 이집트, 멕시코, 브라질, 아르헨티나, 칠레, 페루, 베네수엘라, 콜롬비아, 우루과이 등 약 40여개 국이다.

4) 원산지증명서의 심사

가) 상품의 원산지를 증명하는 '서명'된 서류이어야 한다(ISBP 821 L1조).

나) 원산지증명서는 반드시 신용장에 명시된 당사자에 의해 발행되어야 한다. 그러나 만약 신용장에서 발행자에 대하여 별도로 명시하고 있지 않다면, 수익자를 포함하여 누가 발행한 원산지증명서라도 수리할 수 있다(ISBP 821 L3조).

다) 만일 신용장에서 'Beneficiary' 또는 'Exporter' 또는 'Manufacturer'가 발행한 원산지증명서를 요구하는 경우에는, 그러한 서류를 대신하여 상업회의소가 발행한 원산지증명서도 수리할 수 있으며, 이는 하자로 보지 않는다(ISBP 821 L3조). 다만 이러한 경우에, 당해 원산지증명서는 반드시 신용장에서 지정한 'Beneficiary' 또는 'Exporter' 또는 'Manufacturer'가 누구인지를 명확하게 표시하고 있어야 한다.

라) 원산지증명서상에 표기된 'Exporter' 또는 'Consignor'는, 신용장의 'Beneficiary' 또는 운송서류 등의 'Shipper'와 다르게 표시될 수 있으며, 이는 하자가 되지 않는다(ISBP 821 L6조).

☞ 예) 수출상이 제3자 또는 제3국으로부터 물품을 구매하여 선적하는 경우 등

마) 원산지증명서의 'Consignee'는 운송서류상의 'Consignee' 정보와 충돌하지 않아야 한다(is not to conflict with). 그러나 만일 신용장에서 운송서류의 'Consignee'를 'To order' 또는 'To the order of shipper' 또는 'To order of issuing bank' 또는 'To order of nominated bank(or negotiating bank)' 또는 'Consigned to issuing bank' 등과 같이 요구하였다면, 그때는 원산지증명서의 'Consignee'를 'Applicant' 또는 '물품의 최종수령인'등과 같이 수익자를 제외한 신용장에 기명된 어떠한 자로도 바꾸어 기재할 수 있으며 이는 하자가 되지 않는다. 또한 신용장이 만일 양도된 경우에는, 원산지증명서의 'Consignee'를 운송서류의 'Consignee'와 다른 '제1수익자'의 명의로 표시할 수 있으며, 이 역시 하자가 되지 않는다(ISBP 821 L5조, ICC Pub. No.632 Ref.139).

마. 검사증명서(Inspection Certificate)

1) 검사증명서의 의의

검사증명서(Inspection Certificate)란 선적된 물품의 품질, 수량, 상태 등을 검사하거나 또는 테스트한 내용에 관한 증명서를 말한다.

2) 검사증명서의 활용

수입상은 독립 · 추상성에 기인한 신용장거래의 한계성으로부터 스스로를 보호하고 수입물품에 대한 품질 등을 보장받기 위하여 검사증명서를 요구하게 된다. 만일 자행의 수입거래처가 수입물품의 품질 등에 관하여 불안함을 느끼고 있다면, 제시서류 목록에 국제적인 검정기관에 의하여 발행된 검사증명서를 포함시키도록 권고하는 것도 하나의 해결방안이 될 수 있다.

3) 검사증명서의 발행인

독립된 전문 검정기관을 검사인(Inspector)으로 지정하는 것이 보편적이고 바람직한 방법이나, 때로는 수출국에 소재하는 수입상의 대리인을 지정하는 경우도 있으며, 간혹 수출상이 직접 검사하고 검사증명서를 작성하도록 허용하는 경우도 있다. 참고적으로, 수입상이나 그 대리인에 의해 발행 또는 부서(Countersign)되어야 하는 검사증명서가 요구되는 조건은, 수입상의 악의적 의도에 따라 유사시 독소조항으로 변질될 우려가 있으므로 각별히 주의하여야 한다.

4) 검사증명서의 심사

가) 신용장에서 지시한 자에 의해 발행 및 서명된 서류이어야 하며, 신용장상의 검사 요구내용과 일치하여야 한다.

나) 신용장에서 특별히 금지하지 않는 한, 상품의 샘플만을 조사한 검사증명서도 수리할 수 있다(ISBP 821 Q6조).

다) 검사증명서의 허위발급 및 위·변조 등으로 인하여 분쟁이 발생하는 사례가 많으므로, 그 진위성이 의심스러운 경우에는 발급기관에 유선으로 확인한 후 취급하는 것이 안전하다.

라) 검사증명서는 B/L 못지않은 매우 중요한 서류이며 지급거절 여부에 상당한 영향을 끼치므로, 신용장에서 검사증명서를 요구하고 있음에도 불구하고 당해 서류가 제시되지 않은 경우에는 단순히 '보증부매입(L/G Nego)'으로 처리할 것이 아니라 '추심'으로 전환하여 취급하여야 한다.

바. 부수서류의 일반적 심사사항

앞서 언급한 서류들 이외에도 중량증명서(Certificate of Weight), 용적증명서(Certificate of Measurement), 품질증명서(Certificate of Quality), 분석증명서(Certificate of Analysis), 위생증명서(Certificate of Health), 검역증명서(Certificate of Quarantine) 등이 있는데, 이들 부수서류에 대한 일반적인 점검사항 및 심사요령은 다음과 같다.

① 신용장에 명시된 발행인에 의하여 정당하게 발행되었는가?

② 증명서(Certificate), 선언서(Declaration), 진술서(Statement)의 경우에는 서명이 되어 있는가? 참고적으로 Certificate, Certification, Declaration, Statement 등의 경우에는 신용장상에 별도의 명시가 없더라도 반드시 서명되어 있어야 한다(ISBP 821 A3조).

③ 서류의 본질과 내용에 비추어 일자가 필요한 경우 일자가 표시되어 있는가? 참고적으로 일자가 표시되어야 하는지의 여부는 당해 서류의 Type, 당해 서류에 요구되는 Wording, 당해 서류상에 기재된 문구 등에 따라 결정된다.

④ 신용장에 지시된 내용(Data Content)이 모두 기재되어 있는가? 만일 신용장상에 당해 서류의 내용(Data Content)에 관한 별도의 명시가 없는 경우에는, 당해 서류의 내용이 신용장에서 요구한 서류의 기능을 충족하고 있는지만을 심사한다(UCP 600 제14조 f항).

⑤ 제반 기재내용이 신용장이나 다른 서류상의 정보와 충돌(Conflict)하지 않는가? 만일 그 기재내용이 신용장이나 다른 서류상의 정보와 충돌하는 경우에는 하자로 간주된다(UCP 600 제14조 d항).

4. 하자있는 서류의 처리

4-1 하자의 의의

신용장거래와 관련하여 당사자들(개설은행, 매입은행, 수출상, 수입상 등) 간의 가장 큰 관심사는 제시된 서류가 신용장의 제 조건과 일치하는지의 여부에 대한 사항이라고 할 수 있는데, 일치하지 않는 경우를 '하자(Discrepancy)'라고 하며 서류상의 하자는 곧 '지급거절(Unpaid)'의 사유가 된다. 따라서 서류의 심사결과 제시된 서류가 신용장 조건과 불일치하거나 서류 상호간 모순되는 하자(Discrepancy)가 있는 것으로 판명될 경우에는 그 취급에 신중을 기하여야 한다.

앞서 설명한 바와 같이 신용장거래는 그 성질상 매매계약에 근거를 두고 있다 하더라도 이들 매매계약과는 독립된 별개의 서류상 거래로서, 개설은행은 오로지 신용장의 조건과 일치하는 서류와 상환으로 그 결제(Honor)의 의무를 부담할 뿐이므로, 서류상의 하자는 곧 수출환어음의 부도 또는 수리거절의 원인이 되어 매입대금을 상환받지 못하는 결과를 초래하게 된다. 물론 하자 있는 서류라고 하여 반드시 부도처리 되는 것은 아니지만, 개설의뢰인의 자금사정 악화 등 신용상태의 변동이나 수입지 시장상황의 여건 변화에 따라 사소한 하자라도 발견되면 이를 이유로 지급 또는 인수를 거절하는 등 마켓 클레임(Market Claim)을 제기하는 경우가 빈번히 발생하여, 담당 실무자들로 하여금 많은 곤욕을 치르게 하고 있다.

매입한 어음이 일단 부도 또는 인수거절이 되면 그 상대가 외국에 있는 관계(법률 · 관습의 상이, 의사소통의 불편 등)로 문제의 해결이 쉽지 아니한 경우가 대부분이다. 따라서 매입은행은 이러한 사고를 미연에 방지하기 위하여 제시된 서류의 심사를 철저히 하는 한편, 하자가 발견된 경우에는 이를 시정토록 한 후에 매입하거나 또는 별도의 채권보전책을 강구하여야 하며, 매입대금의 회수가 심히 의심스러운 경우에는 이를 추심거래로 전환하여 취급하여야 한다.

4-2 하자의 종류

하자의 일반적인 유형을 예시하면 다음과 같다.

① L/C expired

② Overdrawing

③ Late shipment

④ Late presentation

⑤ Partial shipment

⑥ Irregular instalment shipment

⑦ Transhipment

⑧ Different shipping line

⑨ Different consignee (/notify party) on B/L

⑩ Different port of loading (/port of discharge)

⑪ Different shipping mark

⑫ B/L presented instead of AWB

⑬ AWB presented instead of B/L

⑭ FCR presented instead of B/L

⑮ Surrendered B/L presented

⑯ One original B/L omitted

⑰ No evidence of goods actually 'shipped on board'

⑱ Carrier not identified on B/L (/AWB)

⑲ B/L does not evidence whether freight is paid or not

⑳ Insurance certificate presented instead of insurance policy

㉑ Insurance not covered as in L/C

㉒ Insurance not effected from the date of shipment

㉓ Under-insured

㉔ Insurance cover expressed in a currency other than that of L/C

㉕ Description of goods on invoice differs from that in the credit

㉖ The amounts shown on the invoice and bill of exchange differ

㉗ B/L, insurance document and bill of exchange not endorsed correctly

㉘ Absence of signature, where required, on documents presented

㉙ Absence of documents called for in the credit (Inspection certificate, Certificate of origin, Shipping advice, Courier receipt, Bene Certificate, Approval letter, etc.)

㉚ Documents inconsistent with each other (Describe in detail)

㉛ Documents not dated

㉜ Different trade terms (Incoterms)

㉝ Different country of origin

㉞ Different unit price, quantity, style no., weight, measurement, etc.

4-3 하자에 대한 조치

하자의 내용에 따라 다음과 같이 나누어 처리한다.

가. 수정이나 보완이 가능한 하자

매입신청인(수출상)이나 서류발급기관에 의하여 수정 또는 보완이 가능한 하자는 즉시 수정 · 보완하도록 한다.

서류상의 정보와 데이터에 대한 정정 또는 변경은 서류발행자 또는 수정 권한을 위임 받은 자에 의해 'Authentication(인증, 확인)'되어야 하는데, 이러한 'Authentication'에는 ① 'Authentication'을 행한 주체가 누구인지 나타나 있어야 하고, ② 'Authentication'을 행한 당사자의 서명 또는 약식서명(Initials)이 있어야 하며, ③ 만약 서류발행자 이외의 자가 서류를 수정하고 'Authentication'을 행한 경우에는 어떠한 자격으로 수정을 하였는지에 대한 자격표시도 함께 나타나 있어야 한다. 'Authentication'은 고무인 등에 의한 스탬프로도 유효하며, 업계에서는 이를 흔히 '코렉션 방'이라 부르고 있다.

'공인(Legalized)' 또는 '사증(Visaed)' 등의 인증된 서류에 대한 수정은 반드시 그 서류를 공인 또는 사증한 당사자에 의해 'Authentication'되어야 한다. 한편, 환어음 이외의 수익자 본인이 발행한 서류로서 Legalized, Visaed, Certified 되어있지 아니한 서류는 별도의 'Authentication' 없이도 수정이 가능하다. 예를 들어 수익자 본인이 발행한 'Commercial Invoice' 또는 'Packing List'상의 정보와 데이터에 대한 수정은 별도의 'Authentication'을 필요로 하지 않는다.

나. 수정이나 보완이 불가능한 하자

서류의 정정 및 변경이 불가능하거나 또는 수정 및 보완 등에 의하여 치유될 수 있는 하자가 아닌 경우에는, 다음에서 설명하는 방법 중에 하나를 선택하여 처리한다.

4-4 하자 있는 서류의 처리방법

하자의 경중, 채권보전 가능성, 매입신청인의 신용도 및 거래실적 등에 따라 다음 여섯 가지의 방법 중에 하나를 선택하여 처리한다.

가. 보증부 매입 (L/G Negotiation)

신용장 조건과의 불일치 내용을 사전에 수익자와 매입은행이 서로 확인한 후, 그로 인하여 신용장 대금의 결제가 거절되면 외국환거래약정서에서 정하는 바에 따라 즉시 매입대전을 상환하겠다는 요지의 확인서(각서)를 징구하고 매입하는 방법을 말한다.

하자내용이 비교적 경미하고 대금회수가 확실하다고 판단되는 경우, 또는 개설은행의 지급거절시에도 해당 원리금 및 부대비용의 소구권 행사에 문제가 없을 것으로 판단되는 경우에 주로 활용된다. 그러나 이러한 보증부 매입은 개설은행의 지급확약을 배제한 채 수익자의 신용만으로 매입하는 여신 거래이므로, 반드시 해당 직무전결권자의 승인을 득하는 한편 담보력의 확보 등 채권보전조치에 만전을 기하여야 한다.

참고 실무적으로는 수출화환어음매입신청서에 고객이 직접 하자사항을 기재하고 기명 · 날인하도록 하며, 별도의 '각서(Letter of Indemnity)'는 징구하지 않는 것이 일반적이다.

나. 유보부 매입 (Negotiation Under Reserve)

하자사항에 대한 개설은행의 승락(Waiver)을 전제 조건으로 하자 있는 서류를 매입하여 그 대금을 지급하는 방법을 말하며, 실무적으로는 대개 개설은행의 결제 거절시 그 채권확보를 용이하게 하기 위하여 개설은행의 승락시까지 매입대전의 지급을 유보하는 방식으로 운용되고 있다. 예를 들면 기한부신용장의 매입대전을 일단 별단예금에 입금 처리한 후, 개설은행의 인수통보가 이루어진 후에 그 매입대전을 지급하는 방법 등이 여기에 해당한다고 볼 수 있다.

다. 추심후 매입전환 (Post Negotiation)

하자 등으로 인해 추심으로 처리한 기한부신용장에 대하여, 개설은행의 인수 또는 연지급확약 통보 접수 후에 매입으로 전환하는 방법을 말한다.

라. 조건 변경후 매입 (Amend Negotiation)

하자사항과 관련한 신용장의 제 조건을 변경 받도록 한 후에 매입하는 방법으로서, 시간적 여유가 충분히 있는 경우에 활용될 수 있는 가장 안전한 방법이다.

마. 전신 조회후 매입 (Cable Negotiation)

개설은행에 미리 전신으로 서류의 미비점 또는 신용장 조건과의 불일치 사항을 알려주고, 그 매입가능 여부를 조회하여 승인을 받은 후에 매입하는 방법을 말한다. 개설은행의 매입승인은 신용장의 조건변경과 동일한 효력을 가지므로, 승락의 답신이 접수되면 당해 서류는 Clean 매입으로 처리한다. 그러나 전신조회시 명시하지 않은 다른 하자에 대해서는 그 효력이 미치지 아니하므로, 전신조회시에는 반드시 모든 하자 사항을 명시해 주어야 한다.

◀ 예시 ▶ 'Cable Nego'를 위한 조회전문 예시

ATTN : L/C DEPT
RE YOUR L/C NO. 1234 DTD MAY. 10. 20XX FOR USD 100,000
OUR REF. 5204820CABLE
MAY WE NEGOTIATE DESPITE FOLLOWING DISCREPANCIES :
1. L/C EXPIRED
2. LATE SHIPMENT
3. LATE PRESENTATION
YOUR SOONEST REPLY REALLY APPRECIATED.

바. 추심후 지급 (Approval Basis or Collection Basis)

제시된 서류를 미리 매입하지 아니하고 추심으로 처리하여, 개설은행으로부터 그 대금을 결제받은 후에 지급하는 방법을 말한다. 추심으로 처리한 건에 대해서는, 해외로부터의 입금여부를 매일매일 체크하여 장기간 방치되지 않도록 유의하여야 한다.

신용장 관련 서류의 추심에는 'Approval Basis'와 'Collection Basis'의 두 가지 방법이 활용되고 있다. 'Approval Basis'로 서류를 송부하는 경우에는 '신용장통일규칙(UCP 600)'의 적용을 받게 되며, 'Collection Basis'로 서류를 송부하는 경우에는 '추심에 관한 통일규칙(URC 522)'의 적용을 받게 된다. 여기에서 'URC 522'의 적용을 받는다는 것은 'UCP 600'에 의한 보호를 상실하는 것을 의미하므로, 수출상 또는 추심의뢰은행은 당해 추심이 'Approval Basis'인지 아니면 'Collection Basis'인지의 선택을 명백히 하여야 한다.

통상 '추심후 지급'으로 처리하여야 하는 경우는 다음과 같다.

- 개설은행의 신용상태가 심히 의심스러운 경우 (인지도가 매우 낮은 은행 등)

- 개설은행 소재국에 불가항력적 사태가 발생하였거나 그러한 소지가 있는 경우
- 'L/C Expired' 등 중대한 하자가 있는 서류로서 부도가 거의 확실시되는 경우
- 소위 '독소조항'을 내포하고 있는 신용장으로서 결제 가능성이 불투명한 경우
- 신용장 또는 서류의 위 · 변조 및 사기 등의 여부가 의심스러운 경우
- 매입신청인에 대한 소구권 행사의 경제적 실익이 극히 불확실한 경우 등

plus+ 'Approval Basis' Vs. 'Collection Basis'

1. 'Approval Basis'란?

개설은행이 하자를 용인하고 결제를 승낙하는 경우에 한하여 신용장 대금을 청구하겠다는 조건으로 서류를 송부하는 방식을 말하며, 관계당사자는 '신용장통일규칙(UCP 600)'의 적용을 받게 된다. 개설은행은 신용장통일규칙에 의한 각종의 의무 등을 이행하여야 하며, 반드시 선적서류 내도 익일로부터 5영업일 이내에 지급(거절) 또는 인수(거절)의 여부를 통보하여야 한다. 일반적으로 신용장 방식하에서의 추심거래는 거의 대부분이 'Approval Basis'를 활용하고 있다.

2. 'Collection Basis'란?

신용장하에서 제시된 서류를 D/P, D/A처럼 추심에 준하여 송부함으로써 '추심에 관한 통일규칙(URC 522)'의 적용을 받도록 하는 방식을 말한다. 개설은행은 신용장통일규칙에 의한 각종의 의무 등으로부터 벗어나게 되며, 그 대신 'URC 522'에 의한 추심은행으로서의 역할을 수행하게 된다. 일반적으로 신용장 방식하에서의 추심거래에서는 거의 활용되지 않고 있다.

3. 실무 유의사항

실무적으로는 'Approval Basis'와 'Collection Basis'에 대한 명확한 개념이 정립되어 있지 않아 이들 용어가 서로 혼용되고 있는 실정이므로, 만일 자행이 개설은행의 입장이라면, 비록 'Collection Basis'로 송부되어온 서류라 할지라도 'Approval Basis'로 간주하여 처리하는 것이 후일의 불필요한 분쟁을 예방하기 위한 바람직한 방법이라 할 수 있을 것이다.

4. 서류의 처리 유형별 적용규칙의 예시

- L/C방식 Clean 매입 : Negotiation (UCP 600)
- L/C방식 Clean 추심 : Approval Basis (UCP 600)
- L/C방식 Discrepancy 매입 : Approval Basis (UCP 600)
- L/C방식 Discrepancy 추심 : Approval Basis (UCP 600),
또는 Collection Basis (URC 522)
- D/P, D/A방식 Clean 매입 : Collection (URC 522)
- D/P, D/A방식 Clean 추심 : Collection (URC 522)
- D/P, D/A방식 Discrepancy 매입 : Collection (URC 522)
- D/P, D/A방식 Discrepancy 추심 : Collection (URC 522)

5. 서류의 매입

5-1 매입 또는 추심의 결정

가. 매입(네고금융의 지원)

서류의 심사결과 수출환어음 및/또는 선적서류(이하 수출환어음이라 함)가 신용장의 조건에 부합되고 다음 요건에 해당하는 경우에는 매입신청인의 신용상태 및 거래실적 등을 감안하여 '매입' 처리한다.

① 수출신고를 필한 후 발급된 선하증권 또는 선적 등을 확인할 수 있는 서류가 첨부된 수출환어음

② 자행에서 무역어음대출 또는 무역어음인수 · 할인이 취급된 신용장에 의한 수출환어음(무역어음대출이나 무역어음인수 · 할인이 실행된 신용장에 의한 수출환어음 매입대금은 융자취급은행의 해당 대출 및 할인대금 상환에 우선적으로 사용하여야 함)

나. 추심(네고금융 미지원)

하자 있는 수출환어음은 물론이거니와 하자가 없다 하더라도 다음에 해당하는 수출환어음은 네고금융의 지원없이 '추심' 처리함을 원칙으로 한다.

① 환거래계약이 없는 은행이 개설한 신용장에 의한 수출환어음. 다만, 국내의 타 외국환은행과 환거래계약을 체결하고 있고 동 은행이 신용장의 진정성을 확인하여 통지한 경우에는 매입 처리할 수 있다.

② 지급확약이 없거나 독소조항을 내포하고 있는 신용장에 의한 수출환어음

③ 기 매입 건이 연속적으로 언페이드 처리되거나 수출대금이 미회수되고 있는 수입자를 개설의뢰인으로 하는 신용장에 의한 수출환어음

④ 무신용장방식에 의한 수출환어음

5-2 매입의 실행

가. 매입대금

매입대금은 매입외환 계정으로 기표 처리하며, 환가료 · 대체료 · 우편료 · 매입수수료 및 무역금융 융자금 등을 공제한 잔액을 지급하게 되는데, 원화로 지급하고자 하는 경우에는 전신환매입률로 환산한 원화금액을 고객계정에 입금시킨다.

매입외환 계정이란, 외국환은행이 고객으로부터 수출환어음이나 외화수표 등을 매입하여 추심하는 경우에 동 매입대전이 추심 완료되어 자금화될 때까지 일시적으로 처리하는 경과계정(Tunnel account)으로서, 외국환의 자금화되지 않은 미추심잔액을 나타내는 주요 자산계정의 하나이다.

나. 환가료의 징수

환가료란 고객의 외국환 업무 처리 과정에서 발생하는 은행의 외화자금 부담에 따른 이자조의 수수료로서, 쉽게 말하면 매입한 수출환어음의 추심소요기간 동안에 해당하는 일종의 이자를 말한다. 일람불 수출환어음 매입시의 환가료 징수일수는 8~10일을 적용하며, 일반적으로 이를 '표준결제일수'라고 부른다.

(연)환가료율이란 환가료를 징수할 때 적용하는 요율(수수료율)을 말하며, 환가료 계산시에는 그 징수대상 일수에 따라 1개월 이내, 2개월 이내, 3개월 이내, 6개월 이내, 9개월 이내, 12개월 이내, 12개월 초과 등 해당 구간의 기간물 요율을 적용하여 금액을 산출한다.

1) 일람불 수출환어음(At sight L/C, D/P) 매입

가) 클린 매입(Clean Nego)인 경우

매입금액×연환가료율×표준결제일수/360(365)×매매기준율

나) 하자 매입(L/G Nego)인 경우

매입금액×(연환가료율+1.5%)×표준결제일수/360(365)×매매기준율

2) 기한부 수출환어음(Usance L/C, D/A) 매입

매입금액×연환가료율×(표준결제일수+어음기간−1)/360(365)×매매기준율

*어음기간−1 : 일수 계산시의 한편넣기 원칙 적용

〈예외적용〉

① 'At Sight Basis'로의 매입을 허용하면서 A/D Charge(인수 · 할인료)를 수입상이 부담하기로 하는 조건의 기한부신용장(Banker's Usance L/C)인 경우에는, 일람불 수출환어음 매입에 준하여 환가료를 징수한다.

② 일자후정기출급(at ~ days after B/L date) 및 확정일출급(yyyy.mm.dd)과 같은 확정만기일부 수출환어음의 경우에는, 매입일로부터 어음만기 전일까지에 해당하는 환가료를 징수한다.

③ 서류의 하자로 인하여 보증부로 매입(L/G Nego)하는 경우에는 연환가료율에 1.5%를 가산한다.

④ 수출환어음 매입시 환가료 징수기간이 180일을 초과하거나, 또는 어음기간연장으로 환가료 징수기간이 180일을 초과하는 경우에는, 그 초과 기간에 대하여 연환가료율에 1.5%~3.0%를 가산한다.

⑤ 어음기간을 2회 이상 연장하는 경우에는 그 연장기간에 대하여 연환가료율에 1%를 가산한다.

다. 대체료의 징수

수출대전이 원화대가 매매를 수반하지 않고 동종 통화의 외화로 대체 지급되는 경우에는 외화대체 금액의 0.1%에 해당하는 대체료를 징수한다. 그러나 현재 대부분의 국내 은행에서는 대체료의 징수를 면제하고 있다.

◀Banking Tips▶ 환가료 및 대체료의 의의

1. 환가료(Exchange Commission)

'환가료'란 은행이 고객을 위하여 외국과의 당 · 타발 추심환 업무를 수행함에 있어, 당해 거래와 관련한 자금결제과정에 시간상의 차이로 인하여 발생하게 되는 일정기간 동안의 자금부담 비용을 커버할 목적으로 징수하는 이자조의 수수료를 말한다. 환가료의 종류에는 수출환어음 매입 환가료, 외화수표 매입 환가료, LESS 환가료, 수입환어음 결제 환가료, A/D Chg 환가료 등이 있다.

은행의 환가료 수익 중에서 가장 많은 비중을 차지하는 것이 바로 '수출환어음 매입 환가료'인데, 이는 매입한 수출화환어음의 추심 소요기간 동안 은행이 외화자금을 부담하여야 함에 따라 그 이자조로 받는 수수료를 말한다. 즉, 매입은행은 매입이 이루어지는 즉시 수출상에게 그 대금을 지급하지만, 개설은행으로부터 관련 신용장대금을 상환 받기까지는 상당한 기간이 소요되므로, 이 기간 동안의 자금부담비용을 커버할 목적으로 징수하게 되는 이자성의 수수료이다.

2. 대체료(In Lieu of Exchange Commission)

일반적으로 인정된 수수료 관행 및 은행의 수수료 정책에 의하여, 은행은 외국환업무의 취급시 대상금액에 대하여 정률(0.10%)의 취급수수료를 부과하여 징수하고 있다. 이는 Global Sanction 및 외국환거래법령상의 확인의무에 따른 법규리스크의 부담과 제반 사무의 처리(신고등의 업무, 증빙서류의 취급, 보고 및 통보업무, 사후관리 등)에 따른 취급비용의 성격을 지닌다. 그러나 'Position 거래' 및 '외화현찰거래'의 경우에는 별도의 수수료가 부과되고 있어 그 중복을 피하기 위하여 본 수수료를 면제하고 있다. 따라서 본 수수료는 'Non-Position 외화대체' 거래에서만 발생하게 되는데, 그러한 이유로 이를 '대체료'라 부르고 있으며, 대상 외화금액(Non-Position 외화대체거래 금액)에 대해 0.10%의 요율을 적용하여 징수하고 있다.

☞ Position 거래 : 외환매매수수료 (환율 Spread, 통화별 약 0.96%~1%)

☞ Non-Position 외화현찰거래 : 외화현찰수수료 (통화별 약 1.50%~10%)

즉 '대체료'란 원화대가 매매를 수반하지 않고 동종 통화표시의 다른 외국환으로 대체되는 거래에 대하여 적용하는 수수료를 말하며, 포지션거래가 발생하지 않음으로 인하여 은행이 '외환매매익'을 수취하지 못하는 경우 및 당해 거래가 외환현찰을 수반하지 않음으로 인하여 은행이 '외화현찰수수료'를 취득할 수 없는 경우에, 은행의 위험 및 비용을 보전하기 위하여 징수하는 수수료이다.

대고객 거래는 물론 은행간 거래에 대해서도 대체료가 적용되고 있는데, 편의상 이를 '대고객대체료'와 '은행간대체료'로 구분하여 부르고 있다. 예를 들어, 자행이 수출화환어음의 재매입(Re-Nego)을 의뢰하는 경우에 재매입은행 앞으로 '은행간대체료'를 지급하여야 하는데, 이는 자행이 외화대체(전신환)로 재매입대전을 수취하기 때문에 재매입은행 입장에서는 Non-Position 외화대체 거래에 해당하기 때문이다. '은행간대체료'는 일반적으로 대상금액에 대하여 0.05%의 요율을 적용하고 있으며, 통상 수출환어음의 재매입 거래시에 발생한다고 하여 이를 '재매입대체료'라 부르기도 한다.

* 금융소비자 권익 보호를 위한 은행권의 수수료 관행 개선 방침에 따라, 현재는 국내 은행권에서 대체료 징수 관행이 점차 사라지고 있는 추세에 있다.

◀Banking Tips▶ 은행의 외환 손익과 수수료에 대한 고찰

■ 외환손익의 구성 요소

은행 영업점의 외환손익을 구성하는 요소는 다음과 같이 크게 4가지의 항목으로 분류해 볼 수 있음.
① 외환매매익 ② Interest Charge ③ Credit Risk Commission ④ Handling Commission

Ⅰ. 외환매매익

- '포지션(Position) 거래'시에 발생하는 가장 대표적인 외환 수익임.
- 외환매매익은, 고객과의 외국환 매매 거래시에 적용하는 '대고객매매율'과
  본점으로의 포지션 집중(반대매매) 거래시에 적용하는 '내부매매율'과의 차액에 의하여 결정됨.
- 대고객매매율은 매매기준율에 소정의 Spread를 가감하여 고시되며,
  내부매매율(내부환율, 집중환율, 조정환율)은 거래시간 현재의 시장환율을 반영함.
- 외국환 포지션 거래란,
  통화별 외화 B/S상의 차변과 대변 항목중 어느 한쪽에만 영향을 미치는 거래를 말하며,
  서로 다른 통화간의 매매(교환) 거래시에 발생함.
  이러한 외국환 포지션거래는 영업점 외환손익의 주요 원천이기도 하지만
  Over Bought 또는 Over Sold 포지션 상태에서는 환율변동에 따른 환리스크를 수반하게 되므로,
  영업점의 모든 포지션은 거래 즉시 본점으로 집중(반대매매)하도록 강제하여
  본점 차원에서 일괄적으로 관리하는 것이 일반적임(영업점은 전산에 의해 자동 Square 처리됨).
- 외환매매익이 발생하지 않는 'Non-Position' 거래에 대해서는 다음과 같은 수수료를 부과함.
  ⇒ Non-Position 외화현찰거래 : 외화현찰수수료
  ⇒ Non-Position 외화대체거래 : 대체료
  ⇒ Non-Position 외화T/C거래 : T/C 매입수수료(및 매입환가료), T/C 매도수수료

Ⅱ. Interest Charge

- 외국환업무의 취급시 은행이 고객을 위하여 일정기간 자금을 부담하여야 하는 경우에,
  그러한 자금부담 비용(조달비용, 신용위험비용, 기회비용 등)을 커버하기 위하여
  금리비용의 보전적 성격으로 징수하는 '이자' 또는 '이자성의 수수료'를 말함.
- '이자'와 '이자성 수수료'의 구분 :
  정확한 일수계산에 의하여 산출된 자금부담비용 보상 대가를 '이자'라 부르며,
  표준결제일수(우편일수)의 개념을 도입하여 환가료의 명목으로 징수하는 수수료를
  '이자성 수수료'라 말함.
- '이자' 및 '이자성 수수료'의 종류 :
  외화수표매입환가료, 수출환어음매입환가료, OA채권매입환가료, 수입환어음결제환가료,
  수입환어음결제유예이자, 만기이연이자, 입금지연이자, 부도이자, 대지급금이자 등

Ⅲ. Credit Risk Commission

- 당해 외국환업무가 은행의 신용담보기능을 목적으로 하고 있는 경우에는
  고객의 신용위험이 은행으로 전가되어 최종적으로 은행이 그 책임을 부담하게 되는데,
  이에 따른 우발채무 위험을 보상받기 위하여
  그 위험부담 대가조로 징수하는 '보증료' 또는 '보증료성의 수수료'를 말함.
- '보증료'와 '보증료성 수수료'의 구분 :
  정확한 일수계산에 의하여 산출된 신용위험부담 보상 수수료를 '보증료'라 부르며,
  Term Charge의 개념을 도입하여 월 단위로 징수하는 수수료를 '보증료성 수수료'라 말함.
  ⇒ 보증료성 수수료는,
  대개 Annual Rate가 아닌 3M Rate를 적용하며 일수에 관계없이 월 단위로 절상하여 부과함.
- '보증료' 및 '보증료성 수수료'의 종류 :
  확인수수료, 수입신용장 개설 · 증액 · 기간연장수수료, 수입신용장 인수수수료, 수입화물선취보증료

* 오래된 금융관행에 따라 그 동안 월 단위로 절상하여 징수하던 보증료성 수수료가 2013년 이후 일 단위 계산방식으로 변경 시행되면서 현재는 대부분의 '보증료성 수수료'가 '보증료'로 변환된 상태임(금융소비자 권익 보호를 위한 은행권의 수수료 관행 개선 방침에 따른 조치임).

Ⅳ. Handling Commission

외국환업무의 취급 과정에서 발생하는 비용중 자금 커버에 소요되는 비용을 '금리비용'이라 하고,
그 외의 업무처리에 소요되는 비용(인건비, 장치비, 통신비, 기타경비 등)을 '비금리비용'이라 할 때,
제반의 '비금리비용'을 보상받기 위하여 징수하는 취급 경비성의 수수료를 말함.
'Handling Commission'은 그 성격에 따라 다음과 같이 크게 4가지의 항목으로 분류해 볼 수 있으나,
그 세부 기준은 은행의 수수료 정책에 따라 각 은행별로 약간의 차이가 있을 수 있으므로 참고 바람.

① 정액형 수수료 :
거래 금액과는 무관하게 건별로 획일적인 요금을 적용하는 수수료를 말함.
⇒ 통지수수료, 양도수수료, 수출환어음 매입수수료, 수입신용장 기타 조건변경수수료,
L/G 발급수수료, 구매확인서 발급수수료, 수출실적증명서 발급수수료, 타발송금수수료 등

② 정률형 수수료 :
거래 건별 금액에 소정의 Rate를 곱하여 요금을 산출하는 수수료를 말함.
⇒ 대체료, 현찰수수료, T/C매도수수료 등

③ 혼합형 수수료 :
거래 건별 금액을 일정 액수별로 차등화하여 구간제 정액요금을 적용하거나,
또는 정률제의 요금을 적용하면서 그 상하한 금액을 설정하는 수수료를 말함.
⇒ 수입환어음 추심수수료, 수출환어음 추심수수료, 외화수표 매입수수료 및 추심수수료,
당발송금수수료, 외화이체수수료 등

④ 실비형 수수료 :
고객을 대신하여 은행이 직접 부담하여야 하는 경비를 보전받기 위하여
건별로 징수하는 수수료를 말함.
⇒ 우편료, 특사배달료, 전신료 등

5-3 서류의 발송

서류의 발송이 지연되면 그만큼 자금부담일수가 늘어나게 되므로 매입한 서류는 최대한 신속하게 발송하여야 한다.

가. 서류송부장 및 상환청구서의 작성

'서류송부장'이란 서류(환어음)의 매입내역 및 이와 관련한 주요 전달사항 및 지시사항을 기재한 표지서류를 말하는데, 흔히 'Covering Letter' 또는 'Covering Schedule', 'Transmittal Letter', 'Documentary Schedule'이라고 부르며, 여기에는 매입한 서류의 명세, 상환청구에 관한 내용, 하자매입 여부 및 신용장 조건과의 불일치 내용, 기타 매입은행의 지시사항 등이 기재된다. 서류송부장은 거래형태 또는 상환청구방법에 따라 다음과 같은 요령으로 작성한다.

1) 송금방식(Remittance Base)

환어음과 서류를 모두 개설은행으로 송부하도록 하면서 동시에 개설은행 앞으로 그 매입대금을 청구하도록 하는 경우로서, 환어음의 지급인(Drawee)은 개설은행으로 지정되어 있으며, 신용장상의 'Instruction to negotiating bank'란에는 "All documents and drafts are to be sent to us. We shall make payment as per your instruction to be received" 또는 "All documents and drafts are to be sent to us. Upon receipt of all documents and drafts, we shall remit the proceeds to the bank designated by negotiating bank" 등과 같이 기재되어 있다.

이러한 경우에는 'Covering Letter'상의 'Reimbursement Instructions'란에 다음과 같이 기재한다.

가) 개설은행이 예치환거래은행(Depository Bank)인 경우:

"Please credit the proceeds to our account(A/C No. XXXXX) with you under advice to us" 또는 기타 이와 유사한 문언

나) 개설은행이 무예치환거래은행(Non-depository Bank)인 경우:

"Please remit the proceeds to our account(A/C No. XXXXX) with (예치환거래은행명) under advice to us" 또는 기타 이와 유사한 문언

2) 상환방식(Reimbursement Base)

가) 환어음을 상환은행 앞으로 발행하도록 지시한 경우

서류는 개설은행으로 송부하고 수익자가 발행한 환어음은 상환은행 앞으로 송부하여 매입대금을 청구하도록 하는 경우로서, 대개 신용장상에 "We hereby issue in your favor this documentary credit which is available by negotiation of your draft at XXX sight drawn on (상환은행명; drawee bank)" 등으로 기재되어 있다. 서류의 송부 및 상환청구에 관한 지시를 명확하게 하기 위하여 'Instruction to negotiating bank'란에 "Drafts must be sent to drawee bank for your reimbursement and all documents to us by courier" 또는 "Please reimburse yourselves by forwarding beneficiary's drafts to the above drawee bank" 등과 같이 추가적으로 안내하는 것이 일반적이다.

이러한 경우에는 개설은행 앞으로 'Covering Letter'를 작성하여 서류와 함께 송부하고, 상환은행(Drawee Bank) 앞으로는 '상환청구서(Reimbursement Claim)'를 작성하여 수익자가 발행한 환어음과 함께 발송하되, 상환은행이 예치환거래은행이면 "Please credit the proceeds to our account(A/C No. XXXXX) with you under advice to us"라고 지시하고, 상환은행이 무예치환거래은행이면 "Please remit the proceeds to our account(A/C No. XXXXX) with (예치환거래은행명) under advice to us"라고 지시한다.

나) 환어음을 개설은행 앞으로 발행하도록 지시한 경우

수익자가 발행한 환어음과 서류를 모두 개설은행 앞으로 송부하고 매입은행으로 하여금 상환청구를 위한 별도의 구상어음을 발행하도록 하는 경우로서, 위 가)항의 'drawn on' 다음에 '개설은행명' 또는 'us'라고 기재되어 있으며, 'Instruction to negotiating bank'란에는 "All documents and drafts are to be sent to us. In reimbursement, you are authorized to draw at sight on (상환은행명)" 등과 같이 기재되어 있다.

이러한 경우에는 개설은행으로 송부하는 'Covering Letter'상에 "We will forward the sight draft to the above mentioned reimbursing bank for credit to our account with (상환은행명 or 예치환거래은행명)" 등과 같이 기재하고, 상환은행 앞으로는 상환청구서와 함께 별도의 구상어음을 작성하여 발송한다. 이때 상환은행이 예치환거래은행이면 "Please credit the proceeds to our account(A/C No. XXXXX) with you under advice to us"라고 지시하고, 상환은행이 무예치환거래은행이면 "Please remit the proceeds to our account(A/C No. XXXXX) with (예치환거래은행명) under advice to us"라고 지시한다.

3) 'Special Instructions' 란의 기재사항

서류송부장의 'Special Instructions' 란에는 신용장에 명시된 특별 지시사항의 이행보고, 대금상환에 관한 부가지시사항, 신용장 조건과의 불일치 내용 등 개설은행 앞으로 특별히 지시하거나 전달하여야 하는 사항들을 기재한다. 그 기재 예를 살펴보면 다음과 같다.

가) 대리점 수수료를 송장금액에서 차감하고 매입하도록 되어있는 경우

- We have negotiated for US$9,500 less US$500 being 5% agent commission which please pay XYZ Co., Ltd. on our behalf.
- We authorize you to deduct US$500, being 5% of the invoice value, from the proceeds and pay the same to XYZ Co., Ltd. as their commission.

- We have remitted US$500, being 5% of the invoice value US$10,000, to XYZ Co., Ltd. as specified in the credit.

나) 하자사항이 있는 경우

We have negotiated the documents under reserve due to following discrepancies :

1. L/C expired
2. Late shipment

다) 하자 용인에 관한 개설은행의 수락전문을 접수한 후에 매입한 경우

We have negotiated the documents on the strength of your cable reply of Feb. 10, 20XX accepting the following discrepancy : Late Shipment

라) 유효기일 또는 최종제시일이 자동 연장된 기간 중에 매입한 경우

The presentation was made within the time limits extended in accordance with sub-article 29(a) of the uniform customs and practice for documentary credits, 2007 revision, ICC publication No. 600.

마) 전신으로 상환청구(TT Reimbursement Claim)를 한 경우

TT reimbursement was made as per your instruction in the credit.

바) Banker's Usance 어음을 'At Sight Basis'로 매입한 경우

We have negotiated the drafts at sight basis in accordance with the terms and conditions of the credit. Acceptance commissions and discount charges are for buyer's account.

사) 'Restricted L/C'의 매입제한을 해제받고 매입한 경우

We have negotiated the documents against a release letter from ○○○ Bank, a copy of which is enclosed herewith.

나. 환어음 등의 배서확인

1) 환어음의 배서

환어음의 배서는 상황에 따라 다음 네 가지의 방법 중 택일하여 처리한다.

가) 백지식 배서

Korea Institute Bank, Seoul, Korea

____

Authorized Signature

나) 기명식 배서

Pay to (the order of) ○○○ Bank

For ○○○○○, Seoul, Korea

____

Authorized Signature

다) 무담보 배서

Without Recourse

Korea Institute Bank, Seoul, Korea

____

Authorized Signature

라) 추심위임 배서

For Collection

Korea Institute Bank, Seoul, Korea

____

Authorized Signature

2) 선하증권의 배서

선하증권상의 'Consignee(수하인)'란에 'to order' 또는 'to order of shipper'라고 기재되어 있는 경우에는, 당해 권리의 이전을 위하여 반드시 수출상이 배서하여야 한다. 만일 선하증권상의 'Consignee'가 매입은행으로 지정되어 있는 경우에는 다음과 같이 배서한다.

Deliver to (the order of) ○○○ Bank

For Korea Institute Bank, Seoul, Korea

____

Authorized Signature

3) 보험증권의 배서

보험증권은 그 권리자인 'Assured(보험금수령인, 피보험자)'란에 표시된 자가 배서하여야 하는데, 대개의 경우에는 수출상이 자신을 'Assured'로 하여 발행하는 것이 일반적이며, 이러한 경우에는 그 권리의 이전을 위하여 반드시 수출상이 배서하여야 한다. 만일 보험증권상의 'Assured'가 매입은행으로 지정되어 있는 경우에는 다음과 같이 배서한다.

Claims, if any, Payable to (the order of) ○○○

For Korea Institute Bank, Seoul, Korea

____

Authorized Signature

다. 환어음 및 서류의 발송

환어음 및 서류에 대한 점검이 모두 끝나고 서류송부장의 작성이 완료되면, 특송배달 또는 항공등기우편 등을 이용하여 서류를 발송하게 된다. 발송수단은 신용장에 별도로 명시되어 있는 경우 및 매입신청인의 특별한 요청이 있는 경우를 제외하고는 매입은행이 자율적으로 선정하게 되며, 이 경우 매입은행은 발송수단별 소요비용 및 대금의 회수기간 등을 고려하여 자행에 유리한 방법을 선택하게 된다. 참고적으로, 현재는 특송배달수단의 발달로 인하여 대부분 은행들이 특송배달에 의한 방법으로 서류를 송부하고 있다.

1) 서류발송에 관한 지시문언의 확인

서류의 발송방법 및 발송횟수(One lot or Two lots)는 신용장에서 명시한 바 대로 이행하여야 한다. 그러나 신용장상에 서류발송에 관한 별도의 명시가 없는 경우에는 매입은행이 자유로이 결정할 수 있다. 대개 일반항공우편을 이용하는 경우에는 2회에 나누어 발송하는 것이 일반적이며, 특송배달에 의하거나 또는 일정금액 이하 소액의 경우에는 1회 발송으로 처리하는 것이 실무의 관행이다.

신용장상의 서류 발송에 관한 지시문언의 예를 살펴보면 다음과 같다.

- All documents must be forwarded to us by two consecutive airmails.
- All documents are to be dispatched to us in one lot by registered airmail.
- All documents are to be sent to us in one lot by express mail service.
- All documents are to be forwarded to us in one lot by courier service.

2) 특송배달업체의 이용

가) 신용장상에 'Courier Service' 등으로 서류를 발송토록 지시된 경우

나) 상환은행 앞으로 상환청구서 및 환어음 발송시

다) 개설은행 앞으로 서류의 송부와 함께 대금을 청구하도록 지시된 경우

라) 매입신청인의 요청이 있는 경우 등

3) 항공등기우편의 이용

가) 확정만기 Usance 및 D/A 수출환어음

나) 상환은행 앞으로 대금을 청구하는 경우의 개설은행 앞 서류 발송시

다) 소액의 서류 및 특송배달 불가능 지역 등

5-4 재매입(RENEGO)

신용장상에 매입 또는 지급 · 연지급 · 인수은행이 특정의 은행으로 지정된 경우로서 지정은행 이외의 은행이 수출환어음(또는 선적서류)을 매입한 경우에는, 당해 지정은행 앞으로 재매입을 의뢰하는 것이 일반적인 관행이다.

가. 타행으로부터의 재매입

1) 재매입 대상인지의 여부에 대한 점검

가) 신용장상에 당행이 지급 · 연지급 · 인수 · 매입은행으로 지정되어 있는가?

나) 당행이 확인(Confirmation)한 신용장인가?

다) 신용장의 대금 결제에 관한 특별지시(Special instruction for reimbursement)를 보유하고 있는가?

라) 개설은행 소재국의 Country Risk 및 개설은행의 신용상태 등으로 미루어 대금회수에 문제가 있지는 않은가? 대금회수에 애로가 있을 것으로 우려되는 경우에는 재매입 요청을 반려하거나, 또는 추심에 준하여 처리할 수 있다.

2) 서류의 심사 및 수수료의 징수

가) 서류의 심사는 이미 설명한 바와 같다.

나) 서류의 심사결과 하자사항이 있는 경우에는 이를 보완하도록 하거나 추심으로 전환하여야 하며, 만일 하자사항이 시정되지 않은 상태에서 이를 재매입하고자 하는 경우에는, 입금지연 또는 부도반환 등에 대비하여 재매입의뢰은행으로부터 '손해보상각서(LOI, L/G)'를 징구하여야 한다.

다) 재매입시에는 재매입대금의 지급(서류접수일로부터 3영업일)후 해외입금일까지의 자금부담비용을 커버하기 위하여 자금부담일수에 해당하는 환가료를 징수하며, 또한 재매입의뢰은행으로부터 0.05%의 은행간대체료를 징수한다.

나. 타행 앞 재매입 의뢰

1) 재매입 의뢰 대상 신용장

가) 지정신용장(Straight L/C)

신용장상에 지정된 특정의 은행만이 신용장을 이용할 수 있도록 약정된 지급신용장(Payment Credit), 연지급신용장(Deferred Payment Credit), 인수신용장(Acceptance Credit)이 이에 해당되며, SWIFT L/C의 41D Field에 다음과 같이 기재되어 있다.

- Payment L/C (지급신용장)
  ☞ Available with ~ by ~ : ○○○ Bank by payment
- Deferred Payment L/C (연지급신용장)
  ☞ Available with ~ by ~ : ○○○ Bank by deferred payment
- Acceptance L/C (인수신용장)
  ☞ Available with ~ by ~ : ○○○ Bank by acceptance

나) 매입제한신용장(Negotiation Restricted L/C)

SWIFT L/C의 41D Field에 다음과 같이 기재된 경우에는 매입제한신용장에 해당한다.

- Available with ~ by ~ : ○○○ Bank by negotiation

우편신용장 또는 텔렉스신용장 등에 다음과 같은 문구가 기재되어 있는 경우에는 매입제한신용장에 해당한다.

- Negotiation under this credit is restricted to ○○○ Bank.
- Negotiations are restricted to ○○○ Bank.
- This credit is available only through ○○○ Bank by negotiation.
- Drafts drawn under this credit are negotiablc through ○○○ Bank.
- Draft drawn under this credit must be presented for negotiation at ○○○ Bank.

☞ 특정의 은행 명칭 대신에 흔히 'Advising Bank'라는 용어를 사용하기도 한다. 이 경우에는 통지은행이 곧 지정은행이며, 통지은행 앞으로 재매입을 의뢰하여야 한다.

다) 상환제한신용장(Reimbursement Restricted L/C)

신용장의 'Additional Condition' 또는 'Instruction to Bank' 란에 대금 상환이 특정의 은행 앞으로 제한된다는 등의 문구가 있는 경우에는 상환제한신용장에 해당한다.

- Reimbursement for all drafts negotiated under this Credit shall be obtained by the advising bank from ○○○ Bank.
- ○○○ Bank holds special instruction regarding document disposal and reimbursement of this Credit.

개설은행과 통지은행 간의 별도 환거래계약에 의하여 통지은행이 개설은행으로부터 특별한 수권을 받은 경우이거나, 또는 개설은행이 송부한 별도의 Letter 등에 의하여 당해 신용장의 대금 상환과 관련한 특별한 지시를 받음에 따라, 통지은행이 고무인 등을 사용하여 신용장의 원본에 그 내용을 별도로 부기한 경우에도 상환제한신용장에 해당한다. 그러나 이와 같은 행위는 신용장의 독립성에 비추어 극히 바람직하지 않은 관행이다.

- We are holding special instructions for reimbursement.
- Reimbursement as arranged

라) 기타

서류의 송부처가 개설은행 이외의 다른 은행으로 지정되어 있는 경우에도 리네고에 준하여 처리하여야 한다. 예를 들면 '확인신용장'과 '양도신용장'이 그 대표적인 경우이다. 특히 조건변경부 양도신용장의 경우, 양도신용장(Transferred L/C) 상에 별도의 지시가 없는 한 제2수익자로부터 서류를 접수한 은행은 당해 서류를 반드시 양도은행으로 송부하여야 한다.

2) 재매입 의뢰

가) 서류송부장 작성

앞서 설명한 바와 같이 서류송부장을 작성하여 서류와 함께 재매입은행 앞으로 발송한다. 매입대금은 자행 예치금계정으로 대체 입금토록 지시하며, 신용장 조건과 불일치하는 서류의 재매입 의뢰시에는 확인서를 제출하여야 한다.

나) 수수료의 지급

환가료, 은행간 대체료, 우편료를 재매입은행이 지정한 예치금계정에 대체 지급한다. 일반적으로 재매입의뢰대상 일람불신용장의 환가료 징수일수는 '4영업일 + 8일'을 적용하며, 비록 클린(Clean)매입을 하였다 하더라도 입금이 지연되는 경우에는 지연일수에 대하여 입금지연이자를 징수할 수 있다.

참고 현재 국내 은행권의 실무 관행을 보면, 2차 매입은행(재매입은행)의 환가료, 대체료, 우편료 등은 2차 매입은행이 1차 매입은행(재매입의뢰은행)으로 리네고대전을 지급할 때 이를 공제하는 방식으로 징수하는 것이 일반적이며, 1차 매입은행 또한 최초 매입시에는 매입의뢰인으로부터 4영업일치에 해당하는 환가료와 자행의 수수료만 징수할 뿐, 2차 매입은행의 환가료 및 수수료는 리네고대전의 입금 등록시 Less Charge로 처리하여 사후 징수하는 것이 보편화되어 있다.

◀Case Study▶ 리네고(RE-NEGOTIATION)

Question

특정의 은행만이 환어음(및/또는 서류)을 매입할 수 있도록 허용한 '매입제한신용장'과 관련하여, 만약 환어음 및/또는 서류가 지정은행이 아닌 제3의 은행을 통하여 개설은행으로 제시되었다면, 개설은행은 이를 이유로 대금 지급을 거절할 수 있을까요?

Answer

지정은행이 아닌 다른 은행으로부터 환어음 및/또는 서류를 접수 받은 경우라 하더라도, 개설은행은 제시된 서류상에 하자가 없는 한 당해 환어음 및/또는 서류를 부도 처리할 수 없습니다.
비록 매입이 제한된 신용장하에서의 환어음 및/또는 서류를 제3의 은행(비지정은행)이 매입하여 개설은행 앞으로 이를 송부하였다 하더라도, 이는 하자로 보지 않는다는 것이 ICC의 공식적인 견해입니다(UCP 600 제6조 a항 및 d항 ii호, 제39조).
그럼에도 불구하고, 개설은행은 여러 가지 이유를 들어 신용장의 대금 지급을 고의적으로 장기간 지연시킬 가능성이 있습니다. 그러므로 가급적이면 지정은행에 의하여 서류가 송부될 수 있도록 재매입을 의뢰하여야, 불필요한 분쟁이나 입금지연을 방지할 수 있게 됩니다.

리네고에 관한 小考

UCP 600 제6조 a항 및 d항 ii호, 제39조 등을 고려할 때, 국내에서 유행하고 있는 리네고 제도는 사실상 불필요한 관행이라 볼 수도 있음.

☞ 리네고에 따른 실익은 미미한 반면, 수출상의 금융비용은 증가하고 1st 매입은행의 수익은 감소함.

다만, 비지정은행이 리네고를 의뢰하지 않은 채 개설은행으로 직접 서류를 송부하고자 하는 경우에는, 반드시 다음과 같은 사항들을 사전에 고려한 후 취급하여야 함.

① 유효기일 및 서류제시기간의 경과 여부는 개설은행의 서류접수일을 기준으로 판단하므로, 유효기일 및 서류제시기간이 촉박한 경우에는 지정은행으로 재매입을 의뢰하여야 함.

☞ 재매입 의뢰시에는 지정은행의 서류접수일을 기준으로 제 기일의 경과여부를 판단함.

② UCP 600 제34조에 의한 보호를 받지 못하므로 사기거래 등에 따른 위험을 감수하여야 함.

☞ 그러나 이는 재매입을 의뢰한 1st 매입은행의 경우에도 마찬가지이므로, 재매입을 의뢰하지 않았다고 하여 사기거래 등에 따른 새로운 위험이 추가되는 것은 아님.

③ UCP 600 제35조에 의한 보호를 받지 못하므로 우송 중인 서류의 분실에 따른 위험을 감수하여야 함. 즉, 개설은행으로 송부한 서류가 분실되는 경우에 이는 서류를 제시하지 않은 것으로 간주되므로, 비지정은행은 개설은행에 대하여 신용장 대금의 결제(Honor)를 요청할 수 없음.

☞ 그러나 서류가 분실되는 예는 극히 드물므로 이로 인한 위험수위가 그다지 높다고 볼 수는 없음.

④ UCP 및 ISBP상에 일람불신용장의 결제시한과 관련한 별도의 명시가 없다는 점을 악용하여, 다음과 같은 이유를 들어 일람불신용장의 대금지급을 고의적으로 지연시킬 가능성이 있음.

☞ UCP는 서류의 심사 및 거절통지의 시한(접수 익일로부터 5은행영업일)에 대해서만 언급하고 있음.

- 신용장이 지정은행과 중복 사용되지 않았는지를 점검하기 위하여 시간이 필요하다는 명분
- 서류가 지정은행으로 제시되어야만 하는 특수한 사정이 있어 이를 위한 시간이 필요하다는 명분
- 기타, 지정은행을 통하여 서류를 재송부하라는 억지 주장 등

6. 수출대금의 상환청구 및 결제 흐름

6-1 개설은행과 매입은행 간의 직접결제

가. 개설은행이 매입은행의 예치환거래은행이거나 해외지점인 경우

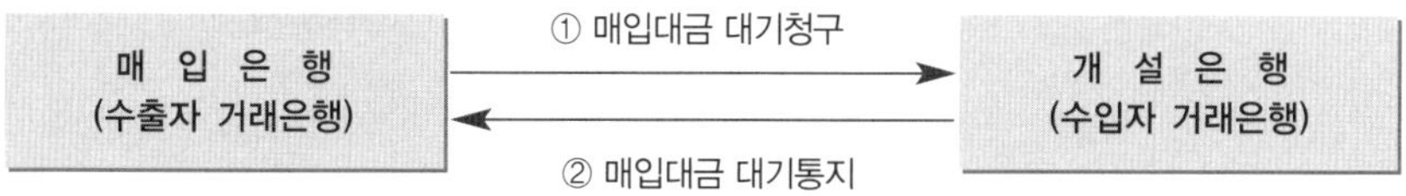

* 은행(계좌를 관리하는 Depo Bank)의 입장에서 예수금 계정은 부채 항목이므로 'Credit(대기)'은 입금거래를 의미함.

매입은행의 결제 청구에 따라, 개설은행이 그 대금을 매입은행의 계좌로 대기(Credit)한 후 대기사실을 통지한다.

나. 매입은행이 개설은행의 예치환거래은행인 경우

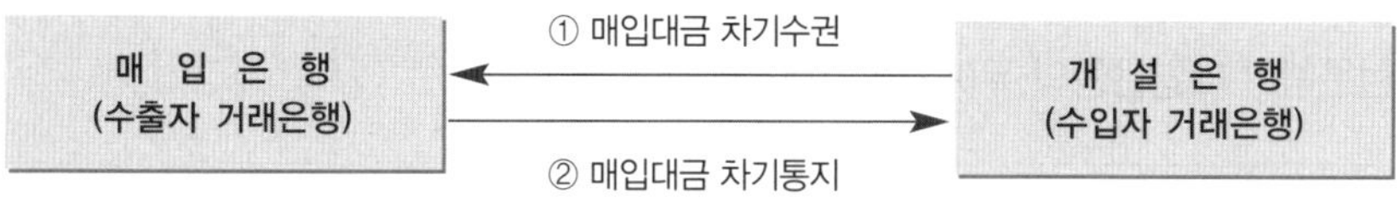

* 은행(계좌를 관리하는 Depo Bank)의 입장에서 예수금 계정은 부채 항목이므로 'Debit(차기)'은 지급거래를 의미함.

매입은행이 개설은행의 계좌에서 매입대금 해당액을 차기(Debit)한 후 그 차기사실을 통지한다.

6-2 제3의 은행을 통한 간접결제

가. 매입대금을 제3의 은행(상환은행) 앞으로 상환청구토록 한 경우

〔Instruction to negotiating Bank : In reimbursement, please reimburse yourselves by drawing on(by forwarding beneficiary's draft to) ABC Bank.〕

1) 상환은행(Reimbursing Bank)이 매입은행의 예치환거래은행인 경우

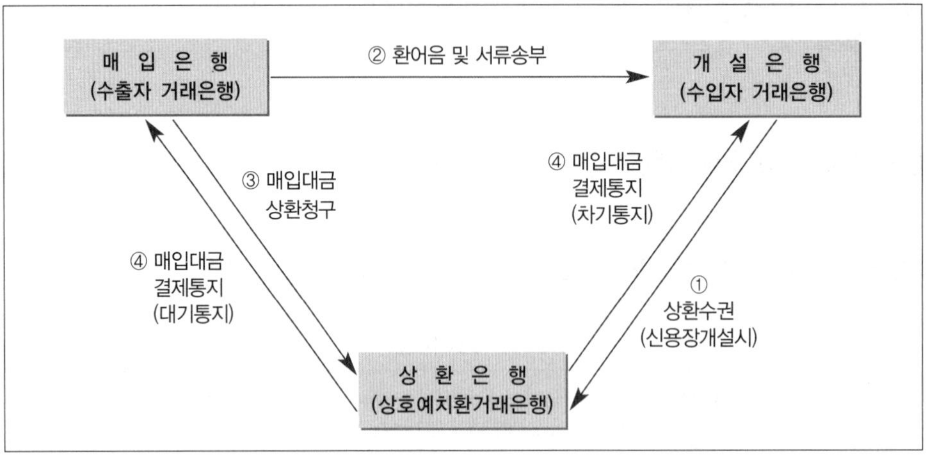

수출환어음의 매입대금을 개설은행의 특정 예치환거래은행으로 구상 청구하도록 되어 있는 경우로서 당해 상환은행이 매입은행과도 예치환거래관계에 있는 경우라면, 매입은행은 구상청구시 그 대금을 동 은행이 보유하고 있는 자행의 계좌로 대기시켜 주도록 요청하게 된다. 이에 따라 상환은행은 개설은행의 계정에서 차기하여 매입은행의 계정으로 대기한 후 그 결과를 통보함으로써 대금결제 절차가 완료된다.

2) 상환은행이 매입은행의 무예치환거래은행인 경우

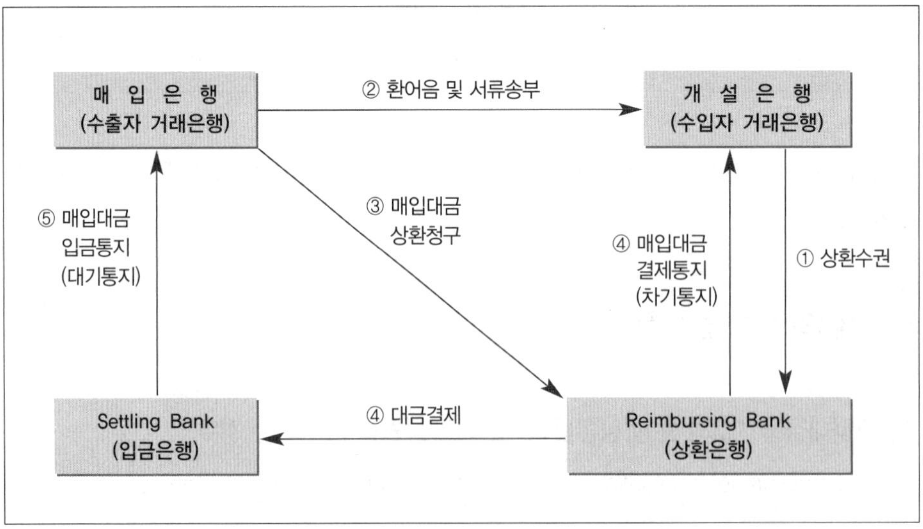

상환은행이 매입은행과 예치환거래관계에 있지 아니한 경우, 매입은행은 구상청구시 자행의 예치환거래은행 앞으로 그 대금을 송금하여 주도록 요청하게 되며, 이에 따라 상환은행은 개설은행의 계좌에서 매입대금 해당액을 차기하여 그 대금을 매입은행의 예치환거래은행 앞으로 송금하게 된다. 그 후 동 대전을 송금받은 매입은행의 예치환거래은행이 이를 매입은행의 계좌에 입금시킴으로써 대금결제 절차는 완결된다.

나. 개설은행이 매입은행이 지정하는 은행 앞으로 지급하겠다는 경우

〔We shall remit the proceeds as you designated.〕

1) 매입은행이 지정한 은행이 개설은행의 예치환거래은행인 경우

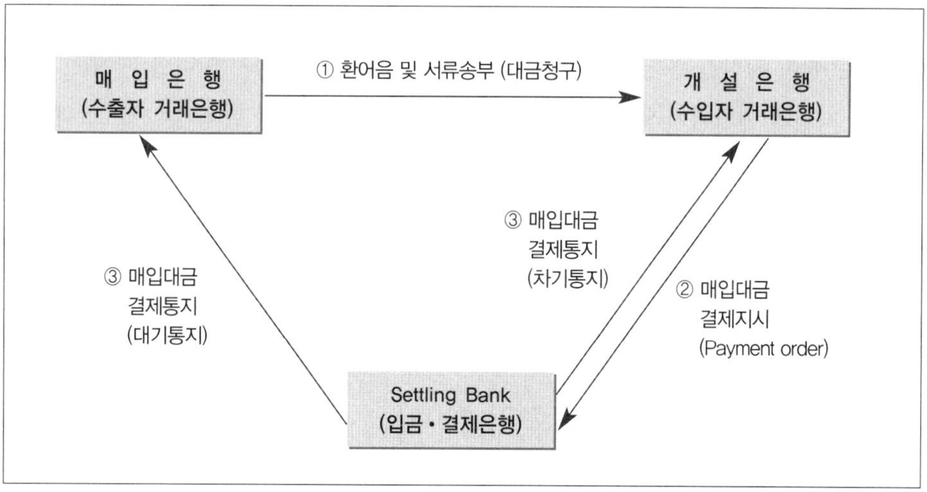

수출환어음 매입대금을 매입은행이 지정하는 방식으로 결제하겠다고 되어 있는 경우(구상 청구할 은행을 달리 지정하지 않은 경우)에, 매입은행은 개설은행 앞으로 서류를 송부함과 동시에 자행의 입금계좌(예치환거래은행명과 계좌번호)를 명시하여 수출환어음 매입대금을 청구하게 된다.

이때 개설은행은 매입은행이 지정한 은행이 자행의 예치환거래은행이면, 동 행 앞으로 지급지시전문을 송신하여 자행계좌에서 차기하여 매입은행계좌로 대기할 것을 지시하며, 이로써 신용장 대금의 결제가 이루어지게 된다.

2) 매입은행이 지정한 은행이 개설은행의 예치환거래은행이 아닌 경우

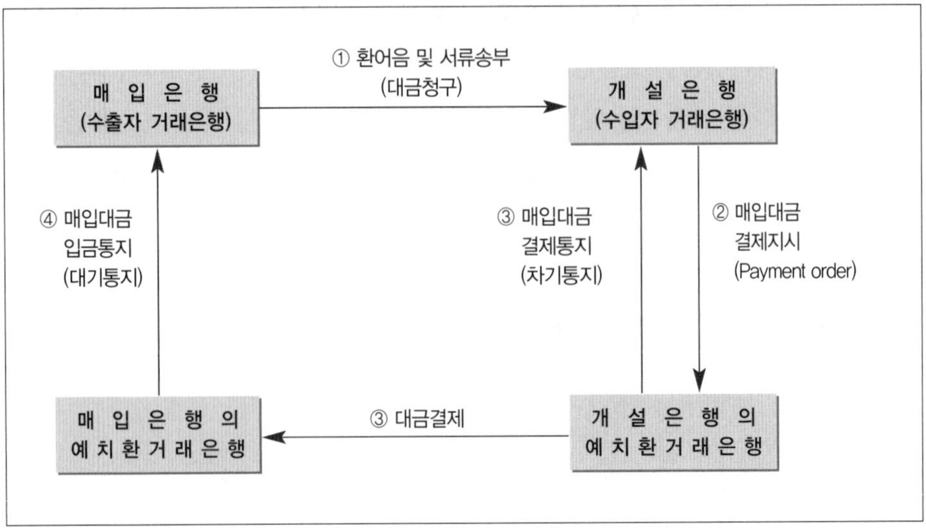

매입은행이 지정한 은행이 개설은행과 예치환거래관계에 있지 아니할 때에는, 개설은행이 자행의 예치환거래은행으로 하여금 매입은행이 지정한 은행 앞으로 그 대금을 송금하여 주도록 요청하게 된다. 그 후 매입은행의 예치환거래은행이 송금받은 대전을 매입은행의 계좌에 입금시킴으로써 대금결제 절차는 완결된다.

7. D/P, D/A 서류의 매입

7-1 개요

D/P, D/A 거래는 은행의 지급확약이 없는 무신용장방식의 거래로서, 수출입 당사자간의 계약에 따라 수출상이 물품을 선적한 후, 수출환어음 및/또는 선적서류를 구비하여 자신의 위험과 비용부담으로 거래은행을 통해 대금을 추심하는 거래이다. 즉, 수출상은 계약서에 의거 관련 화물을 선적하고 운송서류 등을 구비한 후, 수입상을 지급인으로

하는 일람불(D/P) 혹은 기한부(D/A) 수출환어음을 발행하여 거래은행인 추심의뢰은행(Remitting Bank)에 추심을 의뢰함으로써 대금을 회수하게 된다.

추심의뢰은행은 제시된 서류가 계약서상의 조건과 일치하는지의 여부를 확인한 후 은행의 책임하에 매입 여부를 결정하게 되는데, 이러한 D/P, D/A 조건의 수출환어음 매입은 은행의 입장에서 보면 추심의뢰인, 즉 수출상에 대한 대출이므로 취급상에 각별한 주의를 요한다.

D/P, D/A 거래는 별도의 명시적인 합의가 없거나 관련 당사국의 법규에 위배되지 않는 한 '추심에 관한 통일규칙(Uniform Rules for Collections, 1995 Revision, ICC Publication No. 522)'의 적용을 받는 것이 일반적이다. 다만 D/P, D/A 거래가 '추심에 관한 통일규칙(URC 522)'의 적용을 받기 위해서는 추심지시서의 본문에 동 규칙의 준거문언을 삽입하여야 한다.

D/P, D/A 수출환어음 매입시에도 신용장방식에 의한 수출환어음 매입과 그 절차 면에서는 대동소이하므로, 여기에서는 신용장의 경우와 비교하여 다른 점에 관해서만 설명하기로 한다.

7-2 매입신청의 접수

무신용장방식(D/P, D/A)에 의한 수출환어음의 매입 신청을 받은 경우에는, 먼저 '매입외환' 계정에 대한 거래약정이 체결되어 있는지의 여부 및 그 여신한도를 확인한 후, 매입 신청 건별로 다음의 서류를 징구한다.

① 수출환어음 매입(추심) 신청서

② D/P, D/A 수출계약서와 그 조건변경서의 원본 및 사본

③ 계약서에서 요구하는 제 서류 및 환어음(필요한 통수와 사본)

④ 수출신고필증

⑤ 기타 필요한 서류(수출승인서 등)

7-3 여신한도 확인

D/P, D/A방식에 의한 수출환어음의 추심전 매입은 통상 별도의 여신한도거래약정을 체결하여 이를 관리하는 것이 일반적이므로, 매입 실행 전에 반드시 동 여신한도를 확인하여야 한다.

☞ 여신과목 : 매입외환(D/P용), 매입외환(D/A용), 매입외환(D/P, D/A용), 매입외환(D/P, D/A, OA용) 등

7-4 D/P, D/A 계약서의 심사

① 계약서가 유효하게 작성되었는지의 여부(양 당사자의 서명 유무)
② 계약서의 유효기간이 경과하지 않았는지의 여부
③ 수입상의 대금지급책임이 면제 또는 경감될 수 있는 내용이 포함되어 있지 않은지의 여부
④ 계약서의 이면에 매입 사실에 대한 표시가 있지 않은지의 여부
⑤ 타행의 무역금융 또는 무역어음 인수 · 할인이 취급된 건이 아닌지의 여부
⑥ 계약서에서 추심은행을 별도로 지정하고 있지 않은지의 여부
⑦ 선적기일 · 서류제시기간 경과 여부, 분할선적 · 환적 위반 여부, 제출 요구서류 누락 여부 등

7-5 선적서류의 심사

신용장방식에 의한 수출환어음 매입시의 심사기준을 준용하여 심사하되, 가급적 아래와 같은 건은 추심전 매입을 삼가하는 것이 바람직하다.

① 적하보험에 부보되지 않은 건. 단, 신용이 확실하여 채권보전에 문제가 없다고 판단되는 경우는 제외함.
② 선하증권(복합운송서류 포함)의 원본 1통 이상이 수입상 앞으로 직접 송부되는 경우이거나, 항공화물운송장(Air Waybill)의 수하인(Consignee)이 수입상으로 되어 있어 환어음의 지급 · 인수 없이도 화물의 인수가 가능한 건

③ 기 매입한 D/P, D/A어음이 인수거절 또는 지급거절 되었거나 미입금되고 있는 등 신용상태가 불량한 수입상에게 수출하는 건

7-6 매입의 실행

매입대금의 기표는 신용장방식과 동일하며, 환가료 등의 수수료 징수에 있어서는 은행별 · 어음기간별로 그 요율 등에 다소 차이가 있다.

7-7 추심지시서의 작성 및 추심에 관한 지시

가. 추심지시서의 작성

추심의뢰은행(매입은행)은 의뢰인이 추심은행을 지정하였을 때에는 지정된 추심은행 앞으로, 지정하지 아니한 때에는 추심의뢰은행이 임의로 선정한 은행(수입상 소재지의 환거래은행) 앞으로 추심서류를 발송하며, 이러한 서류를 송부할 때에는 완전하고 명확한 지시가 기재된 추심지시서(Collection Instruction)를 첨부하여야 한다. 추심지시서는 URC 522 제4조에서 규정하는 바에 따라 완전하고 정확하게 작성되어야 하며, 추심의뢰인의 제 지시사항과 함께 동 추심거래가 URC 522의 적용을 받는다는 준거문언을 명시하고 있어야 한다.

나. 추심에 관한 지시

추심지시서에는 추심의뢰은행, 추심의뢰인, 환어음의 지급인 및 지급장소, 제시은행(있는 경우), 추심금액 및 통화, 동봉 서류의 목록과 통수, 서류의 인도조건, 추심수수료, 추심이자(해당되는 경우), 지급방법 및 지급통지의 형식, 지급거절 · 인수거절 및 불일치의 경우에 대한 지시 등 추심에 관한 제반사항을 기재하여야 하는데, 그 주요 내용을 살펴보면 다음과 같다.

1) 서류인도조건

추심지시서상에 D/P 조건인지 D/A 조건인지에 대한 명시가 없는 경우에는 D/P

조건으로 간주되므로, D/P 조건인가 D/A 조건인가를 명확히 표시하여야 한다(URC 522 제7조).

2) 추심결과의 통지

추심서류(환어음)가 지급 · 인수 또는 지급거절 · 인수거절 되는 경우에 그러한 사실을 어떻게 통지하여야 하는지에 대한 통지방법을 지시하여야 한다. 통상 전신이나 우편 중 어떠한 방법으로 언제까지 통보하여야 하는지를 표시하며, 이에 관한 특별한 지시가 없는 한 추심은행은 자신의 선택과 결정에 따라 추심지시서를 송부한 은행의 부담으로 관련 통지서를 발송하게 된다.

3) 추심대금 송금방법에 대한 지시

추심대금의 결제 방법으로는 전신송금(TT) · 우편송금(MT) · 송금수표(DD) 등의 방법이 활용될 수 있는데, 현재는 대부분 전신송금(TT)이 활용되고 있다.

4) 거절증서에 관한 지시

추심지시서에는 인수거절 또는 지급거절시 거절증서(또는 이에 갈음하는 기타의 법적 절차)를 작성하여야 하는지의 여부에 대한 지시를 명시하여야 한다. 이에 관한 특정한 지시가 없는 경우에, 추심은행은 지급거절 또는 인수거절에 대하여 거절증서를 작성하여야 할 의무를 지지 아니한다(URC 522 제24조).

5) 상품보관에 관한 지시

어음이 지급거절 또는 인수거절되는 때를 대비하여 상품보전에 관한 특별한 지시를 하는 경우가 있을 수 있다. 그러나 추심은행은 이를 이행하여야 할 하등의 의무를 부담하지 않으며, 설사 그러한 지시에 따라 어떠한 조치를 취한 경우에도 물품의 보전 결과 및 물품의 상태, 물품의 보관 또는 보전을 수탁한 제3자의 작위나 부작위에 대하여 아무런 의무나 책임을 지지 않는다. 또한 물품을 보전하기 위하여 취해진 조치와 관련하여 은행에 발생하는 모든 수수료 및 비용은 추심의뢰인이 부담하여야 한다(URC 522 제10조).

6) 지급거절 또는 인수거절에 대비한 예비지급인에 관한 지시

어음의 지급거절 또는 인수거절에 대비하여 어음발행인의 대리인으로서 행동할 자를 지명하는 경우가 있다. 이와 같이 예비지급인을 지정하는 경우에는 그 권한에 대하여 완전하고 명백한 지시를 하여야 한다. 이에 관한 특별한 명시가 없는 경우에, 추심은행은 예비지급인의 어떠한 지시에도 응하지 아니한다(URC 522 第25조).

7) 수수료 및 제 비용의 부담자 표시

추심에 관련되는 수수료 및 비용은 의뢰인이 부담할 수도 있으며, 경우에 따라서는 어음지급인이 이를 부담하도록 지시할 수도 있다. 그러나 이와 같은 비용 및 수수료를 지급인 부담이라고 명시하는 경우에도 지급인이 그 지급을 거절하는 경우에는 의뢰인이 이를 부담하여야 한다. 그러나 만일 그러한 수수료 및 비용이 포기될 수 없음을 명시하는 경우에는, 지급인이 이를 지급하지 않는 한 추심은행은 서류를 인도하지 아니한다(URC 522 第21조).

8) 이자징수에 관한 지시

이자징수에 관한 문구는 ① 어음만기일까지의 이자를 징수하라는 지시, ② 서류의 제시에 대하여 지급이 이루어지지 않는 경우 지급일까지의 연체이자를 징수하라는 지시, ③ 구체적인 일자로부터 자금이 결제되는 일자까지의 이자를 징수하라는 지시 등으로 구분할 수 있다. 이러한 이자를 추심하기 위하여는 추심지시서에 이자율 및 이자 지급기간과 그 계산근거를 명시하여야 한다. 만일 추심지시서상에 그러한 이자가 포기될 수 없음을 명시하는 경우에는 지급인이 이자를 지급하지 않는 한 추심은행은 서류를 인도하지 아니한다(URC 522 第20조).

9) 기타 특수한 지시

그 밖에 ① 지급거절의 경우에 어음과 서류를 유보하라는 지시, ② 특정한 상황 하에서 할인을 허용하는 지시 등 다양한 요청 사항들을 추심지시서상에 표시할 수 있다.

7-8 매입 후의 유의사항

D/P, D/A거래는 대금 지급에 관한 은행의 확약 없이 전적으로 수입상의 신용을 기초로 이루어지는 거래이므로, 추심의뢰은행은 환어음 및 선적서류를 매입하여 추심의뢰를 종료한 이후에도 지급인의 지급 또는 인수 여부에 대하여 각별한 주의를 기울일 필요가 있다. 지급인이 즉시 지급 또는 인수를 하는 경우에는 별다른 문제가 없겠지만, 때에 따라서는 자금사정이나 시황악화 등을 이유로 또는 아무런 이유 없이 지급연기를 요구하거나 화물의 하자를 내세워 대금의 감액을 요구하는 상황이 종종 발생하기 때문이다.

이러한 경우 매입은행은 추심의뢰인과 긴밀한 연락하에 정확한 진상을 규명하여 적절한 조치를 취하여야 하며, 매입의뢰인으로 하여금 수입상과 직접 교섭하여 대금의 지급 또는 인수를 촉진케 하는 한편, 수입지의 추심은행을 통하여 결제의 촉진을 도모하여야 한다. 추심의뢰은행(매입은행)이 이와 같은 분규시 추심은행 앞으로 지시를 함에 있어 주의할 점은, 반드시 추심의뢰인의 서면지시에 따라야 한다는 것이다. 추심의뢰인이 어음의 지급연기 또는 감액을 승락하였을 경우는 물론, 그 외의 지시에 대하여도 추심의뢰인으로부터 서면에 의한 지시의뢰서를 징구하여 후일의 분규에 대비하여야 할 것이다.

당사자 간의 사태해결을 위한 직 · 간접의 여러 가지 절충에도 불구하고 전혀 해결의 가망이 없을 경우에는 추심의뢰인에게 매입금액 및 제 비용의 상환을 청구하여야 하며, 만일 추심의뢰인으로부터 청구액 전액을 상환받지 못하는 경우에는 당해 화물을 현지에서 전매 · 경매 · 공매 · 위탁판매하거나 국내로 재선적하여 처분하여야 한다. 그럼에도 불구하고 채권액 전액을 상환받을 수 없는 경우에는 사전에 취득한 담보물을 처분하여 조속한 기일 내에 회수토록 하여야 할 것이다.

◀Banking Tips▶ D/P, D/A NEGO 실무 유의사항

1. 여신 직무전결규정의 준수

D/P, D/A Nego는 매입의뢰인에 대한 '동일인한도여신'으로 운용되며, 각 행 내부의 여신직무전결규정에 따라 사전에 '매입외환' 한도약정승인을 받아야 취급할 수 있다. 또한 매입의뢰인에 대한 과다 여신이 지원되지 않도록 하기 위하여, 당해 약정한도는 과거 1년간 D/P · D/A거래 입금실적의 1/2 범위 내에서 운용하도록 제한하는 것이 대부분이므로, 이에 관한 자행의 내규를 확인한 후 취급하여야 한다. 약정한도 내에서의 건별 '추심전 매입'시에는 영업점장의 사전 결재를 득한 후 취급하여야 하는 것이 원칙이며, 이는 L/C Nego와는 달리 책임자 위임 사항이 아니므로 전결권을 위반하지 않도록 주의하여야 한다. 다만 '추심후 지급'은 여신성 거래가 아니므로 금액에 관계없이 책임자 전결로 취급할 수 있다.

2. 매입의뢰인의 신용상황 등을 고려한 탄력적 운용

매입외환 약정한도 범위 내에서의 일상적인 운용이라 하더라도, 매 건별 취급시마다 의뢰인의 신용상황 등을 예의 주시하여 탄력적으로 운용하여야 한다. 특히 D/A NEGO는 신용리스크가 매우 높은 여신 거래이므로, 의뢰인의 현재 신용상태 및 재무현황 등은 물론 해외거래선(Buyer)의 신용현황에 대해서도 추가적으로 고려하여야 한다. D/P 거래의 경우에는 유사시 양도담보권의 실익을 확보하기 위하여 반드시 B/L의 Full Set이 추심서류에 포함될 수 있도록 유도하고, 또한 그 환가성을 미리 점검하여 환가성이 낮은 물품은 별도의 채권보전대책을 강구하여야 한다. 계약서의 주요 조건에 일치하지 않는 서류가 제시된 경우에는, 매입의뢰인에 대한 소구가능성 및 양도담보권의 실익 등에 관한 보다 신중한 판단을 거쳐, 채권회수에 이상이 없을 것으로 확실시되는 경우에만 제한적으로 취급하여야 한다.

3. 여신 취급기간에 대한 제한운용기준 준수

은행에 따라 다소 차이는 있겠지만, D/P · D/A Nego와 관련한 여신취급기간의 제한운용 기준은 대체로 다음과 같으므로, 이에 관한 자행의 내규를 확인한 후 처리하여야 한다. 매입외환 약정한도 범위 내 건별 매입 실행건의 예정만기일(표준결제일수+USANCE기간)은 당해 여신 한도약정만료일로부터 1년을 초과하지 않아야 한다. 만일 상기 제한운용기준을 초과하여 취급하고자 하는 경우에는, 건별 여신에 준하여 해당 여신 전결권자(전행여신은 심사역)의 별도 승인을 받아야 한다. 또한 매입외환 약정한도 범위 내 건별 매입분에 대한 만기일 연장은 영업점장 전결로 취급할 수 있으나, 연장 후 만기일이 매입일로부터 1년을 초과하는 경우에는, 건별 여신에 준하여 해당 여신 전결권자(전행여신은 심사역)의 별도 승인을 받아야 한다. 그러나 만기 연장 취급일 현재 매입외환 한도약정기일이 이미 만료된 채 재약정되지 아니한 경우에는, 당해 건별 매입분에 대한 만기일 연장이 불가하다.

4. 외국환거래규정의 준수 [한국은행 신고 규정 폐지]

참고 계약 건당 미화 5만불 상당액을 초과하는 본지사 간의 D/A 또는 외상채권매입방식(OA NEGO) 수출 거래로서 결제기간이 3년(어음기한(만기)연장으로 인하여 연장된 기간 포함)을 초과하는 경우, 과거에는 사전에 한국은행총재에게 '신고'한 후 거래하도록 하였으나 이와 같은 종래의 외국환거래규정 상의 절차적 제한은 2025년 2월 10일부로 폐지되었다.

5. 기타 유의사항

- Nego 취급시에는 반드시 '수출신고필증' 및 '운송서류' 등을 철저히 확인함으로써, 부당 여신수혜 목적의 가공(架空)거래가 취급되지 않도록 각별히 유의하여야 한다. 특히 본지사 간 거래에 유의하여야 하며, 선적서류의 사후 보완 약속하에 이루어지는 '선(先) 네고'는 사고와 직결될 수 있는 매우 위험한 행위이므로 절대적으로 금지하여야 한다.
- 부도매입외환의 보유기간 중에는 신규로 매입(어음기한연장 포함)할 수 없으므로 주의하여야 하며, 만일 이를 취급하고자 하는 경우에는 반드시 자행의 예외취급기준을 준수하여 처리하여야 한다.
- 수출신용보증서를 담보로 취득하는 경우에는, 보증서 앞면에 기재된 '신용보증조건' 및 '특약사항'과 보증서 뒷면에 기재된 '약관의 내용(보증제외거래 및 면책사항 등)'을 반드시 확인하여야 하며, 또한 각종의 '통지의무'를 위반하지 않도록 각별히 유의하여야 한다.

《참고》 신용장, D/A, OA 등의 매입(NEGO)과 관련하여 은행의 신용보강수단(담보)으로 활용되고 있는 한국무역보험공사(KSURE)의 보증 · 보험으로는 '수출신용보증(선적후)', '수출신용보증(NEGO)', '수출신용보증(매입)', '수출신용보증(포괄매입)', '단기수출보험(수출채권유동화)', '단기수출보험(포페이팅)' 등이 있으며, '수출신용보증(선적후)'와 관련해서는 본 서 제3장 제3절 1관 말미에 수록된 [Banking Tips : 수출신용보증(선적후)의 취급 유의사항]을 참조 바람.

이들 보증 · 보험중 특히 '단기수출보험(수출채권유동화)'의 경우에, 매입(NEGO) 대금의 상환과 관련하여 '수입자(무신용장방식) 또는 개설은행(신용장방식)' 이외의 제3자가 결제하거나 수출상이 자기자금으로 상환하는 행위는 사기거래 등에 악용될 소지가 높다고 보아 엄격히 금지되어 있으며, '수출신용보증(선적후)' 및 '수출신용보증(NEGO)'의 경우에도 수입자 이외의 제3자(수출상포함)가 결제하는 경우에는 한국무역보험공사의 사전 서면 승인을 받지 않는 한 추가 대출(NEGO)을 금지하도록 특약이 설정되어 있으므로 각별히 유의하여야 함.

8. 외상수출채권(OA) 매입

'OA(Open Account)' 거래라 함은, 수출상이 물품의 선적을 완료하고 해외의 수입상에게 동 사실을 통지함과 동시에 채권이 발생하는 '선적통지조건의 기한부 사후송금 결제방식'의 거래를 말한다. 일반적인 사후송금방식의 거래에서는 선적서류 또는 물품이 수입상에게 인도된 후에야 수출채권이 성립하여 대금결제가 이루어진다는 점에서, 양자는 분명한 차이를 보이고 있다. OA 거래의 이러한 특성으로 인하여, 수출상은 선적완료 후 즉시 당해 외상채권을 거래은행에 매각함으로써 조기에 현금화할 수 있게 되는데, 실무에서는 이러한 수출금융을 지칭하여 'OA Nego'라 부르고 있다.

8-1 OA NEGO의 특성

OA 거래는 송금방식의 일종이므로 추심의 수단인 환어음이 발행되지 않으며, 선적서류의 원본은 수출상에 의해 직접 수입상 앞으로 송부된다는 특징이 있다. OA 거래의 이러한 특성으로 미루어 볼 때, OA Nego는 화환어음이나 선적서류 자체를 매입하는 거래가 될 수 없으며, 신용장이나 선하증권 등에 의해 담보되지 않는 순수한 외상수출채권(지명채권)만을 매입하는 거래임을 알 수 있을 것이다. 그러나 이와는 달리 '수출(화)환어음 매입'이라 통칭되는 L/C Nego 및 D/P · D/A Nego는, 신용장 또는 선하증권 등에 의하여 담보되는 화환어음(및/또는 선적서류)을 매입하는 것으로서, 은행은 선하증권 등을 통하여 수출화물에 대한 물권적 지배권(처분권)을 보유하게 된다. 이것이 OA Nego와 수출환어음매입의 차이점이다.

OA 거래에 의한 외상수출채권을 매입하는 은행은 신용장거래와 같이 개설은행을 통하여 대금의 결제를 보장받는 것도 아니고, 그렇다고 하여 D/P 등과 같이 추심은행을 통하여 물품(운송서류)에 대한 통제가 가능한 것도 아니다. 은행은 오로지 수입상의 신용에만 그 대금결제를 의존하여야 하며, 선적서류에 의한 담보권의 행사조차 불가능하다. 따라서 은행은 재무상태나 신용도가 견실한 우량기업들에 한하여 OA Nego를 허용할 수밖에 없게 되며, 이것이 바로 OA Nego의 신용취급(담보나 보증서 등의 신용보강 수단이 없는 경우)이 일부 우량 기업들을 위주로 제한적으로 활용될 수 밖에 없는 원인이 된다.

OA Nego의 의미를 풀어보면 '선적통지조건의 기한부 사후송금방식 수출거래에 의한 외상채권의 매입'이라 정의해 볼 수 있으며, 이러한 OA NEGO의 법률적 성격을 들여다 보면, OA Nego란 수출상을 채권의 양도인으로 하고 매입은행을 채권의 양수인으로 하는 '환매조건부 채권양도'로 규정지을 수 있게 된다. 즉 OA Nego란 수출상이 매입은행에 대하여 지명채권을 양도하는 것이며, 만일 수입상이 대금지급을 거절하게 되면 수출상은 매입은행에 대하여 당해 외상수출채권의 환매채무를 이행하여야 하는 거래인 것이다.

8-2 OA NEGO 업무의 개요

OA 거래란, 수출입상 간에 일정기간 동안의 계속 거래와 관련한 기본매매계약을 체결한 후, 수입상이 매 건별로 구매주문서(Purchase Order)에 의하여 선적을 지시하면, 수출상은 그러한 지시에 따라 물품을 선적한 후 선적서류 원본을 수입상에게 송부하며, 이에 따라 수입상은 선적일을 기준으로 일정기간이 경과한 시점(기본매매계약서상의 결제조건에 의하여 정해지는 만기일)에 수출상이 지정한 계좌로 그 대금을 송금하여 결제하는 방식을 말한다.

'OA 결제방식'으로 수출을 하고 'OA Nego'를 통하여 그 대금을 조기에 회수하고자 하는 자는, 먼저 거래은행과 당해 외상수출채권의 양수도(OA Nego)에 관한 상담을 통하여 거래승인을 얻은 후, 이에 관한 여신(한도)거래약정을 체결하여야 한다. 또한 당해 채권의 양도에 관한 수입상의 서면동의를 얻는 등 필요한 절차를 마치고 그에 관한 서류를 은행에 제출하여야 하며, 수입상으로 하여금 외상수출채권의 만기일에 매입은행이 지정한 계좌로 관리번호(매입 Ref. No.)를 명시하여 입금하도록 조치하여야 한다.

은행은 수출상의 OA Nego 상담이 접수되면 수출입상의 신용도는 물론, CASH FLOW 및 (환매)채무의 상환능력, 담보의 제공여부, 수익성 및 기여도 등을 종합적으로 분석하여 당해 여신거래의 타당성 여부를 검토하게 되며, 소정의 조건이 충족되면 여신

전결권자의 승인을 얻어 약정을 체결하게 된다. OA Nego는 '동일인 한도여신'에 포함하여 운용되며, 기타의 매입외환 계정(D/P · D/A Nego 등)과는 구분하여 별도로 운용하는 것이 원칙이나, 은행에 따라서는 D/A 매입외환 한도에 통합하여 운용하는 경우도 있다.

참고 OA NEGO의 의의

은행의 입장에서 'OA Nego'는 갈수록 늘어가는 송금방식 거래를 활용한 대체수익원 창출이라는 의미를 갖는 반면에, 채권회수불능에 따른 신용위험에 직접적으로 노출되는 고위험 상품이다.

8-3 매입은행의 업무처리 절차

OA NEGO와 관련한 은행의 업무처리 절차를 살펴보면 다음과 같다.

① '은행여신거래기본약관'을 교부하고, '여신거래약정서', '외국환거래약정서'등 관련 채권서류 및 부대서류를 징구한 후, 신청사와 개별 또는 한도거래약정을 체결한다.

② 매입은행이 채권의 매입에 따른 권리를 행사할 수 있기 위해서는 수입상의 사전 동의(또는 사후통지) 절차가 필요하므로, 수출상으로 하여금 'OA 수출채권은 모두 은행에 양도될 것이므로 동 은행의 계좌로 대금을 송금하라'는 내용이 포함된 'Standing Payment Instruction(수출대금채권 양도에 따른 대금 지급지시서)'을 작성하도록 하여, 수입상의 서면동의를 받도록 한 후 이를 징구한다.

③ 수출채권의 존재 여부를 확인할 수 있는 증빙서류를 매 건별로 징구하여, 이를 검토한 후 매입을 실행한다.

☞ 건별 매입 실행시 징구서류 :

외상수출채권 매입의뢰서, 수출신고필증, 건별 계약서(Purchase Order 등), 계약서에서 요구하는 선적서류의 사본(B/L, Invoice, Packing List 등)

참고 OA 거래에서는 환어음을 발행하지 않으므로 Nego시 환어음은 징구하지 않으며, 또한 선적서류의 원본은 은행을 통하지 않고 수출상이 직접 수입상에게 송부한다.

8-4 Paperless OA NEGO

정보통신기술의 급속한 발전과 인터넷의 확산으로 말미암아 전자무역에 대한 관심과 필요성은 나날이 증폭되고 있으며, 'Paperless-Trade'의 구현을 위한 '글로벌 전자무역 솔루션'의 일환으로 'BOLERO 프로젝트' 및 'TRADE CARD' 등과 같은 'e-Trade 결제 시스템'이 선을 보인지도 이미 오래되었고, 이제는 그 활성화를 논하고 있는 상황에 이르렀다.

우리나라에서도 이러한 시류적 변화와 맥을 같이하여 그동안 '무역업무자동화'를 위하여 많은 노력을 경주해 왔는데, 실제로 통관 · 물류 · 상역 등의 부문에 있어서는 이미 상당한 진척을 보이고 있는 상황이며, 대금의 결제와 관련한 부분에 있어서도 '종이서류 없는 무역거래의 구현'이라는 숙원과제를 해결하기 위해 계속하여 많은 시도가 진행되고 있는 중이다.

이러한 노력과 맞물려 외국환업무의 방법적 진화가 거듭되고 인터넷 기반 및 EDI의 저변이 확대됨에 따라 일부의 결제방식에 대하여는 EDI를 활용한 무서류 거래의 구현이 가능하게 되었는데, 그 가장 대표적인 것이 'Paperless OA NEGO' 및 'Paperless 무역송금' 시스템이며, L/C, D/P, D/A 등의 수출환어음매입과 관련한 e-NEGO의 영역에서도 꾸준한 진전이 이루어지고 있다.

EDI를 활용한 Paperless OA Nego란 의뢰인(수출상)이 별도의 서류를 제출하지 않고 전자문서로 신청한 매입의뢰서만으로 당해 외상수출채권을 매입하는 것을 말하며, 이때 은행은 관세청의 통관 관련 정보를 활용하여 그러한 채권의 존재 여부를 확인하게 된다.

EDI(Electronic Data Interchange)를 활용한 'Paperless OA Nego' 업무의 메커니즘을 살펴보면 다음과 같다.

① EDI 전송에 의한 외상수출채권 매입의뢰서 접수

② KTNET(한국무역정보통신)와 제휴하여 구축된 별도의 시스템을 활용하여 관세청의 통관 관련 정보 및 전자문서로 신청된 매입의뢰서상의 내용을 상호 대사(수출신고번호 · 통관일자 · B/L번호 · 선적일자 · 상품명 · 금액 등)하여 이상이 없는 경우

에만 매입을 실행함. 단, 통관 관련 정보에 의해 사실 확인이 되지 않는 건에 대하여는 기존의 방식대로 서류를 징구한 후에 매입을 실행함.

☞ 수출입 화물 및 통관과 관련한 각종 정보의 조회 및 활용은 MFCS(적하목록취합시스템), UNI-PASS(관세청 전자통관시스템), Bank-TRASS(한국무역통계진흥원 수출입통계정보서비스) 등의 시스템이 이용되고 있음.

③ 해당 취급점에서는 EDI로 전송된 '외상수출채권 매입의뢰서'와 함께 '통관정보 확인 서류'를 추출하여 '매입실행 장표'와 함께 보관함.

④ 검사 등의 목적으로 관계 당국이 서류의 제출을 요구하는 경우에는 KTNET에서 보관하고 있는 전자문서를 출력하여 제시하거나, 또는 고객에게 사본 제출을 요구하여 제시함.

적하목록취합시스템(MFCS : Manifest Consolidation System)

선박회사 및 항공회사 등의 적하목록(입출항시 제출받는 수출입 화물에 대한 목록)을 취합하여 세관으로 전송하는 일련의 시스템을 말한다.
MFCS는 KTNET 호스트를 통하여 접속할 수 있으며, 관세청의 통관정보시스템(KCIS)과 상호 연계되어 통관 및 물류 등에 관한 각종 정보의 교류(EDI) 수단으로 활용되고 있다.

8-5 OA NEGO를 활용한 OA 거래의 흐름도

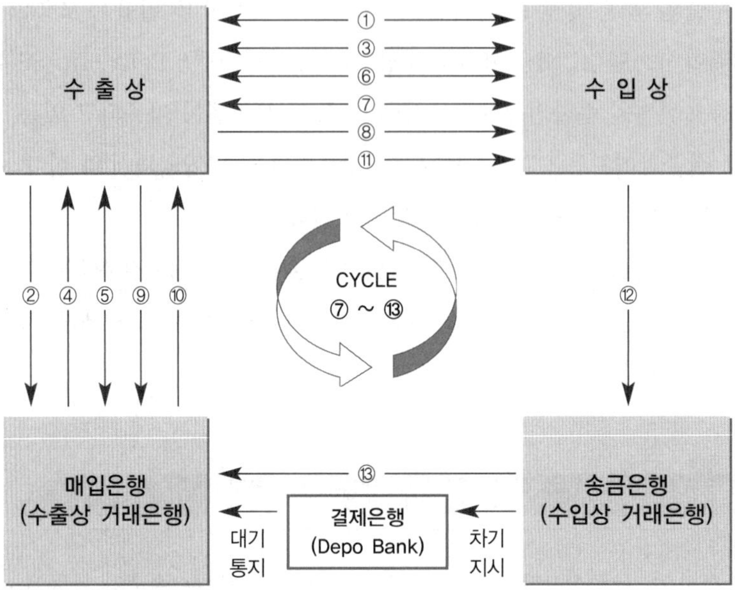

① OA 결제방식에 의한 수출입 거래 제안 및 협의

② OA NEGO 관련 거래상담

③ OA 거래 관련 기본매매계약(General Agreement) 체결

④ OA NEGO 승인(신청인 및 거래 상대방에 대한 신용분석 결과를 토대로 한도금액 배정)

⑤ OA NEGO 관련 한도거래약정 체결

⑥ 포괄적 채권양도에 따른 'Standing Payment Instruction' 송부 및 동의서 회송

⑦ 매 건별 선적지시(Purchase Order) 및 물품선적

⑧ 선적사실 통지 및 선적서류원본 송부

⑨ 외상수출채권 매입 의뢰(채권의 존재 여부를 증빙하는 선적서류 사본 등 제시)

⑩ 매입대금 지급

⑪ 건별 채권의 양도사실 통지(양도채권의 금액, 만기일, 매입은행의 관리번호 등)

⑫ 만기일에 송금 의뢰(지시된 결제계좌로 매입은행의 Ref. No.를 명시하여 송금)

⑬ 송금결제(매입대금의 회수 및 해당 건의 거래종결)

◀ 예시 3-2-1 ▶ 수출환어음매입(추심) 신청서

REF - No.	매 입 일	재매입구분	재매입은행
고 객		계 열 사	
결 제 방 법	수 출 형 태	가 격 조 건	
결제조건/일수	어음조건/일수	수 입 국	하 자 코 드
L / C 번 호		선 적 일	만 기 일
통 화	매 입 금 액	외화대체	
적 용 환 율	조 정 환 율	환 가 료	
추심수수료	매입수수료	우 편 료	대 체 료

DOCUMENTS		DRAFT	COMM INV	CUST INV	PKG LIST	M/W LIST	CERT ORIGIN	INSPECT CERT	CERT	INS POL	A.W.B	B/L		
ISSUING BANK	1ST													
	2ND													
DRAWEE BANK														

AMOUNT		TENOR & MATURITY	
L/C(CONTRACT)	DATE NO	수출신고번호	
COMMODITY		HS- CODE	
PRICE TERM	DESTINATION		

신 용 장 (계 약 서) 불 일 치 내 용		매입 대금 처리	외화예금계좌번호	
			수 입 결 제 등	
			원화계좌번호	

위와 같이 화환어음의 매입(추심)을 신청함에 있어서 따로 제출한 외국환거래약정서의 해당 조항에 따를 것을 확약하며 신용장(계약서) 불일치내용이 상대은행에서 통보되어온 경우 매입시 불일치 내용을 신고한 것으로 인정하여도 이의를 제기하지 않겠습니다. 아울러 O/A 방식 수출채권을 귀행에 양도함에 있어 수입자의 동의를 얻는 등 필요한 절차를 마쳤음을 확인합니다.

성 명 ㉮

매입/추심구분	1-매입 2- 추심	하 자 코 드		EDI/INTERNET번호	
재 매 입 구 분	1-DIRECT 2-RENEGO	L / C 번 호		H S 코 드	
재 매 입 은 행		L/C개설일자		통 관 일 자	
고 객 번 호		선 적 일 자		수출신고번호	
계열사고객번호		확정만기일자		통 관 구 분	
승 인 번 호		할 증 금 액		통 관 금 액	
결 제 방 법		할 인 금 액		환 가 료	
수 출 형 태		통 화		추심수수료	
가 격 조 건		매입/추심금액		매입수수료	
결제조건/일수		외 화 대 체		우 편 료	
어음조건/일수		포 지 션		대 체 료	
수 입 국 가		적 용 환 율			

담당자	확인자	결재권자

◀ 예시 3-2-2 ▶ 선적서류 송부장(신용장방식)

K O R E A F I N A N C E B A N K

D

INTERNATIONAL BUSINESS DIVISION
CENTRAL P. O. BOX
SEOUL KOREA

CABLE ADDRESS : FINANCE BANK
TELEX NO : K23311. K23312. K23313. K23314. K23315

ORIGINAL

OUR REF NO.

DATE

MAIL TO

REIMBURSING BANK

WE ENCLOSE FOLLOWING DRAFT(S)/DOCUMENT FOR YOUR PAYMENT.

INVOICE AMOUNT		INTEREST & CHARGE(+)		PAY THIS AMOUNT
		COMMISSION & CHARGE(-)		NET AMOUNT
L/C NO. L/C ISSUED BY TENOR BENEFICIARY ACCOUNTEE	DATED MATURITY DATE			

DOCUMENTS ATTACHED

	DRAFT	B/L (AWB)	COMM INVOICE	PKG LIST	INS POLICY	CERT ORIGIN	INSP CERT	G.S.P	BENE CERT	CUST INVOICE			
FIRST MAIL													
SECONO MAIL													

IN REIMBURSEMENT

☐ PLEASE CREDIT/REMIT THE PROCEEDS TO OUR ACCOUNT (A/C NO.)
WITH
UNDER ADVICE TO US.

☐ WE HAVE FORWARDED/WILL FORWARD THE SIGHT DRAFTS/BENEFICIARY' S DRAFTS TO ABOVE MENTIONED REIMBURSING BANK FOR CREDIT TO OUR ACCOUNT(A/C NO.)
WITH THEM
UNDER ADVICE TO US.

SPECIAL INSTRUCTIONS(MAKED X)

☐ PLEASE PAY AT SIGHT BASIS, SINCE DISCOUNT CHARGES ARE BUYER' S ACCOUNT.
☒ ADVICE US BY CABLE OF NON-ACCEPTANCE/NON-PAYMENT GIVING REASONS.
☒ WE HEREBY CERTIFY THAT AMOUNT OF DRAFT NEGOTIATED BY US HAS BEEN ENDORSED ON THE REVERSE OF THE RELATIVE LETTER OF CREDIT.
☒ ADVISE US BY AIRMAIL OF THE DATES OF ACCEPTANCE AND MATURITY QUOTING OUR REF NO. IN CASE OF USANCE BILL.

We do not assume any responsibility for the corredness, genuineness, volidily of the documents received under this credit, nor do we assume any responsibility for the descriation, quality, condition of delivery of the goods.

AUTHORIZED SIGNATURE

◀ 예시 3-2-3 ▶ 선적서류 송부장(추심방식)

KOREA FINANCE BANK

C

INTERNATIONAL BUSINESS DIVISION

CABLE ADDRESS : FINANCE BANK
TELEX NO : K23311. K23312. K23313. K23314. K23315

CENTRAL P. O. BOX
SEOUL KOREA

ORIGINAL

OUR REF NO.

DATE

MAIL TO

REIMBURSING BANK

WE ENCLOSE FOLLOWING DRAFT(S)/DOCUMENTS FOR COLLECTION.

INVOICE AMOUNT		INTEREST & CHARGE(+)		PAY THIS AMOUNT
		COMMISSION & CHARGE(-)		NET AMOUNT
CONTRACT NO. TENOR PRICIPAL DRAWEE	DATED MATURITY DATE			

DOCUMENTS ATTACHED

	DRAFT	B/L (AWB)	COMM INVOICE	PKG LIST	INS POLICY	CERT ORIGIN	INSP CERT	G.S.P	BENE CERT	CUST INVOICE			
FIRST MAIL													
SECONO MAIL													

IN REIMBURSEMENT

PLEASE CREDIT/REMIT THE PROCEEDS TO OUR ACCOUNT (A/C NO.)
WITH
UNDER ADVICE TO US.

PLEASE HANDLE IN ACCORDANCE WITH THE INSTRUCTIONS BELOW(MARKED X)

- ☒ NO PROTEST
- ☒ ADVICSE DISHONOR BY AIRMAIL/CABLE GIVING REASONS.
- ☒ COLLECT ALL YOUR CHARGES FROM DRAWEE.
- ☐ ADVISE DATE OF ACCEPTANCE AND MATURITY BY AIRMAIL/CABLE.
- ☐ WAIVE CHARGES IF REFUSED.

SPECIAL INSTRUCTIONS

Subject to Uniform Rules for Collections(1995 Revision).
International Chamber of Commerse. Publication No. 522

AUTHORIZED SIGNATURE

◀ 예시 3-2-4 ▶ 환어음

NO. USD43, 015.82 **BILL OF EXCHANGE** Date 20XX. 10. 05. Seoul. Korea

AT XXXXX SIGHT OF THIS FIRST BILL OF EXCHANGE (SECOND OF THE SAME TENOR AND DATE BEING UNPAID) PAY
TO KOREA FINANCE BANK OR ORDER THE SUM OF

SAY U. S, DOLLARS FORTY THREE THOUSAND FIFTEEN
AND CENTS EIGHTY TWO ONLY

VALUE RECEIVED AND CHARGE THE SAME TO ACCOUNT OF SUPRA CORPORATION.
DRAWN UNDER SHAWMUT BANK CONNECTICUT,N.A.
L/C NO. M012629W DATED AUG. 10. 20XX
TO SHAWMUT BANK CONNECTICUT,N.A.
ONE FEDERAL ST. ,P.O.BOX 4193,
BOSTON, MA 02211-4193

NO. USD43, 015.82 **BILL OF EXCHANGE** Date 20XX. 10. 05. Seoul. Korea

AT XXXXX SIGHT OF THIS FIRST BILL OF EXCHANGE (FIRST OF THE SAME TENOR AND DATE BEING UNPAID) PAY
TO KOREA FINANCE BANK OR ORDER THE SUM OF

SAY U. S, DOLLARS FORTY THREE THOUSAND FIFTEEN
AND CENTS EIGHTY TWO ONLY

VALUE RECEIVED AND CHARGE THE SAME TO ACCOUNT OF SUPRA CORPORATION.
DRAWN UNDER SHAWMUT BANK CONNECTICUT,N.A.
L/C NO. M012629W DATED AUG. 10. 20XX
TO SHAWMUT BANK CONNECTICUT,N.A.
ONE FEDERAL ST. ,P.O.BOX 4193,
BOSTON, MA 02211-4193

◀ 예시 3-2-5 ▶ 상업송장

COMMERCIAL INVOICE

① Shipper/Exporter
ABC CO.,LTD.
120,2GA TAEPYUNG-RO, JUNG-GU,
SEOUL 100-102, KOREA

⑧ No. & date of invoice
32-1396 DATED 24TH JAN 20XX

⑨ No. & date of L/C
HOS522755 DATED 11TH JAN 20XX

⑩ L/C issuing bank
HANG SENG BANK LTD. HEAD OFFICE

② For Account & Risk of Messrs
TOMEN CORPORATION HONG KONG BRANCH
5/F WORLD SHIPPING CENTRE
HARBOUR CITY 7 CANTON ROAD
KOWLOON HONG KONG

⑪ Remarks
*AS PER APPLICANT'S REF. NO.TS-1364
*COMPRISING:
ITEM 1: 1,440 YDS. COL. ROYAL BLUE
ITEM 2: 1 000 YDS. COL. STRONG RED

③ Notify party
DITTO

④ Port of Loading: BUSAN, KOREA

⑤ Final destination: HONG KONG

⑥ Carrier: VELA 403S

⑦ Sailing on or about: 25TH JAN 20XX

⑫ Marks and numbers of PKGS	⑬ Description of Goods	⑭ Quantity/Unit	⑮ Unit-price	⑯ Amount
				CIF HONG KONG
SANTONI TS-1364 COL. C/NO. 1-5 HONG KONG MADE IN KOREA	100 PCT. NYLON TWILL 100DX100D / 160X73 58/60" W/R COATING			
	TOTAL : 5 C/T	2,440YDS	@$1.35/YD	US$3,294.-

CO., LTD.

⑰ P O BOX C.P.O.BOX SEOUL, KOREA
Cable address SEOUL
Telex
FAX
Telephone

⑱ Signed by

◀ 예시 3-2-6 ▶ 선하증권(Received – On board B/L)

BILL OF LADING

Shipper
ABC ELECTRONICS INC.
20 YEOUDO-DONG, YEONGDEUNGPO-GU, SEOUL,
150-721 KOREA

B/L No. COHETY0023WSD01

COHEUNG SHIPPING CO., LTD.
AS CARRIER

Received by the Carrier from the Shipper in apparent good order and condition unless otherwise indicated herein, the Goods, or the container(s) or package(s) said to contain the cargo herein mentioned, to be carried subject to all the terms and conditions provided for on the face and back of this Bill of Lading by the vessel named herein or any substitute at the Carrier's option and/or other means of transport, from the place of receipt or the port of loading to the port of discharge or the place of delivery shown herein and there to be delivered unto order or assigns.

If required by the Carrier, this Bill of Lading duly endorsed must be surrendered in exchange for the Goods or delivery order.

In accepting this Bill of Lading, the Merchant (as defined by Article 1 on the back hereof) agrees to be bound by all the stipulations, exceptions, terms and conditions on the face and back hereof, whether written, typed, stamped or printed, as fully as if signed by the Merchant, any local custom or privilege to the contrary notwithstanding, and agrees that all agreements or freight engagements for and in connection with the carriage of the Goods are superseded by this Bill of Lading.

In witness whereof, the undersigned, on behalf of CoHeung Shipping Co., Ltd, the Master and the owner of the Vessel, has signed the number of Bills(s) of Lading stated above, all of this tenor and date, one of which being accomplished, the others to stand void.

ORIGINAL

(Terms of Bill of Lading continued on the back hereof)

Consignee
TO ORDER OF SHIPPER

Notify Party
DALIAN TOSHIBA TELEVISION CO.,LTD

Pre-carriage by		Place of Receipt
		BUSAN, KOREA
Ocean Vessel	**Voy. No.**	**Place of Delivery**
TENG YUN HE	023W	DALIAN, CHINA
Port of Loading		**Port of Discharge**
BUSAN, KOREA		DALIAN, CHINA

Final destination for the Merchant reference

Container No. / Seal No. / Marks and Numbers	Number of Containers or Packages	Kind of Packages; Description of goods	Gross Weight	Measurement
<N/M> FSCU4029779/89995 FSCU7707735/89996 GSTU9468615/89897	20' X 1 & 40' X 2 (90 CTNS)	CY/CY SHIPPER LOAD STOWAGE & COUNT SAID TO BE: PLASMA DISPLAY PANEL 23301559 PDP42V50341 900PCS *L/C NO. 3652-LC-102504	24,120.000 KGS	105.120 CBM

''FREIGHT PREPAID''

Total No. of containers or packages(in words): SAY : THREE(3) CONTAINERS ONLY.-

Freight and charges	Revenue Tons	Rate	Per	Prepaid	Collect
				"AS ARRANGED"	

Freight prepaid at	Freight payable at	Place and date of issue
BUSAN, KOREA		BUSAN, KOREA 20XX/02/28
Total prepaid in	**NO. of original B(s)/L**	COSCO KOREA CO., LTD.
	THREE / 3	
Shipped on board (date & others)		Signature
20XX/02/28		as Agent for COHEUNG SHIPPING CO., LTD.

◀ 예시 3-2-7 ▶ 선하증권(Shipped B/L)

B / L No. SNK13003

SINOTRANS

中国外运股份有限公司

SINOTRANS LIMITED

ORIGINAL

OCEAN BILL OF LADING

Shipper
ABC CORPORATION
5TH ,FL.,MACHINERY BLDG.,13-31,
YOIDO-DONG, YOUNGDEUNGPO-GU,SEOUL,KOREA
TEL:82-2-7804170 FAX:82-2-7804171.

Consignee or order
TO ORDER

Notify address
HEFEI WIZ IMPORT AND EXPORT CO.,LTD
528 MEILING BOLV.,HEFEI,ANHUI,CHINA
TEL:86 551 2652556
230001 HEFEI,CHINA

SHIPPED on board in apparent good order and condition (unless otherwise indicated) the goods or packages specified herein and to be discharged at the mentioned port of discharge or as near thereto as the vessel may safely get and be always afloat.

The weight. measure. marks and numbers. quality. contents and value. being particulars furnished by the Shipper. are not checked by the Carrier on loading.

The Shipper. Consignee and the Holder of this Bill of Lading hereby expressly accept and agree to all printed. written or stamped provisions. exceptions and conditions of this Bill of Lading. including those on the back hereof.

IN WITNESS whereof the number of original Bills of Lading stated below have been signed. one of which being accomplished. the other (s) to be void.

Pre-carriage by	Port of loading BUSAN,KOREA
Vessel LU FENG V-0418	Port of transhipment
Port of discharge NANJING,CHINA	Final destination NANJING,CHINA

Container. seal No. or marks and Nos.	Number and kind of packages	Description of goods	Gross weight (kgs.)	Measurement (m^3)
			34,860.00KGS	189.588CBM
04WIZ/504027KR --------------- INVOICE NO:MJ04-017 NANJING,CHINA BOX NO. : 1/42 CY/CY WSDU4047900/335002/40DC GVDU4043070/1656/40DC WSDU4044795/335052/40DC UESU2109241/335057/20DC	3X40' & 1X20' (42BOXES)	"SHIPPER'S LOAD & COUNT" SAID TO CONTAIN : AXLE ASSY-RR 3009 0023 504SETS *L/C NO.:LC341110400111 *CONTRACT NO.:04WIZ/504027KR *COUNTRY OF ORIGIN AND NAME OF MANUFACTURER:DYMOS.,KOREA *PACKING:TO BE PACKED BY THE BENEFICIARY'S STANDARD PACKING FOR EXPORT AND SHIPPED IN CONTAINER(S) *ALL PACKING MATERIALS IN THIS SHIPMENT ARE MADE OF STEEL "FREIGHT TO COLLECT"		

PARTICULARS FURNISHED BY SHIPPER

ORIGINAL

SAY : FOUR (1X20' & 3X40') CONTAINERS ONLY.

Freight and charges

"FREIGHT TO BE COLLECTED AT DESTINATION"

REGARDING TRANSHIPMENT INFORMATION PLEASE CONTACT

Ex.rate	Prepaid at	Freight payable at NANJING,CHINA	Place and date of issue SEOUL, KOREA 20XX.03.04
	Total Prepaid	Number of original Bs/L THREE (3)	Signed for or on behalf of the Master SINOTRANS KOREA SHIPPING CO., LTD. AS AGENT FOR CARRIER SINOTRANS JIANGSU CO. as Agent

(SINOTRANS STANDARD FORM 6) SUBJECT TO THE TERMS AND CONDITIONS ON BACK 03C No. JS 015452

◀ 예시 3-2-8 ▶ 항공화물운송장

IATA

988 | ICN | 2122 0824 　　　　　　　　　　KTL 993979

Shipper's Name and Address	Shipper's Account Number	Not Negotiable **Air Waybill** Issued by
ABC CO., LTD. 575 SHIN-DONG, PALDAL-KU, SUWON, KYUNGKI-DO 442-391, KOREA (TEL: 727-3462)		KENNEY TOTAL LOGISTICS, LTD. KENNEY BLDG,249-293,BANGHWA-DONG,KANGSEO-KU, SEOUL, KOREA Copies 1,2 and 3 of this Air Waybill are originals and have the same validity.

Consignee's Name and Address	Consignee's Account Number	
CHINA NATIONAL ELECTRONICS IMP.AND EXP. CORP.,ORIENTAL TRADING CO., ELECTRONICS BLDG.,A23 FUXING ROAD, 100036BEIJING,CHINA		It is agreed that the goods described herein are accepted in apparent good order and condition (except as noted)for carriage SUBJECT TO THE CONDITIONS OF CONTRACT ON THE REVERSE HEREOF. ALL GOODS MAY BE CARRIED BY ANY OTHER MEANS INCLUDING ROAD OR ANY OTHER CARRIER UNLESS SPECIFIC CONTRARY INSTRUCTIONS ARE GIVEN HEREON BY THE SHIPPER, AND SHIPPER AGREES THAT THE SHIPMENT MAY BE CARRIED VIA INTERMEDIATE STOPPING PLACES WHICH THE CARRIER DEEMS APPROPRIATE. THE SHIPPER'S ATTENTION IS DRAWN TO THE NOTICE CONCERNING CARRIERS' LIMITATION OF LIABILITY. Shipper may increase such limitation of liability by declaring a higher value for carriage and paying a supplemental charge if required.

Issuing Carrier's Agent Name and City		Accounting Information
KENNEY TOTAL LOGISTICS, LTD.		NOTIFY: CHINA NATIONAL ELECTRONICS IMP.AND EXP. CORP.,ORIENTAL TRADING CO., ELECTRONICS BLDG.,A23 FUXING ROAD, 100036BEIJING,CHINA
Agent's IATA Code	Account No.	

Airport of Departure(Addr. of First Carrier)and Requested Routing	Reference Number	Optional Shipping Information
INCHEON AIRPORT KOREA		

to	By First Carrier / Routing and Destination	to	by	to	by	Currency	CHGS Code	WT/VAL PPD COLL	Other PPD COLL	Declared Value for Carriage	Declared Value for Customs
BJS	OZ					USD		CC	PP	N.V.D.	

Airport of Destination	Requested Flight/Date		Amount of Insurance	INSURANCE-If Carrier offers insurance, and such insurance is requested in accordance with the conditions thereof indicate amount to be insured in figures in box marked "Amount of Insurance".
BEIJING AIRPORT CHINA	OZ333	MAR.04,20XX	NIL	

Handling Information

ATTACHED: C/INV, P/LIST 　　　　　SCI

No. of Pieces RCP	Gross Weight	kg lb	Rate Class / Commodity Item No.	Chargeable Weight	Rate / Charge	Total	Nature and Quantity of Goods (incl. Dimensions or Volume)
18	122.0	K	Q	168.0		AS ARRANGED	4850024 C8188/8198 LCD MODULE ASS'Y (260K,TFT,CO,V-LC0100) 2,088 PCS L/C NO. LC35000400950 ACTUAL DATE OF DISPATCH MAR.04,20XX OZ333. FREIGHT TO COLLECT

E X
CEIEC(CN)
(IN DIAMOND)
BEIJING AIRPORT CHINA
C/T NO:1-18 　　　　DIM:43x42x31cm
MADE IN KOREA

Prepaid	Weight Charge	Collect	Other Charges
	AS ARRANGED		ON BOARD CARRIER OZ DATELOADED 20XX. 3. 04 SIGNATURE
	Valuation Charge		
	Tax		
	Total Other Charges Due Agent		Shipper certifies that the particulars on the face hereof are correct and that insofar as any part of the consignment contains dangerous goods, such part is properly described by name and is in proper condition for carriage by air according to the applicable Dangerous Goods Regulations.
	Total Other Charges Due Carrier		ABC CO., LTD. KENNEY TOTAL LOGISTICS, LTD. Signature of Shipper or his Agent
Total Prepaid		Total Collect	AS AGENT FOR CARRIER, ASIANA AIRLINES
Currency Conversion Rates		CC Charges in Dest. Currency	MAR.04,20XX (Executed on(Date)) / ICN (at(Place)) / K.H.JEONG (Signature of Issuing Carrier or its Agent)
For Carrier's Use only at Destination	Charges at Destination	Total Collect Charges	KTL-993979

ORIGINAL 3 (FOR SHIPPER)

CASS-Korea IATA

◀ 예시 3-2-9 ▶ 보험증권

인지세현금납부승
승인 제99-118호
세액 100 원정
승인년월일99.5.25
을지로세무서

ORIGINAL
DUPLICATE UNPAID

LG Insurance
LG Insurance Bldg., 85, Da-dong, Chung-gu
Seoul, 100-180 Korea
TELEPHONE : (02)310-2114
FACSIMILE : (02)772-9489
TELEX : LINGCO K28505

MARINE CARGO INSURANCE POLICY

Assured(s),etc ABC POLYCARBONATE LTD.

Ref No. 33009044

Policy No 100220040018639

O/P No. 0002003W6000949

Claim,if any payable at:
INTERTEK TESTING SERVICES COMPANY LIMITED
ROOM206,CIMC Tower,No.1090,Century Avenue,Pudong New Distric
SHANGHAI, CHINA
TEL) 86-21-58549393
FAX) 86-21-63546166

CLAIMS ARE PAYABLE IN USD

Amount insured
USD ******181,104.00
(USD ******164,640.00 X******110.00 %)
X******1.0000

Survey should be approved by:
THE SAME AS ABOVE

Conditions
Institute Cargo Clauses (All Risks)
Institute War Clauses (Cargo)
Shortage(Including Contamination) Subject To Can, Drum Or Iron Container Case Packing.
On-Deck Clause(A)
Termination of Transit Clause (Terrorism)

Local Vessel or Conveyance	From(interior port or place of loading)
Ship or Vessel called the AKASHI BRIDGE	Sailing on or about FEB/29/20XX
at and from KOBE,JAPAN	transhipped at
arrived at XIASHAN,ZHANJIANG,CHINA	thence to TO BE DECLARED

Goods and Merchandises
COMMODITY: POLYCARBONATE RESIN
CALIBRE 1080 DVD
L/C NO.:LC445070400021
CONTRACT NO. ZHANJIANG20040213-1
QUANTITY:98MT
UNIT PRICE:USD1680.00/MT
TOTAL AMOUNT:USD164640.00
ORIGIN:JAPAN
COUNTRY OF ORIGIN AND MANUFACTURER:
JAPAN,SUMITOMO DOW LIMITED
PRICE TERM:CIF XIASHAN ZHANJIANG CHINA
SHIPPING MARK:N/M
PACKING:STANDARD EXPORT PACKING
COVERING OCEAN MARINE TRANSPORTATION
ALL RISKS AND WAR RISKS AS PER ICC CLAUSE
SHOWING CLAIMS PAYABLE IN CHINA
IN THE SAME CURRENCY OF THE DRAFT

Subject to the following Clauses as per back hereof
Institute Classification Clause, On-Deck Clause (A) (B)
Institute Extended Radioactive Contamination Exclusion Clause
Institute Chemical, Biological, Bio-chemical, Electromagnetic
Weapon and Cyber Attack Exclusion Clause
Termination of Transit Clause (Terrorism)
Computer Millennium Clause (Cargo)
-With Named Peril Extension
Co-Insurance Clause

Marks and Numbers as per Invoice No. specified above.

Place and Date signed in SEOUL, KOREA FEB/27/20XX No. of Policies issued. TWO

☐ For the use only with the New Marine Policy Form
Notwithstanding anything contained herein or attached hereto to the contrary, this insurance is understood and agreed to be subject to English law and practice only as to liability for and settlement of any and all claims.
This insurance does not cover any loss or damage to the property which at the time of the happening of such loss or damage is insured by or would but for the existence of this Policy be insured by any fire or other insurance policy or policies except in respect of any excess beyond the amount which would have been payable under the fire or other insurance policy or policies had this insurance not been effected.
Further warranted free from the consequences of civil war, revolution, rebellion, insurrection, or civil strife arising therefrom, or piracy.
We, LG INSURANCE CO., LTD. hereby agree, in consideration of the payment to us by or on behalf of the Assured of the premium as arranged, to insure against loss damage liability or expense to the extent and in the manner herein provided.
In Witness whereof, I the Undersigned of LG INSURANCE CO., LTD. on behalf of the said Company have subscribed My Name in the place specified as above to the policies, the issued numbers thereof being specified as above, of the same tenor and date, one of which being accomplished, the others to be void, as of the specified as above.

☐ For the use only with the Old Marine Policy From
1. Warranted free of capture, seizure, arrest restraint or detainment, and the consequences thereof or of any attempt thereat ; also from the consequences of hostilities or warlike operations, whether there be a declaration of war or not; but this warranty shall not exclude collision, contact with any fixed of floating object (other than a mine or torpedo), stranding, heavy weather of fire unless caused directly (and independently of the nature of the voyage or service which the vessel concerned or, in the case of a collision, any other vessel involved therin, is performing) by a hostile act by or against a belligerent power ; and for the purpose of this warranty power includes any authority maintaining naval, military or air forces in association with a power.
2. Warranted free of loss or damage
(a) Caused by strikers, locked workmen, or persons taking part in labour disturbance, riots or civil commotions;
(b)resulting from strikes, lock-outs, labour disturbances, riots or civil commotions.
3. (a) Should the risks excluded by Clauses 1(F.C. & S. Clause) be reinstated in this Policy by deletion of the said Clause, or should the risks or any of them mentioned in that clause or the risks of mines, torpedoes, bombs or other engines of war be insured under this Policy, Clauses (b) below shall become operative and anything contained in this contract which is inconsistent with Clause(b) or which affords more extensive protection against the aforesaid risks than that afforded by the Institute War Clauses relevant to the particular form of transit covered by this insurance is null and void.
(b) This policy is warranted free of any claim based upon loss of , or frustration of, the insured voyage or adventure caused by arrests restraints or detainments of Kings Princes Peoples Usurpers or persons attempting to usurp power.

The descriptions to be inserted in the following clause are shown as above. *Be it known that* as well in his or their own Name, as for and in the Name and Names of all and every other Person or Persons to whom the same doth, may, or shall appertain, in part or in all, doth make Assurance, and cause himself or themselves and them and every of them to be Assured, lost or not lost, at and from _____ upon any kind of Goods and Merchandises, in the good ship or vessel called the _____ whereof is Master, for this present Voyage, _________ or whosoever else shall go for Master in the said Ship, or by whatsoever other Name or Names the said Ship, or the Master thereof, is or shall be named or called, beginning the Adventure upon the said Goods and merchandises from the loading thereof aboard the said Ship as above, and shall so continue and endure during her abode there, upon the said Ship, & c ; and further, until the said Ship, with all her Goods and Merchandises whatsoever, shall be arrived at _____ and upon the Goods and Merchandises until the same be there discharged and safely landed; and it shall be lawful for the said Ship, &c., in this Voyage to proceed and sail to and touch and stay at any Ports or Places whatsoever without Prejudice to this Assurance. The said Goods and Merchandises &c., for so much as concerns the Assured by agreement between the Assured and Assurers in this Policy are and shall be valued at _________ TOUCHING the Adventures and Perils which the said Company are contented to bear and do take upon themselves in this Voyage, they are, of the Seas Men-of-War,Fire,Enemies,Pirates,Rovers,Thieves,Jettisons,Letters of Mart and Countermart, Suprisals, Takings at Sea, Arrests, Restraints and Detainments of all Kings, Princes and People, of what Nation, Condition, or Quality soever Barratry of the Master and Mariners, and of all other Perils Losses and Misfortunes that have or shall come to the Hurt Detriment or Damage of the said Goods and Merchandises, or any Part thereof ; and in case of any Loss or Misfortune, it shall be lawful to the Assured, his or their Factors, Servants and Assigns, to sue, labour and travel for, in and about the Defence, Safeguard and Recovery of the said Goods and Merchandises, or any part thereof, without Prejudice to this Assurance; to the Charges whereof the said Company will contribute. And it is especially declared and agreed that no acts of the Assurer or Assured in recovering saving, or preserving the property assured, shall be considered as a waiver or acceptance of abandonment. And it is agreed that this writing or Policy of Assurance shall be of as much Force and Effect as the surest Writing or Policy of Assurance made in London. And so the Said Company are contented, and do hereby promise and bind Themselves to the Assured, his or their Executors, Administrators, or Assigns, for the true Performance of the Premises ; confessing themselves paid the Consideration due unto them for this Assurance, at and after the rate of _____ as arranged Per Cent.
N.B-Corn, fish, salt, Fruit, Flour and Seed are warranted free from Average, unless general, or the Ship be standed; Sugar, Tobacco, Hemp, Flax, Hides and Skins are warranted free from Average, under Five Pounds per cent ; and all other Goods, also the Ship and Freight are warranted free from Average, under Three Pounds per cent, unless general, or the Ship be stranded, sunk or burnt.
All questions of liability arising under this policy are to be governed by the laws and customs of England.

IN WITNESS whereof, I the Undersigned of The LG INSURANCE Co., Ltd. on behalf of the said Companies have subscribed My Name in the place specified as above to the policies, the issued numbers thereof being specified as above, of the same tenor and date, one of which being accomplished, the others to be void, as of the date specified as above.

☞ In the event of loss or damage arising under this Policy, no claims will be admitted unless a survey has been held with the approval of this Company's Office or Agents specified in this Policy.

In case of loss or damage, please follow the "IMPORTANT" clause printed on the back hereof.

For **LG INSURANCE CO., LTD.**

PRESIDENT

AUTHORIZED SIGNATORY

◀ 예시 3-2-10 ▶ 보험증명서

LG Insurance

LG Insurance Bldg., 85, Da-dong, Chung-gu
Seoul, 100-180 Korea

TELEPHONE :(02)310-2114
FACSIMILE :(02)778-0292
TELEX :LINSCO K28566

대한 민국 정부
인지세
100원
남대문 세무서장
선납승인2002년57호

ORIGINAL

DUPLICATE UNPAID

CERTIFICATE OF MARINE CARGO INSURANCE

No. 0044761

This is to certify that the Assured are insured under and subject to the conditions of Open Policy No.0002003G8 of the LG INSURANCE CO., LTD. and that the Assured is entiled to declare to the said Open Policy hte shipments attaching thereto.

Assured(s), etc ABC ELECTRONICS INC.,

Certificate No. 600437	Ref. No. KMTCPUS469939
Claim, if any, payable at: ~~INTERTEKTESTINGSERVICES~~ 3/F,NO.197,SEC.3,CHUNG HSIAO.EAST ROAD,TAIPEI TAIPEI TAIWAN	Amount insured (USD********1,350,000.00 X ***110.00 %) USD********1,485,000.00
Claims are payable in CLAIMS ARE PAYABLE IN USD	
Survey should be approved by: THE SAME AS ABOVE	Conditions CLAIMS ARE PAYABLE IN TAIWAN IN THE SAME CURRENCY AND INCLUDING 1982 INSTITUTE CARGO CLAUSES "A", 1982 INSTITUTE WAR CLAUSES (CARGO) AND 1982 INSTITUTE STRIKES CLAUSES (CARGO).

Local Vessel or Conveyance	From(interior port or place of loading)
Ship or Vessel called the RYOGA 405 S	Sailing on or about 20XX-02-28
at and from BUSAN, KOREA	transhipped at
arrived at KEELUNG, TAIWAN	thence to KEELUNG, TAIWAN

Goods and Merchandises

PDP 42" KK MODULE
(INCLUDING POWER BOARD)
AS PER P.O.NO. G93000265
PDP42V51330 1,000 PCS

* L/C NO.: 4ALLH200855-0925

Subject to the following Clauses as per back hereof
Institute Classification Clause, On-Deck Clause (A) (B)
Institute Extended Radioactive Contamination Exclusion Clause
Intstitute Chemical, Biological, Bio-chemical, Electromagnetic
Weapon and Cyber Attack Exclusion Clause
Termination of Transit Clause (Terrorism)
Computer Millennium Clause (Cargo)
-With Named Peril Extension
Co-Insurance Clause

Marks and Numbers as per Invoice No. specified above.

Place and Date signed in SEOUL, KOREA FEB/27/20XX No. of Certificates issued. TWO

This Certificate represents and takes the place of the Policy and conveys all rights of the original policyholder (for the purpose of collecting any loss or claim) as fully as if the property was civered by a Open Policy direct to the holder of this Certificate.
This Company agrees, if any, shall be payable to the order of Assured on surrender of this Certificate.
Settlement under one copy shall render all others null and void.
Contray to the wording of this form, this insurance is governed by the standard form of English Marine In surance Policy.
In the event of loss or damage arising under insurance, no claims will be admitted unless a survey has been held with the approval of this Company's office or Agents specified in this Certificate.

SEE IMPORTANT INSTRUCTIONS ON REVERSE

LG Insurance Co., Ltd.

AUTHORIZED SIGNATORY

Very truly yours,
ABC Electronics Inc.

This Certificate is not valid unless the Declaration be signed by an authorized representative of the Assured

Date

Signed SSANG SU KIM VICE CHAIRMAN & CEO

◀ 예시 3-2-11 ▶ 원산지증명서

1. Exporter (Name, address, country)
ABC CORP.
OK TOWERS 20, YOIDO-DONG,
YOUNGDUNGPO-GU
SEOUL KOREA

ORIGINAL

CERTIFICATE OF ORIGIN

issued by

THE KOREA CHAMBER OF COMMERCE & INDUSTRY

Seoul, Republic of Korea

2. Consignee (Name, address, country)
TO THE ORDER TURK EKONOMI
BANKASI A.S. MERSIN FREE
ZONE BRANCH

3. Country of Origin
THE REPUBLIC OF KOREA

4. Transport details
FROM : BUSAN/KOREA
TO : MERSIN TURKIYE
VESSEL & VOYAGE NO : ALEN YAL020
SAILING ON OR ABOUT : FEB.28,20XX

5. Remarks
INVOICE NUMBER AND DATE: 20050781 ON FEB.27,20XX

6. Marks & numbers; number and kind of packages; description of goods

POM/LUCEL
GRADE :
COLOR :
LOT NO :
NET WT : 25KG/20KG
LG CHEM, LTD.
MADE IN KOREA

DESCRIPTION		QUANTITY
GRADE :	LUCEL N109LD	9.00
	LUCEL N127LD	5.00
	LUCEL GC225	3.00
	LUCEL N127WR	1.00

AS PER PROFORMA INVOICE DD.30.01.20XX REF:RESINEX1FEB
WE HEREBY CERTIFY THAT THE GOODS ARE OF KOREAN ORIGIN.

* THE DATE AND THE NUMBER OF THE CREDIT :YYMMDD AND 332.744.44
* THE NAME OF ISSUING BANK : TEBUTRIS044 TURK EKONOMI BANKASI A.S. (MERSIN SERBEST BOLGE) MERSIN TR

///// ///// ///// ///// /////

7. Quantity
18,000.000 KG

Form No. KCCI-3

8. Declaration by the Exporter
The undersigned, as an authorized signatory, hereby declares that the above-mentioned goods were produced or manufactured in the country shown in box 3.

(Signature)
ABC CORP.
OVERSEAS BUSINESS TEAM
M.H. YOON SENIOR MANAGER

(Name)

9. Certification
The undersigned authority hereby certifies that the goods described above originate in the country shown in box 3 to the best of its knowledge and belief.

28 FEB 20XX
THE KOREA CHAMBER OF COMMERCE & INDUSTRY
Chairman Yong Sung Park
The Republic of Korea

Authorized Signatory

Certificate No. 19011220

THE KOREA CHAMBER OF COMMERCE & INDUSTRY

◀ 예시 3-2-12 ▶ 원산지증명서(GSP)

1. Goods consigned from (exporter's business name, address, country) XYZ CO.,LTD 45, NAMDAEMUN-RO 4GA, JUNG-GU, SEOUL 100-743 KOREA	Reference No 10000009 **GENERALIZED SYSTEM OF PREFERENCES** **CERTIFICATE OF ORIGIN** **(Combined declaration and certificate)** **FORM A** Issued in REPUBLIC OF KOREA (country) See notes overleaf
2. Goods consigned to (consignee's name, address, country) BTO LTD. 40, WINGOLD AVENUE TORONTO, ONTARIO CANADA.	
3. Means of transport and route (as far as known) FROM : INCHEON, KOREA TO : TORONTO, CANADA BY : AIR	4. For official use **BLANK**

5. Item number	6. Marks and numbers of packages	7. Number and kind of packages; description of goods	8. Origin criterion (see notes overleaf)	9. Gross weight or other quantity	10. Number and date of invoices
	BTO LTD. TORONTO CANADA C/T NO. 1-2 MADE IN KOREA ///////////	IMITATION JEWELRY NECKLACE 100 PCS EARRING 200 PCS BRACELET 200 PCS TOTAL : 500 PCS //	"P" ///////////	50KG ///////////	HK-030210 FEB.10,20XX ///////////

11. Certification It is hereby certified, on the basis of control carried out, that the declaration by the exporter is correct. SEOUL 1 DATE 20XX MAR. 0 3 MINISTRY OF COMMERCE INDUSTRY AND ENERGY MINISTER MINISTRY OF COMMERCE INDUSTRY & ENERGY CERTIFIED REPUBLIC OF KOREA Place and date, signature and stamp of certifying authority	12. Declaration by the exporter The undersigned hereby declares that the above details and statements are correct; that all the goods were produced in REPUBLIC OF KOREA (country) and that they comply with the origin requirements specified for those goods in the generalized system of preferences for goods exported to CANADA (importing country) SEOUL, KOREA FEB. 11, 20XX Place and date, signature of authorized signatory

◀ 예시 3-2-13 ▶ 검사증명서

PBMS **Pacific Buying and Marketing Service Ltd.**
22nd Floor, Kukje Center Bldg., 191 Hankangro 2-ka, Yongsan-ku, Seoul 140-702, Korea
Tel : 748-9203 Fax : 797-2144 Mail : Yongsan P.O.Box 68

INSPECTION CERTIFICATE

Date Feb 27, 20XX

ACCOUNT : LIZ CLAIRORNE INC.(FASHION ACCESSORIES)(SOCKS)
VENDOR : ABC TEXTILE
L/C No. : 1363358
ORDER : T100725

ITEM : LADIES SOCKS SPRING 20XX SEASON 80% COTTON, 20% NYLON

STYLE NO : TFRU0989

QUANTITY : 6,600 PRS
TOTAL FOB : US$5,412.00
SAILING DATE : Feb 27, 20XX
CARRIER : MAERSK TAMPA 0407
B/L NO / AWB NO : SEL0127110

This is certify that the merchandise pertaining to the above order has been inspected by Pacific Buying and Marketing Service Ltd. and is approved for shipment. However, this inspections primarily a service rendered to both the buyer and the seller and does not relieve the seller of his responsibility to fully comply with the terms and conditions of this order. This certificate is to certify that the merchandise has been examined prior to packing and satisfactorily conforms to the order, conditions and instructions of LIZ CLAIBORNE INC.(FASHION ACCESSORIES) and is also to certify that the confirmed FOB prices, style/lot(s), units, description and assortment on invoice(s) are correct and exact to shipment.

Lon Garwood

Pacific Buying and Marketing Service Ltd.
Lon Garwood
Managing Director

◀ 예시 3-2-14 ▶ 세관송장

Canada Customs and Revenue Agency / Agence des douanes et du revenu du Canada

CANADA CUSTOMS INVOICE
FACTURE DES DOUANES CANADIENNES

Page of / de

1. Vendor (name and address) - Vendeur (nom et adresse)

ABC INDUSTRIAL CO., LTD
PETROCHEMICAL DIVISION
1-170 SUNWHA-DONG CHUNG-KU, SEOUL, KOREA

2. Date of direct shipment to Canada - Date d'expédition directe vers le Canada

20XX/02/23

3. Other references (include purchaser's order No.)
Autres références (inclure le n° de commande de l'acheteur)

PURCHASE ORDER NO. 31816 DTD 16-JAN-XX

4. Consignee (name and address) - Destinataire (nom et adresse)

SOLMAX INTERNATIONAL INC.
2801 BLVD. MARIE-VICTORIN. VARENNES,
QUEBEC, CANADA J3X 1P7

5. Purchaser's name and address (if other than consignee)
Nom et adresse de l'acheteur (s'il diffère du destinataire)

6. Country of transhipment - Pays de transbordement

7. Country of origin of goods
Pays d'origine des marchandises
REPUBLIC OF KOREA

IF SHIPMENT INCLUDES GOODS OF DIFFERENT ORIGINS ENTER ORIGINS AGAINST ITEMS IN 12.
SI L'EXPÉDITION COMPREND DES MARCHANDISES D'ORIGINES DIFFÉRENTES, PRÉCISEZ LEUR PROVENANCE EN 12.

8. Transportation: Give mode and place of direct shipment to Canada
Transport : Précisez mode et point d'expédition directe vers le Canada

FROM : BUSAN PORT, KOREA
TO : MONTREAL PORT, QUEBEC, CANADA
BY : ZIM JAPAN V-44E
ON/ABOUT : FEBRUARY 23, 20XX

9. Conditions of sale and terms of payment
(i.e. sale, consignment shipment, leased goods, etc.)
Conditions de vente et modalités de paiement
(p. ex. vente, expédition en consignation, location de marchandises, etc.)

SALE

10. Currency of settlement - Devises du paiement

US DOLLARS (US$)

11. Number of packages / Nombre de colis	12. Specification of commodities (kind of packages, marks and numbers, general description and characteristics, i.e., grade, quality) / Désignation des articles (nature des colis, marques et numéros, description générale et caractéristiques, p. ex. classe, qualité)	13. Quantity (state unit) / Quantité (précisez l'unité)	Selling price - Prix de vente: 14. Unit price / Prix unitaire	15. Total
4	DAELIMPOLY HDPE RESIN LH 418(HS CODE 3901 20 9000)	71.650 MT/MT	840.00	60,186.00
		unit/unité		0.00
		unit/unité		0.00
		unit/unité		0.00
		unit/unité		0.00
		unit/unité		0.00
		unit/unité		0.00
		unit/unité		0.00
		unit/unité		0.00
		unit/unité		0.00
		unit/unité		0.00
		unit/unité		0.00

18. If any of fields 1 to 17 are included on an attached commercial invoice, check this box ☑
Si tout renseignement relativement aux zones 1 à 17 figure sur une ou des factures commerciales ci-attachées, cochez cette case
Commercial Invoice No. / N° de la facture commerciale

16. Total weight - Poids total: Net 71.650 | Gross - Brut 72.050

17. Invoice total / Total de la facture: 60,186.00

19. Exporter's name and address (if other than vendor)
Nom et adresse de l'exportateur (s'il diffère du vendeur)

20. Originator (name and address) - Expéditeur d'origine (nom et adresse)

SAME AS VENDOR

21. CCRA ruling (if applicable) - Décision de l'Agence (s'il y a lieu)

22. If fields 23 to 25 are not applicable, check this box ☑
Si les zones 23 à 25 sont sans objet, cochez cette case

23. If included in field 17 indicate amount:
Si compris dans le total à la zone 17, précisez :

(i) Transportation charges, expenses and insurance from the place of direct shipment to Canada
Les frais de transport, dépenses et assurances à partir du point d'expédition directe vers le Canada

(ii) Costs for construction, erection and assembly incurred after importation into Canada
Les coûts de construction, d'érection et d'assemblage après importation au Canada

(iii) Export packing
Le coût de l'emballage d'exportation

24. If not included in field 17 indicate amount:
Si non compris dans le total à la zone 17, précisez :

(i) Transportation charges, expenses and insurance to the place of direct shipment to Canada
Les frais de transport, dépenses et assurances jusqu'au point d'expédition directe vers le Canada

(ii) Amounts for commissions other than buying commissions
Les commissions autres que celles versées pour l'achat

(iii) Export packing
Le coût de l'emballage d'exportation

25. Check (if applicable):
Cochez (s'il y a lieu) :

(i) Royalty payments or subsequent proceeds are paid or payable by the purchaser
Des redevances ou produits ont été ou seront versés par l'acheteur ☐

(ii) The purchaser has supplied goods or services for use in the production of these goods
L'acheteur a fourni des marchandises ou des services pour la production de ces marchandises ☐

Dans ce formulaire, toutes les expressions désignant des personnes visent à la fois les hommes et les femmes.

CI1 (00)

◀ 예시 3-2-15 ▶ 영사송장

COMMERCIAL INVOICE

1. Shipper/Exporter ABC VINA CO., LTD. 18 PHAN VAN TRI STR., GOVAP DIST., HOCHIMINH CITY, VIETNAM.	2. Invoice No. 26-MSAVN/04 Date FEB. 18, 20XX 4. Buyer's Name & Address (if other than consignee) ABC CO., LTD 4F, MSA BUILDING 891-43 DAE CHI-DONG KANG NAM GU, SEOUL, KOREA
3. Consignee's Name & Address GPS CONSUMER DIRECT, INC 1 HARRISON STREET, SAN FRANCISCO, CA 94105 U.S.A.	5. Origin of Goods: VIETNAM 6. Cat. No.: 347 7. Quota Year: 20XX
8. Notify Party UPS SUPPLY CHAIN SOLUTIONS 1515 WEST 190TH STREET, STE. 300 GARDENA, CA 90248 USA	9. Terms of Sale: FOB, HCM 10. Terms of Payment: TTR 11. Contract No./Purchase Order No. 04/MSAVN-MSA/03 (22/12/20XX)
12. Additional Transportation Information BY : SEA. VESSEL : IJSSEL TRADER 409. FROM : HOCHIMINH CITY, VIETNAM. TO : CARSON, CA. USA.	13. Port of Loading: ICD SONG THAN, VIETNAM 14. Final Destination: CARSON, CA 15. BL/AWB No. & Date: FCR : SGN679876 (19/02/20XX) 16. Date of Export: 19/02/20XX

17. Marks & Number of Packages	18. Full Description of Goods		19. Quantity	20. F.O.B Unit Price	21. Total F.O.B Value
UPS DECONSOL 771 WATSON CENTER ROAD CARSON CA 90745 USA	BOY'S 100% COTTON TWILL WOVEN STAKE MILITARY CARGO SHORT.		PCS	USD	USD
	STYLE NO.	***PO. NO.***			
	236651	YV559-2A	4,400	5.21	22,924.00
	236651	YV559-2A	1,000 (450 DOZ)	5.37	5,370.00
	TOTAL :		5,400 (450 DOZ)		28,294.00
	SAY : FOUR HUNDRED FIFTY DOZENS ONLY.				

22. For VISA Stamp THE SOCIALIST REPUBLIC OF VIETNAM Visa No. 4VN203716 Category: 347 Quantity: 450 dozens LE THI THU NGUYET 26 FEB 20xx MINISTRY OF TRADE	23. Name & Address of Manufacturer ABC VINA CO., LTD (VNMSAVIN18HOC) 18 PHAN VAN TRI STR., GOVAP DIST., HOCHIMINH CITY, VIETNAM 24. Declaration by Shipper/Exporter We hereby declare that the above particulars are true and correct Authorised Signature & Stamp Name Đặng Thị Mỹ Hương Date

제 3 절

수출대금의 사후관리 및 수출실적

1. 수출대금의 사후관리

수출대금의 사후관리란 매입한 수출환어음(및/또는 선적서류)을 신용장 개설은행 또는 수입지의 추심은행으로 송부하여 해외로부터 그 매입대금을 상환받을 때까지, 또는 지급거절 · 인수거절로 인한 부도대전을 매입의뢰인 등으로부터 회수할 때까지 행하는 제반의 관리업무를 말한다.

1-1 하자 및 부도통보 접수시의 업무처리

개설은행으로부터 하자사항을 통보받은 경우에 매입은행은 동 사실을 지체 없이 매입의뢰인에게 통지하고, 신용장 대금이 조속히 입금될 수 있도록 필요한 조치를 취하여야 한다.

개설은행의 부당한 지급거절인 경우에는 국제규칙 등에 근거하여 논리적으로 항변함으로써 그 철회를 요구하여야 하며, 정당한 지급거절의 경우에는 수출상으로 하여금 직접 수입상과 접촉하도록 하여 그 해결방안을 모색하도록 촉구하여야 한다.

보완이 가능한 하자의 경우에는 신용장의 유효기일 및 서류제시기간 이내에 이를 보완하여 다시 송부할 수 있으며, 이 경우 개설은행은 정상적으로 대금을 결제하여야 한다. 하자서류의 보완은 개설은행의 동의를 요하는 사항이 아니며, 개설은행은 최초의 통보시에 지적하지 않은 다른 하자를 이유로 다시 대금지급을 거절할 수 없다.

가. 부당한 사유의 하자(지급거절)통보 접수

개설은행으로부터 부적절한 하자(지급거절)통보가 접수된 경우에는 관련 국제규칙 등에 근거하여 즉시 이의를 제기함으로써 하자(지급거절)의 철회를 요구하여야 하며, 또한 대금의 조속한 결제는 물론 '입금지연이자'도 함께 청구하여야 한다.

1) 경미한 하자를 이유로 하는 부적절한 하자(지급거절)통보

수입상의 부도 등으로 인하여 의도적으로 대금지급을 거절할 목적으로 아무런 문제가 되지 않는 경미한 하자 등을 지급거절의 근거로 제시한 경우에는, UCP 600 또는 ISBP의 관련 조항을 인용하여 강력한 항의전문을 보내 이의를 제기하여야 한다.

☞ 타이핑 에러, 오 · 탈자, 서류상의 경미한 불일치 등

2) 매매계약 위반을 이유로 하는 부적절한 하자(지급거절)통보

신용장의 독립 · 추상성에 의거 매매계약의 위반은 정당한 지급거절의 사유가 될 수 없으므로, UCP 600의 관련 조문을 인용하여 그 부당성을 강력히 항의하여야 한다.

3) 비서류적 조건의 위반을 이유로 하는 부적절한 하자(지급거절)통보

신용장통일규칙에 의하면 비서류적 조건은 기재하지 않은 것으로 간주되어 무시할 수 있으므로, UCP 600의 관련 조항을 인용하여 그 부당성을 강력히 항의하여야 한다.

4) 수입상이 L/G를 발급받아 이미 수입화물을 처분한 경우

개설은행이 이미 L/G를 발급하여 화물에 대한 처분권을 훼손한 경우에는 비록 서류상에 하자가 있다 하더라도 그 대금지급을 거절할 수 없으므로, 개설은행 앞으로 강력히 부도의 철회를 요구하여야 한다.

5) 서류접수 익일로부터 5영업일을 경과하여 통보한 경우

UCP 600의 규정에 따라 개설은행은 서류접수 익일로부터 5영업일 이내에 하자(지급거절)통보를 하여야 한다. 따라서 5영업일을 경과하여 하자(지급거절)를 통보한 경우에는 그 부당성을 강력히 항의하고 조속한 대금결제를 촉구하여야 한다.

☞ 하자(지급거절)통보 시한의 준수 여부에 대한 체크 : 선적서류를 송달한 특송업체의 웹사이트를 통하여 상대은행의 접수일자를 확인한 후, 수신된 하자(지급거절) 통지문의 발신일자와 상호 비교하여 통보시한의 준수 여부를 점검한다.

나. 정당한 사유의 하자(지급거절)통보 접수

개설은행으로부터 정당한 것으로 인정되는 하자통보가 접수되면, 하자 사실을 매입의뢰인에게 지체 없이 통지하고 매입대금이 조속히 입금될 수 있도록 필요한 조치를 취하여야 한다. 또한 유사시를 대비한 적절한 채권보전 조치도 강구되어야 할 것이다.

한편 보관 중인 매입서류(건철)에 하자내용을 기재하여 전결권자의 결재를 받아야 하며, 또한 수출계좌상태조회를 하여 사후하자 등록 여부를 확인한 후 매입의뢰인에게 하자환가료(약 1.5%)를 추징하여야 한다.

1) 보완이 가능한 하자통보의 접수

보완이 가능한 하자에 대해서는 신용장의 유효기일 및 서류제시기간 이내에 서류의 보완이 이루어질 수 있도록 조치하여야 한다.

2) 보완이 불가능한 하자통보의 접수

'L/C Expired', 'Late Shipment', 'Late Presentation' 등과 같이 치유될 수 없는 하자로 인하여 지급이 거절된 경우에는 수출상이 직접 수입상과 접촉하여 해결하도록 유도한다.

3) 정당한 부도통보의 접수

개설은행에서 중대한 하자가 발견되어 서류가 반송된 경우에는 부도사실을 매입의뢰인에게 지체 없이 통지하고 부도대금의 조속한 상환을 촉구하여야 한다.

4) 부도 선적서류의 관리

개설은행으로부터 반송되어 온 선적서류는 부도대전(원금 · 이자 · 수수료) 전액을 회수할 때까지 매입의뢰인에게 반환해서는 안 되며, 금고 내에 엄중히 보관하여야 한다. 선적서류는 부도결제가 이루어진 후에 반환하여야 하며, 만일 매입의뢰인으로부터 부도대금을 회수할 수 없는 경우에는 관련화물을 제3자에게 전매하거나 위탁판매 또는 공매 처분하여 부도대전에 충당하여야 한다.

plus+ 수출신용장거래의 일반적인 해외 사후관리 절차와 요령

▶ 가능하다면 수출입 당사자들을 통하여 조속히 해결될 수 있도록 유도하는 것이 상책이나, 여의치 않은 경우에는 신속히 필요한 조치를 취하여 자행의 채권보전에 만전을 기하여야 한다.

1	상대 은행에 대한 논리적 추궁 ☞ UCP 600, ISBP, ICC Opinions & Decisions 등의 구체적인 근거 활용
2	국제상업회의소에 질의(유권해석 의뢰) ☞ 자행에 유리하면 적극 인용한다.
3	화물의 행방 수배 및 구매자 물색(수출상의 부도 등으로 소구권 행사가 불가능할 경우를 대비) ☞ 필요시 담보권 행사(공매, 전매, 위탁판매 등)
4	해외지사 또는 KOTRA의 현지 무역관 등을 활용하여 개설은행 압박 ☞ 입금 독촉
5	해당 은행의 민원 담당부서 또는 은행장 앞으로 지급거절의 부당함을 강력히 항의
6	해당국의 중앙은행 및 감독기구 등에 항의서한 발송 ☞ 개도국 등 중앙감독기구의 권한이 강력한 경우에 특히 유효함
7	국내외의 모든 CORRES BANK에 본 건의 부당한 사례를 전파하겠다는 경고성 메시지 송신 ☞ 개설은행의 신용에 치명적인 손상이 가해질 수 있음을 주지시킴
8	향후 자행과의 거래 발생시 동 금액을 우선 공제 후 지급하겠다는 경고성 메시지 송신
9	ICC DOCDEX(신용장분쟁해결전문가자문기구)에 Decision 의뢰 ☞ 비용을 지불하여야 함
10	관할 법원에 신용장대금청구소송 제기 ☞ 최종 해결방법임.
참고	※ D/P, D/A 등의 무신용장방식 거래 관련 : 국제채권추심회사에 채권추심 위임

1-2 만기연장

가. 신용장 방식의 만기연장

수익자, 개설은행, 확인은행 등 관계 당사자 전원의 동의하에 만기의 연장과 관련한 신용장의 조건변경이 이루어진 경우에는 이미 매입한 기한부 어음의 만기를 연장할 수 있다. 만기를 연장하고자 하는 경우에는 신청인의 여신 및 채권보전 상황을 감안하여 매입시점의 여신전결권자로부터 사전에 승인을 득한 후 취급하여야 한다.

☞ 징구서류

- 수출환어음 기간연장신청(동의)서
- 신용장 조건변경서 또는 개설은행의 만기일 연장 전문
- 연장된 기간으로 재 작성된 수출환어음

나. D/A 어음기한연장

수출상과 수입상이 D/A 결제기간을 연장하기로 합의한 경우에는 이미 매입한 D/A 방식 기한부 수출환어음의 어음기한을 연장할 수 있다. 어음기한을 연장하고자 하는 경우에는 신청인의 여신 및 채권보전 상황을 감안하여 매입시점의 여신전결권자로부터 사전에 승인을 득한 후 취급하여야 한다.

참고 계약 건 당 미화 5만불 상당액을 초과하는 본지사 간의 D/A(또는 OA) 수출거래로서 어음기한(또는 만기) 연장으로 인하여 결제기간이 3년을 초과하게 되는 경우, 과거에는 사전에 한국은행총재에게 '지급등의 방법 신고'를 하도록 하여 신고필증을 교부받은 후 취급하여야 했으나, 이와 같은 종래의 외국환거래규정 상의 절차적 제한은 2025년 2월 10일부로 폐지되었음.

☞ 징구서류

- 수출환어음 기간연장신청(동의)서
- D/A 조건변경계약서 또는 관련 전신문
- 연장된 기간으로 재 작성된 수출환어음

1-3 부도처리 및 부도연장

가. 부도처리의 시기

부도처리의 시기는 일반적으로 다음과 같다(은행별로 차이가 있을 수 있음).

① 개설은행(추심은행)으로부터 확정적인 부도 통지를 접수한 경우에는 즉시 부도처리한다. (예 : 인수거절, 지급거절, 선적서류반송 등)

② 매입일(기한부인 경우 만기일)로부터 1개월까지 입금사실이 확인되지 않은 경우에는 그 익영업일에 부도처리한다.

③ 기한부 수출화환어음 등에 대하여 매입일로부터 1개월까지 인수통보를 받지 못한 경우에는 그 익영업일에 부도처리한다.

④ 어음교환소의 거래정지처분 등으로 인하여 여신 기한의 이익을 상실하는 등 '외국환거래약정서 제10조' 및 '은행여신거래기본약관 제7조'에서 정하는 사유에 해당하는 경우에는, 위의 요건에도 불구하고 전결권자의 결제를 득한 후 즉시 부도처리한다.

⑤ '일자후 정기출급(At XX days after B/L date 등)' 또는 '확정일출급(MM.DD.20XX)' 조건의 신용장방식거래는 별도의 확정적인 부도통보가 없는 한 인수통지가 없더라도 인수된 것으로 간주한다.

⑥ 금융기관공동협약이 있는 경우에는 그 협약에 따른다.

나. 부도처리의 연장

매입신청인의 거래 및 담보상황 등을 감안하여 향후 채권보전이 확실시된다고 영업점장이 특별히 인정하는 경우에는 부도처리 예정일로부터 1개월의 범위 내에서 부도처리를 연장할 수 있다(은행별로 차이가 있을 수 있음).

부도처리를 연장하고자 하는 경우에는 매입의뢰인으로부터 신고인감이 날인된 '수출환어음 부도처리연장 신청(품의)서'를 접수받아 부도예정일 이전까지 영업점장의 결재를 득하여 전산에 등록하여야 한다.

부도등록은 부도예정일 당일에 전산에 의해 일괄적으로 자동처리되는 것이 일반적이므로, 부도연장 등록은 반드시 부도예정일 이전에 실행되어야 한다.

다. 부도매입외환의 사후관리

1) 소구권의 행사

매입한 수출환어음이 지급거절(Unpaid)된 경우에는 당해 지급거절의 원인을 파악하여 부도가 철회될 수 있도록 매입의뢰인과 함께 적극 노력하여야 하며, 개설은행 등이 부도를 철회하지 않으면 매입의뢰인에 대하여 그 대금의 조속한 상환을 촉구하여야 한다.

또한 수출물품에 대한 소재를 파악하여 적절한 보전조치를 취하여야 하며, 소구권 행사를 위하여 매입의뢰인 및 보증인 등에 대한 채권보전조치를 강구하여야 한다. 만일 매입의뢰인이 부도대금을 변제하지 않는 경우에는 상계권을 행사하고 담보화물을 처분하는 등의 적극적인 채권회수조치에 착수하여야 한다.

은행은 매입의뢰인에 대하여 '어음법 제43조'에 의한 소구권 및 '외국환거래약정서 제2조 및 제10조'에 의한 매입대금의 반환청구권을 갖는다.

2) 담보화물의 처분

수출입여신이 일반여신에 비해 보다 완화된 기준에서 운용되고 있는 이유는 당해 취급 건에 수반되는 화물이 추가적인 담보로서의 기능을 보완해 주고 있기 때문이다. 수출입여신을 취급하는 은행이 화물에 대한 권리서류(선하증권 등)를 반드시 확보하고자 하는 이유도 바로 여기에 있다.

매입한 수출환어음이 지급거절된 경우에는 선하증권을 발행한 선박회사 등에 문의하여 해외에 있는 물품의 행방을 우선적으로 수배하여야 하며, 또한 화물이 안전하게 보호될 수 있도록 필요한 보전조치를 취하여야 한다.

만일 매입의뢰인이 부도대금을 변제하지 않는 경우에는 이러한 물품에 관심을 가지고 있는 현지의 구매자를 찾아 전매함으로써 부도대금을 회수할 수 있게 되며, 또한 국내에 원매자가 있으면 물품을 국내로 재선적(ship back)하여 처분함으로써 부도대전에 충당할 수 있게 된다. 이렇게 담보화물을 제3자에게 처분할 수 있다면 세관공매를 당하는 것보다는 훨씬 유리하기 때문에 은행은 적극적으로 화물의 구매자를 물색하여야 한다.

간혹 매입은행이 화물에 대한 권리를 보유(선하증권 전통 확보)하고 있음에도 불구하고 물품이 임의로 반출되는 사례가 발생하는데, 이러한 경우에는 운송회사를 상대로 불법행위에 의한 손해배상청구를 하여 그 손실을 보상받을 수 있다.

3) 신규 여신의 취급 제한

부도매입외환(연체대출금 및 지급보증대지급금 등 포함)을 보유하고 있는 자에 대하여는 당해 부실채권이 정리될 때까지 신규로 매입(어음기한연장 포함)해서는 안 되며, 또한 기타의 여신이 더 이상 취급되지 않도록 해당 계(Desk)에 주의를 환기시켜야 한다.

다만, 다음의 경우에는 예외적으로 신규 취급이 가능하다.

- 부도매입외환 또는 연체대출금 등의 정리 및 회수를 위한 동 액 이하의 매입
- 관련 무역금융의 상환(또는 보증금 적립)을 위한 동 액 이하의 매입 등

4) 신용정보관리규약에 의한 신용관리대상정보의 등록

매입외환 부도대전 미결제액을 부도 처리일에 3영업일을 가산한 날로부터 3개월 이상 보유하고 있는 거래처에 대하여는, 사유발생일로부터 10일 이내에 관련 내용을 전산으로 등록(CODE : 0106)하여야 한다.

☞ 외환 관련 수수료(예 : LESS CHG.등) 미결제액을 3개월 이상 보유한 거래처 : CODE 0107

5) (원화)미수금 계정으로의 전환 (참고 : 외국환거래약정서 제4조 및 제10조)

부도처리 후 6개월이 경과된 날까지 부도대금을 회수하지 못하거나 '회수의문' 또는 '추정손실'로 분류된 매입외환계정은 '(원화)미수금' 계정으로 전환하여 원화채권으로 관리할 수 있다. (원화)미수금 계정으로 전환하여 관리하는 이유는, 결제되지 아니할 가공의 외환보유액에 대하여 환율변동에 따른 외화평가손익이 계상됨으로써 그로 인하여 불가피하게 야기되는 기간손익의 왜곡을 방지하기 위함이다.

(원화)미수금으로 전환하여 관리하고자 하는 경우에는 부도 처리후 6개월이 경과하는 그 익영업일에 당일자 전신환매도율을 적용하여 전환하거나, 당해 부도매입외환이

회수의문 또는 추정손실로 분류된 당해 월의 최종 영업일에 당일자 전신환매도율을 적용하여 전환한다. (계정의 전환 여부는 각 은행의 내규에서 정하는 바에 따름)

6) 매각 및 상각

'매각'이라 함은 부실채권 관리에 대한 효율성을 높이기 위하여 당해 부실채권을 본부의 전담부서로 이관하는 행위를 말하며, 이때 본점의 소관부서에서는 당해 부실채권을 할인하여 매입하게 된다. 당해 부실채권의 원금과 매각으로 인한 회수금액의 차액(매각손)에 대하여는 해당 영업점의 손실로 계상된다.

이에 비하여 '상각'이라 함은 대손충당금 계정에서 해당 손실액을 인출하여 부실채권을 정리하는 행위를 말하며, 상각된 부도매입외환은 난외의 특수채권으로 편입되어 관리가 이루어진다.

자산건전성 분류기준(정상, 요주의, 고정, 회수의문, 추정손실)에 의해 회수의문 또는 추정손실로 분류된 부도매입외환에 대하여는 분류 후 6개월 이내에 상각하여야 한다. 부도매입외환의 상각은 각 은행의 내규에서 정하는 채권상각절차에 따라 상각승인을 득한 후 처리하면 된다.

☞ 매입외환의 자산건전성 분류 기준

- 고　　정 : 부도처리 후(연체대출금 보유시점) 3개월 이상 경과한 건으로서, 대금 회수가 확실시되는 경우의 회수예상가액 해당 액(예: 담보금액 범위 내)
- 회수의문 : 부도처리 후 3개월 이상 12개월 미만인 건으로서, 회수예상가액을 초과하는 금액(즉, 회수 여부가 불확실한 경우)
- 추정손실 : 부도처리 후 12개월이 경과한 건으로서, 회수예상가액을 초과하는 금액(즉, 손실 처리가 불가피한 경우)

참고 무신용장방식 매입외환의 기한 연장시 유의사항: D/A 및 OA 등 무신용장방식 매입외환에 대해 최초 만기일로부터 90일 이상 어음기한(만기)을 연장하는 경우에, 해당 건은 자산건전성 분류 기준상 회수의문으로 분류 편입되므로 사전에 반드시 그 적정성 여부를 점검하여야 함.

1-4 입금지연이자 및 부도대금의 징수

가. 입금지연이자의 징수(은행별로 차이가 있음)

수출환어음의 매입대금이 환가료 징수기간을 경과하여 입금되는 경우에는 환가료 징수기간 익일부터 대외입금일 전일까지의 경과일수에 대하여 입금지연이자를 징수한다. 신용장방식은 통상 '연환가료율+1.5%'의 요율을 적용하며, 무신용장방식은 여신 연체이율을 적용하는 것이 일반적이다.

1) 징수대상

- D/P, D/A 수출환어음매입
- 외상수출채권매입(OA Nego)
- 신용장방식의 보증부 수출환어음매입(하자 Nego)
- 신용장방식 수출환어음을 Clean 매입한 후 개설은행으로부터 정당한 하자통보를 접수한 경우

참고 다음의 경우에는 신용장방식의 Clean 매입 건이라 하더라도 매입의뢰인으로부터 입금지연이자를 징수하여야 하며, 그 대신 페널티성 가산 요율을 적용하지 않고 징수당시의 정상 환가료율을 적용하여 징수한다.

- 'Remittance Base'로 개설된 Sight 신용장을 Clean 매입한 경우
- 해외에서 양도된 신용장을 Clean 매입한 경우
- 재매입 의뢰대상 신용장을 Clean 매입한 경우
- 개설은행 또는 결제은행 소재 국가의 공휴일로 인하여 입금이 지연된 경우
- 기타, 개설은행에 대하여 입금지연에 대한 과실책임을 물을 수 없는 경우 등

2) 일반 산식

- 매입금액 × 적용요율 × 경과일수/360(365) × 매매기준율

나. 만기지연이자의 징수(은행별로 차이가 있음)

기한부 수출환어음으로서 인수통보된 확정만기일이 예정만기일(환가료 징수기일)을 초과하는 경우에는, 환가료 징수기간 익일부터 확정만기일 전일까지의 경과일수에 대하여 연환가료율을 적용한 만기지연이자를 징수한다. 만기지연이자를 징수한 기간에

해당되는 입금지연이자는 면제한다.

참고로 은행에 따라 만기지연이자를 인수지연이자라 칭하기도 하며, 인수지연이자에 대해서는 적용요율 및 징수대상뿐만 아니라 그 정의(개념)에 대해서도 각 은행마다 차이를 보이고 있으므로 더 이상의 언급을 생략하고자 한다.

다. 개설은행 등에 대한 지연이자의 청구

하자 없이(Clean) 매입한 신용장방식 수출환어음의 대외입금(또는 인수)이 상대은행의 귀책사유로 인하여 지연된 경우에는, 소정의 이율(통상 1M 통화별 지표금리 + 3%)을 적용하여 다음과 같이 지연이자를 청구할 수 있다.

① 기한부인 경우로서 확정만기일 경과 후 입금시에는 동 경과일수에 대하여 입금지연이자를 청구한다.

② 일람후정기출급(after sight)인 경우로서 환어음의 만기가 합리적인 기산일(개설은행의 서류접수 익일)을 적용하여 산정되지 않은 경우에는, 동 경과일수에 대하여 인수지연이자를 청구할 수 있다.

③ 일람불인 경우로서 매입일로부터 합리적인 기간(서류발송기간 + 서류심사기간(5영업일) + 공휴일수)을 경과하여 입금된 경우에는, 동 경과일수에 대하여 입금지연이자를 청구할 수 있다.

라. 부도대금 및 부도이자의 징수(은행별로 차이가 있음)

매입한 수출환어음이 부도처리되면 매입신청인에게 지체 없이 동 부도사실을 통지하고, 조속히 부도원금 및 부도이자를 상환하도록 촉구하여야 한다.

1) 부도원금의 회수

- 외화로 회수할 경우 : 매입금액 상당액
- 원화로 회수할 경우 : '부도금액 × 회수 당시의 전신환매도율'을 적용한 금액

2) 부도이자의 징수

- 환가료 징수기간(만기) 경과 전에 부도처리된 경우(예: 개설은행의 지급거절)

부도금액 × 여신연체이율 × 징수기간/360(365) × 매매기준율

☞ 징수기간 : 부도처리일로부터 상환일 전일까지

☞ 매입 당시에 기 징수한 환가료 중 부도처리일부터 그 이후의 기간에 해당하는 환가료는 환급한다.

- 환가료 징수기간(만기) 경과 후에 부도처리된 경우(예: 장기 미입금 부도)

  부도금액 × 여신연체이율 × 징수기간/360(365) × 매매기준율

  ☞ 징수기간 : 환가료징수기간 만료 익일로부터 부도대금 상환일 전일까지
- 부도대전의 회수 후에 해외로부터 대금이 입금된 경우 동 대금은 매입의뢰인에게 지급하며 기 징수한 부도이자는 환급하지 않는다.
- 부도대전의 회수 전에 해외로부터 대금이 입금된 경우에도 위의 절차에 따라 부도이자를 징수한다. 다만, 대외입금일로부터 부도대전 정리일까지의 부도이자는 면제 또는 환급한다.

plus+ 수출대금의 만기 미입금시 기일관리 FLOW

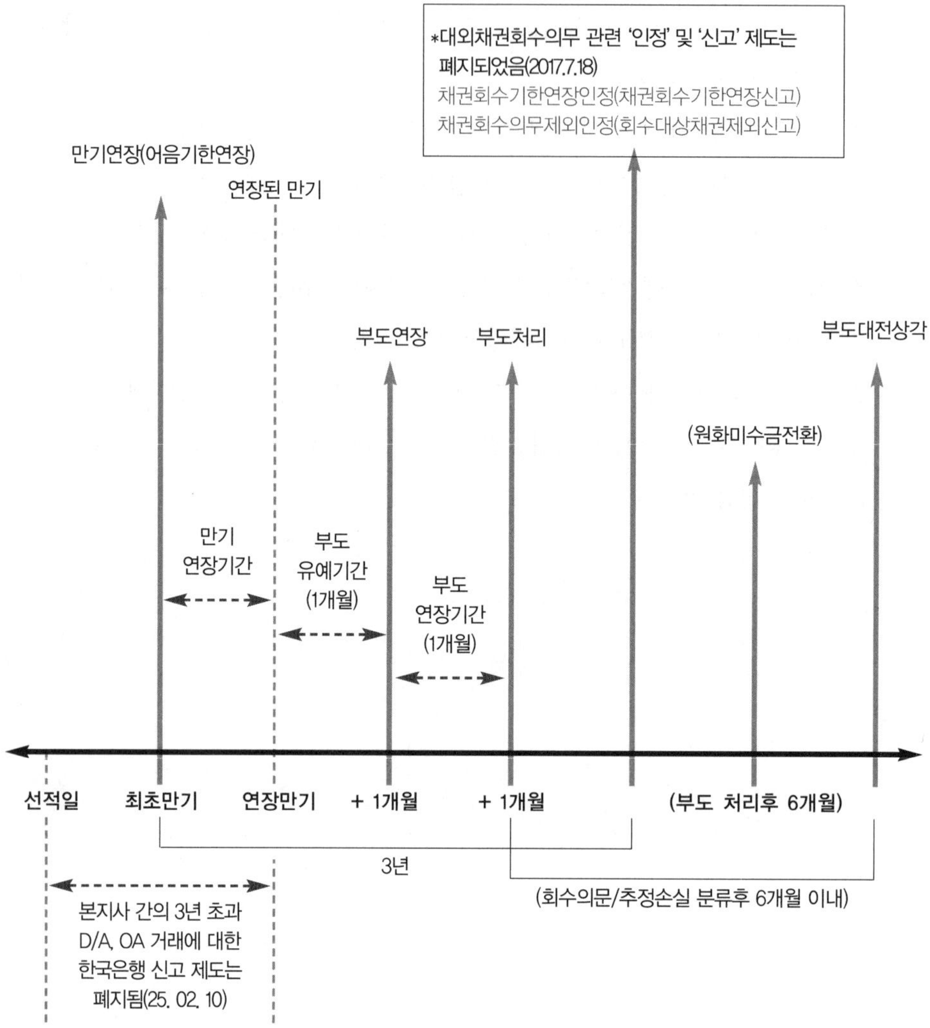

※ 주의 : 수출신용보증(선적후) 담보취득 건에 대한 유의사항 및 통지의무

- 만기(어음기한) 연장시 : '수출신용보증 결제조건 변경 신청서'에 의하여 한국무역보험공사의 사전 승인을 득한 후 취급하여야 함.
- 만기 미입금시(부도연장 이전) : '수출신용보증 사고발생통지서'에 의하여 만기일로부터 1개월 이내에 한국무역보험공사 앞으로 통지하여야 함.

◀Banking Tips▶ 수출신용보증(선적후)의 취급 유의사항

1. 수출신용보증(선적후)의 취급 유의사항

① '신용보증조건'의 확인 및 준수
  ☞ 보증서 앞면에 기재된 '신용보증조건' 및 '특약사항'의 내용을 반드시 숙독하여야 함.
② '보증제외거래' 및 '면책사항' 등의 확인 및 준수
  ☞ 보증서 뒷면에 기재된 '약관'의 내용을 반드시 숙독하여야 함.
③ 한국무역보험공사 앞 제 '통지의무'의 준수
  ☞ 약관에 규정된 통지가 누락되거나 지연되지 않도록 기일 관리를 철저히 하여야 함.

2. 약관의 확인

수출신용보증서를 담보로 취급하는 경우에는 매입 실행전에 보증서 뒷면의 약관을 숙독하여야 하며, 약관상의 보증제외대상, 실행금지조항, 면책사항, 통지의무 등을 반드시 확인하고 이를 준수하여야 함. 또한 매 네고 실행시마다 공사 홈페이지를 통하여 수출자의 수출통지 및 보증료 납부사실을 사전에 확인한 후 취급하여야 함. 공사의 보증책임이 면책되는 경우는 다음과 같음.

① 중계무역 (단, 수출신용보증(NEGO), 수출신용보증(매입), 수출신용보증(포괄매입)은 중계무역 취급 가능)
② 재판매 거래 (수출입 당사자가 본지사 간인 경우)
③ 수출대금의 결제기간이 선적 후 또는 수출물품도착 후 또는 일람 후 2년을 초과하는 경우
④ 보증서 앞면의 신용보증조건(수입상, 결제조건, 보증한도, 특약사항 등)을 위반하여 취급한 경우
⑤ 신용장(무신용장방식은 계약서)상의 주요 조건을 위반하여 매입함으로써 발생한 손실
  ☞ 유효기일 · 선적기일 · 서류제시기간경과, 제출서류누락, 분할선적 · 환적, 기본서류상의 하자 등
⑥ 개설은행(무신용장방식은 수입상)의 대금지급책임이 면제되거나 또는 경감될 수 있는 내용이 신용장(무신용장방식은 계약서)상에 포함되어 있는 경우
⑦ 동일한 수출입자 간의 무신용장방식(D/A) 수출환어음이 매입일로부터 2개월째 인수되지 않은 상태에서 신규로 매입하는 경우 등 (약관 11조 참조)
⑧ 수출상에게 거래정지처분, 파산신청, 회생신청, 청산, 신용관리대상정보 등재 등의 사유가 발생하였거나, 또는 공사가 수출상이나 수입상(또는 수입국)을 신용보증 제한 대상으로 통보하였음에도 불구하고, 공사의 사전 서면동의 없이 이와 관련된 건을 임의로 매입한 경우 등

3. 통지 의무

다음의 거래사실 등에 대하여는 정해진 기간 내에 한국무역보험공사로 통지하여야 하며, 만약, 이러한 통지의무를 위반한 경우에는 보증채무의 이행을 거절 당할 수 있음.

① 환어음의 결제기일 변경 (만기연장, 어음기한연장) :
  '수출신용보증 결제조건 변경 신청서'에 의하여 공사의 사전 승인을 득한 후 취급
  ☞ D/A 어음기한연장시 사전 승인신청 절차를 누락하는 사례가 많으므로 각별히 유의하여야 함.
② 인수거절 또는 지급거절 통보 접수시 : 접수일로부터 1개월 이내 ⇒ 사고발생 통지서
③ 만기 미입금시 : 만기일로부터 1개월 이내 ⇒ 사고발생 통지서
  ☞ 부도유예 및 부도연장과 관계없이 반드시 만기일로부터 1개월 이내에 통지하여야 함.
④ 기타의 통지의무:
  수출자에 대하여 다음의 사유 발생시 그 사실을 안 날로부터 10영업일 이내에 통지하여야 함.
  • 어음교환소의 '거래정지처분' 사유 발생시
  • '파산' 또는 '회생절차개시'의 신청이 있거나 '청산'에 들어간 경우
  • 신용정보관리규약에 의한 '신용관리대상정보'의 등록사유 발생시 등

참고 한국무역보험공사의 주요 '수출신용보증' 상품 비교(매입외환을 위한 신용보강 수단)

	수출신용보증(선적후)	수출신용보증(매입)	수출신용보증(포괄매입)
상품 출시일	1994년 11월	2018년 12월	2020년 9월
보증 대상 결제방식	OA, D/A, D/P, L/C	OA, D/A, D/P	OA, D/A, D/P
보증 허용 결제기간	결제기간 2년 이내	결제기간 1년 이내	대출기간 180일 이내 (기한연장 포함)
보증 제한 거래형태	재판매거래 중계무역	재판매거래	재판매거래
보증비율	95%~99% 부분보증	75%~90% 부분보증	90% 부분보증
기타 참고사항	• 단기수출보험 의무 가입 • 지정된 수입상에 한해 NEGO 취급 가능 (수입상별 보증서 발급)	• 해외 미입금시 자기자금 결제 허용 • 지정된 수입상에 한해 NEGO 취급 가능 (수입상별 보증서 발급)	• 해외 미입금시 자기자금 결제 허용 • 하나의 보증서로 수입상 제한 없이 NEGO 취급 가능

* 재판매거래 : 수출상이 자사의 해외지사(현지법인 포함)에 물품을 수출하고, 동 해외지사가 당해 물품을 현지 또는 제3국에 재판매하는 형태의 거래

* 물품이 국내에서 외국으로 이동하는 일반 '통관수출거래'의 수출채권 매입(NEGO)시, 은행은 'UNI-PASS' 또는 'Bank-TRASS' 등의 통관정보시스템을 활용하여 선적이 정상적으로 이행되었는지의 여부를 반드시 확인하여야 함(허위 선적에 대해서는 보증채무 이행이 거절될 수 있음)

* 수출대금의 해외 미입금으로 한국무역보험공사가 은행에 보증채무를 이행(대위변제)하는 경우에 공사는 이와 관련하여 주채무자인 수출상에게 구상권을 행사하게 되는데, 이때 수출상이 사전에 '단기수출보험'에 연계 가입하였다면, 수출상은 보험금과 구상금이 상계 처리됨에 따라 불의의 손실을 보호받을 수 있음.

* '수출신용보증(선적후)'의 경우에는 수출거래 상대방(수입상 또는 개설은행)으로부터 만기에 수출대금이 입금되지 않는 경우에 비록 제3자(수출상의 자기자금 변제 포함)가 그 대금을 결제하더라도 한국무역보험공사의 사전 서면 승인을 받지 않는 한 은행은 추가 대출(NEGO)을 금지하여야 하며, 결제기일로부터 1개월 이내에 신용보증사고 발생 사실을 통지하여야 함.
  그러나 '수출신용보증(매입)' 및 '수출신용보증(포괄매입)'의 경우에는 제3자 결제가 허용되고 있어, 수출상이 자기자금으로 결제하더라도 공사의 사전 서면 승인이나 별도의 신용보증사고 통지 없이 보증 한도 범위내에서 추가 대출(NEGO)을 실행할 수 있음.

* '수출신용보증(포괄매입)'은 매입일이 선적일(수입자의 물품수령일, 일람일 등)로부터 90일 이내이어야 하며, 매입일로부터 만기일(기한연장 포함)까지의 대출 기간은 180일을 초과할 수 없음. 따라서 '일람후 정기출급(예: D/A ○○○days after sight)' 방식의 경우에 매입후 인수일까지의 기간 변동성으로 인해 총 대출기간이 180일을 초과하지 않도록 유의하여야 함.

* '수출신용보증(포괄매입)'은 기본적으로 일반 '통관수출거래'와 중계무역/위탁가공무역 등의 '비통관수출거래'에 대한 매입외환(네고) 보증을 모두 커버하지만, 수출상(보증의뢰인)의 신용도 및 수출거래 패턴에 따라 '통관수출거래'로 한정하여 보증이 제한되는 경우가 있으므로 취급시 유의하여야 함.

2. 수출실적

2-1 수출실적의 의의 및 구분

수출실적이란 수출신고필증상의 통관금액을 말하거나 또는 수출의 대가로 영수한 외화의 입금실적 등을 말하는데, 그 용도 및 근거 규정에 따라 다음과 같이 크게 세 가지로 분류해 볼 수 있으며, 각각의 실적 인정기준은 모두 상이하다.

가. 총수출실적

'대외무역관리규정'에서 정하고 있는 수출실적을 말한다.

예시 **수출실적** = 국내에서 외국으로 수출 통관한 실적 + 외국인도수출에 의한 실적 + 전자적 형태의 무체물 수출에 의한 실적 + 용역 제공에 의한 수출실적 + 내국신용장에 의한 국내 공급분 + 구매확인서에 의한 국내 공급분 + … 등

나. 직수출실적

통계자료로 활용할 목적으로 집계하는 관세청의 통관기준 수출(입)실적을 말한다.

- 수출실적 : '수출신고필증'상의 FOB 금액을 기준으로 함
- 수입실적 : '수입신고필증'상의 CIF 금액을 기준으로 함

다. 융자대상 수출실적

한국은행 무역금융 규정(금융중개지원대출관련 무역금융지원 프로그램 운용세칙 및 운용절차)상의 융자한도 산정의 기준이 되는 수출실적을 말하며, 이는 다시 '자사제품 수출실적'과 '타사제품 수출실적'으로 구분된다.

- 자사제품 수출실적 :

  당해 업체가 직접 제조 · 생산 · 가공하여 해외로 수출하거나 또는 내국신용장 및

구매확인서 등에 의하여 국내의 다른 수출기업에 공급한 실적을 말하며, 포괄금융 · 생산자금 · 원자재구매자금 · 원자재수입자금의 융자한도 산정 기준으로 활용된다.

- 타사제품 수출실적 :

  완제품을 구매하여 수출한 것과 타사의 제품을 위탁받아 대행 수출한 실적을 말하며, 완제품구매자금의 융자한도 산정 기준으로 활용된다.

2-2 대외무역관리규정상의 수출실적

가. 수출실적의 인정범위

수출실적의 인정범위는 다음과 같다(관련규정: 대외무역관리규정 제25조).

① '대외무역법시행령 제2조 제3호'에 의한 수출중 유상으로 거래되는 수출(대북한 유상 반출실적 포함)

☞ '대외무역법시행령 제2조 제3호'에 의한 수출 예시 : 물품의 국내 통관 수출, 중계무역, 외국인도수출, 용역수출, 전자적 형태의 무체물 수출 등

② 대외무역법시행령 제19조 제2호의 규정에 의하여 수출입승인이 면제되는 수출중 다음에 해당하는 수출

- '외국에서 개최되는 박람회, 전람회, 견본시장, 영화제 등에 출품하기 위하여 무상으로 반출하는 물품등'의 수출중 현지에서 매각된 것
- '대외무역관리규정 별표 3의 제2호 아목'에 해당하는 물품등의 수출중 해외건설공사에 직접 공하여지는 원료 · 기재, 공사용 장비 또는 기계류의 수출(수출신고필증에 재반입하지 않는다는 조건이 명시된 분에 한함)

참고 '대외무역관리규정 별표 3의 제2호 아목'의 내용

해외에서 투자, 건설, 용역, 산업설비수출 기타 이에 준하는 사업에 종사하고 있는 우리나라 업자(현지 합작법인 포함)에게 무상으로 송부하기 위하여 반출하는 시설기재, 원료, 근로자용 생활필수품 및 기타 그 사업과 관련하여 사용하는 물품으로서 주무부장관 또는 주무부장관이 지정한 기관의 장이 확인한 물품

③ 수출자 또는 수출물품등의 제조업자에 대한 외화획득용 원료 또는 물품등의 공급중 수출에 공하여지는 것으로 다음에 해당하는 경우

- 내국신용장(Local L/C)에 의한 공급
- 구매확인서에 의한 공급
- 산업통상자원부가 지정하는 생산자의 수출물품포장용 골판지상자의 공급

④ 외국인으로부터 대금을 영수하고 외화획득용 시설기재를 외국인과 임대차계약을 맺은 국내업체에 인도하는 경우

⑤ 외국인으로부터 대금을 영수하고 자유무역지역(자유무역지역의 지정 및 운영에 관한 법률 제2조)으로 반입신고한 물품등을 공급하는 경우

⑥ 외국인으로부터 대금을 영수하고 그가 지정하는 자가 국내에 있어 외국으로 수출할 수 없는 때에 보세구역(관세법 제154조)으로 물품등을 공급하는 경우

⑦ 외화를 받고 외항선박에 내국선박용품(선박용품 등 관리에 관한 고시)을 공급하는 경우

나. 수출실적의 인정금액

수출실적의 인정금액은 다음과 같다(관련규정: 대외무역관리규정 제26조).

① 수출실적의 인정금액은 '수출통관액(FOB가격기준)'으로 하는 것을 원칙으로 한다(다만, 다음의 경우에는 각 항에서 정하는 바에 따른다).

② '중계무역'에 의한 수출실적의 인정금액은, 수출금액(FOB가격)에서 수입금액(CIF가격)을 공제한 '가득액'으로 한다.

③ '외국인도수출'에 의한 수출실적의 인정금액은 외국환은행의 '입금액'으로 한다.

④ '위탁가공무역에 의해 해외에서 위탁가공된 물품을 국내로 재수입하지 않고 다시 외국으로 판매하는 형태의 외국인도수출'에 의한 수출실적의 인정금액은, 판매액에서 원자재 수출금액 및 가공임을 공제한 '가득액'으로 한다.

⑤ '외국에서 개최되는 박람회, 전람회, 견본시장, 영화제 등에 출품하기 위하여 무상으로 반출한 물품등을 현지에서 매각하는 방식에 의한 수출'의 수출실적 인정금액은, 외국환은행의 '입금액'으로 한다.

⑥ '원양어로에 의한 수출 중 현지경비 사용분'에 대한 수출실적 인정금액은, 외국환은행의 '확인액'으로 한다.

⑦ '용역 수출'에 의한 수출실적의 인정금액은, 한국무역협회장, 한국해운협회장(해운업에 한함), 업종별 관광협회장(관광사업에 한함) 등 용역의 '수출 · 수입실적의 확인 및 증명' 발급기관의 장이 외국환은행을 통해 '입금 확인한 금액'으로 한다.

⑧ '전자적 형태의 무체물 수출'에 의한 수출실적의 인정금액은, 한국무역협회장 또는 한국소프트웨어산업협회장이 외국환은행을 통해 '입금 확인한 금액'으로 한다.

⑨ '내국신용장에 의한 공급, 구매확인서에 의한 공급, 산업통상자원부장관이 지정하는 생산자의 수출물품 포장용 골판지상자의 공급'에 의한 수출실적의 인정금액은, 외국환은행의 '결제액'또는 '확인액'으로 한다.

⑩ '외국인으로부터 대금을 영수하고 외화획득용 시설기재를 외국인과 임대차계약을 맺은 국내업체에 인도하는 경우'의 수출실적 인정금액은, 외국환은행의 '입금액'으로 한다.

⑪ '외국인으로부터 대금을 영수하고 자유무역지역으로 반입신고한 물품등을 공급하는 경우'의 수출실적 인정금액은, 외국환은행의 '입금액'으로 한다.

⑫ '외국인으로부터 대금을 영수하고 그가 지정하는 자가 국내에 있어 외국으로 수출할 수 없는 때에 보세구역으로 물품등을 공급하는 경우'의 수출실적 인정금액은, 외국환은행의 '입금액'으로 한다.

⑬ '외화를 받고 외항선박에 내국선박용품을 공급하는 경우'의 수출실적 인정금액은, 선박용품 등 관리에 관한 고시에 따라 보고된 '적재허가서에 기재된 금액'으로 한다.

다. 수출실적의 인정시점

수출실적의 인정시점은 다음과 같다(관련규정: 대외무역관리규정 제27조).

① 수출실적의 인정시점은 '수출신고수리일'로 하는 것을 원칙으로 한다(다만, 다음의 경우에는 각 항에서 정하는 바에 따른다).

② 다음 경우의 수출실적 인정시점은 '입금일'로 한다.

- 중계무역

- 외국인도수출
- 용역 수출
- 전자적 형태의 무체물 수출
- 외국에서 개최되는 박람회, 전람회, 견본시장, 영화제 등에 출품하기 위하여 무상으로 반출한 물품등을 현지에서 매각하는 방식에 의한 수출
- 외국인으로부터 대금을 영수하고 외화획득용 시설기재를 외국인과 임대차 계약을 맺은 국내업체에 인도하는 경우
- 외국인으로부터 대금을 영수하고 자유무역지역으로 반입신고한 물품등을 공급하는 경우
- 외국인으로부터 대금을 영수하고 그가 지정하는 자가 국내에 있어 외국으로 수출할 수 없는 때에 보세구역으로 물품등을 공급하는 경우

③ '내국신용장이나 구매확인서에 의한 공급, 산업통상자원부가 지정하는 생산자의 수출물품포장용 골판지상자의 공급'에 의한 수출실적의 인정시점은 다음과 같다.

- 외국환은행을 통하여 대금을 결제한 경우에는 '결제일'
- 외국환은행을 통하여 대금을 결제하지 아니한 경우에는 '당사자 간의 대금 결제일'

④ '외화를 받고 외항선박에 내국선박용품을 공급하는 경우'의 수출실적 인정시점은 선박용품 등 관리에 관한 고시에 따른 '적재허가서에 기재된 허가일자'로 한다.

라. 수출실적증명의 발급기관

수출실적의 확인 및 증명 발급기관은 다음과 같다(관련규정: 대외무역관리규정 제28조 및 제30조).

① 다음의 경우에는 '외국환은행의 장'이 발급한다.

- 중계무역
- 외국인도수출
- 위탁가공무역에 의해 해외에서 위탁가공된 물품을 국내로 재수입하지 않고 다시 외국으로 판매하는 형태의 외국인도수출

- 외국에서 개최되는 박람회, 전람회, 견본시장, 영화제 등에 출품하기 위하여 무상으로 반출한 물품등을 현지에서 매각하는 방식에 의한 수출
- 원양어로에 의한 수출 중 현지경비 사용분에 대한 수출실적
- 내국신용장에 의한 공급(전자무역기반사업자도 수출실적증명 발급 가능)
- 구매확인서에 의한 공급(전자무역기반사업자도 수출실적증명 발급 가능)
- 산업통상자원부가 지정하는 생산자의 수출물품포장용 골판지상자의 공급
- 외국인으로부터 대금을 영수하고 외화획득용 시설기재를 외국인과 임대차 계약을 맺은 국내업체에 인도하는 경우의 수출실적

② 다음의 경우에는 '한국무역협회장'이 발급한다.

- 외국인으로부터 대금을 영수하고 자유무역지역으로 반입신고한 물품등을 공급하는 경우의 수출실적
- 외국인으로부터 대금을 영수하고 그가 지정하는 자가 국내에 있어 외국으로 수출할 수 없는 때에 보세구역으로 물품등을 공급하는 경우의 수출실적
- 외화를 받고 외항선박에 내국선박용품을 공급하는 경우의 수출실적

③ '용역'수출의 경우에는 아래 기관의 장이 발급한다.

- 한국무역협회장
- 한국해운협회장(해운업의 경우에 한함)
- 한국관광협회중앙회장 및 문화체육관광부장관이 지정하는 업종별 관광협회장 (관광사업의 경우에 한함)

④ '전자적 형태의 무체물' 수출의 경우에는 아래 기관의 장이 발급한다.

- 한국무역협회장
- 한국소프트웨어산업협회장

⑤ 위 ①~④항 이외의 경우에는 '한국무역협회장' 또는 '산업통상자원부장관이 지정하는 기관의 장'이 발급한다(예: 일반 직수출실적).

마. 구매확인서에 의한 수출실적의 발급요령

'구매확인서에 의한 공급'에 대한 수출실적의 확인 및 증명 발급요령은 다음과 같다.

1) 은행을 통하여 대금을 결제한 경우(예: 계좌이체 등)

'대금을 영수한 은행(공급자의 거래은행)'에서 결제액을 확인한 후 발급한다.

☞ 제출서류 : 구매확인서, 세금계산서, 무통장입금증(또는 입금통장 사본) 등

2) 은행을 통하지 않고 당사자 간에 직접 대금을 결제한 경우(예: 현찰 · 수표 등)

'구매확인서를 발급한 은행(구매자의 거래은행)' 또는 '전자무역기반사업자'가 당사자 간에 대금 결제가 이루어졌음을 증빙하는 서류를 확인한 후 발급한다.

☞ 제출서류 : 구매확인서, 세금계산서 등

2-3 무역금융 융자대상 수출실적

가. 수출실적의 인정범위

융자대상 수출실적의 인정범위는 다음과 같다.

① 수출신용장 또는 수출계약서(D/P, D/A계약서 또는 기타 수출관련계약서)에 의하여 물품등(건설 및 용역, 전자적 형태의 무체물을 포함)을 수출하거나 또는 국내에 공급한 실적. 다만, 중계무역방식에 의한 수출은 제외한다.

② 다음에 해당하는 외화 또는 원화표시 물품공급계약서에 의하여 물품, 건설 및 용역을 수출하거나 국내에 공급한 실적

- 외국정부, 외국공공기관 또는 국제기구와 체결된 물품, 건설 및 용역공급계약서
- 선박건조공급(개조공급 포함) 및 대외무역법에서 정한 산업설비의 수출을 위한 계약서
- 정부 · 지방자치단체 · 정부투자기관이 외국으로부터 받은 차관자금에 의한 국제경쟁입찰에 따라 국내에서 유상으로 물품, 건설 및 용역을 공급하기 위하여 체결된 계약서

③ 내국신용장 또는 구매확인서에 의하여 수출용 완제품 또는 원자재를 공급(수탁가공 포함)한 실적

④ 관세법에 따라 설치된 보세판매장에서 자가생산품을 외국인에게 외화로 판매한 실적, 또는 외항항공 · 외항해상운송 · 선박수리업체의 외화입금실적

나. 수출실적의 인정금액

융자대상 수출실적의 인정금액은 다음과 같다.

① 수출실적의 인정금액은 '본선인도(FOB)가격'으로 하는 것을 원칙으로 한다. 다만, 전자적 형태의 무체물 수출은 대외무역관리규정에서 정하는 수출실적 인정금액을 기준으로 한다.

② 무역어음이 인수취급된 수출신용장 등에 의한 수출실적은 해당 인수취급분을 제외한 부분만을 수출실적에 포함한다.

③ 위탁가공무역의 수출실적은 위탁가공무역에 소요되는 국산원자재를 무상으로 수출한 실적으로 한다. 다만, 가공물품을 현지 또는 제3국으로 수출하는 경우에 한하며, 국산원자재를 구매하여 가공하지 않고 수출한 실적은 생산자금 및 포괄금융 융자한도의 산정대상이 되는 수출실적에서 제외한다.

④ 중계무역방식에 의한 수출은 수출실적의 산정대상에서 제외한다.

⑤ 구매확인서에 의한 수출실적은 융자한도관리 외국환은행이 해당 업체로부터 징구하는 구매확인서 및 세금계산서 상의 금액을 기준으로 한다.

참고 융자대상 수출실적의 인정기준

외화획득 금액 전체를 수출실적으로 인정하는 것이 아니라, 외화획득 금액 중 순수하게 국내에서 부가가치가 창출된 부분에 대해서만 수출실적으로 인정하는 것이 원칙임. 즉, 무역금융제도의 취지가 수출을 통한 '외화획득의 촉진' 및 '국내의 수출 관련 생산기반 확충'을 도모하기 위함이므로, 이들 두 가지 조건 모두를 동시에 충족하는 기여 금액에 대해서만 수출실적으로 인정하고 있는 것임.

다. 수출실적의 인정시점

수출방식별 수출실적의 인정시점은 다음과 같다.

1) 수출신용장 및 내국신용장

수출신용장 및 내국신용장의 수출실적 인정시점은 해당 수출환어음 또는 내국신용장 판매대금추심의뢰서가 매입(추심의뢰 포함)된 때로 한다. 다만, 소정 기일내에 미회수되어 부도 처리한 부분은 부도 발생월의 매입실적에서 이를 차감하고, 부도처리 후 입금된 부분은 해당 입금월의 매입실적에 이를 재산입한다.

2) 수출계약서 및 외화표시물품공급계약서

수출계약서 및 외화표시물품공급계약서의 수출실적 인정시점은 해당 수출 또는 공급대금이 입금된 때로 한다. 다만, 선수금영수방식 수출의 경우에는 동 수출이 이행된 때를 수출실적의 인정시점으로 한다.

3) 구매확인서

구매확인서의 수출실적 인정시점은 해당 물품관련 세금계산서가 발급된 때로 한다.

◀ 예시 3-3-1 ▶ 대외무역관리규정 별지 제10호 서식

수출실적의 확인 및 증명 발급(신청)서

처 리 기 간
즉 시

① 신청인(상호, 주소, 성명) (서명 또는 인)			② 발급용도	
③ 수출(입금)일자	④ 매입번호	⑤ 품 명	⑥ 수출실적	⑦ 비 고
⑧ 증명발급번호				
대외무역관리규정 제29조에 따라 위의 사실을 확인합니다. 년 월 일 증명권자 ㊞				
첨부서류 : 외화로 표기된 거래상품명세서 (대외무역관리규정 제25조 1항 7호 규정에 따른 수출실적증명 신청시에 한함)				

2812-281-02411민 210㎜×297㎜
1998. 1. 12. 승인 일반용지 60g/㎡

부록 수출입 리스크 관리 (은행실무)

1. 수출 신용장 업무의 위험관리
2. 수입 신용장 업무의 위험관리
3. D/P, D/A 추심결제 업무의 위험관리

1. 수출 신용장 업무의 위험관리

1-1 L/C NEGO 업무의 안전성 및 위험분석

신용장 방식하에서의 '수출환어음 매입'은 매우 안전하고 안정적인 자금운용의 수단이며, 은행 외환수익의 주요 원천이 된다. (Nego 환가료 및 각종 수수료, 외환매매익 등)

- 1차 안전장치 : 신용장 자체의 지급수단 기능
- 2차 안전장치 : 어음법상의 소구권 및 외국환거래약정서상의 환매청구권 (매입대금반환청구권)
- 3차 안전장치 : 수출 화물에 대한 양도담보권

가. 1차 안전장치 : 신용장 자체의 지급수단 기능

매입은행은 신용장 조건에 일치하는 환어음 및/또는 서류를 매입하는 한, 개설은행으로부터 그 대금지급을 보장 받는다.

■ 매입은행의 1차 안전장치를 와해시키는 요소

⇒ 서류심사를 소홀히 하여 하자사항을 미처 발견하지 못하는 경우 (취급자의 업무미숙)

⇒ 1차 안전장치를 와해시키는 기타의 특수요인

- 위 · 변조 신용장에 의한 사기거래의 경우
  ☞ 의심되면 통지은행에 확인한 후 취급할 것. (EDI L/C는 필히 전자서명을 확인할 것)
- 개설은행의 신용상태가 불확실한 경우 (Private L/C 포함)
  ☞ 낯선 은행은 본점 외환사업부에 문의하여 Bank Rating을 확인한 후 취급할 것.

- 개설은행 소재국에 불가항력 사태가 발생하였거나 발생할 염려가 있는 경우
  ☞ 전쟁 또는 심각한 경제/외환 위기가 우려되는 지역은 가급적 취급을 지양할 것.
- 신용장의 효력발생 요건을 제한하는 Conditional L/C
  ☞ 예) 'Shipment(or negotiation) is subject to our further instruction' 또는 'This L/C will be operative when ~' 등의 문구가 기재된 L/C 등
- 지급거절의 빌미로 악용될 소지가 있는 독소조항을 내포하고 있는 경우
- 지급책임을 면탈하는 특수한 상환조항이 포함된 경우
  ☞ 특히 다음과 같은 유형의 신용장에 주의하여야 함.
  Master L/C에 연동하는 결제조건의 Back-to-Back L/C, 조건변경부 양도신용장, Partial Draft L/C 등

나. 2차 안전장치 : 소구권 및 환매청구권 (매입대금반환청구권)

1차 안전장치의 확보에 실패하여 개설은행으로부터 그 대금을 지급받지 못하는 경우라도, 매입은행은 어음법상의 소구권 및 외국환거래약정서상의 환매청구권에 의하여 수출상으로부터 그 대금을 회수할 수 있다.

■ 매입은행의 2차 안전장치를 와해시키는 요소

⇒ 수출상의 재정상태가 빈약하여 소구권 행사의 경제적 실익이 없는 경우

⇒ 수출상이 사기거래 자행 후 파산하였거나 잠적한 경우 (신용장 또는 서류의 위 · 변조시)

⇒ 매입은행의 과실로 인하여 UNPAID 되었거나 또는 관련 당사자에게 손실을 끼친 경우

☞ 예) 조건변경부 국외양도신용장의 매입서류를 개설은행으로 직접 송부한 경우 등

다. 3차 안전장치 : 수출 화물에 대한 양도담보권

2차 안전장치의 확보에 실패하여 수출상으로부터 그 대금을 반환받지 못하는 경우라도, 매입은행은 관련 수출화물에 대한 양도담보권을 행사하여 이를 처분함으로써 부도매입외환의 일부 또는 전체를 회수할 수 있다.

■ 매입은행의 3차 안전장치를 와해시키는 요소

⇒ 관련 상품의 환가성이 낮아 경제적인 실익이 극히 미미한 경우

⇒ 수출화물이 개설은행의 통제를 벗어남으로 인하여 양도담보권을 행사할 수 없는 경우

☞ 예) 운송서류의 Consignee가 개설은행으로 지정되어 있지 않은 경우 등

⇒ 사기거래에 연루되어 화물이 존재하지 않거나 또는 화물이 불법으로 반출된 경우 등

라. 주의사항 1 : 사기거래의 가능성 점검

매입은행의 입장에서 제1의 Risk Factor는 당연히 수출상의 사기행위이다. 사기거래에 연루되는 경우에는 각종 안전장치의 효능에 심대한 타격을 받게 되므로, 항상 사기거래의 가능성을 염두에 두고 이를 감지하기 위하여 최선을 다하여야 하며, 사기거래의 가능성이 있거나 진위가 의심스러운 경우에는 그 즉시 거래를 중단하여야 한다.

♣ Cf. 신용장 위변조, B/L 위변조, IC 위변조, 본지사 간의 신용장거래, 수출신고필증의 확인 등

마. 주의사항 2 : 각종 안전장치의 점검

1차 안전장치가 와해되면 이는 '무신용장방식'과 다를 바가 없으므로 각별히 유의하여야 하며, 1차 안전장치를 확신할 수 없는 경우에는 2차 및 3차 안전장치의 확보에 만전을 기하여야 한다.

세 가지의 안전장치 중 적어도 하나 이상의 안전장치에 대하여 '확실'하게 확보할 수 없는 경우라면, 이는 반드시 '추심'거래로 전환하여 취급하여야 한다.

세 가지의 안전장치 중 단 어느 하나라도 와해될 가능성이 있는 경우에는 가급적

'추심'거래로 전환하여 취급하는 것이 바람직하며, 만일 이를 매입하고자 한다면 자행의 채권보전을 위하여 가급적 '동일인한도여신'에 포함하여 운용하는 것이 바람직하다.

☞ 여신전결권자의 승인을 얻어 '매입외환' 한도약정 후에 취급하는 것이 바람직함.

바. 주의사항 3 : 기타 일반 유의사항

신용장 방식하에서의 수출환어음 매입은 매우 안전한 자금운용 수단이다. 그럼에도 불구하고 종종 불의의 대형 손실이 초래되어 모든 이를 당혹스럽게 만들기도 한다. 이는 대개 취급자의 과실로 인하여 1~3차 안전장치의 관리에 모두 실패한 데 그 원인이 있다.

따라서 네고업무를 수행하는 직원은 평소에 본인의 '서류심사 역량' 및 '리스크 관리 역량'의 배양을 위해 꾸준히 노력하여야 하며, 또한 수출입업무에 관한 '지속적인 학습'과 '노하우 습득'에 최선을 다하여야 한다.

또한 2차 안전장치의 확보를 위하여 항상 거래처의 재무현황을 예의 주시하여야 하며, 평소에 거래처 실무자와의 유대관계를 돈독히 함으로써 유기적인 협조체계를 구축하여야 한다. 거래처 실무자와의 돈독한 친분관계는 유사시 매우 훌륭한 보조 안전장치로 활용될 수 있다.

네고업무를 그저 형식적인 'Operation'으로만 치부하고 별도의 노력을 기울이지 않는 은행원에게는, 이 모든 안전장치가 아무런 도움이 되지 못한다는 사실을 명심하여야 한다.

1-2 L/C NEGO업무 관련 실무 유의사항

① 개설은행의 신용상태 및 개설은행 소재국의 Country Risk를 점검하여야 한다.

☞ 리스크가 높은 경우에는 '수출신용보증서' 또는 '포페이팅'을 활용하는 것이 바람직하며, 대금회수가 불확실한 상황하에서 추가적인 리스크 보완장치가 없는 경우에는 '동일인한도여신'으로 운용하거나 또는 '추심'으로 전환하여 취급하여야 함.

② 신용장 또는 서류의 위 · 변조 가능성에 대하여 신중히 점검하여야 한다.

☞ 신용장 또는 서류의 진위가 의심스러운 경우에는 통지은행 또는 서류발행자 앞으로 확인하여야 하며, 사기거래의 가능성이 있거나 진위가 의심스러운 경우에는 그 즉시 거래를 중지하여야 함.

☞ 신규거래처이거나 또는 자금사정이 악화된 업체일수록 위 · 변조의 가능성이 높으며, 주로 '검사증명서' '선적지시서' '운송서류' 등과 관련한 위 · 변조 사례가 많이 발견되고 있음.

③ 신용장의 사본에 의한 Nego 취급을 금지하여야 한다.

☞ 수출환어음 매입시에는 반드시 신용장의 원본을 징구하여 확인하여야 함. 신용장 사본에 의한 Nego 취급을 금지하는 이유는, 신용장 원본의 이면에 기재된 매입금액을 확인할 수 없어 이중 · 과다 사용의 우려가 있으며, 또한 무역금융의 취급사실, 백투백신용장의 개설사실, 양도사실 등에 대한 확인이 불가능하여 예기치 않은 사고로 비화될 가능성이 높기 때문임.

④ 신용장의 내용상에 위해 요소가 있는지의 여부를 면밀히 점검하여야 한다.

- 신용장의 효력발생 요건을 제한하는 Conditional L/C는 아닌지?
- 지급책임을 면탈하는 특수한 상환조항이 있지는 않은지?
- 지급거절의 빌미로 악용될 소지가 있는 독소조항을 내포하고 있지는 않은지?
- 개설의뢰인이 발행하거나 부서하여야 하는 서류를 요구하고 있지는 않은지?
- 신용장의 조건 상호 간에 심각한 모순이 있지는 않은지?

☞ UNPAID 가능성이 높은 경우에는 그 경중에 따라 '동일인한도여신'으로 운용하거나 또는 '추심'으로 전환하여 취급하여야 함.

⑤ 수출물품에 대한 자행의 양도담보권을 해하는 조항이 있는지의 여부를 점검하여야 한다.

☞ 수출물품에 대한 자행의 양도담보권을 해하는 조항이 있는 경우로서 완벽한 'Clean Nego'를 자신할 수 없는 경우(1차 안전장치가 확보되지 않는 경우)에는, '동일인한도여신'으로 운용하거나 또는 '추심'으로 전환하여 취급하여야 함.

⑥ 여신 전결권이 오남용되는 사례가 발생하지 않도록 각별히 유의하여야 한다.

☞ 서류심사를 태만히 하여 Clean-Nego 전결권을 남용하는 사례가 없도록 하여야 하며, 비록 신용장 방식이라 하더라도 리스크를 면밀히 분석하여 그

위험이 높은 경우에는 '동일인한도여신'으로 운용하거나 또는 '추심'으로 전환하여 취급하여야 함.

⑦ 리스크와 수익성을 종합적으로 감안한 합리적인 의사결정이 이루어져야 한다.

☞ 신용장거래의 수출환어음매입 관련 Risk Factor : 신용장의 Unpaid 가능성, 수출상에 대한 소구 가능성, 수출화물에 대한 지배력 및 환가성 등

☞ 위험가중치에 따른 리스크 프리미엄이 수익성에 반영될 수 있도록 환가료율, 포지션비율, 환율우대수준 등을 탄력적으로 운용하여야 함.

☞ 신용장상의 위해요소로 인하여 Unpaid 가능성이 높은 경우이거나, 유사시 수출상에 대한 소구권의 실익이 의심스러운 경우(신규거래처 및 부실거래처)이거나, 수출화물에 대한 지배력을 확보할 수 없는 경우(경제적 실익이 없는 경우 포함) 등에는 '동일인한도여신'으로 운용하거나 또는 '추심'으로 처리하는 것이 바람직한 방법임.

☞ 실무상 '동일인한도여신'으로 운용하는 것이 여의치 않을 경우에는 다음과 같은 방법도 좋은 대안이 될 수 있음.

* 추심으로 먼저 취급한 다음 개설은행의 인수통보 접수 후에 매입으로 전환하는 방법
* 매입대금을 별단예금에 예치한 다음 개설은행의 인수통보 접수 후에 지급하는 방법 등

⑧ 신용장에서 요구하는 제 기일의 준수여부를 철저히 확인하여야 한다.

☞ 유효기일, 최종선적일, 서류제시기간 등의 기일경과는 치유가 불가능한 중대한 하자이므로, 수출상에 대한 소구권 행사의 실익이 불투명한 경우에는 반드시 '추심'으로 처리하여야 함.

☞ 하자 NEGO는 2차 또는 3차 안전장치의 확보가 확실한 경우에 한하여 취급하여야 함.

⑨ 사고 개연성이 높은 일부 유형의 신용장에 대해서는 그 취급에 특히 유의하여야 한다. (예: 조건변경부 양도신용장, Back-to-Back L/C, Partial Draft L/C 등)

☞ '조건변경부 국외양도신용장'은 양도은행의 직접적인 지급책임이 없어 장기 미인수 · 미입금 및 Unpaid의 발생 가능성이 아주 높으므로, '동일인한도

여신'으로 운용하거나 또는 '추심'으로 전환하여 취급하는 것이 바람직함.

☞ Master L/C의 결제가 이루어진 후에 그 대금을 지급하기로 하는 조건의 '백투백신용장'은 개설은행으로부터 그 대금지급을 보장받을 수 없는 위험한 신용장이므로, '동일인한도여신'으로 운용하거나 또는 '추심'으로 전환하여 취급하여야 함.

☞ 상업송장 금액의 일부에 대해서만 환어음을 발행하도록 지시하고 있는 'Partial Draft L/C'는 신용장 금액의 전체에 대해서 Nego가 이루어지지 않도록 각별히 유의하여야 함.

예) We hereby issue this documentary credit in your favor available by negotiation of your draft at sight drawn on XXX bank for 80% of the invoice value.

⑩ '선 Nego' 및 'Nego 대전의 선 이체'는 사고와 직결될 수 있는 매우 위험한 업무 처리이므로, 절대적으로 금지하여야 하는 행위이다.

☞ 先 네고 : B/L 등의 선적서류가 완비되지 않은 상태에서 매입을 실행한 후, 사후에 보완 받기로 하는 행위

☞ 先 이체 : 매입이 이루어지지 않은 상태에서 미리 타행으로 관련자금을 이체하는 행위

⑪ RE-NEGO 대상 건을 Direct로 처리하지 않도록 주의하여야 하며, 특히 '조건변경부 양도신용장' 및 '확인신용장' 등의 '서류 송부처'에 유의하여야 한다.

☞ 재매입 대상 건을 Direct로 처리하여 개설은행으로부터 이의제기를 받은 경우에는, UCP 600 제6조 a항 및 d항 ii호, 제39조를 인용하여 즉시 그 부당성을 항의하고 조속한 결제를 촉구할 것.

☞ 조건변경부 국외양도신용장 및 확인신용장의 경우에는 대개 서류의 송부처가 '양도은행' 또는 '확인은행'으로 지정되는 것이 일반적이며, 만일 신용장의 지시사항에 위반하여 서류를 다른 곳으로 잘못 송부하는 경우에는 입금이 장기간 지연되거나 또는 UNPAID될 가능성이 있으므로 유의하여야 함.

☞ 특히, 조건변경부 양도신용장의 관련 서류를 개설은행으로 잘못 송부하는 경우에는, 중계상의 서류대체 권리를 침탈하는 것은 물론 수출입 당사자를

노출시키는 결과를 초래하여 거액의 손해배상청구소송에 피소될 우려가 있으므로 각별히 유의하여야 함.

⑫ 'Banker's Usance L/C'는 'At Sight Basis'로 Nego 하여야 한다.

☞ Banker's Usance L/C를 일반 기한부신용장(Shipper's Usance)으로 오류 매입하게 되면, 부당 징수한 환가료를 환출하여야 하는 것은 물론 불필요한 민원이 야기될 소지가 있음.

☞ Banker's Usance L/C 임을 나타내는 문구 예시: Usance draft must be negotiated at sight basis regardless of draft tenor. And acceptance commission and discount charges are for buyer's account.

⑬ '수출신고필증'이 첨부되어 있는지의 여부를 반드시 확인하고, 그 내용 및 금액이 상업송장의 내용 및 금액과 일치하는지를 확인하여야 한다.

☞ 이는 수출상의 사기행위로부터 자행을 보호하기 위한 안전장치의 일종임.

⑭ 신용장 원본의 배서사항에 대한 확인 및 관리를 철저히 하여야 한다.

☞ 매입 실행 전에 반드시 그 사용가능 잔액을 확인하여야 하며, 또한 신용장을 사용(매입/추심, 양도, Back-to-Back L/C 개설, 무역금융 취급 등)하였을 때에는 신용장 원본의 뒷면에 그 취급사실을 기재하고 확인인을 날인하여야 함. (Ref-No, 금액, 일자, 취급점포 등)

⑮ 부도매입외환 또는 연체대출금 보유기간 중에는 신규로 매입(어음기한연장 포함)할 수 없다.

☞ 부득이 신규로 매입(어음기한연장)하고자 하는 경우에는 자행 내규의 예외취급 기준에 따라 처리하여야 함. (예: 부도매입외환 또는 연체대출금의 회수를 위한 매입, 해당 매입 건 별 여신전결권자의 차상위자로부터 승인을 받은 경우 등)

참고 중계무역 관련 Master L/C의 네고시 유의사항

중계무역과 관련하여 'Back-to-Back L/C'를 개설하였거나 또는 '조건변경부 국외양도신용장'을 발행한 경우에는, 관련 Master L/C의 네고시 동 결제금액 상당액을 수입보증금 계정에 적립하여야 하며, 중계상(Middleman)에게는 '백투백신용장' 또는 '양도신용장'과의 결제 차액만을 지급하여야 하는 것이 원칙이다.

조건변경부로 국외양도된 원수출신용장(Master L/C)의 Nego 대금을, 양도신용장의 결제 담보조로 수입보증금 계정에 적립하지 않은 채 전액 Middleman에게 지급한 상태에서 예기치 않게 Middleman이

도산함에 따라, 단순히 양도업무만을 취급한 양도은행이 제2수익자에게 그 대금을 변상한 사례가 있었다.

비록 신용장의 양도업무가 백투백 신용장의 개설과 같은 여신성 거래가 아니라 하더라도, 만일 위와 같은 취급상의 과실이 발생하게 되면 양도은행이 그 대지급 책임을 부담하여야 한다. 양도은행은 제2수익자 또는 매입은행에 대하여 독립적으로 지급책임을 부담하지는 않으나, 당해 Master L/C의 결제가 이루어지는 대로 그 대금을 지급하여야 할 의무가 있기 때문이다.

2. 수입 신용장 업무의 위험관리

2-1 수입 신용장 업무의 안전성 및 위험분석

'수입신용장 거래'는 일반 여신에 비하여 비교적 안전한 수익창출 수단이며, 은행 외환수익의 주요 원천이 된다. (수익원: 개설수수료, 인수수수료, L/G보증료, 결제환가료, Gr. Charge, 외환매매익 등)

- 1차 안전장치: 외국환거래약정을 통한 제반 권리의 확보 및 비용 · 손해의 이전
- 2차 안전장치: EL기준 여신의사결정 및 담보취득을 통한 신용위험의 커버
- 3차 안전장치: 신용장 조건에 일치하지 않는 서류에 대한 Unpaid 권리
- 4차 안전장치: 수입 화물에 대한 양도담보권

가. 1차 안전장치 : 외국환거래약정을 통한 제반 권리의 확보 및 비용 · 손해의 이전

개설은행은 수입상과의 '외국환거래약정'을 통하여 당사자 간의 권리 · 의무 관계 및 은행의 책임한계 등을 명확히 설정하는 한편, 이를 통하여 자행의 채권보전에 위해가 되는 수입상의 행위를 통제할 수 있게 되며, 또한 신용장거래와 관련하여 발생 가능한 불의의 비용 및 손해를 이전할 수 있게 된다.

♣ 외국환거래약정서에는 수입상의 사해행위를 통제할 수 있는 각종의 권리조항이 있으므로, 자행의 권리를 확보하기 위해서는 동 약정서의 내용을 반드시 읽어보아야 함.

나. 2차 안전장치 : EL기준 여신의사결정 및 담보취득을 통한 신용위험의 커버

개설은행은 수입상과의 '여신거래약정(신용장개설약정)'을 체결하기에 앞서, 모든 Risk Factor(PD, LGD, EAD, M)를 면밀히 분석하여 합리적인 여신한도를 설정하게 되며, 당해 여신거래와 관련한 인적/물적 담보를 취득하여 추가적인 안전장치를 확보하게 된다.

■ 2차 안전장치의 기준을 완화하여 운용할 수 있는 경우 (동일인한도 제외여신)

⇒ 유사시 수입화물에 대한 양도담보권을 행사하여 경제적 실익을 확보할 수 있는 'Sight L/C'

☞ 수입화물에 대한 '지배력'을 확보할 수 있어야 하며 또한 '환가성'이 있는 물품이어야 함.

다. 3차 안전장치 : 신용장 조건에 일치하지 않는 서류에 대한 Unpaid 권리

2차 안전장치의 확보에 실패하여 수입상으로부터 그 대금을 지급받을 수 없는 상황이라도, 개설은행은 제시된 서류를 철저히 심사하여 신용장 조건에 일치하지 않는 하자사항이 발견되는 한, 매입은행(수출상) 등에 대하여 그 대금지급을 거절할 수 있는 정당한 권리를 보유하고 있다.

■ 개설은행의 3차 안전장치를 와해시키는 요소

⇒ L/C의 'Additional Conditions'에 각종의 권리포기 조항을 삽입하는 경우

- All discrepancies are acceptable.
- L/C expired(Over drawing, etc.) shall not be considered as a discrepancy.
- 기타 '~ is acceptable' 등의 조항

⇒ 기본서류 이외의 부수서류를 요구함에 있어 그 제목만 나열하는 등, 신용장의 조긴이 극히 Simple하여 서류상의 불일치를 지적하기가 불가능한 경우

⇒ 'UCP' 및 'ISBP' 등에 규정된 주요 사항을 위반한 서류가 제시되었음에도 불구하고, 관련 국제규칙의 내용을 제대로 이해하고 있지 못하여, 하자로 인정되지

않는 단순 오 · 탈자 등의 경미한 불일치 사항만을 지적하여 통보하는 경우

☞ 주의 : 하자통보는 단 1회에 한하여 유효함.

⇒ 수입상의 재정상태가 악화되어 부실이 예견되는 상황임에도 불구하고, 수입상이 결제하겠다는 말만 믿고 하자통보를 이행하지 않음으로써 'UCP'에서 정한 UNPAID 통보시한을 실기하는 경우

☞ 주의 : 서류접수 익일로부터 5영업일(UCP 600) 또는 7영업일(UCP 500) 이내에 통보하여야 함.

⇒ 수입상의 재정상황을 고려하지 않은 채 L/G(수입화물선취보증서, 수입화물인도승낙서)를 남발하여 UNPAID 권리를 상실하는 경우 등

라. 4차 안전장치 : 수입 화물에 대한 양도담보권

2차 및 3차 안전장치의 확보에 실패하여 회수 불가능한 대지급이 발생하는 상황이라도, 개설은행은 관련 수입화물에 대한 양도담보권을 행사하여 이를 처분함으로써 대지급금의 일부 또는 전체를 회수할 수 있다.

개설은행은 운송서류의 Consignee를 자행으로 지정하여 화물에 대한 지배력을 확보함으로써, Sight L/C에 대한 수입상의 미결제 위험을 상쇄시킬 수 있으며, 또한 Usance L/C에 대한 환어음 인수일(선적서류 인도일) 이전까지의 신용위험을 담보받게 된다.

♣ Usance L/C에 대한 선적서류 인도일(환어음 인수일) 이후의 위험관리:
선적서류의 인도일 이후에는 양도담보권이 와해되므로 'TR 약정'에 의해 이를 보완하고 있으나, 화물에 대한 실질적인 지배력을 상실함으로 인하여 그 경제적인 실익은 미미한 편임.

■ 개설은행의 4차 안전장치를 와해시키는 요소

⇒ 관련 상품의 환가성이 낮아 경제적인 실익이 극히 미미한 경우

⇒ 수입화물이 개설은행의 통제를 벗어남으로 인하여 양도담보권을 행사할 수 없는 경우

- 운송서류의 Consignee를 개설은행으로 지정하지 않는 경우
- B/L의 Full Set을 개설은행으로 송부하도록 지시하지 않는 경우 (비록 수하인을 개설은행으로 지정한다 하더라도 배서위조 등을 통하여 화물의

불법 반출이 용이함)

- B/L의 Surrender를 허용하는 경우 (이때는 대개 Consignee를 수입상으로 지정함)
- Forwarder's B/L, House AWB, Received B/L, FCR 등을 허용하는 경우
- 화물에 대한 개설은행의 지배력을 해하는 기타 각종의 특수조항이 삽입되는 경우

⇒ 화물의 도착지가 외국으로 지정되는 경우 (외국인수수입, 중계무역 등)

⇒ 양도담보권이 인정되지 않는 특수한 형태의 수입거래 (임차수입, 수탁판매수입 등)

⇒ 운송 · 창고업자의 불법행위로 인하여 화물이 무단 반출되는 경우 (수입상과의 불법 유착)

⇒ 사기거래에 연루되어 화물이 존재하지 않는 경우 등

마. 주의사항 1 : 각종 안전장치의 점검

① 개설신청서에 기재된 특수 조항을 검토하지 않거나 또는 그 내용을 제대로 이해하지 못하여, 자행의 채권보존에 위해를 가하는 요소가 포함되어 있음에도 불구하고 이를 인지하지 못한 채, 제시된 신청서의 내용 그대로 신용장을 개설하는 경우가 있어서는 안 된다.

- 개설신청서에 기재된 'Additional Conditions'의 내용을 반드시 읽어보아야 함.
- 'Additional Conditions'에 기재된 각 조항의 의미를 반드시 이해하여야 함. (모르면 물어볼 것!)
- 그리고, 그러한 조건에 내재되어 있는 위험(안전장치 와해요소)을 다각도로 분석해 보아야 함.

② 4차 안전장치가 와해될 가능성이 있는 경우에는, 비록 NS 건이라 하더라도 반드시 '동일인한도'에 포함하여 운용하여야 한다. (NU한도 전용 가능)

☞ 3차 안진장치를 와해하는 특수 조건이 삽입되는 경우에도 반드시 '동일인한도'에 포함 · 운용하여야 함.

③ 개설신청서의 내용 중 3차 및 4차 안전장치를 와해할 소지를 포함하고 있는

사항에 대하여는, 그러한 조항을 삭제하거나 또는 변경하도록 유도하는 것이 가장 바람직하다. 만일 그러한 조건을 수용하여 신청 내용대로 개설하고자 하는 경우에는, 그 위험의 경중에 따라 담보를 보강하는 등의 추가적인 채권 보전책을 강구한 후에 취급하여야 한다.

☞ 담당 심사역과 사전 협의를 거쳐 취급하여야 하며, 가급적이면 RISK에 상응하는 비율 이상의 수입보증금을 적립하도록 유도하는 것이 바람직함.

④ 신용장 개설시에는 수입화물의 환가성 점검을 위하여 사전에 실물(견본)확인 절차를 거쳐야 하며, 유사시를 대비하여 당해 화물의 판로(유통경로) 및 고정 거래처, 잠재구매선, 판매가격 등에 관한 정보를 가능한 한 상세히 입수하여야 한다(동일인한도 제외여신으로 운용하는 경우에는 반드시 이행할 것).

바. 주의사항 2 : 운송서류의 수하인 점검

① Usance L/C라 하더라도 운송서류의 Consignee는 반드시 자행으로 지정하여야 한다.

② 운송서류의 Consignee를 자행으로 지정하지 않는 경우에는 다음과 같은 리스크가 발생한다.

⇒ 개설일로부터 인수일까지의 신용위험을 커버하는 양도담보권이 와해되어 신용위험 구간이 증가됨.

☞ 자행이 부담하여야 하는 신용위험 구간이 '인수일 ~ 만기일'에서 '개설일 ~ 만기일'로 확대됨.

⇒ 수입화물선취보증서를 발급받지 않아도 화물을 반출할 수 있으므로 L/G 보증료의 징수가 불가능함.

☞ Usance L/C에서는 대개 L/G 보증료를 면탈하고자 하는 목적으로 악용되는 경우가 대부분임.

③ 따라서 동일인한도 여신으로 운용하는 Usance L/C라 하더라도, 운송서류의 Consignee를 자행으로 지정하지 않는 조건은 억제되어야 하며, 그 타당성이 인정되는 부득이한 경우에 한하여 예외적으로 허용하여야 한다.

⇒ Sight L/C이든 Usance L/C이든 운송서류의 Consignee를 자행으로 지정

하지 않는 경우에는, 자행의 채권보전 대책과는 별도로 L/G 보증료에 상응하는 Risk Premium이 수익성에 반영될 수 있도록 별도의 조치를 강구하여야 함.

☞ 현재 국내 대부분의 은행은 이와 관련한 별도의 수수료 규정이 마련되어 있지 않음.

사. 주의사항 3 : 화물의 불법반출 가능성 점검

① 운송서류의 Consignee를 자행으로 지정한다 하더라도, 운송업자 · 창고업자 등의 불법행위에 의해 화물이 무단 반출되는 경우에는 그 실익을 확보할 수 없게 된다. 비록 불법행위자에 대하여 손해배상청구권을 행사할 수 있다고는 하나, 대개 이들의 자산이 불충분하여 손해배상청구소송의 실익을 확보할 수 없는 경우가 대부분이므로, 사전에 그러한 징후를 포착하여 이를 예방하는 것이 최선의 방책이다.

② 특히 항공수입화물의 불법 반출사례가 자주 목격되고 있으므로, 운송서류를 AWB로 요구하는 경우에는 화물의 불법 반출가능성에 대하여 각별히 유의하여야 한다.

⇒ 난립된 항공포워딩업체와 수입상과의 유착관계로 인해 불법이 자행되는 경우가 매우 많음.

⇒ 자가용 보세창고를 소유하고 있는 수입자는 양도담보권의 확보가 곤란하므로 각별한 주의가 요망됨.

③ 수입화물의 불법 반출가능성이 예견되는 징후

⇒ AWB 건의 수입결제시 '수입화물 인도승낙서'의 교부를 요청하지 않는 업체

☞ 단, 자행을 통하여 '수입화물인도승낙서의 운송업자 앞 EDI 전송 서비스'를 이용하는 업체는 제외함.

⇒ 서류제시기간을 변칙으로 운용하는 업체

☞ 사례 : Documents must be presented later than 90 days after B/L(AWB) date.

☞ 저의 : Sight L/C의 Usance L/C化, 화물의 불법반출, L/G 보증료의 면탈 등

⇒ BWT 방식의 수입거래와 같은 합당한 이유없이 'Late presentation (Stale)

B/L(AWB) acceptable' 조항을 상습적으로 삽입하는 업체

⇒ 운송회사를 매번 특정의 Forwarder로 지정하는 업체 등

④ 수입화물의 불법 반출가능성이 예견되는 경우에는 그 반출경로를 세밀히 점검하고, 만일 불법행위가 포착되는 경우에는 관련자를 고발하는 등 적절한 조치를 강구하여야 한다.

2-2 수입 신용장업무 관련 실무 유의사항

① 신용장 개설시 여신 전결권이 오남용되는 사례가 발생하지 않도록 각별히 유의하여야 한다.

☞ 수입화물에 대한 양도담보권의 실익을 확보할 수 없는 경우이거나, 또는 자행의 채권보전에 위해를 가하는 특수조건을 포함하고 있는 경우에는, 반드시 '동일인한도여신'으로 운용하여야 함. 또한 그 위험의 경중에 따라 담보를 보강하거나 수입보증금을 적립하도록 하는 등, 부실채권의 예방을 위한 별도의 채권보전책을 강구하여야 함.

☞ '동일인한도 여신'으로의 운용 여부를 결정하기 위한 주요 검토사항

* 화물을 수반하지 않는 무화환신용장은 아닌지?

  예) 소프트웨어 등의 무체물 대금, 위탁가공임 등의 용역대가, 커미션 등의 수수료성 대금 등

* 수입물품의 환가성 및 경제적 실익의 정도
* 운송서류의 Consignee, Full Set의 제시 여부, Surrender 허용 여부
* Forwarder's B/L, House AWB, FCR 등의 허용 여부
* 도착항이 외국으로 지정되어 있지는 않은지? (XS, RS 등)
* 자행의 채권보전에 위해를 가하는 Additional Condition은 없는지?

☞ 여신한도 범위 내의 취급 건별 보증기간에 대한 제한운용기준을 준수하여야 함. 대개의 경우 신용장의 보증기간(유효기일+USANCE기간)은 1년 이내에서 운용함을 원칙으로 하며, 또한 당해 여신 한도약정만기일로부터 당초 약정기간의 1/2(통상 6개월)을 초과하여 운용할 수 없도록 하는 것이 일반적임.

부득이 제한 기준을 초과하여 운용하고자 하는 경우에는 자행 내규의 예외 취급기준에 따라 처리하여야 함. (예: 해당 여신전결권자의 사전 승인 등)

☞ 수입신용장의 개설한도 부족을 커버하기 위하여 기 개설건을 감액조건변경(통지불요)하여 변칙 운용하는 행위를 절대 금지하여야 함.

② 수입화물의 불법 반출가능성을 감지하기 위하여 최선을 다하여야 한다.

☞ 운송서류를 AWB로 요구하는 경우에는 특히 유의하여야 하며, 수입화물의 불법 반출가능성이 예견되는 경우에는 그 반출경로를 세밀히 점검하고, 만일 불법행위가 포착되는 경우에는 관련자를 고발하는 등 적절한 조치를 강구하여야 함.

③ 사기거래의 가능성에 대하여 철저히 경계하여야 하며, 유사시 사기거래로부터 자행(또는 수입상)의 이익을 방어하기 위하여 'Fraud Rule' 및 'Injunction'에 관한 법리와 그 대처방안을 정확히 이해하고 있어야 한다.

☞ 수출입상 간의 공모에 의한 사기에 연루되는 경우에는 거액의 손실이 불가피하므로, 취급자는 반드시 이를 감지하기 위하여 최선을 다하여야 함. 특히, 본지사 간 거래의 경우에는 공모 사기의 가능성이 높으므로 각별히 유의하여야 하며, 사기거래의 가능성이 있거나 거래구조가 의심스러운 경우에는 취급을 중지하여야 함.

☞ 신용장의 독립 · 추상성을 악용한 수출상 측의 사기 가능성에 대해서도 철저히 경계하여야 함. 수출상의 사기행위는 결국 수입상의 부실로 이어져 자행에 손실을 끼치게 될 수 있음. 수출상이 신규 거래선이거나 또는 중국과 같은 분쟁 다발지역으로 신용장을 개설하는 경우에는, '상품명세'를 반드시 정확하고 상세히 기술하여야 하며 또한 '검사증명서'의 활용을 적극 권장함. 특히 '상품명'을 포괄적인 용어로 기술하거나 또는 '수량'을 기재하지 않는 경우 등에는 매우 치명적인 결과를 초래할 수 있음.

④ 사후관리상의 애로가 예견되는 경우(즉, UNPAID의 가능성이 예견되는 모든 경우)에는 신용장의 대금결제방법을 'Remittance Base'로 전환하여 개설하여야 한다.

• 수입상의 신용위험이 높은 경우, 신규거래처, 수입대행건, Unpaid 요청이 잦은

업체 등

- 수익자가 개설의뢰인의 고정거래선이 아닌 경우 (사기 또는 클레임 발생 가능성이 높은 경우)
- 신용위험이 높은 국가로 신용장을 개설하는 경우 (중국, 인도, 파키스탄, 방글라데시, 중동지역 등)
- 기타, 거래의 특성상 또는 사후관리의 목적상 필요한 경우 (국외양도신용장, 백투백신용장 등)

⑤ 위험가중치에 따른 리스크 프리미엄이 수익성에 반영될 수 있도록, 개설수수료율, 포지션비율, 환율우대수준 등을 탄력적으로 운용하여야 한다.

☞ 수입신용장거래 관련 Risk Factor : 개설의뢰인의 신용위험, 화물에 대한 지배력 및 환가성, 자행의 권리를 침탈하는 특수조항 등

⑥ 'More or Less'는 그 타당성이 인정되는 경우에만 예외적으로 허용하여야 하며, More 금액으로 인하여 개설한도를 Over하지 않도록 주의하여야 한다.

☞ 수량의 표시가 개개품목 또는 포장단위의 '개수'로 명시되는 경우에는 허용하지 않는 것이 바람직함.

☞ 수량의 표시가 길이 · 면적 · 용적 · 중량 등으로 명시되어 정확한 계량이 곤란한 경우라 하더라도, UCP에 의해 자동적으로 5%의 과부족이 허용되므로 가급적 M/L 조항을 억제시키는 것이 바람직함(이 경우 개설은행은 신용장 금액을 초과하는 More 금액에 대해서는 결제의 의무를 부담하지 않음).

☞ 부득이 More or Less를 허용하는 경우라 하더라도 여신한도는 More 금액을 기준으로 관리하여야 하며, 개설수수료 또한 More 금액을 기준으로 징수하여야 함. (그러나 실무에서는 대개 신용장 개설시에 개설금액을 기준으로 기간수수료를 징수한 후, 결제 시점에 More or Less 여하에 따라 기간수수료를 추가 정산하는 것이 일반적임)

☞ 특별히 경계하여야 하는 조항 예시: The amount of this credit will automatically fluctuate to cover any increase according to the price clause without further amendment. 등

⑦ 신용장 조건 상호 간의 모순여부를 점검하여야 하며, 불명확한 용어나 애매

모호한 조건이 없는지의 여부를 점검하여야 한다.

☞ 불명확한 용어나 조건은 개설은행(및 수입상)에 불리한 쪽으로 해석하는 것이 일반적인 판례의 경향임.

⑧ 부수서류의 요구시에는 서류의 발행자 및 그 내용(Wording & Data Contents)에 대해서도 명시하도록 요구하여야 한다.

☞ 단순히 서류의 제목 및 매수만 나열하지 않도록 하여야 함.

⑨ 신용장상에 보험서류의 제시를 요구하지 않는 경우에는, 신용장의 개설시에 수입상으로부터 필히 보험서류를 징구하여야 한다. (증액 Amend시 포함)

☞ 무역거래조건이 EXW, FCA, FAS, FOB, CPT, CFR 등인 경우

⑩ 'TT Reimbursement'는 가급적 허용하지 않는 조건으로 개설을 유도하여야 한다.

☞ 전신상환의 허용은 개설은행의 자금부담비용만 늘리게 될 뿐, 그로 인하여 수입상이 얻을 수 있는 특별한 실익이 없음.

⑪ Back-to-Back L/C의 개설 및 신용장기준 무역금융의 취급(Local L/C 개설)시에는 당해 거래내용을 Master L/C의 배면에 기재하고 그 원본을 점유하여야 한다.

☞ 타행이 관련 선적서류를 매입하지 말아야 할 법률적인 의무가 없으므로, 만일 Master L/C가 타행에서 사용될 경우에는 자행의 채권보전에 막대한 타격을 받을 수 있음.

⑫ TR(수입화물대도) 약정서는 개설은행의 권리 보호를 위한 중요한 서류이므로 반드시 징구하여야 하며, 수입물품의 식별이 용이하도록 가급적 관련 화물의 명세를 상세하게 기재하도록 하여야 한다.

☞ TR 약정을 하여야 하는 경우

- L/G 발급시 수입보증금을 적립하지 않는 경우
- 기한부 신용장거래의 수입선적서류 인도시
- ES 수입대금의 무역금융 결제시 및 NS 수입대금의 TR Loan 결제시 등

⑬ '수입상 부도' 또는 '클레임 발생' 또는 '사기거래' 등의 상황하에서 서류상의 하자를 색출하여 그 대금지급을 거절하고자 하는 경우에는, Unpaid 통보 업무에 관한 치명적인 과실이 발생하지 않도록 각별히 유의하여야 한다.

☞ 하자통보는 단 1회에 한하여 유효하므로 서류의 심사에 신중을 기하여야 하며, 섣부른 대응은 오히려 사태를 악화시킬 소지가 있음.

☞ 제시된 서류가 'UCP' 및 'ISBP'에서 규정한 사항들을 위반하고 있지 않은지 그 여부에 대하여 반드시 체크하여야 하며, 단순히 '신용장 조건과의 일치 여부' 및 '서류 상호 간의 일치 여부'에 대해서만 체크하는 우를 범하지 않도록 각별히 유념하여야 함.

⑭ 개설의뢰인의 도산시에는 자행의 지급책임을 방어하기 위하여 최선을 다하여야 한다.

☞ 자행 수입거래처의 부도 발생시에는 즉시 활동계정을 조회한 후, 염치 불구하고 모든 신용장의 Cancel 전문을 송부하거나 Zero-Base 감액 Amend 전문을 송신한 후 RA(상환수권서)를 철회하는 방법에 대해 고려해 볼 필요성이 있음. 단, 내부적인 전산 처리는 하지 않아야 함.

☞ 수익자의 동의가 없는 이러한 일방적인 취소는 비록 유효한 행위로 인정받을 수 없으나, 개설은행으로부터의 대금회수가 어려우리라는 암시가 작동하기 때문에, 미리부터 선적 또는 네고를 포기할 가능성이 높아 어느 정도의 효과를 얻을 수 있음.

3. D/P, D/A 추심결제 업무의 위험관리

D/P, D/A 거래는 수출입 당사자 간의 신용을 기반으로 하여 결제가 이루어지는 방식이며, 당해 거래에 관여하는 은행은 원칙적으로 중개인 또는 보조자로서의 역할을 담당하게 될 뿐이다. 즉, 추심은행은 단지 위임사무에 준하여 처리할 뿐 지급에 대한 책임을 지지 않는다. 그럼에도 불구하고 간혹 과실 및 착오로 인하여 불의의 사고로 비화되어 손실을 초래하는 경우가 있으므로, 특히 다음과 같은 점들을 유념하여 업무상 과실이 발생하지 않도록 각별히 유의 · 취급하여야 한다.

① 추심지시서에 'URC 522'의 적용을 받는다는 문언이 기재되어 있는지를 확인하여야 한다.

☞ '추심에 관한 통일규칙'을 적용받지 않는 경우에는 그 처리 및 분쟁의 해결에 어려움이 많으므로, 반드시 추심의뢰은행에 연락하여 이를 교정받은 후 취급하여야 함.

② 환어음의 지급인, 운송서류의 수하인, 추심지시서의 제 지시 · 조건 등을 반드시 확인하여야 한다.

☞ 자행이 인수 또는 지급과 관련한 어떠한 책임을 부담하여야 할 소지가 있는 경우에는, 추심의뢰은행에 연락하여 그러한 조건을 교정받은 후에 취급하거나 또는 서류를 반송하여야 함.

- 환어음의 지급인이 추심은행으로 되어있는 D/A 거래
- 운송서류의 수하인이 추심은행으로 되어있는 D/A 거래
- 추심지시서에 추심은행이 어떠한 책임을 부담하도록 요구하는 문구가 있는 경우 (예: Release documents against drawee's acceptance with your guarantee 등)

☞ 추심지시서상의 각종 지시 및 조건과 그 이행의 가능여부를 반드시 사전에 검토하여야 함.

③ 추심지시서에 기재된 서류의 명세대로 서류가 접수되었는지를 확인하고, 만일 누락된 서류가 있는 경우에는 즉시 추심의뢰은행 앞으로 통보하여야 한다.

☞ 특히, 운송서류(B/L)의 원본 통수를 정확히 확인하여야 함.

④ 추심지시서에 기재된 선적서류인도조건(결제조건)을 반드시 확인하여야 하며, 만일 D/A 인지 D/P 인지가 명시되어 있지 않은 경우에는 'D/P'로 간주하여 처리하여야 한다(URC 522 제7조).

⑤ 'D/P Usance' 거래를 D/A로 오인하여 처리하지 않도록 각별히 유의하여야 한다.

☞ D/P Usance도 D/P 거래의 일종이며 이는 단지 제시기간을 이연시키는 것일 뿐이므로, 반드시 수입상의 결제가 이루어진 후에 서류를 교부하여야 함.

⑥ D/A 선적서류의 교부시에는 반드시 환어음에 인수관련 요식행위를 이행하여야 한다.

☞ 신용장 거래와는 달리 환어음의 인수에 관한 요식행위가 반드시 이루어져야 함. 인수된 어음은 만기일까지 중요증서에 준하여 보관하고, 만일 만기에 수입상의 결제가 이루어지지 않는 경우에는 당해 인수된 환어음을 추심의뢰은행으로 반송하여야 함.

☞ 업무상 과실로 인수절차를 이행하지 않은 채 서류를 교부하는 경우에는, 매우 당혹스러운 손해배상청구소송에 휘말릴 여지가 있으므로 각별히 유의하여야 하며, 실제로 이를 이행하지 않은 채 인수증을 징구하고 서류를 교부하여 문제가 된 사례가 있었음.

☞ 인수(Acceptance) : 환어음의 앞면에 인수의 뜻을 표시하고 기명날인 또는 서명하는 행위

Accepted on (날짜) Payable at XXX Bank Seoul Korea By ABC Co. Ltd., Seoul, Korea	①'인수'의 문언을 표시함. ②'After Sight' 조건의 어음은 인수일자를 표시함. ③ 신고된 인감을 사용하여 기명날인 또는 서명함.

⑦ 추심지시서에 '이자'가 함께 추심되어야 함을 명시하고 있으면서, 이자가 포기될 수 없음(Interest may not be waived)을 명확하게 표시하고 있는 경우에는, 수입상이 이자를 지급하지 않는 한 서류를 인도할 수 없다(URC 522 제20조).

☞ 예시) Please collect interest at 3% p.a. from the date of acceptance to maturity. Interest may not be waived.

☞ 만일 수입상이 이자의 지급을 거부하는 경우에는 추심의뢰은행으로 신속히 통지할 것.

⑧ D/P, D/A 관련 '수입화물선취보증서'의 위규 발급을 절대적으로 금지하여야 한다.

☞ D/P, D/A 거래에 있어서의 L/G 발급은 신용장거래에 있어서의 L/G 발급과는 달리 신규의 보증채무를 유발하는 거래이므로, 반드시 보증서 발급에 따른 별도의 채권보전조치를 강구하여야 함.

☞ D/P 거래의 L/G 발급시에는 결제대금 전액을 수입보증금으로 적립하는 것을 원칙으로 하되, 자행의 수입보증금적립예외기준에 따라 보증금의 적립을 면제할 수 있음. 단, 수입보증금의 적립을 면제하는 경우에는 수입화물선취보증료를 징수하여야 함.

☞ D/A 거래의 L/G 발급시에는 기한부거래의 특수성을 감안하여 수입보증금의 적립을 면제하되, 그 대신 반드시 '동일인한도여신'에 포함하여 여신직무전결규정에 따른 여신전결권자의 승인을 득한 후 취급하여야 함. 단, 수입보증금을 적립하는 경우에는 금액에 관계없이 책임자 전결로 취급할 수 있으며, 관련 서류가 내도한 후 '인수(Acceptance)'가 이루어지면 'L/G Redemption'을 이행한 후 해당 수입보증금을 환출할 수 있음.

☞ 만일 동일인한도여신으로 운용되는 기한부신용장개설한도가 이미 약정되어 있는 경우에는, D/A 거래의 L/G 발급시 동 한도를 전용하여 취급할 수 있음.

⑨ '분할결제'는 특별히 수권된 경우에만 허용되므로(URC 522 제19조), 추심지시서상에 이를 명시적으로 허용하고 있지 않는 한 전액 결제후 서류를 인도하여야 한다.

☞ 분할결제를 허용하는 문구 예시: Divisible, Partial payment is acceptable 등

☞ 분할결제는 반드시 선하증권 단위로 이루어져야 함. 만일 B/L이 한 건으로 발행된 경우에는, 사전에 선박회사에 연락하여 B/L을 분할 받은 후 취급하여야 함.

⑩ 추심지시서에 서류의 제시, 인수, 지급 등과 관련한 '행위기한'이 명시되어 있는 경우에는 각각의 지정된 기한을 철저히 관리하여야 하며, 부주의로 인하여 미인수·미결제 서류가 장기간 방치되거나 또는 분실되지 않도록 유의하여야 한다.

☞ 수입상이 지급(인수)을 거절하는 경우에는, 그러한 사유를 명시하여 즉시 추심의뢰은행 앞으로 통지하고 그 지시에 따라 서류를 처리하여야 함. (반송 또는 예비지급인에게 이첩 등)

☞ 추심지시서에 기재된 시한까지 수입상의 지급(인수) 또는 지급거절(인수거절)의 의사표시가 없는 경우에는, 그러한 사유를 명시하여 즉시 추심의뢰은행 앞으로 통지하고 그 지시에 따라 서류를 처리하여야 함. 만일 추심지시서상에 수입상의 Non-Action에 대한 행위기한 및 별도의 지시사항이 없는 경우에는, 자행의 내규에서 정하는 시한(추심서류 내도일로부터 30일) 내에 추심의뢰은행 앞으로 당해 사실을 통지한 후 그 지시에 따라 처리할 것. (서류반송 등)

☞ 통지일로부터 60일 이내에도 서류의 처리에 대한 추심의뢰은행의 답신이 없는 경우에는, 추심의뢰은행 앞으로 즉시 해당 서류(D/A 미결제시에는 인수된 환어음)를 반송할 것.

☞ 미결 서류가 장기간 방치되거나 또는 분실되는 사례가 발생하지 않도록 각별히 유의하여야 하며, 추심서류 내도 후 소정의 기간(90일 = 30일 + 60일)이 경과하도록 미인수/미결제된 상태로 방치된 서류가 있어서는 안됨.

⑪ 지급인(수입상)이 인수 또는 지급을 거절하는 경우에는 지체 없이 당해 사실을 추심의뢰은행으로 통보하여야 하며, 추심지시서에 '예비지급인'이 지정되어 있는지의 여부 및 그 권한을 확인한 후 수권된 권한 범위 내에서 그의 지시에 따라 행동하여야 한다(URC 522 제25조).

☞ 예비지급인(Case of need)이란, 지급인이 인수 또는 지급을 거절할 경우에 대비하여 추심의뢰인이 지정한 대리인을 말함.

☞ 예시) In case of need, refer to XYZ Co., you are authorized to follow without reserve for whose instructions.

⑫ 추심지시서상에 '거절증서'의 작성을 요청한 경우로서 지급 · 인수가 거절된 경우에는, 법정 시한을 준수하여 신속히 공증인에게 거절증서의 작성을 의뢰하여야 한다(URC 522 제24조).

☞ 거절증서(Protest)란 지급(인수)거절의 사실을 증명하는 공정증서를 말하며, 어음법상의 권리행사 및 권리보전(소구권 · 상사중재 · 소송 등) 등을 위하여 필요한 매우 중요한 서류임.

☞ 지급/인수 거절증서의 작성시한

- D/P 지급거절증서 : 지급거절 즉시
  (지급제시기간 : 어음 발행일로부터 1년 이내)
- D/A 인수거절증서 : 인수거절 즉시
  (인수제시기간 : 어음 발행일로부터 1년 이내)
- D/A 지급거절증서 : 만기일에 이은 2거래일 이내
  (지급제시기간 : 만기일 또는 그에 이은 2거래일 이내)

☞ 거절증서 관련 문구의 예시

- 거절증서의 작성 요청 : Protest for non-payment or non-acceptance.
- 거절증서의 작성 면제 : Do not protest for non-payment or non-acceptance.
- 추심지시서에 거절증서의 작성에 관한 별도의 명시가 없으면 작성이 면제되는 것으로 해석함.

저자 이 창 식

- 현) 신한은행 지역단장
- 서강대학교 경영학과 졸업
- 신한은행 외환교수
- 한국금융연수원 자문교수
- 저 서
  - 한 걸음 다가선 무역외업무(2003, SHB)
  - 한 걸음 다가선 수출입업무(2004, SHB)
  - 이제는 나도 외환전문가(2005, SHB)
  - 손에 잡히는 수출입업무(2006, KBI)
  - 상식으로 배우는 외국환업무(2006, SHB)
  - 수출입거래의 상담 및 위험관리(2007, SHB)
  - 수출입 및 환리스크 관리(2013, KBI, 공저)

수출입업무

초 판 1쇄	2006년 1월 2일
15판 1쇄	2025년 4월 14일
저 자	이 창 식
발 행 인	이 준 수
발 행 처	한국금융연수원 출판미디어사업부 (03053) 서울특별시 종로구 삼청로 118
전 화	02)3700-1500
팩 스	02)3700-1530
홈 페 이 지	http://www.kbi.or.kr
등 록	1990년 4월 20일(제1-1040호)
정 가	28,000원
I S B N	978-89-287-8253-6 13320

※ 도서의 오류내용(오탈자 등)을 제보해주시어 채택되신 분께는 소정의 상품을 보내드리오니
독자 여러분들의 많은 참여 바랍니다.(상세정보는 www.kbi.or.kr 참조)

한국금융연수원 자격검정시험 안내

•「국가공인자격」은 자격기본법에서 정한 기준과 절차에 따라 국가가 공인한 자격으로 신용분석사, 여신심사역, 국제금융역, 자산관리사(FP), 신용위험분석사(CRA), 외환전문역 I종, 외환전문역 II종 등 7개의 자격이 있습니다.

•「자체인증자격」은 우리 원이 인정, 수여하는 자격으로 공개시험형 자체자격인 프라이빗 뱅커(CPB), 은행텔러, 영업점 컴플라이언스 오피서(은행)(보험)(증권), KBI 금융DT 테스트, 자금세탁방지 업무능력 검정시험 등 7개 자격이 있습니다.

구분	자격명 (공인/등록번호)	응시료	자격소개
국가공인자격	신용분석사 (제2024-1호) (2008-0438)	전과목 : 66,000원 1부 : 28,000원 2부 : 39,000원	금융회사의 여신관련 부서에서 기업에 대한 회계 및 비회계자료 분석을 통하여 종합적인 신용상황을 판단하고 신용등급을 결정하는 등 기업신용 평가업무를 담당하는 금융전문가
	여신심사역 (제2024-2호) (2008-0439)	전과목 : 66,000원 1부 : 28,000원 2부 : 39,000원	금융회사의 여신심사 담당자로서 경제상황과 기업의 재무, 비재무상태 등을 분석, 파악하여 적정한 대출심사 의견서 작성, 대출이율 및 대출기간 결정 등 대출실행 여부를 판단하고 자금의 효율적 운용, 대손 방지를 위한 제반조치, 여신의 법률적 검토, 사후관리업무 등 여신업무와 관련한 종합적인 업무를 수행하는 금융전문가
	국제금융역 (제2021-1호) (2008-0440)	전과목 : 66,000원 1부 : 33,000원 2부 : 33,000원	금융회사의 국제금융 관련 부서에서 국제금융시장의 동향파악, 분석 및 예측 등을 통하여 외화자금의 효율적 조달과 운용업무를 담당하고 이에 따른 리스크관리 등 국제금융 관련 업무를 수행하는 금융전문가
	신용위험분석사(CRA) (제2023-2호) (2008-0442)	1차 : 77,000원 2차 : 88,000원	금융회사 및 기업신용평가기관 등에서 개인과 기업에 대한 신용상태를 조사평가하고 신용위험을 측정 · 관리하는 여신전문가
	자산관리사(FP) (제2020-1호) (2008-0441)	전과목 : 55,000원 1부 : 28,000원 2부 : 28,000원	금융회사 영업부서의 PB(Private Banking) 팀에서 고객의 수입과 지출, 자산 및 부채현황, 가족상황 등 고객에 대한 각종 자료를 수집, 분석하여 고객이 원하는 Life Plan 상의 재무목표를 달성할 수 있도록 종합적인 자산설계에 대한 상담과 실행을 지원하는 금융전문가
	외환전문역 I종 (제2020-1호) (2008-0436)	전과목 : 55,000원	금융회사의 외환업무 중 외국환 거래 법규 및 외환거래실무를 이해하고 고객의 외화 자산에 노출되는 각종 외환 리스크를 최소화시키는 등 주로 개인 외환과 관련된 직무를 담당
	외환전문역II종 (제2020-1호) (2008-0436)	전과목 : 55,000원	금융회사의 외환업무 중 수출입업무 및 이와 관련된 국제무역규칙을 이해하고 외환과 관련된 여신 업무를 수행하는 등 주로 기업 외환과 관련된 직무를 담당
자체인증자격	은행텔러 (2008-0437)	전과목 : 55,000원	창구에서 일어나는 제반업무에 대해 신속하고 친절한 업무수행과 정확한 업무처리로 고객에게 도움을 주고 상담을 통해 문제해결을 하도록 도와주는 금융전문가
	영업점 컴플라이언스 오피서(은행) (2010-0118) (보험, 증권) (2013-0702,0703)	전과목 : 각 44,000원	금융회사의 영업점에서 준법관련 법규와 감독기관의 감독규정이 정한 내용과 취지를 충분히 이해하고 업무 수행과정에서 이를 준수하며, 영업점에서 발생 가능한 금융사고 및 민원사항이 발생하지 않도록 사전적 예방 차원에서 그 준수사항의 이행을 점검하는 금융전문가(은행, 보험, 증권 분야별로 자격이 구분됨)
	프라이빗뱅커 (CPB) (2018-004091)	1차 : 110,000원 2차 : 342,000원 (실무교육)	개인고액자산가의 자산 및 수익증대를 실현하기 위해 금융분야 전반에 걸쳐 종합적인 금융상담과 실행을 지원할 수 있는 최고급 수준의 금융자산설계전문가
	KBI 금융DT 테스트 (2021-001872)	전과목 : 44,000원	금융인 및 예비금융인을 대상으로 디지털금융 전반에 대한 기본지식과 업무활용능력 등 금융DT 관련 기본역량 평가
	자금세탁방지 업무능력 검정시험 (2023-004792)	전과목 : 66,000원	금융시스템을 이용한 자금세탁행위와 공중협박자금조달행위를 적발 및 예방할 수 있는 전문적인 업무역량 평가

소비자 알림사항

•상기 "프라이빗뱅커(CPB)", "영업점컴플라이언스 오피서(은행)(보험)(증권)", "KBI 금융DT 테스트", "은행텔러", "자금세탁방지 업무능력 검정시험" 자격은 자격기본법 규정에 따라 등록한 민간자격으로, 국가로부터 인정받은 공인자격이 아닙니다.

•민간자격 등록 및 공인 제도에 대한 상세내용은 민간자격정보서비스 (www.pqi.or.kr)의 '민간자격 소개'란을 참고하여 주십시오.

기타

•응시료 환불 규정 : 접수기간 중 100%, 접수기간 종료 후 시험일 5일전 18시까지 50% 환불/이후 환불 불가

•자격 공인번호는 재공인시점에 따라 변경될 수 있으며, 응시료, 환불규정 등은 응시 시점에 따라 변경될 수 있으니 자격시험 응시 전 반드시 한국금융연수원 홈페이지에서 응시하고자 하는 자격시험에 관한 최신 정보를 확인하시기 바랍니다. 자격시험에 관한 자세한 사항은 한국금융연수원 홈페이지를 참조하시기 바랍니다.

•주소 : 서울특별시 종로구 삼청로 118 / TEL : 02-3700-1500 / 홈페이지 : www.kbi.or.kr